インデックス

子音の配列 ㄱㄲㄴㄷㄸㄹㅁㅂㅃㅅㅆㅇㅈㅉㅊㅋㅌㅍㅎ
母音の配列 ㅏㅐㅑㅒㅓㅔㅕㅖㅗㅘㅙㅚㅛㅜㅝㅞㅟㅠㅡㅢㅣ

ㄱ	가	31
ㄴ	ㄴ[1]	118
ㄷ	다[1]	265
ㄹ	ㄹ[1]	336
ㅁ	-ㅁ	458
ㅂ	-ㅂ니까	490
ㅅ	서[1]	500
ㅇ	아[1]	510
ㅈ	-자[1]	680
ㅊ	처럼	712
ㅎ	하고[1]	715

韓国語文法
語尾・助詞辞典

[著者] 李姫子(イ・ヒジャ)　李鍾禧(イ・ジョンヒ)

[訳者] 五十嵐孔一　申悠琳(シン・ユリム)

スリーエーネットワーク

Copyright ©2006 by Hankookmunhwasa. All rights reserved.

Original Korean edition published by Hankookmunhwasa.
This Japanese edition published by arrangement with Hankookmunhwasa.
Japanese edition copyright ©2010 by IKARASHI Koichi and SHIN Yurim.

All rights reserved. No part of this publication may be reproduced, stored in a retrieval system, or transmitted in any form or by any means, electronic, mechanical, photocopying, recording, or otherwise, without the prior written permission of the Publisher.

Published by 3A Corporation.
Trusty Kojimachi Bldg., 2F, 4, Kojimachi 3-Chome, Chiyoda-ku, Tokyo 102-0083, Japan
ISBN978-4-88319-519-0   C0087

First published 2010
Printed in Japan

まえがき

　韓国語を学んで身につける上で，何より重要で困難なのが語尾と助詞である。韓国語は助詞と語尾が豊富であり，いたって精巧に発達しているため，これを正確に学ばなくては自然で正確な韓国語を駆使することができない。
　この辞典は韓国語学習の**学習者用**の語尾・助詞辞典として，語尾・助詞及び慣用句，縮約形等，900余りの見出し語を頻度と重要度を基準に選別し，その分類と意味解釈，用例，参考となる情報等を示した。
　敬語法等の文法は分かりやすく説明した。例えば'해요体'を'親しい間で敬意が高い'，'하십시오体'を'最も敬意が高い'として，これをそれぞれ誰に用いる語なのかを明らかにし，誰でも容易に理解できるようにした。また混乱しやすい語を区別できるよう，110余りのアドバイス欄を使用して説明し，使用者の便宜のために100余りの文法用語説明集を付け加えた。語尾と助詞の意味はやむを得ず文法用語を使用しなくてはならない場合を除き，韓国語学習者に分かりやすいよう容易に説明した。用例の大部分は，国内外の韓国語教材を基にした'韓国語教育用データベース'と初等教育のための'基礎教育用データベース'から容易で典型的な例を選んで提示した。付録として用言活用表と助詞結合表を添付し，活用形などを容易に探し求めることができるようにした。
　掲載の順序は韓国語の字母順にした。利用者の便宜のために分かち書きにはこだわらなかった。形態が同じものがあるときは右肩の番号と共に'手引き語'を付けて区別を容易にした。'手引き語'とは文法形態素の標識のようなもので，これは二つの目的から付けた。第一には，形の同じ形態を容易に区別してたどって行けるよう'手引き'の役割をさせたものであり，第二には，実質的な意味の無い文法形態素に言及するときは適当に呼ぶ名称が無かったので，こうした不便さを減らすために全ての形態にこのような'手引き語'を付けて，その'標識'の役割をさせたわけである。
　この辞典は〈韓国語学習用語尾・助詞辞典〉シリーズ中の**学習者用**である。引き続き，〈韓国語学習**初級用**語尾・助詞辞典〉と〈韓国語学習**専門家用**語尾・助詞辞典〉を発行する予定である。

最後に，この辞典の出版をご快諾して下さった韓国文化社の金珍洙社長と，困難で至難な辞典編纂の作業を，プロ精神を持って見事に成し遂げて下さった朴美英氏に感謝の意を伝える。

2006 年 6 月 30 日
李姫子・李鍾禧

訳者まえがき

　元々はこの原書の前身にあたる2001年版を愛用していたのだが，常々これに日本語訳が付いていたらもっと便利だろうと思い続けていて，苦労する覚悟で，という言い回しはこの辞典の例文にもある表現なのだが，翻訳することにしたのである。今からざっと3年前のことである。
　翻訳は楽しい，とは先人の言葉にあったはずだが，辞典の翻訳は楽しい，とは私も含めて誰も言っていないと思う。今回の翻訳で何よりも困難を感じたのは，例文に文脈が無いということであり，いかに文脈を想定したらよいか，ずいぶん悩まされた。それで翻訳と平行して小説を多読し，文脈のいわばストックを増やそうと努めたりもした。これは翻訳の役に立ったところもあるが，妙に浮ついた，辞典の例文らしくない訳を作りがちになる面も生んだ。結局，直訳と意訳の塩梅といったものを辞典の例文にあるべき文体を模索する中で吟味していたようなものである。
　最初は出版することを考えずに2001年版を翻訳していたのだが，2年ほどかけて8割がた訳し終えたころ，ある程度，翻訳版らしい形になってきたので出版の可能性についても考えるようになった。とはいえ，どのように出版するのか全く知識が無かったので，まず原書の著者の先生に直接メールを送り，日本語版を出版したい旨をお伝えした。そうしたところ，ご親切なことに原書の出版社である韓国文化社の担当者を紹介して下さった。ちょうど訪韓する予定があったので，韓国文化社を訪ね，その担当者とお会いしたところ，日本で同辞典の翻訳を計画している出版社があるとお聞きした。日本に飛んで帰り，翻訳の原稿を持って訪問した所が，今回，本書を出版して下さるスリーエーネットワークの応接室である。そのころ同辞典の翻訳者を捜しているところだったそうで，良い時期に訪問することができたわけである。後でお聞きしたところ，日本で翻訳版を出版する際には，まず日本国内の出版社に当たるのが通例だそうで，私のように騒ぎ回るのは稀なようである。著者の先生方をはじめ，出版社の方々には突然連絡を差し上げたり訪れたりして，大変なご迷惑をおかけしてしまった。今振り返ってみても顔から火が噴き出るほど恥ずかしい思いで一杯だが，温かく受け入れて下さった方々とのふれ合いは何にも換え難い良い経験であるし，また誇らしく感じているこ

とも正直なところなのである。
　実際に出版することになった翻訳版の原書は 2006 年版である。最新版であるし，学習者の立場から必要とされる語尾と助詞が厳選されており，例文も 2001 年版よりいっそう精選されて分かりやすくなっている。韓国語学習者のみならず，韓国語教育にたずさわる教師の方々にも使い甲斐のある「語尾・助詞辞典」である。
　まえがきを終えるにあたり，突然訪問した際に快く迎えて下さった韓国文化社の崔道旭課長をはじめとする担当者の方々，本書の出版を引き受けて下さったスリーエーネットワークの中野敏文部長，そして原稿を隅々まで読んで下さり，適切な助言を惜しまなかった誠意と熱意の塊のような佐野智子課長に心より感謝の意を捧げたい。また，東京外国語大学大学院の南潤珍先生には数えきれないほど多くの質問に答えていただいた。研究室を訪ねるたびに温かく迎えて下さり，お話を伺った後には韓国語を学んで本当に良かったと何度も思ったものだった。金鍾徳先生にはいつも情熱あふれる説明をしていただいた。どんな取るに足りない質問にも真摯に答えて下さる先生の前にいると，自ずと韓国語を学ぶ学生の一人に戻り，熱心に傾聴するようになっていた。また，東京外国語大学の大学院生，ゼミ学生諸君から得た協力は大いなる励みとなった。ここに心より深く感謝する次第である。
　末筆ながら，共訳者の申悠琳にも一言触れておきたい。彼女は生粋の韓国人で，私の最も良き友にして理解者であり，なおかつ最も畏怖すべき韓国語の教師で，常に適切で厳格な批判をしてくれる，私の妻である。本当に忌憚の無い意見を言い合うことができたのも家族ならではのことであり，一つの例文の翻訳をめぐって，一日かけて議論したことも一度や二度ではなかった。すぐ手を抜きがちな私に妥協を許さぬ態度で文字通り叱咤激励してくれた共訳者がいたからこそ，最後までやりとげることができた。ここにあらためて感謝の気持ちを伝えたい。

2009 年 4 月
五十嵐孔一

　著者のお一人である李姫子先生が先月 7 月にご病気のためにご逝去されたとの知らせを受けた。完成した翻訳版をお見せすることができず，誠に残念である。ここに心よりご冥福を祈る次第である。

2009 年 8 月
五十嵐孔一・申悠琳

目次

まえがき …………………………………………………… 3
訳者まえがき ……………………………………………… 5
凡例 ………………………………………………………… 8
この辞典のための文法用語説明 ………………………… 19

ㄱ	가 ……………………………………………	31
ㄴ	ㄴ¹ …………………………………………	118
ㄷ	다¹ …………………………………………	265
ㄹ	ㄹ¹ …………………………………………	336
ㅁ	-ㅁ …………………………………………	458
ㅂ	-ㅂ니까 ……………………………………	490
ㅅ	서¹ …………………………………………	500
ㅇ	아¹ …………………………………………	510
ㅈ	-자¹ …………………………………………	680
ㅊ	처럼 …………………………………………	712
ㅎ	하고¹ ………………………………………	715

付録 1. 用言活用表 ……………………………………… 724
　　 2. 助詞結合目録と例 ……………………………… 746
アドバイス目録 …………………………………………… 757
索引 ………………………………………………………… 761

凡例

　この辞典の構造は次の通りである。凡例は下の表に示した用語の順に説明する。

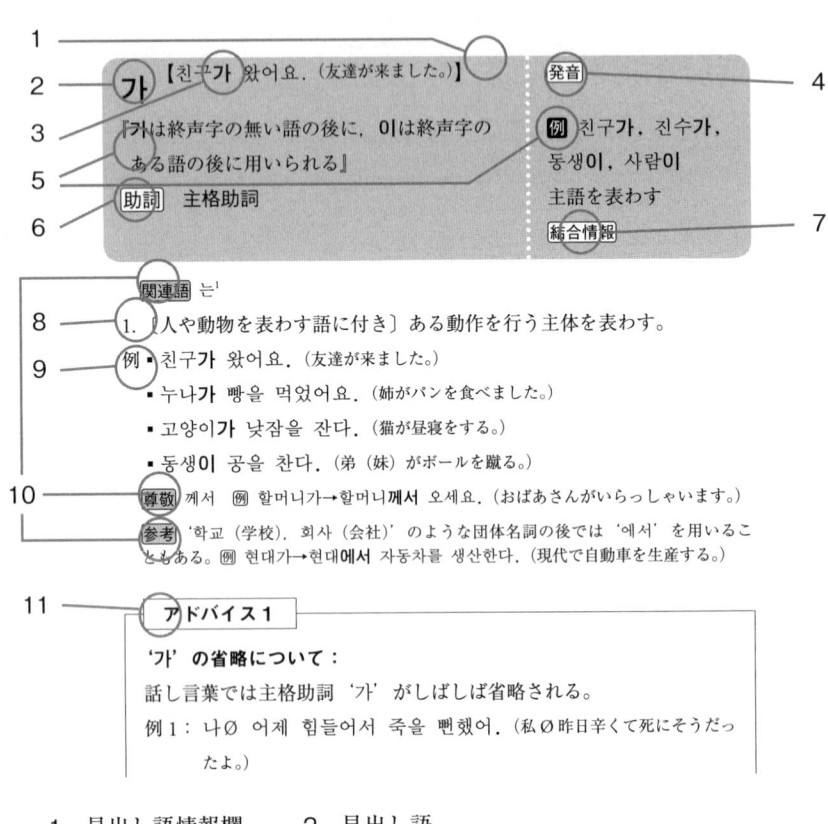

1　
2　【친구가 왔어요.（友達が来ました。）】
3　『가は終声字の無い語の後に、이は終声字のある語の後に用いられる』
5　
6　[助詞]　主格助詞
4　[発音]
　[例] 친구가, 진수가, 동생이, 사람이
　　　 主語を表わす
7　[結合情報]

8　[関連語] 는¹
　1.〔人や動物を表わす語に付き〕ある動作を行う主体を表わす。
9　例・친구가 왔어요.（友達が来ました。）
　　・누나가 빵을 먹었어요.（姉がパンを食べました。）
　　・고양이가 낮잠을 잔다.（猫が昼寝をする。）
　　・동생이 공을 찬다.（弟（妹）がボールを蹴る。）
10　[尊敬] 께서 [例] 할머니가→할머니께서 오세요.（おばあさんがいらっしゃいます。）
　　[参考] '학교（学校）, 회사（会社）'のような団体名詞の後では'에서'を用いることもある。[例] 현대가→현대에서 자동차를 생산한다.（現代で自動車を生産する。）

11　[アドバイス1]
　'가'の省略について：
　話し言葉では主格助詞'가'がしばしば省略される。
　例1：나Ø 어제 힘들어서 죽을 뻔했어.（私Ø昨日辛くて死にそうだったよ。）

1. 見出し語情報欄　　2. 見出し語
3. 手引き語　　　　　4. 発音
5. 異形態情報　　　　6. 文法範疇
7. 結合情報　　　　　8. 意味解釈
9. 例文　　　　　　　10. 参考欄
11. アドバイス

1. 見出し語情報欄

▶見出し語を含み，これに関連した情報を網かけ欄の中に示した。意味解釈を除き，見出し語と関連して最初に知っておくべき情報，例えば品詞であるとか，どんな形態でどんな環境で用いられるのか等の情報がひと目で分かるように欄の中に示した。

▶見出し語情報欄の左側には見出し語と手引き語を一番上に示し，すぐ下には見出し語が使用される環境の情報，最後の行には文法の情報（品詞）を示した。

▶見出し語情報欄の右側の最初の行には発音の情報を示した。発音は表記と発音が異なる場合にのみ示すことにした。

▶見出し語情報欄の左側の見出し語の下には各見出し語が使用される環境の情報を示すとともに，同列の右側には見出し語の実際の使用例を示した（例）。助詞の場合には名詞と助詞の結合形を示し，語尾の場合には用言と語尾の結合形をそれぞれ示した。

▶見出し語情報欄の左側の環境情報の下には見出し語が語尾であるか助詞であるか，その分類を記号で示した（語尾，助詞）。またこの情報に関する補充説明として，例えば主格助詞に使用される'가'の場合には，主格助詞という文法範疇を補充するために'主語を表わす'という説明を同列の右側の欄に示した。終結語尾の場合には敬語法を表示した。

```
-기에¹ 【그가 부탁하기에~ （彼が頼むので~）】
『動詞, 形容詞, '이다', '-았-', '-겠-'の
後に用いられる』
語尾  連結語尾

例  가기에, 먹기에,
    예쁘기에, 좋기에,
    학생이기에, 먹었기
    에, 가겠기에
```

2. 見出し語

▶この辞典には語尾，助詞，縮約形，語尾・助詞からなる慣用句等，約900の見出し語が記載されている。

▶韓国語学習者に必須の語尾・助詞を選定した。

▶語尾にはハイフン (-) が付き（例1），助詞には付かない（例2）。助詞を含む慣用句は波線の表示（〜）が前に付く（例3）。

例1：-면, -아서…
例2：가, 과…

例3：〜를 두고, 〜로 말미암아…

3. 手引き語

▶形の同じ見出し語を区別する役割の語。同形語を区別するときに用いる従来の右肩番号の機能の他に，形の同じ形態を容易に区別して探したい語にたどり着けるよう'手引き'の役割や，実質的な意味の無い文法形態素の'標識'の役割も行う。'-다[가다]'では【가다】のことを言う。見出し語の右上に添えて表示し，該当部分を太字のゴチック体で示した。

▶助詞や語尾のような文法形態素は形の同じものが多い。そのため，辞典の利用者がこれらの中から一つを辞典で探すとき，形の同じものがいくつも羅列してあると，探そうとする形態がどれなのか区別しにくいことがあるが，それぞれの形態ごとにその形態を分かりやすく示す手引きの役割をする語を付ければ容易に区別することができる。このような目的から全ての見出し語に'該当の語を探す上で手引きの役割をする語'を付け，これを'手引き語'と呼ぶことにした。

▶文法形態素の手引き語は原則的に助詞，終結語尾，連結語尾，転成語尾，先語末語尾等の分類と用法を示す。この辞典ではこれらの用語を分かりやすく説明して用いるよう努めた（文法範疇の表示参考）。このように，手引き語は形態を区別するだけではなく，標識の役割も行うので，原則的に全ての見出し語に付ける。例えば'다'という形態素は下に示したように7つの同音異義の形態で用いられる。これらをひと目で区別できるよう，右側のカッコ【 】の中に手引き語を付けた。これを利用するときは，'-다²'は'가다'の'-다'，'-다⁷'は'먹다 남긴 밥'の'-다'というように呼ぶことができるし，また探し出すことができる。

▶同音異義の形態の配列順序は助詞，終結語尾，縮約形（終結の機能），連結語尾，縮約形（連結の機能）の順とした。

  다¹【사과다 귤이다（リンゴだのミカンだの）】　　　　　（助詞）

  -다²【가다（行く）】　　　　　（基本形を表わす語尾）

  -다³【저것이 국립 박물관이다．（あれが国立博物館だ。）】
            （最も敬意が低い）終結語尾

  -다⁴【한국 축구 올림픽 티켓 따다．（韓国サッカー，
     オリンピックチケット奪取。）】　（敬意の高低が無い）終結語尾

  -다⁵【화가 나셨다 합니다．（お怒りになったそうです。）】
              （引用を表わす語尾）

-다⁶【크다 작다 말들이 많다．(大きいだの小さいだの，文句が多い。)】　　　　　　　　　　　　　　　　(連結語尾)

-다⁷【먹다 남긴 밥（食べ残したご飯）】　　　　　　　　　　(連結語尾)

3-1．手引き語：語尾
▶終結語尾の手引き語は単文で示し，終結の機能であることを表わすために終止を表わす符号を付けて連結語尾と区別する。また階称を表わすために呼称語と共に示すこともある。

　　例1：-나³【자네，이제 오나？(お前，今来たのか？)】
　　例2：-니²【너 뭐 먹니？(お前，何食べてるの？)】

▶連結語尾の手引き語はなるべく短い連結文で全体を示すが，場合によっては先行節だけを挙げて後行節を省略する。このとき，連結文であることを表示するために'～'を付す。

　　例1：-거나【여행을 하거나 책을 읽어요．(旅行に行ったり本を読んだりします。)】
　　例2：-는데²【부탁이 하나 있는데～（一つ頼みたいことがあるんだけど～）】

▶連結語尾と終結語尾は手引き語を見るだけでも区別することができる。終結語尾は句点があって単文であり，連結語尾は'～'の付いた文が大部分であるが，まれに全体的な複文を示したものもある。

▶縮約形の場合も，縮約形が終結の機能を行うのか連結の機能を行うのかを，語尾の場合と同様に手引き語で示した。

　　例1：-래²【선생님이래．(先生だって。)】
　　　　　-래³【거기서 기다리래．(そこで待ちなさいって。)】
　　例2：-라면³【내가 정치가라면～（私が政治家だとしたら～）】
　　　　　-라면⁴【가라면～（行けっていうのなら～）】

3-2．手引き語：助詞
▶助詞の手引き語は，第一に，例1，例2のように形態の同じ助詞，語尾等があるとき，これらを優先的に区別する。第二に，例3のように格助詞の場合には文型を共に示す。

　　例1：다¹【사과다 귤이다（リンゴだのミカンだの）】
　　例2：-다³【저것이 국립 박물관이다．(あれが国立博物館だ。)】

例3： **를** 【구두를 샀어요．（靴を買いました。）】

3-3. 手引き語：慣用句
▶この辞典には助詞や語尾を含んで慣用的に用いられる表現も多く記載したが，これらの場合にも手引き語を示し，慣用句の意味が容易に分かるようにした。

例： **-ㄴ 후에** 【수업이 끝난 후에~（授業が終わった後に~）】

4. 発音
▶綴り字と発音が異なるものは見出し語情報欄の右側の上に示した。

例： **-ㄹ는지**　発音　[ㄹ른지]

▶しばしば話し言葉で現われる発音については参考欄に参考情報として示した。

例： **하고**[1]　全体参考　話し言葉ではしばしば[하구]と発音する。

5. 異形態及び異形態が用いられる環境の情報
▶助詞や語尾が結合して用いられる語に関する情報を見出し語のすぐ下にそれぞれ示した。
▶助詞の場合は前接語の終声字の有無による異形態の情報を示した。

例：『가は終声字の無い語の後に，이は終声字のある語の後に用いられる』

▶語尾の場合には動詞，形容詞，'이다'のそれぞれに付いて用いられる語尾，特定の先語末語尾とのみ共に用いられる語尾等，その結合の仕方がそれぞれ異なるので，これに関した情報を詳しく示した。'ㄹ'終声字で終わる用言の場合にも全て言及した。そして見出し語情報欄の右側にこの情報に該当するものを　例　で示した。

> 『-냐니は終声字の無い形容詞と'ㄹ'終声字で終わる形容詞の'ㄹ'脱落形そして'이다'の後に，-으냐니は'ㄹ'以外の終声字のある形容詞の後に用いられる。動詞の後には-느냐니が用いられる』
>
> 例 비싸냐니, 기냐니（길다）, 학생이냐니, 높으냐니

▶この辞典では使用者の便宜のために代表形を次のように定めて説明した。
　第一，語尾の場合，音韻環境による異形態の中で媒介母音の無い形を代表

形とした。例えば，'主体を敬う'ときの先語末語尾'-시-'と'-으시-'はその二つの異形態の中で媒介母音の無い'-시-'を代表形と定め，'-으시-'では'-시-'を参照するように指示した。

第二，母音が陽母音か陰母音かによる異形態（例：-아라／-어라，-아／-어）の中では陽母音（-아라，-아）を代表形とした。

第三，助詞の場合，'이니／니，이며／며，이랑／랑…'等は語尾との混同を避けるために'이-'のある形を代表形とした。ただし，'引用'の'라고／이라고'は'라고'を代表形とした。

▶前接語の終声字の有無による異形態は終声字の無い語に付いて用いられるものを代表形として説明した。'가／이，를／을，로／으로'では'가，를，로'等。'과／와'は'과'を代表形とした。

6. 文法範疇の表示（品詞）

▶各見出し語の文法範疇を見出し語の環境情報の下に表示した（一般的に用いられる品詞に該当）。語尾，助詞，慣用句，縮約形と大きく4つに分けた。助詞と語尾は特に記号で助詞か語尾かを大きく分類し，さらに下位分類を行った（語尾，助詞）。

가　【친구가 왔어요．（友達が来ました。）】
助詞　主格助詞

-아요　【서울에서 살아요．（ソウルで暮らしています。）】
語尾　終結語尾
親しい間で敬意が高い　先輩や目上の人に

～에 따르면　【이 보고서에 따르면～（この報告書によると～）】
慣用句

-란[4]　【이웃을 사랑하란 말（隣人を愛せという話）】
縮約形（後の語を修飾する機能）

-래요[3]　【여기 한번 왔다 가래요．（ここに一度立ち寄ってくれですって。）】
縮約形（終結の機能）

▶助詞は格助詞か補助詞か，または接続助詞かを明らかにし，格助詞の場合には具体的に主格，目的格，副詞格，呼格等を区分した。

▶語尾は連結語尾か終結語尾かを下位分類し，終結語尾の場合には，いわゆる階称 (하십시오体，해요体等) を誰にどんな状況で使用すべきかを分かりやすく説明した。例えば '하십시오体' の場合は 最も敬意が高い 職場の上司や目上の人に (公式的)'，そして '해요体' は 親しい間で敬意が高い 先輩や目上の人に' と表示した。即ち，'하십시오体' の場合ならば，'最も敬意が高い' という敬意の階級を説明し，この終結語尾が普通自分より目上の人，特に職場の上司や目上の人に用いるもので，'公式的' に使用するという情報を示したわけである。

하십시오体：最も敬意が高い　職場の上司や目上の人に (公式的)
하오体：やや敬意が高い　老夫婦の間，目下の人をやや敬って (成人語)
하게体：やや敬意が低い　先生が学生に，嫁の両親が婿に (成人語)
해라体：最も敬意が低い　おじいさんが子供に
해요体：親しい間で敬意が高い　先輩や目上の人に
해体：親しい間で敬意が低い　友達に
하라体：敬意の高低が無い　不特定の人に：文章で読者に

▶先語末語尾には，'-시-'，'-겠-'，'-더-'，'-았-／-었-／-였-'，'-았었-／-었었-／-였었-' があり，これらについて詳細に述べた。また '-시-'，'-겠-'，'-더-' についてはアドバイスを付けて説明を加えた。

▶転成語尾の場合，'-ㅁ' と '-기' は '用言を名詞化する語尾'，'-ㄴ／-는／-은' 等は '修飾する語尾' と分かりやすく説明した。

▶語尾・助詞からなる句は慣用句として表示した。語尾と補助動詞，語尾と依存名詞からなる句も区別して称さずに慣用句とした。

▶語尾をはじめ，様々な成分が縮約して一つの語尾のように使用されるものは '縮約形' としたが，これは終結機能のものと，連結機能のものを分けて表示した。

7. 結合情報

▶見出し語情報欄では各見出し語が使用される情報を左側に示し，その右側には実際の使用例を示した。ところで一部の慣用句の場合，その前に来る語尾や助詞が続けて繰り返されたり，慣用表現自体が非常に長く，その使用例を繰り返して示すのが難しい場合があるので，このような場合には

「結合情報」の記号を使用して該当の語尾や助詞の環境情報を参照するように '☞' で表示した。

例：-ㄹ 것 같다　結合情報 ☞ -ㄹ²

8. 意味解釈
▶意味解釈はひと目で探し出せるよう，階層化して説明した。

第一，一つの助詞が接続助詞と格助詞とで用いられる場合のように文法範疇上の違いを示すものは区別して示し（網かけをした 'バー (bar)' の表示），その下に細部的な意味項目をアラビア数字で分けて意味を解釈した。例えば，助詞 '과' では接続助詞と副詞格助詞としての用法を区別し，'バー' の表示を行った。

> **과**　【부엌과 목욕탕（台所と浴室）】
> 『과は終声字のある語の後に，와は終声字の無い語の後に用いられる』
> 助詞　接続助詞
> 例　밥과，떡과，언니와，누나와
>
> 類義　이랑，하고¹
> 1. 〔事物を並べ挙げて，その語に付き〕それらを同じ資格でつなげることを表わす。'そして，〜もまた，および' の意味。
>
> 助詞　副詞格助詞　　　副詞語を表わす
> 1. ある行動を共にする対象であることを表わす。'〜と互いに' の意味。

第二，意味項目が多い場合，一つの共通した意味にまとめることができるならば，これを箱型の枠 (box) で囲んでタイトルのように示し，その下にアラビア数字を用いてさらに説明を加えた。

例： **로**　【학교로 갔다．(学校に行った。)】

> 1. 方向や目標の場所を表わす
>   1. …
>
> 2. 行動の経路を表わす
>   1. …

第三，連結語尾 '-게' のように，節の連結と用言の連結との用法が大き

く異なる場合も箱型の枠で囲んでタイトルのように示し，下位分類を行った。

例：-게⁴【모두가 다 먹을 수 있게~（皆が食べられるように~）】

1. 節と節の間に用いられる

　　1. …

2. 節と補助動詞の間に用いられる

　　1. …

▶'縮約語'と'誤り'の場合には本文で説明する代わりに，該当の見出し語を参照するように表示（☞）を付した。

　　例：-긴¹　1.'-기는'の縮約語。☞ -기는 (p.95)
　　　 -ㄹ께　1.'-ㄹ게'の誤り。☞ -ㄹ게 (p.346)

9. 例文

▶国内外の韓国語教材を基にした韓国語教育用データベースと初等教育のための基礎教育用データベースから容易で典型的な例を選んで記載した。各見出し語の例文の始まりの表示は'例'とし，新たに始まる例文には'▪'を付して始まりを表示した。例文に現われる固有名詞は若干の韓国人名と外国人名に直した。

10. 参考欄

▶以下の 1)~10) のような記号を用い，参考情報を記述した。該当の見出し語の全体的な参考情報は 全体参考 として説明し，それぞれの意味項目の参考情報は該当の意味項目の下に 参考 として説明した。綴り方と発音が異なるためにしばしば間違いやすい若干の見出し語の場合には 書き方注意 の記号を使用し，これに注意するように示した。参考情報の配列順序は次の通りである。

1) 書き方注意
2) 形態関連語
3) 丁寧
4) 縮約／原形
5) 尊敬／謙譲
6) 類義／反対
7) 関連語

8) 注意
9) 全体参考
10) 参考

▶ 1)〜8) が見出し語の全ての意味項目に適用される情報の場合は，見出し語欄の直後に示した。

▶ 全体参考 では見出し語の全ての意味項目に適用される情報を示した。また，見出し語の意味解釈が網かけしたバー（bar）や箱型の枠（box）でさらに階層化されている場合でも，その全ての意味項目に適用されるときは 全体参考 として示した。話し言葉と書き言葉のいずれかで主に用いられるとか，随意的に話し言葉でのみ使用される発音であるとか，特定の先語末語尾'-겠-'や'-았-'等と結合し得るかどうか，といった情報を詳しく示した。

▶ 参考 には個別の意味項目ごとに見られる特徴，例えば，特別な抑揚と共に現われるのか，主に一緒に現われる特定の副詞や用言があるのか，といった情報を示した。

로　【학교로 갔다．(学校に行った。)】

『로は終声字の無い語と'ㄹ'終声字で終わる語の後に，으로は'ㄹ'以外の終声字のある語の後に用いられる』

[助詞]　副詞格助詞

例　학교로，서울로，집으로

副詞語を表わす

全体参考 '로'と'에'の比較。'에'のアドバイス 2（p.600）を参照。

1．方向や目標の場所を表わす

1．〔'집（家）'，'운동장（グラウンド）'のように一定の面積を持った場所を表わす語に付き〕何かをしに移動することを表わす。'〜を目的地として'の意味。

例 ▪ 우리는 학교로 갔다．(私たちは学校に行った。)

参考 1．'가다（行く），내려서다（降り立つ），오다（来る），오르다（登る），올라가다（登って行く）'のような動詞と共に用いられる。2．'에'に置き換えることができる。例 저녁에 우리집에 와．(夕方うちに来て。)

2．〔'側'，'方面'を表わす語に付き〕行動や状態の方向を表わす。'〜の方に'，'〜に向かって'の意味。

例 ▪ 대성이는 문쪽으로 걸어갔다．(テソンはドアの方へ歩いて行った。)

参考 1．'떠나다（発つ），돌다（回る），향하다（向かう），통하다（通じる），가다（行く）'のような動詞と共に用いられる。2．'에'に置き換えることはできない。

例 ▪ 길이 안쪽**으로** 굽더니 갑자기 넓어졌다. (道が内側に曲がったかと思うと、急に広くなった。)

　　参考 '굽다（曲がる）, 휘다（曲がる）' 等と共に用いられる。
3. 一定の地点を基準にした方向を表わす。
例 ▪ 우리 마을은 부산에서 남쪽**으로** 13 킬로미터 지점에 있다. (私たちの村は釜山から南へ 13 kmの地点にある。)

　　参考 基準を表わす '〜에서', '〜를 기준으로 하여（〜を基準にして）' のような語句はしばしば省略されることもある。

11. アドバイス

▶特に説明を必要とする見出し語にはアドバイスを付けて補充説明した。混同しやすい語との区別，間違いやすい表現に関する説明，類似した語同士の相違点の説明，複雑な異形態や関連語の情報を必要とするものに関する説明，特殊な用法に関する説明等を加えた。（アドバイス目録を参照）

この辞典のための文法用語説明

依存名詞 単独では用いることができず，その前に冠形語が必ずなければならない名詞。'먹는 것（食べるもの）'，'할 수 있다（することができる）'の'것'，'수'のように常に用言の連体詞形転成語尾（-는，-ㄹ）の後に共に用いられるものを言う。

引用を表わす語尾 聞いて知った内容を間接的に伝えるときに用いられる語尾。'-다고，-냐고，-자고，-라고'等がある。

階称 話し手が聞き手に対して敬意を高めたり低めたりして話す，その程度。終結語尾によって表現される相対敬語法の等分。この辞典では，'格式体'の4等分（하십시오体，하오体，하게体，해라体）と，'非格式体（略待）'の2等分（해요体，해体）に区分した。その他に하라体がある。この辞典ではこれをそれぞれ次のように分かりやすく解釈して表示した。

　　하십시오体：最も敬意が高い　職場の上司や目上の人に（公式的）
　　하오体：やや敬意が高い　老夫婦の間，目下の人をやや敬って（成人語）
　　하게体：やや敬意が低い　先生が学生に，嫁の両親が婿に（成人語）
　　해라体：最も敬意が低い　おじいさんが子供に
　　해요体：親しい間で敬意が高い　先輩や目上の人に
　　해体：親しい間で敬意が低い　友達に
　　하라体：敬意の高低が無い　不特定の人に：文章で読者に

書き言葉 文章を通して表現された語。対話の中では口頭で行う語を話し言葉（＝口語）と言い，文章の中では文字で表現された語を書き言葉（＝文語）と言う。書き言葉と話し言葉で主に用いられる語が異なることもあるので，そのような情報を示した。一般的に書き言葉では文法的な単位を区別して用いるが，話し言葉ではしばしば縮約して用いる傾向がある。書き言葉では'누가 예쁘다고 한다．（誰かがきれいだと言う。）'の'-다고 한다'を'-다고'と'한다'とではっきり記すが，話し言葉ではこれを'-단다'と縮約して'누가 예쁘단다．（誰かがきれいなんだって。）'と言うこともある。このような'-단다'を'縮約形'として挙げ，話し言葉で主に用いられるという情報を示した。☞ 話し言葉。

格助詞 '사람（人），책（本），너（君）'等のような体言や'먹기（食べること），먹음（食べること）'のような用言の名詞形に付いて，その語が文中で主語，目的語等で用いられるようにする助詞。格助詞には主格助

詞'가', 補格助詞'가', 目的格助詞'를', 副詞格助詞'과, 로, 에'
等と, 叙述格助詞'이다', 連体格助詞'의', 呼格助詞'아, 야'等が
ある。

活用形 用言の語幹や叙述格助詞'이다'に語尾が付いて用いられる形。'가
다'の活用形'가는, 가니, 가, 갑니다'等を言う。

冠形語 体言を修飾する語。連体詞, 用言の連体形, 体言, 体言に'의'の
付いたもの等が冠形語として用いられる。

  例：'가는 사람（行く人）'の'가는（行く）'。

慣用句（慣用語, 熟語） 助詞や語尾が用言, 補助用言, 依存名詞, 縮約形
等と結び付き, 一つの表現として固定して用いられるもの。この辞典で
は慣用句を見出し語として挙げ, 分かち書きを無視して가나다順に説明
した。慣用句の異形態は代表形態で説明し, 他のものは形態関連語情報
で示したり, 参考情報でどのような形態で用いられるかといった説明を
行った。

関連語 見出し語と文法的に関連のある語。例えば, '-다고, -냐고, -라고,
-자고'のように互いの文の形と関連づけて参照すべき語等。ただし,
語尾の場合, 前に来る用言の種類によって形が変わる'-는다'と'-다'
等は形態関連語として別に示した。

聞き手（聞く人／聴者） 対話において聞く人。☞話し手。

敬意の高低が無い '하라体'を分かりやすく解釈した語。新聞や広告文,
演説文等の文章に用いられる。☞하라体。

形態関連語 語尾において用言の種類によって形態が異なるもの。例えば,
語尾'-ㄴ²'を見ると, 動詞には'-는'が用いられ, 形容詞には'-ㄴ'
または'-은'が用いられるが, このような場合'-ㄴ²'では形態関連語
として'-는²'を示した。

形容詞 '예쁘다（きれいだ）, 좋다（良い）, 싫다（嫌だ）'のように対象の
性質や状態を表わす単語。形容詞は動詞と異なり, 終結語尾に'-는다'
ではなく'-다'が来たり, 連体形語尾'-는'が来ることができない等,
活用の面で動詞と異なる。

  例：예쁜／예쁘다（きれいな…／きれいだ）, 좋은／좋다（良い…／
  良い）

結合情報 語尾と助詞がその前に来る用言や名詞によって形態が変わる様子
を示すことを言う。例えば連体詞形転成語尾'-는'は動詞の後では
'-는'が用いられるが, 終声字の無い形容詞の後では'-ㄴ'が用いられ,
終声字のある形容詞の後では'-은'が用いられる。

例：가는（行く…），예쁜（きれいな…），좋은（良い…）

　この情報は，語尾と助詞の場合には見出し語の横の[例]で示し，慣用句の場合にのみ，慣用句の最初に来る助詞や語尾の結合情報を参照するように示した。

　　例：-게 하다　[結合情報] ☞ -게⁴

原形（本来の語）　ある語が縮約される前の語。'-거나'と'-건'の関係で'-거나'が'-건'の原形である。☞ 縮約語。

語幹　動詞や形容詞，'이다'のような活用語の基幹部分。語幹はそれ単独では用いることができず，常に語尾と結合して用いられる。

語尾　動詞や形容詞，'이다'の語幹に付き，その用法によって様々に活用する部分。活用語の最後に付く語末語尾と，語末語尾の前に付く先語末語尾がある。語末語尾には文の終わりに付く終結語尾と，節の終わりに付く連結語尾がある。

語末語尾　動詞，形容詞，叙述格助詞'이다'のような活用する語の最後に付く語尾。語末語尾には，ある文を終結形にする機能の'終結語尾（平叙形語尾，感嘆形語尾，疑問形語尾，命令形語尾，勧誘形語尾）'と，そうではない'非終結語尾'があり，'非終結語尾'には文を接続する機能の'連結語尾（対等的連結語尾，従属的連結語尾，補助的連結語尾）'と，文を転成する機能の'転成語尾（名詞形語尾，連体形語尾，副詞形語尾）'がある。

時制　話し手が発話時を基準として文に表現された事柄の時間が現在，過去，未来のいずれなのかを表わす文法範疇。韓国語の時制には現在時制，過去時制，未来時制がある。

時制語尾　時制を表わす語尾。時制を表わす先語末語尾'-는-（現在時制），-았-（過去時制），-았었-（過去時制），-겠-（未来時制），-더-（過去時制）'等と，連体形語尾'-는（現在時制），-ㄴ（過去時制），-ㄹ（未来時制），-던（過去時制）'等が時制を表わす。

親しい間で敬意が高い　'해요体'を分かりやすく解釈した語。先輩や目上の人に用いる語である。☞ 해요体。

親しい間で敬意が低い　'해体'を分かりやすく解釈した語。友達に用いる語である。☞ 해体。

終結語尾　ある文を終結形にして終わらせる語末語尾。文終結法と相対敬語法の文法機能を持つ。つまり，終結語尾は文終結法によって'平叙形終結語尾'，'感嘆形終結語尾'，'疑問形終結語尾'，'命令形終結語尾'，'勧誘形終結語尾'に分かれ，相対敬語法によって'하십시오体，하오体，

하게体, 해라体, 해요体, 해体, 하라体' の終結語尾に分かれる。

修辞疑問文 疑問文の中で話し手が聞き手に答えを要求するのではなく，強い肯定の意味を表わしたり，述べる内容を確認したりするために用いるものを言う。この辞典では〔疑問文の形式だが答えを要求しない形で用いられ〕と分かりやすく説明した。

  例：누가 먹으랬니？（誰が食べろって言ったの？）（'食べろと言ったことが無い' の意味を表わす。）

修飾する語尾 '後に来る語を修飾する語尾' を縮めて称する語。☞ 連体詞形転成語尾。

従属的連結語尾 ある文を他の文に従属的につなげ，'従属的に連結された文' を構成する語末語尾。'-아서, -니까, -러, -려고, -아야, -다가, -자…' 等の語尾が前の文に付き，'先行節' が '後行節' の '理由，原因，目的，意図，当為，転換，同時…' 等の意味関係にあることを表わす。この従属的連結語尾を全て副詞形転成語尾と見なすことにする。☞ 副詞形転成語尾。

主格助詞 体言や用言の名詞形に付いて，その体言をある文の主語にさせる助詞。主格助詞には '가，께서，에서' 等がある。

縮約形 文法的な資格の異なる二つの単位が分析することのできない一つの単位に縮約した語。文法的には一つの単位ではないが，形態的には一つの単位として用いられるものを言う。下の例文 1 で '-단다' は親しい口調で述べる終結語尾である。従って，例 1' のように '-다고 한다' と置き換えることができない。例 2 の '-단다' は他の人から聞いた話を引用して表わす '-다고 한다' が縮約してできた語なので，例 2' のように用いることができる。それゆえ，例 1 の '-단다' は終結語尾であり，例 2 の '-단다' は '-다고 한다' の終結形であると説明した。

  例 1：나는 네가 부럽단다.（ぼくは君がうらやましいよ。）
  例 1'：나는 네가 부럽다고 한다.（×）
  例 2：내일 비가 오겠단다.（明日雨が降るそうだ。）
  例 2'：내일 비가 오겠다고 한다.（○）(明日雨が降ると言う。)

縮約語 ある単語の一部分を縮約して用いる語。'-거나' と '-건' の関係で '-건' は '-거나' の縮約語である。☞ 原形。

主語 主格助詞が付いて形成された，文の主体を表わす成分。'유미가 온다.（ユミが来る。）'，'꽃이 예쁘다.（花がきれいだ。）'，'내가 학생이다.（私が学生だ。）' で '유미가（ユミが）'，'꽃이（花が）'，'내가（私が）' を言う。

助詞 単独では用いることができず，自立的に用いられる語に付いてその語と他の語との関係を表わしたり，意味を詳しく表わしたりする語。助詞には格助詞，補助詞，接続助詞，句単位機能の助詞がある。

叙述格助詞 体言や用言の名詞形に付いて，その体言が文で叙述語として用いられることを表示する助詞。叙述格助詞には '이다' の一つだけがあり，'이게 우리 집이다．(これが私たちの家だ。)' のように体言と結合し，叙述語として用いられる。また用言のように語幹 '이-' の次に様々な語尾が付き，'집이고（家で），집이니（家だから），집이어서（家なので），집이었다（家だった），집이로다（家なのだな）' 等のように用いられる。

叙述語 文中で主語の性質，状態，動き等を表わす語。叙述語として用いられるものには動詞，形容詞，名詞に叙述格助詞が付いてできた語等がある。

節（前の節／後の節，先行節／後行節） 主語と叙述語を持つ一つの文が他の文と連結して '連結された文（接続文）' をなしたり，あるいはより大きい文の中に '含まれた文（内包文）' となったりして，一つの成分として用いられるもの。

接続助詞 二つ以上の体言や用言の名詞形を同じ資格で接続させる機能を持つ助詞。接続助詞には '과，하고，랑' 等がある。
　　例1：나와 너는 형제다．(おれとお前は兄弟だ。)
　　例2：나는 책과 음악을 좋아한다．(私は本と音楽が好きだ。)

先語末語尾 動詞，形容詞，叙述格助詞 '이다' の語幹と語末語尾の間に用いられ，'尊敬（-시-）'，'時制（-는-／-았-／-겠-）' 等の文法機能を表わす語尾。

尊敬語 自分より年上や地位の高い人に対する敬意を表わす語。韓国語は敬語法が発達している。敬語法は語尾と若干の助詞 '께서'，'께' 等によって表わされる。この辞典では終結語尾の場合，해体の終結語尾に敬意を表わす '요' を付けて作った '-아요' を丁寧を表わす敬語とし，区別して示した。☞ 丁寧を表わす敬語。

体言 助詞が付くことによって文で多様な成分として用いられる名詞，代名詞，数詞を合わせて称する語。

対等的連結語尾 二つの文を対等につなげ，'連結された文' を構成する語末語尾。'羅列，対照，選択' 等の意味関係を表わす '-고，-며，-면서，-지만，-나' 等の語尾を言い，対等的連結語尾の付いた文が '先行節'，後に続く文が '後行節' になる。対等的連結語尾によって構成された '連

結された文'の先行節と後行節は意味上対等である。
代表形（代表形態） 数個の変異形態を持つ形態素を表わすために，代表として定めた変異形態のうちの一つ。代表形は他の変異形態への実現条件が説明しやすいものに定めるのが一般的だが，この辞典では使用者の便宜のために代表形を次のように定めて説明した。第一に，語尾の場合，音韻環境による変異形態の中で媒介母音の無い形を代表形とした。例えば，'主体を敬う'ときの先語末語尾'-시-'と'-으시'はその二つの変異形態の中で媒介母音の無い'-시-'を代表形と定めた。第二に，母音が陽母音か陰母音かによる変異形態，例えば'-아라／-어라'，'-아서／-어서'，'-아／-어'の中では陽母音の'-아라，-아서，-아'等を代表形とした。第三に，助詞の場合，'이니／니'，'이며／며'，'이랑／랑'等は語尾との混同を避けるために'이-'のある形を代表形とした。ただし，'引用'の'라고／이라고'は'라고'を代表形とした。前接語の終声字の有無による変異形態は終声字の無い語に付いて用いられるものを代表形として説明した。'가／이'，'를／을'，'로／으로'では'가，를，로'等。☞ 変異形態。
代名詞 名詞の代わりに人，場所，事物等を指す単語の総称。例えば，'그가 거기에서 그것을 산다. (彼がそこでそれを買う。)'で'그 (彼)'，'거기 (そこ)'，'그것 (それ)'が代名詞である。
丁寧を表わす敬語 聞き手が話し手より年上だったり社会的地位が高かったりするときに使用する語が敬語である。この辞典では해体の終結語尾'-아, -지, -군'に丁寧を表わす'요'が付いて作られた'-아요, -지요, -군요'を丁寧を表わす敬語とし，区別して示した。☞ 尊敬語。
データベース 辞典を編纂して企画するために，あらゆる語彙の多様な用例を集めて収録した資料。この辞典では韓国語教育用データベースと基礎教育用データベースを主に利用した。
転成語尾 ある文がより大きい文の中で名詞や連体詞のような品詞として機能するよう，性質を変える語末語尾。転成語尾には，'-기, -ㅁ'のように文の機能を名詞化する'名詞形転成語尾'と，'-는, -ㄴ, -ㄹ, -던'のように文の機能を連体詞化する'連体詞形転成語尾'がある。この辞典ではそれぞれ'用言を名詞化する語尾'，'修飾する語尾'とした。☞ 連体詞形転成語尾，名詞形転成語尾。
同形語（同音異義形態） ある形において形態は同じだが意味と機能が全く異なるもの。この辞典では文法形態の同形語（同音異義形態）を区別するために，右肩番号とともに**手引き語**を挙げて説明した。例えば，'-다

は形態的には一つだが，7つの互いに異なる機能を持つ．'사과다 귤이다 (リンゴだのミカンだの)'の'다'は助詞，'가다 (行く)'の'-다'は動詞の基本形を表わす語尾，'저것이 국립 박물관이다. (あれが国立博物館だ．)'の'-다'は'이다'の後に用いられる叙述形の最も敬意が低い終結語尾等である．

  다¹ 【사과다 귤이다 (リンゴだのミカンだの)】 (助詞)

  -다² 【가다 (行く)】 (基本形を表わす語尾)

  -다³ 【저것이 국립 박물관이다. (あれが国立博物館だ．)】
           最も敬意が低い 終結語尾)

  -다⁴ 【한국 축구 올림픽 티켓 따다. (韓国サッカー，オリンピックチケット奪取。)】 敬意の高低が無い 終結語尾)

  -다⁵ 【화가 나셨다 합니다. (お怒りになったそうです。)】
           (引用を表わす語尾)

  -다⁶ 【크다 작다 말들이 많다. (大きいだの小さいだの，文句が多い。)】 (連結語尾)

  -다⁷ 【먹다 남긴 밥 (食べ残したご飯)】 (連結語尾)

動詞 '가다 (行く), 먹다 (食べる), 보다 (見る), 자다 (寝る)'のように，文の主体となる人や事物の動作等を表わし，叙述語となる用言の一種．'무엇이 어찌한다. (何がどうする。)'の'어찌한다 (どうする)'に該当する単語．動詞は終結語尾に'-는다'が付き，連体形語尾には'-는'が付くという活用の面で形容詞と異なる．

  例：가는 사람／내가 먹는다／내가 간다 (行く人／私が食べる／私が行く)：動詞

   예쁘는 (×)／예쁜다 (×)：形容詞

特殊助詞 ☞ 補助詞。

ハイフン (-) '-거나'，'-ㄹ걸'のように語尾であることを表わす符合'-'を指す．助詞は独立した品詞に分類されるのでハイフンを付けない (가, 를, 과…)．

話し言葉 音声で表現された語。☞ 書き言葉。

話し手 (話す人／話者) 対話において話す人。☞ 聞き手。

反対語 (反対) 見出し語と意味が反対のペアをなしている語。'-ㄴ 후에 (～した後に)'と'-기 전에 (～する前に)'等。

品詞 機能，形態，意味によって単語を分類したもの。韓国語には'名詞，代名詞，数詞，動詞，形容詞，副詞，連体詞，感嘆詞，助詞'の9品詞

がある。品詞は単語の文法範疇である。語尾や縮約形のような語は品詞に分類しない。この辞典では各見出し語の文法範疇を語尾，助詞，縮約形，慣用句に分けて表示した。

副詞格助詞　体言や用言の名詞形に付いて，その体言が文で副詞として用いられることを表示する助詞。副詞格助詞には'과，로，로서，로써，에，에게，에서'等がある。

副詞形語尾　☞ 副詞形転成語尾。

副詞形転成語尾　叙述語に付いて文を終えるものではなく，後に来る節を修飾する機能を持つ語尾。'-아서，-니까，-므로'等の語尾を言う。このような語尾は後に来る文を理由，原因等の意味で修飾するので，これを副詞語の働きをするものと見なし，従来の従属的連結語尾を副詞形転成語尾と呼ぶことにする。☞ 従属的連結語尾。

副詞語　叙述語の意味が明確に現われるように叙述語を修飾する語。副詞語は副詞，体言に副詞格助詞の付いた語，'-도록'，'-게'形の節等で作られる。

文終結法（叙法）　話し手が，文を終わらせる終結語尾によって，自身の考えや感じを聞き手に表現する様々な文終結の仕方。文終結の類型には叙述法（平叙法），感嘆法，疑問法，命令法，勧誘法の5つがある。**叙述法**は話し手が聞き手に対して特別に何かを要求することが無く，自身の考えを単純に叙述する文終結法である。平叙形語尾'-다，-네，-오，-습니다，-아，-아요'等によって表現されるもので，このような文を平叙文と言う。**感嘆法**は話し手が聞き手をあまり意識しなかったり，独り言のように自身の感じを表現したりするときの文終結法である。感嘆形語尾'-구나，-군，-아，-아요'等によって表現されるもので，このような文を感嘆文と言う。**疑問法**は話し手が聞き手に答えを要求する文終結法である。疑問形語尾'-느냐，-는가，-습니까，-아，-아요'等によって表現されるもので，このような文を疑問文と言う。**命令法**は話し手が聞き手にある行動をするよう要求する文終結法である。命令形語尾'-아라，-게，-오，-십시오，-아，-아요'等によって表現されるもので，このような文を命令文と言う。**勧誘法**は話し手が聞き手にある行動を共にするよう要請する文終結法である。勧誘形語尾'-자，-세，-ㅂ시다，-아，-아요'等によって表現されるもので，このような文を勧誘文と言う。

変異形態　ある形態素が，用いられる環境によって形態を変えるときの，その形のこと。☞ 代表形。

補助形容詞　文においてそれ自体だけでは叙述語として用いることができず，他の用言の後に用いられて，共に文の成分をなしながら補助的役割をする形容詞。例えば，'밥을 먹고 싶다.（ご飯が食べたい。）'で補助形容詞'싶다（～（し）たい）'は'밥을 먹다.（ご飯を食べる。）'の'먹다（食べる）'とは異なり，'밥이 싶다.（×）'のように'싶다'だけでは叙述語として用いることができない。☞ 補助用言。

補助詞　'는, 도, 만'等のように，体言や用言の名詞形に付いて語の意味を詳しく表現する語。それが付いた語の文法的機能は表わさない。

補助的連結語尾　本用言と補助用言をつなげる語尾。語尾'-아, -게, -지, -고'等。

補助動詞　文においてそれ自体だけでは叙述語となり得ず，他の動詞の後に用いられて，意味を補ったり文法的機能を表わしたりしながら補助的役割をする動詞。例えば，'나는 김치를 먹어 보았다.（私はキムチを食べてみた。）'で'보다（～（して）みる）'を言う。この文で動詞'먹다（食べる）'だけでも'나는 김치를 먹었다.（私はキムチを食べた。）'のように文をなすことはできるが，'나는 밥을 보았다.（×）'のように'보다'だけでは文をなすことができない。☞ 補助用言。

補助用言　単独では叙述語になり得ず，他の用言の後に用いられて，話し手の態度や意図を表わしたり意味を加えたりするもので，補助動詞と補助形容詞を合わせて称する語。補助用言は他の用言の後に用いられるとき，特定の補助的連結語尾'-아, -게, -지, -고'で連結されて用いられる。☞ 補助動詞，補助形容詞。

右肩番号　一般的に辞典で同形語を区別するために，見出し語の右上に小文字で記した番号。この辞典では同形語があるとき，右肩番号と共に'手引き語'を示し，探し出しやすいようにした。☞ 手引き語（凡例）。

名詞　'사람（人）'，'책（本）'，'고양이（猫）'，'공부（勉強）'，'사랑（愛）'のように，事物や動作，行為，状態等の名前を表わしたり，それを指し示したりする単語の総称。

名詞形語尾　☞ 名詞形転成語尾。

名詞形転成語尾　用言に付いてその用言を名詞化する語尾で'-기, -ㅁ／-음'がある。☞ 転成語尾。

目的格助詞　体言や用言の名詞形に付いて，その体言が目的語となるようにする助詞。目的格助詞には'를／을'がある。

目的語　文において目的格助詞'를／을'と共に用いられ，動詞が表わす行為の対象となる語。'유미가 밥을 먹는다.（ユミがご飯を食べる。）'で

'밥을（ご飯を）' を言う。

最も敬意が高い　'하십시오体'を分かりやすく解釈した語。職場の上司や目上の人に用いる語で，公式的である。☞ 하십시오体。

最も敬意が低い　'해라体'を分かりやすく解釈した語。おじいさんが子供に用いる語である。☞ 해라体。

やや敬意が高い　'하오体'を分かりやすく解釈した語。老夫婦の間や，目下の人をやや敬って用いる語で，成人語である。☞ 하오体。

やや敬意が低い　'하게体'を分かりやすく解釈した語。先生が学生に用いたり，嫁の両親が婿に用いたりする語で，成人語である。☞ 하게体。

用言　文の叙述語となる，動詞と形容詞を合わせて称する語。用言は活用する。動詞と形容詞はその意味と活用の違いによって互いに区別される。

用言を名詞化する語尾　'名詞形転成語尾'を分かりやすく解釈した語。☞ 名詞形転成語尾。

用例（例文）　助詞や語尾の意味と用法を分かりやすく示すための例文。この辞典の用例の大部分は韓国語教育用データベースと基礎教育用データベースから選び出した。

抑揚　'집에 가요.'という文が抑揚によって叙述文，疑問文，命令文，勧誘文に用いることができたり，'어디 가게?'のような疑問文も抑揚によって意味が変わったりする等，抑揚が非常に重要な役割を行う。しかしこのような抑揚を文字で表現するには様々な制約が伴うので，こうした情報を収めることのできる電子辞典の編纂が求められている。

類義語（類義）　ある見出し語とは形態や音が異なるけれども，その意味が類似している語。'-거나'と'-든지'，'-거든'と'-면'等。

連結語尾　ある文の叙述語や用言を連結形にして，他の文や用言とつなぐ語末語尾。連結語尾には，二つの文を対等につなぐ機能を持つ'対等的連結語尾（-고，-면서，-지만，-나…）'と，前の文を後の文に従属的な関係でつなぐ機能を持つ'従属的連結語尾（-면，-니，-는데，-아서，-니까…）'，そして前の用言を後に来る補助用言と連結し，共に叙述語として機能させる'補助的連結語尾（-아，-게，-지，-고）'がある。☞ 対等的連結語尾，従属的連結語尾，補助的連結語尾。

連体形語尾　☞ 連体詞形転成語尾。

連体詞形転成語尾　用言に付いて後の語を修飾する役割をする語尾。'-는，-ㄴ，-은，-ㄹ，-을'等がここに属す。この辞典では'修飾する語尾'と分かりやすく解釈した。☞ 転成語尾。

하게体　相対敬語法の一つで，'格式体'の'等称'の階称，またはその階

称を表わす終結語尾。終結語尾'-네, -게, -세, -나'等によって表現される。主に嫁の両親が婿に、あるいは教授が大人になった学生に話すときに用いられる成人語である。この辞典では やや敬意が低い とした。

하라体 相対敬語法の一つで、相手が特定の個人ではないとき、敬意の高低が中和された感じを表わす階称、またはその階称を表わす終結語尾。終結語尾'-다, -는가, -라'等によって表現される。新聞や広告文、演説文等の文章に用いられる。この辞典では 敬意の高低が無い とした。

하십시오体（합쇼体） 相対敬語法の一つで、'格式体'の'上称'の階称、またはその階称を表わす終結語尾。終結語尾'-습니다, -습니까, -십시오'等によって表現される。学校、官公署、ニュース、会議での対話のように、格式的な場、公式的な場で多く用いられる。この辞典では 最も敬意が高い とした。

하오体 相対敬語法の一つで、'格式体'の'中称'の階称、またはその階称を表わす終結語尾。終結語尾'-오, -소, -ㅂ시다'等によって表現される。年を取った夫婦間のように、高齢の人たちの間で用いられる成人語である。この辞典では やや敬意が高い とした。

해体 相対敬語法の一つで、'非格式体（略待）'の'敬意の無い'階称、またはその階称を表わす終結語尾。終結語尾'-아, -지, -ㄹ까'等によって表現される。お母さんが子供に話すときや、友達とか親しい人たちの間のような非格式的な場で多く用いられる。この辞典では 親しい間で敬意が低い とした。

해라体 相対敬語法の一つで、'格式体'の'下称'の階称、またはその階称を表わす終結語尾。終結語尾'-다, -냐, -자, -라, -구나'等によって表現される。大人が子供に話すときや、友達の間でしばしば用いられる。また教科書のような書き言葉にも用いられることがある。この辞典では 最も敬意が低い とした。

해요体 相対敬語法の一つで、'非格式体（略待）'の'敬意のある'階称、またはその階称を表わす終結語尾。해요体は해体の終結語尾に丁寧を表わす'요'を付けて使用するもので、'-아요, -지요, -을까요'等を言う。成人女性の間、職場の仲の良い同僚の間、または子供がお母さんに話すとき等のように、親しい人たちの間で敬意を持って用いられるものを言う。この辞典では 親しい間で敬意が高い とした。

가

【친구가 왔어요. (友達が来ました。)】

『가は終声字の無い語の後に，이は終声字のある語の後に用いられる』

[助詞] 主格助詞

[例] 친구가, 진수가, 동생이, 사람이
主語を表わす

[関連語] 는¹

1. 〔人や動物を表わす語に付き〕ある動作を行う主体を表わす。

例 ▪ 친구가 왔어요. (友達が来ました。)
   ▪ 누나가 빵을 먹었어요. (姉がパンを食べました。)
   ▪ 고양이가 낮잠을 잔다. (猫が昼寝をする。)
   ▪ 동생이 공을 찬다. (弟(妹)がボールを蹴る。)

   [尊敬] 께서 [例] 할머니가→할머니께서 오세요. (おばあさんがいらっしゃいます。)

   [参考] '학교(学校), 회사(会社)'のような団体名詞の後では'에서'を用いることもある。[例] 현대가→현대에서 자동차를 생산한다. (現代で自動車を生産する。)

2. 〔'何々が～である'で'何々'に付いて用いられ〕何らかの状態にある対象を表わす。

例 ▪ 배가 아파요. (おなかが痛いです。)
   ▪ 제가 선배입니다. (私が先輩です。)
   ▪ 날씨가 추워요. ((天気が)寒いです。)
   ▪ 우리 할아버지는 키가 크세요. (うちのおじいさんは背が高いです。)
   ▪ 책이 무척 비쌉니다. (本がとても高いです。)

   [尊敬] 께서 [例] 할머니가→할머니께서 편찮으세요. (おばあさんがご病気です。)

3. 怖いものや嫌なもののように，気持ちの及ぶ対象を表わす。

例 ▪ 나는 고양이가 무서워요. (私は猫が怖いです。)
   ▪ 나는 추운 것이 싫어. (私は寒いのが嫌だ。)
   ▪ 나는 새치기하는 사람이 얄미웠다. (私は割り込みする人が憎らしかった。)

   [参考] '무섭다(怖い), 싫다(嫌だ), 좋다(好きだ)'のような形容詞と共に用いられる。

4. 状態や条件の変化をこうむる主体を表わす。

例 ▪ 유리가 깨졌다. (ガラスが割れた。)
   ▪ 건물이 무너졌다. (建物が倒れた。)
   ▪ 창문이 부서졌다. (窓が壊れた。)

| 助詞 | 補格助詞 | 補語を表わす |

1. 〔'되다（なる）'の前の語に付き〕'そのようになるもの'を表わす。

例 ▪ 물이 수증기**가** 되었다.（水が水蒸気になった。）
   ▪ 우리 형이 변호사**가** 되었어요.（うちの兄が弁護士になりました。）

2. 〔'아니다（〜ではない）'の前の語に付き〕'否定されるもの'を表わす。

例 ▪ 저는 바보**가** 아니에요.（私は馬鹿ではありません。）
   ▪ 이건 쉬운 문제**가** 아니에요.（これは易しい問題ではありません。）
   ▪ 이것은 제 것**이** 아닙니다.（これは私のものではありません。）

語用的意味の添加

1. それを特別に選択して指摘することを表わす。'他でもない〜'の意味。

例 ▪ 김치는 역시 한국 김치**가** 맛있어.（キムチはやはり韓国のキムチがおいしいよ。）
   ▪ 다음은 누**가** 노래하니？ 내**가** 할 차례야.（次は誰が歌うの？ ぼくが歌う番だよ。）
   ▪ 이 근처에서 어느 집**이** 제일 크니？ 저 집**이** 제일 커.（この近所でどの家が一番大きいの？ あの家が一番大きいよ。）

   参考 1. このときの'가'は省略できない。 2. 話し手の意図によって強勢が置かれることもある。

2. 指摘して強調することを表わす。

例 ▪ 배가 부르지**가** 않아.（お腹が一杯にならないよ。）
   ▪ 어쩐지 기분이 좋지**가** 않다.（どういうわけか気分が良くない。）
   ▪ 나는 그 사람이 싫지**가** 않았다.（私はその人が嫌ではなかった。）
   ▪ 어째 이 옷은 편치**가** 못하구나.（どうもこの服は着心地が良くないな。）

   参考 1. '않다, 못하다'等と共に用いられる。 2. '를'に置き換えることができる。
   例 기분이 좋지가 않아. →기분이 좋지**를** 않아.（気分が良くないよ。）

例 ▪ 이 술집에서는 거의**가** 생맥주를 마신다.（この飲み屋ではほとんどが生ビールを飲む。）
   ▪ 도대체**가** 틀려먹었어.（まったくだめな人間だね。）
   ▪ 본래**가** 술맛은 술맛이 아니라 사람 맛이 아닐까？（本来酒の味とは, 酒の味ではなく人の味ではなかろうか？）

参考 '거의 (ほとんど), 본래 (本来)' 등의 일부의 副詞と共に用いられる.

例 ▪ 네 차림새부터**가** 그래. 이게 학생의 차림이야? (君の身なりからがそうだよ. これが学生の身なりかい?)

▪ 중국말은 우리말과는 어순부터**가** 다르다. (中国語は私たちの言葉とは語順からが異なる.)

▪ 어떻게 이런 책이 베스트 셀러가 된 것인지부터**가** 의문이다. (どうしてこんな本がベストセラーになったのかからが疑問だ.)

参考 '부터'のような補助詞の後に用いられる.

例 ▪ 친구**가** 보고 싶어. (友達に会いたいよ.)

▪ 과자**가** 먹고 싶어요. (お菓子が食べたいです.)

▪ 커피**가** 마시고 싶어요. (コーヒーが飲みたいです.)

▪ 갑자기 음악**이** 듣고 싶어요. (ふと音楽が聞きたくなりました.)

参考 '-고 싶다'の文で本動詞の目的語に付いて用いられる. 例 음악을 듣고 싶다. → 음악이 듣고 싶다. (音楽が聞きたい.)

3. 引用される話の出どころを表わす.

例 ▪ 글쎄 늦게 나타나서 한다는 얘기**가** 자기가 한턱 내려고 했다는 거야. (それがさあ, 遅くやって来て言うことが, 自分がおごろうと思ってたって言うんだよ.)

▪ 우리 애가 하는 말**이** 글쎄 더 이상 살기 싫대요. (うちの子の言うことったら, まったく, これ以上一緒に暮らしたくないですって.)

▪ 의사 선생님 말씀**이** 담배를 피워서 그렇대. (お医者さんのお話では, タバコを吸うからなんだって.)

参考 '말하기를 (言うところでは)'や '말하되 (言うには)'に置き換えることができる.

4. 〔副詞語の位置で, 数量を表わす語に付いて用いられ〕その数を指摘して強調することを表わす.

例 ▪ 시험 날짜가 열흘**이** 남았다. (試験日まで10日残っている.)

▪ 밥을 먹은 지가 한 시간**이** 지났다. (ご飯を食べてから1時間が過ぎた.)

▪ 약속한 시간이 사흘**이** 지났다. (約束した時間が3日過ぎた.)

アドバイス 1

'가' の省略について：

話し言葉では主格助詞 '가' がしばしば省略される。

例 1 : 나∅ 어제 힘들어서 죽을 뻔했어. (私∅昨日辛くて死にそうだったよ。)

例 2 : 엄마, 나∅ 이거 먹어도 돼요? (お母さん, 私∅これ食べてもいい？)

例 3 : 경화야, 나∅ 먼저 간다. 내일 보자. (キョンファ, 私∅先に帰るよ。また明日。)

例 4 : 경화∅ 내일 결혼한다면서? (キョンファ∅明日結婚するんだって？)

上の文において次のように '가' が用いられると, 他のものではなくまさにそれだと指摘して述べる意味が加わる。

例 1': 내**가** 어제 힘들어서 죽을 뻔했어. (私が昨日辛くて死にそうだったよ。)

例 2': 엄마, 내**가** 이거 먹어도 돼요? (お母さん, 私がこれ食べてもいい？)

例 3': 경화야, 내**가** 먼저 간다. 내일 보자. (キョンファ, 私が先に帰るよ。また明日。)

例 4': 경화**가** 내일 결혼한다면서? (キョンファが明日結婚するんだって？)

アドバイス 2

'나, 너, 저, 누구' と '가' の結合形：

'나 (ぼく)／너 (君)／저 (私)' は主格助詞 '가' が付くと
'나가／너가／저가' ではなく, '내가／네가／제가' の形になる。

例 1 : **내가** 할게요. (ぼくがやりますよ。) 나가 할게요. (×)

　　　(参考 : **나는** 먹어요. (ぼくは食べます。))

例 2 : **네가** 해라. (君がやれよ。) 너가 해라. (×)

　　　(参考 : **너는** 먹었니? (君は食べたの？))

例３： **제가** 할게요．（私がやりますよ．）저가 할게요．（×）
　　　（参考：**저는** 먹어요．（私は食べます．））
'누구（誰）'に'가'が付くと'누구가'ではなく'누가'の形になる。
例４： **누가** 해요？（誰がしますか？）누구가 해요？（×）
　　　（参考：**누구는** 그런 거 먹어요？（誰がそんなもの食べるんですか？））

アドバイス３

人の名前と'가'の結合形：
名前に終声字が無いときは助詞'가'を直接付ける。
例１： 민수**가**／영희**가**／히로코**가**／메리**가** 와요．（ミンスが／ヨンヒが／ひろ子が／メリーが来ます．）
終声字のある韓国人の名前には接辞'이'の後に助詞'가'を付ける。
例２： 은정이**가** 와요．（ウンジョンが来ます．）은정이 와요．（×）
　　　（参考：정화가 와요．（チョンファが来ます．））
しかし姓と名前を一緒に言うときは接辞'이'を用いない。
例３： 권은정**이** 와요．（クォン・ウンジョンが来ます．）
　　　　권은정이가 와요．（×）
終声字のある外国人の名前には接辞'이'を用いず，助詞'이'を直接付ける。
例４： 존**이** 와요．（ジョンが来ます．）존슨**이** 와요．（ジョンソンが来ます．）
　　　　마이클**이** 와요．（マイケルが来ます．）

～가 ～니만큼
【때가 때니만큼～（時が時であるだけに～）】

結合情報 ☞ 가

慣用句

全体参考 '～가 ～니만치'のようにも用いられる。例 장소**가** 장소**니만치** 조용히 하세요．（場所が場所ですから静かにして下さい．）

1. 〔'～'に同じ語が繰り返し用いられ〕その程度を強調して述べることを表わす。'～がそうなので'の意味。

例 ▪ 때**가** 때**니만큼** 매사에 신중을 기해야 한다．(時が時であるだけに万事に慎重を期さなくてはならない。)
▪ 시대**가** 시대**니만큼** 절약하고 아껴 보자고 하였다．(時代が時代であるだけに節約して大切に使ってみようと思った。)
▪ 사정**이** 사정**이니만큼** 이번만은 용서해 주세요．(事情が事情ですから今回だけはお許し下さい。)

～가 아닌 다음에는 【바보가 아닌 다음에는～ (馬鹿でない限りは～)】

結合情報 ☞ 가

慣用句

1. 'そのような条件や状況では (きっと)' の意味．

例 ▪ 바보**가** 아닌 다음에는 그런 일을 할 리가 없다．(馬鹿でない限りはそんなことをやるはずがない。)
▪ 군인**이** 아닌 다음에는 그 곳에 들어갈 수 없다．(軍人でない限りはそこに入ることができない。)

～가 ～인지라 【때가 때인지라～ (時期が時期だから～)】

結合情報 ☞ 가

慣用句

1. ['～' に同じ語が繰り返し用いられ] 根拠を強調して述べることを表わす．

例 ▪ 때**가** 때**인지라** 꽃값이 무척 비쌌다．(時期が時期だから花の値段がとても高かった。)
▪ 상황**이** 상황**인지라** 모두들 열심히 했다．(状況が状況であるから皆熱心にやった。)

같이

【얼음같이 차갑다.（氷のように冷たい。）】

『終声字の有無にかかわらず**같이**が用いられる』

[助詞] 副詞格助詞

[発音] [가치]

[例] 너**같이**, 바보**같이**, 꽃**같이**, 눈**같이**
副詞語を表わす

1. 〔体言に付き〕ある様子や行動を他のものになぞらえて、そのぐらいであることを表わす。'～のように（～처럼）'の意味。
   例 ▪ 바람이 얼음**같이** 차갑다.（風が氷のように冷たい。）
   - 꽃**같이** 예쁜 네 얼굴이 부럽다.（花のようにきれいなあなたの顔がうらやましい。）
   - 손바닥**같이** 납작한 돌을 찾고 있어.（手のひらのように平べったい石を探しているんだよ。）
   - 사람들은 봄날**같이** 따뜻한 날씨를 즐겼습니다.（人々は春の日のように暖かい日和を楽しみました。）
   - 흙이 말라서 돌**같이** 단단해졌다.（土が乾いて石のように固くなった。）

   [類義] 처럼 [例] 꽃**같이** 예쁘다. →꽃**처럼** 예쁘다.（花のようにきれいだ。）

2. 〔時を表わす一部の名詞に付き〕その時間性を強調することを表わす。
   例 ▪ 아저씨는 새벽**같이** 일어나 일하러 가셨다.（おじさんは朝早くから起きて働きに行かれた。）
   - 그는 잘 살게 해 달라고 매일**같이** 기도했다.（彼は良い暮らしができるようにと毎日のようにお祈りした。）

-거나

【여행을 하거나 책을 읽어요.（旅行に行ったり本を読んだりします。）】

『動詞, 形容詞, '이다', '-았-'の後に用いられる』

[語尾] 連結語尾

[例] 가**거나**, 먹**거나**, 예쁘**거나**, 짧**거나**, 동생이**거나**, 먹었**거나**

[類義] -든가², -든지²

1. 〔前と後の内容を対等に連結し〕選択され得る事柄を羅列するときに用いられる。'～または～', '～でなければ～'の意味。

例 ▪ 쉬는 날에는 여행을 하**거나** 책을 읽어요．(休みの日には旅行に行ったり本を読んだりします。)
　▪ 아프**거나** 힘들 때는 어머니 생각이 나요．(具合が悪かったり辛かったりするときは母を思い出します。)
　▪ 엎드려서 책을 읽**거나** 글씨를 쓰면 허리가 아파요．(うつ伏せになって本を読んだり字を書いたりすると腰が痛くなります。)
　▪ 외출할 때는 모자를 쓰**거나** 선글라스를 낀다．(外出するときは帽子をかぶったりサングラスをかけたりする。)
　参考 '-건'とは縮約されない。
例 ▪ 휴식 시간에는 커피를 마시**거나** 담배를 피우**거나** 하죠．(休憩時間にはコーヒーを飲んだりタバコを吸ったりしますよ。)
　▪ 일요일에는 낮잠을 자**거나** 텔레비전을 보**거나** 합니다．(日曜日は昼寝をしたりテレビを見たりします。)
　参考 主に '-거나 -거나 하다' の形で用いられる。
2.〔主に '-거나 하다' の形で用いられ〕'〜する場合がある' の意味。
例 ▪ 무리하면 감기에 걸리**거나** 해서 몸에 나쁘다．(無理すると風邪を引いたりして体に悪い。)
　▪ 누가 뭘 부탁하**거나** 하면 거절을 못 하겠어요．(誰かに何かを頼まれたりすると断ることができません。)
　▪ 일을 해서 돈이 생기**거나** 하면 옷 사는 데 다 써 버려요．(仕事をしてお金ができたりすると服を買うのに全部使ってしまいます。)
　参考 '-건'とは縮約されない。
3.〔'-거나 -거나' の形で用いられ〕'二つのうちでどちらでも' の意味。
例 ▪ 믿**거나** 말**거나**．(信じようと信じまいと。)
　▪ 누가 보**거나** 말**거나** 우리는 질서를 지켜야 합니다．(誰が見ようと見まいと私たちは秩序を守らなければいけません。)
　▪ 지하철 안에서는 서 있**거나** 앉아 있**거나** 모두들 책을 읽는다．(地下鉄の中では立っていても座っていても皆本を読む。)
　類義 -나⁶
　縮約 -건
　参考 互いに反対の意味を持った二つの語に用いられたり、'-거나 말거나' の形で

用いられたりもする。

4. 〔'-거나 간에'の形で用いられたり，'무슨 (何の)'，'어느 (どの)' 等と共に用いられ〕'どちらであっても (区別しないで)'の意味。

例 ▪ 인간이**거나** 식물이**거나** 간에 생명을 가진 것은 사랑으로 키워야 한다. (人間であれ植物であれ生命を持ったものは愛で育てなければならない。)

▪ 무엇을 하**거나** 간에 열심히 하세요. (何をするにせよ，一所懸命やって下さい。)

▪ 남이야 무슨 일을 하**거나** 너나 잘 해. (他人は何をするにせよ，お前こそちゃんとやれ。)

縮約 -건

-거니

【술잔을 주**거니** 받**거니** ~ (杯を差しつ差されつ~)】

『動詞，形容詞，'이다'，'-았-'，'-겠-'の後に用いられる』

語尾 連結語尾

例 가**거니**，먹**거니**，예쁘**거니**，좋**거니**，동생이**거니**，잡았**거니**，가겠**거니**

形態関連語 '이다' + -라거니

関連語 -다거니, 動詞 + -라거니, -자거니

1. 〔'-거니 -거니 (하다)'の形で用いられ〕対立する二つの動作や状態が繰り返されることを表わす。

例 ▪ 두 사람은 술잔을 주**거니** 받**거니** 하며 마셨다. (二人は杯を差しつ差されつしながら飲んだ。)

▪ 그들은 자전거를 타고 앞서**거니** 뒤서**거니** 하며 언덕길을 달려나갔다. (彼らは自転車に乗って，先になったり後になったりしながら坂道を駆け抜けた。)

2. 〔'-거니 하다/싶다'の形で用いられ〕ある事柄を自ら推測して認めることを表わす。'そうだろう'の意味。

例 ▪ 마음 푹 놓고 내 집이**거니** 생각하라구. (ゆっくり気を休めて，自分の家だと思うんだよ。)

- 당연히 돌아오겠**거니** 하고 기다렸지만 소식이 없었다. (当然戻って来るだろうと思って待っていたが、知らせが無かった。)
- 택시를 타면 되겠**거니** 하고 집을 나섰다. (タクシーに乗ればいいだろうと思い、家を出た。)

[類義] -려니

[参考] 1. しばしば'-겠거니'の形で用いられる。2. '하다, 싶다'と共に用いられるが'하다'が省略された形でも用いられる。

-거니와 【이 식당은 깨끗하**거니와**～ (この食堂はきれいな上に～)】

『動詞, 形容詞, '이다', '-았-', '-겠-'の後に用いられる』

[語尾] 連結語尾

[例] 가**거니와**, 먹**거니와**, 예쁘**거니와**, 좋**거니와**, 동생이**거니와**, 갔**거니와**, 가겠**거니와**

[類義] -려니와

[全体参考] 主に書き言葉に用いられる。

1. 前の内容を認めながら後の事柄も認めることを表わす。'～はもちろんのこと、さらには', '～したり、またさらに'の意味。

例
- 이 식당은 깨끗하**거니와** 음식 맛도 좋다. (この食堂はきれいな上に料理もおいしい。)
- 그는 잘생겼**거니와** 목소리도 시원시원했다. (彼はハンサムな上に声もはきはきしていた。)
- 그 노인은 돈도 많**거니와** 존경 또한 많이 받았다. (その老人はお金持ちでもあったし、その上非常に尊敬されてもいた。)
- 속담은 뜻이 분명한 것은 물론이**거니와** 간결하기도 하여 외기도 쉽다. (ことわざは意味が明らかなのはもちろんのこと、簡潔でもあり、覚えるのも容易である。)

[参考] 1. しばしば補助詞'도'や副詞'또한 (その上)'等と共に用いられる。2. しばしば'～는 물론이거니와'の形でも用いられる。

2. 後の内容と関連することを再び説明するときに用いられる。'～なのだ

が（-는데）'の意味。

例
- 거듭 말하**거니와** 나의 연인은 그대뿐입니다．（何度も言うけど，ぼくの恋人はあなただけです。）
  - 다시 덧붙이**거니와** 열심히 해 주시기 바랍니다．（もう一度付け加えて言いますが，一所懸命やって下さるようお願いします。）
  - 다시 한번 강조하**거니와** 늦지 말도록 하세요．（もう一度強調しますが，遅くならないようにして下さい。）

-거든[1] 【오늘이 내 생일이**거든**．（今日ぼくの誕生日なんだよ。）】
『動詞，形容詞，'이다'，'-았-'の後に用いられる』
[語尾] 終結語尾
[親しい間で敬意が低い] 友達に

例 가**거든**, 먹**거든**，예쁘**거든**, 좋**거든**，동생이**거든**, 먹었**거든**

[丁寧] -거든요
[全体参考] 話し言葉に用いられる。

1. 先に話された内容について，話し手が自分なりに考えた原因や理由を挙げて述べることを表わす。'～だ／～するというわけだ'の意味。

例
- 김진수：내가 한 턱 낼게．（キム・ジンス：ぼくがおごるよ。）
  이영숙：네가 웬 일이니？（イ・ヨンスク：あら，どうしたの？）
  김진수：오늘이 내 생일이**거든**．（キム・ジンス：今日ぼくの誕生日なんだよ。）
- 이영숙：무슨 좋은 일이 있나 보다．（イ・ヨンスク：何か良いことがあったみたいね。）
  김진수：복권에 당첨됐**거든**．（キム・ジンス：宝くじに当たったんだよ。）
- 이영숙：너 안색이 안 좋구나．（イ・ヨンスク：あなた顔色が良くないわ。）
  김진수：응，어제 거의 밤을 샜**거든**．（キム・ジンス：うん，昨日ほとんど徹夜だったんだよ。）

[参考] 1. 状況が与えられなければ用いられないため，文や会話の最初には用いられない。2. 文末の抑揚が下がる。

2. 次の話を述べるための前提を示すときに用いられる。'〜ということなのだが，(それで)'の意味。

例 ▪ 옛날에 옛날에 한 나무꾼이 살았**거든**. 그런데 그 나무꾼이 하루는 길을 가다가…. (昔々，一人の木こりが住んでいたんだ。ところがその木こりがある日，道を歩いていると…。)

▪ 이 독사는 작지만 독은 강하**거든**. 물리기만 하면 당장 죽어. (この毒蛇は小さいけど毒は強いんだよ。噛まれただけでその場で死んじゃうよ。)

参考 1. 文や会話の最初にも用いることができる。2. 文末を上げる抑揚と共に用いられる。

-거든² 【먹기 싫거든〜 (食べたくないなら〜)】

『動詞，形容詞，'이다'の後に用いられる』
語尾 連結語尾

例 가거든, 먹거든, 예쁘거든, 좋거든, 학생이거든

類義 -면²

全体参考 後には命令，勧誘，約束等の行為を表わす節が用いられる。

1. 条件を表わす。'〜ならば(-면)'の意味。

例 ▪ 먹기 싫**거든** 먹지 마라. (食べたくないなら食べるな。)
▪ 비가 오**거든** 가지 마라. (雨が降ったら行くな。)
▪ 목숨이 아깝**거든** 돈을 내놓아라. (命が惜しければ金を出せ。)
▪ 아버지가 돌아오시**거든** 잔치를 벌이자. (お父さんが帰って来たらパーティーをしよう。)

アドバイス

〔条件〕を表わす'-거든'と'-면'の比較:

1. '-거든'は条件を表わすが，特にその条件が実現する可能性があるものと考えられるときに用いられる (例1参照)。これに対し'-면'は例2のように仮定的な条件 (仮定) を表わすときにも用いられる。
例1: 백만장자가 되**거든** 비싼 차를 사 줄게. (??)

例2：백만장자가 되**면** 비싼 차를 사 줄게．(○)(百万長者になったら高い車を買ってやるからね。)

2．条件を表わすとき，'-거든'は後に命令文や勧誘文を用いるという制約があるが，'-면'にはこうした制約が無い。

例3：비가 오**거든** 집에 가자．(○)(雨が降ったら家に帰ろう。)
　　　　　／집에 간다．(×)

例4：비가 오**면** 집에 가자．(○)(雨が降ったら家に帰ろう。)
　　　　　／집에 간다．(○)(家に帰る。)

3．'-면'は仮定と条件を表わすことができるが，'-거든'は条件だけを表わす。決まっている事実に対する仮定には'-거든'を用いることができない。

例5：봄이 지나**면** 여름이 온다．(○)(春が過ぎれば夏が来る。)

例6：봄이 지나거든 여름이 온다．(×)

-거든요

【친구들이 집에 놀러 오**거든요**．
(友達が家に遊びに来るんですよ。)】

[発音] [거든뇨]

『動詞，形容詞，'이다'，'-았-'の後に用いられる』

[例] 가**거든요**，먹**거든요**，예쁘**거든요**，좋**거든요**，동생이**거든요**，갔**거든요**

[語尾] 終結語尾

[親しい間で敬意が高い] 先輩や目上の人に

[類義] -거들랑요

[全体参考] 話し言葉に用いられる。

1. 相手の話について，なぜそうしたのか理由を明らかにすることを表わす。'～するからだ (-기 때문이다)' の意味。

例 ■ 이대성：뭘 그렇게 많이 샀어요？(イ・デソン：何をそんなにたくさん買ったんですか？)

　　메리　：내일 친구들이 집에 놀러 오**거든요**．(メリー：明日友達が家に遊びに来るんですよ。)

　■ 이영숙：눈을 처음 보나 보지요？(イ・ヨンスク：雪を初めて見たようですね。)

　　　　제인　：네, 우리 나라에는 겨울이 없**거든요**. (ジェーン：ええ, 私たちの国には冬が無いんですよ。)
　　▪ 김진수：어쩌면 좋지요？ (キム・ジンス：どうしたらいいでしょう？)
　　　　마이클：걱정하지 마세요. 저한테 좋은 생각이 있**거든요**. (マイケル：心配しないで下さい。私に良い考えがあるんですよ。)
2. (理解しにくいという気持ちを表わし) '～することはしますが' の意味。
例 ▪ 제임스의 생각도 일리는 있**거든요**. (ジェームスの考えも一理はありますけどね。)
　　▪ 그 책을 쓴 사람이 이해는 가**거든요**. (その本を書いた人のことって理解はできるんですが。)
3. 次の話を述べるための前提を示すときに用いられる。'～ということです。(それで)' の意味。
例 ▪ 제가 좀 바쁘**거든요**. 그러니까 좀 빨리 오세요. (私, ちょっと忙しいんですよ。ですからちょっと早めに来て下さい。)
　　▪ 어젯밤에 좋은 꿈을 꾸었**거든요**. 그러니까 복권을 한번 사 봐요. (昨日の夜, 良い夢を見たんですよ。ですから宝くじを一度買ってみましょうよ。)
　　▪ 제가 가구를 새로 샀**거든요**. 구경 오세요. (私, 家具を買い換えたんですよ。見に来て下さい。)
　　参考　文末を上げる抑揚と共に用いられる。例 제가 좀 바쁘거든요↗ (私, ちょっと忙しいんですよ。)

-거라

【집으로 가**거라**. (家に帰りなさい。)】

『'가다' や '가다' で終わる動詞の後に用いられる』

語尾　終結語尾

最も敬意が低い　おじいさんが子供に

例　가**거라**, 돌아가**거라**, 찾아가**거라**, 뛰어가**거라**

関連語　-너라, -아라¹

全体参考　話し言葉や意味解釈 2 のように, 歌や詩等では '자다 (寝る), 듣다 (聞く), 앉다 (座る)' 等の一般動詞にも用いられる。例 잠이나 자**거라**. (もう寝なさい。)／게 좀 앉**거라**. (そこにちょっと座りなさい。)／잘 듣**거라**. (よく聞きなさい。)

1. 命令することを表わす。
例 ▪ 어서 집으로 가**거라**. （早く家に帰りなさい。）
　▪ 친구를 찾아가**거라**. （友達を訪ねて行きなさい。）
2. 〔歌や詩で用いられる書き言葉で〕（命令の意味はなく）親しみを持って頼んだり祈ったりすることを表わす。
例 ▪ 아가야, 꿈나라 가**거라**. （坊や, 夢の国にお行きなさい。）
　▪ 고이 잠들**거라**. （安らかにお眠りなさい。）
　▪ 자라서 큰 인물이 되**거라**. （大きくなって立派な人になるんだよ。）

-건 【네가 믿**건** 말**건**~（君が信じようと信じまいと~）】

『動詞, 形容詞, '이다', '-았-' の後に用いられる』

語尾　連結語尾

例 가건, 먹건, 예쁘건, 좋건, 동생 것이건, 먹었건

全体参考　1. 話し言葉に用いられる。2. '-거나' より縮約語 '-건' を多く用いる。

1. 〔'-건 -건' の形で用いられ〕'二つのうちでどちらでも' の意味。'-거나' の縮約語。
例 ▪ 네가 믿**건** 말**건** 난 관심 없어. （君が信じようと信じまいと私は関心が無いよ。）
　▪ 누가 보**건** 말**건** 우리는 질서를 지켜야 합니다. （誰が見ようと見まいと私たちは秩序を守らなければいけません。）
　▪ 내가 울**건** 말**건** 신경 쓰지 마세요. （私が泣こうが泣くまいが気にしないで下さい。）

2. 〔'-건 간에' の形で用いられたり, '무슨（何の）', '어느（どの）' 等と共に用いられ〕'どれであれ（区別せずに）' の意味。
例 ▪ 그 영화는 아이**건** 어른이**건** 간에 누구나 다 보았대요. （その映画は子供であれ大人であれ誰でも皆見たそうですよ。）
　▪ 내가 뭘 먹**건** 당신이 왜 참견하세요. （私が何を食べるにせよ, あなたがどうして口出しなさるんですか。）
　▪ 남이야 무슨 일을 하**건** 너나 잘 해. （他人は何をするにせよ, お前こそちゃんとやれ。）

－건대 【생각하건대～ (思うに～)】

『一部の動詞の後に用いられる』

語尾 連結語尾

例 듣건대, 보건대, 바라건대, 생각하건대

全体参考 '-하건대'는 '-컨대'と縮約して用いられることもある。例 회상하건대→회상컨대 (回想するに), 원하건데→원컨대 (願わくは)。また '생각하다'のように '하다'の前の終声字が 'ㄱ'であるときは '하'が省略されて '건대'と用いられることもある。例 생각하건대→생각건대 (思うに), 추측하건대→추측건대 (推測してみると)

1. 〔'듣다 (聞く), 보다 (見る), 생각하다 (思う), 추측하다 (推測する)'等の動詞の後に用いられ〕後の内容を述べるに至った根拠であることを表わす。'～してみると (-아 보면)'の意味。

例 ▪ 생각하건대 선생님 말씀이 옳았던 것 같습니다. (思うに先生のお話が正しかったようです。)

   ▪ 추측하건대 아버지는 어제 오후에 오신 게 틀림없어요. (推測してみると父は昨日の午後来たに違いありません。)

   ▪ 듣건대 아프리카에서도 축구가 붐이라고 합니다. (聞くところではアフリカでもサッカーがブームだそうです。)

   ▪ 회고하건대 우리가 참 많은 일을 함께 했습니다. (振り返ってみると我々は実に多くのことを共にやりました。)

2. 〔'바라다 (願う), 당부하다 (頼む), 단언하다 (断言する)'等の動詞に用いられ〕前提を表わす。'～するが (-는데)'の意味。

例 ▪ 바라건대 저를 도와 주소서. (願わくは私をお助け下さいませ。)

   ▪ 내 당부하건대 그 일은 아주 엄하게 다스리시오. (私からも頼みますが, そのことは殊に厳しくお罰し下さい。)

   ▪ 맹세코 말하건대 그것은 아닙니다. (誓って申しますが, それではございません。)

   ▪ 단언하건대 그런 일은 결코 일어나지 않는다. (断言するが, そんなことは決して起こらない。)

-건마는

【내 잘못을 후회하**건마는**~（自分の落ち度を後悔するけれども~）】

『動詞，形容詞，'이다'，'-았-'，'-겠-'の後に用いられる』

[語尾] 連結語尾

[例] 가**건마는**, 먹**건마는**, 예쁘**건마는**, 좋**건마는**, 학생이**건마는**, 먹었**건마는**, 가겠**건마는**

[縮約] -건만

[類義] -지마는

1. '-건만'の原形。☞ -건만（p.47）

例 ▪ 지금은 내 잘못을 후회하**건마는** 소용이 없다．（今は自分の落ち度を後悔するけれども無駄である。）
　▪ 잊어버릴 만도 했**건마는** 잊을 수가 없다．（忘れられそうでもあったが，忘れることができない。）
　▪ 지금이라도 오면 좋겠**건마는** 통 연락이 없네．（今からでも来ればいいんだけど，さっぱり連絡が無いね。）

-건만

【열심히 말하**건만**~（熱心に言うのだが~）】

『動詞，形容詞，'이다'，'-았-'，'-겠-'の後に用いられる』

[語尾] 連結語尾

[例] 가**건만**, 먹**건만**, 예쁘**건만**, 좋**건만**, 학생이**건만**, 먹었**건만**, 가겠**건만**

[原形] -건마는

[類義] -지만

[全体参考] '-건마는'より '-건만'が多く用いられる。

1. 前と後の内容を対立的につなぐことを表わす。'~だが（-지만）'の意味。

例 ▪ 그가 열심히 말하**건만** 내 귀에는 아무 소리도 들리지 않았다．（彼は熱心に言うのだが，私の耳には何の言葉も聞こえなかった。）

- 그토록 그리워했던 아내와 자식이**건만**, 다른 사람과 살고 있었다. (あれほど恋しかった妻と子供だが、他の人と暮らしていた。)
- 바다를 실컷 보았**건만** 아쉬워서 자꾸 뒤를 돌아다 본다. (海を存分に見たのだが、名残惜しくて何度も後ろを振り返ってみる。)

게¹ 【제게 주세요. (私に下さい。)】

『'내, 네, 제'に付いて用いられる』
[助詞] 副詞格助詞

例 내게, 제게, 네게
副詞語を表わす

[関連語] 에게

[全体参考] '나 (ぼく), 너 (君), 저 (私)' には '에게' が用いられる。
例 나에게／내게 주세요. (ぼくに下さい。)

1. 〔行為者の行為を受ける対象を表わす語に付き〕'(その対象) に' の意味。

例
- 책을 제**게** 주세요. (本を私に下さい。)
- 김 선생님이 제**게** 한국말을 가르칩니다. (金先生が私に韓国語を教えます。)
- 제**게** 전화를 하시면 돼요. (私に電話をして下さればけっこうです。)

2. 〔ある状態が起こる固定された位置を表わす語に付き〕'中に, 間に' の意味で用いられる。

例
- 제**게** 문제가 생겼어요. (私に問題が起こりました。)
- 네**게** 병이 있다니, 그것이 사실이냐? (お前に病気があるとは、それって本当なのか?)

[参考] '남다 (残る)' や '있다 (いる, ある), 없다 (いない, ない)' と共に用いられる。

3. 〔受動文で行為者を表わす語に付き〕'〜によって (〜に 의해)' の意味で用いられる。

例
- 네**게** 잡힐 물고기가 어디 있겠니? (お前に捕まる魚なんてどこにもいないよ。)
- 내**게** 발견되었기에 망정이지 어떡할 뻔했니? (ぼくに見つかったから良かったけど、どうするつもりだったんだよ。)

参考 '빼앗기다（奪われる）, 밟히다（踏まれる）, 쫓기다（追われる）'のような動詞と共に用いられる。

4. 〔ある行為を加える人を表わす語に付き〕'～から（～로부터）'の意味で用いられる。

例 ▪ 네게 놀림을 받는 게 싫다．（君にからかわれるのって嫌だ。）
　　▪ 숙제를 안 해 와서 내게 핀잔 들었어．（宿題をやって来なくてぼくに一言言われたんだよ。）

　　参考 1. '받다（受ける, ～される）, 얻다（得る）'のような動詞と共に用いられる。
　　　　 2. 本来は'게서'だが'게'となって用いられたものである。

5. 〔ある行為をさせられる対象を表わす語に付き〕'（人）に～させる', '（人）が～するように'の意味で用いられる。

例 ▪ 선생님이 내게 책을 읽히셨다．（先生が私に本を読ませた。）
　　▪ 네게 약을 먹이고 말 거야．（お前に薬を飲ませてやるからな。）

　　参考 '읽히다（読ませる）, 입히다（着せる）, -게 하다（～させる）'等の使役表現に用いられる。

6. 〔ある感情を抱かせる対象を表わす語に付き〕'～に対して'の意味で用いられる。

例 ▪ 나는 네게 실망했다．（私は君に失望した。）
　　▪ 나는 차츰 네게 흥미를 느낀다．（私は次第に君に興味を感じてきている。）

　　参考 '느끼다（感じる）, 실망하다（失望する）'のような動詞と共に用いられる。

7. 〔ある感情や状態を感じる主体を表わす語に付き〕'～が感じるには'の意味で用いられる。

例 ▪ 지금 제게 필요한 것은 돈입니다．（今私に必要なものはお金です。）
　　▪ 내게 중요한 것이 무엇인지를 생각해 봐야겠다．（自分に大切なことが何なのかを考えてみなければならない。）

　　参考 '필요하다（必要だ）, 쉽다（易しい）'のような形容詞と共に用いられる。

8. 〔何らかの基準であることを表わす語に付き〕比較の対象や基準であることを表わす。'～を基準とすると, ～と（～과）'の意味。

例 ▪ 제게 맞는 일을 선택하겠습니다．（自分に合う仕事を選びます。）
　　▪ 제게 알맞은 옷 좀 골라 주세요．（私にちょうど良い服を選んで下さい。）
　　▪ 이 옷이 제게 어울릴까요？（この服は私に似合うでしょうか？）

　　参考 '맞다（合う）, 알맞다（ちょうど良い）, 어울리다（似合う）'等と共に用いられる。

9. 〔比較の対象を表わす語に付き〕'～と比較したら，～と（～과）'の意味で用いられる。

例 ▪ 네게 뒤지지 않도록 노력할게．(君に遅れを取らないようがんばるよ。)
　　▪ 내게 비하면 넌 잘 하는 편이야．(私に比べたら君はよくできる方だよ。)
　　参考 '비하다（比べる），뒤지다（遅れを取る）'のような動詞と共に用いられる。

-게² 【자네가 먼저 먹게．(君が先に食べなさい。)】

『動詞の後と一部の形容詞の後に用いられる』
語尾　終結語尾
やや敬意が低い　先生が学生に，嫁の両親が婿に（成人語）

例 가게，먹게，부지런하게

全体参考 話し言葉に用いられる。

1. 〔動詞，または動詞のように用いられる一部の形容詞に用いられ〕何かをさせることを表わす。

例 ▪ 자네가 먼저 먹게．(君が先に食べなさい。)
　　▪ 여보게，술이나 들게．(なあ，酒でもお飲みなさい。)
　　▪ 너무 슬퍼하지 말게．(あまり悲しむなよ。)
　　▪ 그 아이를 학교에 데려다 주게．(その子を学校に連れて行ってくれ。)
　　参考 1. やや敬意を込めて述べるもの。相手を敬って述べるときは'-시-'を付けることもある。例 이리 앉으시게．(こちらにお座りなさい。) 2. 呼びかける言葉としては'여보게（なあ）'，相手を指す言葉としては'자네（君）'が共に用いられる。

2. 〔'보다（見る）'に用いられ〕あることが気に入らず，独り言でつぶやくように述べることを表わす。

例 ▪ 내 정신 좀 보게．(私ったらうっかりしてたわ。)
　　▪ 나 참，이 사람 보게．(まったく，この人は何なんだ。)
　　参考 '命令'の意味はない。

-게³ 【나만 고생을 하게? (ぼくだけ苦労するだろ?)】

『動詞, 形容詞, '이다', '-았-'の後に用いられる』

[語尾] 終結語尾

[親しい間で敬意が低い] 友達に

[例] 가게, 먹게, 예쁘게, 좋게, 학생이게, 먹었게

[丁寧] -게요¹

[全体参考] 話し言葉に用いられる。

1. 前の事柄がそうであるなら, 後の事柄は当然こうなのではないかと尋ねることを表わす。

例 ▪ 그러다가는 나만 고생을 하게? (そんなことしてたら, ぼくだけ苦労するだろ?)

　▪ 무얼 잊어버렸는지 알면 잊어버리지 않았게? (何を忘れたか分かるくらいなら, 最初から忘れないって。)

　▪ 그런 일을 할 수 있으면 내가 신이게? (そんなことができるなら, ぼくは神様だろ?)

2. 話し手が状況を通じて推測したことを聞き手に確認するために質問することを表わす。

例 ▪ 직장을 왜 구해? 회사를 또 옮기게? (職をなぜ探してるの? 会社をまた変えるのかい?)

　▪ 너 왜 술을 자꾸 먹니? 또 취해서 주정을 하게? (君はなんだって酒を何杯も飲むんだい? また酔って騒ごうってのかい?)

　▪ 왜 일어나? 벌써 집에 가게? (なんで立ち上がるんだい? もう家に帰るとでも?)

3. 〔'누가 (誰が), 무엇 (何), 언제 (いつ), 어디 (どこ), 왜 (なぜ)' 等と共に用いられ〕尋ねることを表わす。'～しようとするのか'の意味。

例 ▪ 언제 집에 가게? (いつ家に帰るんだい?)

　▪ 그걸로 뭐 하게? (それで何をするんだい?)

　▪ 그 많은 돈을 어디다 쓰게? (そんなにたくさんのお金をどこに使うんだい?)

参考　文末の抑揚を上げてから下げる。
4. ある事柄がそうなりにくいとか，そうする必要がないという反語的な意味で用いられる。'～ではないか'の意味。

例 ▪ 그만한 일도 못 하면 어떡하게？（それしきのこともできないでどうするの？）
　 ▪ 이제 떠나서 언제 도착하게？（今出発していつ到着するんだい？）

5. 〔疑問文の次に用いられ〕そのように尋ねる根拠を挙げるときに用いられる。

例 ▪ 어디 가십니까，정장을 하시게．（どちらかお出かけですか，正装なさるなんて。）
　 ▪ 너 제정신이니？ 그 많은 술을 다 퍼마시게．（お前，正気か？ そんなにたくさんの酒をみんな飲み干すなんて。）

6. 見当を付けて答えてくれという調子で尋ねることを表わす。

例 ▪ 이게 뭐게？（これ何だと思う？）
　 ▪ 지금 몇 시게？（今何時だと思う？）

-게⁴【모두가 다 먹을 수 있게～】（皆が食べられるように～）

『動詞と形容詞の後に用いられる』
語尾　連結語尾

例　가게，먹게，예쁘게，짧게，길게

---

1. 節と節の間に用いられる

1. 〔動詞と'있다／없다'の後に用いられ〕前の内容が後の事柄の目的，基準等になることを表わす。'～するように（～하도록）／～できるように（～할 수 있도록），～ように（-게끔）'の意味。

例 ▪ 모두가 다 먹을 수 있게 많이 만들자．（皆が食べられるようにたくさん作ろう。）
　 ▪ 나도 좀 알아들을 수 있게 얘기해 줘．（私にも分かるように話してくれ。）
　 ▪ 부모님이 깨시지 않게 조용조용 방으로 들어갔다．（両親が起きないようにそうっと部屋に入った。）
　 ▪ 차가 지나가게 사람들이 비켜섰다．（車が通るように人々がよけた。）

類義 -게끔, -도록

参考 前と後の内容が入れ替わって終結語尾のように用いられる。例 저리 좀 비켜, 사람들이 지나가게. (向こうにちょっとどいて，人たちが通れるように。)

訳注 丁寧な形については'-게요²'(p.59)を参照。

| 2. 節と補助動詞の間に用いられる |

1. 〔動作を表わす動詞の後で'-게 하다, -게 만들다'のように用いられ〕'使役'を表わす。'誰かが何かをするようにさせる'の意味。

例 ▪ 어머니는 내가 어릴 때부터 피아노를 치게 하셨다. (母は私が幼いときからピアノを弾かせた。)
　　▪ 처음에는 환자를 방안에서만 걷게 해야 한다. (最初のうちは患者を室内だけで歩かせなければならない。)
　　▪ 손님을 응접실에서 기다리게 한다. (お客様を応接室で待たせる。)

類義 -게끔, -도록

訳注 '-게 하다'(p.59), '-게 만들다'(p.56)を参照。

2. 〔'-게 하다, -게 만들다'の形で用いられ〕そのような状況に至ることを表わす。

例 ▪ 기다리게 해서 미안합니다. (お待たせして申し訳ありません。)
　　▪ 일회용품들은 산과 바다를 썩게 만듭니다. (使い捨て用品は山と海を傷めます。)
　　▪ 나는 아버지를 기쁘게 해 드리고 싶었다. (私は父を喜ばせてあげたかった。)
　　▪ 딸아이가 나를 자꾸 귀찮게 했다. (娘が何度も私の手を焼かせた。)

訳注 '-게 하다'(p.59), '-게 만들다'(p.56)を参照。

3. 〔'-게 되다'の形で用いられ〕そのような状況に至ることを表わす。

例 ▪ 그들은 서로 사랑하게 되었습니다. (彼らは愛し合うようになりました。)
　　▪ 회사가 문을 닫게 되었거든요. (会社が店をたたむことになったんですよ。)
　　▪ 장난감이 방 안에 가득하게 되었다. (おもちゃが部屋の中にあふれるようになった。)

訳注 '-게 되다'(p.55)を参照。

> 3. '여기다 (思う), 보다 (見なす), 생각하다 (考える)' 等を修飾するときに用いられる。

1. 話し手がそうであると考えることを表わす。'～だと (-다고)' の意味。

例 ▪ 그는 사람들을 가엾**게** 여긴다. (彼は人々を哀れに思う。)

▪ 나이를 먹어 갈수록 아내가 소중하**게** 느껴진다. (年を取るにつれ, 妻が大切に感じられる。)

▪ 내가 제일 아끼고 귀하**게** 생각하는 물건. (私が最も大事にし, 貴重に思っている物。)

関連語 -다고³

参考 主節の叙述語には動詞 '여기다 (思う), 보다 (見なす), 생각하다 (考える)' 等が用いられる。

2. 〔形容詞や自動詞に用いられ〕程度や仕方を表わす。'～の状態で', '～の程度で' の意味。

例 ▪ 나는 반드시 성공하겠다고 굳**게** 결심했다. (私は必ず成功すると固く決心した。)

▪ 나는 목을 길**게** 뺐다. (私は首を長く伸ばした。)

▪ 뒷머리는 짧**게** 잘라 주세요. (後ろ髪は短く切って下さい。)

▪ 눈이 부시**게** 푸르른 날. (眩いほど快晴の日。)

3. 〔話し手の判断を表わす一部の形容詞に付いて用いられ〕'～なことを言えば' の意味。

例 ▪ 놀랍**게**도 그의 생일이 나와 똑같았다. (驚いたことに彼の誕生日が私と同じだった。)

▪ 다행스럽**게**도 이 기사는 사실이 아니다. (幸いなことにこの記事は事実ではない。)

▪ 슬프**게**도 우리는 다음 주면 헤어져야 한다. (悲しいことに私たちは来週には別れなければならない。)

▪ 새삼스럽**게** 그 시절이 그리워지는군요. (今更のようにその頃のことが恋しくなりますね。)

参考 1. 主に '-게도' の形で用いられる。 2. 文を修飾する機能がある。

4. 〔'주제넘다 (分をわきまえない), 재수없다 (運が悪い)' 等の否定的な判断を表わす語に用いられ〕話の内容について話し手が不満に思う

ことを表わす。'〜ように（-게시리）'の意味。

例 ▪ 재수없**게**, 돈만 뜯겼구나. (運悪く，金だけ取られたよ。)
　　▪ 치사하**게** 도망을 가다니！（恥ずかしくも逃げ出すとは！）
　　類義 -게시리

アドバイス

'-게'と'-도록'の比較：

1. '-게'は様々な文法的機能（従属的連結語尾，補助的連結語尾，また形容詞に用いられ副詞的な機能）を持つが，'-도록'は主に従属的連結語尾の機能だけを持つ。
2. '-도록'は形容詞にはほとんど用いられない。
3. 時間の限界を表わすときは'-도록'だけが用いられる。
例：날이 새**도록** 열심히 공부했다．(○)（夜が明けるまで一所懸命に勉強した。）
例：날이 새**게** 열심히 공부했다．(×)

-게 되다　慣用句
【서로 사랑하게 되었습니다.
（愛し合うようになりました。）】
結合情報 ☞ -게⁴

類義 -아지다

1. 〔動詞の後に用いられ〕受動的にそのような状況に至ることを表わす。
例 ▪ 그들은 서로 사랑하**게 되었습니다**. （彼らは愛し合うようになりました。）
　　▪ 회사가 문을 닫**게 되었거든요**. （会社が店をたたむことになったんですよ。）
　　▪ 오늘부터 여러분에게 한국어를 가르치**게 되었어요**. （今日から皆さんに韓国語を教えることになりました。）

-게 되면　慣用句
【술을 많이 마시게 되면〜（お酒をたくさん飲むようになると〜）】
結合情報 ☞ -게⁴

1. 〔動詞の後に用いられ〕(受動的に)'そのような状況に至ると'の意味。

例 ▪ 술을 많이 마시게 되면 사고의 위험이 있습니다. (お酒をたくさん飲むようになると、事故の危険があります。)
▪ 갑자기 운동을 하게 되면, 몸을 다치는 경우가 있습니다. (急に運動をし始めると、体を痛める場合があります。)
▪ 건강을 잃게 되면 모든 것을 잃을 수도 있습니다. (健康を失うようになると、あらゆるものを失うこともあります。)
▪ 쓰레기를 함부로 버리게 되면 토양이 오염됩니다. (ゴミをやたらと捨てるようになると、土壌が汚染されます。)

-게 마련이다

【모든 것이 변하게 마련이다. (全てが変わるものだ。)】

結合情報 ☞ -게⁴

慣用句

全体参考 '-기 마련이다'의 形でも用いられる。例 누구나 죽기 마련이다. (誰でも死ぬものである。)

1. '〜するのが当然だ'の意味。

例 ▪ 시대에 따라 모든 것이 변하게 마련이다. (時代によって全てが変わるものだ。)
▪ 사람은 누구나 죽게 마련이다. (人は誰でも死ぬものである。)
▪ 문화는 민족에 따라 다르게 마련이다. (文化は民族によって異なるものだ。)

-게 만들다

【식물을 죽게 만든다. (植物を枯らす。)】

結合情報 ☞ -게⁴

慣用句

関連語 -게 하다

全体参考 '-게 하다'の形でも用いられる。例 식물을 죽게 한다. (植物を枯らす。)

1. 'そうさせる'の意味。

例 ▪ 진딧물은 식물의 줄기나 잎에 붙어 식물을 죽게 만든다. (アブラムシは植物の茎や葉にくっついて植物を枯らす。)
▪ 말을 하다가 다른 사람을 불쾌하게 만드는 경우가 있으므로 주의해

야 합니다. (話をしているうちに, 他の人を不愉快にさせる場合があるので注意しなければいけません。)

- 내 친구가 내 신발을 화장실에 숨겨 놓아 나를 몹시 당황하**게 만들었습니다**. (友達が私の履き物をトイレに隠し, 私をひどく慌てさせました。)

-게 생겼다 【야단 맞게 생겼네. (叱られそうだね。)】

慣用句

結合情報 ☞ -게⁴

1. あることの状態が否定的な状態に至ることを表わす。'(あることが起きる) 可能性がある' の意味。

例 ・ 오늘 선생님께 야단 맞**게 생겼네**. (今日先生に叱られそうだね。)
- 이렇게 비가 많이 오니 홍수 나**게 생겼다**. (こんなに雨がたくさん降るから洪水になりそうだ。)
- 이러다가는 우리 모두 지각하**게 생겼다**. (このままでは私たち全員遅刻しそうだ。)

-게요¹ 【어디 가시게요? (どちらかお出かけですか？)】

『動詞, 形容詞, '이다', '-았-' の後に用いられる』

語尾 終結語尾

親しい間で敬意が高い 先輩や目上の人に

例 가게요, 먹게요, 예쁘게요, 좋게요, 동생이게요, 먹었게요

全体参考 話し言葉に用いられる。

1. 〔'누가 (誰が), 무엇 (何), 언제 (いつ), 어디 (どこ), 왜 (なぜ)' 等と共に用いられ〕尋ねることを表わす。'〜しようと思うんですか' の意味。

例 ・ 어디 가시**게요**? (どちらかお出かけですか？)
- 저를 만나서 뭘 하**게요**? (私に会って何をしようというんですか。)
- 그 일을 선생님께서 직접 하시**게요**? (その仕事を先生が直接なさるんですか？)

2. 話し手が状況を通して推定したことを聞き手に確認しようとして質問することを表わす。

例 ▪ 왜, 벌써 가시**게요**？（あら，もうお帰りなんですか？）
  ▪ 서울은 왜 가세요？ 친구를 만나시**게요**？（ソウルはなぜいらっしゃるんですか？ 友達にお会いになるんですか？）
  ▪ 그러면 대성이보다 진수가 더 나이가 많**게요**？（それじゃ，テソンよりチンスの方が年上なんですか？）

3. 〔疑問文の形式だが答えを要求しない形で用いられ〕'そのようにしてはいけない'，'そうではない' ということを強調して述べるときに用いられる。

例 ▪ 공부도 안 시키면 커서 뭐가 되**게요**？（勉強もさせないんじゃ，大きくなってもろくな人になりませんよ。）
  ▪ 그러면 키 작은 사람은 모두 겁쟁이**게요**？（じゃ背が低い人はみんな臆病なんですか？）
  ▪ 제 할 일을 다 했으면 밉지나 않**게요**？（自分のやることをちゃんとやっていれば，虫が好かないわけでもないんですよ。）
  ▪ 그걸 기억하면 제가 공부 잘했**게요**？（それを覚えているくらいなら，私だって優等生だったわけでしょう。）

4. 〔'얼마나 -았게요' の形で用いられ〕話し手のその状態が非常に甚だしかったことを知らせるときに用いられる。

例 ▪ 제가 그 소식을 듣고 얼마나 슬펐**게요**．（私はその知らせを聞いてとても悲しかったんですよ。）
  ▪ 걱정이 돼서 얼마나 마음을 졸였**게요**．（心配になってとても気をもみましたよ。）

-게요² 【다같이 마실 수 있게요. (皆が飲めますように。)】

『動詞の後に用いられる』

[語尾] 終結語尾

[親しい間で敬意が高い] 先輩や目上の人に

[例] 가게요, 먹게요

[関連語] -게⁴

[全体参考] 話し言葉に用いられる。

1. '〜できますように' の意味。

例 ▪ 커피 물 좀 많이 부어요, 다같이 마실 수 있**게요**. ((やかんに)コーヒー用の水をちょっと多めに入れて下さいね、皆が飲めますように。)

　▪ 저리 좀 비켜요! 나 좀 지나가**게요**. (向こうにちょっとどいて下さい！通りますから。)

　▪ 어서 놓아요, 저 놈을 붙잡**게요**. (早く離して下さいよ、あいつを捕まえるんですから。)

-게 하다 【피아노를 치게 하셨다. (ピアノを弾かせた。)】

慣用句

[結合情報] ☞ -게⁴

[関連語] -게 만들다

1. 〔動作を表わす動詞に付き〕'使役' を表わす。'誰かが何かをするようにさせる' の意味。

例 ▪ 어머니는 내가 어릴 때부터 피아노를 치**게 하셨다**. (母は私が幼いときからピアノを弾かせた。)

　▪ 처음에는 환자를 방안에서만 걷**게 해야** 한다. (初めのうちは患者を室内だけで歩かせなければならない。)

　▪ 손님을 응접실에서 기다리**게 한다**. (お客様を応接室で待たせる。)

2. 〔主に形容詞の後に用いられ〕そのような状況に至ることを表わす。

例 ▪ 일회용품들은 산과 바다를 썩**게 합니다**. (使い捨て用品は山と海を傷めます。)

　▪ 나는 아버지를 기쁘**게 해** 드리고 싶었다. (私は父を喜ばせてあげたかった。)

- 딸아이가 나를 자꾸 귀찮**게 했다**. (娘が何度も私の手を焼かせた。)

> **-겠-** 【곧 날이 밝**겠**다. (もうすぐ夜が明けるだろう。)】
> 『動詞, 形容詞, '이다'の後に用いられる』
> [語尾] 先語末語尾
>
> [例] 가**겠**-, 먹**겠**-, 예쁘**겠**-, 좋**겠**-, 학생이**겠**-

1. 未来を表わす

1. すぐ起こる近い未来を表わす。'〜だろう (-ㄹ 것이다)' の意味。

例 ▪ 곧 날이 밝**겠**다. (もうすぐ夜が明けるだろう。)
- 잠시 후에 세 시가 되**겠**습니다. (まもなく3時になります。)
- 다음에는 스포츠 소식을 알려 드리**겠**습니다. (次はスポーツニュースをお知らせいたします。)
- 내일은 오전에 비가 오**겠**습니다. (明日は午前に雨が降るでしょう。)

[参考] 1. 動詞に用いられる。 2. 単純未来という。

2. 推定や意志を表わす

1. 話し手の推測や推定を表わす。

例 ▪ 어서 가자. 학교에 늦**겠**다. (早く行こう。学校に遅れそうだ。)
- 밤하늘을 보니 내일은 비가 오**겠**어요. (夜空を見ると明日は雨が降りそうです。)
- 어제 왔던 사람들이 아마 200명은 넘었**겠**다. (昨日来た人たちはおそらく200名は超えただろう。)

[参考] '-았-'の後に用いられる。

2. 可能性を表わす。

例 ▪ 나도 그만큼은 먹**겠**다. (私もそのぐらいは食べられる。)
- 그런 솜씨라면 어떤 사람도 속이**겠**다. (そんな腕前ならどんな人だってだませる。)
- 이 공연장은 관객이 2천 명은 들어가**겠**다. (この公演会場は観客が2千人は入れる。)

[参考] 動詞に用いられる。

3. 話し手の意図や意志を表わす。

例 ▪ 내일은 미국으로 떠나겠어. （明日はアメリカに出発するよ。）
　▪ 나는 흰색 모자를 사겠어요. （私は白の帽子を買います。）
　▪ 나는 꼭 뮤지컬 배우가 되겠다. （私は絶対ミュージカル俳優になる。）

参考 主体が話し手である叙述文で動作動詞に用いられる。

4. 聞き手の意志を尋ね，一緒にやろうと要請することを表わす。

例 ▪ 지금 나가는 길인데, 같이 가시겠어요? （今から出かけるところなんですが，一緒にいらっしゃいませんか？）
　▪ 내일 다시 한번 들러 주시겠습니까? （明日もう一度立ち寄って下さいますか？）
　▪ 오늘 점심은 뭘 드시겠어요? （今日のお昼は何を召し上がりますか？）
　▪ 유미야, 나 좀 도와 주겠니? （ユミ，私にちょっと手を貸してくれる？）

参考 疑問文で動作動詞に用いられる。

3. 慣用的な用法

1. 挨拶のような慣用表現に用いられる。

例 ▪ 처음 뵙겠습니다. （はじめまして。）
　▪ 학교 다녀오겠습니다. （学校に行って来ます。）
　▪ 말씀 좀 묻겠습니다. （ちょっとお尋ねします。）
　▪ 잘 먹겠습니다. （いただきます。）

2. 〔疑問文の形式だが答えを要求しない形で用いられ〕強調することを表わす。

例 ▪ 이 말은 흠 없는 사람이 없다는 말이 아니겠어요? （この言葉は欠点の無い人はいないということではないでしょうか？）
　▪ 그렇게 된다면 얼마나 좋겠니? （そうなるのならどれほどいいかしら。）

3. 〔原因を表わす'-아'，'-아서'と共に用いられ〕そのような状態になりそうだということを表わす。'～しそうだ（-ㄹ 듯하다）'の意味。

例 ▪ 속상해 죽겠어요. （やるせなくてたまりません。）
　▪ 더워서 미치겠어. （暑くて変になりそう。）
　▪ 배고파 죽겠네. （腹がへって死にそうだよ。）

参考 慣用句'-아서 죽겠다'（p.547）を参照。

4. 〔'알다 (分かる), 모르다 (分からない)'の語幹に付き〕断定的な表現を避け, 話し手の見解を婉曲に表現することを表わす。

例 ▪ 자네 뜻을 알**겠**네. (君の思いが分かるよ。)
　 ▪ 진수가 어디 있는지 잘 모르**겠**어요. (チンスがどこにいるのかよく分かりません。)

アドバイス1

'-겠-'の意味特性：

1. '-겠-'は過去, 現在, 未来の全てに用いられ, 推定を表わす。それゆえ '-겠-' は時制形態とは言えない。

例1：그 곳은 어제 비가 많이 왔**겠**다. (そこは昨日雨がたくさん降っただろう。)(過去の推定)

例2：그 곳은 지금 비가 오고 있**겠**다. (そこは今雨が降っているだろう。)(現在の推定)

例3：그 곳은 내일 비가 많이 오**겠**다. (そこは明日雨がたくさん降りそうだ。)(未来の推定)

2. '-겠-' は二つの基本的な意味として '推定' と '意図' を表わすが, 一般的に主体が話し手で叙述語が動作を表わす動詞の場合, 例4のように話し手の意図を表わすものと解釈される。

例4：내가 선생님을 만나러 가**겠**다. (私が先生に会いに行く。)

アドバイス2

'-겠-' と '-ㄹ 것이다' の比較：

'-겠-' と同様に '-ㄹ 것이다' も '推定' と '意図' を表わす。

例1：내일은 비가 오**겠**다／올 **것이다**. (明日は雨が降りそうだ／降るだろう。)(推定)

例2：나는 내일 아침에 떠나**겠**다／떠날 **것이다**. (私は明日の朝出発する／出発するつもりだ。)(意図)

しかし '-ㄹ 것이다' は '-겠-' とは異なり, 慣用的な表現には用いられない。

고¹ 【시골이고 도시고 (田舎であれ都会であれ)】

『고は終声字の無い語の後に、이고は終声字のある語の後に用いられる』

例 친구고, 언니고, 밥이고, 떡이고

[助詞] 接続助詞

1. ☞ 이고 (p.656)

例 ▪ 시골이고 도시고 간에 인터넷이 다 된다. (田舎であれ都会であれどこでもインターネットができる。)
  ▪ 술이고 뭐고 닥치는 대로 마셔 버렸다. (酒であれ何であれ手当たり次第飲んでしまった。)
  ▪ 학교에서고 학원에서고 간에 열심히 공부해야 된다. (学校であれ塾であれともかく一所懸命勉強しなければならない。)
  ▪ 언제까지고 이러고 살 수는 없잖아? (いつまでもこうして暮らすことはできないじゃない?)

고² 【재미있다고 하는데요. (面白いそうですけど。)】

『語尾'-다, -냐, -라, -자, -마'に付いて用いられる』

例 다고, 냐고, 라고, 자고, 마고

[助詞] 引用格助詞

[関連語] 라고¹, 하고²

[全体参考] 1. 省略されることもある。例 영화가 재미있다 해요. (映画が面白いそうです。) 2. 直接引用には'라고'が用いられる。"집에 가!"라고 했다. (「家に帰れ!」と言った。)

1. 〔語尾'-다, -냐, -라, -자, -마'に付いてのみ用いられ〕前接する語句が間接的に引用される言葉であることを表わす。

例 ▪ 그 영화 아주 재미있다고 하는데요. (その映画、とても面白いそうですけど。)
  ▪ 언제 오시겠느냐고 해요. (いつお出でになるのかと言っています。)
  ▪ 집에 가라고 합니다. (家に帰れと言っています。)
  ▪ 밥 먹으러 가자고 하는데 어떻게 할까? (ご飯を食べに行こうって言うんだがどうしようか?)

-고³ 【어머니는 안녕하시고？（お母さんはお元気かい？）】

『動詞，形容詞，'이다'，'-았-'の後に用いられる』

[語尾] 終結語尾

[親しい間で敬意が低い] 友達に

[例] 가고, 먹고, 예쁘고, 좋고, 학생이고, 먹었고

[丁寧] -고요

[全体参考] 話し言葉で [구] と発音されることもある。

1. 相手に尋ねることを表わす。

例 ▪ 어머니는 안녕하시**고**？（お母さんはお元気かい？）
　　▪ 기분은 좋**고**？（気分はいいの？）
　　▪ 숙제는 했**고**？（宿題はやったの？）

　[参考] 一般的な疑問の抑揚で文末を上げる。

2. 〔疑問文の形式だが答えを要求しない形で用いられ〕（思っていたことと違うので）問いただすことを表わす。

例 ▪ 안 온다고 할 때는 언제**고**？（自分で来ないと言ったくせに。）
　　▪ 뭐하고 있어, 얼른 안 가**고**？（何やってるの，さっさと行かないで？）
　　▪ 네가 가면 나는 어떡하**고**？（君が行ったら，ぼくはどうするんだい？）

　[参考] 強調して話すが，尋ねるような上り調子ではない。

3. 〔疑問詞を含む文と共に用いられ〕そうしたことがあったことを疑わしく思うときに用いられる。

例 ▪ 어머 웬 일이세요？ 아침부터 학교에 다 나오시**고**．（まあ，どうしたんですか？ 朝から学校にまでいらっしゃって。）
　　▪ 어찌 된 일일까, 선생님이 화장을 다 하**고**．（どうしたのかしら，先生ったら化粧までしちゃって。）

　[参考] 1. やや伸ばすような語調で話す。2. 丁寧でもぞんざいでもない言い方であり，'-시-' を付けて用いることもある。

4. 感嘆を表わす。

例 ▪ 마음은 또 얼마나 예쁘**고**！（心根のまたとてもきれいなこと！）
　　▪ 노래 소리도 좋**고**！（歌声も良いこと！）

5. 〔'-고' の用いられた節が後行節と倒置され〕前接語に補って述べるこ

とを表わす。

例 ▪ 여행할 때에는 간편하게 차려입는 게 제일이오. 짐도 가볍게 꾸리**고**. (旅行するときは手軽に身支度するのが一番です。荷造りも軽めにして。)

▪ 우리도 전에 심하게 싸웠지. 지나고 보면 아무것도 아닌 일을 가지**고**. (私たちも前にひどくケンカしたね。過ぎてみれば何でもないことでもって。)

-고[4] 【떡볶이도 먹고 튀김도 먹었다. (トッポッキも食べたし、てんぷらも食べた。)】

『動詞, 形容詞, '이다', '-았-'の後に用いられる』

[語尾] 連結語尾

例 가고, 먹고, 예쁘고, 좋고, 학생이고, 보았고

[全体参考] 話し言葉で［구］と発音されることもある。

1. 対等的連結語尾

1. 二つ以上の対等な事柄を羅列するときに用いられる。

例 ▪ 우리는 길에서 떡볶이도 먹**고** 튀김도 먹었다. (私たちは道でトッポッキも食べたし、てんぷらも食べた。)

▪ 어제부터 열이 나**고** 목도 아팠어요. (昨日から熱が出て喉も痛かったです。)

▪ 손이 부드럽**고** 따뜻하네요. (手がやわらかくて温かいですね。)

2. 二つ以上の相反する事柄を対立させるときに用いられる。

例 ▪ 바다 위에 떠 있는 크**고** 작은 배들. (海の上に浮いている大小の船。)

▪ 길**고** 짧은 것은 대 봐야 안다. (長短は比べてみなければ分からない (物事の違いは実際に比べてみないと分からないの意)。)

3. 交互に現われる二つの動作を並べてつなげるときに用いられる。

例 ▪ 저 끝없는 바다 위를 오**고** 가는 고깃배들아. (あの果てしない海の上を行き来する釣り船たちよ。)

▪ 하루 종일 읽**고** 쓰고 한다. (一日中読んだり書いたりする。)

▪ 꽃은 다시 피**고** 진다. (花はまた咲いて散る。)

4. 〔'-고 -ㄴ'の形で形容詞が繰り返し用いられ〕状態や性質等を強調するときに用いられる。

例 ▪ 희**고** 흰 얼굴. (とても色白な顔。)
　　▪ 넓**고**도 넓은 바다. (広々とした海。)
　　参考 '도'を付け加えてその意味を強調することができる。
5. 〔動詞が繰り返し用いられ〕行為を繰り返すことを表わす。
例 ▪ 가슴에 쌓이**고** 쌓인 한. (胸に積もりに積もった恨み。)
　　▪ 먹**고** 또 먹어도 끝이 없겠다. (食べても食べてもきりが無さそうだ。)

| 2. 副詞形語尾 |

1. 前の行動が後の行動と同時になされることを表わす。
例 ▪ 그는 시골에서 농사를 짓**고** 산다. (彼は田舎で農業を営んで暮らしている。)
　　▪ 군인들이 온종일 비를 맞**고** 걸었다. (軍人たちが一日中雨に打たれて歩いた。)
　　▪ 가슴을 조이**고** 그가 이기기를 기다렸다. (気をもんで彼の勝利を待ち望んだ。)
　　類義 -며², -면서
2. 前の行動が後に現われる動作より時間上, 先行することを表わす。'～してから (-고 나서)'の意味。
例 ▪ 우선 세수를 하**고** 밥을 먹습니다. (先に顔を洗ってご飯を食べます。)
　　▪ 그는 돈을 지갑에 넣**고** 옷을 갈아입었다. (彼はお金を財布に入れて服を着替えた。)
　　▪ 그는 음식을 먹어 보**고** 맛이 없다고 했다. (彼は料理を食べてみておいしくないと言った。)
　　類義 -고서
3. 前の行動やその結果が後に現われる行動にそのまま持続されることを表わす。'～したままで (-ㄴ 채로)'の意味。
例 ▪ 너 꼭 편한 신발 신**고** 가라. (お前, 必ず楽な履き物を履いて行くんだよ。)
　　▪ 그는 여행 가방을 들**고** 기차에 올랐다. (彼は旅行カバンを持って汽車に乗り込んだ。)
　　▪ 유미는 전등을 켜**고** 공부를 했다. (ユミは電灯を点けて勉強をした。)
　　▪ 모자를 쓰**고** 나가라. (帽子をかぶって出かけなさい。)
4. 前の行動が後の行動の手段や方法であることを表わす。

例 ▪ 이번에는 차를 몰**고** 가자．（今回は車を運転して行こう。）
　▪ 자전거를 타**고** 한 바퀴 돌자．（自転車に乗って一回りしよう。）
　▪ 거기까지 버스를 타**고** 가요？（そこまでバスに乗って行きますか？）
5. 前の事柄が後の事柄の理由や根拠であることを表わす。
例 ▪ 잊어버리**고** 우산을 안 가져 왔어요．（うっかりして傘を持たないで来ました。）
　▪ 기다리던 편지를 받**고** 반가웠습니다．（待っていた手紙を受け取ってうれしかったです。）
　▪ 그 글을 읽**고** 생각이 달라졌다．（その文章を読んで考えが変わった。）
　類義 -아서
　参考 後に命令形や勧誘形は用いられない。
6. 〔疑問文の形式だが答えを要求しない形で用いられ〕前の事柄が後の事柄の条件となることを表わす。
例 ▪ 남의 돈에 손 대**고** 어떻게 무사하길 바라니？（人の金に手をつけて一体無事に済むと思ってるのかい？）
　▪ 그렇게 화를 내**고** 어찌 미안하지 않겠소？（あんなに腹を立てておいてどうして恐縮せずにいられましょうか？）
　参考 '어떻게（どうやって），어찌（どうして）' 等の語と共に用いられる。

3. 補助的連結語尾

1. 前接の動詞の語幹と '있다，싶다，말다，나다' 等をつなげる。
例 ▪ 연극을 보**고** 싶어요．（演劇が見たいです。）
　▪ 여자는 유심히 내 얘기를 듣**고** 있었다．（女は注意深く私の話を聞いていた。）
　▪ 동생은 숨을 거두**고** 말았다．（弟（妹）は息を引き取ってしまった。）

-고 가다

【모자를 쓰고 갑니다．(帽子を かぶって行きます。)】

結合情報 ☞ -고⁴

慣用句

全体参考 1. 動作動詞と共に用いられる。2. '-고 오다' の形でも用いられる。
例 가방을 들고 오세요．(カバンを持って来て下さい。)

1. 前の行動の結果を保った状態で行ったり，あるいは来たりすることを表わす。

例 ▪ 모자를 쓰고 갑니다．(帽子をかぶって行きます。)
   ▪ 영하가 준원이 손을 잡고 가요．(ヨンハがチュンウォンの手を握って行きます。)

2. 先行する動作が完結した状態で行ったり，あるいは来たりすることを表わす。

例 ▪ 저녁을 먹고 왔어요．(夕食を食べて来ました。)
   ▪ 김 선생님을 만나고 왔어요．(金先生に会って来ました。)

アドバイス

'-고 가다' と '-아 가다' の比較：

'-고 가다／오다' はある動作が完了してから行ったり，あるいは来たりすることを表わし（例1），'-아 가다／오다' はある動作が完了し，その結果を保った状態で行ったり，あるいは来たりすることを表わす（例2）。

例1：책을 읽고 오세요．(本を読んでから来て下さい。)

例2：책을 읽어 오세요．(本を読んで来て下さい。)

従って下の例文のように，完了した動作の結果を保った状態で行ったり，あるいは来たりできないときは非文となる。(例4)

例3：밥을 먹고 오세요．(ご飯を食べて来て下さい。)

例4：밥을 먹어 오세요．(×)

-고 계시다

【할아버지께서 신문을 읽고 계십니다.(おじいさんが新聞を読んでいらっしゃいます。)】

結合情報 ☞ -고⁴

慣用句

関連語 -고 있다

全体参考 1. 動詞に用いられる。2. 主体が尊敬の対象である場合に用いられる。

1. 〔動作や状況が〕継続進行することを表わす。

例 ▪ 할아버지께서 신문을 읽고 계십니다.(おじいさんが新聞を読んでいらっしゃいます。)

　▪ 어머니께서 불고기를 만들고 계세요.(お母さんが焼肉を作っています。)

2. 〔あることを行った結果の状態が〕継続進行することを表わす。

例 ▪ 모자를 쓰고 계신 분이 우리 선생님입니다.(帽子をかぶっていらっしゃる方が私たちの先生です。)

　▪ 아버지께서 집에서도 외투를 입고 계십니다.(お父さんが家でもオーバーを着ています。)

参考 '입다(着る),쓰다(かぶる)'等の動詞と共に用いられる。

-고 나니

【잔뜩 먹고 나니~(たくさん食べたら~)】

結合情報 ☞ -고⁴

慣用句

1. 〔動詞に用いられ〕'ある動作をやり終えた結果'を表わす。

例 ▪ 잔뜩 먹고 나니 배가 불렀다.(たくさん食べたらお腹が一杯になった。)

　▪ 책을 다 읽고 나니 아침이 되어 버렸다.(本を読み終えたら朝になってしまった。)

-고 나면

【이 책을 읽고 나면~(この本を読み終えると~)】

結合情報 ☞ -고⁴

慣用句

1. 〔動詞に用いられ〕ある行動をやり終えたことが後行節の条件となることを表わす。

例 ▪ 이 책을 읽고 나면 생각이 달라질 거예요. (この本を読み終えると、考えが変わると思います。)
▪ 비가 오고 나면 날씨가 좀 서늘해지겠지요. (雨が降った後は少し涼しくなるでしょうね。)

-고 나서

【밥 먹고 나서~ (ご飯を食べてから~)】

結合情報 ☞ -고⁴

慣用句

1. 〔動詞に用いられ〕'ある行動を終えた後に'の意味で用いられる。

例 ▪ 밥 먹고 나서 과자를 먹어라. (ご飯を食べてからお菓子を食べなさい。)
▪ 샤워를 하고 나서 과일을 먹었다. (シャワーを浴びてから果物を食べた。)

-고도

【듣고도 못 들은 척했다. (聞いても聞こえないふりをした。)】

『動詞の後に用いられる』

例 가고도, 먹고도

語尾 連結語尾

1. 〔'못 (~できない), 안 (~しない)' 等の否定を表わす語と共に用いられ〕先行する語句の事柄と相反する内容が続くことを表わす。

例 ▪ 엄마가 부르는데 듣고도 못 들은 척했다. (お母さんが呼んでいるのに、聞いても聞こえないふりをした。)
▪ 젊어서 하는 고생은 돈을 주고도 못 산다. (若いときにする苦労はお金を出しても買えない。)
▪ 진수는 시험에 떨어지고도 놀기만 하네요. (チンスは試験に落ちても遊んでばかりいますね。)
▪ 아까 그렇게 많이 먹고도 벌써 배가 고프니? (さっきあんなにたくさん食べたのに、もうお腹が空いたの?)
▪ 먹고도 안 먹은 척했다. (食べても食べなかったふりをした。)

-고도 남다 【이해하고도 남는다. (理解しても余りある。)】
慣用句　　結合情報 ☞ -고도

1. 〔動詞に用いられ〕'(前の内容の意味するところが) 全く十分考えられること' を表わす。

例 ▪ 남편의 고충을 이해하**고도 남는다**. (夫の苦衷を理解しても余りある。)
　　▪ 스무 살이면 시집 가**고도 남지**. (二十歳なら嫁に行ってもおかしくないよ。)
　　▪ 당신의 마음을 알**고도 남아요**. (あなたの気持ちを察しても余りあります。)

-고 들다 【자꾸 따지고 들면~ (やたらとあげつらっていては~)】
慣用句　　結合情報 ☞ -고⁴

[関連語] -기로 들다, -려고 들다, -자고 들다

[全体参考] 動詞に用いられる。

1. '前接する語句の意味する何らかの行動を続けようとすること' を表わす。

例 ▪ 자꾸 따지**고 들면** 누가 널 상대하려고 하겠니? (やたらとあげつらっていては, 誰も君を相手にしようと思わないよ。)
　　▪ 그는 왜 그랬느냐고 아내를 다그치**고 들었다**. (彼はなぜそうしたのかと妻を責め立てた。)

-고 말겠다 【꼭 성공하고 말겠어. (きっと成功してやるぞ。)】
慣用句　　結合情報 ☞ -고⁴

[全体参考] '꼭 (きっと), 반드시 (必ず)' 等の語と共に用いられる。

1. あることを必ずやり遂げるという話し手の意志を表わす。

例 ▪ 나는 꼭 성공하**고 말겠어**. (ぼくはきっと成功してやるぞ。)
　　▪ 이번 시합에서 꼭 이기**고야 말겠어요**. (今度の試合で必ず勝ってみせますよ。)

-고 말고 【되고 말고. (できるとも。)】 結合情報 ☞ -고⁴
慣用句
親しい間で敬意が低い　友達に

丁寧 -고 말고요
類義 -다마다

1. 強調して述べることを表わす。'(もちろん)〜とも' の意味。

例 ▪ 그럼, 되고 말고. (もちろん, できるとも。)
　▪ 해 주고 말고. (やってあげるとも。)

-고 말고요 【정말이고 말고요. (本当ですとも。)】 結合情報 ☞ -고⁴
慣用句
親しい間で敬意が高い　先輩や目上の人に

1. 相手の質問や要求等に強く同意したり, そうするつもりだと述べたりすることを表わす。'(もちろん)〜ですとも' の意味。

例 ▪ 정말이고 말고요. (本当ですとも。)
　▪ 당연히 투표를 해야 하고 말고요. (当然投票をすべきですよ。)
　▪ 제인 : 제 생일 파티에 오실 거지요? (ジェーン : 私の誕生日パーティーにいらっしゃるでしょう?)
　　진수 : 가고 말고요. (チンス : 行きますとも。)

-고 말았다 【이혼을 하고 말았어요. (離婚をしてしまいました。)】 結合情報 ☞ -고⁴
慣用句

全体参考 1. '-고야 말다' の形でも用いられる。 2. 話し手が意図していないことや望んでいなかった意外な結果を生むことになり, 残念であることを表わす。

1. 'あることがついに起こったこと' を表わす。

例 ▪ 진수가 결국은 이혼을 하고 말았어요. (チンスが結局は離婚をしてしまいました。)

- 네가 결국 그 일을 하**고야 말았구나**. (君はついにそのことをやってみせたね。)
- 어머니가 주신 목걸이를 잃어버리**고 말았어요**. (母がくれたネックレスをなくしてしまいました。)
- 그 집 아들이 몇 해 전에 죽**고 말았다**. (その家の息子が数年前に死んでしまった。)

-고 보니 【알고 보니~ (後で分かったことだが~)】
慣用句

結合情報 ☞ -고⁴

全体参考 '-고 보면'の形でも用いられる。例 알**고 보면** 나도 좋은 사람이야. (本当はぼくも良い人間なんだよ。)

1. 〔動詞と'이다'の後に用いられ〕(分かったことや聞いたことのように) 前の内容がなされた結果, 後の内容を受け入れたり, はじめて知ったりすることを表わす。

例
- 알**고 보니** 사고를 낸 차는 바로 우리 뒤에 있었다. (後で分かったことだが, 事故を起こした車はちょうど私たちの後ろにあった。)
- 준상이의 이야기를 듣**고 보니**, 내가 너무 내 생각만 한 것 같았다. (チュンサンの話を聞いてみると, 私があまりに自分のことばかり考えたようだった。)
- 그러**고 보니** 오늘 일요일이잖아. (そう言えば, 今日は日曜日じゃない。)

参考 動詞に用いられた例

例
- 이런 형편이**고 보니** 내가 그 일을 안 할 수가 없다. (こうした成り行きだから, 私がその仕事をやらないわけにはいかない。)
- 그를 도운 것이 사실이**고 보니** 그런 소문이 날 법했다. (彼を助けたことは事実だから, そうしたうわさが立ちかねなかった。)

参考 '이다'に用いられた例

-고 보자

【우선 먹고 보자. (まず食事をしよう。)】

慣用句

結合情報 ☞ -고⁴

全体参考 '-고 봅시다'の形でも用いられる。

1. 〔動詞に用いられ〕ある行動をまずやってから，次のことを考えようという意味を表わす。

例 ▪ 배 고픈데 우선 먹고 보자. (腹が空いたからまず食事をしよう。)
　　▪ 시간이 없으니 우선 시작부터 하고 봅시다. (時間がありませんから，とりあえず始めることにしましょう。)

-고서

【누구를 믿고서~ (誰を当てにして~)】

『動詞の後に用いられる』

語尾　連結語尾

例　가고서, 먹고서

1. '-고 나서'に置き換えられないもの

1. 前の行動の結果として，後の行動を進めることを表わす。

例 ▪ 누구를 믿고서 여기에 왔소？ (誰を当てにしてここに来たのですか？)
　　▪ 내일 갈 사람인 것도 모르고서 크리스마스 때 줄 선물을 샀던 것이다. (明日発つ人だとも知らずに，クリスマスの時にあげるプレゼントを買ったのである。)

参考 '-고'の強調語。

2. 前の事柄が方法として機能し，その状態のもとで後の行動を進めることを表わす。'〜して (-아 가지고)'の意味。

例 ▪ 문을 열고서 보아라. (ドアを開けて，見てみなさい。)
　　▪ 그가 지팡이를 짚고서 왔다 갔다 한다. (彼は杖をついて行ったり来たりする。)
　　▪ 팔짱을 끼고서 진수가 말했다. (腕組みしてチンスが言った。)

参考 '-고'の強調語。

3. 前の事柄が後の事柄と対立関係にあることを表わす。'〜したのに (-았는데도)'の意味。

例
- 그는 이 사실을 알**고서** 모른다고 한다. (彼はこの事実を知っていても知らないと言う。)
- 먹**고서**도 안 먹었다고 시치미 뗀다. (食べても食べなかったとしらを切る。)
- 당신은 거기에 갔다 오**고서**도 그 사람을 못 봤다고 하면 어떻게 해요? (あなたはそこに行って来たのに、その人に会えなかったなんて言ったらどうするんですか。)

参考 対立を強調するために'-고서도'の形でもよく用いられる。

2. '-고 나서'に置き換えられるもの

1. 前の行動が終わって、後の行動が進められることを表わす。'〜してから (-고 나서)'、'〜した後で (-ㄴ 다음에)'の意味。

例
- 목욕을 하**고서** 저녁을 먹었다. (風呂に入ってから夕食を食べた。)
- 하루의 일과를 끝내**고서**야 집으로 갈 준비를 했다. (一日の日課を終えてからようやく家に帰る準備をした。)

参考 前の行動が終わったことを強調するために'-고서야'の形でもよく用いられる。

2. 前の事柄が後の事柄の根拠であることを表わす。'〜するので (-기 때문에)'の意味。

例
- 그 약을 먹**고서** 나았단다. (その薬を飲んで治ったんだよ。)
- 밤새도록 노래를 부르**고서** 목이 쉬었다. (夜通し歌を歌って喉がかれた。)

参考 後に命令形や勧誘形は用いられない。例 그 약을 먹고서 나아라. (×)

-고서는 -ㄹ 수 없다

【바보가 아니고서는 그럴 수 없지. (馬鹿じゃない限りは、そんなことをするわけがないよ。)】

結合情報 ☞ -고서

慣用句

1. 前の事柄が無ければ後の事柄が不可能であることを表わす。

例
- 개가 바보가 아니**고서**는 그럴 수 없지. (あの子が馬鹿じゃない限りは、

そんなことをするわけがないよ。)
- 음식을 먹어 보지 않**고서는** 맛을 **알 수 없다**. (料理を食べてみなくては味が分からない。)
- 아무리 글자를 알아도 뜻을 모르**고서는** 글을 읽**을 수 없어요**. (いくら文字を知っていても意味が分からなくては文を読むことができません。)

-고서야 【바보가 아니**고서야**~ (馬鹿じゃなければ~)】
『動詞と'이다'の後に用いられる』
[語尾] 連結語尾

例 가**고서야**, 먹**고서야**, 아니**고서야**

---

1. '-고 나서야'に置き換えられないもの

1. 〔疑問文の形式だが答えを要求しない形で用いられ〕前の事柄が後の事柄を引き起こす条件であることを表わす。'~であればやはり'の意味。

例
- 바보가 아니**고서야** 그런 말을 할 수 있겠어? (馬鹿じゃなければ, そんなこと言えないよ。)
- 저렇게 정성이 지극하**고서야** 안 될 일이 없지. (あれほど誠意を尽くしたら, 何だってうまくいくさ。)

2. '-고 나서야'に置き換えられるもの

1. 前の行動が終わり, 後の行動が進められることを強調するときに用いられる。'~して初めて, ~した後で'の意味。

例
- 밥을 다 먹**고서야** 주문한 찌개가 나왔다. (ご飯を食べ終わってからようやく注文したチゲが出てきた。)
- 설명을 듣**고서야** 비로소 그 뜻을 이해했다. (説明を聞いて初めてその意味を理解した。)
- 회사를 나오**고서야** 얻는 것도 있구나. (会社を辞めてこそ得るものもあるのだな。)

-고 싶다

【저는 집에 가고 싶어요. (私は家に帰りたいです。)】

結合情報 ☞ -고⁴

慣用句

全体参考 1. 主体が話し手のときに用いられる。聞き手のときは疑問文が用いられる。例 너는 어디에 가고 싶니？（君はどこに行きたいの？）第三者には'-고 싶어하다'が用いられる。例 언니가 밥을 먹고 싶어해요.（お姉さんがご飯を食べたがっています。）2. 動作動詞とのみ共に用いられる。例 착하고 싶어요. (×)

1. 〔動詞に用いられ〕前接する語句の意味する行動を行いたいと望んでいることを表わす。'〜する気がある'の意味。

例 ▪ 저는 집에 가고 **싶어요**. (私は家に帰りたいです。)
  ▪ 제가 저녁을 사고 **싶습니다**. (私が夕食をご馳走したいと思います。)
  ▪ 오늘 같은 날에는 술을 마시고 **싶은데**. (今日みたいな日は酒が飲みたいのだが。)
  ▪ 커서 변호사가 되고 **싶어요**. (大きくなって弁護士になりたいです。)
  ▪ 이번 여름에는 꼭 호주에 가고 **싶어**. (今度の夏は絶対オーストラリアに行きたいな。)
  ▪ 어디에 가고 **싶으세요**？ (どちらに行きたいとお考えですか？)

-고 싶어하다

【유미가 집에 가고 싶어해요. (ユミが家に帰りたがっています。)】

結合情報 ☞ -고⁴

慣用句

全体参考 1. 第三者に用いられる。2. 動作動詞とのみ共に用いられる。例 착하고 싶어해요. (×)

1. 〔動詞に用いられ〕第三者が何らかの行動を行いたいと望んでいるように見えることを表わす。

例 ▪ 유미가 집에 가고 **싶어해요**. (ユミが家に帰りたがっています。)
  ▪ 아내는 한국에서 살고 **싶어합니다**. (妻は韓国で暮らしたがっています。)
  ▪ 김 과장님은 술을 마시고 **싶어했습니다**. (金課長は酒を飲みたがっていました。)

-고요 【안녕하시고요?(お元気ですか?)】

『動詞, 形容詞, '이다', '-았-' の後に用いられる』

[語尾] 終結語尾

[親しい間で敬意が高い] 先輩や目上の人に

[例] 가고요, 먹고요, 예쁘고요, 좋고요, 학생이고요, 먹었고요

[全体参考] 話し言葉で [구요] と発音されることもある。

1. 〔疑問文に用いられ〕尋ねることを表わす。'(ところで)~ですか, ~ますか' の意味。

例 ▪ 선생님도 안녕하시**고요**?（先生もお元気ですか?）
   ▪ 집은 어디에 있**고요**?（家はどこにあるんですか?）
   ▪ 식사는 하셨**고요**?（食事はなさいましたか?）

2. 述べられた内容の他にも別の内容があることを示唆しながら言葉を終えることを表わす。

例 ▪ 몸이 많이 가벼워졌어요. 기분도 좋**고요**.（体がとても軽くなりました。気分も良いですし。）
   ▪ 방해가 된다면 다음에 또 오**고요**.（お邪魔になるのでしたら今度また来ますし。）
   ▪ 오늘 즐거웠어요. 음식도 맛있었**고요**.（今日楽しかったです。食べ物もおいしかったですし。）

-고 있는 참이다 【신문을 정리하고 있는 참이다.（新聞を整理しているところだ。）】

[結合情報] ☞ -고⁴

慣用句

[関連語] -던 참이다, -려던 참이다

[全体参考] '-려는 참이다' の形でも用いられる。[例] 이제 막 다리 밑을 통과하**려는** 참이다.（今ちょうど橋の下を通過しようというところだ。）

1. 〔動詞に用いられ〕'何々をしている状況だ' の意味。

例 ▪ 지금 신문을 정리하**고 있는 참이다**.（今新聞を整理しているところだ。）
   ▪ 생각 좀 하느라 망설이**고 있는 참이다**.（ちょっと考えがあって、迷って

- 텔레비전을 보고 있는 참이다. (テレビを見ているところだ。)

-고 있다
慣用句

【밥을 먹고 있어요. (ご飯を食べています。)】

結合情報 ☞ -고⁴

尊敬 -고 계시다 例 아버님께서 진지를 드시고 계세요. (お父さんが食事をしています。)

全体参考 動詞に用いられる。

1. ある動作が進行中であることを表わす。

例
- 제인 : 뭐 하세요? (ジェーン：何していらっしゃるんですか？)
  존 : 배가 고파서 밥을 먹고 있어요. (ジョン：お腹が空いてご飯を食べています。)
- 그 때 전화를 하고 있었어요. (そのとき電話をしていました。)
- 준원이는 지금 테니스를 치고 있어. (チュンウォンは今テニスをしているよ。)

2. ある動作をした結果がそのまま持続することを表わす。

例
- 청바지를 입고 있는 여자. (ジーンズをはいている女。)
- 우리 팀은 흰색 모자를 쓰고 있어요. (私たちのチームは白の帽子をかぶっています。)
- 그 사고로 버스에 타고 있던 사람들이 많이 다쳤어요. (その事故でバスに乗っていた人たちがたくさんけがをしました。)

参考 '입다 (着る), 쓰다 (かぶる), 들다 (持つ)' 等の動詞と共に用いられる。

3. ある持続的な行為を行うことを表わす。

例
- 진수는 아직도 학교에 다니고 있어요. (チンスはいまだに学校に通っています。)
- 저는 서울에 살고 있습니다. (私はソウルに住んでいます。)
- 그 친구는 삼성 전자에 다니고 있지. (その友達は三星電子に通っているよ。)

> **アドバイス**
>
> '-고 있다'と'-아 있다'の比較：
>
> '-고 있다'はある動作を完了した後の状態がそのまま持続することを表わし（例1），'-아 있다'は動作の状態がそのまま持続することを表わす（例2）。'-고 있다'は目的語のある文に，'-아 있다'は目的語の無い文に用いられる。
>
> 例1：버스를 타고 있다．（バスに乗っている。）（バスに乗った結果，その状態が持続することを表わす。'타다'は通常'를'を用いるが，'에'を用いると，乗った位置がそのバスの中であることを強調する。）
>
> 例2：버스에 앉아 있다／서 있다．（バスに座っている／立っている。）（バスに座った状態／立った状態でいることを表わす。）

-고자

【의논을 하고자～（相談をしようと～）】

『動詞と'이다'の後に用いられる。'-겠-／-았-'とは共に用いられない』

例 가고자, 먹고자, 학생이고자

[語尾] 連結語尾

[類義] -려, -려고²

1. 〔動詞に用いられ〕行動の目的を表わす。'～しようと（-려고）'，'～することを目的として'の意味。

例 ■ 그 일에 관해 의논을 하고자 찾아왔습니다．（そのことについて相談をしようと思って訪ねて来ました。）

■ 선생님 은혜에 조금이나마 보답하고자 노력합니다．（先生のご恩に少しでも報いるためにがんばっています。）

[参考] 1. 先行節と後行節の主体が同じである。2. 後行節に命令形や勧誘形は用いられない。

2. 〔'-고자 하다'の形で動詞に用いられ〕意図を表わす。'～しようと（-려고）'の意味。

例 ■ 집을 지어 추위를 막고 더위를 피하고자 했다．（家を建てて寒さを防ぎ，暑さを避けようと思った。）

- 가능한 한 칭찬을 해 주**고자** 했다. (できるだけほめてあげようと思った。)
- 식사만으로 체중을 줄이**고자** 하는 것은 위험하다. (食事だけで体重を減らそうとするのは危険だ。)
- 계속 작가이**고자** 한다면 열심히 글을 써야 한다. (ずっと作家でいようと思うなら，一所懸命文章を書かなければならない。)

参考 '-고자 하다'(p.81) を参照。

-고자 하다 【최선을 다하고자 합니다. (最善を尽くそうと思います。)】
結合情報 ☞ -고자
慣用句

1. 〔動詞に用いられ〕あることをやりたいと思う望みや意図を表わす。

例
- 저는 모든 일에 최선을 다하**고자 합니다**. (私は全てのことに最善を尽くそうと思います。)
- 날씬해지**고자 한다면** 운동을 해야 한다. (やせようと思うのなら運動をしなければならない。)

-고 하니 【돈도 많고 하니~ (お金もたくさんあるから~)】
結合情報 ☞ -고⁴
慣用句

1. 様々な理由があるが，その中で代表的な理由を挙げて述べることを表わす。

例
- 시간도 많고 돈도 많**고 하니** 여행이나 가자. (時間もたっぷりあるしお金もたくさんあるから，旅行でも行こう。)
- 명절 때라 길도 복잡하**고 하니** 다음 번에 가기로 합시다. (名節（正月，端午節，秋夕等の民俗的な祝日のこと）なので道も混んでいることだし，今度行くことにしましょう。)
- 오늘 할 일은 다 끝냈**고 하니** 집에 가야겠다. (今日やることは全部終わったことだし，家に帰らなくちゃ。)

-고 해서
【겁도 나고 해서~ (怖くなったので~)】
慣用句

結合情報 ☞ -고⁴

全体参考 1. '-고 하여서'が原形であるがあまり用いられない。2. '〜도 -고 해서'の形で用いられる。3. 言及したもの以外にも別の理由があり得ることを表わす。

1. '何らかのことがあることによって'の意味で用いられる。

例
- 이러다 죽는 거 아닌가 하고 겁도 나고 해서 그를 꼭 껴안았다. (こうしているうちに死ぬのではないかと怖くなったので彼をぎゅっと抱きしめた。)
  - 진수의 부탁도 있고 해서 한 번 들렀지. (チンスの頼みもあって，一度立ち寄ったんだよ。)
  - 기분도 울적하고 해서 산책을 나가기로 했어. (気分も晴れないので散歩に出かけることにしたんだ。)

과
【부엌과 목욕탕 (台所と浴室)】

『과は終声字のある語の後に，와は終声字の無い語の後に用いられる』

助詞 接続助詞

例 밥과, 떡과, 언니와, 누나와

類義 이랑, 하고¹

1. 〔事物を並べ挙げて，その語に付き〕それらを同じ資格でつなげることを表わす。'そして，〜もまた，および'の意味。

例
- 이 집은 부엌과 목욕탕이 있어요. (この家は台所と浴室があります。)
  - 서울과 중부 지방은 비가 오겠습니다. (ソウルと中部地方は雨が降るでしょう。)
  - 흰색과 빨간색 티셔츠를 샀어요. (白いTシャツと赤いTシャツを買いました。)
  - 이 서점에는 잡지와 소설책이 아주 많습니다. (この書店には雑誌と小説がとてもたくさんあります。)

과

| 助詞 | 副詞格助詞 | 副詞語を表わす |

1. ある行動を共にする対象であることを表わす。'〜と互いに'の意味。

例 ・ 부모님**과** 함께 삽니다. (両親と一緒に住んでいます。)
　　・ 친구들**과** 농구를 해요. (友達とバスケットボールをします。)
　　・ 우리**와** 같이 영화 보러 가요. (私たちと一緒に映画を見に行きましょう。)

　参考　しばしば'〜과 함께／같이'の形で用いられる。

2. 相手に該当する対象であることを表わす。'〜と互いに，〜を相手として'の意味。

例 ・ 친구들**과** 다투면 안 돼. (友達とケンカしちゃだめだよ。)
　　・ 나는 언니들**과** 만나서 놀았다. (私はお姉さんと会って遊んだ。)
　　・ 나는 초등학교 동창생**과** 결혼했다. (私は小学校の同窓生と結婚した。)

　参考　'사귀다 (付き合う)，만나다 (会う)，싸우다 (ケンカする)'のような動詞と共に用いられる。

3. 何らかの関係にある対象であることを表わす。'〜と互いに'の意味。

例 ・ 이 섬들은 휴전선**과** 가깝다. (この島々は休戦ラインと近い。)
　　・ 진수는 나**와** 나이가 같다. (チンスは私と同い年だ。)
　　・ 그녀는 나**와** 사촌간이다. (彼女は私といとこの間柄だ。)

　参考　'가깝다 (近い)，밀접하다 (密接だ)，친하다 (親しい)'のような形容詞と共に用いられる。

4. 比較の対象を表わす。'〜と互いに，〜に比べると互いに'の意味。

例 ・ 인간의 일생은 마라톤 경기**와** 비슷하다. (人間の一生はマラソン競技と似ている。)
　　・ 그**와** 비슷한 예는 또 있다. (それと似た例はまだある。)
　　・ 옛날의 한강 모습은 오늘날**과** 매우 다르다. (昔の漢江の姿は今日と非常に異なる。)
　　・ 분홍 치마는 진달래꽃**과** 같은 빛깔이다. (桃色のスカートはツツジの花と同じ色だ。)
　　・ 나는 너**와** 달라. (おれはお前と違うよ。)

　参考　'같다 (同じだ)，다르다 (違う)，비슷하다 (似ている)，비교하다 (比較する)'のような形容詞や動詞と共に用いられる。

5. 基準とする対象を表わす。'〜と互いに'，'〜に照らして互いに'の意味。

例 ▪ 신맛은 단맛**과** 잘 어울린다．（すっぱい味は甘い味とよく合う。）
　▪ 너**와** 어울리는 색을 골라 봐．（君に似合う色を選んでごらん。）
　▪ 저 사람은 나**와** 잘 맞는다．（あの人は私とよく気が合う。）

類義　에，에게

参考　'어울리다（似合う），맞다（合う）'のような動詞と共に用いられる。

アドバイス

接続助詞に用いられる'과，이랑，하고'の区別：

1. '과'，'이랑'，'하고'はいずれも事物をつなげるときに用いられるが，'과'は書き言葉と話し言葉に一般的に用いられ，'이랑'と'하고'は主に話し言葉に用いられる。また'이랑'は主に子供や女性の話し言葉，あるいは詩的表現に用いられる。

2. '과'は最後につなげる体言の後には用いないが，'이랑'と'하고'は最後につなげる体言の後にも用いる。

例1：밥**과** 국을 먹어요．（○）（ご飯とスープをいただきます。）
　　　밥**과** 국**과** 먹어요．（×）

例2：밥**하고** 국**하고**（국을）먹어요．（○）（ご飯とスープと（スープを）いただきます。）

　　　밥**이랑** 국**이랑**（국을）먹어요．（○）（ご飯とスープと（スープを）いただきます。）

3. いくつかの事物をつなげるとき，場合によっては省略が可能だが，省略された位置には読点を打つ。

例：이번 시간에는 기체，액체，고체의 변화에 대하여 공부합시다．
　　（この時間は気体，液体，固体の変化について勉強しましょう。）

～과 같은　【눈，코，입과 같은～（目，鼻，口のような～）】

結合情報　☞ 과

慣用句

1. 〔いくつかの語を羅列した後，最後の語に付き〕'等々'の意味。

例 ▪ **눈，코，입과 같은** 기관은 우리 몸의 앞쪽에 있다．（目，鼻，口のよ

うな器官は我々の体の前方にある。)
- 성공하려면 근면, 절약, 검소**와 같은** 미덕이 필요하다. (成功するには勤勉, 節約, 質素のような美徳が必要だ。)

~과 같이 【그림과 같이~ (図のように~)】
慣用句

結合情報 ☞ 과

1. 'ちょうどその通りに' の意味。
例
- 그림**과 같이** 가격에 따라 컴퓨터를 분류할 수 있다. (図のように値段によってコンピュータを分類することができる。)
- 이**와 같이** 학생들의 수준이 매우 낮았다. (このように学生たちの水準が非常に低かった。)

~과 다름없다 【여느 집과 다름없었다. (普通の家と変わらなかった。)】
慣用句

結合情報 ☞ 과

全体参考 '~과 다름이 없다' の形でも用いられる。

1. '~と比べて違いがない' の意味。
例
- 분위기는 여느 집**과 다름없었다**. (雰囲気は普通の家と変わらなかった。)
- 찾기는 찾았으나 찾지 못한 것**과 다름이 없었다**. (見つけたことは見つけたが, 見つからなかったも同然だった。)

~과 달리 【다른 곳과 달리~ (他の所と違い~)】
慣用句

結合情報 ☞ 과

1. '~に比べて違い' の意味。
例
- 서울은 다른 곳**과 달리** 일터가 많다. (ソウルは他の所と違い, 働き口が多い。)
- 한국 사람은 일본 사람**과 달리** 밥을 숟가락으로 떠 먹는다. (韓国人

は日本人と違ってご飯をスプーンですくって食べる。）

～과 마찬가지로

【다른 나라들과 마찬가지로～（他の国々と同様に～）】

結合情報 ☞ 과

慣用句

1. '～と同じく'の意味。

例 ▪ 다른 나라들**과 마찬가지로** 칠레는 독특한 사회, 경제 구조를 갖고 있다. （他の国々と同様にチリは独特な社会と経済構造を持っている。）

▪ 차량들**과 마찬가지로** 보행인 역시 교통 법칙을 지켜야 한다. （車両と同じように歩行者もまた交通法規を守らなければならない。）

～과 반대로

【말한 것과 반대로～（述べたことと反対に～）】

結合情報 ☞ 과

慣用句

1. '～と比べると反対に'の意味。

例 ▪ 위에서 말한 것**과 반대로** 다음과 같은 단점도 있다. （上で述べたことと反対に次のような短所もある。）

▪ 인간의 생활은 규칙적인 면이 있긴 하지만 그**와 반대로** 많은 예외를 또한 가지고 있다. （人間の生活は規則的な面があることはあるが、それと反対に多くの例外をもまた持っている。）

-구나

【키가 크구나．（背が高いなあ。）】

『形容詞，'이다'，'-았-'，'-겠-'の後に用いられる。動詞の後には-는구나が用いられる』

語尾 終結語尾

最も敬意が低い

例 예쁘**구나**, 좋**구나**, 학생이**구나**, 먹었**구나**, 가겠**구나**

おじいさんが子供に

形態関連語 -는구나

-구나

全体参考 話し言葉に用いられる。

1. 感嘆を表わす。ある事柄に初めて気付いたときに用いられる。

例 ▪ 진수야, 키가 크**구나**. (チンス, 背が高いなあ。)
　▪ 정말 경치가 좋**구나**. (本当に眺めが良いなあ。)
　▪ 야, 이 식당은 정말 맛있**구나**. (ねえ, この食堂は本当においしいねえ。)
　▪ 거기에 넣어 두고 잊어버렸**구나**. (そこに入れておいて忘れていたなあ。)

　参考 主体が話し手のとき, 既に知っている事柄には'-구나'を用いることができない。例 나는 집에 있구나.(×)／나는 학생이구나.(×)

例 ▪ 얘들아, 라디오 소리 좀 줄이면 좋겠**구나**. (お前たち, ラジオの音, ちょっと下げた方が良いぞ。)
　▪ 오늘은 집에서 쉬고 싶**구나**. (今日は家で休みたいなあ。)

　参考 単純にそうだと述べるところに用いられ, 柔らかい感じを与える。

2. 新たに知った事柄について確かめる調子で尋ねることを表わす。

例 ▪ 학교에서 무슨 일이 있었**구나**? (学校で何かあったんだね?)
　▪ 이 학교 학생인 모양이**구나**? (この学校の学生のようだね?)
　▪ 유미야, 어린이 대공원에 갔었**구나**? (ユミ, 子供大公園に行ってたんだね?)

　参考 疑問を表わす上昇調の抑揚と共に用いられる。

3. 〔独り言に用いられ〕感嘆を表わす。ある事柄に初めて気付いたときに用いられる。

例 ▪ 속았**구나** 하는 생각이 들었다. (だまされたなあという気がした。)
　▪ 뭐가 잘못 되었**구나** 싶었다. (何か間違ったなあと思った。)
　▪ 이 세상에 언니밖에 없**구나** 하는 생각이 들었어요. (この世の中にお姉さんしかいないなあという気がしました。)

　参考 '-구나 하다／싶다'の形で用いられる。

-군

【새로 산 차가 좋군. (新しく買った車, すてきだね。)】

『形容詞，'이다'，'-았-'，'-겠-'の後に用いられる。動詞の後には -는군 が用いられる』

[語尾] 終結語尾

[親しい間で敬意が低い] 友達に

[例] 예쁘군, 좋군, 학생이군, 먹었군, 가겠군

[形態関連語] -는군

[丁寧] -군요

[全体参考] 1. 話し言葉に用いられる。 2. '-군그래' の形でも用いられる。[例] 저기 있군그래. (あそこにあるねえ。)

1. 感嘆を表わす。ある事柄に初めて気付いたときに用いられる。

   例 ▪ 새로 산 차가 좋군. (新しく買った車, すてきだね。)

   ▪ 아, 저기 있군. (あ, あそこにあるね。)

   ▪ 시간이 빠르기도 하군. (時間がずいぶん早いな。)

2. 〔皮肉る言い方で〕実際には好ましくないことを, 反対によくやったと皮肉って述べることを表わす。

   例 ▪ 접시를 잘도 깼군. (お皿を見事に割ったね。)

   ▪ 비가 올 거라면서? 그래 많이도 내렸군. (雨が降るはずだって言ったよね。まったく, たくさん降ったよな。)

   [参考] わざと相手に聞かせる言い方である。

3. 新たに知った事柄について確かめる調子で尋ねることを表わす。

   例 ▪ 그러니까 네가 잘못을 한 모양이군? (だから君が間違ったみたいなんだね？)

   ▪ 언니랑 또 싸웠군? (お姉さんとまたケンカしたんだね？)

   ▪ 어머니가 보고 싶겠군? (お母さんに会いたいんだろうね？)

4. 〔独り言のように用いられ〕ある事柄が単純にそうだと述べることを表わす。

   例 ▪ 세상을 살기가 쉽지 않군그래. (世の中を生きていくのは楽じゃないねえ。)

   ▪ 애들까지 버릇이 나빠질까 봐 걱정이군. (子供たちまで行儀が悪くなりそうで心配だな。)

- 이번 일은 내가 할걸, 잘못했**군**. (今回の件はぼくがやればよかった。失敗したな。)

アドバイス

'군'の用法：

1. 主体が話し手のとき，既に知っている事柄には '-군' を用いることはできない。
例：나는 집에 있<u>군</u>. (×)／나는 학생이<u>군</u>. (×)
しかし話し手と関連した新たな事柄を知るときには用いることができる。つまり，下の例を見ると '君' の年齢を知るとともに 'ぼくが君より先輩であること' を知るので '-군' を用いることができる。
例：네가 87년 생이면 내가 선배<u>군</u>. (○)(君が87年生まれならぼくが先輩だね。)

2. '-군' は親しい間で敬意が低いものであり，'-구나' は最も敬意が低いものである。

-군요

【날씨가 좋**군요**. (良い天気ですね。)】

『形容詞，'이다'，'-았-'，'-겠-' の後に用いられる。動詞の後には **-는군요** が用いられる』

[語尾] 終結語尾

[親しい間で敬意が高い] 先輩や目上の人に

例 예쁘**군요**, 좋**군요**, 학생이**군요**, 먹었**군요**, 가겠**군요**

[形態関連語] -는군요
[関連語] -더군요
[全体参考] 話し言葉に用いられる。

1. 感嘆を表わす。ある事柄に初めて気付いたときに用いられる。

例 - 날씨가 좋**군요**. (良い天気ですね。)
- 키가 크**군요**. (背が高いですね。)
- 배가 고프**군요**. (お腹が空きましたね。)

- 일찍 오셨**군요**. （早くいらっしゃいましたね。）

2. 〔皮肉る言い方で〕実際には好ましくないことを，反対によくやったと皮肉って述べることを表わす。

例 ▪ 참 잘도 했**군요**. （まったく，よくもまあやりましたね。）
- 큰소리 치시더니 꼴 좋**군요**. （大口をたたいておいて，いいざまですね。）

参考 わざと相手に聞かせる言い方である。

3. 〔疑問調の抑揚と共に用いられ〕新たに知った事柄について確かめる調子で質問することを表わす。

例 ▪ 그 집 음식이 맛이 있**군요**？ （その店の料理っておいしいんですね？）
- 아버지가 돌아오셨**군요**？ （お父さんが帰って来たんですね？）
- 그것 때문에 친구하고 싸웠**군요**？ （そのために友達とケンカしたんですね？）

-기

【비가 오기 시작했다. （雨が降り始めた。）】

『動詞，形容詞，'이다'，'-았-'の後に用いられる』

例 가기, 먹기, 예쁘기, 좋기, 먹었기

語尾 用言を名詞化する語尾

関連語 -ㅁ

全体参考 '-기'が付いた語は文中で名詞のように主語，目的語として用いられる。

1. 〔動詞に用いられ〕進行（過程），手段，志向（目標）等を表わす。

例 ▪ 비가 오**기** 시작했다. （雨が降り始めた。）
- 가루약은 먹**기** 싫어요. （粉薬は飲みたくありません。）
- 날씨가 너무 더워서 공부하**기**도 힘들죠？ （暑すぎて勉強するのも大変でしょう？）
- 점심 먹**기**로 했잖아. （昼ご飯食べることにしたじゃない。）
- 전화하**기**를 좋아합니다. （電話することが好きです。）

2. 〔形容詞と'이다'に用いられ〕性質や状態等の程度を表わす。

例 ▪ 나는 그가 좋은 사람이**기**를 바란다. （私は彼が良い人であることを望む。）
- 사람들이 많**기**도 하다. （人がとても多い。）

- 좀 멀**기**는 하지만 좋은 곳이죠．（ちょっと遠いことは遠いのですが良い所ですよ。）

3.〔動詞と形容詞に用いられ〕そうなるように希望することを表わす。

例
- 행복하게 사시**기**를 진심으로 빕니다．（お幸せに暮らしますよう心よりお祈りいたします。）
- 늘 건강하시**기** 바랍니다．（いつも健康でいらっしゃることを願っております。）
- 농부들은 비가 내리**기**를 기원했다．（農民たちは雨が降ることを祈願した。）

参考 文全体の叙述語には'바라다（願う），희망하다（希望する），기원하다（祈願する）'等の動詞が用いられる。

4.〔'-시기 바라다'の形で，案内放送や案内文に用いられ〕ある行動をするよう丁寧に知らせたり，頼んだりすることを表わす。

例
- 지하철이 들어오니 한 걸음 물러나시**기** 바랍니다．（（地下鉄で）電車が参りますので，一歩お下がり下さい。）
- 잊으신 물건 없이 안녕히 가시**기** 바랍니다．（お忘れ物なくお帰り下さいませ。）

参考 意味解釈3の用法の一つである。

5.〔標語やことわざ等に用いられ〕人々にそうするのがよいと勧めたり，一般化されたりした事柄であることを表わす。

例
- 한 줄 서**기** 운동．（一列整列キャンペーン。）
- 누워서 떡 먹**기**．（寝て餅を食う（たやすいこと）。）
- 스스로 공부하**기**．（自学自習。）

アドバイス

'-기'と'-ㅁ'の比較：☞ '-ㅁ'のアドバイス1（p.459）

1. '-기'は多くの動詞，形容詞にあまねく用いられるが，'-ㅁ'は制限されて用いられる

2. '-ㅁ'と異なり，'-기'は慣用表現で多く用いられる。慣用表現を参照。(-기 때문에, -기 위해서, -기가 쉽다等)

3. '-기'は一般化された客観的事実やこれから期待される仮想的な状況を表わし，'-ㅁ'は動作や状態が既に完結された具体的な事実であることを表わす。

例：바다에서 수영하**기**가 더 힘들어요．（海で泳ぐのがもっと大変です。）
　　 진수는 어젯밤에 맨몸으로 수영했**음**을 고백했다．（チンスは昨夜すっ裸で泳いだことを告白した。）

-기가 무섭게 【수업이 끝나기가 무섭게~（授業が終わるやいなや~）】 結合情報 ☞ -기

慣用句

類義 -기가 바쁘게

1. 'あることが終わるやいなやすぐ'の意味を誇張して述べることを表わす。

例 ▪ 수업이 끝나**기가 무섭게** 화장실로 달려갔다．（授業が終わるやいなやトイレに走って行った。）

　 ▪ 그는 만나**기가 무섭게** 돈부터 달라고 했다．（彼は会ったとたんに，まずお金をくれと言った。）

-기가 바쁘게 【아침식사가 끝나기가 바쁘게~（朝食が済むやいなや~）】 結合情報 ☞ -기

慣用句

類義 -기가 무섭게

1. 'あることが終わるやいなやすぐ'の意味を誇張して述べることを表わす。

例 ▪ 아침식사가 끝나**기가 바쁘게** 시내로 나갔다．（朝食が済むやいなや市内に出かけた。）

　 ▪ 그는 수저를 놓**기가 바쁘게** 방으로 들어가 버렸다．（彼はご飯を食べ終わるやいなや部屋に入ってしまった。）

-기가 쉽다 【살이 찌기가 쉽다. (太りやすい。)】
慣用句
結合情報 ☞ -기

類義 -기 십상이다

全体参考 '가'が省略されて'-기 쉽다'の形でも用いられる。

1. 'そのような傾向があること'の意味。

例 ▪ 운동이 부족하면 살이 찌**기가 쉽다**. (運動が足りないと太りやすい。)
　 ▪ 늘 의자에 앉아 있으면 운동이 부족하**기 쉽다**. (いつもイスに座っていると運動不足になりやすい。)

-기가 이를 데 없다 【슬프기가 이를 데 없다. (たとえようもなく悲しい。)】
慣用句
結合情報 ☞ -기

1. ある感情が非常に甚だしいことを意味する。

例 ▪ 그 영화는 슬프**기가 이를 데 없다**. (この映画はたとえようもなく悲しい。)
　 ▪ 버스에 앉아 있으면 답답하**기가 이를 데 없었다**. (バスに座っていると、もどかしいことこの上なかった。)

-기 그지없다 【반갑기 그지없다. (うれしさに堪えない。)】
慣用句
結合情報 ☞ -기

全体参考 '-기 한이 없다'の形でも用いられる。例 혼자 있으니 쓸쓸하**기 한이 없다**. (一人でいると寂しい限りだ。)

1. 〔形容詞に用いられ〕'とうてい言い尽くせないほど非常にそうだ'の意味。

例 ▪ 너를 만나니 반갑**기 그지없다**. (君に会えてうれしさに堪えない。)
　 ▪ 그의 대답은 실망스럽**기 그지없었다**. (彼の返答は失望すること極まりなかった。)

-기까지 하다
【춥기까지 해요.（寒くさえ感じます。）】
結合情報 ☞ -기
慣用句

1. あることの程度が度を越して甚だしいことを表わす。

例 ▪ 시원하다 못해 춥**기까지 해요**．（涼しいのを越えて寒くさえ感じます。）
　　▪ 이럴 땐 유미가 정말 얄밉**기까지 해**．（こんなときはユミが本当に憎らしくさえ思うよ。）

-기 나름이다
【생각하기 나름이다．（考え方次第だ。）】
結合情報 ☞ -기
慣用句

関連語 -ㄹ 나름이다

1. 'それの程度ややり方による'の意味。

例 ▪ 모든 건 생각하**기 나름이다**．（あらゆることは考え方次第だ。）
　　▪ 공부도 하**기 나름이야**．（勉強もやり方次第だよ。）

-기나 하다
【먹기나 해요．（食事でもして下さい。）】
結合情報 ☞ -기
慣用句

1. （前の行動までは望まないので）少なくとも後の行動をしてくれるよう望むことを表わす。

例 ▪ 그만 이야기하고 어서 먹**기나 해요**．（話はそれぐらいにして早く食事でもして下さい。）
　　▪ 사지 않아도 괜찮으니까 한번 입어 보**기나 해요**．（買わなくてもいいですから、一度着てみるだけでもどうですか。）

-기는 【어리석기는. (間抜けだこと。)】

『動詞と形容詞の後に用いられる』

[語尾] 終結語尾

[親しい間で敬意が低い] 友達に

[例] 가기는, 먹기는, 예쁘기는, 좋기는

[縮約] -긴¹

[全体参考] 話し言葉に用いられる。

1. 〔独り言に用いられ〕相手の行動を軽くたしなめながら心配してやることを表わす。

例 ▪ 미련한 것, 어리석**기는**. (バカなやつ。間抜けだこと。)
   ▪ 천천히 먹어라. 성격도 급하**기는**. (ゆっくり食べろよ。せっかちだこと。)

2. 〔文末を若干上げてから下げる抑揚と共に用いられ〕後の語句が省略され, 相手を軽くたしなめることを表わす。'〜するとは, どうしてか'の意味。

例 ▪ 고맙**기는**？ (ありがたいなんて。)
   ▪ 웃**기는**？ 싱겁게. (なんで笑ってるの？ 変だよ。)
   ▪ 자기 일도 제대로 못하는 주제에 남을 비웃**기는**？ (自分のこともちゃんとできないくせに, 他人をあざ笑うとは。)
   ▪ 딸 : 아빠, 잠이 안 오세요？ (娘：お父さん, 眠れないの？)
     아빠 : 잠이 안 오**기는**. (父：眠れないわけじゃないよ。)
   ▪ 아니, 왜 대답을 안하니？ 시간이 얼마나 걸리느냐고 물었잖어. 체, 답답하**기는**. (で, なんで答えないの？ 時間がどれくらいかかるかって聞いたじゃない。ちぇっ, じれったいったら。)

[丁寧] -기는요

[参考] 例えば '고맙기는 (뭐가 고맙니)(ありがたいなんて (何がありがたいの))' のように後に問い直す語句が省略されたものと見ることができる。

-기는 -다 【좋기는 좋다. (良いことは良い。)】

[結合情報] ☞ -기

慣用句

[全体参考] '〜 -기는 〜다' のように '〜' に同じ形容詞が繰り返し用いられる。

1. 〔形容詞に用いられ〕やはりそうだと強調して述べることを表わす。
例 ▪ 역시 비싼 물건이 좋**기는** 좋**다**. (やはり高価なものが良いことは良い。)
　　▪ 진수가 키가 크**기는** 커요. 멀리서도 눈에 띄는 걸 보면. (チンスは背が高いことは高いですよ。遠くからでも目立つところを見ますとね。)
　　▪ 외국물이 좋**기는** 좋**은가** 보지? (外国の暮らしが良いことは良いみたいね。)

-기는요　【먹기는요？ (食べてないですよ。)】

『動詞と形容詞の後に用いられる』

語尾　終結語尾

例 가기는요, 먹기는요, 예쁘기는요, 좋기는요

全体参考 1. 話し言葉に用いられる。2. 文末を若干上げてから下げる抑揚と共に用いられる。3. 相手の言葉を繰り返して表現する。4. ほめてくれた相手に感謝を表わしたり、謝る相手をいたわったりすることを表わすこともある。

1. 〔後の語が省略され〕相手の意見に軽く反論したり、やっぱりそうだと強調して述べたりすることを表わす。'〜するなんて、どうしてですか' の意味。

例 ▪ 제인　：점심 먹었어요？ (ジェーン：お昼、食べました？)
　　김진수：아직 12시도 안 됐는데 먹**기는요**？ (キム・ジンス：まだ12時にもなってないのに、食べてないですよ。)
　▪ 메리　：고맙습니다. (メリー：ありがとうございます。)
　　이대성：고맙**기는요**. (イ・デソン：とんでもないですよ。)
　▪ 존슨　：노래를 잘 하시네요. (ジョンソン：歌がお上手ですね。)
　　이영숙：잘 하**기는요**. (イ・ヨンスク：そんなことありませんよ。)
　▪ 하나코：늦어서 죄송합니다. (花子：遅れてすみません。)
　　마이클：늦**기는요**. 겨우 10분 지났는데요. (マイケル：遅れたなんて。たった10分過ぎたところですよ。)

-기는커녕 【행복하기는커녕~ (幸せなどころか~)】

『動詞と形容詞の後に用いられる』

[語尾] 連結語尾

[例] 가기는커녕, 먹기는커녕, 예쁘기는커녕, 좋기는커녕

[関連語] 는커녕, 커녕

[全体参考] 1. しばしば補助詞 '도, 조차, 마저' と共に用いられる。 2. 否定的な意味を含んでいる。

1. '~することは言うまでもないが, ~することはおろか' の意味。

例 ▪ 행복하**기는커녕** 힘들기만 해. (幸せなどころか, 辛いだけだよ。)

 ▪ 학교에 가**기는커녕** 감기가 심해 자리에서 일어나지도 못했다. (学校に行くことはおろか, 風邪がひどくてその場から起き上がることもできなかった。)

 ▪ 비가 오**기는커녕** 구름 한 점 없네. (雨が降るどころか, 雲一つ無いね。)

アドバイス

'-기는커녕' と '는커녕':

1. 動詞と形容詞の次には '-기는커녕' が, 名詞の次には '는커녕' が用いられる。

例: 미안하다고 말하**기는커녕** 도리어 화를 냈다. (すまないと言うことはおろか, かえって腹を立てた。)

미안하다는 말**은커녕** 도리어 화를 냈다. (すまないという言葉はおろか, かえって腹を立てた。)

2. '행복하기는커녕 불행해 (幸せなどころか, 不幸だ)' のように '~-기는커녕 ~' の形で用いられるが, 後には前の内容とは正反対の内容が連結して用いられる。

-기는 하다

【비가 오기는 하지만~（雨が降ることは降りますが~）】

結合情報 ☞ -기

慣用句

全体参考 1. '~ -기는 ~다' のように '~' に同じ語が繰り返し用いられることもある。 2. 後行節や後の文には先行節の内容を部分的に否定する内容が現われるものと予測される。

1. 〔動作動詞や形容詞に用いられ〕相手の言うことを一部は肯定するが，後では部分的に否定することを表わす。'やはりそうだ' の意味。

例 ▪ 비가 오**기는 하지만** 많이 오지는 않아요．（雨が降ることは降りますが，たくさんは降りません。）

▪ 오리 고기를 먹**기는 먹어요**．（그렇지만 좋아하지는 않아요．）（鴨肉を食べることは食べます。（けれども好きではありません。））

▪ 그 배우가 예쁘**기는 하지만** 별로 개성이 없어요．（その女優はきれいなことはきれいですが，あまり個性がありません。）

▪ 제인 ： 숙제 다 했어요？ （ジェーン：宿題，全部やりました？）
리차드 ： 다 하**기는 했지요**．（リチャード：全部やることはやりましたよ。）

-기도 하고 -기도 하다

【울기도 하고 웃기도 한다．（泣いたり笑ったりする。）】

結合情報 ☞ -기

慣用句

全体参考 互いに対立する語が用いられることもあるし，互いに関連のある語が用いられることもある。

1. 前の事柄と後の事柄が二つとも起こったり，そうであることを表わす。

例 ▪ 아내는 연속극을 보면서 울**기도 하고** 웃**기도 한다**．（妻は連続ドラマを見ながら泣いたり笑ったりする。）

▪ 신기하**기도 하고** 가지고 싶**기도 해서** 하나 샀어요．（珍しくもあったし，欲しくもあったので一つ買いました。）

▪ 일요일에는 친구를 만나**기도 하고** 집에서 낮잠을 자**기도 하지요**．（日曜日は友達に会うこともあるし，家で昼寝をすることもありますよ。）

-기도 하다 【크기도 하다. (とても大きいなあ。)】
慣用句　　結合情報 ☞ -기

1. 本当にそうだと強調して述べることを表わす。

例 ▪ 아유, 애가 크기도 하다. (わあ, 子供がとても大きいなあ。)
　▪ 그 녀석, 씩씩하기도 하구나. (あいつ, すごく勇ましいなあ。)

-기도 하려니와 【그는 똑똑하기도 하려니와~ (彼は頭が良いこともさることながら~)】
慣用句　　結合情報 ☞ -기

1. '前接する語句の内容は認めるが, 後にはそれより更なるものが現われること'を表わす。

例 ▪ 그는 똑똑하기도 하려니와 정말 잘 생겼다. (彼は頭が良いこともさることながら, 実にハンサムである。)
　▪ 진수는 돈이 많기도 하려니와 사람이 좋아서 착한 일을 많이 한다. (チンスはお金が多いこともさることながら, 人柄が良くて善良な行いをたくさんする。)

-기 때문에 【시끄럽기 때문에~ (うるさいので~)】
慣用句　　結合情報 ☞ -기

全体参考　後行節に命令文や勧誘文は用いられない。例 비가 오기 때문에 집에 있어라. (×)/있자. (×)

1. 原因を表わす。

例 ▪ 시끄럽기 때문에 창문을 닫았어요. (うるさいので窓を閉めました。)
　▪ 매운 걸 잘 못 먹기 때문에 김치찌개는 안 먹어요. (辛いものがあまり食べられないので, キムチチゲは食べません。)
　▪ 남편은 휴일에 잠만 자기 때문에 같이 이야기할 시간이 거의 없다. (夫は休日に寝てばかりいるので, 一緒に話をする時間がほとんど無い。)

-기로

【아무리 덥기로~ (いくら暑いからといって~)】

『動詞, 形容詞, '이다', '-았-'の後に用いられる』

[語尾] 連結語尾

[例] 가기로, 먹기로, 예쁘기로, 좋기로, 학생이기로, 잘했기로

[類義] -기로서, -기로서니, -기로선들

1. 〔疑問文の形式だが答えを要求しない形で用いられ〕'前の内容がそうだとしても'の意味.

例 ■ 아무리 덥**기로** 얼음물로 목욕할 수야 없지 않은가? (いくら暑いからといって, 氷水を浴びることはできないのではないか?)

　　■ 아무리 돈이 좋**기로** 도둑질을 해서야 될 것인가? (いくらお金が好きだからといって, 人の物を盗んでもいいのだろうか?)

　　■ 아무리 바쁘**기로** 당신 생일을 잊었겠어요? (いくら忙しいからって, あなたの誕生日を忘れてはいませんよ.)

-기로 들다

【일단 가기로 들면~ (一度 行くことにすれば~)】

[結合情報] ☞ -기

慣用句

[関連語] -고 들다, -려고 들다, -자고 들다

[全体参考] 話し手はこのような事柄について否定的に考えることを表わすときもある.

1. '前接する語句の意味する行動を努めて積極的に行おうとする'の意味.

例 ■ 그 곳은 마음을 정하기까지가 어렵지 일단 가**기로 들면** 쉽게 갈 수 있는 곳이다. (そこは決心するまでが大変で, 一度行くことにすれば容易に行ける所だ.)

　　■ 원래 하**기로 들면** 며칠 안 걸리는 일이야. (もともとやろうと思えば何日もかからない仕事だよ.)

-기로서 【아무리 바쁘**기로서**~ (いくら忙しいからといって~)】

『動詞, 形容詞, '이다', '-았-'の後に用いられる』

[語尾] 連結語尾

[例] 가**기로서**, 먹**기로서**, 예쁘**기로서**, 좋**기로서**, 학생이**기로서**, 먹었**기로서**

[原形] -기로서니

[類義] -기로, -기로선들

1. 〔疑問文の形式だが答えを要求しない形で用いられ〕'前の内容がそうだとしても, まさか'の意味。強調して述べることを表わす。

例
- 아무리 바쁘**기로서** 나하고의 약속도 잊었을까? (いくら忙しいからといって, 私との約束も忘れただろうか?)
- 아무리 재주가 있**기로서** 이 일이야 해 낼 수 있을라구. (いくら才能があるからって, この仕事だけはやり遂げられないだろうね。)
- 거짓말 좀 했**기로서** 화를 내기야 하겠어요? (ちょっと嘘をついたからって, 怒りはしないでしょう。)

-기로 하다 【수영장에 가**기로** 했어요. (プールへ行くことにしました。)】

[結合情報] ☞ -기

慣用句

[全体参考] '-기로 약속하다/결심하다' 等の形でも用いられる。

1. そうすることを約束したり決定したりすることを表わす。

例
- 토요일에 수영장에 가**기로** 했어요. (土曜日にプールへ行くことにしました。)
- 오늘 신촌에서 모이**기로** 했어. (今日, 新村で集まることにしたよ。)
- 다시는 담배를 피우지 않**기로** 약속했다. (二度とタバコを吸わないと約束した。)

-기를 바라다

【내 생일에 꼭 오기를 바라. (ぼくの誕生日に是非来てほしいんだ。)】

結合情報 ☞ -기

慣用句

全体参考 '-기 바라다'の形でも用いられる。

1. 'このようになったらいいと思うこと'を表わす。

例 ▪ 내 생일에 꼭 오기를 바라. (ぼくの誕生日に是非来てほしいんだ。)
  ▪ 농부들은 비가 오기를 바라면서 하늘을 쳐다보았습니다. (農民たちは雨が降ることを望みながら空を見上げました。)
  ▪ 새 학교에서 좋은 친구를 빨리 찾기 바라요. (新しい学校で良い友達が早く見つかるよう願っています。)

-기 마련이다

【실수하기 마련이에요. (失敗するものです。)】

結合情報 ☞ -기

慣用句

全体参考 '-게 마련이다'の形でも用いられる。

1. 'そうなるようになっている'の意味。

例 ▪ 중요한 날에는 실수하기 마련이에요. (大切な日には失敗するものです。)
  ▪ 뭐든지 처음엔 힘들기 마련이죠. (何でも最初は大変なものですよ。)
  ▪ 연애를 하면 예뻐지기 마련이래요. (恋をするときれいになるものだそうです。)

-기만 -면

【건드리기만 하면~ (触れるだけで~)】

結合情報 ☞ -기

慣用句

1. 'ある行動や状況が生じれば必ず'の意味。

例 ▪ 이 시계는 건드리기만 하면 열린다. (この時計は触れるだけで開く。)
  ▪ 김 선생은 돈을 꿔 달라기만 하면 짜증을 낸다. (金さんはお金を貸してくれと言うだけで不機嫌になる。)

-기만 하다 【그냥 귀엽기만 했다. (ただもうかわいい限りだった。)】

結合情報 ☞ -기

慣用句

1. 〔形容詞に用いられ〕(ある状況に影響を受けず)'そのような状態が持続すること'を表わす。

例 ▪ 딸아이가 공부를 못해도 그냥 귀엽**기만 했다**. (娘は勉強ができなくても、ただもうかわいい限りだった。)
　　▪ 걱정이 되어 그의 발걸음은 무겁**기만 했다**. (心配になり彼の足取りは重いだけだった。)
　　▪ 결혼 생활이 행복하기는커녕 힘들**기만 해**. (結婚生活は幸せなどころか、辛いだけだよ。)

2. 〔動詞に用いられ〕'もっぱらそのようにする'の意味。

例 ▪ 삼촌은 매일 놀**기만 한다**. (叔父(父の兄弟)は毎日遊んでばかりいる。)
　　▪ 선생님은 그저 웃**기만 하셨다**. (先生はただお笑いになるだけだった。)

-기야 하다 【예쁘기야 하지요. (かわいいことはかわいいですよ。)】

結合情報 ☞ -기

慣用句

全体参考 '-기야 -지만', '-기야 -지요'の形でも多く用いられる。

1. 'もちろんそうだと前の事柄を認めるが、後には期待したこととは異なる何らかのことがある'という意味を表わす。

例 ▪ 유미가 예쁘**기야 하지요**. (ユミがかわいいことはかわいいですよ。)
　　▪ 만나보**기야 하겠지만** 별 성과는 없을 거예요. (会ってはみますが、たいした成果はないと思います。)
　　▪ 날씨가 좋**기야 하지만** 너무 더워서 아무것도 할 수 없어요. (天気が良いことは良いですが、あまりに暑くて何もできません。)

-기에¹ 【그가 부탁하기에~ (彼が頼むので~)】

『動詞, 形容詞, '이다', '-았-', '-겠-'の後に用いられる』

[語尾] 連結語尾

[例] 가기에, 먹기에, 예쁘기에, 좋기에, 학생이기에, 먹었기에, 가겠기에

[類義] -므로

1. 原因を表わす。'~するため (-기 때문에)', '~するので (-아서)'の意味。

例 ■ 그가 부탁하**기에** 가 보았다. (彼が頼むので行ってみた。)

■ 도대체 얼마나 잤**기에** 그렇게 눈이 퉁퉁 부었니? (一体どれくらい寝たからって, そんなに目がむくんじゃったの？)

■ 이디오피아의 어린이들은 무슨 죄를 지었**기에** 그렇게 비참하게 굶어 죽어야 하는가？ (エチオピアの子供たちは何の罪を犯したからといって, あのように無惨に飢え死にしなければならないのか？)

アドバイス 1

〔原因〕を表わす語尾：-기에, -느라고, -니까, -므로, -아서

1. '-기에／-아서'は命令文や勧誘文とは共に用いられないが, '-니까'は命令文や勧誘文と共に用いられ得る。

例1：날씨가 덥**기에** 창문을 열어라／열자. (×)

例2：날씨가 더**워서** 창문을 열어라／열자. (×)

例3：날씨가 더우**니까** 창문을 열어라／열자. (○)(暑いから窓を開けろ／開けよう。)

2. '-기에'と'-므로'は主に書き言葉に用いられる。

3. '-느라고'は動詞とのみ用いられる。また先行節と後行節の主体は同一である。

例4：저는 학교에 다니**느라고** 돈을 못 벌었어요. (○)(私は学校に通うためにお金を稼ぐことができませんでした。)

例5：제가 학교에 다니**느라고** 부모님께서 돈을 못 벌었어요. (×)

> **アドバイス 2**
>
> '-기에'と'-아서'の比較:
>
> 1. '-기에'は'-았-/-겠-'の後に用いられるが、'-아서'はそれらの後に用いることができない。
>
> 例1: 진수가 거짓말을 했**기에** 화를 냈다. (○)(チンスが嘘をついたので怒った。)
>
> 例2: 진수가 거짓말을 했어서 (×) / 해**서** (○) 화를 냈다. (チンスが嘘をついたので怒った。)
>
> 2. '-기에'は主に後の動作動詞を行うに至った理由を表わし、'-아서'は後の状態についての原因を表わす。'-기에'の後には状態を表わす形容詞は用いられない。
>
> 例3: 눈이 **와서** 길이 미끄러워요. (○)(雪が降って道が滑りやすいです。)
>
> 例4: 눈이 왔기에 길이 미끄러워요. (×)

-기에² 【내가 생각하**기에**~ (ぼくが思うに~)】

『動詞の後に用いられる』

-기＋에

例 생각하**기에**, 보**기에**, 판단하**기에**

転成語尾'-기'に助詞'에'が付いて用いられた形

1. 〔'생각하다 (思う), 판단하다 (判断する), 보다 (見る)'等の動詞の後に用いられ〕その根拠を表わす。

例 ▪ 내가 생각하**기에** 누군가가 틀림없이 그 지갑을 훔쳐갔단 말이야. (ぼくが思うに、誰かが間違いなく、その財布を盗んで行ったのさ。)

　　▪ 이 도자기는 우선 겉으로 보**기에** 비싸 보인다. (この陶磁器はまず外見から見ると高そうである。)

-기에 따라 【그 말은 듣기에 따라~ (その話は聞きようによって~)】
結合情報 ☞ -기

慣用句

全体参考 1. '~-기에 따라서'の形でも用いられる。 2. 形容詞とは共に用いられない。 3. '名詞＋에 따라': 例 기분이 날씨**에 따라** 달라져요. (気分が天気によって変わります。)

1. 前の行動によって後の行動が変わり得ることを表わす。

例 ▪ 그 말은 듣**기에 따라** 기분이 나쁠 수도 있어. (その話は聞きようによって, 気分が悪いことだってあるよ。)

▪ 그 소식들은 읽**기에 따라** 얼마든지 달리 해석될 수 있다. (その知らせは読み取り方によって, いくらでも違う解釈ができる。)

-기에 망정이지 【비가 왔기에 망정이지~ (雨が降ったから良かったものの~)】
結合情報 ☞ -기

慣用句

全体参考 1. '-니(까) 망정이지'の形でも用いられる。 例 돈이 있었**으니 망정이지** 큰일 날 뻔했다. (お金があったから良かったものの, 大変なことになるところだった。) 2. 後行節には否定的な事柄になっただろう (なるところだった) と推測する内容が現われる。

1. ちょうどそのとき前の事柄が起きたので, 後の事柄のようにならなかったことを幸いに思うときに用いられる。

例 ▪ 비가 왔**기에 망정이지** 농사를 망칠 뻔했다. (雨が降ったから良かったものの, 農作業を台無しにするところだった。)

▪ 미리 그 사실을 알았**기에 망정이지** 그렇지 않았으면 큰 망신을 당했을 거야. (あらかじめその事実を知っていたから良かったけど, そうじゃなかったら大恥をかいただろうね。)

-기에 앞서 【말씀을 시작하기에 앞서~ (お話を始めるに先立ち~)】
結合情報 ☞ -기

慣用句

関連語 -기 전에

[全体参考] 1. '-기에 앞서서'の形でも用いられる。 2. '-기에 앞서'は公式的な場でしばしば用いられ、'-기 전에'は日常の会話で用いられる。

1. 前の行為を行う前に後の行為を先に行うことを表わす。

例 ▪ 말씀을 시작하**기에 앞서** 여러분께 소개해 드릴 사람이 있습니다. (お話を始めるに先立ち、皆様方にご紹介する人がいます。)

▪ 그 사람을 욕하**기에 앞서** 우리의 잘못은 없는지 생각해 봐야겠습니다. (その人のことを悪く言う前に、私たちの落ち度は無いのか考えてみるべきでしょう。)

-기 위한 【놀이를 하기 위한~ (遊ぶための~)】
慣用句

[結合情報] ☞ -기

[全体参考] 形容詞とは共に用いられない。

1. 〔後の語を修飾し〕'ある目的のための~'の意味。

例 ▪ 놀이를 하**기 위한** 넓은 장소를 찾았다. (遊ぶための広い場所を探した。)

▪ 환경 오염을 줄이**기 위한** 방법을 알아보자. (環境汚染を減らすための方法を調べよう。)

-기 위해서 【한국말을 배우기 위해서~ (韓国語を学ぶために~)】
慣用句

[結合情報] ☞ -기

[関連語] ~를 위하여

[全体参考] 1. 形容詞とは共に用いられない。 2. '-기 위하여'/'-기 위해'の形でも用いられる。

1. 行動の目的を表わす。

例 ▪ 한국말을 배우**기 위해서** 한국에 가요. (韓国語を学ぶために韓国に行きます。)

▪ 나는 그를 만나**기 위해서** 노력을 했다. (私は彼に会うために努力をした。)

▪ 돈을 벌**기 위해** 한국에 오는 중국사람들이 있다. (お金を稼ぐために韓国に来る中国人たちがいる。)

- 나는 의사가 되**기 위하여** 열심히 공부했다. (私は医者になるために一所懸命に勉強した。)
- 잘 살**기 위해** 노력한다. (良い暮らしをするために努力する。)

-기 이를 데 없다 【평범하기 이를 데 없었다. (平凡なことこの上なかった。)】
慣用句 結合情報 ☞ -기

1. '非常にそういう状況であり、さらに述べる必要がない'の意味。強調して述べることを表わす。

例
- 그녀의 방은 평범하**기 이를 데 없었다**. (彼女の部屋は平凡なことこの上なかった。)
- 진수의 심정은 착잡하**기 이를 데 없었다**. (チンスの心情はたとえようもなく入り乱れた。)

-기 일쑤다 【실수하기 일쑤다. (失敗するのが常だ。)】
慣用句 結合情報 ☞ -기

全体参考 主に否定的な内容に用いられる。

1. そうしたことが非常に頻繁にあることを意味する。

例
- 그렇게 하면 실수하**기 일쑤다**. (そのようにしたら失敗するのが常だ。)
- 그는 걸핏하면 울**기 일쑤다**. (彼はともすると泣きがちだ。)

-기 전에 【세수를 하기 전에~ (顔を洗う前に~)】
慣用句 結合情報 ☞ -기

反対 -ㄴ 다음에, -ㄴ 후에
関連語 -기에 앞서

全体参考 過去を表わす'-았-'とは共に用いることができず、後の文に'-았-'を用いる。例 날이 새**기 전에** 떠났다. (○)(夜が明ける前に発った。)／날이 샜**기 전에** 떠났다. (×)

1. ある行動や状態が後の事柄より先行することを表わす。

例 ▪ 세수를 하**기 전에** 이를 닦습니다. （顔を洗う前に歯を磨きます。）
　　▪ 날이 새**기 전에** 떠나자. （夜が明ける前に発とう。）
　　▪ 밥을 먹**기 전에** 손을 씻어라. （ご飯を食べる前に手を洗いなさい。）
　　▪ 외출하**기 전에** 부모님께 알려야 한다. （外出する前に両親に知らせなくてはならない。）

-기 직전에

【깨**기 직전에** 꿈을 꾸었다. （目覚める直前に夢を見た。）】　結合情報 ☞ -기

慣用句

全体参考　'-기'と'직전에'の間に'바로（ちょうど，まさに）'が用いられることもある。

1. ある行動や状態が後の事柄のすぐ前に起こったことを意味する。

例 ▪ 나는 책을 읽다가 잠이 들었고, 깨**기 직전에** 꿈을 꾸었다. （私は本を読んでいるうちに寝てしまい，目覚める直前に夢を見た。）
　　▪ 조 선생이 서울로 가**기 바로 직전에** 연애 사건이 났잖아. （チョさんがソウルに行くちょうどその前に恋愛スキャンダルが起こったじゃない。）

-기 짝이 없다

【나는 부끄럽**기 짝이 없었다**. （私は恥ずかしいことこの上なかった。）】　結合情報 ☞ -기

慣用句

1. 'それ以上ないほど，その程度が悪かったり甚だしかったりすること'を意味する。

例 ▪ 그런 말을 듣자 나는 부끄럽**기 짝이 없었다**. （そんな話を聞いたとたん，私は恥ずかしいことこの上なかった。）
　　▪ 김 씨의 집은 초라하**기 짝이 없다**. （金さんの家はみすぼらしいこと極まりなかった。）

-기 한이 없다

【기쁘기 한이 없습니다.(うれしい限りです。)】

慣用句

結合情報 ☞ -기

全体参考 '-기가 한이 없다'の形でも用いられる。例 이런 곳에서 너를 만나다니 기쁘기가 한이 없다. (こんな所で君に会うとはうれしい限りだ。)

1. 'そのような程度が非常に甚だしいこと'を表わす。

例
- 당신을 만나 보게 되어 기쁘기 한이 없습니다. (あなたにお会いできて、うれしい限りです。)
- 선생님에 비하면 나 자신이 부끄럽기 한이 없습니다. (先生に比べますと、私自身が恥ずかしい限りです。)
- 그까짓 일로 방송에까지 나가게 되다니 정말 부담스럽기 한이 없다. (それしきのことで放送にまで出ることになるとは、まことに負担な限りだ。)

-긴[1]

【사람도 급하긴!(気の短い人だこと!)】

『動詞, 形容詞, '이다'の後に用いられる』
語尾　終結語尾
親しい間で敬意が低い　友達に

例 가긴, 먹긴, 예쁘긴, 좋긴, 학생이긴

丁寧 -긴요
原形 -기는

1. '-기는'の縮約語。☞ -기는 (p.95)

例
- 원 사람도 급하긴! (まあ、気の短い人だこと!)
  - 한심하긴. 다 그런 거지. (あきれることもないさ。みんなそんなもんだよ。)
  - 영숙: 너 어디 갔었니? (ヨンスク: あなたどこか行ってたの?)
    진수: 어디 가긴. (チンス: いや、どこも。)
  - 유미: 시험을 잘 봤나 보지요? (ユミ: 試験がうまくいったみたいね。)
    대성: 잘 보긴. (テソン: いやあ、とんでもないよ。)

-긴² 【바쁘긴 하지만~ (忙しいことは忙しいが~)】

『動詞, 形容詞, '이다'の後に用いられる』

縮約形（連結の機能）

例 가긴, 먹긴, 예쁘긴, 좋긴, 학생이긴

'-기는'の縮約形

1. 名詞を形成する語尾'-기'と補助詞'는'が結合して縮約した形。

例
- 바쁘긴 하지만 할 일은 해야지. (忙しいことは忙しいが, やることはやらなくちゃ。)
- 놀긴 어디서 놀아? (遊ぶったって, どこで遊ぶ？)
- 비가 오긴 다 틀린 것 같아요. (雨が降る見込みは全く無いようです。)

까지 【처음부터 끝까지 (初めから終わりまで)】

『終声字の有無にかかわらず까지が用いられる』

[助詞] 副詞格助詞

例 언니까지, 동생까지

副詞語を表わす

1. （'까지'の付いた語が）与えられた範囲の限界点であることを表わす。

例
- 처음부터 끝까지 다 읽었어. (初めから終わりまで全部読んだよ。)
- 언제부터 언제까지 공부해요？ (いつからいつまで勉強しますか？)
- 집에서 학교까지 얼마나 걸려요？ (家から学校までどのくらいかかりますか？)
- 어린이에서 성인에 이르기까지 모두 예방주사를 맞았다. (子供から大人に至るまで, 皆予防注射を打った。)
- 지하철로 시청까지 와요. (地下鉄で市庁まで来ます。)

[参考] 1. 範囲の開始点を表わす語と共に用いられる。〔~에서부터 ~(에)까지〕〔~에서 ~까지〕〔~부터 ~까지〕の形で用いられる。2. 開始点が予測可能ならば'~에서부터'が省略され'~까지'だけが現われる。例 지하철로 시청까지 와요. (地下鉄で市庁まで来ます。)

2. ある限界の終点を表わす。

例
- 나는 머리끝까지 화를 냈다. (私は髪の毛が逆立つほど腹を立てた。)
- 그는 한번 마음 먹으면 끝까지 해 낸다. (彼は一度心を決めると最後ま

でやり抜く。)

[参考] 開始点が現われない。

[助詞] 補助詞

[類義] 까지도, 도, 마저, 조차

1. ('까지'の付いた語を) 共に含めることを表わす。'その上さらに'，'それ以外にさらに加えたり，現在の状態や程度がさらに進んだりすること'の意味。

例
- 추운 데다가 비**까지** 오다니. (寒い上に雨まで降るとは。)
- 원피스에 목걸이, 귀걸이, 거기다 화장**까지** 했네. (ワンピースにネックレス，イヤリング，その上，化粧までしたんだね。)
- 저녁에다가 커피**까지** 잘 먹었습니다. (夕食にコーヒーまで，おいしくいただきました。)
- 막내**까지** 올해 대학에 들어가고 나니 시간이 많이 남아요. (末の子まで今年大学に入ってしまいましたら，時間がずいぶん余りますね。)
- 너**까지** 정말 그러기냐? (お前まで本当にそうするつもりか？)

[参考] 1. '도'に置き換えることができる。2. '에서'や'부터'が用いられない。

2. 〔程度の高いところにまで及んだり正常な程度を超えたりする等の〕極端なことを表わす。'〜も (씩이나)'の意味。

例
- 요즘 세상에 된장**까지** 직접 만드세요? (今どき味噌までご自身でお作りになるんですか？)
- 대학원**까지** 나왔다는 사람이 그것도 몰라요? (大学院まで出た人がそんなことも知らないんですか？)
- 좋게 얘기하면 되지 야단**까지** 칠 건 뭐 있어요? (きちんと話せばいいのに，叱る必要までありますか？)
- 이렇게**까지** 날 사랑하는 줄은 몰랐다. (こんなにまで私を愛しているとは知らなかった。)

> **アドバイス**

'까지','마저','조차'の比較：

1. '마저'と'조차'は一般的に極端な状況を表わすとき用いられる。（'까지(도)'はそのような制約が無い）

例1：그 학생은 {(?) 노래**마저**／(?) 노래**조차**／노래**까지**도} 잘 불렀다．（その学生は歌までも上手に歌った。）

例2：그 학생은 {노래**마저**／노래**조차**／노래**까지**도} 못 불렀다．（その学生は {歌まで／歌さえ／歌までも} 歌えなかった。）

2. 下の例3で'까지'は話し手が嫌がる場合でも好む場合でも用いることができる。しかし'마저'や'조차'を用いると話し手が嫌がる感情を表わす。

例3：바람이 부는데 비**까지** 오는구나．（風が吹くのに雨まで降るなあ。）

例4：바람이 부는데 비**마저**（／**조차**) 오는구나．（風が吹くのに雨までも（／さえ）降るなあ。）

3. 否定的な意味を表わすとき'까지'と'마저'は肯定文と否定文のどちらにも用いられるが，'조차'は主に否定文に用いられる。

例5 ：눈이 오는데 바람까지 부네요．（○）
　　　（雪が降るのに風まで吹きますね。）

例5'：눈이 오는데 바람마저 부네요．（○）
　　　（雪が降るのに風までも吹きますね。）

例5"：눈이 오는데 바람조차 부네요．（??）

例6 ：이렇게 더운데 비까지 안 오네요．（○）
　　　（こんなに暑いのに雨まで降りませんね。）

例6'：이렇게 더운데 비마저 안 오네요．（○）
　　　（こんなに暑いのに雨までも降りませんね。）

例6"：이렇게 더운데 비조차 안 오네요．（○）
　　　（こんなに暑いのに雨さえ降りませんね。）

깨나

【돈**깨나** 있었다고 한다．（ちょっとした金持ちだったそうだ。）】

『終声字の有無にかかわらず**깨나**が用いられる』

[助詞] 補助詞

[例] 나이**깨나**, 힘**깨나**

[全体参考] 主語や目的語の位置に用いられる。

1. （話し手の主観的な判断に基づいた）'ある程度は'の意味。

例 ・그 노인은 젊었을 때는 돈**깨나** 있었다고 한다．（その老人は若かった頃はちょっとした金持ちだったそうだ。）
  ・그는 힘**깨나** 있어 보였다．（彼はちょっとばかり力がありそうだった。）
  ・나이**깨나** 든 사람이 김 선생님을 찾던데요．（かなりお年の人が金先生を探していましたが。）
  ・심술**깨나** 부리게 생겼더라．（かなり意地悪そうな顔つきだったよ。）

께

【부모님**께** 내의를 사 드린다．（両親に肌着をプレゼントする。）】

『終声字の有無にかかわらず**께**が用いられる』

[助詞] 副詞格助詞

[例] 할머니**께**, 선생님**께**
副詞語を表わす

[全体参考] 1. 尊敬を表わすべき人に付いて用いられる。 2. '에게'の尊敬語。

1. 行為者が行う行為を受ける対象を表わす。

例 ・첫 월급을 타면 부모님**께** 내의를 사 드린다．（初めての給料をもらったら両親に肌着をプレゼントする。）
  ・누나는 아버지**께** 커피를 갖다 드립니다．（姉は父にコーヒーを持って行ってあげます。）
  ・선생님**께** 말씀 드렸니？（先生にお話ししたの？）
  ・아버지**께** 편지를 보냈다．（父に手紙を送った。）
  ・부모님**께** 이 기쁜 소식을 알려야겠어요．（両親にこのうれしいニュースを知らせなくてはいけません。）

[参考] '주다（あげる），가르치다（教える），알리다（知らせる）'のような動詞と共に用いられる。

2. ある状態が起こる固定した位置や所在する場所を表わす。
例 ▪ 김 선생**께** 무슨 일이 생겼나？（金さんに何かあったのかな？）
  ▪ 정 선생**께** 오해가 없도록 내가 다 풀어 줄 테니…（チョンさんに誤解が無いよう，ぼくから全部説明してやるから…）
  ▪ 할머님**께** 다시는 이런 행운이 없을 거예요．（おばあさんに再びこんな幸運は無いと思いますよ。）

  参考 '있다（いる，ある），남다（残る）'等と共に用いられる。

3. ある行動を起こす行為者であることを表わす。'〜によって（〜に 依 해）'の意味。
例 ▪ 아버지**께** 야단을 맞았다．（父に叱られた。）
  ▪ 숙제를 안 해 왔다고 선생님**께** 꾸중을 들었다．（宿題をやって来なかったと先生に叱られた。）

  参考 '（야단을）맞다（叱られる），（꾸중을）듣다（叱られる）'のような動詞と共に用いられる。

4. 起因したり出どころとなったりすることを表わす。'〜から（〜에게서，〜로부터）'の意味。
例 ▪ 최 선생님**께** 수업을 듣고 있어요．（崔先生の授業を受けています。）
  ▪ 회장님**께** 양해를 얻도록 하지．（会長に了解を得るようにするよ。）
  ▪ 저는 그분**께** 많은 도움을 받았습니다．（私はその方にたくさんお世話になりました。）

  参考 '받다（受ける），얻다（得る）'のような動詞と共に用いられる。

5. ある感情を持たせる対象を表わす。
例 ▪ 다만 아버님，어머님**께** 미안해요．（ただお父さん，お母さんにすまないばかりです。）
  ▪ 부모님**께** 죄송스러웠다．（両親に申し訳なかった。）
  ▪ 저도 사장님**께** 늘 고마워하고 있어요．（私も社長にいつも感謝しています。）
  ▪ 저는 늘 김 선생님**께** 열등 의식을 느끼고 있어요．（私はいつも金先生にコンプレックスを感じています。）

  参考 '느끼다（感じる），실망하다（失望する）'のような動詞と共に用いられる。

6. 何らかの基準であることを表わす。

例 ▪ 한복이 교수님께 잘 어울려요. (韓服（韓国の伝統衣装）が教授によく似合います。)

　　▪ 지금은 선생님께 맞는 사이즈가 없어요. (今は先生に合うサイズがありません。)

　　[参考] '맞다 (合う), 알맞다 (ちょうど良い), 어울리다 (似合う)' 等と共に用いられる。

7. 〔手紙等で受け取る人が敬うべき対象であるとき〕'〜を受け取る方へ' の意味。

例 ▪ 고마우신 부모님께! (感謝を込めて，お父さんお母さんへ！)

　　▪ 권남혁 선생님께, 선생님 안녕하세요. (クォン・ナムヒョク先生へ，先生お元気ですか。)

　　▪ 할아버님께 올립니다. (おじい様にお便り差し上げます。)

께서

【선생님께서 칠판에 글씨를 쓰십니다. (先生が黒板に字をお書きになります。)】

『終声字の有無にかかわらず께서が用いられる』

[助詞] 主格助詞

例 아버지께서, 손님께서

主語を表わす

[全体参考] 1. 尊敬を表わすべき人に付いて用いられる。 2. '가'の尊敬語。 3. 叙述語には普通，尊敬を表わす '-시-' を付ける。

1. 〔敬うべき人を表わす語に付き〕その人が行った行為を敬って表わす。

例 ▪ 선생님께서 칠판에 글씨를 쓰십니다. (先生が黒板に字をお書きになります。)

　　▪ 아주머니께서 웃으십니다. (おばさんがお笑いになります。)

　　▪ 아버지께서 신문을 보고 계십니다. (父が新聞を見ています。)

　　▪ 어머니께서 과일을 잡수십니다. (母が果物を食べます。)

2. 何らかの状態にある主体を敬って表わす。

例 ▪ 할머니께서 편찮으세요. (おばあさんがご病気です。)

　　▪ 늘 선생님께서 건강하시길 빌겠어요. (いつも先生が健康でいらっしゃる

ことをお祈りします。)

> **アドバイス**
>
> **'께서'の助詞結合形：**
> 主語を表わす'가'は他の助詞と結合できないが，'께서'は他の助詞と結合して用いられる。
> 例１：김 선생님**께서는** 아직 안 오셨어요．(金先生はまだ来ていらっしゃいません。)
> 例２：아주머니**께서만** 알고 계세요．(おばさんだけがご存知です。)
> 例３：그거야 형님**께서도** 잘 아십니다．(それはお兄さんもよく知っています。)

ㄴ¹【난 안 가．(ぼくは行かない。)】

『終声字の無い語に付いて用いられる』
[助詞] 補助詞

[例] 난 (나는)，전 (저는)

[全体参考] 主に話し言葉に用いられる。

1. 助詞'는'の縮約語。☞ 는¹ (p.192)

例 ▪ 난 안 가．(ぼくは行かない。)
  ▪ 사실 전 운전할 줄 몰라요．(実は私は運転できないんです。)
  ▪ 누난 어디 갔니？(お姉さんはどこ行ったの？)
  ▪ 빨린 달린다만 위험하구나．(速くは走れるけど危ないなあ。)
  ▪ 그리곤 아무 말도 없이 가 버렸어요．(そうして何も言わず行ってしまいました。)

-ㄴ²【예쁜 여자 (きれいな女の人)】

『-ㄴは終声字の無い形容詞と'ㄹ'終声字で終わる形容詞の'ㄹ'脱落形そして'이다'の後に，-은は'ㄹ'以外の終声字のある形容詞の後に用いられる。動詞の後には-는が用いられる』
[語尾] 修飾する語尾

[例] 비싼，긴 (길다)，학생인，좋은

[形態関連語] -는²

1. 修飾される対象の一般的属性や現在の状態を表わす。

例 ▪ 긴 머리，짧은 치마，예쁜 여자．(長い髪，短いスカート，きれいな女の人。)
  ▪ 의사인 남편과 교수인 부인．(医者であるご主人と教授である奥様。)
  ▪ 키가 작은 여자．(背の低い女の人。)
  ▪ 짧은 바지．(短いズボン。)

―ㄴ   119

> **アドバイス**
>
> **動詞と形容詞に用いられる'‐ㄴ'の比較：**
> 動詞に用いられる'‐ㄴ'は過去を表わすが，形容詞に用いられる'‐ㄴ'は時制とかかわりなく，修飾される対象の属性や状態を表わす。
> 例1：내가 어제 **산** 책 (私が昨日買った本) (사다 (買う)：動詞―過去)
> 例2：비**싼** 책 (高い本) (비싸다 (高い)：形容詞―属性，状態)

―ㄴ³【어제 그린 그림 (昨日描いた絵)】

『‐ㄴは終声字の無い動詞と'ㄹ'終声字で終わる動詞の'ㄹ'脱落形の後に，‐은は'ㄹ'以外の終声字のある動詞の後に用いられる』

例 간, 산 (살다), 먹은

[語尾] 修飾する語尾

1. '前の行動が後の行動より先にあったこと'を表わす。'過去'の時制を表わす。

例 ・어제 그**린** 그림이 이제 다 말랐네. (昨日描いた絵がもうすっかり乾いたね。)
   ・그가 돌아**온** 시간은 새벽 2시였다. (彼が帰って来た時間は午前2時だった。)
   ・우리들이 처음 만**난** 것은 지난 가을이었지. (私たちが初めて出会ったのは去年の秋だったよ。)

2. 行動は過去に起きたことだが，その結果としての状態が現在まで持続していることを表わす。

例 ・저기 회색 모자를 **쓴** 사람이 바로 우리 아버지야. (あそこのグレーの帽子をかぶった人がうちのお父さんだよ。)
   ・눈 쌓**인** 길을 걸었다. (雪の積もった道を歩いた。)
   ・남**은** 것이라곤 동전 몇 닢뿐이다. (残ったものと言っても銅銭数枚だけだ。)

[参考] '‐아 있다 ((動作や作用が完了した後の状態を表わし) 〜(し)ている)'や'‐고 있다 ((動作が進行していることを表わし) 〜(し)ている)'と解釈される。

-ㄴ가¹ 【자네 어디 아픈가? (君, どこか具合悪いのか？)】

『-ㄴ가は終声字の無い形容詞と'ㄹ'終声字で終わる形容詞の'ㄹ'脱落形そして'이다'の後に, -은가は'ㄹ'以外の終声字のある形容詞の後に用いられる。動詞の後には-는가が用いられる』

[例] 비싼가, 긴가 (길다), 학생인가, 높은가

[語尾] 終結語尾
[やや敬意が低い] 先生が学生に, 嫁の両親が婿に (成人語)

[形態関連語] -는가¹
[丁寧] -ㄴ가요
[全体参考] 話し言葉に用いられる。

1. 尋ねることを表わす。

例 ▪ 자네 어디 아픈가? (君, どこか具合悪いのか？)
  ▪ 그 아이가 머리는 좋은 아이인가? (その子って頭は良い子なのかい？)
  ▪ 그 일에 대해 뭘 알고 싶은가? (そのことについて何が知りたいんだ？)

-ㄴ가² 【인생이란 무엇인가? (人生とは何か？)】

『-ㄴ가は終声字の無い形容詞と'ㄹ'終声字で終わる形容詞の'ㄹ'脱落形そして'이다'の後に, -은가は'ㄹ'以外の終声字のある形容詞の後に用いられる。動詞の後には-는가が用いられる』

[例] 비싼가, 긴가 (길다), 학생인가, 높은가

[語尾] 終結語尾
[敬意の高低が無い] 不特定の人に：文章で読者に

[形態関連語] -는가²
[全体参考] 書き言葉に用いられる。

1. 〔論文や新聞で用いられる書き言葉で〕一般的な問題を提起することを表わす。
例 ▪ 인생이란 무엇**인가**? （人生とは何か？）
   ▪ 우리 인생은 그 자체가 꿈이 아**닌가**. （我々の人生はそれ自体が夢なのではないか。）
   ▪ 환경, 무엇이 문제**인가**? （環境, 何が問題か？）

2. （相手に尋ねるよりは）自らの疑いや疑問を表わす。
例 ▪ 이것이 하나님이 나에게 주신 운명**인가**? （これが神が私に下さった運命なのか？）
   ▪ 집도 가족도 없는 나는 이제 어디로 가야 한단 말**인가**? （家も家族も無い私はこれからどこへ行くべきだと言うのか？）
   ▪ 앞으로 나는 어떠한 길을 걸어야 좋을 것**인가**? （これから私はどのような道を歩めばいいのだろうか？）

3. 〔疑問文の形式だが答えを要求しない形で用いられ〕文の内容を強調することを表わす。
例 ▪ 산다는 것은 얼마나 좋은 일**인가**? （生きるというのはどれほど良いことか。）
   ▪ 이 얼마나 어이없는 일**인가**? （どれほどあきれたことか。）
   参考 主に '얼마나 (どれほど), 어찌 (どうして)' 等と共に用いられる。

4. 〔'-ㄴ가 보다／싶다／하다'の形で用いられ〕自分の考えや推測を表わす。
例 ▪ 사람들은 무슨 일**인가** 싶어 모두 그를 지켜보았다. （人々は何ごとかと思い, みんな彼のことを見守った。）
   ▪ 미선 씨는 남자 친구들이 많**은가** 보죠? （ミソンさんは男の友達が多いみたいですね。）
   ▪ 역시 나는 길눈이 어두**운가** 보다. （やはり私は方向音痴のようだ。）

-ㄴ가 보다

【아픈가 봐요. （具合が悪いみたいですね。）】

結合情報 ☞ -ㄴ가¹

慣用句

形態関連語 -는가 보다

1. 前接する語句の意味する行動や状態に基づいて推測することを表わす。
例 ▪ 얼굴이 안 좋은 걸 보니 아**픈가 봐요**. （顔色がすぐれないのを見ると，具合が悪いみたいですね。）
　　▪ 벌벌 떨고 있는 걸 보니 몹시 추**운가 봐요**. （ぶるぶる震えているのを見ると，ひどく寒いようですね。）

-ㄴ가 싶다　【꿈인가 싶다. （夢のようだ。）】
慣用句

結合情報 ☞ -ㄴ가¹

形態関連語　-는가 싶다

1. 前接する語句の通りに'そのような気がする'の意味。
例 ▪ 너무 기뻐서 꿈**인가 싶다**. （あまりにうれしくて夢のようだ。）
　　▪ 시골 아이들은 좀 순진**한가 싶어서** 그들을 만나보고 싶었다. （田舎の子供たちはちょっと純真だろうと思い，彼らに会ってみたいと思った。）

-ㄴ가요　【집에 계**신가요**？（ご在宅ですか？）】

『-ㄴ가요は終声字の無い形容詞と'ㄹ'終声字で終わる形容詞の'ㄹ'脱落形そして'이다'の後に，-은가요は'ㄹ'以外の終声字のある形容詞の後に用いられる』

語尾　終結語尾

親しい間で敬意が高い　先輩や目上の人に

例　비싼가요，긴가요（길다），학생인가요，높은가요

全体参考　話し言葉に用いられる。動詞と'있다／없다'の後には'-나요'が用いられる。

1. 相手に尋ねることを表わす。
例 ▪ 부모님은 집에 계**신가요**？（ご両親はご在宅ですか？）
　　▪ 언제 출발하실 **건가요**？（いつご出発なさるんですか？）
　　▪ 한국 날씨는 항상 좋**은가요**？（韓国の天気はいつも良いんですか？）
2. 〔疑問文の形式だが答えを要求しない形で用いられ〕文の内容を強調す

ることを表わす。

例 ▪ 산다는 것은 얼마나 좋은 **일인가요**? (生きるというのはどれほど良いことでしょうか。)

　▪ 얼마나 다행한 **일인가요**? (どれほど幸せなことでしょうか。)

[参考] 主に '얼마나 (どれほど)，어떻게 (どうやって)，어찌 (どうして)' 等と共に用いられる。

-ㄴ 가운데　【어리둥절한 가운데~ (とまどっている間に~)】
慣用句
[結合情報] ☞ -ㄴ², -ㄴ³

[形態関連語] -는 가운데

1. 'ある状態が継続する間' の意味。
例 ▪ 어리둥절**한 가운데** 그가 불려 갔다. (とまどっている間に，彼が呼ばれて行った。)

　▪ 그는 바쁜 **가운데에도** 가족들에게 전화하는 것을 잊지 않았다. (彼は忙しいさなかにも，家族に電話することを忘れなかった。)

　▪ 떠들썩**한 가운데**, 술 취한 사람들이 들어왔다. (ガヤガヤする中，酒に酔った人たちが入って来た。)

2. 〔動詞に用いられ〕'あることの起こった結果が継続する間' の意味。
例 ▪ 교통사고가 **난 가운데** 운전자가 도망을 쳤다. (交通事故が起こったさなかに，運転手が逃げ出した。)

　▪ 미처 정리되지 않**은 가운데** 사건이 발생했다. (まだ整理がつかないうちに，事件が発生した。)

-ㄴ 감이 있다　【늦은 감이 있지만~ (遅れた感があるが~)】
慣用句
[結合情報] ☞ -ㄴ³

[形態関連語] -는 감이 있다

[訳注] 形容詞の後にも用いられることがある。例 좀 무리**한 감이 있다**. (やや無理な感がある。)

1. 'そのような感じや気持ちになる' の意味。

例 ▪ 좀 늦**은** 감이 있지만 지금이라도 힘을 합쳐 해 봅시다. （少し遅れた感があるが，今からでも力を合わせてやってみましょう。）

▪ 안타깝게도 약간 순서가 뒤바**뀐** 감이 있다. （残念なことに，やや順序がくるった気がする。）

▪ 요즘은 그 의미가 퇴색해 버**린** 감이 있다. （最近はその意味が色あせた感がある。）

-ㄴ 건가요 【언제 다치**신** 건가요？（いつけがをされたんですか？）】

結合情報 ☞ -ㄴ², -ㄴ³

慣用句

親しい間で敬意が高い　先輩や目上の人に

形態関連語 -는 건가요

全体参考 '-ㄴ 것인가요'の縮約形

1. 〔動詞に用いられ，過去に〕'そのようなことがあったのですか？'の意味。

例 ▪ 선생님 팔은 언제 다치**신 건가요**？（先生はいつ腕にけがをされたんですか？）

▪ 아직 결혼할 때가 안 **된 건가요**？（まだ結婚する時期になっていないんですか？）

2. 〔形容詞に用いられ〕'そういうことなのですか？'の意味。

例 ▪ 학교가 그렇게 중요**한 건가요**？（学校がそんなに大切なんですか？）

▪ 이름 변경이 가능**한 건가요**？（名前の変更が可能なんですか？）

-ㄴ걸

【물이 꽤 **찬걸**. (水がずいぶん冷たいなあ。)】

『-ㄴ걸は終声字の無い形容詞と'ㄹ'終声字で終わる形容詞の'ㄹ'脱落形そして'이다'の後に、-은걸は'ㄹ'以外の終声字のある形容詞の後に用いられる。動詞の後には-는걸が用いられる』

[語尾] 終結語尾

[親しい間で敬意が低い] 友達に

[例] 비**싼걸**, 긴걸 (길다), 학생**인걸**, 높은걸

[形態関連語] -는걸

[丁寧] -ㄴ걸요

[関連語] -ㄴ데[1]

[全体参考] 話し言葉に用いられる。

1. 感嘆を表わす。ある事柄に初めて気付いたときに用いられる。

例 ▪ 물이 꽤 **찬걸**. (水がずいぶん冷たいなあ。)
　▪ 녀석, 생긴 것보다는 꽤 힘이 **센걸**. (あいつ、見た目よりかなり力が強いな。)
　▪ 생각보다 많**은걸**. (思ったより多いな。)

2. 自分の考えや気持ちを相手に軽く主張して述べることを表わす。

例 ▪ 우리가 배워야 할 게 아주 많**은걸**. (私たちが学ばなくちゃいけないことってとても多いんだよ。)
　▪ 김진수 : 그 몸으로 갈 수 있을까？(キム・ジンス：その体で行けるかな？)
　　이대성 : 괜찮아, 이 정도쯤은 아무렇지도 않**은걸**. (イ・デソン：大丈夫さ、このぐらいは何でもないよ。)

アドバイス

'-ㄴ 걸'と'-ㄴ걸'の区別：

1. '-ㄴ 걸'は'-ㄴ'が名詞を修飾する語尾で'걸'は'것을 (ことを)'の縮約形であるので、分かち書きする。

例1：물이 **찬 걸** 모르고 얼음을 또 넣었다．(水が冷たいのに気付かず，氷をまた入れた。)

例2：너무 많은 걸 모르고 음식을 더 시켰다．(多すぎることを知らず，料理をさらに頼んだ。)

'-ㄴ걸'は終結語尾なので分かち書きしない。ある事柄に初めて気付いたときに用いられて感嘆を表わしたり（例1），自分の考えを相手に軽く主張して述べることを表わしたりする（例2）。

例1：물이 꽤 **찬걸**．(水がずいぶん冷たいなあ。)

例2：너무 **많은걸**．(多すぎるよ。)

区別がうまくできないときは'것을'との置き換えを試し，置き換えることができるならば分かち書きし，できなければ語尾であるので分かち書きしない。

2．終結語尾'-ㄴ걸'において動詞の過去時制を表わすときは'-았는걸'となる。'-ㄴ걸'は誤った形である。

例1：그는 이미 떠난걸．（×）

例2：그는 이미 떠**났는걸**．（○）(彼はもう去ってしまったんだなあ。)

-ㄴ걸요

【키가 **큰걸요**．(背が高いんですよ。)】

『-ㄴ걸요は終声字の無い形容詞と'ㄹ'終声字で終わる形容詞の'ㄹ'脱落形そして'이다'の後に，-은걸요は'ㄹ'以外の終声字のある形容詞の後に用いられる。動詞の後には -는걸요が用いられる』

例 비싼걸요, 긴걸요 (길다), 학생인걸요, 높은걸요

語尾 終結語尾

親しい間で敬意が高い 先輩や目上の人に

形態関連語 -는걸요

関連語 -ㄴ데요

全体参考 1. 話し言葉に用いられる。2. しばしば［ㄴ걸료］と発音される。

1. 自分の考えや気持ちを相手に軽く主張して述べることを表わす。

例 ▪ 진수가 생각보다 키가 **큰걸요**. (チンスは思ったより背が高いんですよ。)
- ▪ 아침에 퇴원했어요. 이제 괜찮**은걸요**. (朝退院しました。もう大丈夫ですよ。)
- ▪ 오늘은 학교에 가기가 싫**은걸요**. (今日は学校に行きたくないんですよ。)

-ㄴ 것 【우리가 이긴 것 (私たちが勝ったこと)】
慣用句　　結合情報 ☞ -ㄴ², -ㄴ³

形態関連語 -는 것

関連語 -ㄹ 것²

1. 〔動詞に用いられ、名詞のように機能させ〕過去の行為や事柄を表わす。

例 ▪ 우리가 이**긴 것**은 다 선생님 덕이에요. (私たちが勝ったのはみんな先生のおかげです。)
- ▪ 얼리지 않**은 것**을 생태라고 한다. (凍らせていないものをセンテ (生のスケトウダラ) と言う。)

2. 〔形容詞に用いられ〕現在の事柄を表わす。

例 ▪ 선생님, 궁금**한 것**이 있어요. (先生、質問したいことがあります。)
- ▪ 미국에 대해서 더 알고 싶**은 것**은 무엇인가요? (アメリカについてもっと知りたいことは何ですか？)

参考 '것이' は '게' と縮約して用いられることもある。例 궁금한 것이→궁금한 게 (気になることが)

-ㄴ 것 같다 【비가 많이 온 것 같다. (雨がたくさん降ったようだ。)】
慣用句　　結合情報 ☞ -ㄴ², -ㄴ³

形態関連語 -는 것 같다

類義 -ㄴ 듯싶다, -ㄴ 듯하다

関連語 -ㄹ 것 같다

1. 〔動詞に用いられ〕過去の事柄を推測することを表わす。

例 ▪ 비가 많이 **온 것 같다**. (雨がたくさん降ったようだ。)

- 그는 이제 어느 정도 자신감을 얻**은 것 같다**. (彼は今やある程度自信を得たようだ。)

2. 〔形容詞に用いられ〕現在の事柄を推測することを表わす。

例
- 얼른 보기에 문제는 간단**한 것 같은데**. (さっと見たところ, 問題は簡単なようだが。)
- 오늘은 기분이 좋**은 것 같군요**. (今日は気分が良いようですね。)

-ㄴ 것이다
【결국 죽은 것이다. (結局死んだのである。)】
慣用句
[結合情報] ☞ -ㄴ², -ㄴ³

[形態関連語] -는 것이다

[関連語] -ㄹ 것이다, -았던 것이다

[全体参考] 主に公式的な書き言葉に用いられる。

1. 〔動詞に用いられ〕('-았다／-었다'としてもよいところを '-ㄴ 것이다' として) 過去のことについて話し手の考えを客観化させ, 強調して述べることを表わす。

例
- 그는 힘들게 살다가 결국 죽**은 것이다**. (彼は辛い生活を送っているうちに, 結局死んだのである。)
- 아직 아침밥도 못 먹**은 것이다**. (まだ朝ごはんも食べていないのだ。)

2. 〔形容詞に用いられ〕('-다' としてもよいところを '-ㄴ 것이다' として) 現在のことについて話し手の考えを客観化させ, 強調して述べることを表わす。

例
- 고향이란 참으로 좋**은 것이다**. (故郷とは実に良いものである。)
- 사랑은 두 사람이 사이좋게 쌓아 올려 가는 성과 같**은 것이다**. (愛は二人が仲良く積み上げていく城のようなものである。)

-ㄴ 게
【가슴이 답답한 게~ (胸がつかえるところからして~)】
慣用句
[結合情報] ☞ -ㄴ²
'-ㄴ 것이'の縮約形

[全体参考] 1. '게'は '것 (もの, こと)'と主格助詞 '이'が縮約した形である。 2.

話し言葉で用いられる。

1. '〜なことからして'の意味。そのような事柄から推測し，後の話の根拠とするときに用いられる。

例 ▪ 가슴이 답답**한 게** 체한 모양이에요．（胸がつかえるところからして，胃がもたれたようです。）

▪ 이거 비행접시 같기도 **한 게** 좀 이상하게 생겼네．（これ，UFOみたいでもあるところからして，ちょっと変な形だね。）

-ㄴ 김에 【시내에 나온 김에〜（市内に出て来たついでに〜）】
慣用句

結合情報 ☞ -ㄴ³

形態関連語 -는 김에

1. 〔動詞に用いられ〕'ある行動をし始めたその折に'の意味。

例 ▪ 시내에 나온 **김에** 영화나 한 편 볼까？（市内に出て来たついでに，映画でも一本見ようか？）

▪ 백화점에 **간 김에** 모자를 샀어요．（デパートに行ったついでに帽子を買いました。）

-ㄴ 끝에 【오랫동안 생각한 끝에〜（しばらく考えた末に〜）】
慣用句

結合情報 ☞ -ㄴ³

1. 〔動詞に用いられ〕'ある行動や出来事が起こった後の結果として'の意味。

例 ▪ 최 선생은 오랫동안 생각**한 끝에** 결론을 내렸다．（崔さんはしばらく考えた末に結論を下した。）

▪ 여러 가지로 궁리**한 끝에** 그는 다음과 같이 제안했다．（いろいろ思案した末に，彼は次のように提案した。）

-ㄴ 나머지 【놀란 나머지~(驚きのあまり~)】

結合情報 ☞ -ㄴ², -ㄴ³

慣用句

1. 〔動詞に用いられ〕'前の行動が普通の程度を超えて'の意味。

例 ▪ 그는 너무 놀란 **나머지** 소리도 못 질렀다. (彼は驚きのあまり, 声も上げられなかった。)

　　▪ 부모님은 감격한 **나머지** 눈물까지 흘리셨다. (両親は感激のあまり, 涙まで流した。)

2. 〔形容詞に用いられ〕'前の状況が普通の程度を超えて'の意味。

例 ▪ 너무나 기쁜 **나머지** 팔짝팔짝 뛰었다. (喜びのあまり, ぴょんぴょん跳び上がった。)

　　▪ 그들은 너무나 좋은 **나머지** 어쩔 줄을 몰라했다. (彼らはうれしさのあまり, どうしていいか分からなかった。)

-ㄴ다는 게 【잠깐 쉰다는 게~(ちょっと休むつもりが~)】

『-ㄴ다는 게は終声字の無い動詞と'ㄹ'終声字で終わる動詞の'ㄹ'脱落形の後に, -는다는 게は'ㄹ'以外の終声字のある動詞の後に用いられる』

慣用句

例 간다는 게, 산다는 게(살다), 먹는다는 게

'-ㄴ다고 하는 것이'の縮約形

1. 'そうしようとしたところ'の意味。そうするつもりだったが, 意図したところとは違った結果が現われたときに用いる。

例 ▪ 잠깐 **쉰다는 게**, 그만 잠이 들어 버렸어요. (ちょっと休むつもりが, つい眠り込んでしまいました。)

　　▪ '선생님'을 **부른다는 게** 그만 영어가 나와 버렸다. (「先生」と呼ぼうとしたつもりが, つい英語が出てしまった。)

-ㄴ 다음에 【울고 난 다음에~ (泣いた後に~)】

結合情報 ☞ -ㄴ³

慣用句

類義 -ㄴ 뒤에, -ㄴ 후에

反対 -기 전에

1. 〔動詞に用いられ〕'ある事柄や過程が終了した後に'の意味。

例 ▪ 동생은 한동안 울고 **난 다음에** 곤히 잠이 들었다. (弟（妹）はしばらく泣いた後にぐっすり眠った。)

　▪ 어른과 함께 식사할 때에는 어른께서 먼저 수저를 **드신 다음에** 먹어야 한다. (目上の人と一緒に食事をするときは，目上の人が先におさじを手にされた後に食べなくてはならない。)

　▪ 불을 **끈 다음에** 아내가 다시 말을 했다. (明かりを消した後に，妻が再び話をした。)

-ㄴ 다음에야 【제 입으로 약속을 한 다음에야~ (自分の口で約束をした限りは~)】

結合情報 ☞ -ㄴ², -ㄴ³

慣用句

類義 -ㄴ 이상

全体参考 しばしば疑問文の形式で用いられる。

1. 〔動詞に用いられ〕'そのような状況で'，'~した限りは'の意味。'過去に何らかのことをやり終えたのなら'の意味。

例 ▪ 제 입으로 약속을 **한 다음에야** 그럴 수가 없지 않은가. (自分の口で約束をした限りは，そうできないのではないか。)

　▪ 돈을 **받은 다음에야** 일을 하겠지, 안 하겠어? (お金をもらった以上は働くよ，当然だろ。)

2. 〔'이다/아니다'に用いられ〕'~であっては (-고서는)'の意味。

例 ▪ 성인군자가 **아닌 다음에야** 참을 수 있겠어요? (聖人君子じゃあるまいし，耐えられるものですか。)

　▪ 정신 나간 사람이 **아닌 다음에야** 누가 이런 일을 하겠는가? (いかれた奴じゃなかったら，誰がこんなことをやるものか。)

-ㄴ 대신

【크기가 작은 대신~ (大きさが小粒な代わりに~)】

慣用句

結合情報 ☞ -ㄴ²

形態関連語 -는 대신

1. 〔形容詞に用いられ〕前接する語句の表わす行動や状態と異なったり、それと反対であったりすることを表わす。

例 ▪ 크기가 작은 대신 많이 드릴게요. (大きさが小粒な代わりにたくさん差し上げますから。)
　▪ 이 약은 안전성이 높은 대신 효과가 떨어져요. (この薬は安全性が高い代わりに効き目が弱いです。)

-ㄴ데¹

【이름이 멋진데. (名前がすてきだね。)】

『-ㄴ데は終声字の無い形容詞と'ㄹ'終声字で終わる形容詞の'ㄹ'脱落形そして'이다'の後に、-은데は'ㄹ'以外の終声字のある形容詞の後に用いられる。動詞の後には -는데が用いられる』

語尾　終結語尾

親しい間で敬意が低い　友達に

例 비싼데, 긴데 (길다), 학생인데, 높은데

形態関連語 -는데¹

丁寧 -ㄴ데요

関連語 -ㄴ걸

全体参考 1. 話し言葉に用いられる。2. ある事柄を認めるときに現われる上昇調の抑揚と共に用いられる。

1. 感嘆を表わす。意外だと感じられる事柄について用いられる。

例 ▪ 이름이 멋진데. (名前がすてきだね。)
　▪ 우리 딸이 제법인데. (うちの娘ってなかなかのものだね。)
　▪ 이 노래 괜찮은데. (この歌, 悪くないな。)

2. 〔'얼마나 (どれくらい), 무슨 (何の)'のような疑問詞と共に, 問いを表わす抑揚で用いられ〕何らかの説明を求めて尋ねることを表わす。

例 ▪ 부모님께서 얼마나 무서우**신데**? (ご両親ってどれくらい怖いの?)
  ▪ 그게 무슨 일**인데**? (それ何のことなの?)

3. 〔文末を下げる抑揚と共に用いられ〕ある状況について異議があるというふうに，独り言のようにつぶやくことを表わす。

例 ▪ 저만하면 괜찮**은데**. (あれぐらいならかまわないんだけど。)
  ▪ 내가 보기엔 꽤 쓸 만**한데**. (ぼくが見たところじゃ，けっこう使えそうだけど。)

  参考 連結語尾'-ㄴ데'が終結語尾のように用いられたもの。後に省略された文がある。例 저만하면 괜찮은데 (왜 그럴까). (あれぐらいならかまわないんだけど (なんでそうなのかな)。)

4. 〔文末を上げる抑揚と共に用いられ〕このような状況だと伝えながら，聞き手の反応を期待することを表わす。

例 ▪ 오늘 저녁엔 무척 추**운데**. (今日の夕方はすごく寒いんだけど。)
  ▪ 저쪽이 꽤 넓**은데**. (あっちの方がかなり広いんだけど。)
  ▪ 김진수: 유미，집에 있어요? (キム・ジンス：ユミさん，家にいますか?)
    유미 엄마: 유미，친구 만나러 나간 것 같**은데**. (ユミのお母さん：ユミね，友達に会いに出かけたみたいだけど。)

-ㄴ데² 【친구 생일인데~ (友達の誕生日ですが~)】

『-ㄴ데は終声字の無い形容詞と'ㄹ'終声字で終わる形容詞の'ㄹ'脱落形そして'이다'の後に，-은데は'ㄹ'以外の終声字のある形容詞の後に用いられる。動詞の後には-는데が用いられる』

語尾 連結語尾

例 비싼데，긴데 (길다)，학생인데，높은데

形態関連語 -는데²

---

1. 状況や背景等を提示する

1. 後の内容についての説明となる背景を提示することを表わす。

例 ▪ 내일이 친구 생일**인데** 뭘 사면 좋을까요? (明日は友達の誕生日ですが，

何を買えばいいでしょうか？）
- 지금 슈퍼마켓에 갈 **건데** 뭐 부탁할 거 있어요？（今からスーパーに行くんですけど，何か買って来てほしいものありますか？）
- 저는 이 옷이 좋**은데** 진주 씨는 어때요？（私はこの服が良いんですけど，チンジュさんはどうですか？）

2. 紹介のために一般的状況を提示することを表わす。

例 - 저는 리차드**인데** 잘 부탁드립니다．（私はリチャードです。よろしくお願いいたします。）
- 이거 제가 만든 것**인데** 좀 드셔 보세요．（これ，私が作ったものですけど，召し上がって下さい。）
- 저는 일본 사람**인데** 한국에서 일하고 있어요．（私は日本人です。韓国で働いています。）

3. 行動の原因等を提示することを表わす。

例 - 더**운데** 에어컨을 켭시다．（暑いからエアコンをつけましょう。）
- 오늘은 바**쁜데** 내일 만날까요？（今日は忙しいですから，明日会いましょうか？）
- 그 꽃은 시든 것 같**은데** 다른 걸로 주세요．（その花は枯れているみたいですから，他のものを下さい。）

類義 -니까

参考 後には命令形や勧誘形が用いられる。

2. 前と後に対立する内容が現われる

1. '〜けれども (-지만)', '〜が (-나)' の意味。

例 - 미스 김은 얼굴은 예**쁜데** 머리가 나빠．（金さんは顔はかわいいけど，頭が悪いね。）
- 햇빛은 따가**운데** 바람은 아직도 꽤 차가워．（日差しは強いけど，風はまだけっこう冷たいよ。）

類義 -나⁶, -지만

2. '〜のに (-ㄴ데도)' の意味。

例 - 정신은 멀쩡**한데** 몸이 말을 안 듣는다．（気はしっかりしているのに，体が言うことを聞かない。）

- 영민 씨는 키도 작**은데** 참 빠르네요. (ヨンミンさんは小柄ながらも、すごく速いですね。)

  類義 -ㄴ데도

3. '〜のに（-ㄴ데야）'の意味。

例 ▪ 엄연히 법치 국가**인데** 죄 없이 붙들려 가는 사람이 있겠소? (厳然たる法治国家なのに，罪も無く連行されていく人がいるものでしょうか？)

　　▪ 그렇게까지 친절**한데** 더 이상 악하게 나갈 도리가 없었다. (あれほどまでに親切なのでは，それ以上無礼な態度で出るわけにもいかなかった。)

  類義 -ㄴ데야

アドバイス

'-ㄴ 데'と'-ㄴ데'の区別：

'-ㄴ 데'は'-ㄴ'が名詞を修飾する語尾で'데'は'ところ'を意味する依存名詞なので，分かち書きする。

例1：배 아픈 데 먹는 약 좀 주세요. (お腹が痛いとき飲む薬を下さい。)

'-ㄴ데'は終結語尾なので分かち書きしない。一般的な状況を提示する。

例2：저는 리차드**인데** 잘 부탁합니다. (私はリチャードです。よろしくお願いします。)

区別がうまくできないときは'데'に助詞'에'を付けてみる。'에'が付き得るならば名詞であり，付き得なければ語尾である。

例3：배 아픈 데에 먹는 약. (○)(お腹が痛いときに飲む薬。)

-ㄴ 데다가 【배가 아픈 데다가〜 (お腹が痛い上に〜)】

慣用句

結合情報 ☞ $-ㄴ^2, -ㄴ^3$

形態関連語 -는 데다가

1. 〔形容詞と'이다'に用いられ〕程度がさらにひどくなることを表わす。'その上さらに'の意味。

例 ▪ 배가 아픈 **데다가** 춥기도 해서 집에 일찍 갔어요. (お腹が痛い上に寒

く も あった の で, 家 に 早 め に 帰 り ま し た。)

- 먹을 게 많**은 데다가** 사람들도 많아서 정신이 없다. (食べ物が多い上に人も多いのでてんてこ舞いだ。)

2. 〔動詞に用いられ〕ある行動が完結した後に'その上さらに'の意味。

例 - 비가 **온 데다가** 눈까지 와서 길이 매우 미끄러웠다. (雨が降った上に雪まで降ったので、道がとても滑りやすかった。)

- 얼굴이 새까맣게 **탄 데다가** 작기도 해서 너무 초라해 보였다. (顔が真っ黒に日焼けした上に小柄でもあったので、とてもみすぼらしく見えた。)

-ㄴ데도 【이른 아침**인데도**〜 (早朝なのに〜)】

『-ㄴ데도は終声字の無い形容詞と'ㄹ'終声字で終わる形容詞の'ㄹ'脱落形そして'이다'の後に、-은데도は'ㄹ'以外の終声字のある形容詞の後に用いられる。動詞の後には-는데도が用いられる』

例 비싼데도, 긴데도 (길다), 학생인데도, 높은데도

語尾　連結語尾

形態関連語 -는데도

類義 -ㄴ데²

1. '前の内容にかかわりなく'の意味。

例 - 이른 아침**인데도** 산에는 사람들이 많았다. (早朝なのに山には人が多かった。)

- 자고 싶지 않**은데도** 또 잠이 든 모양이다. (寝たくないのに、また寝入ったようだ。)

2. 〔後の語句が省略され、終結語尾のように用いられ〕相手に疑問を表わす。

例 - 더 먹자구? 배가 이렇게 **부른데도**? (もっと食べようだって？ お腹がこんなに一杯なのに？)

- 저 아이를 유학 보낸다고? 아직 초등 학생**인데도**? (あの子を留学させるって？ まだ小学生なのに？)

丁寧 -ㄴ데도요

-ㄴ데도 불구하고

【밤인데도 불구하고~ (夜にもかかわらず~)】

結合情報 ☞ -ㄴ데도

慣用句

形態関連語 -는데도 불구하고

関連語 ~에도 불구하고

1. 〔形容詞と'이다'に用いられ〕'~にとらわれずに'の意味。

例
- 밤**인데도 불구하고** 그 남자는 선글라스를 쓰고 있었다. (夜にもかかわらず、その男はサングラスをかけていた。)
  - 넓은 실내**인데도 불구하고** 테이블이 많지 않았다. (広い室内にもかかわらず、テーブルは多くなかった。)
  - 전화 사정이 괜찮**은데도 불구하고** 그는 소리를 지르고 있었다. (通話状態が悪くないにもかかわらず、彼は声を張り上げていた。)

-ㄴ데요

【이름이 근사**한데요**. (名前がすてきですね。)】

『-ㄴ데요は終声字の無い形容詞と'ㄹ'終声字で終わる形容詞の'ㄹ'脱落形そして'이다'の後に、-은데요は'ㄹ'以外の終声字のある形容詞の後に用いられる。動詞の後には -는데요が用いられる』

語尾 終結語尾

親しい間で敬意が高い 先輩や目上の人に

例 비싼데요, 긴데요 (길다), 학생인데요, 높은데요

形態関連語 -는데요

関連語 -ㄴ걸요

全体参考 話し言葉に用いられる。

1. 感嘆を表わす。意外だと感じられる事柄について用いられる。

例
- 이름이 근사**한데요**. (名前がすてきですね。)
  - 말씀을 듣고 보니, 정말 그**런데요**. (お話を伺ってみますと、本当にそうですね。)
  - 맛이 정말 좋**은데요**. (本当においしいですね。)

2. 相手に質問されたときに，このような状況だと聞き手に伝えながら相手の反応を期待することを表わす。

例 ▪ 영숙　：이거 얼마예요？（ヨンスク：これいくらですか？）

　　주인　：그건 천 원**인데요**．（店主：それは千ウォンですよ。）

▪ 김진수：마이클 씨 계십니까？（キム・ジンス：マイケルさん，いらっしゃいますか？）

　　영숙　：지금 안 계**신데요**．（ヨンスク：今いらっしゃらないんですが。）

▪ 김진수：오늘 회사에 안 가세요？（キム・ジンス：今日会社に行かないんですか？）

　　박유미：지금 휴가중**인데요**．（パク・ユミ：今休暇中なんですけど。）

[参考] 相手の言葉に反論したり異議を提起したりする調子で話すこともある。例 지금 휴가중**인데요**．(왜 회사를 가요？)（今休暇中なんですけど。(だから会社に行かないんです。)）

3. 〔質問を表わす抑揚と共に用いられ〕尋ねることを表わす。

例 ▪ 이거 얼**만데요**？（これいくらですか？）

▪ 거기가 어떤 곳**인데요**？（そこってどんな所なんですか？）

▪ 유미가 얼마나 키가 큰**데요**？（ユミってどのくらい背が高いんですか？）

-ㄴ 동시에　【목사인 동시에 시인이다．(牧師であると同時に詩人である。)】　結合情報 ☞ -ㄴ²

慣用句

[形態関連語] -는 동시에

1. 〔'이다'に用いられ〕ある事柄を兼ねることを表わす。

例 ▪ 그 사람은 목사**인 동시에** 시인이다．（その人は牧師であると同時に詩人である。）

▪ 새마을 운동은 잘살기 운동**인 동시에** 정신 개혁 운동이다．（セマウル運動は生活向上運動であると同時に精神改革運動である。）

-ㄴ 둥 만 둥하고 【밥을 먹은 둥 만 둥하고~ (食事もそこそこにして~)】

結合情報 ☞ -ㄴ³

慣用句

形態関連語 -는 둥 마는 둥하고

全体参考 '하고'を省略することもある。

1. 〔動詞に用いられ〕'そのようでもあるし、そうでないようでもあること'の意味。
   例 ▪ 밥을 먹은 둥 만 둥하고 뛰쳐나갔다. (食事もそこそこにして飛び出した。)
   ▪ 그는 눈을 뜬 둥 만 둥 가늘게 떴다. (彼は糸のように細く薄目を開けた。)

-ㄴ 뒤에 【비가 온 뒤에~ (雨が降った後~)】

結合情報 ☞ -ㄴ³

慣用句

類義 -ㄴ 다음에, -ㄴ 후에

1. 〔動詞に用いられ〕'時間がやや過ぎた後に'の意味。
   例 ▪ 비가 온 뒤에 하늘이 맑게 갰다. (雨が降った後、空が晴れ上がった。)
   ▪ 진수가 미국으로 떠난 뒤에 유미는 다른 남자와 결혼했다. (チンスがアメリカに発った後、ユミは他の男と結婚した。)

-ㄴ 듯 【짜증이 난 듯~ (いらだったように~)】

結合情報 ☞ -ㄴ², -ㄴ³

慣用句

形態関連語 -는 듯

1. 〔動詞に用いられ〕過去の事柄を推測することを表わす。'そうしたように'の意味。
   例 ▪ 그녀는 짜증이 난 듯 불쑥 말을 던졌다. (彼女はいらだったように、いきなり言葉を言い放った。)

- 그는 밥 먹는 것도 잊은 듯 책만 읽었다. (彼はご飯を食べるのも忘れて本ばかり読んだ。)

2. 〔動詞に用いられ〕過去のあることと比較して述べることを表わす。'〜したように'の意味。

例 ▪ 그린 듯 앉아 있는 모습. (描いたように座っている姿。)
- 하늘에는 은모래를 뿌린 듯 별들이 총총했다. (空には銀の砂をまいたように星々がきらめいていた。)

3. 〔形容詞に用いられ〕'あたかも〜なように'の意味。

例 ▪ 그녀는 수줍은 듯 잔잔한 미소로 대답했다. (彼女ははにかむように穏やかに微笑んで答えた。)
- 그는 아무렇지도 않은 듯 슬쩍 나가 버렸다. (彼は何ともないように、さっと出て行ってしまった。)

-ㄴ 듯 만 듯하다

【비가 온 듯 만 듯하다. (雨が降ったようでもあるし、降らなかったようでもある。)】

結合情報 ☞ -ㄴ³

慣用句

形態関連語 -는 듯 마는 듯하다

1. 〔動詞に用いられ〕'そのようでもあるし、そうでないようでもあること'の意味。

例 ▪ 비가 온 듯 만 듯하다. (雨が降ったようでもあるし、降らなかったようでもある。)
- 잠이 든 듯 만 듯한 상태에서 나는 어머니의 목소리를 들은 것 같다. (うとうとした状態で、私は母の声を聞いたような気がする。)

-ㄴ 듯싶다

【간이 나쁜 듯싶어. (肝臓が悪いようだよ。)】

結合情報 ☞ -ㄴ², -ㄴ³

慣用句

形態関連語 -는 듯싶다

類義 -ㄴ 것 같다, -ㄴ 듯하다

関連語 -ㄹ 듯싶다

1. 〔形容詞に用いられ〕客観的な推測を表わす。'〜なようだ (-ㄴ 것 같다), 〜なように思われる' の意味。

例 ▪ 얼굴이 검은 걸 보니 간이 나쁜 **듯싶어**. (顔色が黒っぽいところを見ると, 肝臓が悪いようだよ。)

▪ 네 얼굴을 보니 몹시 피곤**한 듯싶구나**. (君の顔を見ると, とても疲れているようだね。)

2. 〔動詞に用いられ〕過去の事柄を推測することを表わす。'そうしたようだ, そうしたように思われる' の意味。

例 ▪ 이 곳은 밤새 비가 많이 **온 듯싶어**. (ここは夜中に雨がたくさん降ったようだよ。)

▪ 이 일은 우리가 잘 **한 듯싶습니다**. (この仕事は私たちがうまくやったようです。)

-ㄴ 듯하다 【잠이 든 듯하다. (寝ついたようだ。)】

結合情報 ☞ -ㄴ², -ㄴ³

慣用句

形態関連語 -는 듯하다

類義 -ㄴ 것 같다, -ㄴ 듯싶다

関連語 -ㄹ 듯하다

1. 〔動詞に用いられ〕過去の事柄を推測することを表わす。'そうしたようだ' の意味。

例 ▪ 불러도 대답이 없는 걸 보니 대성이는 잠이 **든 듯하다**. (呼んでも返事がないのを見ると, テソンは寝ついたようだ。)

▪ 그의 얼굴을 보니 부탁을 하고자 찾아**온 듯했다**. (彼の顔を見ると, 頼みがあってやって来たようだった。)

2. 〔形容詞に用いられ〕ある事柄を推測することを表わす。'そのようだ' の意味。

例 ▪ 그 여자의 수줍**은 듯한** 웃음이 아직도 기억에 남는다. (その女性のは

にかむような笑みが今も記憶に残っている。)
- 교장 선생님께서는 우리가 한 일에 대해 크게 실망하**신 듯하였습니다**. (校長先生は私たちがやったことに対してひどく失望なさったようです。)

-ㄴ 마당에 【이혼한 마당에~ (離婚したって言うのに~)】
慣用句

結合情報 ☞ $-ㄴ^2, -ㄴ^3$

形態関連語 -는 마당에

1. 〔動詞に用いられ〕'あることが起きた状況や場合に'を表わす。

例 - 이혼**한 마당에** '여보'라니요? (離婚したって言うのに「お前」ですって?)
   - 전쟁이 일어**난 마당에** 무슨 공부를 하겠니? (戦争が起きたって言うのに, 勉強も何もないだろう。)

2. 〔形容詞に用いられ〕'ある状況や場合に'を表わす。

例 - 급**한 마당에** 이것저것 가릴 수가 있어요? (急いでいるって言うのに, あれこれ選り好みができますか?)
   - 내 몸 아**픈 마당에** 무슨 일을 하겠어요? (自分の体の具合が悪いって言うのに, 何ができますか?)

-ㄴ 모양이다 【바쁜 모양입니다. (忙しいようです。)】
慣用句

結合情報 ☞ $-ㄴ^2, -ㄴ^3$

形態関連語 -는 모양이다
関連語 -ㄹ 모양이다

1. 〔形容詞に用いられ〕そのような状態を推量したり推測したりすることを表わす。

例 - 그 친구는 요즘 매우 바**쁜 모양입니다**. (その友達は最近とても忙しいようです。)
   - 아버지는 몹시 기분이 좋**은 모양이었다**. (父は大変気分が良さそうだった。)

2. 〔動詞に用いられ〕既に起こった事柄を推量したり推測したりすることを表わす。

例 ▪ 신발이 없는 걸 보니 벌써 **간 모양이다**. (履き物が無いのを見ると，もう行ったようだ。)
　▪ 화가 단단히 **난 모양이네**! (カンカンに怒っているようだね！)
　▪ 버스를 놓친 **모양이구나**. (バスに乗り遅れたみたいだねえ。)
　▪ 오늘은 회의가 일찍 끝**난 모양이에요**. (今日は会議が早めに終わったようです。)

-ㄴ 바와 같이 【위에서 말한 바와 같이~ (上で述べた通り~)】
結合情報 ☞ -ㄴ³
慣用句

形態関連語 -는 바와 같이

1. 〔動詞に用いられ〕既に話された内容を前で提示することを表わす。
例 ▪ 위에서 말**한 바와 같이** 최근에 이르러 이런 현상이 부쩍 늘어나고 있다. (上で述べた通り，最近に至り，こうした現象が急激に増えている。)
　▪ 앞에서 언급**한 바와 같이** 한반도에서는 그 시기의 화석이 거의 나오지 않는다. (先に言及した通り，朝鮮半島ではその時期の化石がほとんど現われない。)

-ㄴ 반면에 【남자 농구는 가볍게 이긴 반면에~ (男子バスケットボールは楽勝だった半面~)】
結合情報 ☞ -ㄴ², -ㄴ³
慣用句

形態関連語 -는 반면에
全体参考 '에'が省略され，'-ㄴ 반면'の形でも用いられる。

1. 〔動詞に用いられ〕'過去に話された事柄とは反対に'の意味。
例 ▪ 남자 농구는 가볍게 **이긴 반면에** 여자 농구는 계속 지기만 했다. (男子バスケットボールは楽勝だった半面，女子バスケットボールはずっと負けてばかりだった。)
　▪ 수출품의 평균 가격은 **오른 반면** 수입품은 하락하였다. (輸出品の平均価格は上がった反面，輸入品は下落した。)

2. 〔形容詞と'이다'に用いられ〕'ある事柄とは反対に'の意味。
例 ▪ 그는 자존심이 강**한 반면에** 뭘 이루고자 하는 마음은 약하다. (彼はプライドが高い反面, 何ごとかを成し遂げようとする気持ちは弱い。)
　　▪ 그 약품은 약효가 빨라서 좋**은 반면에** 사용상의 주의를 요한다. (その薬品は効き目が早くて良い反面, 使用上の注意を要する。)

-ㄴ 법이다

【작은 일에도 서운**한 법이**란다. (ささいなことにも寂しい気がするものなんだよ。)】

結合情報 ☞ -ㄴ²

慣用句

形態関連語 -는 법이다

1. 〔形容詞に用いられ〕'～なのは当然だ'の意味。
例 ▪ 나이가 들면 작은 일에도 서운**한 법이란다**. (年を取るとささいなことにも寂しい気がするものなんだよ。)
　　▪ 사람은 다 그런 **법이란다**. (人は皆そういうものなんだよ。)
　　▪ 좋은 국일수록 기름이 많**은 법이야**. (良いスープであるほど油が多いもんだよ。)

-ㄴ 셈이다

【이제 거의 다 **한 셈이다**. (もうほとんど全部やったわけだ。)】

結合情報 ☞ -ㄴ³

慣用句

形態関連語 -는 셈이다

全体参考 '이다'に用いられることもある。例 세월이 약**인 셈이다**. (歳月が薬なわけだ。)

1. 〔動詞に用いられ〕'(ほとんど)～したようなものだ'の意味。
例 ▪ 반이 끝났으면 이제 거의 다 **한 셈이다**. (半分が終わったら, もうほとんど全部やったわけだ。)
　　▪ 이제 일은 대충 끝**난 셈이다**. (もう仕事は大体終わったわけだ。)
　　▪ 이 정도면 식구가 다 모**인 셈이다**. (このぐらいなら家族がみんな集まったわけだ。)

- 오늘 아침은 사과로 아침밥을 대신해서 먹**은 셈입니다**. (今朝はリンゴを朝食の代わりに食べたわけです。)

-ㄴ 셈 치고 【잃어버린 셈 치고~ (失くしたものとして~)】
結合情報 ☞ -ㄴ³

慣用句

形態関連語 -는 셈 치고

関連語 -ㄹ 셈 치고

1. 〔動詞に用いられ〕既にそうしたのだと考え, 推量して仮定することを表わす。

例 ▪ 우리는 도둑 맞은 돈은 잃어버**린 셈 치고** 그 일을 잊기로 했다. (私たちは泥棒に盗まれたお金は失くしたものとして, その出来事を忘れることにした。)

▪ 속**은 셈 치고** 양보를 하기로 했다. (だまされたことにして, 譲ることにした。)

-ㄴ 양하다 【제일 예쁜 양하면서~ (一番かわいいというふりをしながら~)】
結合情報 ☞ -ㄴ², -ㄴ³

慣用句

形態関連語 -는 양하다

1. 〔形容詞に用いられ〕偽ってそのように見せかけることを表わす。

例 ▪ 유미는 자기가 제일 예**쁜 양하면서** 거울 보기를 좋아한다. (ユミは自分が一番かわいいというふりをしながら鏡を見るのが好きだ。)

▪ 나는 일부러 아무렇지도 않**은 양하고** 무심한 듯 들었다. (私はわざと何ともないふりをして, 関心無さそうに聞いた。)

2. 〔動詞に用いられ〕偽ってそうしたように見せかけることを表わす。

例 ▪ 차라리 못 들**은 양하는** 게 낫겠다. (むしろ聞こえないふりをするのが良さそうだ。)

▪ 영숙이는 점심을 굶고서도 먹**은 양한다**. (ヨンスクは昼食を抜いても食

べたふりをする。)
- 그는 감기에 걸린 **양하면서** 기침을 해 댔다. (彼は風邪を引いたふりをしながら，せきをし続けた。)

-ㄴ 이래 【이 학교가 생긴 이래~ (この学校ができて以来~)】
慣用句

結合情報 ☞ -ㄴ³

全体参考 '-ㄴ 이래로'の形でも用いられる。

1. 〔動詞に用いられ〕'(あることがあった) ときから今まで'の意味。

例
- 이 학교가 생**긴 이래** 많은 졸업생들이 사회로 진출했다. (この学校ができて以来，多くの卒業生が社会に進出した。)
- 결혼**한 이래**로 이렇게 깊은 잠에 빠져 보기는 처음이다. (結婚して以来，こんなに深い眠りに落ちたのは初めてだ。)
- 건강이 나빠**진 이래**로 그는 외출을 삼가고 있었다. (健康を損なって以来，彼は外出を控えていた。)

-ㄴ 이상 【가족을 가진 이상~ (家族を持った以上~)】
慣用句

結合情報 ☞ -ㄴ², -ㄴ³

形態関連語 -는 이상

類義 -ㄴ 다음에야

全体参考 '-ㄴ 이상은'の形でも用いられる。

1. 〔動詞に用いられ〕'~したことが既定の事実であるならば'の意味。

例
- 그래도 가족을 가**진 이상** 가족 문제로부터 달아날 수 없습니다. (それでも家族を持った以上，家族問題から逃げることはできません。)
- 이왕 물러나기로 결심을 굳**힌 이상** 더 기다릴 필요가 없다고 판단했어요. (どうせ身を引くことに決心を固めた以上，さらに待つ必要がないと判断しました。)

2. 〔'이다/아니다'に用いられ〕'~なことが既定の事実であるならば'の意味。

例 ▪ 그것이 문학의 본질**인 이상** 중요하게 다루지 않을 수 없다. (それが文学の本質である以上、大切に扱わざるを得ない。)
- 노동 운동가라 할지라도 근로자가 아**닌 이상**은 노동조합의 구성원이 될 수 없다. (労働運動家だと言えども勤労者でない以上は労働組合の構成員になることができない。)

-ㄴ 일이다 【미안한 일이다. (すまないことだ。)】

結合情報 ☞ -ㄴ²

慣用句

全体参考 '미안하다 (すまない)' と言う代わりに '미안한 일이다 (すまないことだ)' と言うことで、客観的に見てもそうだと認めることを意味する。

1. 〔形容詞に用いられ〕 '(誰が見ても) 本当にそうだ' の意味。

例 ▪ 정말 미안**한 일이다**. (本当にすまないことだ。)
- 생각만 해도 끔찍**한 일이다**. (考えただけでも、むごたらしいことだ。)
- 그건, 참 다행**한 일이다**. (それは本当に幸いなことだ。)
- 오늘 대성이가 없어진 것은 이상**한 일이다**. (今日テソンがいなくなったのは変なことだ。)

-ㄴ 일이 있다 【한국 음식을 먹은 일이 있습니까? (韓国料理を食べたことがありますか?)】

結合情報 ☞ -ㄴ³

慣用句

形態関連語 -는 일이 있다

反対 -ㄴ 일이 없다

全体参考 '-아 본 일이 있다/없다' の形でも用いられる。

1. 〔動詞に用いられ〕 以前の出来事の経験を表わす。

例 ▪ 마이클 씨는 한국 음식을 먹**은 일이 있습니까**? (マイケルさんは韓国料理を食べたことがありますか?)
- 나는 외국 사람들에게 우리말을 가르**친 일이 있다**. (私は外国人に韓国語を教えたことがある。)

- 한국에서 기차를 타 **본 일이 있다**.（韓国で汽車に乗ったことがある。）
- 저는 지금까지 병원에 가 **본 일이 없어요**.（私は今まで病院に行ったことがありません。）

-ㄴ 적이 없다 【비가 온 적이 없다. （雨が降ったことがない。）】 結合情報 ☞ -ㄴ³
慣用句

形態関連語 -는 적이 없다

反対 -ㄴ 적이 있다

全体参考 '-아 본 적이 있다／없다'の形でも用いられる。

1. 〔動詞に用いられ〕'ある状況が起こったときがある／ない'の意味。
例
- 여기는 며칠째 비가 **온 적이 없다**.（ここは何日も雨が降ったことがない。）
- 한때는 천재라는 소리를 들**은 적이 있지**.（一時は天才と言われたことがあるよ。）
- 오리 고기를 먹어 **본 적이 있어요**？（鴨肉を食べてみたことがありますか？）

-ㄴ 줄 모르다 【비가 온 줄 몰랐어. （雨が降ったことに気付かなかったよ。）】 結合情報 ☞ -ㄴ², -ㄴ³
慣用句

形態関連語 -는 줄 모르다

反対 -ㄴ 줄 알다

関連語 -ㄹ 줄 모르다

1. 〔動詞に用いられ〕'過去のある事柄を知らない'の意味。
例
- 비가 **온 줄 몰랐어**.（雨が降ったことに気付かなかったよ。）
- 네가 **간 줄 몰랐어**.（お前が帰ったことに気付かなかったよ。）

2. 〔形容詞に用いられ〕'現在のある事柄を知らない'の意味。
例
- 혼자인 게 이렇게 외로운 것**인 줄 몰랐어**.（一人ぼっちがこんなに寂し

いものだって知らなかったよ。)
- 배고픈 줄도 모르고 책만 읽었다．(お腹が空いたのも忘れ，本ばかり読んだ。)

-ㄴ 줄 알다 【내가 제일 일찍 온 줄 알았는데．(私が一番早く来たと思ったのだが。)】

結合情報 ☞ -ㄴ², -ㄴ³

慣用句

形態関連語 -는 줄 알다

反対 -ㄴ 줄 모르다

関連語 -ㄹ 줄 알다

全体参考 '実のところはそうでない' という意味を含んでいる。

1. 〔動詞に用いられ〕過去のあることについて 'そうしたのだと思う' の意味。

例 - 내가 제일 일찍 **온 줄 알았는데．**(私が一番早く来たと思ったのだが。)
- 선생님께서는 벌써 댁으로 가**신 줄 알았는데요．**(先生はもうご帰宅なさったものと思ったのですが。)

2. 〔形容詞に用いられ〕現在のあることについて 'そうだろうと思う' の意味。

例 - 그 아이는 내가 엄마**인 줄 알고** 있어요．(その子は私がお母さんだと思っています。)
- 아이들이 작**은 줄 알았는데** 그렇지도 않더군요．(子供たちが小さいものと思っていたのですが，そうでもなかったんですよ。)

-ㄴ 지 【찬우가 태어난 지～(チャンウが生まれてから～)】

結合情報 ☞ -ㄴ³

慣用句

全体参考 このときの '지' のように '지' が時間と関連があるときは分かち書きする。語尾 '-ㄴ지' のアドバイス (p.152) を参照。

1. 〔動詞に用いられ〕ある出来事が起こったときから今までの期間を表わす。

例 ▪ 오늘이 찬우가 태어난 지 일 년 되는 날이다. (今日はチャンウが生まれてから1年になる日だ。)

▪ 약을 먹은 지 얼마나 되셨어요? (薬を飲んでからどのくらい経ちましたか？)

-ㄴ지

【어떤 생각인지 말해 주세요. (どんな考えなのか話して下さい。)】

『-ㄴ지は終声字の無い形容詞と 'ㄹ' 終声字で終わる形容詞の 'ㄹ' 脱落形そして '이다' の後に, -은지は 'ㄹ' 以外の終声字のある形容詞の後に用いられる。動詞の後には -는지が用いられる』

例 비싼지, 긴지 (길다), 학생인지, 높은지

語尾 連結語尾

形態関連語 -는지²

関連語 -ㄹ지

1. 〔'-ㄴ지 알다／모르다' の形で用いられ〕漠然とした疑問を表わす。

例 ▪ 어떤 생각인지 말해 주세요. (どんな考えなのか話して下さい。)

▪ 우리의 할 일이 무엇인지 아세요? (私たちのやることが何なのかご存知ですか？)

▪ 이 강이 얼마나 깊은지 알 수가 없다. (この川がどれほど深いのか知ることができない。)

▪ 제 키가 큰 편인지 작은 편인지 모르겠어요. (私の背が高い方なのか低い方なのか分かりません。)

参考 1. 疑問詞 '무엇 (何), 어떤 (どんな), 얼마나 (どれほど)' 等と共に用いられたり, '-ㄴ지 〜 -ㄴ지' の形で用いられたりする。2. '-ㄴ지' は後の '알다 (知る, 分かる)／모르다 (知らない, 分からない)' の目的語に用いられる。

2. 〔'얼마나 〜 -ㄴ지' の形で連結語尾のように用いられ〕非常にそうだと強調することを表わす。

例 ▪ 이게 값이 얼마나 비싼지 몰라. (これって値段がどれくらい高いか分からないよ。)

▪ 요즘 어린이들은 얼마나 똑똑한지 모릅니다. (最近の子供たちはどれほ

ど賢いか分かりません。)

- 책을 사 주면 얼마나 고마**운지** 이루 말할 수가 없었다. (本を買ってもらうとどれほどありがたいか, とうてい言葉にすることができなかった。)

参考 主に'-ㄴ지 모르다'の形で用いられる。

3. 根拠や原因を表わす。

例 - 이 기계가 어쩐 일**인지** 갑자기 멈춰 섰다. (この機械はどうしたことか, 突然止まってしまった。)

- 마침 점심 시간이기 때문**인지** 교실에는 아무도 없었다. (ちょうど昼食の時間だからか, 教室には誰もいなかった。)

- 우리 딸아이가 궁금한 게 많**은지** 나를 자꾸 귀찮게 했다. (うちの娘は知りたいことが多いのか, 私を何度も煩わせた。)

終結語尾のように用いられる

形態関連語 -는지[1]

1. 話し手の疑いや疑問を表わす。

例 - 시간은 충분**한지**? (時間は足りるだろうか?)

- 정말로 그 아이가 선생님의 아드님이**신지**? (本当にその子が先生の息子さんだろうか?)

- 어느 길로 가는 것이 더 빠**른지**? (どの道から行った方がもっと早いだろうか?)

丁寧 -ㄴ지요

2. 感嘆を表わす。

例 - 그대여, 그 얼마나 친절하**신지**! (君よ, なんと親切なことか!)

- 오, 저를 구해 주신 여인, 그 얼마나 자비로**운지**! (おお, 私を救って下さった女性, なんと慈悲深いことか!)

丁寧 -ㄴ지요

> **アドバイス**
>
> '-ㄴ 지'と'-ㄴ지'の区別：
>
> '-ㄴ 지'は'-ㄴ'が名詞を修飾する語尾で'지'は'時間'を意味する依存名詞なので，分かち書きする。
>
> 例1：한국에 **온 지** 벌써 1년이 되었어요. （韓国に来てからもう1年になりました。）
>
> '지'が'時間'を意味する場合にのみ分かち書きする。
>
> '-ㄴ지'は連結語尾なので分かち書きしない。疑問を表わすときに用いる。
>
> 例2：이게 무엇**인지** 아세요？（これは何なのかご存知ですか？）

-ㄴ지도 모르다

【아직 아침인지도 몰라．（まだ朝かも知れないよ。）】

結合情報 ☞ -ㄴ지

慣用句

形態関連語 -는지도 모르다

関連語 -ㄹ지도 모르다

1. 〔形容詞と'이다'に用いられ〕その内容が実現する可能性について話し手の推測を表わす。

例
- 그 곳은 아직 아침**인지도 몰라**．（そこはまだ朝かも知れないよ。）
- 선생님께서 편찮으**신지도 몰라요**．（先生がご病気かも知れません。）

-ㄴ지요

【건강은 어떠**신지요**？（お加減はいかがでしょうか？）】

『-ㄴ지요は終声字の無い形容詞と'ㄹ'終声字で終わる形容詞の'ㄹ'脱落形そして'이다'の後に、-은지요は'ㄹ'以外の終声字のある形容詞の後に用いられる。動詞の後には-는지요が用いられる』

[語尾] 終結語尾

[親しい間で敬意が高い] 先輩や目上の人に

例 비싼지요，긴지요（길다），학생인지요，높은지요

[形態関連語] -는지요

[関連語] -ㄹ지요

[全体参考] 話し言葉に用いられる。

1. 相手に婉曲に、または丁重に尋ねることを表わす。

例 ■ 선생님 건강은 어떠**신지요**？（先生のお加減はいかがでしょうか？）
   ■ 아이가 혹시 아픈 건 아**닌지요**？（子供はひょっとして具合が悪いんじゃないでしょうか？）
   ■ 제가 자주 찾아와도 괜찮**은지요**？（私がたびたび訪ねて来てもかまわないでしょうか？）
   ■ 부탁하실 일이 무엇**인지요**？（ご依頼の件は何でしょうか？）

2. 〔'얼마나 ～ -ㄴ지요'のような形で用いられ〕非常にそうだと強調することを表わす。

例 ■ 눈이 내리니까 얼마나 좋**은지요**．（雪が降ったら、とてもすてきですね。）
   ■ 이 곳에는 왜 그리 술집이 많**은지요**．（ここにはなんだってそんなに飲み屋が多いんですかね。）

-ㄴ 채로

【눈을 감은 **채로**～（目を閉じたまま～）】

慣用句

[結合情報] ☞ -ㄴ², -ㄹ³

[全体参考] '-ㄴ 채'の形でも用いられる。

1. 〔動詞に用いられ〕'過去に既にそうあった状態のままで'の意味。

例 ▪ 나는 눈을 감은 **채로** 잠시 누워 있었다. (私は目を閉じたまま，しばらく横になっていた。)
- 할아버지께서 들어오시는데 누운 **채로** 있을 거니? (おじいさんがお帰りなのに，横になったままでいるつもりなの？)
- 음악을 틀어놓은 **채로** 공부가 되니? (音楽をかけっぱなしで勉強ができるの？)
- 물 속에 얼굴을 담근 **채로** 숨을 내쉬었다. (水の中に顔をつけたまま息を吐いた。)
- 잠옷만 입은 **채** 어디 가는 거야? (パジャマだけ着て，どこ行くんだよ？)

2. 〔形容詞と'이다'に用いられ〕'現在そうある状態のままで'の意味。

例 ▪ 생선회는 생선을 날것인 **채로** 그냥 먹는 것이다. (刺身は魚を生のままで食べるものである。)
- 두 사람은 여전히 서먹서먹한 **채로** 악수를 나누었다. (二人は相変わらず，よそよそしいままで握手を交わした。)
- 잎이 푸른 **채로** 겨울을 나는 식물에는 어떤 것이 있을까요? (葉が青いままで冬を越す植物にはどんなものがあるでしょうか？)

-ㄴ 체하다

【나는 못 들은 **체했다**. (私は聞こえないふりをした。)】

結合情報 ☞ -ㄴ², -ㄴ³

慣用句

形態関連語 -는 체하다

類義 -ㄴ 척하다 例 유미는 항상 예쁜 **척한다**. (ユミはいつもかわいいふりをする。)

1. 〔動詞に用いられ〕過去にそれらしく装った，偽りの態度を表わす。

例 ▪ 친구들이 불러도 나는 못 들은 **체했다**. (友人たちが呼んでも私は聞こえないふりをした。)
- 진수는 친구들을 못 본 **체하고** 그냥 지나갔다. (チンスは友人たちを見ないふりをして，そのまま通り過ぎた。)
- 나는 곰을 만났을 때 땅에 엎드려 죽은 **체하고** 있었다. (私は熊に遭ったとき，地面にうつ伏せになって死んだふりをしていた。)

2. 〔形容詞に用いられ〕現在それらしく装っている，偽りの態度を表わす。

例 ▪ 잘난 체하지 마. (偉そうなふりをするな。)

-ㄴ 탓이다

【소나기를 맞은 탓이다. (にわか雨に降られたせいだ。)】

結合情報 ☞ -ㄴ², -ㄴ³

慣用句

形態関連語 -는 탓이다

全体参考 '-ㄴ 탓에'の形でも用いられる。

1. 〔動詞に用いられ〕過去に起こった（主に否定的な現象の）原因を表わす。

例 ▪ 내가 감기에 걸린 것은 어제 소나기를 맞은 **탓이다**. (私が風邪を引いたのは、昨日にわか雨に降られたせいだ。)

　　▪ 영화를 보느라고 점심을 굶은 **탓인지** 배가 고파. (映画を見ていて昼ご飯を食べなかったせいか、お腹が空いたよ。)

2. 〔形容詞に用いられ〕現在そうある（主に否定的な現象の）原因を表わす。

例 ▪ 이 일을 마치지 못한 건 내가 게으른 **탓이었다**. (この仕事を終えることができなかったのは私が怠けたせいだった。)

　　▪ 가난한 **탓에** 먹을 것도 제대로 못 먹는다. (貧しいせいで食べ物もろくに食べられない。)

-ㄴ 편이다

【매운 편이다. (辛い方だ。)】

結合情報 ☞ -ㄴ²

慣用句

形態関連語 -는 편이다

1. 〔形容詞に用いられ〕'ほぼそのような部類に入る'の意味。

例 ▪ 짬뽕은 매운 **편이다**. (チャンポンは辛い方だ。)

　　▪ 서울의 공기는 매우 나쁜 **편이다**. (ソウルの空気は非常に悪い方である。)

　　▪ 이 방은 넓은 **편이다**. (この部屋は広い方である。)

-ㄴ 후에 【수업이 끝난 후에~ (授業が終わった後に~)】
慣用句

結合情報 ☞ -ㄴ³

類義 -ㄴ 다음에 **例** 밥을 먹은 다음에 커피를 마십니다. (ご飯を食べた後にコーヒーを飲みます。), -ㄴ 뒤에 **例** 비가 온 뒤에 하늘이 맑게 갰다. (雨が降った後, 空が晴れ上がった。)

反対 -기 전에 **例** 밥을 먹기 전에 물을 마십니다. (ご飯を食べる前に水を飲みます。)

1. 〔動詞に用いられ〕'前の事柄が終わった後に'の意味。
例 ▪ 수업이 끝난 후에 현관 앞에서 만나요. (授業が終わった後に玄関の前で会いましょう。)
  ▪ 식사를 한 후에 약을 드십시오. (食事の後に薬をお飲み下さい。)
  ▪ 밥을 먹은 후에 커피를 마십시다. (ご飯を食べた後にコーヒーを飲みましょう。)

나¹ 【커피나 홍차 (コーヒーや紅茶)】
『나は終声字の無い語の後に, 이나は終声字のある語の後に用いられる』
助詞　接続助詞

例 버스나, 기차나, 자가용이나, 밥이나

1. ☞ 이나¹ (p.657)
例 ▪ 커피나 홍차가 있어요. (コーヒーや紅茶があります。)
  ▪ 버스나 기차를 타고 가요. (バスや汽車に乗って行きます。)
  ▪ 담배나 술을 끊어야겠어요. (タバコやお酒をやめなくてはいけません。)

나² 【차나 한 잔 할까요? (お茶でも一杯飲みましょうか?)】
『나は終声字の無い語の後に, 이나は終声字のある語の後に用いられる』
助詞　補助詞

例 커피나, 홍차나, 과일이나, 떡이나

1. ☞ 이나² (p.658)

例 ▪ 우리 차**나** 한 잔 할까요? (ねえ，お茶でも一杯飲みましょうか？)

▪ 까만 구두는 아무 옷에**나** 잘 맞아요. (黒い靴はどんな服にでもよく合います。)

▪ 혹시**나** 나에게 무슨 부탁이 있어요? (ひょっとして私に何か頼みたいことがありますか？)

▪ 우선 먹고**나** 보자. (まず食事でもしよう。)

-**나**³【자네, 이제 오**나**? (お前, 今来たのか？)】

『動詞, '있다/없다', '-았-', '-겠-'の後に用いられる。'ㄹ'終声字で終わる動詞に結合するときは'ㄹ'脱落形の後に用いられる』

[語尾] 終結語尾

[やや敬意が低い] 先生が学生に，嫁の両親が婿に（成人語）

例 가나, 사나 (살다), 먹나, 있나, 없나, 보았나, 하겠나

[関連語] -는가¹

[全体参考] 1. 話し言葉に用いられる。 2. '이다'と形容詞には'-ㄴ가'が用いられる。 例 자네가 선생**인가**？(○)(君が先生なのか？)／자네가 선생이나？(×) 例 추운가？(○)(寒いのか？)／춥나？(×)

1. 尋ねることを表わす。'〜するか (-는가)'の意味。

例 ▪ 자네, 이제 오**나**? 어서 들어가게. (お前, 今来たのか？ 早く入れよ。)

▪ 돈은 가지고 왔**나**？ (金は持って来たか？)

▪ 자네도 한 잔 하겠**나**？ (君も一杯やるかい？)

2. 〔疑問文の形式だが答えを要求しない形で用いられ〕強調して述べることを表わす。

例 ▪ 자네가 못 하는 게 어디 있**나**？ (お前にできないことなんて何も無いぞ。)

▪ 자네라면 그만둘 수 있겠**나**？ (君ならやめることができそうかい？)

▪ 나라고 왜 고향에 안 가고 싶겠**나**？ (私だって故郷に帰りたいよ。)

-나⁴ 【무슨 사고가 생겼**나**？（何か事故が起きたのかな？）】

『動詞，'있다/없다'，'-았-'，'-겠-'の後に用いられる。'ㄹ'終声字で終わる動詞に結合するときは'ㄹ'脱落形の後に用いられる』

[語尾] 終結語尾

[親しい間で敬意が低い] 友達に

例 가나，사나（살다），먹나，있나，없나，보았나，하겠나

[丁寧] -나요

[全体参考] 1. 話し言葉に用いられる。2. '이다'と形容詞には'-ㄴ가'が用いられる。
例 그이가 선생**인가**？（○）（その人が先生かな？）／그이가 선생이나？（×）
例 추**운가**？（○）（寒いかな？）／춥나？（×）

1. 述べようとする内容について話し手自身が疑問を持っていることを表わす。

例 ▪ 무슨 사고가 생겼**나**？（何か事故が起きたのかな？）
　▪ 시간이 벌써 이렇게 되었**나**？（もうこんな時間になったの？）
　▪ 이 사람이 어딜 갔**나**？（この人ったらどこに行ったのかしら？）
　▪ 이 일을 어쩌**나**？（この件をどうしようか？）

2. 〔疑問文の形式だが答えを要求しない形で用いられ〕強調して述べることを表わす。

例 ▪ 누구는 그런 걸 몰라서 가만 있**나**？（誰もそんなことが分からないから黙っているわけじゃないんだよ。）
　▪ 누가 스포츠 정신을 모르**나**？（スポーツ精神を知らない人がいるものか。）
　▪ 내가 먹고 싶어서 먹었**나**？（私だって食べたいから食べたんじゃないよ。）

-나⁵ 【빨리 빨리 못하나？（さっさとできないか。）】

『動詞，'있다／없다'，'-았-'，'-겠-' の後に用いられる。'ㄹ'終声字で終わる動詞に結合するときは'ㄹ'脱落形の後に用いられる』

[語尾] 終結語尾

[最も敬意が低い] おじいさんが子供に

例 가나, 사나（살다）, 먹나, 있나, 없나, 보았나, 하겠나

[全体参考] 1. 敬語の表現がない。'-나요'（×） 2. 軍人のように上下関係がはっきりした所でしばしば用いられる。

1. 〔格式的で上下関係がはっきりした人の間で用いられ〕急かすように尋ねることを表わす。

例 ▪ 빨리 빨리 못하나？（さっさとできないか。）
  ▪ 누가 너희들에게 명령했나？（誰がお前たちに命令したんだ？）
  ▪ 빨리 못 들어오겠나？（早く入らないか。）

-나⁶ 【비는 오나 바람은 불지 않는다．（雨は降るが，風は吹かない。）】

『-나は終声字の無い動詞と形容詞，'ㄹ'終声字で終わる動詞と形容詞の'ㄹ'脱落形そして'이다'の後に，-으나は'ㄹ'以外の終声字のある動詞と形容詞の後に用いられる』

[語尾] 連結語尾

例 가나, 사나（살다）, 비싸나, 다나（달다）, 학생이나, 먹으나, 높으나

1. 対等的連結語尾

1. 前後の事柄を対立的につなげることを表わす。

例 ▪ 비는 오나 바람은 불지 않는다．（雨は降るが，風は吹かない。）
  ▪ 그는 유학을 갔으나 공부는 하지 않고 놀기만 했습니다．（彼は留学に行きましたが，勉強はせずに遊んでばかりいました。）
  ▪ 옆자리에 앉은 필립을 힐끔 쳐다보았으나 필립은 그저 정면만을 바

라보고 있었다. (隣の席に座ったフィリップをちらっと横目で見たが、フィリップはただ正面だけを眺めていた。)

[類義] -ㄴ데², -는데², -지만

[参考] '-았-'が用いられる。

2. 〔主に相対的な意味を持つ二つの語が'-나 -나'の形で用いられ〕'いつでも'、'常に'の意味で用いられる。

例 ▪ 미우**나** 고우**나** 그저 제 자식은 다 예쁜 법이야. (出来が良くても悪くても、ともかく自分の子はみんなかわいいものだよ。)

  ▪ 앉으**나** 서**나** 당신 생각. (寝ても覚めても、あなたのことばかり。)

  ▪ 들으**나** 안 들으**나** 마찬가지인 소리를 왜 하는 거요? (聞いても聞かなくても同じ話をなぜするんだい？)

  ▪ 비가 오**나** 눈이 오**나** 하루도 빠지지 않고 운동을 했다. (雨が降ろうが雪が降ろうが、一日も欠かさず運動をした。)

[類義] -거나

[参考] '-았-'は用いられない。

2. 従属的連結語尾

1. 〔'어느（どの）、어디（どこ）、무엇（何）'等と共に用いられ〕'～を選り好みせず、全て'の意味。

例 ▪ 어느 집엘 가**나** 사는 건 다 비슷하다. (どの家に行っても暮らしは皆似たり寄ったりだ。)

  ▪ 이 도시 어디를 가**나** 아름다운 동상들이 많다. (この都市のどこへ行っても美しい銅像が多く見られる。)

  ▪ 무엇을 먹으**나** 다 마찬가지다. (何を食べても皆同じだ。)

[類義] -아도

[参考] '-았-'は用いられない。

나마 【이거**나마** 먹고 기다려. (これでも食べて待ってろよ。)】

『**나마**は終声字の無い語の後に, **이나마**は終声字のある語の後に用いられる』

[助詞] 補助詞

例 이나마, 이것이나마

1. ☞ 이나마 (p.661)

例 ▪ 우선 이거**나마** 먹고 기다려. (まずこれでも食べて待ってろよ。)
  ▪ 그렇게**나마** 해 주시면 고맙겠습니다. (そのようにでもして下さったらありがたいのですが。)
  ▪ 그**나마** 빨리 가지 않으면 한 개도 못 살 거예요. (それだって早く行かなければ一つも買えないと思いますよ。)
  ▪ 잠시**나마** 즐거웠어요. (しばらくの間でしたが, 楽しかったです。)

-나마나 【극장에 가**나마나**~ (映画館に行っても行かなくても~)】

『-**나마나**は終声字の無い動詞と形容詞, 'ㄹ' 終声字で終わる動詞と形容詞の'ㄹ'脱落形そして'이다'の後に, -**으나마나**は'ㄹ'以外の終声字のある動詞と形容詞の後に用いられる』

[語尾] 連結語尾

例 가나마나, 사나마나 (살다), 비싸나마나, 다나마다 (달다), 학생이나마나, 먹으나마나, 높으나마나

1. ある行動をしてもしなくても同じであるほど, 分かりきったことを表わす。

例 ▪ 극장에 가**나마나** 표가 없어서 못 들어갈 거야. (映画館に行っても行かなくても, チケットが無くて入れないと思うよ。)
  ▪ 보**나마나** 아직도 자고 있을 거야. (見ても見なくても, まだ寝ているはずだよ。)
  ▪ 들**으나마나** 또 그 때문일걸. (聞いても聞かなくても, またそのせいだろう。)

-나 보다

【비가 오나 봐요. (雨が降っているようです。)】
結合情報 ☞ -나⁴

慣用句

1. そのようだと推量して述べることを表わす。

例 ▪ 밖에 비가 오나 봐요. (外で雨が降っているようです。)
   ▪ 지금 퇴근하나 보죠? (今会社からお帰りのようですね?)
   ▪ 너무나 충격이 심해서 그랬나 보다. (あまりにもショックが大きかったからのようだ。)

-나 싶다

【또 거짓말을 하면 어쩌나 싶어~ (また嘘をつかれたらどうしようかと思い~)】
結合情報 ☞ -나⁴

慣用句

1. 'そのように思われること' の意味。

例 ▪ 또 거짓말을 하면 어쩌나 싶어 가슴이 두근거렸다. (また嘘をつかれたらどうしようかと思い, 胸がドキドキした。)
   ▪ 존 : 이 아파트는 어때요? (ジョン: このアパートはどうですか?)
     제인 : 너무 비싸지 않나 싶어요. (ジェーン: すごく高いのではないかと思います。)

-나요

【무엇을 하나요? (何をしますか?)】

『動詞, '있다/없다', '-았-', '-겠-' の後に用いられる。'ㄹ' 終声字で終わる動詞に結合するときは 'ㄹ' 脱落形の後に用いられる』

例 가나요, 사나요 (살다), 먹나요, 있나요, 없나요, 보았나요, 하겠나요

語尾 終結語尾

親しい間で敬意が高い 先輩や目上の人に

全体参考 1. 話し言葉に用いられる。 2. 女性的な言葉である。

訳注 '이다' と形容詞の後には '-ㄴ가요' が用いられる。

1. 尋ねることを表わす。'～しますか'の意味。

例 ▪ 이번 휴가 때는 무엇을 하**나요**? （今度の休暇は何をしますか？）
   ▪ 무슨 색을 좋아하**나요**? （何色が好きですか？）
   ▪ 이 건물은 오래되었**나요**? （この建物は古いですか？）
   ▪ 선생님은 후회하신 적이 없**나요**? （先生は後悔なさったことがないんですか？）

2. 〔疑問文の形式だが答えを要求しない形で用いられ〕強い肯定を表わす。

例 ▪ 배움에 나이가 따로 있**나요**, 뭐? （学ぶのに年齢は関係ないですよ。）
   ▪ 이렇게 될 줄 누가 알았**나요**? （こんなことになるなんて誰が分かったでしょうか？）

-냐¹ 【너 어디 아프냐? （お前どこか具合悪いのか？）】

『-냐は終声字の無い形容詞と'ㄹ'終声字で終わる形容詞の'ㄹ'脱落形そして'이다'の後に、-으냐は'ㄹ'以外の終声字のある形容詞の後に用いられる。動詞の後には-느냐が用いられる』

|語尾| 終結語尾

|最も敬意が低い| おじいさんが子供に

|例| 비싸**냐**, 기**냐** （길다）, 학생이**냐**, 높으**냐**

|形態関連語| -느냐¹

|全体参考| 1. 話し言葉に用いられる。2. '어디 아프니? （どこか具合悪いの？）'での'-니'は'-냐'より親しみがあり、やわらかい感じを与える。

1. ぞんざいな口調で尋ねることを表わす。

例 ▪ 너 어디 아프**냐**? （お前どこか具合悪いのか？）
   ▪ 네가 웬일이**냐**? （お前どうしたの？）
   ▪ 이럴 때 너희는 어찌 해야 옳**으냐**? （こんなときお前たちはどうしたらいいんだ？）
   ▪ 네 소원이 무엇이**냐**? （君の願い事って何だい？）

> **アドバイス**
>
> '-냐' と '-느냐' の区別:
> -냐と-느냐は共に終結語尾だが，前の語が形容詞か動詞かによって，また時間を表わす語尾の種類によって使い分けられる。
> -냐は終声字の無い形容詞，'ㄹ'終声字で終わる形容詞の'ㄹ'脱落形，'이다'の後に用いられ，-으냐は'ㄹ'以外の終声字のある形容詞の後に用いられ，-느냐は動詞（終声字の有無にかかわらない），'있다／없다'，'-았-'，'-겠-'の後に用いられる。
> 例：-냐　：비싸냐，기냐（길다），학생이냐
> 　　-으냐：높으냐，많으냐，작으냐
> 　　-느냐：가느냐／먹느냐，있느냐，먹었느냐，오겠느냐．
> このような違いに注意する必要がある。以下の例は話し言葉でしばしば誤って用いられるものである。
> 例1：밥을 먹냐（×）／먹었느냐？（○）（ご飯を食べたのか？）
> 例2：할 수 있냐（×）／있느냐？（○）（できるのか？）
> 例3：어디에 가냐（×）／가느냐？（○）（どこに行くのか？）

-냐² 【누가 그린 것이냐 했더니～（誰が描いたものなのかと聞いたら～）】

『-냐は終声字の無い形容詞と'ㄹ'終声字で終わる形容詞の'ㄹ'脱落形そして'이다'の後に，-으냐は'ㄹ'以外の終声字のある形容詞の後に用いられる。動詞の後には-느냐が用いられる』

[語尾] 引用を表わす語尾

[例] 비싸냐, 기냐（길다），학생이냐, 높으냐

[形態関連語] -느냐²

[関連語] -다⁵，'이다'+-라，動詞+-라¹，-자³

[注意] 많으냐（○）（多いのか）／많냐（×）　'-냐¹'のアドバイス（p.164）を参照。

[全体参考] 主に'-냐고'の形で用いられる。

1. 疑問形で表現された内容を間接的に伝えることを表わす。

例 ▪ 저 그림들은 누가 그린 것이**냐** 했더니 그저 웃기만 했다. (あれらの絵は誰が描いたものなのかと聞いたら，ただ笑うばかりであった。)

▪ 돈은 많**으냐** 살 집은 있느냐 하면서 꼬치꼬치 캐물었다. (お金はたくさんあるのか，住む家はあるのかと，根掘り葉掘り尋ねた。)

アドバイス

疑問文の間接引用（-냐고）:
間接引用の疑問文は'-냐'の形に変わり，これに引用を表わす助詞'고'が付いて'-냐고'の形になる。'커？，큽니까？，크세요？'等，尊敬語であれ，ぞんざいな言い方であれ，'-냐고'となる。なお，間接引用で用いる'-느냐고'については'-느냐고²'(p.181)を参照。
例1：그 집이 **커**？（その家は大きい？）→그 집이 크**냐고** 해요．（その家は大きいかと言っています。）
例2：그 집이 **큽니까**？（その家は大きいですか？）→그 집이 크**냐고** 해요．（その家は大きいかと言っています。）

-냐고¹ 【여기가 어디냐고？ (ここがどこかって？)】

『-냐고は終声字の無い形容詞と'ㄹ'終声字で終わる形容詞の'ㄹ'脱落形そして'이다'の後に，-으냐고は'ㄹ'以外の終声字のある形容詞の後に用いられる。動詞の後には-느냐고が用いられる』

[語尾] 終結語尾

[親しい間で敬意が低い] 友達に

例 비싸냐고, 기냐고 (길다), 학생이냐고, 높으냐고

[形態関連語] -느냐고¹

[丁寧] -냐고요

[関連語] -다고¹, -라고³, -라고⁴, -자고¹

[注意] 넓으냐고（○）(広いかって) ／넓냐고（×） '-냐¹'のアドバイス (p.164)を参照。

全体参考 話し言葉で［냐구］と発音されることもある。

1. 先に質問した内容について聞き返すことを表わす。

例 ■ 진수 ：여기가 어디야？（チンス：ここはどこ？）
　　미선 ：여기가 어디**냐고**？（ミソン：ここがどこかって？）
　■ 박유미：요즘 바빠？（パク・ユミ：最近忙しい？）
　　김진수：뭐？ 바쁘**냐고**？（キム・ジンス：何？ 忙しいかって？）
　■ 이대성：얼마나 넓은데？（イ・デソン：どのくらい広いの？）
　　이영숙：얼마나 넓**으냐고**？（イ・ヨンスク：どのくらい広いかって？）

　参考 上昇調の抑揚と共に用いられる。

2. 先に話し手は聞き手に質問するが，聞き手からもう一度その内容について話してくれるように求められ，再び説明することを表わす。

例 ■ 김진수：네가 정말 대학생이야？（キム・ジンス：君は本当に大学生なの？）
　　이대성：뭐라고？（イ・デソン：何だって？）
　　김진수：네가 정말 대학생이**냐고**．（キム・ジンス：君は本当に大学生なのかって。）
　■ 메리：그게 사실이야？（メリー：それって本当なの？）
　　영숙：응，뭐라고？（ヨンスク：ん，何だって？）
　　메리：그게 사실이**냐고**．（メリー：それって本当なのかって。）
　■ 미선：당신은 행복해？（ミソン：あなたは幸せなの？）
　　대성：나더러 행복하냐고 그랬어？（テソン：ぼくに幸せかって言ったの？）
　　미선：응，당신은 행복하**냐고**．（ミソン：うん，あなたは幸せなのかって。）

　参考 下降調の抑揚と共に用いられる。また'고'を強調して'고오'と引き伸ばしながら話す。

-냐고²

【우리 언니도 예쁘**냐고** 해요.（うちの姉もきれいかって聞いています。）】

『-냐고は終声字の無い形容詞と'ㄹ'終声字で終わる形容詞の'ㄹ'脱落形そして'이다'の後に，-으냐고は'ㄹ'以外の終声字のある形容詞の後に用いられる。動詞の後には-느냐고が用いられる』

[語尾] 引用を表わす語尾

[例] 비싸**냐고**, 기**냐고**（길다），학생이**냐고**，높으**냐고**

[形態関連語] -느냐고²

[注意] 넓으냐고（○）（広いのかと）／넓냐고（×）'-냐¹'のアドバイス（p.164）を参照。

[関連語] –다고³, -라고⁷, -라고⁸, -자고²

[全体参考] 話し言葉で［냐구］と発音されることもある。

1. 疑問形で表現された内容を間接的に伝えることを表わす。

例 • 우리 언니도 예쁘**냐고** 해요.（うちの姉もきれいかって聞いています。）

　• 이름이 뭐**냐고** 해요.（名前は何かって聞いています。）

　• 같이 가는 것이 좋으**냐고** 해요.（一緒に行く方が良いかと聞いています。）

[参考] '-냐고 해'は'-내'と縮約される。[例] 예쁘**냐고** 해.（かわいいかと言う。）→예쁘내.（かわいいかって。）

2. 〔'-냐고'の後に'말하다（言う）／묻다（尋ねる）／질문하다（質問する）'等と共に用いられ〕誰かが尋ねた言葉を引用しながら伝えることを表わす。

例 • 우리 중에서 누가 제일 크**냐고** 물었습니다.（私たちの中で誰が一番大きいかと尋ねました。）

　• 소원이 무엇이**냐고** 물었다.（願いは何かと尋ねた。）

　• 어느 것이 좋으**냐고** 해도 말을 안 하네요.（どれが良いかと聞いても答えませんね。）

-냐고요

【바쁘**냐고요**？（忙しいかですって？）】

『-냐고요は終声字の無い形容詞と'ㄹ'終声字で終わる形容詞の'ㄹ'脱落形そして'이다'の後に、-으냐고요は'ㄹ'以外の終声字のある形容詞の後に用いられる。動詞の後には -느냐고요が用いられる』

|語尾| 終結語尾

|親しい間で敬意が高い| 先輩や目上の人に

|例| 비싸**냐고요**，기**냐고요**（길다），학생이**냐고요**，높으**냐고요**

|形態関連語| -느냐고요

|関連語| -다고요，-라고요¹，-라고요²，-자고요

|注意| 넓**으냐고요**（○）（広いですかって）／넓냐고요（×）'-냐'のアドバイス（p.164）を参照。

|全体参考| 話し言葉で［냐구요］と発音されることもある。

1. 〔上昇調の抑揚と共に用いられ〕先に質問した内容について聞き返すことを表わす。

例 ▪ 박영수：요즘도 바쁘세요？（パク・ヨンス：最近もお忙しいですか？）
　　　제인　：바쁘**냐고요**？（ジェーン：忙しいかですって？）
　▪ 내가 정말 학생이**냐고요**？ 왜 못 믿으세요？（私が本当に学生かですって？ どうして信じられないんですか？）
　▪ 이 곳 날씨는 선선하**냐고요**？（ここは涼しいかですって？）

2. 〔下降調の抑揚と共に用いられ〕先に話し手は聞き手に質問するが、聞き手からもう一度その内容について話してくれるように求められ、再び述べることを表わす。

例 ▪ 박유미：학생이세요？（パク・ユミ：学生ですか？）
　　　이대성：네？（イ・デソン：はい？）
　　　박유미：학생이**냐고요**．（パク・ユミ：学生なんですかって。）
　▪ 영숙　：지금 바쁘세요？（ヨンスク：今お忙しいですか？）
　　　제인　：네？ 뭐라고 하셨어요？（ジェーン：はい？ 何とおっしゃいましたか？）
　　　영숙　：지금 바쁘**냐고요**．（ヨンスク：今忙しいんですかって。）

-냐니 【몇 살이냐니? (何歳かって?)】

『-냐니は終声字の無い形容詞と'ㄹ'終声字で終わる形容詞の'ㄹ'脱落形そして'이다'の後に、-으냐니は'ㄹ'以外の終声字のある形容詞の後に用いられる。動詞の後には -느냐니が用いられる』

例 비싸냐니, 기냐니 (길다), 학생이냐니, 높으냐니

[語尾] 終結語尾
[親しい間で敬意が低い] 友達に

[形態関連語] -느냐니
[丁寧] -냐니요
[関連語] -다니¹, -라니¹, -라니², -자니
[全体参考] 話し言葉に用いられる。

1. 質問した内容が疑わしかったり意外なことだと感じられたりして、聞き返すことを表わす。

   例 ▪ 몇 살이냐니? 자기 딸 나이도 몰라요? (何歳かって? 自分の娘の年も知らないんですか?)
   ▪ 같이 여행 가기로 하고선 그게 언제냐니? (一緒に旅行に行くことにしておいて、それがいつなのかだって?)
   ▪ 내가 누구냐니? 너 왜 그래? (ぼくが誰かって? 君、どうしたんだよ?)
   ▪ 여기가 어디냐니? (ここがどこかって?)

   [参考] 後には意外だという調子で質問する言葉が現われ、上昇調の抑揚と共に用いられる。

2. 疑わしかったり意外なことだと感じられたりして、信じられないという調子で述べることを表わす。

   例 ▪ 오늘이 출근 첫날인데 새 직장이 좋으냐니. 할 말이 없었다. (今日が出勤の初日なのに、新しい職場は楽しいかだなんて。答えようがなかった。)
   ▪ 부탁할 때는 언제고 무슨 일이냐니. (自分で頼んだくせに、何のことかだなんて。)

   [参考] 後にはだから残念だというような内容が含まれ、主に下降調の抑揚と共に用いられる。

-냐니까

【네 이름이 뭐**냐니까**？（君の名前は何なのかってば。）】

『-냐니까は終声字の無い形容詞と'ㄹ'終声字で終わる形容詞の'ㄹ'脱落形そして'이다'の後に、-으냐니까は'ㄹ'以外の終声字のある形容詞の後に用いられる。動詞の後には-느냐니까が用いられる』

[語尾] 終結語尾

[親しい間で敬意が低い] 友達に

[例] 비싸**냐니까**，기**냐니까**（길다），학생이**냐니까**，높으**냐니까**

[形態関連語] -느냐니까

[丁寧] -냐니까요

[関連語] -다니까，-라니까¹，-라니까²，-자니까

[全体参考] 話し言葉に用いられる。

1. 先に尋ねた内容をもう一度急き立てて尋ねることを表わす。

例 ▪ 네 이름이 뭐**냐니까**？（君の名前は何なのかってば。）
  ▪ 이봐요，당신 누구**냐니까**？（あのさ，あなたは誰なのかってば。）
  ▪ 그게 언제**냐니까**？（それがいつなのかってば。）
  ▪ 어디가 싫**으냐니까**．（どこが嫌なのかってば。）

-냐니까요

【누구**냐니까요**？（誰なんですかってば。）】

『-냐니까요は終声字の無い形容詞と'ㄹ'終声字で終わる形容詞の'ㄹ'脱落形そして'이다'の後に、-으냐니까요は'ㄹ'以外の終声字のある形容詞の後に用いられる。動詞の後には-느냐니까요が用いられる』

[語尾] 終結語尾

[親しい間で敬意が高い] 先輩や目上の人に

[例] 비싸**냐니까요**，기**냐니까요**（길다），학생이**냐니까요**，높으**냐니까요**

[形態関連語] -느냐니까요

[関連語] -다니까요，-라니까¹+요，-라니까²+요，-자니까요

[全体参考] 話し言葉に用いられる。

1. 先に尋ねた内容をもう一度急き立てて尋ねることを表わす。

例 ▪ 아저씨 누구**냐니까요**? (おじさん、誰なんですかってば。)
　▪ 그게 무슨 소리**냐니까요**? (それは何の話なんですかってば。)
　▪ 뭐가 나쁘고 뭐가 좋**으냐니까요**. (何が悪くて、何が良いんですかってば。)

-냐니요 【오늘 갈 거**냐니요**? (今日行くつもりかですって?)】

『-냐니요は終声字の無い形容詞と'ㄹ'終声字で終わる形容詞の'ㄹ'脱落形そして'이다'の後に、-으냐니요は'ㄹ'以外の終声字のある形容詞の後に用いられる。動詞の後には-느냐니요が用いられる』

[語尾] 終結語尾

[親しい間で敬意が高い] 先輩や目上の人に

例 비싸**냐니요**, 기냐니요 (길다), 학생이**냐니요**, 높**으냐니요**

[形態関連語] -느냐니요

[関連語] -다니요, -라니요¹, -라니요², -자니요

[全体参考] 1. 話し言葉に用いられる。 2. 後には意外だという調子で尋ねる言葉等が用いられる。このときは主に上昇調の抑揚と共に用いられる。

1. 質問した内容が疑わしかったりするので、問いただすように問い返すことを表わす。

例 ▪ 오늘 갈 거**냐니요**? 비행기표까지 예매했는데. (今日行くつもりかですって? 飛行機のチケットまで前もって買ったのに。)
　▪ 여기가 안전하**냐니요**? (ここが安全かですって?)
　▪ 학생이**냐니요**? 교복을 보고도 몰라요? (学生かですって? 学生服を見ても分かりませんか?)
　▪ 이렇게 땀을 흘리고 있는데 시원하**냐니요**? (こんなに汗をかいているのに涼しいかですって?)

-내

【갈 거내? (行くつもりかだって?)】

『-내は終声字の無い形容詞と'ㄹ'終声字で終わる形容詞の'ㄹ'脱落形そして'이다'の後に，-으내は'ㄹ'以外の終声字のある形容詞の後に用いられる。動詞の後には -느내が用いられる』

縮約形（終結の機能）

親しい間で敬意が低い　友達に

例　비싸내，기내（길다），학생이내，높으내

'-냐고 해'の縮約形

形態関連語 -느내

丁寧 -내요

関連語 -대², -래², -래³, -재

全体参考 1. 話し言葉に用いられる。2.（状況説明） 例 경미→대성：이름이 뭐예요？제인→대성：너 이름이 뭐내？（キョンミ→テソン：名前は何ですか？ジェーン→テソン：あなたの名前は何かだって？）

1. 第三者の述べた質問の内容を確認しようとして，その質問の言葉を用いて聞き手に尋ねることを表わす。

例 ・오늘 오후에 어디로 갈 거내？（今日の午後どこに行くつもりかだって？）
  ・이번 주말에 뭐 할 거내？（今度の週末に何をするつもりかだって？）
  ・새로 오신 선생님이 어떠내？（新しくいらっしゃった先生はどうかだって？）
  ・너 이름이 뭐내？（あなたの名前は何かだって？）

2. 聞いて知った質問の内容を聞き手に知らせることを表わす。

例 ・경미：뭐래？（キョンミ：何だって？）
  대성：응，어디 아프내．（テソン：うん，どこか具合悪いのかって。）
  ・제인：내일 비가 오내．（ジェーン：明日雨が降るのかって。）
  ・치마가 얼마나 짧으내．（スカートがどれくらい短いのかって。）

-냬요

【어디가 아프**냬요**.（どこか具合悪いのかですって。）】

『-**냬요**は終声字の無い形容詞と 'ㄹ' 終声字で終わる形容詞の 'ㄹ' 脱落形そして '이다' の後に, -으**냬요**は 'ㄹ' 以外の終声字のある形容詞の後に用いられる。動詞の後には -느**냬요**が用いられる』

縮約形（終結の機能）

親しい間で敬意が高い　先輩や目上の人に

例 비싸**냬요**, 기**냬요**（길다）, 학생이**냬요**, 높으**냬요**

'-냐고 해요' の縮約形

形態関連語 -느냬요

関連語 -대요[2], -래요[2], -래요[3], -재요

全体参考 話し言葉に用いられる。

1. 聞いて知った質問の内容を聞き手に知らせることを表わす。

例 ■ 어디가 아프**냬요**.（どこか具合悪いのかですって。）
　■ 우리보고 어떻게 하란 말이**냬요**.（私たちにどうしろと言うのかですって。）
　■ 그 아파트가 얼마나 높으**냬요**.（そのアパートはどれくらい高いのかですって。）

-너라

【할머니를 모시고 오**너라**.（おばあさんをご案内して来い。）】

『'오다' や '오다' で終わる動詞の後に用いられる』

語尾　終結語尾

最も敬意が低い　おじいさんが子供に

例 오**너라**, 돌아오**너라**, 나오**너라**, 다녀오**너라**

関連語 -거라, -아라[1]

全体参考 話し言葉に用いられる。

1. ぞんざいな口調で命令することを表わす。

例 ■ 너는 할머니를 모시고 오**너라**.（お前はおばあさんをご案内して来い。）
　■ 지금 당장 돌아오**너라**!（今すぐ帰って来い！）
　■ 그것을 들고 오**너라**.（それを持って来い。）
　■ 네가 심부름 좀 갔다 오**너라**.（お前がお使いに行って来い。）

> **アドバイス**
>
> '오너라' と '와라' の比較 :
>
> '오너라' は目下の人に命令するときに用いる。友達やうちとけた仲間同士では「来い」の意味で主に '오너라' よりも '와라' を用いる。'와라' は語幹 '오-' に命令形語尾 '-아라' が付いて用いられた形である。'오너라' は '와라' に比べて権威的で格式的な場合に使用する。
>
> 例:내가 지금 바쁘니까, 너희가 내 사무실로 **오너라/와라**. (私は今忙しいから,お前たちが私の事務所に来い/来いよ。)

-네¹ 【자네를 이해하네. (君のことを理解するよ。)】

『動詞,形容詞,'이다','-았-','-겠-' の後に用いられる。'ㄹ' 終声字で終わる動詞と形容詞に結合するときは 'ㄹ' 脱落形の後に用いられる』

[語尾] 終結語尾

[やや敬意が低い] 先生が学生に,嫁の両親が婿に(成人語)

[例] 오네,사네(살다),먹네,예쁘네,기네(길다),좋네,학생이네,먹었네,오겠네

[全体参考] 1. 話し言葉に用いられる。 2. 相手のことについて話すときは '-네그려' の形でも用いられる。[例] 자네가 부럽**네그려**. (君がうらやましいよ。) 3. 相手を指す言葉は '자네(君)' を,呼びかける言葉は '여보게(ねえ)' を用いる。

1. ある事柄を知らせながら述べることを表わす。

例 ▪ 이제는 자네를 이해하**네**. (今は君のことを理解するよ。)

　▪ 나는 자네가 부럽**네**. (私は君がうらやましいよ。)

例 ▪ 여보게, 나는 내일 아침 내려가**네**. (ねえ,私は明日の朝,田舎に帰るよ。)

　▪ 나는 집으로 가겠**네**. (私は家に帰るよ。)

-네²【밖에 비가 오네.（外で雨が降ってるね。）】

『動詞，形容詞，'이다'，'-았-'，'-겠-'の後に用いられる。'ㄹ'終声字で終わる動詞と形容詞に結合するときは'ㄹ'脱落形の後に用いられる』

語尾 終結語尾

親しい間で敬意が低い 友達に

例 오네，사네（살다），먹네，예쁘네，기네（길다），좋네，학생이네，먹었네，오겠네

丁寧 -네요

全体参考 話し言葉に用いられる。

1. 感嘆を表わす。話し手が自ら経験して初めて知った事柄について述べるときに用いられる。

例 ▪ 어，밖에 비가 오네.（おや，外で雨が降ってるね。）
  ▪ 벌써 7시네.（もう7時だね。）
  ▪ 세월 참 빠르네.（歳月は本当に早いね。）
  ▪ 이 꽃이 이렇게 예쁜 줄은 몰랐네.（この花がこんなにきれいだとは知らなかったなあ。）

2. 〔主に'-겠네'の形で用いられ〕話し手が推測した事柄を聞き手に同意を求めて尋ねることを表わす。

例 ▪ 그럼 여기서도 가깝겠네？（じゃ，ここからも近いだろうね？）
  ▪ 내가 이거 먹어도 되겠네？（ぼくがこれ食べてもいいだろうね？）

参考 上昇調の抑揚と共に用いられる。

-네요

【세월 참 빠르네요. (歳月は本当に早いですね。)】

『動詞，形容詞，'이다'，'-았-'，'-겠-'の後に用いられる。'ㄹ'終声字で終わる動詞と形容詞に結合するときは'ㄹ'脱落形の後に用いられる』

|語尾| 終結語尾

|親しい間で敬意が高い| 先輩や目上の人に

|例| 오네요，사네요 (살다)，먹네요，예쁘네요，기네요 (길다)，좋네요，학생이네요，먹었네요，오겠네요

|全体参考| 話し言葉に用いられる。

1. 感嘆を表わす。話し手が自ら経験して初めて知った事柄について述べるときに用いられる。

例 ▪ 세월 참 빠르네요. (歳月は本当に早いですね。)
  ▪ 정말 근사하네요. (本当にすてきですね。)
  ▪ 어머, 선생님 오셨네요. (あら，先生いらっしゃいましたのね。)

2. 〔'-겠네요'の形で用いられ〕話し手が推測した事柄を聞き手に同意を求めて尋ねることを表わす。

例 ▪ 그럼 요즘은 매일 교회에 가시겠네요? (では最近は毎日教会にいらっしゃるでしょうね？)
  ▪ 선생님도 우리 선생님 아시겠네요? (先生も私たちの先生をご存知でしょうね？)
  ▪ 그 동안 여기에 한 번도 안 왔겠네요? (それまでここに一度も来なかったでしょうね？)

|参考| 上昇調の抑揚と共に用いられる。

アドバイス

'-네요'と'-군요'の違い：

'-네요'と'-군요'はどちらも感嘆を表わし，ある事柄に初めて気付いたときに用いられる。しかし'-군요'は過去の事柄を現在の時点で新たに気付いたときにも用いられるが，'-네요'は用いられない。

例：유미：지난 주에 여기는 비가 많이 왔어요．(ユミ：先週ここでは雨がたくさん降りました。)
대성：아，그랬**군요**．(○)(テソン：ああ，そうだったんですね。)／그랬네요．(×)

-노라고 【내 딴에는 하**노라고**～（自分なりにはやろうと～）】

『動詞の後に用いられる。'ㄹ'終声字で終わる動詞に結合するときは'ㄹ'脱落形の後に用いられる。形容詞の後には用いられない』

例 가노라고，사노고 (살다)，먹노라고

語尾　連結語尾

書き方注意 -느라고（×）

全体参考 1. しばしば'-느라고'の形で誤って用いられる。☞ '-느라고'(p.190)。
2. '쓰노라고 쓰다'，'하노라고 하다'のように動詞を繰り返し用いる。

1. ある目的を成し遂げるために自分なりには最善を尽くしてやったということを表わす。

例 ▪ 내 딴에는 하**노라고** 하였다．(自分なりにはやろうとした。)
　▪ 우리는 서로 노력하**노라고** 했지만 날이 갈수록 사이가 더 나빠질 뿐이었습니다．(私たちはお互いに努力しようとしたけれども，日が経つにつれ仲がさらに悪くなるばかりでした。)
　▪ 쓰**노라고** 쓴 게 이 모양이다．(一所懸命書いたつもりがこのありさまだ。)
　▪ 청소를 깨끗이 하**노라고** 했는데 그만…．(掃除をきれいにしようと思ったのだが，つい…。)

アドバイス

'-노라고'と'-느라고'の違い：
'-노라고'は話し手自身のことについて'自分なりにはやるのだと'という意味を表わし，'-느라고'は'～することによって'という意味を表わす。(☞ '-느라고'(p.190))

例1 : 쓰**노라고** 쓴 게 이 모양이다. (一所懸命書いたつもりがこのありさまだ。)

例2 : 소설을 읽**느라고** 밤을 새웠다. (小説を読んでいて夜を明かした。)

-노라니 【여기 저기 찾아다니**노라니**~ (あちこち探し回ったら~)】

『動詞と'있다/없다'の後に用いられる。'ㄹ'終声字で終わる動詞に結合するときは'ㄹ'脱落形の後に用いられる。形容詞には用いられない』

[語尾] 連結語尾

[例] 가**노라니**, 사**노라니**(살다), 먹**노라니**, 있**노라니**, 없**노라니**

[書き方注意] -느라니 (×)

[全体参考] 1. 書き言葉に用いられる。 2. 強調するときは'-노라니까'を用いることもある。[例] 여기 저기 찾아다니**노라니까** 다리가 아팠다. (あちこち探し回ったら、足が痛くなった。)

1. 話し手自身が行っている前の行為が後の事柄の原因や条件となることを表わす。'~したら (-니까)'の意味。

例 ▪ 여기 저기 찾아다니**노라니** 차츰 다리가 아파졌다. (あちこち探し回ったら、だんだん足が痛くなってきた。)

　▪ 여기 저기 찾**노라니** 가지가 부러진 소나무를 찾아낼 수 있었다. (あちこち探したら、枝が折れた松の木を探し出すことができた。)

　▪ 자리를 펴고 누워 있**노라니**, 오랜만에 기분이 좋았다. (ござを敷いて横になっていたら、久しぶりに気分が良かった。)

2. '~していると (-고 있자니)'の意味。

例 ▪ 한참 편지를 쓰**노라니** 다시 노크 소리가 났다. (しばらく手紙を書いていると、再びノックの音がした。)

　▪ 얼마쯤 가**노라니** 오른편에 조그만 약수터가 있다. (少しばかり進んで行くと、右側に小さい薬水泉がある。)

-느냐¹ 【어디를 가느냐? (どこに行くんだい?)】

『動詞, '있다／없다', '-았-', '-겠-' の後に用いられる。'ㄹ' 終声字で終わる動詞に結合するときは 'ㄹ' 脱落形の後に用いられる。形容詞の後には -냐, -으냐が用いられ, '이다' の後には -냐が用いられる』

例 가느냐, 사느냐 (살다), 먹느냐, 있느냐, 없느냐, 먹었느냐, 가겠느냐

[語尾] 終結語尾
[最も敬意が低い] おじいさんが子供に

[形態関連語] -냐¹

[全体参考] 1. 話し言葉に用いられる。 2. '어디 가니？ (どこ行くの?)' での '-니' が '-느냐' より親しみがあり, やわらかい感じを与える。 3. ☞ '-냐¹' のアドバイス (p.164) を参照。 例 먹느냐 (○)(食べるのかい)／먹냐 (×)

1. ぞんざいな口調で尋ねることを表わす。

例 ▪ 애야! 어디를 가느냐? (ねえ！ どこに行くんだい？)
　▪ 무슨 특별한 취미는 없느냐? (何か特別な趣味は無いのかい？)
　▪ 무슨 일로 왔느냐? (どういったことで来たんだい？)
　▪ 이제부터는 열심히 하겠느냐? (これからは一所懸命やるのかい？)

-느냐² 【어떻게 했으면 좋겠느냐～ (どうしたらいいかと～)】

『動詞, '있다／없다', '-았-', '-겠-' の後に用いられる。'ㄹ' 終声字で終わる動詞に結合するときは 'ㄹ' 脱落形の後に用いられる。形容詞の後には -냐, -으냐が用いられ, '이다' の後には -냐が用いられる』

例 가느냐, 사느냐 (살다), 먹느냐, 있느냐, 없느냐, 먹었느냐, 가겠느냐

[語尾] 引用を表わす語尾

[形態関連語] -냐²

[関連語] -다⁵, '이다'＋-라, 動詞＋-라¹, -자³

[全体参考] 主に '-느냐고' の形で用いられる。

1. 誰かが尋ねた言葉を引用しながら伝えることを表わす。

例 ▪ 그녀는 어떻게 했으면 좋겠**느냐** 의논해 왔지．(彼女はどうしたらいいかと相談してきたよ。)

　▪ 점심은 드셨**느냐** 물어 보았다．(昼食は召し上がったかと尋ねてみた。)

　▪ 그런 일을 해서 무얼 하**느냐** 하며 화를 낸다．(そんなことをして何のつもりかと腹を立てる。)

-느냐고¹ 【뭐라고 부르**느냐고**？(何て読むかって？)】

『動詞，'있다／없다'，'-았-'，'-겠-'の後に用いられる。'ㄹ'終声字で終わる動詞に結合するときは'ㄹ'脱落形の後に用いられる。形容詞の後には -냐고，-으냐고が用いられ，'이다'の後には -냐고が用いられる』

例 가느냐고，사느냐고(살다)，먹느냐고，있느냐고，없느냐고，먹었느냐고，살겠느냐고

[語尾] 終結語尾

[親しい間で敬意が低い] 友達に

[形態関連語] -냐고¹

[丁寧] -느냐고요

[関連語] -다고¹，-라고³，-라고⁴，-자고¹

1. 質問した内容について聞き返すことを表わす。

例 ▪ 진수：이걸 뭐라고 부르니？(チンス：これを何て読むの？)

　　유미：뭐라고 부르**느냐고**？(ユミ：何て読むかって？)

　▪ 무슨 이득이 있**느냐고**？(何の得があるかって？)

　▪ 밥 먹었**느냐고**？(ご飯食べたかって？)

[参考] 1. 上昇調の抑揚と共に用いられる。2. 話し言葉でしばしば［냐구］と発音されることもある。

2. 話し手が聞き手からもう一度言ってくれるように求められ，繰り返し述べることを表わす。

例 ▪ 유미：어제 잘 들어갔어？(ユミ：昨日ちゃんと帰った？)

　　진수：뭐라고？(チンス：何だって？)

유미 : 어제 잘 들어갔**느냐고**. （ユミ：昨日ちゃんと帰ったのかって。）
- 너는 잘 할 수 있**느냐고**. （君はうまくできるのかって。）

　　参考　1. 下降調の抑揚と共に用いられる。2. 話し言葉でしばしば［냐구］と発音されることもある。

-**느냐고**² 【언제 가**느냐고**～ （いつ行くかと～）】

『動詞，'있다／없다'，'-았-'，'-겠-'の後に用いられる。'ㄹ'終声字で終わる動詞に結合するときは'ㄹ'脱落形の後に用いられる。形容詞の後には -냐고，-으냐고が用いられ，'이다'の後には -냐고が用いられる』

例　가**느냐고**, 사**느냐고**（살다）, 먹**느냐고**, 있**느냐고**, 없**느냐고**, 먹었**느냐고**, 살겠**느냐고**

語尾　引用を表わす語尾

形態関連語　-냐고²

関連語　-다고³, -라고⁷, -라고⁸, -자고²

1. 誰かが尋ねた言葉を引用しながら伝えることを表わす。

例 ・ 진수는 영숙이에게 언제 가**느냐고** 물었다. （チンスはヨンスクにいつ行くかと尋ねた。）

　- 유미　：여행에 대해 어떻게 생각해？ （ユミ：旅行についてどう思う？）
　　영숙　：쟤가 뭐라고 하니？ （ヨンスク：あの子，何て言ってるの？）
　　진수　：여행에 대해 어떻게 생각하**느냐고** 해. （チンス：旅行についてどう思うかだって。）

　- 존슨　：명동에 어떻게 가요？ （ジョンソン：明洞にどうやって行くんですか？）
　　이영숙：뭐라고요？ （イ・ヨンスク：何ですって？）
　　존슨　：명동에 어떻게 가**느냐고** 했어요. （ジョンソン：明洞にどうやって行くのかって言ったんですよ。）

　　参考　'-느냐고 해'が'-느내'と縮約して用いられる。例 가느냐고 해（行くかと言う）→가느내（行くかだって）

2. 目的語の位置に節を必要とする一部の動詞と共に用いられる。

例 ▪ 아버지한테 어디 가시**느냐고** 물었다．（父にどこへ行くかと尋ねた。）
　▪ 주인이 나에게 무엇을 찾**느냐고** 물었다．（店主が私に何を探しているかと尋ねた。）

参考　'묻다（尋ねる），질문하다（質問する）'等に用いられる。

-느냐고요

【어디 가**느냐고요**？（どこに行くかですって？）】

『動詞，'있다／없다'，'-았-'，'-겠-'の後に用いられる。'ㄹ'終声字で終わる動詞に結合するときは'ㄹ'脱落形の後に用いられる。形容詞の後には -냐고요，-으냐고요 が用いられ，'이다'の後には -냐고요 が用いられる』

例 가**느냐고요**，사**느냐고요**（살다），먹**느냐고요**，있**느냐고요**，없**느냐고요**，먹었**느냐고요**，살겠**느냐고요**

語尾　終結語尾

親しい間で敬意が高い　先輩や目上の人に

形態関連語　-냐고요

関連語　-다고요，-라고요¹，-라고요²，-자고요

全体参考　1. 話し言葉に用いられ，しばしば［느냐구요］と発音されることもある。
2. 話し言葉ではしばしば'-느냐고요'から'느'を除き'-냐고요'と用いるが，誤りである。例 가느냐고요→가냐고요（行くかですって）

1. 〔上昇調の抑揚と共に用いられ〕先に質問した内容について聞き返すことを表わす。

例 ▪ 메리：지금 어디 가세요？（メリー：今からどこに行かれるんですか？）
　존슨：지금 어디 가**느냐고요**？（ジョンソン：今からどこに行くかですって？）
　▪ 싸움을 왜 했**느냐고요**？（ケンカをなぜしたかですって？）

2. 〔下降調の抑揚と共に用いられ〕話し手自身が先に質問した内容について聞き手からもう一度言ってくれるように求められ，再び述べることを表わす。

例 ▪ 저더러 어디 사**느냐고요**．（私にどこに住んでいるんですかって。）
　▪ 어제 왜 안 왔**느냐고요**．（昨日なぜ来なかったんですかって。）

-느냐니 【이제 가느냐니? (今行くのかだって?)】

『動詞,'있다/없다','-았-','-겠-'の後に用いられる。'ㄹ'終声字で終わる動詞に結合するときは'ㄹ'脱落形の後に用いられる。形容詞の後には-냐니,-으냐니が用いられ,'이다'の後には-냐니が用いられる』

例 가느냐니, 사느냐니 (살다), 먹느냐니, 있느냐니, 없느냐니, 먹었느냐니, 살겠느냐니

語尾 終結語尾

親しい間で敬意が低い　友達に

形態関連語 -냐니

丁寧 -느냐니요

関連語 -다니¹, -라니¹, -라니², -자니

全体参考 話し言葉に用いられる。

1. 質問した内容について疑わしかったり意外なことだと感じて驚いたりして,問い返すことを表わす。

例 ▪ 이제 가느냐니? 지금이 몇 신데 그런 소릴 하는 거요? (今行くのかだって? 今が何時だと思ってそんなことを言うんだい?)

　　▪ 뭘 먹느냐니? 나는 점심도 못 먹나? (何を食べてるのかだって? ぼくは昼ご飯も食べられないのかい?)

参考 後には意外だという調子で尋ねたりすることを表わす内容が現われ,主に上昇調の抑揚と共に用いられる。

2. 感嘆を表わす。疑わしかったり意外なことだと感じたりして,信じられないという調子で述べるときに用いられる。

例 ▪ 왜 하루 세 끼 밥을 먹느냐니. 그럼 날더러 한 끼만 먹으라는 건가? (なぜ一日に三食食べるのかだなんて。では私に一食だけ食べろと言うのか?)

　　▪ 왜 아무도 오지 않았느냐니. 그럼 나는 사람이 아닌가? (なぜ誰も来なかったのかだなんて。それなら私は人間じゃないのか?)

参考 後にはだから残念だというような内容が含まれ,主に下降調の抑揚と共に用いられる。

-느냐니까

【무슨 일이 있느냐니까.（何かあるのかってば。）】

『動詞，'있다／없다'，'-았-'，'-겠-'の後に用いられる。'ㄹ'終声字で終わる動詞に結合するときは'ㄹ'脱落形の後に用いられる。形容詞の後には -냐니까，-으냐니까 が用いられ，'이다'の後には -냐니까 が用いられる』

|語尾| 終結語尾
|親しい間で敬意が低い| 友達に

|例| 가느냐니까, 사느냐니까（살다），먹느냐니까，있느냐니까，없느냐니까，먹었느냐니까，살겠느냐니까

|形態関連語| -냐니까
|丁寧| -느냐니까요
|関連語| -다니까，-라니까¹，-라니까²，-자니까
|全体参考| 話し言葉に用いられる。

1. 先に尋ねた内容をもう一度急き立てて尋ねることを表わす。

例 ▪ 무슨 일이 있느냐니까. （何かあるのかってば。）
　　▪ 누구를 찾느냐니까. （誰をさがしてるのかってば。）
　　▪ 그 사람들이 언제 왔느냐니까. （その人たちがいつ来たのかってば。）

-느냐니까요

【왜 그러느냐니까요! （なぜそうするんですかってば！）】

『動詞，'있다／없다'，'-았-'，'-겠-'の後に用いられる。'ㄹ'終声字で終わる動詞に結合するときは'ㄹ'脱落形の後に用いられる。形容詞の後には -냐니까요，-으냐니까요 が用いられ，'이다'の後には -냐니까요 が用いられる』

|語尾| 終結語尾
|親しい間で敬意が高い| 先輩や目上の人に

|例| 가느냐니까요, 사느냐니까요（살다），먹느냐니까요，있느냐니까요，없느냐니까요，먹었느냐니까요，살겠느냐니까요

|形態関連語| -냐니까요

関連語 -다니까요, -라니까¹ + 요, -라니까² + 요, -자니까요

全体参考 話し言葉に用いられる。

1. 先に尋ねた内容をもう一度急き立てて尋ねることを表わす。

例 ▪ 왜 그러**느니까요**! (なぜそうするんですかってば！)
- 유미 어디 갔**느니까요**! (ユミ、どこに行ったんですかってば！)
- 무슨 일이 있었**느니까요**? (何かあったんですかってば。)

-느냐니요 【뭘 먹**느냐니요**? (何を食べているのかですって？)】

『動詞, '있다／없다', '-았-', '-겠-' の後に用いられる。'ㄹ' 終声字で終わる動詞に結合するときは 'ㄹ' 脱落形の後に用いられる。形容詞の後には -냐니요, -으냐니요 が用いられ, '이다' の後には -냐니요 が用いられる』

例 가**느냐니요**, 사**느냐니요** (살다), 먹**느냐니요**, 있**느냐니요**, 없**느냐니요**, 먹었**느냐니요**, 살겠**느냐니요**

語尾 終結語尾

親しい間で敬意が高い　先輩や目上の人に

形態関連語 -냐니요

関連語 -다니요, -라니요¹, -라니요², -자니요

全体参考 1. 話し言葉に用いられる。2. 後の文には意外だという調子で尋ねたりすることを表わす内容が現われ, 主に上昇調の抑揚と共に用いられる。

1. 質問した内容が疑わしかったりするので, 問い返すことを表わす。

例 ▪ 뭘 먹**느냐니요**? 좀 전에 절더러 이걸 먹으라고 하지 않았나요? (何を食べているのかですって？　少し前に私にこれを食べろって言いませんでしたか？)
- 퇴근 후에는 무얼 하**느냐니요**? 몰라서 물어요? (退社後には何をするかですって？　知らないから聞いてるんですか？)
- 왜 왔**느냐니요**? 전화해서 오라고 할 때는 언제고? (なぜ来たかですって？　自分で電話して, 来いって言ったくせに。)

-느냐

【어디로 가느냐? (どこに行くかだって?)】

『動詞, '있다/없다', '-았-', '-겠-' の後に用いられる。'ㄹ' 終声字で終わる動詞に結合するときは 'ㄹ' 脱落形の後に用いられる。形容詞の後には -냐, -으냐が用いられ, '이다' の後には -냐が用いられる』

縮約形（終結の機能）

|親しい間で敬意が低い| 友達に

例 가느냐, 사느냐 (살다), 먹느냐, 있느냐, 없느냐, 먹었느냐, 살겠느냐

'-느냐고 해' の縮約形

|形態関連語| -냐

|丁寧| -느냐요

|関連語| -대², -래², -래³, -재

|全体参考| 話し言葉に用いられる。

1. 第三者の述べた質問の言葉を用いて聞き手に尋ねることを表わす。

例 ■ 오늘 회식은 어디로 가느냐? (今日の会食はどこに行くかだって？)
　■ 정말로 도시락을 싸 왔느냐? (本当に弁当を持って来たかだって？)
　■ 아무려면 일부로 그랬겠느냐? 그러니까 화 풀어. (いくらなんでも, わざとそんなことしてないってさ。だからもう怒るなよ。)

-느냐요

【뭘 먹느냐요. (何を食べているのかですって。)】

『動詞, '있다/없다', '-았-', '-겠-' の後に用いられる。'ㄹ' 終声字で終わる動詞に結合するときは 'ㄹ' 脱落形の後に用いられる。形容詞の後には -냐요, -으냐요が用いられ, '이다' の後には -냐요が用いられる』

縮約形（終結の機能）

|親しい間で敬意が高い| 先輩や目上の人に

例 가느냐요, 사느냐요 (살다), 먹느냐요, 있느냐요, 없느냐요, 먹었느냐요, 살겠느냐요

'-느냐고 해요' の縮約形

|形態関連語| -냐요

[関連語] -대요², -래요², -래요³, -재요

[全体参考] 話し言葉に用いられる。

1. 聞いて知った質問の内容を聞き手に知らせることを表わす。

例 ▪ 뭘 먹**느냬요**. (何を食べているのかですって。)

　▪ 담배도 술도 안 하고 무슨 재미로 사**느냬요**. (タバコも酒もやらないで, 何を楽しみに生きているのかですって。)

　▪ 어떻게 자기 이름을 알았**느냬요**. (どうやって自分の名前を知ったのかですって。)

-느니¹ 【그런 사람과 결혼하느니~ (そんな人と結婚するくらいなら~)】

『動詞の後に用いられる。終声字の有無にかかわらず -**느니**のみ用いられる。'ㄹ' 終声字で終わる動詞に結合するときは 'ㄹ' 脱落形の後に用いられる』

例 가느니, 사느니 (살다), 먹느니

[語尾] 連結語尾

[関連語] -느니보다는

[全体参考] 1. '-느니보다는' の形でも用いられる。例 그 사람과 결혼하**느니보다는** 차라리 혼자 살겠어요. (その人と結婚するよりは, むしろ一人で暮らしますよ。) 2. 後に '차라리 (むしろ), 아예 (最初から)' 等が用いられる。

1. 〔動詞の現在時制にのみ用いられ〕前のことより後のことがましであるときに用いられる。'~するくらいなら, むしろ後のことをする' の意味。

例 ▪ 그런 사람과 결혼하**느니** 차라리 혼자 살겠어요. (そんな人と結婚するくらいなら, むしろ一人で暮らしますよ。)

　▪ 앓**느니** 죽겠네. (病んでいるよりは死んだ方がましだよ (長い間辛いことに耐えるよりは, 一度に死ぬほどの苦痛を受けた方がましだの意)。)

　▪ 라면을 먹**느니** 차라리 안 먹고 말 거야. (ラーメンを食べるくらいなら, むしろ食べないでおくよ。)

-느니² 【극장에 가느니 마느니~ (映画館に行くとか行かないとか~)】

『動詞，'있다/없다'，'-았-'，'-겠-'の後に用いられる。'ㄹ'終声字で終わる動詞に結合するときは'ㄹ'脱落形の後に用いられる。形容詞の後には -니, -으니が用いられ，'이다'の後には -니が用いられる』

[語尾] 連結語尾

[例] 가느니, 사느니 (살다), 먹느니, 있느니, 없느니, 먹었느니, 살겠느니

[形態関連語] -니⁴

[全体参考] 1. 前後に対立する語が用いられる。2. 引用を表わすときは'-다느니'や'-라느니'等の形で用いられる。

1. 〔しばしば'-느니 -느니'の形で用いられ〕互いに対立する語句等を羅列することを表わす。

例 ▪ 극장에 가느니 마느니 저마다 의견이 달랐다. (映画館に行くとか行かないとか，皆それぞれ意見が違った。)

　　▪ 그 옷이 어울리느니 안 어울리느니 해 봤자 제 마음에 들어야지. (その服が似合うの似合わないのと言ったって，自分の気に入らなくちゃね。)

　　▪ 남편 직업에 따라 시집을 잘 갔느니 못 갔느니 따지는 사람들도 있다. (夫の職業によって，良い所に嫁いだとか，だめな所に嫁いだとかと，あげつらう人もいる。)

-느니만 못하다 【듣는 것은 눈으로 보느니만 못하다. (聞くことは目で見ることに及ばない。)】

[結合情報] ☞ -느니¹

慣用句

1. むしろ後の状況や行動がましなことを強調して述べるときに用いられる。

例 ▪ 듣는 것은 눈으로 보느니만 못하다. (聞くことは目で見ることに及ばない。)

　　▪ 이렇게 사는 것은 죽느니만 못하지 않습니까? (このように生きるよりは死んだ方がましなのではありませんか?)

-느라

【농장을 돌보시**느라**~ （農場をきりもりするために~）】

『動詞の後に用いられる。終声字の有無にかかわらず-**느라**のみ用いられる。'ㄹ'終声字で終わる動詞に結合するときは'ㄹ'脱落形の後に用いられる』

[語尾] 連結語尾

[例] 가**느라**, 사**느라** (살다), 먹**느라**

[原形] -느라고

[全体参考] 後に命令文や勧誘文は用いられない。

1. 前の文が後の文の理由や原因であることを表わす。'~することによって（-는 일로 말미암아）'の意味。

例 ▪ 저희 부모님은 농장을 돌보시**느라** 바쁘십니다. （うちの両親は農場をきりもりするために忙しいです。）

▪ 아이 손을 잡고 걷**느라** 그녀는 자꾸 걸음이 처졌다. （子供の手を握って歩くので、彼女は何度も歩くのが遅れた。）

▪ 남편을 기다리**느라** 하루가 너무도 길었습니다. （夫を待っていて、一日がとても長く感じられました。）

▪ 아버지께서는 사냥 나갈 준비를 하**느라** 분주하셨다. （父は狩りに出かける準備をするために大忙しだった。）

2. 前の文が後の文の目的であることを表わす。'~するために（-기 위해）'の意味。

例 ▪ 방을 구하러 다니**느라** 뛰어다녀요. （部屋探しに行くために飛び回っています。）

▪ 마음을 가다듬**느라** 조용히 앉아 있었다. （気持ちを落ち着かせるために、静かに座っていた。）

▪ 그녀는 눈물을 감추**느라** 한참 눈을 감고 있었다. （彼女は涙を隠すために、しばらく目を閉じていた。）

▪ 우리는 비를 피하**느라** 원두막으로 들어갔다. （私たちは雨を避けるために、畑の番小屋に入った。）

-느라고 【영화를 보느라고~ (映画を見ていて~)】

『動詞の後に用いられる。終声字の有無にかかわらず -느라고のみ用いられる。'ㄹ' 終声字で終わる動詞に結合するときは 'ㄹ' 脱落形の後に用いられる』

例 가느라고, 사느라고 (살다), 먹느라고

|語尾| 連結語尾

|縮約| -느라

|全体参考| 1. 先行節と後行節の主体は同一である。 2. 後行節に命令文や勧誘文は用いられない。

1. 理由を表わす。'~することによって (-는 일로 말미암아)' の意味。

例
- 영화를 보**느라고** 점심을 굶었다. (映画を見ていて昼食を抜いた。)
- 그 동안 어머니 모시**느라고** 고생 많았지? (これまでお母さんの世話をするために、苦労が多かっただろう?)
- 대학 다니**느라고** 돈을 못 벌었어요. (大学に通っていたので、お金を稼ぐことができませんでした。)
- 어제는 손님 대접하**느라고** 수고했어요. (昨日はお客さんを接待するために苦労しました。)

|参考| '理由' を表わす場合、'-느라고' 節の内容は後行節に否定的な影響を及ぼす。

2. 目的を表わす。'~するために (-기 위해)' の意味。

例
- 학비를 대**느라고** 시골 땅을 다 팔았다. (学費を出してやるために、田舎の土地を全部売った。)
- 돼지를 키우**느라고** 먹이를 구하러 다녔다. (豚を育てるために、えさを求めに行き来した。)

アドバイス1

'-느라고' と '-아서' の違い:

例1: 어제 텔레비전을 보**느라고** 공부를 못했다. (昨日テレビを見ていて勉強ができなかった。)

例2: 어제 텔레비전을 **봐서** 공부를 못했다. (昨日テレビを見たので勉強ができなかった。)

例1は勉強をしなくてはならない時間にテレビを見たということであり，例2はテレビを見た結果，勉強ができなかったということである。つまり'-느라고'は'-아서'と異なり，後の動作と時間的に一致する動作の進行を表わす。

例3：더 드세요. 아니요 너무 많이 먹**어서** 배가 불러요. (もっと召し上がって下さい。いいえ，たくさん食べ過ぎてお腹が一杯です。)

例4：더 드세요. 아니요 너무 많이 먹<u>느라고</u> 배가 불러요. (×)

たくさん食べることとお腹が一杯なことでは，二つの文の間に時間の前後関係がある。そのため'-느라고'を用いることができない。

例5：필기를 하**느라고** 듣지 못했어요. (ノートを取っていて聞いていませんでした。)

例6：필기를 <u>해서</u> 듣지 못했어요. (×)

説明する時間と聞く時間が同時的なので'-느라고'がより自然である。

アドバイス2

'-느라고'と'-려고'の違い：

例1：누가 이 추운 날 문을 열었지？ (誰がこの寒い日に戸を開けたんだろ？)
  a. 제가 청소하**느라고** 열었어요. (私が掃除するために開けました。)
  b. 제가 청소하**려고** 열었어요. (私が掃除しようと思って開けました。)

二つとも自然な文であるが意味の違いがある。aは窓を開けて掃除をしている状況や既に掃除を行ったという状況が推測されるが，bは窓は既に開けたがまだ掃除はしていない状態が考えられる。つまり，動作の進行上の違いが認められる。

-느라니

[語尾] 連結語尾

1. '-노라니'の誤り。☞ -노라니（p.178）

는¹ 【저는 안 가요．（私は行きません。）】

『는は終声字の無い語の後に，은は終声字のある語の後に用いられる』

[助詞] 補助詞

[例] 나는，이것은

[訳注] 補助詞の'이란¹'（p.673），'이야'（p.677）を参照。

1. '主語'を表わす

   [関連語] 가

   [全体参考] 話し言葉では'ㄴ'と縮約して用いられることもある。[例] 저는→전（私は）

1. （状況から）与えられたことについて述べるとき'는'を使用する。'～について述べると'の意味。

   例 ▪ 저는 안 가요．（私は行きません。）
   ▪ 저는 요시코라고 합니다．（私はよし子と申します。）
   ▪ 여기는 2123 국의 1234 번입니다．（こちらは2123局の1234番です。）
   ▪ 저것은 한국말로 뭐라고 해요？（あれは韓国語で何と言いますか？）

   [参考] このとき'는'の代わりに'가'は用いられない。[例] 제가 요시코라고 합니다．（×）

2. （物語で）先に述べたことについて次の文で再び述べるとき'는'を使用する。

   例 ▪ 옛날에 황봉이라는 사람이 살고 있었습니다．그는 물건들을 사고 파는 일을 하였습니다．어느 해，봉은 멀리 장삿길을 떠났습니다．며칠 뒤，봉은 바다 한가운데에서 큰 바람을 만났습니다．（昔，ファン・ボンという人が住んでいました。彼は物を売り買いする仕事をしていました。ある年，ボンは遠くの方へ商いに出かけました。数日後，ボンは海の真ん中で大風に遭いました。）

|参考| このとき '는' の代わりに '가' は用いない。

3. 一般的な常識に基づき，主題として用いるときに使用される。

例 ▪ 해는 동쪽에서 뜬다. (日は東から昇る。)
　　▪ 지구는 둥글다. (地球は丸い。)
　　▪ 인간은 생각하는 동물이다. (人間は考える動物である。)

2. '対照' を表わす

1. 〔文のどこにでも用いられ〕ある事柄が他の事柄と対照されることを表わす。

例 ▪ 집에 편지는 자주 보내요. (家に手紙はよく送ります。)
　　▪ 학교가 좀 멀기는 해요. (学校がちょっと遠いことは遠いです。)
　　▪ 그렇지만 어쨌든 재미는 있었어. (けれどもともかく面白くはあったよ。)
　　▪ 먹어는 보았어. (食べてはみたよ。)

|参考| 例えば '편지는 자주 보내요. (手紙はよく送ります。)' と対照的な内容である '전화는 자주 못해요. (電話はあまりできません。)' 等が文脈の中にある。

例 ▪ 앞머리는 조금만 다듬고, 뒷머리는 짧게 잘라 주세요. (前髪は少しだけ切りそろえて，後ろ髪は短く切って下さい。)
　　▪ 말은 잘하는데 실천은 안 해. (口は達者だが，実践はしないよ。)

|参考| 先行節と後行節に対照的な内容が現われるとき，'…는 ~，…는 ~ (…は~, …は~)' の形で用いられる。

3. 特殊用法

1. 〔連結語尾の後に用いられ〕強調を表わす。

例 ▪ 농부는 친구의 말을 듣고는 그러면 되겠다고 생각했다. (農夫は友人の話を聞いて，それだったらうまくいくと考えた。)
　　▪ 고양이는 땅을 파서 똥을 누고는 묻어 버린다. (猫は土を掘ってフンをしてから埋めてしまう。)
　　▪ 그는 옷을 입고는 나가 버렸다. (彼は服を着て出て行ってしまった。)

2. 〔'가기는 간다', '인물은 인물이다' のように繰り返される二語をつなげるところに用いられ〕前の事柄が前提はされるが，ある程度の条件が後に伴うことを表わす。

例 ▪ 가기는 간다마는 금방 올 거다. (行くことは行くが，すぐ戻って来るよ。)

- 사기**는** 샀는데 별로 마음에 들지는 않아. (買うことは買ったけど, 別に気に入っちゃいないよ。)
- 역시 김 군이 인물**은** 인물이야. (やはり金君は大した人物ではあるね。)

参考 '～는 ～이다 (～は～だ)' の形や '가기는 간다. (行くことは行く。)' のように繰り返す形で用いられる。

アドバイス

'가' と主題を表わす '는' の用法の違い:

1. 物語で始めに登場して紹介される対象を表わすときは '가' が用いられ (例: '아이들 여러 명이 (子供たち数人が)'), これが再び現われるときは '는' が用いられる ('아이들은 (子供たちは), 개구쟁이 아이들은 (いたずらっ子の子供たちは)')。実際の文章では新しい対象を述べるより, 一度登場した前の対象について述べる方が多いため, これらが主語として用いられるときの表示として '는' が '가' よりも多く用いられる傾向がある ('아이들은 (子供たち), 개구쟁이 아이들은 (いたずらっ子の子供たちは)')。

〈허준〉

아이들 여러 명이 닭을 쫓아다닙니다. **닭은** 아이들에게 쫓겨 이리저리 달아납니다. **아이들은** 뒤뚱거리며 달아나는 닭의 뒷모습이 재미있다는 듯이 킥킥 웃으며 닭을 쫓아갑니다.

"닭아, 같이 놀자. 여기 맛있는 모이도 있어."

개구쟁이 아이들은 닭을 잡아 데리고 놀고 싶습니다. 그러나 **닭은** 그저 달아나기만 합니다.

〈許俊〉

子供たち数人が鶏を追いかけます。鶏は子供たちに追いかけられ, あちこち逃げ回ります。子供たちはよたよたと逃げ回る鶏の後ろ姿が面白いとでもいうように, ケラケラと笑いながら鶏を追いかけます。

「鶏ったら, 一緒に遊ぼうよ。ここにおいしいエサもあるよ。」

いたずらっ子の子供たちは鶏を捕まえて一緒に遊びたいのです。しかし鶏はただ逃げ回るばかりです。

2. 先に現われたものを再び続けて話すときに'는'が用いられる。

例：아이들 여러 명이 **닭을** 쫓아다닙니다．**닭은** … (子供たち数人が鶏を追いかけます。鶏は…)

3. 一般的に通用している真理等を述べるとき，主体に該当する語に'는'が用いられる。

例：**지구는** 둥글다．(地球は丸い。)
　　해는 동쪽에서 뜬다．(日は東から昇る。)
　　삼각형의 세 각의 합은 180 도이다．(三角形の三つの角の合計は180度である。)

-는² 【지금 쓰는 편지 (今書いている手紙)】

『動詞と'있다／없다'の後に用いられる。終声字の有無にかかわらず -는のみ用いられる。'ㄹ'終声字で終わる動詞に結合するときは'ㄹ'脱落形の後に用いられる。形容詞の後には -ㄴ，-은が用いられ，'이다'の後には -ㄴが用いられる』

例 가는, 사는 (살다), 먹는, 걷는, 있는, 없는

語尾　修飾する語尾

形態関連語　-ㄴ²

注意　'ㄹ'終声字で終わる動詞の活用。例 '날다 (飛ぶ)：나는 (○) ／ 날으는 (×)'

全体参考　1. 形容詞には'-ㄴ／-은'が用いられる。例 비**싼** 옷 (高い服) ／ 짧은 치마 (短いスカート)．2. '쓰**는** 편지 (書いている手紙), 가**는** 사람 (行く人)'のように後の語を修飾する。

1. 現在ある動作が進行していたり，ある状態が継続していたりすることを表わす。

例 ▪ 지금 쓰**는** 편지를 진수에게 보낼 거야．(今書いている手紙をチンスに送るつもりだよ。)
　　▪ 어디에 가**는** 길이세요？ (どちらにいらっしゃるところですか？)
　　▪ 자전거를 타고 가**는** 사람이 있었다．(自転車に乗って行く人がいた。)

2. (具体的な時間を離れて) 一般的な行動や状態そのものを表わす。

例 ▪ 이 옷에 어울리는 구두를 살 거예요. (この服に似合う靴を買うつもりです。)

　▪ 모르는 게 있으면 언제든지 물어 보세요. (分からないことがありましたら、いつでもお尋ね下さい。)

　▪ 쌀을 주식으로 하는 민족도 상당히 많다. (米を主食とする民族も相当多い。)

-는가¹ 【자네 어디 가는가? (君, どこに行くのかい?)】

『動詞, '있다/없다', '-았-', '-겠-'の後に用いられる。'ㄹ'終声字で終わる動詞に結合するときは'ㄹ'脱落形の後に用いられる。形容詞の後には -ㄴ가, -은가が用いられ, '이다'の後には -ㄴ가が用いられる』

|語尾| 終結語尾

|やや敬意が低い| 先生が学生に, 嫁の両親が婿に (成人語)

例 가는가, 사는가 (살다), 먹는가, 있는가, 없는가, 갔는가, 하겠는가

|形態関連語| -ㄴ가¹

|関連語| -나³

|全体参考| 1. 話し言葉に用いられる。 2. '-나'に置き換えることができる。例 자네 어디 가나? (君, どこに行くのかい?) / 가는가? (行くのかね?) 3. 相手を指す言葉は '자네 (君)' を, 呼びかける言葉は '여보게 (なあ)' を用いる。

1. 尋ねることを表わす。

例 ▪ 자네 어디 가는가? (君, どこに行くのかい?)

　▪ 여보게, 이리 좀 오겠는가? (なあ, こっちにちょっと来るかね?)

　▪ 자네 취직은 어떻게 되었는가? (君の就職はどうなったのかね?)

2. 〔疑問文の形式だが答えを要求しない形で用いられ〕強調して述べることを表わす。

例 ▪ 자네라고 왜 못하겠는가. (君だってできないはずがないよ。)

　▪ 왜 이리 무례하게 구는가. (なぜこんなにも無礼にふるまうのか。)

-는가² 【환경 문제는 왜 나타나는가? (環境問題はなぜ起こるのか?)】

『動詞, '있다/없다', '-았-', '-겠-' の後に用いられる。'ㄹ' 終声字で終わる動詞に結合するときは 'ㄹ' 脱落形の後に用いられる。形容詞の後には -ㄴ가, -은가が用いられ, '이다' の後には -ㄴ가が用いられる』

|語尾| 終結語尾
|敬意の高低が無い| 不特定の人に:文章で読者に

例 가는가, 사는가 (살다), 먹는가, 있는가, 없는가, 갔는가, 하겠는가

|形態関連語| -ㄴ가²

|全体参考| 書き言葉に用いられる。

1. 〔論文や新聞等で用いられる書き言葉で〕一般的な問題を提起することを表わす。

例 ▪ 환경 문제는 왜 나타나는가? (環境問題はなぜ起こるのか?)
　　▪ 현대 과학은 환경 문제를 해결할 수 있는가? (現代科学は環境問題を解決できるのか?)
　　▪ 지구상에서 어떻게 생명이 비롯되었는가? (地球上でどのように生命が始まったのか?)

2. (相手に尋ねる意味よりは) 自らの疑問を表わす。

例 ▪ 나는 어디에서 왔으며 또한 어디로 향하여 가는가? (私はどこから来て, またどこに向かって行くのか?)
　　▪ 나는 왜 항상 바보 같은 행동만 하는가? (私はなぜいつも馬鹿なことばかりするのか?)
　　▪ 나는 그렇게 할 수밖에 없었는가? (私はそうするしかなかったのか?)

3. 〔疑問文の形式だが答えを要求しない形で用いられ〕文の内容を強調することを表わす。

例 ▪ 세상에 그런 사람이 또 어디 있는가? (この世にそんな人が二人といるだろうか?)
　　▪ 돈과 명예를 다 얻는다 해도 건강을 잃으면 무슨 소용이 있겠는가? (金と名誉を全て手に入れたとしても, 健康を失ったならば何の役に立つだ

ろうか？）

参考 '어찌（どうして）, 얼마나（どれほど）' 等と共に用いられる。

-는가 보다 【누가 오는가 보다.（誰か来るようだ。）】
慣用句
結合情報 ☞ -는가¹

形態関連語 -ㄴ가 보다

全体参考 話者の推測を表わすので '나（私）, 우리（私たち）' とは共に用いられない。例 나는／우리는 돈이 있는가 봐요.（×）

1. 〔動詞と '있다／없다' の後に用いられ〕自問したり推測したりすることを表わす。

例 ▪ 누가 오는가 보다.（誰か来るようだ。）
  ▪ 먼저 먹는가 봐요.（先に食べているみたいです。）

-는가 싶다 【아직도 있는가 싶어~（まだいる気がして~）】
慣用句
結合情報 ☞ -는가¹

形態関連語 -ㄴ가 싶다

1. 〔動詞と '있다／없다' の後に用いられ〕'そのような気がする' の意味。

例 ▪ 학생들이 아직도 있는가 싶어 가 보았다.（学生たちがまだいる気がして, 行ってみた。）
  ▪ 잘 자고 있는가 싶었는데, 소녀가 몸을 뒤척였다.（よく寝ていると思ったが, 少女は寝返りを打った。）

-는 가운데 【그를 만나는 가운데~（彼に会っているうちに~）】
慣用句
結合情報 ☞ -는²

形態関連語 -ㄴ 가운데

全体参考 '-는 가운데서' や '-는 가운데서도' の形でも用いられる。例 그 경황 없는 가운데서도 선생님의 노래는 감동적이었다.（その余裕の無いさなかでも, 先生の歌は感動的だった。）

1. 〔動詞と '있다/없다' の後に用いられ〕'あることが起こった結果が継続する間' の意味。

例 ▪ 그를 만나**는 가운데** 그가 훌륭한 사람이라는 것을 알았다. (彼に会っているうちに，彼が立派な人だということが分かった。)

▪ 살아가**는 가운데** 자연스럽게 이루어지는 교육도 있다. (生きていく間に，自然になされる教育もある。)

-는가 하고

【언제 진수가 오**는가 하고** 궁금했어요. (いつチンスが来るのかと気がかりでした。)】

結合情報 ☞ -는가¹

慣用句

形態関連語 -ㄴ가 하고

全体参考 1. 後行節には '생각하다 (思う)，걱정하다 (心配する)，궁금하다 (気がかりだ)' 等の動詞が用いられる。2. '-나 하고' の形でも用いられる。例 교통사고가 났**나 하고** 걱정했어요. (交通事故が起きたのではないかと心配しました。)

1. 自問したり推測したりすることを表わす。

例 ▪ 언제 진수가 오**는가 하고** 궁금했어요. (いつチンスが来るのかと気がかりでした。)

▪ 앉을 만한 곳이 있**는가 하고** 둘러보았다. (座れる場所があるかと見回した。)

▪ 무슨 일**인가 하고** 가까이 가 보았다. (何ごとかと思って近くに行ってみた。)

▪ 여기가 바로 천국이 아**닌가 하고** 생각했어요. (ここがまさに天国ではないかと思いました。)

▪ 그렇지 않아도 웬일**인가 하고** 걱정하고 있었어요. (そうでなくとも何ごとかと心配していました。)

-는가 하면

【언덕을 넘었**는가 하면**〜 (丘を越えたかと思うと〜)】

結合情報 ☞ -는가¹

慣用句

形態関連語 -ㄴ가 하면

全体参考 '-았-'の後にも用いられる。

1. 〔動詞と'있다／없다'の後に用いられ〕'そうした一方で、そうした反面'の意味。

例 ▪ 언덕을 넘었**는가 하면** 또 그 앞에 언덕이 있다.（丘を越えたかと思うと、またその前に丘がある。）

▪ 만화 영화에 나오는 악당들은 죽었**는가 하면** 또 살아난다.（アニメに出て来る悪者たちは死んだかと思うと、また生き返る。）

参考 先行節と後行節に対立的な内容が用いられる。

2. 〔動詞と'있다／없다'の後に用いられ〕ある内容を取り上げ、それについて敷衍して説明することを表わす。

例 ▪ 그림을 그릴 때 어떻게 하**는가 하면**, 먼저 구도를 잡아야 한다.（絵を描くときどうするかと言うと、まず構図を決めなければならない。）

▪ 이건 또 어디서 나왔**는가 하면**, 저번에 광에서 굴러나왔어.（これはまたどこから出て来たかと言うと、この前、物置から転がり出て来たんだ。）

-는 건가요

【이제 가시**는 건가요**？（今お帰りになるのですか？）】

慣用句

親しい間で敬意が高い　先輩や目上の人に

結合情報 ☞ -는²

'-는 것인가요'の縮約形

形態関連語 -ㄴ 건가요

1. 〔動詞と'있다／없다'の後に用いられ〕'そういうことですか？'または'そうするのですか？'の意味。

例 ▪ 이제 가시**는 건가요**？（今お帰りになるのですか？）

▪ 그럼 누구 돈으로 먹**는 건가요**？（では、誰のお金で食べるんですか？）

▪ 내게 묻**는 건가요**？（私に聞いてるんですか？）

-는걸

【날씨가 점점 추워지**는걸**.（だんだん寒くなるなあ。）】

『動詞，'있다／없다'，'-았-'，'-겠-'の後に用いられる。'ㄹ'終声字で終わる動詞に結合するときは'ㄹ'脱落形の後に用いられる。形容詞の後には -ㄴ걸，-은걸が用いられ，'이다'の後には -ㄴ걸が用いられる』

[語尾] 終結語尾

[親しい間で敬意が低い] 友達に

[例] 가는걸, 사는걸（살다），먹는걸, 있는걸, 없는걸, 잤는걸, 하겠는걸

[形態関連語] -ㄴ걸

[丁寧] -는걸요

[関連語] -는데¹

[全体参考] 1. 話し言葉に用いられる。2. 動詞の過去時制を表わすときは '-았는걸' を用いる。'-은걸' は誤ったものである。[例] 내가 벌써 다 먹었는걸．（○）（私がもうみんな食べたんだもの。）／먹은걸．（×）

1. 感嘆を表わす。ある事柄に初めて気付いたときに用いられる。

例 ▪ 날씨가 점점 추워지**는걸**．（だんだん寒くなるなあ。）

　▪ 장사도 잘 하겠**는걸**．（商売もうまくできるだろうなあ。）

　▪ 이 정도는 쉽게 들겠**는걸**．（このぐらいは軽く持てるだろうなあ。）

2. 自分の考えを相手に軽く主張して述べることを表わす。

例 ▪ 아무래도 믿어지지 않**는걸**．（どうしても信じられないんだもの。）

　▪ 조금 실망했**는걸**．（ちょっとがっかりしたんだもの。）

　▪ 도대체 어째야 좋을지 전혀 모르겠**는걸**．（一体どうしたらいいのか，さっぱり分からないんだもの。）

-는걸요

【얼마든지 있는걸요. (いくらでもあるんですもの。)】

『動詞, '있다／없다', '-았-', '-겠-'の後に用いられる。'ㄹ'終声字で終わる動詞に結合するときは'ㄹ'脱落形の後に用いられる。形容詞の後には-ㄴ걸요, -은걸요が用いられ, '이다'の後には-ㄴ걸요が用いられる』

|語尾| 終結語尾

|親しい間で敬意が高い| 先輩や目上の人に

|例| 가는걸요, 사는걸요(살다), 먹는걸요, 있는걸요, 없는걸요, 갔는걸요, 하겠는걸요

|形態関連語| -ㄴ걸요

|関連語| -는데요

|全体参考| 1. 話し言葉に用いられる。2. しばしば [는걸료] と発音する。

1. 自分の考えを相手に軽く主張して述べることを表わす。

例 ▪ 식료품점에는 갖가지 김치가 얼마든지 있**는걸요**. (食料品店には様々なキムチがいくらでもあるんですもの。)

　▪ 안 그래요? 난 그렇게 생각되**는걸요**. (そうじゃないですか？ 私にはそのように思われるんですが。)

　▪ 그렇습니다. 좀 어렵겠**는걸요**. (そうです。ちょっと難しそうなんですが。)

　▪ 선생님의 솜씨를 보고 모두들 놀랐**는걸요**. (先生のお手並みを拝見して, みんな驚いたんですもの。)

-는 것

【먹는 것(食べること)】

|結合情報| ☞ -는²

慣用句

|形態関連語| -ㄴ 것

|関連語| -ㄹ 것²

1. 〔動詞と '있다／없다' に付き, これを名詞として用いることができるようにするもので〕ある動作や事柄, 事物を説明するときに用いられる。

例 ▪ 음식물은 천천히 골고루 씹어 먹**는 것**이 좋습니다. (食べ物はゆっくりとまんべんなく噛んで食べるのが好ましいのです。)
- 갑자기 차도로 뛰어나오**는 것**은 매우 위험합니다. (急に車道に飛び出すのは非常に危険です。)
- 나는 공부하**는 것**을 싫어합니다. (私は勉強するのが嫌いです。)
- 평화는 온 인류가 함께 만들어 가**는 것**이다. (平和は全人類が共に作っていくものである。)

-는 것 같다

【비가 오는 것 같아요. (雨が降っているみたいです。)】

結合情報 ☞ -는²

慣用句

形態関連語 -ㄴ 것 같다

類義 -는 듯싶다, -는 듯하다

関連語 -ㄹ 것 같다

全体参考 過去の事柄の推測は '-은 것 같다' を用いる。'-았는 것 같다' は誤りである。例 비가 **온 것 같다**. (○)(雨が降ったようだ。)／비가 **왔는 것 같다**. (×)

1. 〔動詞と '있다／없다' の後に用いられ〕ある現在の事柄を推測するときに用いられる。

例 ▪ 밖은 비가 오**는 것 같아요**. (外は雨が降っているみたいです。)
- 어쩐지 그 소리가 차츰 가까워지**는 것 같다**. (どういうわけか、その音が次第に近づいてくるみたいだ。)
- 너는 나를 이해하지 못하**는 것 같아**. (君はぼくのことが理解できないみたいだ。)
- 전화를 안 받는 걸 보니 지금 집에 아무도 없**는 것 같네**. (電話を取らないのを見ると、今家に誰もいないみたいだね。)

-는 것이다

【쓰레기를 만들지 않는 것이다. (ゴミを作らないのである。)】

結合情報 ☞ -는²

慣用句

形態関連語 -ㄴ 것이다

[関連語] -ㄹ 것이다, -았던 것이다

[全体参考] やや公式的な書き言葉に主に用いられる。

1. 〔動詞と'있다/없다'の後に用いられ〕('-는다'としてもよいところを '-는 것이다' として) 話し手の考えを客観化させ, 強調して述べることを表わす。

例
- 그들은 도대체가 쓰레기를 만들지 않**는 것이다**. (彼らは全くゴミを作らないのである。)
- 여자도 남자만큼 어려운 일을 하**는 것이다**. (女性も男性くらい大変な仕事をするのである。)
- 에어컨 등으로 인해 지구의 환경이 오염되고 있**는 것이다**. (エアコン等によって地球の環境が汚染されているのである。)

-는 격이다

【닭 쫓던 개 지붕 쳐다보는 격이에요. (鶏を追いかけていた犬が屋根を見上げる (お手上げなこと) といった格好ですね。)】

[結合情報] ☞ -는²

慣用句

[全体参考] '-는 격으로'の形でも用いられる。

1. 〔動詞に用いられ〕(主にことわざ等で) 比喩することを表わす。'そういうわけだ'の意味。

例
- 이렇게 되면 저는 닭 쫓던 개 지붕 쳐다보**는 격이에요**. (こうなると私は, 鶏を追いかけていた犬が屋根を見上げる (お手上げなこと) といった格好ですね。)
- 장님 코끼리 더듬**는 격이네**. (盲人が象を手探りするというわけだね。)
- 그런데 엎친 데 덮치**는 격으로** 아빠가 몸이 아프기 시작했습니다. (ところが倒れたところに覆いかぶさる (悪いことが重なること) といった形で, お父さんの体の具合が悪くなり始めました。)

~는 고사하고

【금반지는 고사하고~ (金の指輪はおろか~)】

結合情報 ☞ 는¹

慣用句

全体参考 動詞と共に用いられるときは'-기는 고사하고'の形で用いられる。
例 만나기는 고사하고… (会うことはおろか…)

1. 〔名詞と共に用いられ〕'先に述べたことは言うまでもなく'の意味。

例 ▪ 금반지**는 고사하고** 은반지도 없다. (金の指輪はおろか、銀の指輪も無い。)
   ▪ 월급 받아도 저축**은 고사하고** 먹고 사는 것도 어려웠다. (給料をもらっても貯蓄どころか、生きていくのも大変だった。)
   ▪ 진수를 만나기**는 고사하고** 목소리도 못 들어 봤어요. (チンスに会うことはおろか、声も聞いていません。)

-는 관계로

【비가 오는 관계로~ (雨が降るせいで~)】

結合情報 ☞ -는²

慣用句

形態関連語 -ㄴ 관계로

全体参考 形容詞には '-ㄴ 관계로' の形で用いられる。例 유미는 진수와 사이가 나쁜 관계로 직장을 옮기려고 한다. (ユミはチンスと仲が悪いせいで、職場を変えようとしている。)

1. 〔動詞に用いられ〕'あることのために'の意味。

例 ▪ 비가 오**는 관계로** 운동회를 할 수 없었습니다. (雨が降るせいで、運動会ができませんでした。)
   ▪ 전공은 달랐지만 같은 대학에 근무하**는 관계로** 그와는 가깝게 지내고 있다. (専攻は違ったが、同じ大学に勤めているので、彼とは親しくしている。)
   ▪ 인터넷 사업을 하**는 관계로** 그 방면에 아는 사람이 좀 있습니다. (インターネット事業を行っている関係で、その方面に知人が少しいます。)

-는구나 【밥을 참 잘 먹는구나. (ご飯を本当によく食べるなあ。)】

『動詞の後に用いられる。'ㄹ'終声字で終わる動詞に結合するときは'ㄹ'脱落形の後に用いられる。形容詞の後には -구나 が用いられる』

例 가는구나, 사는구나 (살다), 먹는구나

語尾 終結語尾

最も敬意が低い　おじいさんが子供に

形態関連語 -구나

全体参考 1. 話し言葉に用いられる。2. '-구나' とは異なり，疑問を表わす用法や皮肉に用いられることは少ない。

1. 感嘆を表わす。ある事柄に初めて気付いたときに用いられる。

例 ▪ 너희들 밥을 참 잘 먹**는구나**. (お前たち，ご飯を本当によく食べるなあ。)

　▪ 음, 그래서 음식 냄새가 나**는구나**. (うん，それで料理の匂いがするんだなあ。)

　▪ 그게 아니래도 그러**는구나**. (そうじゃないって言ってるのに，そう言うんだねえ。)

-는군 【눈이 오는군. (雪が降ってるな。)】

『動詞の後に用いられる。'ㄹ'終声字で終わる動詞に結合するときは'ㄹ'脱落形の後に用いられる。形容詞の後には -군 が用いられる』

例 가는군, 사는군 (살다), 먹는군

語尾 終結語尾

親しい間で敬意が低い　友達に

形態関連語 -군

丁寧 -는군요

全体参考 1. 話し言葉に用いられる。2. '-는군그래' の形でも用いられる。

1. 感嘆を表わす。ある事柄に初めて気付いたときに用いられる。

例 ▪ 아, 눈이 오**는군**. (あ，雪が降ってるな。)

- 벌써 꽃이 피**는군**. (もう花が咲いてるな。)
- 아이들이 재미있게 노**는군**. (子供たちが面白そうに遊んでるわ。)

2. 〔皮肉る言い方で〕実際には好ましくないことを, 反対によくやったと皮肉って述べることを表わす.

例
- 왜, 오늘 비 온다면서? 그래 잘도 오**는군**. (ねえ, 今日雨が降るって言ったよね。全然降らないじゃないの。)
- 일은 안 하면서 많이도 먹**는군**. (仕事はしないくせにたくさん食べるなあ。)

参考 わざと相手に聞こえるように話す.

3. 〔独り言で〕単純にそうだと述べることを表わす.

例
- 운동은 제법 잘 하**는군**. (運動はなかなか上手だな。)
- 음, 요리도 꽤 하**는군**. (うん, 料理もけっこうやるなあ。)

-는군요

【길이 많이 막히**는군요**. (道がとても混んでいますね。)】

『動詞の後に用いられる. 'ㄹ' 終声字で終わる動詞に結合するときは 'ㄹ' 脱落形の後に用いられる. 形容詞の後には -**군요**が用いられる』

語尾 終結語尾

親しい間で敬意が高い　先輩や目上の人に

例 가**는군요**, 사**는군요** (살다), 먹**는군요**

形態関連語 -군요

関連語 -더군요

全体参考 話し言葉に用いられる.

1. 感嘆を表わす. ある事柄に初めて気付いたときに用いられる.

例
- 길이 많이 막히**는군요**. (道がとても混んでいますね。)
- 어려운 책을 읽으시**는군요**. (難しい本をお読みですね。)
- 고맙게도 저를 기억해 주시**는군요**. (ありがたいことに私のことを覚えて下さってるんですね。)

-는 길에 【목욕탕에 갔다 오는 길에~ (銭湯の帰り道で~)】
慣用句

結合情報 ☞ -는²

全体参考 '-는 길이다'の形でも用いられる。例 난 고향으로 가는 길이야. (私は故郷に帰るところだよ。)

1. 〔'가다 (行く), 오다 (来る)'の後に用いられ〕'行ったり来たりする途中やその折に'という意味を表わす。

例 ▪ 목욕탕에 갔다 오는 길에 동네사람을 만났다. (銭湯の帰り道で近所の人に会った。)
  ▪ 우체국에 가는 길에 편지 좀 부쳐 주세요. (郵便局に行くついでに手紙を出して下さい。)

-는 김에 【부엌에 가는 김에~ (台所に行くついでに~)】
慣用句

結合情報 ☞ -는²

形態関連語 -ㄴ 김에

1. 〔動詞の後に用いられ〕ある行動を始める瞬間を表わし、'そのようにする折に'の意味。

例 ▪ 부엌에 가는 김에 물 한 잔 가져다 줄래? (台所に行くついでに水を一杯持って来てくれる?)
  ▪ 하는 김에 내 것도 좀 해 주면 안 될까? (ついでにぼくのもやってくれないかな?)

-는다¹

【학생들이 책을 많이 읽**는다**. (学生たちは本をたくさん読む。)】

『-는다は'ㄹ'以外の終声字のある動詞の後に, -ㄴ다は終声字の無い動詞と'ㄹ'終声字で終わる動詞の'ㄹ'脱落形の後に用いられる。形容詞の後には-다が用いられる』

例 먹는다, 간다, 산다(살다)

[語尾] 終結語尾
[最も敬意が低い] おじいさんが子供に

[形態関連語] -다³

1. 〔書き言葉で〕ある事柄を中立的に述べることを表わす。

例
- 학생들이 책을 많이 읽**는다**. (学生たちは本をたくさん読む。)
- 봄에 뿌린 씨앗은 가을에 열매를 맺**는다**. (春にまいた種は秋に実を結ぶ。)
- 우리 나라의 여름에는 대체로 비가 많이 내**린다**. (我が国の夏は大体雨がたくさん降る。)

[参考] 書き言葉に用いるものは敬意の高低が無い。

2. 〔話し言葉で〕ある行為を現在形で述べることを表わす。

例
- 진수：엄마, 뭐 하세요? (チンス：お母さん, 何してるの?)
  엄마：밥 먹**는다**. (母：ご飯食べてるのよ。)
- 미선아, 내가 잡**는다**. (ミソン, 私が捕まえるよ。)
- 야, 저기 아빠 오**신다**. (ねえ, むこうからお父さんが来るよ。)

3. 〔話し言葉で〕計画している事柄や確定した未来の事柄を知らせることを表わす。

例
- 난 다음 주에 우리 아빠랑 동물원에 **간다**. (ぼくは来週お父さんと動物園に行くんだ。)
- 난 이제 초등 학교 학생이 **된다**. (ぼくはもう小学生になるんだ。)

-는다²【밥을 먹는다 합디다.(ご飯を食べると言ってました。)】

『-는다は'ㄹ'以外の終声字のある動詞の後に、-ㄴ다は終声字の無い動詞と'ㄹ'終声字で終わる動詞の'ㄹ'脱落形の後に用いられる。形容詞の後には-다が用いられ、'이다'の後には-라が用いられる』

例 먹는다、간다、산다(살다)

[語尾] 引用を表わす語尾

[形態関連語] -다⁵、'이다'+-라

[関連語] -냐²、動詞+-라¹、-자³

[全体参考] しばしば'-는다고'の形で用いられる。

1. 叙述形で表現された内容を間接的に伝えることを表わす。

例 ▪ 저 집 아이는 벌써 밥을 먹는다 합디다.(あの家の子はもうご飯を食べると言ってました。)

▪ 부인은 나를 믿는다 하지 않았소.((両班(ヤンバン)の夫が妻に向かって)そなたは私のことを信じると言ったではありませんか。)

2. ['-는다 하다'の形で用いられ] '하다(~と言う)'の内容を表わす節であることを示す。

例 ▪ 내일 당장 죽는다 하더라도, 이것은 해야 한다.(明日すぐに死ぬとしても、これはやらなければならない。)

▪ 설혹 그런 날이 영원히 우리에게 오지 않는다 할지라도 노력해 봅시다.(たとえそんな日が永遠に私たちに来ないと言えども努力してみましょう。)

▪ 콩으로 메주를 쑨다 해도 네 말은 안 믿어.(大豆で味噌を作る(当たり前の話をすること)と言っても、君の話は信じないよ。)

▪ 현대의 우리 생활에 맞지 않는다 하여 무조건 나쁘다고 하면 안 됩니다.(現代の私たちの生活に合わないからと言って、頭から悪いと言ってはいけません。)

[参考] 主に'-는다 해도/할지라도/해서'の形で用いられる。

-는다거나

【꾸짖**는다거나** 타이른**다거나** 하는 말투 (叱るとか, たしなめるとかといった口ぶり)】

『-는다거나는 'ㄹ' 以外の終声字のある動詞の後に, -ㄴ다거나は終声字の無い動詞と 'ㄹ' 終声字で終わる動詞の 'ㄹ' 脱落形の後に用いられる。形容詞の後には -다거나が用いられ, '이다' の後には -라거나が用いられる』

[語尾] 連結語尾

例 먹는다거나, 간다거나, 산다거나 (살다)

[形態関連語] -다거나, '이다'+-라거나

1. 〔主に '-는다거나 -는다거나 하다' の形で用いられ〕二つ以上の行為を羅列して説明することを表わす。

例 ▪ 꾸짖**는다거나** 타이른**다거나** 하는 말투가 아니다. (叱るとか, たしなめるとかといった口ぶりではない。)

▪ 그는 책을 읽**는다거나** 텔레비전을 **본다거나** 하면서 주말을 보냈다.
(彼は本を読むとかテレビを見るとかして週末を送った。)

▪ 손님이 윗방에서 걷**는다거나** 어떤 소리를 낸다면 큰일이 납니다.
(お客さんが上の部屋で歩くとか何かの音を出したりしたら大変なことになります。)

-는다고¹

【들리지 않**는다고**. (聞こえないって。)】

『-는다고는 'ㄹ' 以外の終声字のある動詞の後に, -ㄴ다고は終声字の無い動詞と 'ㄹ' 終声字で終わる動詞の 'ㄹ' 脱落形の後に用いられる。形容詞の後には -다고が用いられ, '이다' の後には -라고が用いられる』

[語尾] 終結語尾

例 먹는다고, 간다고, 산다고 (살다)

[親しい間で敬意が低い] 友達に

[形態関連語] -다고¹, -라고³

丁寧 -는다고요
関連語 -냐고¹, -라고⁴, -자고¹
全体参考 しばしば話し言葉で［는다구］と発音される。

1. 話し手自身の言葉を繰り返したり強調して述べたりすることを表わす。'〜するよ(-아)'の意味。

例
- 그렇게 작게 말하면 들리지 않**는다고**. (そんなに小さい声で話したら聞こえないって。)
  - 대성: 뭐라고 하셨어요? (テソン：何ておっしゃったんですか？)
    미선: 다음 주에 여행을 떠**난다고**. (ミソン：来週旅行に行くって言ったのよ。)
  - 우리 삼촌은 미국에서 **산다고**. (うちの叔父さん（父の兄弟）はアメリカで暮らしてるんだってば。)

2. 相手に自慢する調子で述べることを表わす。

例
- 내가 얼마나 잘 먹**는다고**. (ぼくってすごくよく食べるんだよ。)
  - 우리 형이 얼마나 축구를 잘 **한다고**. (ぼくのお兄ちゃんてとてもサッカーが上手なんだぜ。)

参考 '얼마나（どれほど，（反語の表現で）とても）'と共に用いられる。

3. 聞いた事柄を繰り返し述べながら，相手に確かめる調子で尋ねることを表わす。

例
- 누굴 찾**는다고**? 난 그런 사람 모르는데. (誰をさがしてるって？ 私はそんな人知らないけど。)
  - 그 애가 그렇게 공부를 잘 **한다고**? (その子がそんなに勉強がよくできるって？)
  - 벌써 미선이가 걷**는다고**? (もうミソンちゃんが歩くって？)

参考 このときは語末の抑揚を上昇させる。

4. ある事柄が話し手の予想していたところと違っていることを知り，気付いたような口調で述べることを表わす。

例
- 난 또 왜 웃**는다고**. 사람이 실수할 수도 있는 거지. (私はまたなんで笑うのかと思ったら。人間はしくじることもあるもんだよ。)
  - 에이, 난 정말 많이 먹**는다고**. (なあんだ，私は本当にたくさん食べるもんだと思ったよ。)

5. 相手に反問しながら皮肉ることを表わす。

例 ▪ 네가 그 많은 걸 혼자 다 먹**는다고**? 정말 웃기네. (君がそのたくさんのものを一人で全部食べるって？ 本当に笑わせるね。)

  ▪ 네가 뭘 대단한 일을 **한다고**? (お前がどんなすごいことをやるんだって？)

  参考 このときは語末の抑揚を上昇させる。

-는다고² 【떡국을 많이 먹는다고~
     （トッククをたくさん食べるからと言って~）】

『-는다고는 'ㄹ' 以外の終声字のある動詞の後に, -ㄴ다고は終声字の無い動詞と 'ㄹ' 終声字で終わる動詞の 'ㄹ' 脱落形の後に用いられる。形容詞の後には -다고が用いられ, '이다' の後には -라고が用いられる』

例 먹는다고, 간다고, 산다고 (살다)

語尾 連結語尾

形態関連語 -다고², -라고⁵

1. 理由を表わす。'~するからと言って' の意味。

例 ▪ 떡국을 많이 먹**는다고** 나이를 더 먹는 거 아니야. (トッククをたくさん食べる（'떡국을 먹다' は正月にトッククを食べることから, 正月を迎えて一つ年を取るの意）からと言って, 年をたくさん取るわけじゃないよ。)

  ▪ 감기 좀 앓**는다고** 결석해서는 안 되지. (風邪をちょっと引いたからって, 欠席しちゃだめだよ。)

  ▪ 좀 **안다고** 그러는 게 아니야. (ちょっと知ってるからって, そうするもんじゃないよ。)

2. 〔ことわざのように既にある言葉を引用して〕それになぞらえて次の事柄を主張することを表わす。'~という言葉があるように', '~と言っていたが' の意味。

例 ▪ 팔은 안으로 굽**는다고** 내 아이의 말만 듣게 된다. (腕は内側に曲がる（身近なものに味方したくなるのが常だの意）と言うように, 自分の子の話ばかり聞くようになる。)

  ▪ 고기도 먹어 본 사람이 잘 먹**는다고**, 자주 해 주면 잘 먹게 되지

않을까요？（肉も食べたことのある人がよく食べる（何事もいつもしている人がよくできるの意）と言うように，何度も作ってあげればよく食べるようになるのではないでしょうか？）

-는다고³ 【널 찾는다고~ （君をさがしていると~）】

『-는다고は'ㄹ'以外の終声字のある動詞の後に，-ㄴ다고は終声字の無い動詞と'ㄹ'終声字で終わる動詞の'ㄹ'脱落形の後に用いられる。形容詞の後には -다고が用いられ，'이다'の後には -라고が用いられる』

|語尾| 引用を表わす語尾

|例| 먹는다고，간다고，산다고（살다）

|形態関連語| -다고³, -라고⁷

|関連語| -냐고², -라고⁸, -자고²

|全体参考| '-는다'の形でも用いられる。|例| 곧 오신다 여쭈어라.（まもなくお見えになると申し上げなさい。）

1. 叙述形で表現された内容を間接的に伝えることを表わす。

例 ▪ 진수가 선생님께서 널 찾**는다고** 말하던데．（チンスの話だと，先生が君をさがしていると言ってたけど。）

　▪ 곧 오신**다고** 여쭈어라．（まもなくお見えになると申し上げなさい。）

　▪ 내일 비가 **온다고** 해요．（明日雨が降るそうです。）

2. 〔目的語の位置に節を必要とする一部の動詞と共に用いられ〕その内容を表わす節であることを示す。

例 ▪ 그는 내일 아침 일찍 출발**한다고** 연락해 왔다．（彼は明日の朝早く出発すると連絡してきた。）

　▪ 화물차에 대해서는 어느 회사에도 뒤지지 않**는다고** 봅니다．（貨物車についてはどの会社にもひけを取らないと思います。）

-는다고요

【비빔밥을 먹**는다고요**.（ビビンパを食べるって言ったんですよ。）】

『-는다고요は'ㄹ'以外の終声字のある動詞の後に, -ㄴ다고요は終声字の無い動詞と'ㄹ'終声字で終わる動詞の'ㄹ'脱落形の後に用いられる。形容詞の後には-**다고요**が用いられ, '이다'の後には-**라고요**が用いられる』

[語尾] 終結語尾

[親しい間で敬意が高い] 先輩や目上の人に

[例] 먹**는다고요**, 간**다고요**, 산**다고요**（살다）

[形態関連語] -다고요, -라고요¹
[関連語] -냐고요, -라고요², -자고요
[全体参考] 話し言葉では［는다구요］と発音されることもある。

1. 話し手自身の言葉を繰り返したり強調したりして述べることを表わす。'～しますよ（-아요）'の意味。

例 ▪ 대성：뭘 드시겠**다고요**？（テソン：何を召し上がるんですって？）
　　영희：저는 비빔밥을 먹**는다고요**.（ヨンヒ：私はビビンパを食べるって言ったんですよ。）

　 ▪ 대성：뭐라구요？（テソン：何ですって？）
　　영희：잘 보이지 않**는다고요**.（ヨンヒ：よく見えないって言ったんですよ。）

　 ▪ 주말마다 영화를 본**다고요**.（週末はいつも映画を見ますって。）

2. 〔疑問文の形式だが答えを要求しない形で用いられ〕強調して述べることを表わす。

例 ▪ 그거 팔아 봤자 얼마나 남**는다고요**？（それを売ったところで, いくらももうかりませんって。）

　 ▪ 애가 무슨 영화를 볼 줄 **안다고요**？ 그냥 우리끼리 가요.（子供は映画なんか見ても分かりませんって。私たちだけで行きましょう。）

3. 既に聞いたことをもう一度確かめる調子で質問することを表わす。

例 ▪ 그래서 안 죽**는다고요**？（それで死なないんですって？）

- 자기가 스스로 어려운 일을 만**든다고요**？（自分が自分で困難なことを引き起こすんですって？）
- 일부러 숙제를 안 **한다고요**？（わざと宿題をしないんですって？）

-는다고 해서 【아파트에 산다고 해서～（アパートに住むからと言って～）】

結合情報 ☞ -는다고²

慣用句

形態関連語 -다고 해서, -라고 해서

全体参考 '-다고 해서'の形でも用いられる。例 한자를 폐지했**다고 해서** 한자 교육까지 완전히 없애 버린 것은 아니다.（漢字を廃止したからと言って，漢字教育まで完全に無くしてしまったわけではない。）

1. 〔動詞に用いられ〕'そのようなことを理由にして'の意味。

例
- 아파트에 **산다고 해서** 다 편리해지는 것도 아니야.（アパートに住むからと言って，みんな便利になるわけでもないよ。）
- 아이가 밥을 많이 먹**는다고 해서** 건강한 것은 아니에요.（子供がご飯をたくさん食べるからと言って，健康なわけではありません。）

-는다느니 【이렇게 먹**는다느니** 저렇게 먹**는다느니**～（ああやって食べるとかこうやって食べるとか～）】

『-는다느니는 'ㄹ' 以外の終声字のある動詞の後に，-ㄴ다느니は終声字の無い動詞と 'ㄹ' 終声字で終わる動詞の 'ㄹ' 脱落形の後に用いられる。形容詞の後には -다느니が用いられ，'이다'の後には -라느니が用いられる』

例 먹는다느니, 간다느니, 산다느니（살다）

語尾 連結語尾

形態関連語 -다느니, '이다'+-라느니

関連語 -냐느니, 動詞+-라느니, -자느니

1. 〔しばしば '-는다느니 ～ -는다느니' の形で用いられ〕考えた行為の

内容を羅列したり，あれこれと話したりすることを表わす。

例
- 이렇게 먹**는다느니** 저렇게 먹**는다느니** 의견이 분분했다. (ああやって食べるとかこうやって食べるとか，意見がまちまちだった。)
- 날더러 너무**한다느니** 어쩐**다느니** 그래 봐야 소용이 없지. (私にやりすぎだとかどうだとか言ったって，何にもならないだろう。)
- 자기가 먼저 들어가겠다느니 안 **된다느니** 실랑이를 하고 있었다. (自分が先に入るとかだめだとか，もめていた。)

-는다는구나

【나무를 많이 심는다는구나. (木をたくさん植えるんだってなあ。)】

『-는다는구나は'ㄹ'以外の終声字のある動詞の後に，-ㄴ다는구나は終声字の無い動詞と'ㄹ'終声字で終わる動詞の'ㄹ'脱落形の後に用いられる。形容詞の後には -다는구나が用いられ，'이다'の後には -라는구나が用いられる』

[語尾] 終結語尾

[最も敬意が低い] おじいさんが子供に

例 먹는다는구나, 간다는구나, 산다는구나 (살다)

[形態関連語] -다는구나, '이다'+-라는구나 なお '-았-' と '-겠-' の後には '-다는구나' を用いる。例 먹었**다는구나**, 가겠**다는구나**

[関連語] -냐는구나, 動詞+-라는구나, -자는구나

[全体参考] 話し言葉に用いられる。

1. 聞いて知った事柄について責任を転嫁する調子で述べることを表わす。

例
- 정원에다 나무를 많이 심**는다는구나**. (庭園に木をたくさん植えるんだってなあ。)
- 오늘 저녁에는 냉면을 먹**는다는구나**. (今日の夕食には冷麺を食べるんだってなあ。)
- 그 집도 오늘 떠**난다는구나**. (その家も今日出発するそうだねえ。)
- 이번에 네 언니가 선생님이 **된다는구나**. (今度お前のお姉さんが先生になるそうだねえ。)

-는다든가 【밥을 먹는다든가~ (ご飯を食べるとか~)】

『-는다든가는 'ㄹ' 以外の終声字のある動詞の後に, -ㄴ다든가は終声字の無い動詞と 'ㄹ' 終声字で終わる動詞の 'ㄹ' 脱落形の後に用いられる。形容詞の後には -다든가が用いられ, '이다' の後には -라든가が用いられる』

語尾 連結語尾

例 먹는다든가, 간다든가, 산다든가 (살다)

形態関連語 -다든가, '이다' + -라든가

1. 〔主に '-는다든가 -는다든가 하다' の形で用いられ〕様々な事柄の中からどんなことを指し示してもかまわないことを意味する。

例 ▪ 밥을 먹**는다든가** 책을 읽**는다든가** 뭐든지 자유로이 하는 시간이다. (ご飯を食べるとか本を読むとか, 何でも自由にする時間だ。)

▪ 그 후보를 지지**한다든가** 아니라든가 입장을 밝혀야 한다. (その候補を支持するとかしないとか, 立場を明らかにすべきだ。)

-는다든지 【아무 약이나 함부로 먹는다든지~ (何の薬でもかまわず飲んだり~)】

『-는다든지는 'ㄹ' 以外の終声字のある動詞の後に, -ㄴ다든지は終声字の無い動詞と 'ㄹ' 終声字で終わる動詞の 'ㄹ' 脱落形の後に用いられる。形容詞の後には -다든지が用いられ, '이다' の後には -라든지が用いられる』

語尾 連結語尾

例 먹는다든지, 간다든지, 산다든지 (살다)

形態関連語 -다든지, '이다' + -라든지

1. 〔主に '-는다든지 -는다든지 하다' の形で用いられ〕様々な事柄を羅列し, その中のどんなことを指し示してもかまわないことを意味する。

例 ▪ 아무 약이나 함부로 먹**는다든지**, 아픈 몸을 함부로 **쓴다든지** 하면

안 된다．(何の薬でもかまわず飲んだり，具合の悪い体をやたらと動かしたりしてはいけない。)

- 요즘 아이들은 흔히 밥을 안 먹**는다든지** 안 씻**는다든지** 하면서 부모 속을 태운다．(近頃の子供たちはよくご飯を食べなかったり洗わなかったりして，親を煩わせる。)

- '공책'이라는 우리말이 있는데도 '노트'라고 **한다든지**, '열쇠'를 '키'라고 **한다든지** 하는 것은 분명 잘못이다．(「帳面」という私たちの言葉があるのに「ノート」と言ったり，「鍵」を「キー」と言ったりするのは明らかに間違いだ。)

- 일본인은 차를 마심으로써 정신을 수양**한다든지** 하는 효과를 얻는다．(日本人はお茶を飲むことによって精神を修養したりする効果を得ている。)

-는다면 【아들만 낳**는다면**〜（息子さえ産むならば〜）】

『-는다면は'ㄹ'以外の終声字のある動詞の後に，-ㄴ다면は終声字の無い動詞と'ㄹ'終声字で終わる動詞の'ㄹ'脱落形の後に用いられる。形容詞の後には -다면が用いられ，'이다'の後には -라면が用いられる』

例 먹는다면，간다면，산다면（살다）

[語尾] 連結語尾

[形態関連語] -다면，-라면²

[関連語] -냐면，動詞+-라면，-자면

1. ある事柄や状況を仮定して条件にすることを表わす。

例
- 아들만 낳**는다면** 무슨 소원이나 들어준단다．(息子さえ産むならば，どんな願いでも聞いてくれるそうだ。)

- 사진이나 그림 자료를 넣**는다면** 어느 부분에 넣는 것이 좋을까요？(写真や絵の資料を入れるんだったら，どの部分に入れるのが良いでしょうか？)

- 만약 제가 열심히 공부**한다면** 성공할 수 있을까요？(もし私が一所懸命勉強するならば，成功できるでしょうか？)

- 비만 그**친다면** 당장이라도 나가자．(雨さえ止んだなら，すぐにでも出か

2. 例を挙げて説明することを表わす語句に付き，その後の文について説明することを表わす。

例
- 참고로 덧붙**인다면** 심각한 환경 문제를 들 수 있다. (参考に付け加えるならば，深刻な環境問題を挙げることができる。)
- 이러한 예를 건축에서 **든다면** 그것은 더욱 더 명확하다. (こうした例を建築で挙げるならば，それはよりいっそう明確である。)
- 좀더 정확하게 말**한다면** 대답을 찾지 못해 머뭇거리고 있다. (より正確に言うならば，答えが探せなくてもじもじしているのだ。)

-는다면서 【이제 점심을 먹**는다면서**？（今から昼ご飯を食べるんだって？）】

『-는다면서は 'ㄹ' 以外の終声字のある動詞の後に，-ㄴ다면서は終声字の無い動詞と 'ㄹ' 終声字で終わる動詞の 'ㄹ' 脱落形の後に用いられる。形容詞の後には -다면서が用いられ，'이다' の後には -라면서が用いられる』

語尾　終結語尾

親しい間で敬意が低い　友達に

例　먹**는다면서**，간다면서，산다면서（살다）

形態関連語　-다면서，'이다' + -라면서

丁寧　-는다면서요

関連語　-냐면서，動詞 + -라면서，-자면서

全体参考　1. 話し言葉に用いられる。2. '-는다며' と用いられることもある。例 제인 씨가 고추장도 먹**는다며**？（ジェーンさんがコチュジャンも食べるんだって？）

1. 話し手が既に知っていたり聞いたりした事柄をもう一度確認しながら尋ねることを表わす。

例
- 이제 점심을 먹**는다면서**？ (今から昼ご飯を食べるんだって？)
  - 그 애는 노래도 잘 **한다면서**？ (その子は歌も上手なんだって？)
  - 요즘 한국말을 배**운다면서**？ (最近韓国語を習っているんだって？)

-는다면서요

【뭐든지 잘 먹는다면서요? (何でもよく食べるんですって?)】

『-는다면서요は 'ㄹ' 以外の終声字のある動詞の後に，-ㄴ다면서요は終声字の無い動詞と 'ㄹ' 終声字で終わる動詞の 'ㄹ' 脱落形の後に用いられる。形容詞の後には -다면서요が用いられ，'이다' の後には -라면서요が用いられる』

[語尾] 終結語尾

[親しい間で敬意が高い] 先輩や目上の人に

[例] 먹는다면서요, 간다면서요, 산다면서요 (살다)

[形態関連語] -다면서요, '이다'+-라면서요

[関連語] -냐면서요, 動詞+-라면서요, -자면서요

[全体参考] 話し言葉に用いられる。

1. 話し手が既に知っていたり聞いたりした事柄をもう一度確認しながら尋ねることを表わす。

例
- 제인 씨, 한국 음식을 뭐든지 잘 먹**는다면서요**? (ジェーンさん, 韓国の食べ物を何でもよく食べるんですって?)
  - 아저씨는 혼자 사**신다면서요**? (おじさんは一人でお暮らしなんですって?)
  - 아주머니는 오늘 내려가**신다면서요**? (おばさんは今日故郷にお帰りになるんですって?)

-는단다 【복을 받는단다. (福を受けるんだよ。)】

『-는단다は 'ㄹ' 以外の終声字のある動詞の後に，-ㄴ단다は終声字の無い動詞と 'ㄹ' 終声字で終わる動詞の 'ㄹ' 脱落形の後に用いられる。形容詞の後には -단다が用いられ，'이다' の後には -란다が用いられる』

[語尾] 終結語尾

[最も敬意が低い] おじいさんが子供に

例 먹는단다, 간다, 산단다 (살다)

[形態関連語] -단다, '이다' + -란다

[全体参考] 1. 話し言葉に用いられる。 2. 自慢して話すときにも用いられる。

1. ある事柄を聞き手に親しみを持って話すことを表わす。

例
- 마음이 착한 사람은 복을 받**는단다**. (心根の優しい人は福を受けるんだよ。)
- 아무도 날 만나려 하지 않**는단다**. (誰も私に会おうとしないんだよ。)
- 이제 우리도 우리집을 갖**는단다**. (とうとう私たちも我が家を持つんだよ。)
- 오늘 나도 상을 **탄단다**. (今日私も賞をもらうんだよ。)

-는단 말이다 【마음이 내키지 않는단 말이야. (気が向かないっていうんだよ。)】

『-는단 말이다は 'ㄹ' 以外の終声字のある動詞の後に，-ㄴ단 말이다は終声字の無い動詞と 'ㄹ' 終声字で終わる動詞の 'ㄹ' 脱落形の後に用いられる。形容詞の後には -단 말이다が用いられ，'이다' の後には -란 말이다が用いられる』

慣用句

例 먹는단 말이다, 간단 말이다, 산단 말이다 (살다)

[形態関連語] -단 말이다, -란 말이다[1]

[関連語] -냔 말이다, -란 말이다[2], -잔 말이다

[全体参考] 1. 話し言葉に用いられる。 2. '-는단' を '-는다는' に置き換えることは

できない。3. '-ㄴ단 말이다'の形でも用いられる。

1. 自分の言った話を強調することを表わす。

例 ▪ 그 일은 썩 마음이 내키지 않**단 말이야**. (その仕事はさっぱり気が向かないっていうんだよ。)

　▪ 그러니까 짚신도 제 짝이 있다는 걸 믿**는단 말이니**? (だから、ワラジにもそろいの片方がある（どんな人にも相応しい相手がいるの意）ということを信じるっていうの？)

　▪ 나 지금 숙제**한단 말이야**. (ぼく今宿題やってるっていうの。)

-는답니까

【그 쓴 것을 도대체 왜 먹**는답니까**？(その苦いものを一体どうして食べるんですか？)】

『-는답니까は 'ㄹ' 以外の終声字のある動詞の後に、-ㄴ답니까は終声字の無い動詞と 'ㄹ' 終声字で終わる動詞の 'ㄹ' 脱落形の後に用いられる。形容詞の後には -답니까が用いられ、'이다' の後には -랍니까が用いられる』

[語尾] 終結語尾
[最も敬意が高い] 職場の上司や目上の人に（公式的）

例 먹는답니까, 간답니까, 산답니까 (살다)

[形態関連語] -답니까, -랍니까

[全体参考] 話し言葉に用いられる。

1. 〔疑問文の形式だが答えを要求しない形で用いられ〕話した内容を強調することを表わす。

例 ▪ 그 쓴 것을 도대체 왜 먹**는답니까**？(その苦いものを一体どうして食べるんですか？)

　▪ 이런 글을 누가 읽**는답니까**？(こんな文章を誰が読むんですか？)

　▪ 돈 벌어서 어디다 **쓴답니까**？(お金を稼いでどこに使うんですか？)

-는답니다

【꽃을 심는답니다.（花を植えるんです。）】

『-는답니다は'ㄹ'以外の終声字のある動詞の後に，-ㄴ답니다は終声字の無い動詞と'ㄹ'終声字で終わる動詞の'ㄹ'脱落形の後に用いられる。形容詞の後には-답니다が用いられ，'이다'の後には-랍니다が用いられる』

|語尾| 終結語尾

|最も敬意が高い| 職場の上司や目上の人に（公式的）

|例| 먹는답니다，간답니다，산답니다（살다）

|形態関連語| -답니다，-랍니다

|全体参考| 1. 話し言葉に用いられる。2. 自慢するニュアンスが感じられる。

1. ある事柄を親しみを持って説明することを表わす。

例 ▪ 우리는 마당에 꽃을 **심는답니다**. （私たちは庭に花を植えるんです。）
  ▪ 우리 학교는 축구를 아주 잘 **한답니다**. （私たちの学校はサッカーがとても上手なんです。）
  ▪ 우리 회사는 수출을 많이 **한답니다**. （うちの会社は輸出をたくさんしているんです。）

-는대[1]

【혼자만 자장면 먹는대.（一人だけでチャジャン麺食べるんだよ。）】

『-는대は'ㄹ'以外の終声字のある動詞の後に，-ㄴ대は終声字の無い動詞と'ㄹ'終声字で終わる動詞の'ㄹ'脱落形の後に用いられる。形容詞の後には-대が用いられ，'이다'の後には-래が用いられる』

|語尾| 終結語尾

|親しい間で敬意が低い| 友達に

|例| 먹는대，간대，산대（살다）

|形態関連語| -대[1]，-래[1]

丁寧 -는대요¹

全体参考 話し言葉に用いられる。

1. 〔文末を若干上げてから下げる抑揚と共に〕相手のことを他の人に言いつけるときに用いられる。

例 ▪ 누나, 유미가 혼자만 자장면 먹**는대**. （お姉さん, ユミが一人だけでチャジャン麺食べるんだよ。）

　▪ 엄마, 누나가 자꾸 나 때**린대**. （お母さん, お姉さんが何度もぼくをぶつんだよ。）

　▪ 형, 얘가 자꾸 말 안 듣**는대**. （兄ちゃん, この子っていつも言うこと聞かないんだよ。）

参考 主に子供の言葉に用いられる。

2. 〔疑問文の形式だが答えを要求しない形で用いられ〕ある事柄を与えられたものと見なし, その事柄への疑問を表わす。

例 ▪ 누가 그런 걸 먹**는대**? 어서 가져 가! （誰がそんなものを食べるかよ？ さっさと持って行けよ！）

　▪ 앤, 내가 그런 소리를 듣**는대**? （ねえ, 私がそんな話を聞くかしら？）

参考 驚いたり不満に思ったりする意味が含まれている。

-는대² 【그 집을 다시 찾**는대**. （その店をもう一度訪れるんだって。）】

『-는대는 'ㄹ' 以外の終声字のある動詞の後に, -ㄴ대は終声字の無い動詞と 'ㄹ' 終声字で終わる動詞の 'ㄹ' 脱落形の後に用いられる。形容詞の後には -대が用いられ, '이다' の後には -래が用いられる』

例 먹는대, 간대, 산대 （살다）

'-는다고 해' の縮約形

縮約形（終結の機能）

親しい間で敬意が低い　友達に

形態関連語 -대², -래²

丁寧 -는대요²

関連語 -내, -래³, -재

―는 대로

|全体参考| 話し言葉に用いられる。

1. 経験したことや聞いたことに基づいて，説明したり伝えたりするときに用いられる。

例 ▪ 한번 갔던 사람들은 꼭 그 집을 다시 찾**는대**. (一度行った人たちは必ずその店をもう一度訪れるんだって。)
　　▪ 오늘 비 **온대**. (今日雨が降るんだって。)
　　▪ 엄마가 학교에 가**신대**. (お母さんが学校に行くんだって。)

2. 相手の聞いたことや経験したことに基づいて，尋ねるときに用いられる。

例 ▪ 그 사람 소리는 듣**는대**？ (その人のうわさは聞くんだって？)
　　▪ 그 땅에 기어이 사과나무를 심**는대**？ (その土地に何としてもリンゴの木を植えるんだって？)
　　▪ 그나저나 미선이는 서울에서 뭘 **한대**？ (いずれにしてもミソンはソウルで何をするんだって？)

―는 대로

【퇴근하**는 대로** 같이 가 보자. (退社したらすぐ一緒に行ってみよう。)】

|結合情報| ☞ ―는²

慣用句

1. 〔動詞に用いられ〕'あることが起こる，まさにその時'の意味。

例 ▪ 퇴근하**는 대로** 같이 가 보자. (退社したらすぐ一緒に行ってみよう。)
　　▪ 손님들이 오**는 대로** 음식을 주세요. (お客さんが来たらすぐ料理を下さい。)
　　▪ 이 편지 받**는 대로** 답장 써. (この手紙受け取ったらすぐに返事書いてね。)

　　|類義| ―자², ―자마자

2. 〔動詞に用いられ〕'ある事柄や状態が現われるときはいつも'の意味。

例 ▪ 같은 동네 사니까 틈이 나**는 대로** 놀러 와. (同じ町に住んでいるから，暇ができたらいつでも遊びにおいで。)
　　▪ 아이가 사 달라**는 대로** 다 사 주면 버릇이 나빠진다. (子供が買ってくれと言うたびに何でも買ってやると，わがままになる。)
　　▪ 돈이 생기**는 대로** 써 버리는 게 취미다. (金ができるたびに使ってしまうのが趣味だ。)

~는 ~대로 【학교는 학교대로 (学校は また学校で)】

慣用句

結合情報 ☞ -는¹

全体参考 '~'に同じ語が繰り返し用いられる。

1. '互いに区別されるよう別々に'の意味。

例 ▪ 학교는 학교대로 쉬고 고생은 고생대로 했다. (学校はまた学校で休んでしまったし, 苦労はまた苦労なりに経験した。)

▪ 좋은 것은 좋은 것대로 따로 모아라. (良い物は良い物として別に集めろ。)

▪ 난은 난대로 좋고 돌은 돌대로 좋다. (蘭は蘭なりに良く, 石は石なりに良い。)

-는 대신 【대답을 하는 대신~ (返事をする代わりに~)】

慣用句

結合情報 ☞ -는²

形態関連語 -ㄴ 대신

全体参考 '-는 대신에'の形でも用いられる。例 대성이는 대답을 하는 대신에 전화를 끊었다. (テソンは返事をする代わりに電話を切った。)

1. 〔動詞と'있다/없다'の後に用いられ〕前接語が表わす行動や状態と異なったり, それと反対であったりすることを表わす語。

例 ▪ 그는 대답을 하는 대신 전화를 끊어 버렸다. (彼は返事をする代わりに, 電話を切ってしまった。)

▪ 수녀는 웃는 대신 울상이 되어 버렸다. (シスターは微笑む代わりに, 泣き顔になってしまった。)

▪ 사람들은 열심히 일하는 대신 재미있게 즐기려고 한다. (人々は一所懸命働く代わりに, 面白楽しく過そうとする。)

2. 〔動詞と'있다/없다'の後に用いられ〕先行する行動に基づいて, それに該当する他の事柄を行うことを表わす。

例 ▪ 용돈을 주는 대신 설거지는 내가 하기로 했다. (お小遣いと引きかえに, 皿洗いは私がやることにした。)

▪ 숙제를 해 주는 대신 옷을 빌려 주기로 했다. (宿題をやってもらう代

わりに，服を貸してあげることにした。)

-는대요[1]	【혼자만 장난감 다 갖**는대요**. (おもちゃを全部独り占めするんですよ。)】	例 먹**는대요**, 간대요, 산대요（살다）
『-는대요は'ㄹ'以外の終声字のある動詞の後に，-ㄴ대요は終声字の無い動詞と'ㄹ'終声字で終わる動詞の'ㄹ'脱落形の後に用いられる。形容詞の後には -대요が用いられ，'이다'の後には -래요が用いられる』		
語尾　終結語尾		
親しい間で敬意が高い　先輩や目上の人に		

形態関連語　-대요[1], -래요[1]

全体参考　話し言葉に用いられる。

1. 〔文末を若干上げてから下げる抑揚と共に〕相手のことを他の人に言いつけるときに用いられる。

例 ▪ 할머니, 형이 만날 혼자만 장난감 다 갖**는대요**．(おばあさん，お兄ちゃんがいつもおもちゃを全部独り占めするんですよ。)

　▪ 엄마, 언니가 자꾸 나 때**린대요**．(お母さん，お姉さんが何度も私をぶつのよ。)

参考　主に子供の言葉に用いられる。

2. 〔疑問文の形式だが答えを要求しない形で用いられ〕ある事柄を与えられたものと見なし，その事柄への疑問を表わす。

例 ▪ 이 돈으로 어떻게 집을 얻**는대요**？(このお金でどうやって家を手に入れるんですか？)

　▪ 저 애가 왜 저렇게 화를 **낸대요**？(あの子はどうしてあんなに腹を立てているんですか？)

参考　驚いたり不満に思ったりする意味が含まれている。

−는대요²

【집에서 푹 쉬면 낫**는대요**.
（家でゆっくり休むと良くなるんですって。）】

『-는대요는 'ㄹ' 以外の終声字のある動詞の後に、-ㄴ대요は終声字の無い動詞と 'ㄹ' 終声字で終わる動詞の 'ㄹ' 脱落形の後に用いられる。形容詞の後には -대요が用いられ、'이다' の後には -래요が用いられる』

縮約形（終結の機能）

親しい間で敬意が高い　先輩や目上の人に

例 먹는대요, 간대요, 산대요（살다）

'-는다고 해요' の縮約形

形態関連語 -대요², -래요²

関連語 -내요, -래요³, -재요

全体参考 話し言葉に用いられる。

1. 聞いた事柄に基づいて伝えることを表わす。

例 ▪ 의사가 집에서 푹 쉬면 낫**는대요**.（お医者さんの話では家でゆっくり休むと良くなるんですって。）
　▪ 옆집은 오늘 동물원 구경을 **간대요**.（隣の家は今日動物園に見物に行くんですって。）
　▪ 아저씨께서 수술을 받으셔야 **한대요**.（おじさんが手術を受けなければならないんですって。）

2. 相手が聞いたりすることで知った事柄について尋ねることを表わす。

例 ▪ 언제 아기를 낳**는대요**？（いつ赤ちゃんを産むんですって？）
　▪ 할머니 언제 **오신대요**？（おばあさん、いついらっしゃるんですって？）
　▪ 지금도 보리밥만 먹**는대요**？（今も麦ご飯ばかり食べるんですって？）

-는데¹ 【정말 잘 먹는데. (本当によく食べるね。)】

『動詞, '있다／없다', '-았-'の後に用いられる。終声字の有無にかかわらず -는데が用いられる。'ㄹ'終声字で終わる動詞に結合するときは 'ㄹ'脱落形の後に用いられる。形容詞の後には -ㄴ데, -은데が用いられ, '이다'の後には -ㄴ데が用いられる』

[語尾] 終結語尾

[親しい間で敬意が低い] 友達に

[例] 가는데, 사는데 (살다), 먹는데, 있는데, 없는데, 갔는데

[形態関連語] -ㄴ데¹

[丁寧] -는데요

[関連語] -는걸

[全体参考] 話し言葉に用いられる。

1. 〔ある事柄を認めるときに現われる上昇調の抑揚と共に用いられ〕感嘆を表わす。意外だと感じられる事柄について用いられる。

例 ▪ 정말 잘 먹는데. (本当によく食べるね。)
  ▪ 영어도 잘 하는데. (英語も上手だね。)
  ▪ 네가 음식을 잘 하는 줄은 몰랐는데. (君が料理が上手だとは思わなかったよ。)
  ▪ 그러다가 정말 1등 하겠는데. (そうこうするうちに, 本当に1番になりそうだね。)

[参考] '-겠-'の後にも用いられる。

2. 〔問いを表わす抑揚と共に用いられ〕何らかの説明を求めて尋ねることを表わす。

例 ▪ 부모님께서 어디에 가시는데？ (ご両親はどちらにお出かけなの？)
  ▪ 돈이 얼마나 있는데？ (お金はどのくらいあるの？)
  ▪ 너는 언제 올라왔는데？ (君はいつ上京したの？)
  ▪ 점심에 뭘 먹었는데？ (お昼に何を食べたの？)

[参考] 1. '-겠-'の後には用いられない。 2. 終結語尾 '-아'の意味だが, '-아'とは異なり, '왜 그래 (どうしたの)'のように相手からの反応を期待することを表わす。

3. 〔文末を下げる抑揚と共に用いられ〕ある状況が納得できないという口調で，独り言のようにつぶやくことを表わす。

例 ▪ 무슨 소리가 들리는 듯했**는데**．(何か音が聞こえるようだったけど。)
　　▪ 예전에는 이러지 않았**는데**．(昔はこうじゃなかったけど。)
　　▪ 이 시간에 길이 막힐 이유가 없**는데**．(この時間に道が混むわけがないんだけど。)

参考 連結語尾 '-는데' が終結語尾のように用いられたもの。後に省略された文がある。例 소리가 들리는 듯했**는데** (내가 잘못 들었나)．(音が聞こえるようだったけど（私が聞き間違えたかな）。)

4. 〔文末を上げる抑揚と共に用いられ〕このような状況だと伝えながら，聞き手の反応を期待することを表わす。

例 ▪ 저녁 때까지 꼭 시내로 가야 하**는데**．(夕方までに必ず市内に行かなくちゃいけないんだけどね。)
　　▪ 연극이나 볼까 생각 중이었**는데**．(演劇でも見ようかと考えていたところだけどね。)
　　▪ 나는 한국말을 배우려고 했**는데**．(私は韓国語を習おうと思ったんだけどね。)
　　▪ 진수：대성아，너 내 동생 유미 봤니？(チンス：テソン，お前，ぼくの妹のユミ，見かけた？)
　　　대성：아니，못 봤**는데**．(テソン：いや，見かけなかったけど。)

-는데²　【부탁이 하나 있는데~ (一つ頼みたいことがあるんだけど~)】

『動詞, '있다／없다', '-았-', '-겠-' の後に用いられる。終声字の有無にかかわらず -는데が用いられる。'ㄹ' 終声字で終わる動詞に結合するときは 'ㄹ' 脱落形の後に用いられる。形容詞の後には -ㄴ데, -은데が用いられ, '이다' の後には -ㄴ데が用いられる』

|語尾|　連結語尾

|例| 가는데, 사는데 (살다), 먹는데, 있는데, 없는데, 갔는데, 하겠는데

|形態関連語| -ㄴ데²

1. 状況や背景等を提示する

1. 後の内容の説明となる背景を提示することを表わす。

例 ▪ 나 사실은 부탁이 하나 있는데 들어줄래？（私, 実は一つ頼みたいことがあるんだけど, 聞いてくれる？）
　▪ 친구한테 선물을 주려고 하는데 뭘 주면 좋겠어요？（友達にプレゼントをあげようと思うんですけど, 何をあげたらいいと思いますか？）
　▪ 지금 시장에 가는데 뭘 사 올까요？（今から市場に行くんですけど, 何を買って来ましょうか？）

2. あることを紹介したり説明したりするために, 一般的状況を提示することを表わす。

例 ▪ 옛날에 한 공주가 있었는데, 아주 예쁘고 착했어요.（昔, あるお姫様がいたのですが, とてもきれいで心根が優しかったのです。）
　▪ 어떤 마을에 한 부부가 있었는데, 나이가 들도록 자식이 없었다.（ある村に, とある夫婦がいたのだが, 年を取っても子供がいなかった。）
　▪ 회사에 취직을 했는데, 월급이 아주 많았다.（会社に就職したのだが, 給料がとても多かった。）
　▪ 저는 일본에서 왔는데, 한국에서 공부하고 있습니다.（私は日本から来たのですが, 韓国で勉強しています。）

|参考| '-는데²' だけの固有の機能であり, 後行節は省略されない。しばしば童話や昔話等の冒頭で後の話を示すための背景となる状況を説明するときに用いられる。

3. 後で起こる行動の原因や根拠等を提示することを表わす。

例 ▪ 비가 오**는데** 우산을 가지고 갑시다. (雨が降るから, 傘を持って行きましょう。)

　▪ 지금 다들 모여서 기다리**는데** 빨리 가자고. (今みんな集まって待っているから, 早く行こうよ。)

　類義 -니까

　参考 後行節には主に勧誘文や命令文が用いられる。

4. 後の文で説明を加えたり, より詳しく述べたりするときの対象を提示する。

例 ▪ 무언가를 말할 듯이 보였**는데** 그게 어떤 것인지는 짐작도 못했었지. (何かを話そうとしているように見えたのだけれど, それがどういうことなのかは見当もつかなかったよ。)

　▪ 나는 웃어 보려고 했**는데** 그게 잘 되지 않았다. (私は笑ってみようとしたが, それがうまくいかなかった。)

　参考 "-는데²"だけの固有の機能であり, 後行節は省略されない。前の文で提示された主語や目的語, またはこれに準ずる要素及び文全体の内容が後の文の主語として現われる。

2. 後行節と対立する内容を提示する

1. 後の事柄と対立する事柄を提示することを表わす。'～けれども (-지만)'や'～が (-나)'の意味。

例 ▪ 저도 공부를 하고 싶었**는데** 할 수가 없었습니다. (私も勉強がしたかったのですが, できませんでした。)

　▪ 힘들 것 같았**는데** 우수한 성적으로 합격했다. (きびしそうだったが, 優秀な成績で合格した。)

　▪ 사탕을 먹지 않았으면 좋겠**는데** 안 먹는 아이가 없다. (キャンディーを食べなかったらいいのだが, 食べない子供はいない。)

　類義 -나⁶, -지만

2. '～のに (-는데도)'の意味。

例 ▪ 시간이 늦었**는데** 굳이 가셔야겠어요? (時間が遅くなったのに, 無理にお帰りにならなくてはいけないのですか?)

　▪ 푹 잤**는데** 왜 이리 피곤하지? (ぐっすり寝たのに, なんでこう疲れてるん

- 떡 줄 놈은 생각도 않**는데** 김칫국부터 마신다. (餅をくれる人は考えてもいないのに、キムチの汁から飲む（早合点すること）。)

[類義] -는데도

3. '〜のでは (-는데야)'の意味。

例 ・ 아무리 야단쳐도 먹**는데** 어쩌겠어요? (いくら叱っても食べるのでは、どうしようもないですよ。)

・ 내 충고를 받아들이지 않**는데** 낸들 어쩌겠어? (私の忠告を聞き入れないんじゃ、私だってどうしようもないよ。)

[類義] -는데야

-는 데다가 【비가 오는 데다가〜（雨が降る上に〜）】

慣用句

[結合情報] ☞ -는²

[形態関連語] -ㄴ 데다가

[全体参考] 1. 話し手は前の事柄より後の事柄に価値を置いている。2. '비가 오고 바람이 부는 것（雨が降り、風が吹くこと）'のように類似した性質について述べる。

1. 〔動詞と'있다／없다'の後に用いられ〕前の文の行為や状態に加え、他の行為や状態がいっそう甚だしくなることを表わす。'その上に加えて'、'前の事柄はもちろんのこと、後の事柄まで'の意味。

例 ・ 비가 오**는 데다가** 바람까지 불기 시작했다. (雨が降る上に風まで吹き始めた。)

・ 그 사람은 집도 없**는 데다가** 직업도 없었다. (その人は家も無い上に職も無かった。)

・ 영하는 공부를 잘하**는 데다가** 운동도 잘해요. (ヨンハは勉強がよくできる上にスポーツも上手です。)

・ 이 식당은 음식도 맛있**는 데다가** 값도 싸서 늘 사람이 많아요. (この食堂は料理もおいしい上に値段も安いので、いつも人が多いです。)

アドバイス

'-ㄴ 데다가' の説明:
完了を表わす連体形が '데' の前に用いられる場合, '-ㄴ 데다가' となる。'-았는 데다가' は誤りである。
例: 비가 **온 데다가** (○) / 왔는 데다가 (×) 얼어붙기까지 했다. (雨が降る上に, 凍りつきさえした。)

-는데도 【내가 가는데도~ (私が帰るのに~)】

『動詞, '있다/없다', '-았-' の後に用いられる。終声字の有無にかかわらず -는데도 が用いられる。'ㄹ' 終声字で終わる動詞に結合するときは 'ㄹ' 脱落形の後に用いられる。形容詞の後には -ㄴ데도, -은데도 が用いられ, '이다' の後には -ㄴ데도 が用いられる』

[語尾] 連結語尾

例 가는데도, 사는데도 (살다), 먹는데도, 있는데도, 없는데도, 갔는데도

[形態関連語] -ㄴ데도

[類義] -는데²

[全体参考] 強調するときは '-는데도 불구하고' を用いる。 例 밥을 먹었**는데도 불구하고** 배가 고팠다. (ご飯を食べたにもかかわらず空腹だった。)

1. 前の事柄に拘束されたり, とらわれたりせずに, 後の事柄が展開することを表わす。'~にかかわりなく' の意味。

例 ▪ 내가 가**는데도** 그는 듣지 못했다. (私が帰るのに, 彼には聞こえなかった。)

　▪ 선영아 뭘 하니? 친구가 왔**는데도** 내다보지 않고. (ソニョン, 何してるの? 友達が来たのに顔も出さないで。)

　▪ 이를 빼고 이틀이 되었**는데도** 계속 아프다. (歯を抜いて2日目になったのに, ずっと痛い。)

2. 〔後の語句が省略され, 終結語尾のように用いられ〕提示した状況を基

にして相手に反論することを表わす。

例 ▪ 너 정말 안 갈 거야? 선생님께서 부르시**는데도**? (お前，本当に行かないつもりか？ 先生が呼んでるのに？)

　▪ 나가자구? 비가 오**는데도**? (出かけようって？ 雨が降ってるのに？)

　丁寧 -는데도요

-는데도 불구하고 【이름이 있는데도 불구하고~ (名前があるにもかかわらず~)】

結合情報 ☞ -는데도

慣用句

形態関連語 -ㄴ데도 불구하고

関連語 ～에도 불구하고

全体参考 '-는데도'だけを用いてもよい。例 밥을 먹었**는데도** 배가 고팠다. (ご飯を食べたのに空腹だった。)

1. 〔動詞と'있다／없다'の後に用いられ〕'前の事柄があるが，それにかかわりなく'の意味。

例 ▪ 버젓이 이름이 있**는데도 불구하고** 별명으로 불리기도 한다. (ちゃんと名前があるにもかかわらず，あだ名で呼ばれたりもする。)

　▪ 시내로 가는 버스가 있**는데도 불구하고**, 그녀는 일부러 걸어갔다. (市内に行くバスがあるにもかかわらず，彼女はわざわざ歩いて行った。)

　▪ 밥을 먹었**는데도 불구하고** 배가 고파요. (ご飯を食べたにもかかわらず，お腹が空いています。)

-는데요

【노래도 잘 하는데요. (歌も上手ですね。)】

『動詞, '있다/없다', '-았-' の後に用いられる。終声字の有無にかかわらず -는데요 が用いられる。'ㄹ' 終声字で終わる動詞に結合するときは 'ㄹ' 脱落形の後に用いられる。形容詞の後には -ㄴ데요, -은데요 が用いられ, '이다' の後には -ㄴ데요 が用いられる』

例 가는데요, 사는데요 (살다), 먹는데요, 있는데요, 없는데요, 갔는데요

[語尾] 終結語尾

[親しい間で敬意が高い] 先輩や目上の人に

[形態関連語] -ㄴ데요

[関連語] -는걸요

[全体参考] 話し言葉に用いられる。

1. 感嘆を表わす。意外だと感じられる事柄について用いられる。

例 ▪ 노래도 잘 하는데요. (歌も上手ですね。)
   ▪ 믿어지지 않는데요. (信じられませんね。)
   ▪ 아주 맛있는데요. (とてもおいしいですね。)

   [参考] '-겠-' の後に用いられる。

2. このような状況だと伝えながら, 相手の反応を期待することを表わす。

例 ▪ 질문이 하나 있는데요. (質問が一つあるんですが。)
   ▪ 기억이 잘 안 나는데요. (よく思い出せないんですが。)
   ▪ 잘 모르겠는데요. (よく分からないんですが。)
   ▪ 대성 : 김 선생님 계세요? (テソン:金先生, いらっしゃいますか?)
     유미 : 학교에 가셨는데요. (ユミ:学校に行かれましたけど。)

   [参考] '-겠-' の後に用いられる。

3. 〔問いを表わす抑揚と共に用いられ〕尋ねることを表わす。

例 ▪ 거긴 왜 가는데요? (そこにはなぜ行くんですか?)
   ▪ 어떤 방을 구하시는데요? (どんな部屋をお探しですか?)
   ▪ 어제가 무슨 날이었는데요? (昨日は何の日でしたっけ?)

   [参考] '-겠-' の後には用いられない。

-는 도중에
【이야기하는 도중에～（話している途中で～）】
慣用句

結合情報 ☞ -는²

全体参考 '-는 도중'의 形でも用いられる。例 신문사로 가는 도중 차를 세웠다.（新聞社に行く途中，車を止めた。）

1. 〔動詞に用いられ〕'事柄が継続している過程や事柄が起こっている間に'の意味。

例 ■ 그가 이야기하는 도중에 나에게 담배를 권했지만 거절했다.（彼は話している途中で私にタバコを勧めたが，断った。）
   ■ 최 노인은 내가 말하는 도중에 소주병을 꺼냈다.（崔老人は私が話している途中で焼酎のビンを取り出した。）

-는 동시에
【지식을 배우는 동시에～（知識を学ぶと同時に～）】
慣用句

結合情報 ☞ -는²

形態関連語 -ㄴ 동시에

1. 〔動詞に用いられ〕'ある行動と共に'の意味。

例 ■ 어린이는 지식을 배우는 동시에 인생관, 세계관도 만들고 있는 것이다.（子供は知識を学ぶと同時に，人生観や世界観も作っているのである。）
   ■ 사람은 누구나 한 가정의 가족이 되는 동시에 한 국가의 국민이 된다.（人は誰でも一家族の一員となると同時に，一国家の国民となる。）

-는 동안
【차를 타고 가는 동안～（車に乗って行く間～）】
慣用句

結合情報 ☞ -는²

全体参考 '-는 동안에'의 形でも用いられる。例 네가 없는 동안에 많은 일이 있었어.（お前がいない間に，たくさんのことがあったよ。）

1. 〔動詞と'있다/없다'の後に用いられ〕'前の動作や状態が継続する間に'の意味。

例 ■ 차를 타고 가는 동안 아내는 거의 말이 없었다.（車に乗って行く間，妻はほとんど話さなかった。）

- 음식을 차리는 동안 당신은 술 좀 준비해 주세요. (食べ物を支度する間, あなたはお酒を用意して下さい。)
- 네가 없는 동안 많은 일이 있었어. (お前がいない間, たくさんのことがあったよ。)

～는 둘째 치고 【우리는 둘째 치고～ (私たちはさておいて～)】

[結合情報] ☞ 는¹

慣用句

1. 'それが重要なのではなく (後の事柄がより問題だ)' の意味。

例
- 우리는 둘째 치고 너희들은 이제 어쩌니. (私たちはさておいて, 君たちは今からどうするの。)
- 떡은 둘째 치고 굿을 볼 흥미조차 없어. (餅はさておき, クッを見る興味さえないよ (餅はクッ (ムーダンの祭祀) のときに供されるもので, 全く興味がないの意)。)

-는 둥 마는 둥하고 【먹는 둥 마는 둥하고～ (そこそこに食べて～)】

[結合情報] ☞ -는²

慣用句

[形態関連語] -ㄴ 둥 만 둥하고

[全体参考] '하고'を省略した形でも用いられる。例 그는 듣는 둥 마는 둥 건성으로 대답했다. (彼は聞いているのか聞いていないのか, うわの空で返事をした。)

1. 〔動詞に用いられ〕そうするようでもあるし, そうしないようでもあり, 十分に行わないことを表わす。

例
- 우리들은 설렁탕 한 그릇을 먹는 둥 마는 둥하고 다시 버스에 올랐다. (私たちはソルロンタン一杯をそこそこに食べて, 再びバスに乗り込んだ。)
- 얼굴에 비누칠을 하는 둥 마는 둥하고 물을 끼얹었다. (顔に石けんをそこそこに付けて水をぶっかけた。)

-는 듯

【퍼붓는 듯 쏟아지는 비 (叩きつけるように降り注ぐ雨)】

結合情報 ☞ -는²

慣用句

形態関連語 -ㄴ 듯

1. 〔動詞と'있다/없다'の後に用いられ〕比較し、似ていることを表わす。'〜するように (-는 것처럼)'の意味。

例 ▪ 퍼붓는 듯 쏟아지는 비. (叩きつけるように降り注ぐ雨。)
  ▪ 저녁노을에 산봉우리가 은은히 타 들어가는 듯 보였지요. (夕焼けに峰がほのかに燃え上がるように見えたんですよ。)

-는 듯하다

【무언가를 때리는 듯한 소리 (何かを叩くような音)】

結合情報 ☞ -는²

慣用句

形態関連語 -ㄴ 듯하다

類義 -는 것 같다 例 그것은 무언가를 때리는 것 같은 소리였다. (それは何かを叩くような音だった。), -는 듯싶다 例 아직도 비가 오는 듯싶다. (まだ雨が降っているようだ。)

関連語 -ㄹ 듯하다

1. 〔動詞と'있다/없다'の後に用いられ〕現在の事柄を推測することを表わす。'そうするようだ'の意味。

例 ▪ 그것은 무언가를 때리는 듯한 소리였다. (それは何かを叩くような音だった。)
  ▪ 화창한 날씨가 오늘 두 사람의 결혼을 축복해 주는 듯합니다. (うらかな天気が今日のお二人の結婚を祝福してくれるようです。)

-는 마당에

【헤어지는 마당에~ (別れる段になって~)】

結合情報 ☞ -는²

慣用句

形態関連語 -ㄴ 마당에

1. 〔動詞に用いられ〕'あることに至るようになった状況や立場'を表わす。

例 ▪ 헤어지**는 마당에** 이제 와서 잘잘못을 따질 것도 없었다．(別れる段になって，今さら是非を明らかにすべきこともなかった。)

　▪ 떠나가**는 마당에** 무슨 참견이에요？(出て行くというときに，何の口出しですか？)

–는 모양이다
【누구를 기다리시는 모양이에요．(誰かをお待ちになっているようです。)】　結合情報 ☞ –는²

慣用句

形態関連語 –ㄴ 모양이다

関連語 –ㄹ 모양이다

全体参考 先行節には後行節を述べる根拠となる'〜보니(까)(〜みたら)'等の語が用いられることもある。

1. 〔動詞と'있다／없다'の後に用いられ〕現在起きている事柄を推量したり推測したりすることを表わす。'そのように思われる'の意味。

例 ▪ 누구를 기다리시**는 모양이에요．**(誰かをお待ちになっているようです。)

　▪ 자기만 두고 갈까 봐 겁이 나**는 모양이다．**(自分だけ置いて行くのではないかと思って，おびえているようだ。)

　▪ 이번에는 네 부모도 어쩔 수 없**는 모양이다．**(今回は君の両親もどうしようもないみたいだ。)

〜는 물론이고
【학교는 물론이고〜(学校はもちろんのこと〜)】　結合情報 ☞ –는¹

慣用句

全体参考 1. '〜는 물론'の形でも用いられる。例 낮에**는 물론** 밤에도 계속 걸었다．(昼はもちろん，夜もずっと歩いた。) 2. 終声字があるときは'〜은 물론이고'が用いられる。例 밥**은 물론이고** 반찬도 할 줄 알아．(ご飯はもちろんのこと，おかずも作れるよ。)

1. 〔終声字の無い語に付き〕'先行する語句のことは言うまでもなく'の意味。

例 ▪ 학교**는 물론이고** 가정에까지 컴퓨터가 퍼졌다．(学校はもちろんのこと，

家庭にまでコンピュータが広まった。)
- 집안의 큰 행사**는 물론** 시시한 일에도 서로 돕습니다.（家の大きな行事はもちろん，ささいなことにもお互い助け合います。)
- 제인은 한국말**은 물론이고** 일본말도 잘한다.（ジェーンは韓国語はもちろんのこと，日本語も上手だ。)

-는 바람에

【교통사고가 나는 바람에
～（交通事故が起きたあおりで～）】

[結合情報] ☞ -는²

慣用句

[全体参考] しばしば予期できなかった否定的なことについて用いられる。

1. 〔動詞に用いられ〕'それのために（그것 때문에）'の意味。

例
- 그 근처에서 큰 교통사고가 나**는 바람에** 차들이 많이 밀렸다.（その付近で大きい交通事故が起きたあおりで，車がたくさん停滞した。)
- 그가 우**는 바람에** 모두들 따라 울었다.（彼が泣く拍子に，皆もつられて泣いた。)

-는 바와 같이

【알고 있는 바와 같이
～（知っている通り～）】

[結合情報] ☞ -는²

慣用句

[形態関連語] -ㄴ 바와 같이

[全体参考] '-는 바와 같다'の形でも用いられる。

1. 〔動詞と'있다／없다'の後に用いられ〕話されている内容を前で提示することを表わす。

例
- 우리가 알고 있**는 바와 같이** 그 소문은 사실이었다.（私たちが知っている通り，そのうわさは事実だった。)
- 그 모양은 사진에서 보**는 바와 같다**.（その形は写真で見る通りだ。)

-는 반면에

【열심히 일하는 사람이 있는 반면에~ (一所懸命に働く人がいる反面~)】

結合情報 ☞ -는²

慣用句

形態関連語 -ㄴ 반면에

全体参考 '에'が省略され，'-는 반면'の形でも用いられる。

1. 〔動詞と '있다／없다' の後に用いられ〕'前の事柄とは反対に（後の内容は~）' の意味。

例 ■ 열심히 일하는 사람이 있**는 반면에**, 놀기만 하는 사람도 있다. (一所懸命に働く人がいる反面, 遊んでばかりいる人もいる。)

■ 과학의 발달로 생활이 편해지**는 반면**, 이로 인한 부작용도 적지 않다. (科学の発達で生活が楽になる反面, これによる副作用も少なくない。)

-는 법이다

【아이들은 그 부모를 닮는 법이다. (子供たちはその親に似るものである。)】

結合情報 ☞ -는²

慣用句

形態関連語 -ㄴ 법이다

1. 〔動詞と '있다／없다' の後に用いられ〕'そのように決まっている' の意味。

例 ■ 아이들은 그 부모를 닮**는 법이다**. (子供たちはその親に似るものである。)

■ 진정한 자유란 반드시 이에 책임이 따르**는 법이다**. (真の自由とは, 必ずこれに責任が伴うものである。)

-는 법이 없다

【혼자 숙제를 하는 법이 없어요. (一人で宿題をすることがありません。)】

結合情報 ☞ -는²

慣用句

全体参考 '-는 법이 있다 (~することがある)' は疑問文でも用いられる。例 진수가 언제 한번이라도 지각하**는 법이 있니**? (チンスが今まで一度だって遅刻したことがあったの？) (強い肯定の意味)

1. 〔動詞に用いられ〕ある事柄を習慣的に決して行わないことを表わす。

例 ▪ 우리 아이는 혼자 숙제를 하**는 법이 없어요.**（うちの子は一人で宿題をすることがありません。）
　▪ 사자나 호랑이는 배가 부를 때 사냥을 하**는 법이 없다.**（ライオンやトラは腹がふくれているとき，獲物を狩ることがない。）
　▪ 그녀는 제 시간에 나타나**는 법이 없다.**（彼女は時間通りに現われることがない。）

－는 사이에 　【나도 모르는 사이에～（自分も知らないうちに～）】　結合情報 ☞ －는²
慣用句

形態関連語　-ㄴ 사이에

全体参考　過去を表わすときは'-ㄴ 사이에'の形を用いる。例 딸이 잠깐 방을 나간 사이에 아이의 가방을 열어 봤다.（娘がちょっと部屋を出たすきに，子供のカバンを開けてみた。）

1. 〔動詞と'있다／없다'の後に用いられ〕'前のことが進行していたり，そのような間に'の意味。

例 ▪ 나도 모르**는 사이에** 나는 한국 사람이 되어 가고 있었다.（自分も知らないうちに，私は韓国人っぽくなっていった。）
　▪ 자신도 알지 못하**는 사이에** 병이 들 수 있다.（自分でも気付かない間に病気にかかることがある。）
　▪ 나 없**는 사이에** 자기네끼리 파티를 했단 말이지？（私のいない間に自分たちだけでパーティーをやったってことだろ？）

－는 셈이다 　【나의 고향은 서울이 되는 셈이구나.（私の故郷はソウルになるわけだなあ。）】　結合情報 ☞ －는²
慣用句

形態関連語　-ㄴ 셈이다

1. 〔動詞と'있다／없다'の後に用いられ〕ある成り行きや結果を表わす。

例 ▪ 서울서 이렇게 오래 살았으니, 이제 나의 고향은 서울이 되**는 셈이구나.**（ソウルでこんなに長く暮らしたから，今や私の故郷はソウルになるわけ

だなあ。)

- 결국 나만 나쁜 사람이 돼 버리**는 셈이군**. (結局私だけ悪者になってしまうわけだな。)

-는 셈 치고 【소풍 가는 셈 치고~ (遠足に行くつもりで~)】

結合情報 ☞ -는²

慣用句

形態関連語 -ㄴ 셈 치고

関連語 -ㄹ 셈 치고

1. 〔動詞と'있다/없다'の後に用いられ〕そのような事柄を推量して仮定することを表わす。

例
- 소풍 가**는 셈 치고** 교외에 집을 보러 가자고 했다. (遠足に行くつもりで、郊外に家を見に行こうと言った。)
- 그럼 우리 속**는 셈 치고** 가 볼까. (じゃ私たち、だまされたと思って、行ってみようか。)

-는 수밖에 없다 【질문을 하는 수밖에 없어요. (質問をするしかありません。)】

結合情報 ☞ -는²

慣用句

関連語 -ㄹ 수밖에 없다

1. '仕方なくそうする'、'それしか方法がない'の意味。

例
- 뭔가를 배우려면 자꾸 질문을 하**는 수밖에 없어요**. (何かを学びたいなら、何度も質問をするしかありません。)
- 수업이 끝날 때까지 여기서 기다리**는 수밖에 없습니다**. (授業が終わるまで、ここで待つしかありません。)

－는 이상

【눈이 오는 이상～ (雪が降っている以上～)】

[結合情報] ☞ －는²

慣用句

[形態関連語] －ㄴ 이상

[全体参考] '－는 이상은'の形でも用いられる。例 이 조직에 속해 있는 이상은 이 조직의 규칙에 따라야 한다. (この組織に属している以上は, この組織の規則に従わなければならない。)

1. 〔動詞と '있다／없다' の後に用いられ〕 '〜することが既定の事実であるならば' のに意味。

例 ▪ 눈이 오는 이상 밖에서 만날 수는 없다. (雪が降っている以上, 外で会うことはできない。)

　▪ 우리는 선택을 해야 하는 이상 올바른 선택을 해야 한다. (私たちは選択をしなければならない以上, 正しい選択をしなければならない。)

－는 일이 없다

【그는 이런 일에 화를 내는 일이 없다. (彼はこんなことで腹を立てることがない。)】

[結合情報] ☞ －는²

慣用句

[形態関連語] －ㄴ 일이 없다

[反対] －는 일이 있다

1. 〔動詞に用いられ〕 'そのような動作や状態が起こらないこと' を表わす。

例 ▪ 그는 이런 일에 화를 내는 일이 없다. (彼はこんなことで腹を立てることがない。)

　▪ 그는 아무리 필요해도 먼저 전화 거는 일이 없었다. (彼はいくら必要でも先に電話をかけることがなかった。)

-는 일이 있다

【싸움이 더 커지는 일이 있다더니~ (ケンカがもっと大きくなることがあると言ったものだが~)】

結合情報 ☞ -는²

慣用句

形態関連語 -ㄴ 일이 있다

反対 -는 일이 없다

1. 〔動詞に用いられ〕'そのような動作や状態が起こること'を表わす。

例 ▪ 구경꾼이 있어 싸움이 더 커지**는 일이 있다더니** 우리가 바로 그랬다. (やじ馬がいてケンカがもっと大きくなることがあると言ったものだが、私たちがまさにそうだった。)

▪ 돈을 못 받게 되**는 일이 있더라도** 너를 믿을 것이다. (お金がもらえなくなることがあったとしても、君を信じるつもりだ。)

-는 적이 없다

【외출이라고는 하는 적이 없었다. (外出なんて、することがなかった。)】

結合情報 ☞ -는²

慣用句

形態関連語 -ㄴ 적이 없다

反対 -는 적이 있다

1. 〔動詞と'있다/없다'の後に用いられ〕'ある行動が起きたり状態が生じたりしたときがある/ない'の意味。

例 ▪ 그녀는 외출이라고는 하**는 적이 없었다.** (彼女は外出なんて、することがなかった。)

▪ 진수는 한겨울에도 뜨거운 물로 목욕을 하**는 적이 없었다.** (チンスは真冬にもお湯でシャワーを浴びることがなかった。)

-는 줄 모르다

【구경하다가 시간 가는 줄 몰랐어요．(見物していて，時間が過ぎるのが分かりませんでした。)】

結合情報 ☞ -는²

慣用句

形態関連語 -ㄴ 줄 모르다
反対 -는 줄 알다
関連語 -ㄹ 줄 모르다
全体参考 '-는 줄'に'도, 은'等の助詞が用いられることもある。

1. 〔動詞と'있다／없다'の後に用いられ〕'そのような事柄を知らずにいること'を表わす。

例 ▪ 사고 난 것을 구경하다가 시간 가**는 줄 몰랐어요**．(事故が起きたのを見物していて，時間が過ぎるのが分かりませんでした。)

▪ 엄마가 돌아오시**는 줄도 모르고** 우리는 게임에 열중했다．(お母さんが帰って来たのも知らず，私たちはゲームに夢中だった。)

▪ 네가 음식을 잘 하**는 줄은 몰랐는데**．(君が料理が上手だとは思わなかったよ。)

▪ 유미 씨가 유학가시**는 줄은** 미처 **몰랐어요**．(ユミさんが留学されることは今まで知りませんでした。)

-는 줄 알다

【젓가락질을 어떻게 하는 줄 아세요？(箸の使い方をご存知ですか？)】

結合情報 ☞ -는²

慣用句

形態関連語 -ㄴ 줄 알다
反対 -는 줄 모르다
関連語 -ㄹ 줄 알다
全体参考 動詞と'있다 (いる，ある)／없다 (いない，ない)'の後に用いられる。

1. 'そのような方法について知っている'の意味。

例 ▪ 젓가락질을 어떻게 하**는 줄 아세요？** (箸の使い方をご存知ですか？)

▪ 시내에 어떻게 가**는 줄 알아？** (市内までの行き方，知ってる？)

- 김장을 어떻게 하는 줄 알지? (キムジャン（一冬分のキムチの漬け込み）をどうやって漬けるか知ってるだろ？)

参考 '-는 줄로 알다'の形でも用いられる。

2. 'ある事柄をそのようなものだと思う'の意味。

例 ▪ 수녀원으로 들어가면 기도만 하는 줄 알았지. (修道院に入れば，お祈りばかりするもんだと思ったよ。)
- 추운 바닷물에 들어갔을 때에는 정말 얼어 죽는 줄 알았다. (冷たい海水に入ったときは，本当に凍え死ぬかと思った。)

3. 〔'(-면) -는 줄 알아(라)'の形で用いられ〕脅すことを表わす。

例 ▪ 내 말 안 들으면 혼나는 줄 알아라! (私の言うことを聞かなかったら，ひどい目にあうと思って！)
- 너 이제 나한테 죽는 줄 알아라. (お前，今にオレに痛い目にあうからな。)

-는 중이다

【시내에 나가는 중이에요. (市内に出かけるところです。)】 結合情報 ☞ -는²

慣用句

全体参考 '-는 중에'の形でも用いられる。 例 김밥을 사 오는 중에 누나를 만났다. (のり巻を買って帰るところで姉に会った。)

1. 〔動詞に用いられ〕'何かが継続して進行している過程である'の意味。

例 ▪ 친구와 약속이 있어서 시내에 나가는 중이에요. (友達と約束があって，市内に出かけるところです。)
- 전자레인지에 음식을 데우고 있는 중이에요. (電子レンジで食べ物を温めているところです。)
- 사장님은 지금 회의를 하시는 중입니다. (社長は今会議をしているところです。)

-는지[1] 【도움이 되는지? (役立つのだろうか？)】

『動詞，'있다／없다'，'-았-'，'-겠-' の後に用いられる。終声字の有無にかかわらず -는지が用いられる。'ㄹ' 終声字で終わる動詞に結合するときは 'ㄹ' 脱落形の後に用いられる。形容詞の後には -ㄴ지, -은지が用いられ，'이다' の後には -ㄴ지が用いられる』

[語尾] 終結語尾
[親しい間で敬意が低い] 友達に

例 가는지, 사는지 (살다), 먹는지, 있는지, 없는지, 갔는지, 하겠는지

[形態関連語] -ㄴ지
[丁寧] -는지요
[関連語] -ㄹ지

1. 話し手の疑いや疑問を表わす。

例 ▪ 이것이 시간과 경비를 절약하는 데 도움이 되**는지**? (これが時間と経費を節約するのに役立つのだろうか？)
   ▪ 이들은 서로 잘 어울리**는지**? (この人たちは互いにお似合いなのだろうか？)
   ▪ 나 없으면 이 동네 사람들 어떻게 살려고 그러**는지**. (私がいなかったら，この町の人たちはどのように暮らすことやら。)

2. 感嘆を表わす。

例 ▪ 이 사실을 알았을 때 그가 얼마나 화를 냈**는지**! (この事実を知ったとき，彼がどれほど腹を立てたことか！)
   ▪ 나는 얼마나 얼굴이 화끈거리고 창피했**는지**! (私はどれほど顔が真っ赤になって恥ずかしかったことか！)

-는지² 【뭘 하고 계시는지~ (何をなさっているのか~)】

『動詞, '있다／없다', '-았-', '-겠-'の後に用いられる。終声字の有無にかかわらず -는지が用いられる。'ㄹ'終声字で終わる動詞に結合するときは'ㄹ'脱落形の後に用いられる。形容詞の後には -ㄴ지, -은지が用いられ, '이다'の後には -ㄴ지が用いられる』

[語尾] 連結語尾

例 가는지, 사는지 (살다), 먹는지, 있는지, 없는지, 갔는지, 하겠는지

[形態関連語] -ㄴ지

[関連語] -ㄹ지

1. 〔'-는지 알다／모르다'や疑問詞 '무엇 (何), 어디 (どこ), 누구 (誰)' と共に用いられたり, '-는지 ～ -는지'の形で用いられ〕漠然とした疑問を表わす。

例 ▪ 먼저 뭘 하고 계시는지 말씀해 주십시오. (まず何をなさっているのかお話し下さい。)
　▪ 네가 어디에 있었는지 말해. (君がどこにいたのか言いなよ。)
　▪ 왜 여기에 왔는지 알고 있습니까? (なぜここに来たのか知っていますか?)
　▪ 그 사람이 어디에 갔는지 모르겠어요. (その人がどこに行ったのか知りません。)
　▪ 밖에 비가 오는지 안 오는지 알 수 있어요? (外で雨が降っているかいないか, 分かりますか?)

[参考] '-는지'は後の '알다 (知る, 分かる)／모르다 (知らない, 分からない)'の目的語として用いられる。 例 왜 여기에 왔는지를 알고 있습니까? (なぜここに来たのかを知っていますか?)

2. 〔'얼마나／어찌나 ～ -는지 모르다'の形で用いられ〕非常にそうだと強調することを表わす。

例 ▪ 그 분이 얼마나 일을 잘하는지 몰라요. (その方がどれほど仕事がよくできるか知れません。)

- 그 영화가 얼마나 슬펐**는지** 몰라. (その映画がどれほど悲しかったか知れないよ。)
- 얼마나 고생을 했**는지** 몰라. (どれほど苦労したか知れないよ。)

3. 後の事柄の根拠や原因を表わす。

例
- 누가 오**는지** 밖이 시끌벅적하다. (誰が来るのか，外がガヤガヤしている。)
- 형이 말을 어찌나 빨리 하**는지** 아무도 알아듣지 못했다. (兄があまりにも早口でしゃべるせいか，誰も聞き取れなかった。)
- 진수가 방에 있는데 뭘 하**는지** 꼼짝도 안 해. (チンスは部屋にいるけど，何をしているのか，閉じこもってばかりだよ。)
- 수도가 고장이 났**는지** 물이 한 방울도 안 나와요. (水道が壊れたのか，水が一滴も出て来ません。)

参考 '-겠-'の後には用いられない。

-는지도 모르다

【비가 오는지도 모르겠다. (雨が降っているかも知れない。)】

結合情報 ☞ -는지²

慣用句

形態関連語 -ㄴ지도 모르다

関連語 -ㄹ지도 모르다

1. 〔動詞と'있다／없다'の後に用いられ〕その内容が実現する可能性について話し手が自らの推測を表わす。

例
- 지금쯤 비가 오**는지도 모르겠다**. (今ごろ雨が降っているかも知れない。)
- 마이클이 왔**는지도 몰라**. (マイケルが来たかも知れないよ。)

-는지 모르다

【잘 먹는지 몰라. (ちゃんと食べてるかしら。)】

結合情報 ☞ -는지²

慣用句

形態関連語 -ㄴ지 모르다

関連語 -ㄹ지 모르다

1. 〔動詞と'있다／없다'の後に用いられ〕ある状況がどうなったのか心

配することを表わす。

例 ▪ 진수가 밥이나 잘 먹**는지** 몰라．（チンスったらご飯とかちゃんと食べてるかしら。）

▪ 죽지나 않았**는지** 모르겠네．（死んだりなんかしていないかしら。）

-는지요 【밖에 비가 오**는지요**？（外で雨が降っているのでしょうか？）】

『動詞，'있다／없다'，'-았-'，'-겠-'の後に用いられる。終声字の有無にかかわらず-는지요が用いられる。'ㄹ'終声字で終わる動詞に結合するときは'ㄹ'脱落形の後に用いられる。形容詞の後には -ㄴ지요, -은지요が用いられ，'이다'の後には -ㄴ지요が用いられる』

[語尾] 終結語尾

[親しい間で敬意が高い] 先輩や目上の人に

例 가는지요, 사는지요（살다），먹는지요, 있는지요, 없는지요, 잤는지요, 하겠는지요

[形態関連語] -ㄴ지요

[関連語] -ㄹ지요

[全体参考] 話し言葉に用いられる。

1. 相手に婉曲に，または丁重に尋ねることを表わす。

例 ▪ 밖에 비가 오**는지요**？（外で雨が降っているのでしょうか？）

▪ 이런 재료를 다 어디서 구하시**는지요**？（こうした材料を全部どこでお求めになるのでしょうか？）

▪ 아이들이 둘이라 하셨는데 어디 있**는지요**？（お子さんがお二人だとおっしゃいましたが，どこにいるのでしょうか？）

▪ 선생님께서 댁으로 가시지 않았**는지요**？（先生はお宅にお帰りにならなかったのでしょうか？）

2. 〔'얼마나 〜-는지요'の形で用いられ〕非常にそうだと強調することを表わす。

例 ▪ 요새 애들은 얼마나 약았**는지요**．（今どきの子供って，ずいぶんずる賢い

んですよ。）
- 미선이가 얼마나 예쁘게 자랐**는지요**！（ミソンはとてもきれいな子に育ったんですよ！）

-는 척하다

【모르**는 척한다**．（知らないふりをする。）】

結合情報 ☞ -는²

慣用句

形態関連語 -ㄴ 척하다
類義 -는 체하다

1. 〔動詞に用いられ〕前の語が意味する行動を，偽ってそのように見せかけることを表わす。

例
- 유미는 나를 잘 알면서도 모르**는 척한다**．（ユミは私をよく知っているくせに，知らないふりをする。）
- 영숙이는 계속 창 밖을 보**는 척한다**．（ヨンスクはずっと窓の外を見るふりをしている。）
- 제발 저를 모르**는 척하십시오**．（どうか私のことを知らないふりをして下さい。）

-는 체하다

【자기 아내를 사랑하**는 체한다**．（自分の妻を愛しているふりをする。）】

結合情報 ☞ -는²

慣用句

形態関連語 -ㄴ 체하다
類義 -는 척하다

1. 〔動詞に用いられ〕'(何かのふりをして，そうであるかのように) 偽って見せかける'の意味。

例
- 그는 자기 아내를 사랑하**는 체한다**．（彼は自分の妻を愛しているふりをする。）
- 아**는 체한다든지** 있**는 체한다든지** 해서는 안 됩니다．（知ったかぶりをしたり，金持ちのふりをしてはいけません。）

アドバイス

'아는 체하다' と '알은체하다' :

'아는 체하다' は '偽ってそうすること' の意味で二単語からなり, '알은체하다' は '人に会って挨拶する' の意味で一単語である。

例：모르면서 그렇게 **아는 체하지** 마. (知らないくせにそんなに知ったかぶりするなよ。)

例：날 보면 제발 **알은체해** 줘. (私を見かけたら, どうか挨拶してくれ。)

는커녕

【차**는커녕** 버스 타고 다닐 돈도 없어요. (車はおろか, バスに乗って通うお金もありません。)】

『는커녕は終声字の無い語の後に, 은커녕は終声字のある語の後に用いられる』

[助詞] 補助詞

例 카드**는커녕**, 돈은 커녕

[関連語] -기는커녕, 커녕

[全体参考] 1. '커녕' の強調語。2. '～는커녕 ～' の形で用いられる。後には前の名詞と対比される語として, しばしば補助詞 '도, 조차, 마저' が用いられる。例 차**는커녕** 버스표도 없어요. (車はおろか, バスのチケットもありません。)

1. 〔否定を表わす文に用いられ〕それに及ばない事柄を挙げ, 比較することを表わす。'～は言うまでもないが', '～はさておき' の意味。

例 ▪ 차**는커녕** 버스 타고 다닐 돈도 없어요. (車はおろか, バスに乗って通うお金もありません。)

▪ 돈**은커녕** 버스표도 없어요. (お金どころか, バスのチケットもありません。)

▪ 저축**은커녕** 먹고 살 돈도 없어요. (貯蓄はおろか, 食べていくお金もありません。)

▪ 실수를 하고도 사과**는커녕** 오히려 화를 낸다. (ミスをしても謝るどころか, かえって腹を立てる。)

-는 탓이다

【자신들만이 옳다고 생각하는 **탓이다**. (自分たちだけが正しいと思っているせいだ。)】

結合情報 ☞ -는²

慣用句

形態関連語 -ㄴ 탓이다

全体参考 1. '-는 탓에'의 형으로도 쓰인다. 例 끈기가 없**는 탓에** 제대로 되는 게 없다. (根気が無いせいでろくにできるものが無い。) 2. 名詞の後に'탓'が用いられることもある。例 안 되면 조상 **탓**. (うまくいかなきゃ祖先のせい (うまくいかないのは他人のせいだの意)。)

1. 〔動詞と '있다/없다' の後に用いられ〕(主に否定的現象の) 原因を表わす。 '〜するからだ (-기 때문이다)'。

例 ▪ 그들이 그렇게 행동한 것은 자신들만이 옳다고 생각하**는 탓이다**.
　　(彼らがそのように行動したのは，自分たちだけが正しいと思っているせいだ。)

　▪ 네가 자꾸 시험에 떨어지는 것은 열심히 노력을 하지 않**는 탓이다**.
　　(お前が何度も試験に落ちるのは一所懸命努力をしないせいだ。)

-는 통에

【저마다 떠드**는 통에**〜 (みんなが騒いだせいで〜)】

結合情報 ☞ -는²

慣用句

1. 〔動詞に用いられ〕後に起こる (否定的な結果をもたらす) 状況の原因を表わす。'(何らかのことで) 落ち着いていられないほどの状況'の意味。

例 ▪ 저마다 떠드**는 통에** 교실은 무척 시끄러웠다. (みんなが騒いだせいで教室はとてもうるさかった。)

　▪ 위에서 비밀로 하**는 통에** 정확히 알 수가 없어요. (上部で秘密にしたために正確に知ることができません。)

　▪ 바빠서 서두르**는 통에** 지갑을 두고 나왔어요. (忙しくて慌てた拍子に財布を置いて出て来ました。)

-는 편이다

慣用句

【공부를 잘하는 편이다. (勉強がよくできる方だ。)】

結合情報 ☞ -는²

形態関連語 -ㄴ 편이다

全体参考 1. '잘 (よく)' や '좀 (少し)' のように比較する語と共に用いられる。2. '-는 편'の形でも用いられる。例 너와 사느니 차라리 혼자 사는 편이 낫다. (お前と暮らすよりむしろ一人で暮らした方がましだ。)

1. 〔動詞と'있다/없다'の後に用いられ〕'ほぼそのような部類に入る'の意味。

例 ▪ 유미는 공부를 잘하는 편이다. (ユミは勉強がよくできる方だ。)
　　▪ 우리 집은 좀 못사는 편이다. (うちは貧しい方だ。)
　　▪ 저는 아무거나 잘 먹는 편이에요. (私は何でもよく食べる方です。)

-는 한

慣用句

【네가 살아 있는 한~ (お前が生きている限り~)】

結合情報 ☞ -는²

1. 〔動詞と'있다/없다'の後に用いられ〕'このような条件では'の意味。

例 ▪ 네가 살아 있는 한 그들이 우리를 무시하지는 못할 거야. (お前が生きている限り, 彼らが私たちを無視することはできないはずだよ。)
　　▪ 이런 사람들이 있는 한 우리의 미래는 어둡지 않다. (このような人たちがいる限り, 私たちの未来は暗くない。)
　　▪ 이번 주 안으로 비가 오지 않는 한 농사가 잘 되기는 틀렸다. (今週中に雨が降らない限り, 農作業がうまくいく見込みは全く無い。)

-는 한이 있더라도

慣用句

【굶어 죽는 한이 있더라도~ (飢え死にするところだとしても~)】

結合情報 ☞ -는²

全体参考 '-는 한이 있어도'の形でも用いられる。例 굶어 주는 한이 있어도 얻어 먹지 않겠다. (飢え死にするところであっても, めぐんでもらうつもりはない。)

1. 〔動詞に用いられ〕'ある極端な条件や状況でも'の意味。
例 ▪ 그는 굶어 죽**는 한이 있더라도** 구걸하지 않겠다고 했다．（彼は飢え死にするところだとしても，物乞いはしないつもりだと言った。）
   ▪ 욕을 먹**는 한이 있더라도** 남을 속이는 일만은 할 수 없다．（悪口を言われるところだとしても，人をだますことだけはできない。）

-는 한편 【공부를 열심히 하**는 한편**～（勉強を熱心にする一方～）】
結合情報 ☞ -는²
慣用句

1. 〔動詞に用いられ〕'あることや行動を行いながらそれと同時に他方でも'の意味。
例 ▪ 그는 공부를 열심히 하**는 한편** 아르바이트도 게을리 하지 않았다．（彼は勉強を熱心にする一方，アルバイトも怠けなかった。）
   ▪ 교통 정책으로 정부는 길을 넓히**는 한편**, 지하철 공사도 하였습니다．（交通政策として政府は道を広げる一方，地下鉄工事も行いました。）

니¹ 【과자니 빵**이니**（お菓子だのパンだの）】
『니は終声字の無い語の後に，이니は終声字のある語の後に用いられる』
例 지우개**니**, 책**이니**, 연필**이니**
助詞　接続助詞

1. ☞ 이니 (p.662)
例 ▪ 과자**니** 빵**이니** 잔뜩 사 들고 친구 집으로 갔다．（お菓子だのパンだのたっぷり買って友達の家に行った。）
   ▪ 창고에는 옥수수**니** 보리**니** 쌀**이니** 온갖 곡식들이 가득하였다．（倉庫にはトウモロコシやら麦やら米やら，あらゆる穀物が満ちていた。）
   ▪ 책**이니** 신문**이니** 가릴 것 없이 마구 찢어 버렸다．（本とか新聞とか何でもかまわず，めちゃくちゃに破ってしまった。）

-니² 【너 뭐 먹니? (お前，何食べてるの？)】

『-니は終声字の有無にかかわらず動詞の後に，また終声字の無い形容詞，'ㄹ'終声字で終わる動詞と形容詞の'ㄹ'脱落形そして '있다／없다'，'이다'，'-았-'，'-겠-'の後に，-으니は'ㄹ'以外の終声字のある形容詞の後に用いられる』

[語尾] 終結語尾
[最も敬意が低い] おじいさんが子供に

[例] 가니, 먹니, 비싸니, 사니 (살다), 다니 (달다), 있니, 없니, 학생이니, 먹었니, 하겠니, 높으니

[全体参考] 1. '춥다 (寒い)'のような'ㅂ'変格の形容詞は'춥니 (寒いの)'となる。2. 話し言葉では'-느냐'より'-니'を多く用いる。3. '-느냐'より親しみがあり，柔らかい感じを表わす。

1. 相手に尋ねることを表わす。

例 ▪ 너 뭐 먹니? (お前，何食べてるの？)
- 돈 좀 가진 거 있니? (お金の持ち合わせあるの？)
- 많이 아프니? (すごく痛いの？)
- 너 어제 하루종일 어디 갔었니? (お前，昨日一日中どこ行ってたの？)
- 이거 너무 짧으니? (これ短すぎるの？)

2. 〔疑問文の形式だが答えを要求しない形で用いられ〕強調して述べることを表わす。

例 ▪ 이 돈을 어떻게 받을 수 있겠니? (このお金はとうてい受け取れないよ。)
- 너도 알다시피 유미가 남다른 데가 있잖니? (君も知っている通り，ユミって人並みはずれたところがあるじゃないの？)

-니³ 【지금 생각하니 우습다. (今考えたら、おかしい。)】

『-니は終声字の無い動詞と形容詞、'ㄹ'終声字で終わる動詞と形容詞の'ㄹ'脱落形そして'이다'の後に、-으니は'ㄹ'以外の終声字のある動詞と形容詞そして'있다／없다'と'-았-'の後に用いられる』

例 가니, 비싸니, 사니 (살다), 다니 (달다), 학생이니, 먹으니, 높으니, 있으니, 없으니, 먹었으니

語尾 連結語尾

1. '-니까'に置き換えることができる

関連語 -므로

1. 後の語句の原因や根拠を表わす。

例 ▪ 지금 생각하니 우습다. (今考えたら、おかしい。)
  ▪ 힘들 테니 좀 쉬어. (大変だろうから、ちょっと休めよ。)
  ▪ 어제 그렇게 놀았으니 안 피곤할 리가 없지요. (昨日あんなに遊んだのですから、疲れないはずがありませんよ。)

2. 前の事柄や行動が進行した結果、後の事柄がそうであることを表わす。

例 ▪ 목욕탕에 가 보니 욕조 안에 물이 가득 있었다. (風呂場に行ってみたら、浴槽の中に水がたっぷり入っていた。)
  ▪ 이상한 예감에 열어 보니 편지가 들어 있었다. (変な予感がして開けてみたら、手紙が入っていた。)
  ▪ 집안에 들어서니 이상한 소리가 들렸다. (家の中に入ると、変な音が聞こえた。)

  参考 '-니'の前に時制語尾が用いられない。

3. 〔'-고 보니'の形で用いられ〕前に記述された事柄によって、後の事柄がそうであることを表わす。

例 ▪ 그런 비참한 얘기고 보니 동정하지 않을 수 없다. (そんな悲惨な話だから同情せざるを得ない。)
  ▪ 안사람 전공도 나와 같은 심리학이고 보니 우리는 자주 서로를 탓하게 된다. (家内の専攻も私と同じ心理学なので、私たちはよくお互いのせいにするようになる。)

  参考 '-니'の前に時制語尾が用いられない。

4. 〔'-다고 하니'の形で用いられ〕後の語句の原因や根拠を表わす。

例 ▪ 네가 결혼한다고 하니 기분이 이상하구나. (君が結婚すると言うから変な気分だな。)

▪ 과자에는 방부제가 들어 있다고 하니 마음놓고 사 줄 수가 있어야죠. (お菓子には防腐剤が入っていると言いますから、安心して買ってあげることができないんですよ。)

2. '-니까'に置き換えることができない

1. 前に記述された事柄を後で詳しく付け加えて説明することを表わす。

例 ▪ 그가 국회의원에 당선되니 그 때 나이가 서른넷이었다. (彼は国会議員に当選するが、そのとき年齢が34であった。)

▪ 한강은 대단히 큰 강이니 유럽의 그 어느 강도 이만 못하다. (漢江は大変大きい川だが、ヨーロッパのどの川もこれに及ばない。)

▪ 그 때 나타난 사람이 있으니 그가 바로 진수였다. (そのとき現われた人がいるが、彼が他でもないチンスだった。)

-니⁴【내가 크니 네가 크니~ (自分の背が高いのお前の背が高いのと~)】

『-니は終声字の無い形容詞と'ㄹ'終声字で終わる形容詞の'ㄹ'脱落形そして'이다'の後に、-으니は'ㄹ'以外の終声字のある形容詞の後に用いられる。動詞,'있다／없다','-았-','-겠-'の後には-느니が用いられる』

例 비싸니, 다니 (달다), 학생이니, 높으니

語尾 連結語尾

形態関連語 -느니²

1. 〔しばしば'-니 -니'の形で用いられ〕互いに対立する語や考えを羅列したり、ああだこうだと話したりすることを表わす。

例 ▪ 내가 크니 네가 크니 떠들어 봤자 별 수 있니? (自分の背が高いのお前の背が高いのと騒いだって、仕方ないんじゃない？)

▪ 싸니 비싸니 하며 실랑이를 벌인다. (安いの高いのと言って騒ぎ立てる。)

- 잘하니 못하니 해도 그 사람만한 사람도 없어요. (上手だの下手だのと言っても，その人に及ぶ人もいませんよ。)
- 지금 와서 검으니 희니 해 봤자 소용없다구요. (今さら黒いだの白いだのと言ったって，しょうがないですよ。)

-니까	【가루약은 먹기 힘드니까~ (粉薬は飲みにくいですから~)】	
	『-니까は終声字の無い動詞と形容詞，'ㄹ'終声字で終わる動詞と形容詞の'ㄹ'脱落形そして'이다'の後に，-으니까は'ㄹ'以外の終声字のある動詞と形容詞そして'있다/없다'と'-았-'の後に用いられる』 [語尾] 連結語尾	例 가니까, 비싸니까, 사니까 (살다), 다니까 (달다), 학생이니까, 먹으니까, 좋으니까, 있으니까, 없으니까, 먹었으니까

[全体参考] '-니'に置き換えることができる。

1. 後の語句の原因や根拠を表わす。

例
- 가루약은 먹기 힘드니까 알약으로 주세요. (粉薬は飲みにくいですから錠剤を下さい。)
  - 점심 시간도 다 됐으니까 같이 점심이나 먹읍시다. (昼食の時間にもなりましたから，一緒に昼ご飯でも食べましょう。)
  - 오늘 월급을 받았으니까 차값은 내가 낼게. (今日給料をもらったから，お茶代はぼくが払うよ。)
  - 결혼하니까 행복하다. (結婚したら幸せだ。)

[参考] 1. '-았-'の後にも用いられる。2. 終結語尾のように用いられる。例 왜 영어 공부를 하세요? 미국에 갈지도 모르니까. (なぜ英語を勉強なさるんですか？ アメリカに行くかも知れないから。)

例
- 네가 없을 때의 일이니까 너는 잘 모르겠구나. (君がいないときのことだから，君はよく分からないだろうなあ。)
  - 너는 남자니까 남자들이 어떤 선물을 좋아하는지 잘 알 거 아니니? (あなたは男だから男の人たちがどんなプレゼントを喜ぶか，よく分かるんじゃないの？)

参考 '이다'の後にも用いられる。

2. 〔主体が話し手である文に用いられ〕前の事柄や行動が進行した結果，後の事柄がそうであったり，ある行動が起こったりすることを表わす。

例 ▪ 물 속에 손을 넣어 보**니까** 너무나 차가웠다. (水の中に手を入れてみたら，とても冷たかった。)
  ▪ 버스를 타고 보**니까** 자리가 없었다. (バスに乗ってみたら，席が無かった。)
  ▪ 말씀을 듣고 보**니까** 제가 틀렸군요. (お話を伺いましたら，私の間違いでしたね。)
  ▪ 막 물건을 사고 나오**니까** 비가 내리고 있었다. (ちょうど品物を買って出て来たら，雨が降っていた。)

参考 '-니까'の前には時制語尾が用いられず，後行節には主に現在や完了が用いられる。

3. 〔主体が話し手である文に用いられ〕前の内容と後の内容にずれが生じることを表わす。

例 ▪ 멍석을 찾아 깔고 나**니까** 놀 사람이 다 떠나는군. (むしろを探して敷いたところ，遊ぶ人がみんな去って行くのだね (準備を整えておいたのに誰も応じないこと)。)
  ▪ 이제 살 만하**니까** 아내가 세상을 떠나더라구. (やっと暮らせるぐらいになったら，妻がこの世を去ってしまったんだよ。)
  ▪ 결혼 상대자를 구하고 나**니까** 결혼 비용이 없어요. (結婚相手を見つけたら，今度は結婚の費用がありません。)

4. 〔'(알고／듣고) 보니까, 듣자니까, 보자 보자 하니까'等の形で用いられ〕話される内容の根拠を表わす。

例 ▪ 알고 보**니까** 회사에 다니고 있었어요. (調べてみたら，会社に通っていました。)
  ▪ 가만히 보**니까**, 이름만 달라요. (よくよく見たら，名前だけ違います。)
  ▪ 듣자**니까** 그 사람이 부자라네. (聞いたところ，その人はお金持ちなんだって。)
  ▪ 보자 보자 하**니까**, 너 정말 까불래? (黙って見てりゃ，お前，本当にふざけるなよ。)

参考 '-니까' の前には時制語尾が用いられず，後行節には主に現在や完了が用いられる。

アドバイス 1

〔原因〕や〔理由〕を表わす '-니까' と '-므로' の違い：
1. '-니까' は主に話し言葉で用いられるが，'-므로' は論理的な表現を必要とする書き言葉で用いられることが多い。
2. '-니까' は '요' を付けて終結語尾のように用いられ得るが，'-므로' はそのように用いられない。

アドバイス 2

'-니까'，'-아서'，'-기 때문에' の違い：
後行節が命令形 '-십시오'，勧誘形 '-ㅂ시다，-ㄹ까요' のときは '-니까' のみが用いられ，'-아서'，'-기 때문에' は用いられない。
例：비가 오**니까** 우산을 가지고 가십시오．（○）(雨が降りますから，傘を持って行って下さい。)
　　비가 **와서** 우산을 가지고 가십시오．（×）
　　오늘은 바쁘**니까** 내일 만납시다．（○）(今日は忙しいから，明日会いましょう。)
　　오늘은 바쁘**기 때문에** 내일 만납시다．（×）

アドバイス 3

'-니' と '-니까' の違い：
1. '-니까' は '-니' の強調語である。
2. '-니' は書き言葉に多く用いられるのに対し，'-니까' は相対的に話し言葉と書き言葉に広く用いられる。

-니까요 【아주 소심하**니까요**. (とても気が小さいんですから。)】

『-니까요は終声字の無い動詞と形容詞, 'ㄹ'終声字で終わる動詞と形容詞の 'ㄹ'脱落形そして '이다' の後に, -으니까요は 'ㄹ' 以外の終声字のある動詞と形容詞そして '있다/없다' と '-았-' の後に用いられる』

[語尾] 終結語尾
[親しい間で敬意が高い] 先輩や目上の人に

[例] 가니까요, 비싸니까요, 사니까요 (살다), 다니까요 (달다), 학생이니까요, 먹으니까요, 좋으니까요, 있으니까요, 없으니까요, 먹었으니까요

[全体参考] 話し言葉に用いられる。

1. 前の語句の原因や根拠等を表わす。

例 ▪ 겁 주지 마세요. 저는 아주 소심하**니까요**. (脅かさないで下さい。私はとても気が小さいんですから。)

　　▪ 너무 서두르지 마세요. 기회는 얼마든지 있**으니까요**. (あまり慌てないで下さい。チャンスはいくらでもありますから。)

　　▪ 저만 알아요. 제가 그이한테 그걸 주었**으니까요**. (私だけが知っていますよ。私があの人にそれをあげたんですから。)

다¹ 【사과**다** 귤**이다** (リンゴだのミカンだの)】

『다は終声字の無い語の後に, 이다は終声字のある語の後に用いられる』

[助詞] 接続助詞

[例] 지우개다, 책이다, 연필이다

1. ☞ 이다¹ (p.663)

例 ▪ 사과**다** 귤**이다** 잔뜩 사 왔다. (リンゴだのミカンだの, いっぱい買って来た。)

　　▪ 영하는 수영**이다** 테니스**다** 못 하는 운동이 없다. (ヨンハは水泳だのテニスだの, できないスポーツが無い。)

　　▪ 여기는 책**이다** 노트**다** 없는 게 없구나. (ここは本やらノートやら, 無いものが無いなあ。)

-다² 【가다 (行く)】

『終声字の有無にかかわらず -다が用いられる』
[語尾] 基本形を表わす語尾

[例] 가다, 살다, 먹다, 비싸다, 달다, 좋다, 학생이다

[全体参考] 辞書の見出し語で動詞, 形容詞, '이다' を表わすときに用いられる。

1. 〔動詞, 形容詞, '이다' の語幹に付いて用いられ〕基本形であることを表わす。

例 ▪ 가다 (行く)／먹다 (食べる)／좋다 (良い)／예쁘다 (かわいい)／싶다 (～たい)／않다 (～ない)／이다 (～だ)

-다³ 【저것이 국립 박물관이다. (あれが国立博物館だ。)】

『形容詞, '이다', '-았-', '-겠-' の後に用いられる』
[語尾] 終結語尾
[最も敬意が低い] おじいさんが子供に

[例] 예쁘다, 좋다, 책이다, 먹었다, 살겠다

[形態関連語] -는다¹

[全体参考] 最も一般的に用いられる格式体の叙述形語尾である。

1. 〔新聞や教科書で用いられる書き言葉で〕(格式をもって) 事柄を述べることを表わす。

例 ▪ 저것이 국립 박물관이다. (あれが国立博物館だ。)
  ▪ 한 남자가 의자에 앉아 있다. (一人の男がイスに座っている。)
  ▪ 나는 한평생을 선생으로 살았다. (私は一生涯を教師として生きた。)

2. 〔'-았-' と '-겠-' に付き, ぞんざいな話し言葉で〕ある事柄を述べることを表わす。

例 ▪ 대성아, 우리 어제 놀이 공원에 갔다. (テソン, ぼくたち昨日遊園地に行ったよ。)
  ▪ 애야, 나 밥 먹었다. 상 차릴 필요 없다. (ねえ, 私はご飯食べたよ。食事の支度はしなくていいよ。)

- 지금쯤은 집에 도착했겠**다**. 전화 좀 해 봐라. (今ごろは家に着いただろう。電話してごらん。)

   参考 動詞の現在形には'-ㄴ다, -는다'が用いられる。例 간**다** (行く), 먹**는다** (食べる)

3. 〔話し言葉で〕聞いた事柄や知っている事柄について，独り言のように聞き返したり皮肉ったりして，反すうすることを表わす。

例 - 니가 그렇게 했**다**.(↗) 음…. (お前がそうやったと。うーむ…。)
   - 돈이 없**다**.(↗) 그럼 어떻게 하지? (お金が無いと。じゃあ，どうしよう?)
   - 버스가 벌써 떠나 버렸**다**.(↗) 그것 참 큰일이로군. (バスがもう出てしまったと。そりゃ本当に大変だな。)

   参考 文末を上げながらやや長めに引き伸ばす語調で，若干の強勢を置くといった一定の抑揚と共に用いられる。

-다⁴ 【한국 축구 올림픽 티켓 따다. (韓国サッカー, オリンピックチケット奪取。)】

『動詞の後に用いられる』

語尾 終結語尾

敬意の高低が無い 不特定の人に：文章で読者に

例 가다, 먹다

全体参考 1. いかなる時制形態も取らない。 2. 書き言葉でのみ用いられる。

1. 〔新聞の見出しで用いられる書き言葉で〕話し手が不特定の聞き手に，ある事柄を客観的で中立的に知らせることを表わす。

例 - 한국 축구 올림픽 티켓 따**다**. (韓国サッカー, オリンピックチケット奪取。)
   - 한국 원정대 드디어 에베레스트 정복하**다**. (韓国遠征隊，ついにエベレスト征服する。)

2. 〔日記で用いられる書き言葉で〕ある事柄を単に記録することを表わす。

例 - 오늘 오후 2시 학교에서 진수를 만나**다**. (今日午後2時，学校でチンスに会う。)
   - 어제 고향엘 다녀오**다**. (昨日故郷へ行って来る。)

-다⁵ 【화가 나셨다 합니다. (お怒りになったそうです。)】

『形容詞, '-았-', '-겠-'の後に用いられる』

[語尾] 引用を表わす語尾

[例] 예쁘다, 짧다, 살았다, 좋겠다

[形態関連語] -는다², '이다'+-라

[全体参考] 主に'-다고'の形で用いられる。

1. 叙述形で表現された内容を間接的に伝えることを表わす。

例 ▪ 사장님이 매우 화가 나셨다 합니다. (社長がとてもお怒りになったそうです。)

  ▪ 태국 음식은 맛도 좋고 값도 싸다 합니다. (タイ料理は味も良いし, 値段も安いそうです。)

  ▪ 대성이는 어제 길을 잃었다 합니다. (テソンは昨日道に迷ったそうです。)

[関連語] -냐², 動詞+-라¹, -자³

2. 〔'-다 하다'の形で用いられ〕'하다 (〜と言う)'の内容を示す節を表わす。

例 ▪ 아무리 서울이 가깝다 해도 어두워졌으니 자고 가자. (いくらソウルが近いと言っても, 暗くなったから泊まって行こう。)

  ▪ 그런 일이 가능하다 하더라도 엄청난 희생이 뒤따를 거야. (そんなことが可能だとしても, 途方もない犠牲が伴うはずだよ。)

[参考] 主に'-다 해도/할지라도/해서'の形で用いられる。

アドバイス

叙述文の間接引用 (-다고):

述べられた言葉が間接引用に用いられるときは, 階称 (敬意の高低) にかかわりなく '-다' の形になり, これに引用を表わす助詞 '고' が付いて '-다고' の形で使用される。なお, 間接引用で用いる '-ㄴ다고, -는다고' については '-는다고³' (p.214) を参照。

例1: 오늘 추워요. (今日寒いです。) →오늘 춥다고 해요. (今日寒いそうです。)

例2: 오늘 춥습니다. (今日寒いです。) →오늘 춥다고 해요. (今日寒いそうです。)

例3: 오늘 춥네. (今日寒いね。) →오늘 춥다고 해요. (今日寒いそうです。)

-다⁶ 【크다 작다 말들이 많다. (大きいだの小さいだの, 文句が多い。)】

『形容詞, '-았-', '-겠-'の後に用いられる』
[語尾] 連結語尾

[例] 짜다, 좋다, 먹었다, 하겠다

[形態関連語] -는다

[原形] -다느니

[関連語] -냐, 動詞+-아라¹, -자

1. '-다느니'の縮約語。☞ -다느니 (p.281)

例 ▪ 크다 작다 말들이 많다. (大きいだの小さいだの, 文句が多い。)

-다⁷ 【먹다 남긴 밥 (食べ残したご飯)】

『動詞, 一部の形容詞, '-았-'の後に用いられる』
[語尾] 連結語尾

[例] 가다, 먹다, 좋다, 갔다

[原形] -다가

1. '-다가'の縮約語。☞ -다가 (p.270)

例 ▪ 먹다 남긴 밥 (食べ残したご飯)

-다가	【비가 오다가 이제는 눈이 온다. (雨が降っていたが，今は雪が降っている。)】
『動詞，一部の形容詞，'-았-'の後に用いられる』	例 가다가, 먹다가, 좋다가, 잡았다가
語尾 連結語尾	

1. 状況が中断され，変わることを表わす

    縮約 -다⁷

1. ある行為が進行していく途中でその行為を中止し，他の行為に移っていくことを表わす。

    例 ▪ 아까는 비가 오**다가** 이제는 눈이 온다. (さっきは雨が降っていたが，今は雪が降っている。)

    ▪ 술 마시**다가** 어딜 가! (酒を飲んでいるときにどこへ行くんだ！)

    ▪ 그는 선수였**다가** 이제는 감독 노릇을 한다. (彼は選手だったが，今は監督役をつとめている。)

    ▪ 양손을 머리 위로 올렸**다가** 내리는 동작. (両手を頭の上に上げてから下ろす動作。)

    参考 '-았다가'の形で用いられると，その行為を終えた後，他の行為に移っていくことを表わす。

2. 〔'-다가 말다／그만두다／그치다／두다'の形で用いられ〕ある行為や状態が進行していく途中でそれが中止することを表わす。

    例 ▪ 어제 하**다가** 그만둔 나머지 일을 끝냈다. (昨日途中で止めた残りの仕事を終わらせた。)

    ▪ 옷을 벗으려고 하**다가** 말았다. (服を脱ぎかけて止めた。)

    ▪ 비가 오**다가** 그쳤다. (雨が降っていたが止んだ。)

3. ある行為が進行していく途中で他の行為や状況が繰り広げられることを表わす。'〜する途中で (-는 중에)，〜していた途中で (-던 중에)'の意味。

    例 ▪ 집에 오**다가** 백화점에 들렀어. (家に帰る途中でデパートに寄ったよ。)

    ▪ 나는 커피를 마시**다가** 그 생각을 했다. (私はコーヒーを飲んでいて，そのことを考えた。)

- 잠을 자**다가** 꿈을 꾸었다. (寝ているときに夢を見た。)
4. ある状況の転換を表わす。
例 - 샴푸를 쓰**다가** 얼마 전부터 비누로 바꿨어요. (シャンプーを使っていましたが，この前から石けんに変えました。)
- 잘 나가시**다가** 또 저러신다니깐. (うまくなさっていたのに，またああですからね。)
- 처음에는 제임스하고 둘만 가려고 하**다가** 제인도 와서 같이 가게 됐어. (はじめはジェームスと二人だけで行こうとしたんだけど，ジェーンも来たので一緒に行くことになったんだよ。)
5. 後の文の行為を行う直前まで，ある行為を持続していたことを表わす。
例 - 내 그냥 얘기나 하**다가** 가지. (私はちょっと話でもして帰るよ。)
- 진수 아버지께서 암으로 오래 전부터 고생하시**다가** 오늘 새벽에 돌아가셨대. (チンスのお父さんがガンでずいぶん前から苦労されていたんだけど，今日の明け方お亡くなりになったんだって。)
- 아저씨는 아줌마와 한참 이야기를 나누**다가** 밖으로 나가셨다. (おじさんはおばさんとしばらく話をして，外に出て行かれた。)
- 너희들이나 즐기**다가** 오너라. (お前たちだけで楽しんで来い。)

2. 行為の反復を表わす

1. 〔主に'-다가 -다가 하다'の形で用いられ〕二つの事柄が繰り返し起こることを表わす。
例 - 오**다가** 가**다가** 만나는 고향 사람도 외지에서는 참 반갑다. (通りすがりに出会う同郷の人も外地では本当にうれしい。)
- 버스는 가**다가** 서**다가** 하였다. (バスは進んだり止まったりした。)
- 부모의 기분대로 야단치**다가** 안 치**다가** 하면 아이의 교육에 안 좋다. (親の気分次第で叱ったり叱らなかったりしていては，子供の教育に良くない。)
- 듣는 둥 마는 둥 눈을 감았**다가** 떴**다가** 했다. (聞いているのかいないのか，目を閉じたり開けたりした。)

参考 1. 主に対立する動作を表わす動詞が用いられる。 2. 話し言葉では縮約語である'-다'が'-다가'よりもよく用いられる。例 오**다** 가**다** 만난 사람 (通りすがりに出会った人)

2. 〔'-다(가) -다(가)'の形で用いられ〕行為が継続することを強調して表わす。

例 ▪ 쫓기**다가** 쫓기**다가** 힘이 다했다. (追われに追われて力が尽きた。)
  ▪ 정말이지 그렇게 예쁜 여자는 보**다가** 보**다가** 처음이었다니까요. (ほんと、あんなにきれいな女の人は今まで見てきた中で初めてだったんですってば。)
  ▪ 하**다가** 하다가 못해 드디어는 포기하고 말았다. (ぎりぎりまでがんばったが、とうとう諦めてしまった。)

  [参考] 1. 同一の動作を表わす動詞と結合する。2. '-다가' より '-다' の形でしばしば用いられる。

3. 原因, 条件, 根拠等を表わす

1. 前のことが後で起こることの否定的な理由や原因を表わす。
例 ▪ 노름을 하**다가** 재산을 다 날렸다. (賭け事をやっていて財産を全部パーにした。)
  ▪ 진수는 늦게까지 밖에서 놀**다가** 꾸중을 들었다. (チンスは遅くまで外で遊んでいて叱られた。)
  ▪ 나는 지난 번에 구두를 신고 갔**다가** 발이 아파서 죽을 뻔했어. (私はこの前、靴を履いて行って、足が痛くて死にそうになったよ。)

2. 条件を表わす。前の行為を継続すると、後の結果が生じることを表わす。
例 ▪ 욕심을 내**다가**는 본전도 잃어. (欲を出してたら、元手も失うぞ。)
  ▪ 까딱 잘못하**다가**는 다 된 밥도 못 얻어먹겠다. (うっかりしくじると、すっかりできあがった飯ももらって食えない (ちょっとしたあやまちで損をすること)。)
  ▪ 이대로 두었**다가**는 큰 낭패를 보게 될 거야. (このまま放っておいたら、大失敗することになるぞ。)
  ▪ 잠들었**다가**는 깨어나지 못할지도 몰라. (寝てしまったら、目を覚ませないかも知れないぞ。)

  [参考] 主に補助詞 '는' と結合した '-다가는', '-다간' の形でしばしば用いられる。
  例 욕심을 내**다간** 본전도 잃어. (欲を出してちゃ、元手も失うぞ。)

3. 〔'-았다가'の形で用いられ〕後の語句の根拠を表わす。
例 ▪ 기계의 내용도 모르고 손을 댔**다가** 완전히 망가지면 안 돼요. (機

械の詳しいことも知らずにいじって，完全に壊れてしまったらいけませんよ。)
- 그냥 갔**다가** 없으면 허탕 치니까 전화해 보고 가세요. (いきなり行って留守だったら無駄骨ですから，電話してから行って下さい。)

-다가 못해¹ 【배가 고프다가 못해~ (お腹が空いたのを通り越して~)】
慣用句
結合情報 ☞ -다가

全体参考 '-다 못해'の形でも用いられる。例 머리가 아프**다 못해** 죽을 지경이야. (頭が痛いのを通り越して死にそうだよ。)

1. 〔一部の形容詞に用いられ〕前の状態が非常に甚だしくて，それ以上維持できないことを表わす。'~の程度が極度に達した結果'の意味。

例 - 배가 고프**다가 못해** 이젠 쓰리다. (お腹が空いたのを通り越して，今はちくちくと痛い。)
  - 그녀의 얼굴은 희**다가 못해** 푸르스름한 빛까지 띠었다. (彼女の顔は白いどころか，青みがかった色さえ帯びた。)

-다가 못해² 【보다가 못해~ (見るに見かねて~)】
慣用句
結合情報 ☞ -다가

全体参考 '-다가 못한'の形でも用いられる。

1. 〔動詞に用いられ〕前の行為が非常に甚だしくて，それ以上維持できないことを表わす。(前の行動を)'これ以上続けることができない'の意味。

例 - 그녀는 보**다가 못해** 달려갔다. (彼女は見るに見かねて駆けつけた。)
  - 참**다가 못한** 선생님이 달려가 그를 붙잡았다. (たまりかねた先生が駆けて行き，彼を捕まえた。)

-다가 보니까 【자주 싸우다가 보니까~（たびたびケンカをしているうちに~）】

結合情報 ☞ -다가

慣用句

全体参考 '-다가 보니, -다 보니'の形でも用いられる。

1. 前の行為を行っているうちに新しい事柄を知るようになることを表わす。'~をしばらくしていたら'の意味。

例
- 이런 사소한 일로 자주 싸우**다가 보니까** 부부 싸움은 버릇이 되었다. (こうしたささいなことでたびたびケンカをしているうちに、夫婦げんかは癖になった。)
- 돈을 벌**다가 보니** 점점 더 욕심이 생긴다. (お金を稼いでいるうちに、だんだんもっと欲が出てくる。)
- 먹**다 보니** 혼자 다 먹어 버렸다. (知らずに食べていたら、一人で全部食べてしまった。)

-다가 보면 【피아노를 오래 치다가 보면~（ピアノを長い間弾いていれば~）】

結合情報 ☞ -다가

慣用句

1. 前の行為に基づいて新しい事柄を知るようになることを表わす。'~する行動をしばらくしていれば'の意味。

例
- 피아노를 오래 치**다가 보면** 피로하기도 하다. (ピアノを長い間弾いていれば疲れもする。)
- 수입보다 지출이 많은 생활을 계속 하**다가 보면** 큰일 난다. (収入より支出が多い生活を続けていれば大変なことになる。)
- 시골길을 걷**다가 보면** 옛날 일들이 떠올라요. (田舎道を歩いていると、昔のことが思い浮かびます。)

-다거나

【예쁘**다거나** 귀엽**다거나**~ (きれいだとか, かわいいとか~)】

『形容詞, '-았-', '-겠-' の後に用いられる』

[語尾] 連結語尾

[例] 예쁘**다거나**, 좋다**거나**, 먹었**다거나**, 보겠**다거나**

[形態関連語] -는다거나, '이다'+-라거나

1. 〔主に '-다거나 -다거나 하다' の形で用いられ〕二つ以上の事柄を羅列することを表わす。

例 ▪ 그 여자는 예쁘**다거나** 귀엽**다거나** 하는 것과는 거리가 멀었다. (その女の人はきれいだとか, かわいいとかということからはかけ離れていた。)

▪ 그 일에 대해 억울하**다거나** 기막히**다거나** 하는 것을 느낄 수도 없었다. (そのことについて悔しいとか, あきれるとかいうことも感じられなかった。)

-다고¹

【그래, 알았**다고**. (ああ, 分かったってば。)】

『形容詞, '-았-', '-겠-' の後に用いられる』

[語尾] 終結語尾

[親しい間で敬意が低い] 友達に

[例] 예쁘**다고**, 좋다**고**, 먹었**다고**, 가겠**다고**

[形態関連語] -는다고¹, -라고³

[丁寧] -다고요

[関連語] -냐고¹, -라고⁴, -자고¹

[全体参考] 1. 話し言葉に用いられる。2. しばしば [다구] と発音される。

1. 強調して述べたり自分が言ったことを再び述べたりするときに用いられる。

例 ▪ 그래, 알았**다고**. (ああ, 分かったってば。)

▪ 아내: 뭐라고요? (妻: 何ですって?)
남편: 나한텐 당신밖에 없**다고**. 정말이야. (夫: ぼくには君しかいないんだって。本当だよ。)

▪ 그 사람은 영화 배우 뺨치는 미남이었**다고**. (その人は映画俳優顔負けの二枚目だったんだってば。)

2. 〔'얼마나 (どれだけ), 몇 (いくつの), 왜 (なぜ)'のような疑問詞と共に用いられ〕そうだと強調して述べることを表わす。

例 ▪ 우리 엄마가 얼마나 예쁘**다고**. (うちのお母さんってとてもきれいなのよ。)
  ▪ 내가 얼마나 당황했**다고**. (私がどれだけ慌てたと思って。)
  ▪ 내가 그 동안 몇 번이나 얘기했**다고**. (私がこれまで何度話したと思って。)
  ▪ 왜 화를 내? 내가 뭘 어쨌**다고**? (なんで怒るの？ 私が何をしたって？)

3. 〔文末を下げる抑揚と共に用いられ〕話し手が予想していたことと事実が異なるのを知り, 心配していたことを表わす。

例 ▪ 에이, 난 또 영숙이가 결혼했**다고**. (なあんだ, 私はまたヨンスクが結婚したもんだと。)
  ▪ 난 또 유미가 혼자 갔**다고**. 언니가 같이 갔지? (私はまたユミが一人で行ったもんだと。お姉さんが一緒に行ったんでしょ？)

4. 〔上昇調の抑揚と共に用いられ〕聞いた事柄を繰り返し述べながら, 相手に確かめる調子で尋ねることを表わす。

例 ▪ 뭐라고? 아빠한테 무슨 일이 있었**다고**? (何だって？ お父さんに何があったって？)
  ▪ 뭘 먹었**다고**? 그게 어디서 났는데? (何を食べたって？ それ, どこで手に入れたの？)
  ▪ 네가 저녁을 사겠**다고**? 왜? (君が夕食をおごるって？ なんで？)
  ▪ 뭐, 진수가 다쳤**다고**? (何. チンスがけがしたって？)

-다고² 【그는 바쁘다고~ (彼は忙しいからと~)】

『形容詞と'-았-'の後に用いられる』
[語尾] 連結語尾

例 예쁘**다고**, 좋다고, 먹었**다고**

[形態関連語] -는다고², -라고⁵

[全体参考] '-다고³'と異なり, '-다'に置き換えることができない。

1. 前の事柄が後の事柄の原因や理由であることを表わす。

例 ▪ 그는 바쁘**다고** 몹시 서둘렀다. (彼は忙しいからと大変急いだ。)

- 우리 엄마가 내가 마땅히 입을 만한 옷이 없**다고** 한 벌 사 주셨어. (うちのお母さんが私にこれといって着られる服が無いからって、一着買ってくれたのよ。)
- 수업 시간에 떠들었**다고** 선생님께 혼났어. (授業中にうるさくしたってことで、先生に叱られたんだ。)
- 대성이가 아까부터 집에 가겠**다고** 야단이에요. (テソンがさっきから家に帰ると言って大騒ぎです。)

参考 1. 後行節に命令形や勧誘形は用いられない。例 바쁘**다고** 서둘러라. (×) 2. '-겠-'の後に用いられる。

2. 〔後行節に主に命令や否定を表わす言葉等が用いられ〕前の事柄が後の事柄の根拠であることを表わす。'〜の理由によって'の意味。

例
- 우리 엄마가 전화할 데 있**다고** 빨리 끊으래. (お母さんが電話するところがあるから早く切れって。)
- 책상에 앉아만 있**다고** 공부가 잘 될 리가 있나? (机にばかりかじり付いているからって、勉強がうまくいくはずないよ。)
- 얼굴이 예쁘**다고** 좋은 여자는 아니야. (顔がきれいだからって、いい女ってわけじゃないよ。)

参考 '-겠-'の後には用いられない。

-다고³ 【밥을 먹었다고 했잖아. (ご飯を食べたって言ったじゃない。)】

『形容詞,'-았-','-겠-'の後に用いられる』
語尾 引用を表わす語尾

例 예쁘**다고**, 좋다고, 먹었다고, 하겠다고

形態関連語 -는다고³, -라고⁷
関連語 -냐고², -라고⁸, -자고²

1. 叙述形で表現された内容を間接的に伝えることを表わす。

例
- 너 조금 전에 밥을 먹었**다고** 했잖아. (お前、ついさっきご飯を食べたって言ったじゃない。)
- 엄마: 네 형 언제 가겠**다고** 하더냐? (お母さん: お兄ちゃん、いつ行くって言ってた?)

아들 : 다음 주에 가겠**다고** 하던데요. (息子：来週行くって言ってたけど。)

- 남편은 휴일에도 피곤하**다고** 하면서 하루종일 잠만 잔다. (夫は休日も疲れたと言って，一日中寝てばかりいる。)
- 서울역에 공항 버스가 있**다고** 들었습니다. (ソウル駅に空港バスがあると聞きました。)

参考 '-다'の形で用いられることもある。例 밥을 먹었**다** 했잖아. (ご飯を食べたって言ったじゃない。)

2. ある行為の'何を'に該当する節を表わす。

例
- 너 다시는 안 그러겠**다고** 엄마하고 약속했잖아. (お前，二度とそうしないって，お母さんと約束したじゃない。)
- 유미가 전화했었**다고** 전해 주세요. (ユミが電話してたって，伝えて下さい。)
- 그는 약이 효과가 있**다고** 생각했다. (彼は薬に効き目があると思った。)
- 그 사건은 사실이 아니었**다고** 여기는 사람들이 많다. (その事件はでっち上げだったと思う人が多い。)

関連語 -게³

参考 '보고하다 (報告する)，약속하다 (約束する)，명령하다 (命令する)，생각하다 (考える)，보다 (見なす)，여기다 (思う)'等の動詞と共に用いられる。2. '-다'の形で用いられることもある。

3. 後で述べる話の前提として，ことわざや一般的な事柄に基づいて説明することを表わす。

例
- 열 손가락 깨물어 아프지 않은 손가락이 없**다고** 부모님의 자식 사랑은 한결같다. (十本の指を噛んで痛くない指が無い (両親はいくら子供が多くてもみんな愛しいの意) と言うように，親の子供への愛情は皆同じである。)
- 먼 친척보다 이웃사촌이 낫**다고** 정말 고마워요. (遠い親戚より近所の親しい人がましだ (遠い親戚より近くの隣人の意) と言いますが，本当にありがとうございます。)

参考 '-다'の形では用いられない。例 먼 친척보다 이웃사촌이 낫**다** 정말 고마워요. (×)

-다고요

【알고 있**다고요**. (知っていますってば。)】

『形容詞, '-았-', '-겠-'の後に用いられる』

[語尾] 終結語尾

[親しい間で敬意が高い] 先輩や目上の人に

[例] 예쁘**다고요**, 좋다**고요**, 먹었**다고요**, 가겠**다고요**

[形態関連語] -는다고요, -라고요[1]

[関連語] -냐고요, -라고요[2], -자고요

[全体参考] 話し言葉で用いられ, しばしば [다구요] と発音されることもある。

1. 強調して述べたり自分が言ったことを再び述べたりするときに用いられる。

例 ▪ 난 다 알고 있**다고요**. (私は全部知っていますってば。)
   ▪ 우리 형님은 학교 다닐 때 축구 선수까지 했**다고요**. (うちの兄は学校に通ってたとき, サッカー選手までやったんですよ。)
   ▪ 내 친구들 보면 자기 부모님의 생신을 알고 있는 애가 하나도 없**다고요**. (私の友達を見ると, 自分の両親の誕生日を知っている子が一人もいないんですよ。)
   ▪ 유미 : 뭐라고요? (ユミ : 何ですって?)
     대성 : 학교 생활을 더 열심히 하겠**다고요**. (テソン : 学校生活をもっとがんばりますってば。)

2. 〔'얼마나 (どれだけ), 몇 (いくつの), 왜 (なぜ)' のような疑問詞と共に用いられ〕そうだと強調して述べることを表わす。

例 ▪ 엄마 오시길 얼마나 기다렸**다고요**. (お母さんが来るのをすごく待ってたんですよ。)
   ▪ 내가 무슨 잘못을 했**다고요**. (私が何の間違いをしたんですかって。)
   ▪ 그러면 얼마나 시원하**다고요**. (そうすればすごく涼しいんですよ。)

3. 既に聞いたことをもう一度確認したり, あるいは疑わしいという調子で質問することを表わす。

例 ▪ 저더러 한국 사람이 다 됐**다고요**? (私にすっかり韓国人っぽくなったですって?)
   ▪ 요즘도 바쁘시**다고요**? (最近もお忙しいですって?)
   ▪ 진수가 그 집에 살았**다고요**? (チンスがその家に住んでいたんですって?)

-다나

【내가 오빠 같**다나**. (ぼくがお兄さんみたいなんだとか。)】

『形容詞, '-았-', '-겠-' の後に用いられる』

[語尾] 終結語尾

[親しい間で敬意が低い] 友達に

[例] 예쁘**다나**, 좋다**나**, 먹었**다나**, 가겠**다나**

[形態関連語] -는다나, '이다'+-라나

[関連語] -냐나, 動詞+-라나, -자나

[全体参考] 話し言葉に多く用いられ, しばしば [대나] と発音されることもある。

1. ある事柄について無関心な態度で確信を持たずに述べることを表わす。

例
- 내가 오빠 같**다나**. (ぼくがお兄さんみたいなんだとか。)
- 내가 너무 건방지**다나**? (私ってすごく生意気なんだとか。)
- 병원에 안 가도 다 나았**다나**. (病院に行かなくてもすっかり治ったんだとか。)
- 어제 이사를 갔**다나**. (昨日引っ越したんだとか。)
- 도둑인 줄 알고 깜짝 놀랐**다나**. (泥棒だと思ってびっくりしたんだとか。)
- 요즘은 무조건 예뻐야 시집을 잘 갈 수 있**다나**. (近頃は何が何でもきれいじゃないと, 良い所に嫁げないんだとか。)

[参考] 述べた内容について責任を回避するかのように言葉を濁す言い方である。'-다나 어쨌다나' のように用いられることもある。[例] 진수를 만났**다나** 어쨌**다나**. (チンスに会ったとか, そういうことらしい。)

2. 〔'-다나 보다' の形で用いられ〕あることについて無関心な態度で確信を持たずに述べることを表わす。

例
- 김진수: 정말 오늘 여기에 가수가 오나요? (キム・ジンス: 本当に今日ここに歌手が来るんですか？)
  박유미: 그렇**다나** 봐요. (パク・ユミ: そうみたいですよ。)
- 아들이 부산에서 큰 회사를 경영하고 있**다나** 봐요. (息子さんが釜山で大きな会社を経営しているみたいですよ。)
- 할머니께서 오늘 새벽에 돌아가셨**다나** 봐. (おばあさんが今日の明け方お亡くなりになったみたい。)

-다네

【내가 요즘 바쁘**다네**. (私はこのところ忙しいんだよ。)】

『形容詞, '-았-', '-겠-' の後に用いられる』

[語尾] 終結語尾

[やや敬意が低い] 先生が学生に, 嫁の両親が婿に（成人語）

[例] 예쁘**다네**, 좋다네, 먹었다네, 가겠다네

[形態関連語] -는다네, '이다'+-라네

[関連語] -네

[全体参考] 話し言葉に用いられる。

1. 聞き手に親しみを持って, ある事柄を知らせることを表わす。

例
- 내가 요즘 바쁘**다네**. (私はこのところ忙しいんだよ。)
- 자네 친구가 왔다 갔**다네**. (君の友達が立ち寄って行ったんだよ。)
- 사실은 요즘 돈이 없**다네**. (実は最近お金が無いんだよ。)

アドバイス

'-네' と '-다네' の比較：

'-네' は自分の考えや状況を客観化して述べるのに対し, '-다네' はそれをやや親しみを持って述べることを表わす。

例 1 : 자네 친구가 왔다 갔**네**. (君の友達が立ち寄って行ったよ。) ／ 자네 친구가 왔다 갔**다네**. (君の友達が立ち寄って行ったんだよ。)

例 2 : 내가 요즘 무척 바쁘**네**. (私はこのところとても忙しいんだ。) ／ 내가 요즘 무척 바쁘**다네**. (私はこのところとても忙しいんだよ。)

-다느니

【땅이 넓**다느니** 좁**다느니**〜 (土地が広いとか狭いとか〜)】

『形容詞, '-았-', '-겠-' の後に用いられる』

[語尾] 連結語尾

[例] 예쁘**다느니**, 좋**다느니**, 먹었**다느니**, 가겠**다느니**

[形態関連語] -는다느니, '이다'+-라느니

[縮約] -다⁶

[関連語] -냐느니, 動詞+-라느니, -자느니

全体参考 '-느니' よりも強調して述べることを表わす。

1. 〔しばしば '-다느니 ~ -다느니' の形で用いられ〕ある事柄について '~であるとか, ~であるとか' と述べることを表わす。

例
- 땅이 넓**다느니** 좁**다느니** 하지만 그건 다 배부른 사람들의 얘기일 뿐이다. (土地が広いとか狭いとか言うが, それはみな金持ちの話にすぎない。)
- 나는 나비 같**다느니** 선녀 같**다느니** 하는 칭찬을 들어왔다. (私は蝶々みたいだとか仙女みたいだとかとほめられてきた。)
- 늦게까지 술을 마셨**다느니**, 밤잠을 못 잤**다느니** 하는 거예요. (遅くまでお酒を飲んだとか, 夜眠れなかったとか言うんですよ。)

-다니¹ 【놀다가 가다니？（遊んでから帰るだなんて。）】

『動詞, 形容詞, '-았-', '-겠-' の後に用いられる』

語尾　終結語尾

親しい間で敬意が低い　友達に

例　가다니, 먹다니, 예쁘다니, 좋다니, 먹었다니, 가겠다니

形態関連語　-라니¹

丁寧　-다니요

関連語　-냐니, -라니², -자니

全体参考　1. 話し言葉に用いられる。2. 後行節には, 意外だという調子で尋ねる内容等が現われ, 主に上昇調の抑揚が用いられる。

1. 疑わしかったり意外なことだと感じられたりして, 驚いて聞き返すことを表わす。

例
- 조금 놀다가 가**다니**？ 그럼 점심도 안 먹고 가려고？ (少し遊んでから帰るなんて。じゃ, 昼ご飯も食べないで帰るつもりなの？)
- 부모님이 저토록 애쓰시는데 공부를 안 하**다니**？ (ご両親があれほど苦労されているのに勉強をしないだなんて。)
- 별안간 시집을 가**다니**？ (急にお嫁さんに行くだなんて。)
- 친구：그럼 이걸 그냥 버리란 말이니？ (友達：じゃ, これをそのまま捨てろってことなの？)
  유미：버리**다니**？ 네가 가지면 되잖아. (ユミ：捨てるだなんて。あなた

2. 〔独り言に用いられ〕感嘆を表わす。疑わしかったり意外なことだと感じられたりして，信じられないという調子で述べるときに用いられる。

例 ▪ 우산도 없는데 비까지 오**다니**！ （傘も無いのに，雨まで降るとは！）
　▪ 그런 사람을 남편이라고 믿고 기다리다가 죽**다니**．（あんな人を夫だと信じて待っているうちに死ぬとは。）
　▪ 그렇게 심한 말씀을 하시**다니**！（そんなにひどいことをおっしゃるなんて！）
　▪ 저렇게 약해 보이는 사람이 권투를 하**다니**．（あんなに弱々しい人がボクシングをするとは。）
　▪ 참 이상하군요．던진 사람도 없는데 돌이 저절로 떨어졌**다니**．（実に奇妙ですね。投げた人もいないのに，石がひとりでに落ちたとは。）

[参考] 後行節には前の内容についての評価を表わす言葉がよく用いられる。このときは主に下降調の抑揚と共に用いられる。例 저렇게 약해 보이는 사람이 권투를 하**다니**（놀랍다）．（あんなに弱々しい人がボクシングをするとは（驚きだ）。）

-다니² 【유미 씨를 만나다니~ （ユミさんに会うなんて～）】

『動詞，形容詞，'-았-' の後に用いられる』
[語尾] 連結語尾

例 가다니，먹다니，예쁘다니，좋다니，먹었다니

[形態関連語] '이다' + -라니

[全体参考] 動詞の後に用いられるとき '-ㄴ다니'，'-는다니' ではなく '-다니' が用いられる。例 가다니（○）（行くなんて），먹다니（○）（食べるなんて）／간다니（×），먹는다니（×）

1. 与えられた何らかの事柄に気付き，驚きや感嘆，憤慨等の感情を表わす。

例 ▪ 이런 곳에서 유미 씨를 만나**다니** 뜻밖인데요．（こんな所でユミさんに会うなんて意外ですね。）
　▪ 비가 오**다니** 큰일이에요．（雨が降るとは大変ですね。）
　▪ 이렇게 예쁜 반지를 사 주시**다니** 너무 기뻐요．（こんなにきれいな指輪を買って下さるなんて，とてもうれしいです。）

-다니³ 【가족들이 건강하다니~ (家族が元気だと言うから~)】

『形容詞, '-았-', '-겠-'の後に用いられる』

縮約形（連結の機能）

例 예쁘다니, 좋다니, 먹었다니, 가겠다니

'-다고 하니'の縮約形

[形態関連語] -는다니, '이다'+-라니

[関連語] -냐니, 動詞+-라니, -자니

1. 聞いた事柄が原因や理由となり、それに基づいて述べることを表わす。

例 ▪ 가족들이 건강하다니 무엇보다 다행이다. (家族が元気だと言うから、何より幸いだ。)

▪ 채 선생이 남으시겠다니 나도 남겠습니다. (チェさんがお残りになるそうですから、私も残ります。)

▪ 영숙이가 개인전을 열었다니 당연히 우리가 가서 축하해 줘야지. (ヨンスクが個展を開いたと言うから、当然私たちが行ってお祝いしてやらなくちゃ。)

▪ 할머니, 편찮으셔서 걱정 많이 했습니다. 좋아지셨다니 다행입니다. (おばあさん、お加減が良くないのでとても心配しました。お元気になられたそうで何よりです。)

-다니까 【이게 좋다니까. (これが良いってば。)】

『形容詞, '-았-', '-겠-'の後に用いられる』

[語尾] 終結語尾

[親しい間で敬意が低い] 友達に

例 예쁘다니까, 좋다니까, 먹었다니까, 가겠다니까

[形態関連語] -는다니까, -라니까¹

[丁寧] -다니까요

[関連語] -냐니까, -라니까², -자니까

[全体参考] 話し言葉に用いられる。

1. 聞き手がその話の真偽を聞き入れないときに，話し手が繰り返し強調して述べることを表わす。

例 ▪ 난 이게 좋**다니까**. （私はこれが良いってば。）
  ▪ 이번에는 틀림없**다니까**. （今回は間違いないってば。）
  ▪ 내가 저녁을 사겠**다니까**. （私が夕食をおごるってば。）

-다니까요 【집이 텅 빈 것 같**다니까요**. （家ががらんと空いたみたいなんですよ。）】

『形容詞，'-았-'，'-겠-' の後に用いられる』
[語尾] 終結語尾
[親しい間で敬意が高い] 先輩や目上の人に

例 예쁘**다니까요**, 좋**다니까요**, 먹었**다니까요**, 가겠**다니까요**

[形態関連語] -는다니까요, -라니까¹ + 요
[関連語] -냐니까요, -라니까² + 요, -자니까요
[全体参考] 話し言葉に用いられる。

1. 聞き手がその話の真偽を聞き入れないときに，話し手が繰り返し強調して述べることを表わす。

例 ▪ 집이 텅 빈 것 같**다니까요**. （家ががらんと空いたみたいなんですよ。）
  ▪ 나를 이해해 주는 사람은 엄마밖에 없**다니까요**. （私のことを理解してくれる人はお母さんしかいないのよ。）
  ▪ 나도 똑같은 생각을 했**다니까요**. （私も全く同じことを考えたんですよ。）

-다니요 【같이 가**다니요**？ （一緒に行くですって？）】

『動詞，形容詞，'-았-'，'-겠-' の後に用いられる』
[語尾] 終結語尾
[親しい間で敬意が高い] 先輩や目上の人に

例 가**다니요**, 먹**다니요**, 예쁘**다니요**, 좋**다니요**, 먹었**다니요**, 가겠**다니요**

[形態関連語] -라니요¹
[関連語] -냐니요, -라니요², -자니요

|全体参考| 話し言葉に用いられる。
1. 〔後の文には意外だという調子で尋ねる内容を含みながら〕疑わしかったり意外なことだと感じられたりして，驚いて問い返すときに用いられる。

例 ▪ 같이 가**다니요**? 어딜요? (一緒に行くですって？ どこにですか？)
　 ▪ 다치**다니요**? 누가요? (けがですって？ 誰がですか？)
　 ▪ 돈이 모자랐**다니요**? (お金が足りなかったですって？)

-다던

【할 말이나 있**다던**? (言うことなどあるもんかね。)】

『形容詞と '-았-' の後に用いられる』
|語尾| 終結語尾
|最も敬意が低い| おじいさんが子供に

例 예쁘**다던**, 좋다**던**, 먹었**다던**

|形態関連語| -는다던, '이다' + -라던
|全体参考| 話し言葉に用いられる。

1. 〔疑問文の形式だが答えを要求しない形で用いられ〕述べた内容を強調することを表わす。

例 ▪ 나야 어디 할 말이나 있**다던**? (私なんかがそもそも言うことなどあるもんかね。)
　 ▪ 너 말고 대성이가 또 있**다던**? (お前以外にテソンが他にいるもんかね。)
　 ▪ 정치가들이 언제는 나라 걱정했**다던**? (政治家どもがいつ国の心配をしたのかね。)

-다든가

【옳**다든가** 그르**다든가**~ (正しいとか間違っているとか~)】

『形容詞と '-았-' の後に用いられる』
|語尾| 連結語尾

例 예쁘**다든가**, 좋다든가, 먹었**다든가**

|形態関連語| -는다든가, '이다' + -라든가

1. 〔主に '-다든가 -다든가 하다' の形で用いられ〕考え得る様々な命題的内容を羅列し，そのうちのどれを指してもかまわないことを表わす。

例 ■ 옳**다든가** 그르**다든가** 하는 판단. (正しいとか間違っているとかという判断。)

- 이에 대하여 불편하**다든가** 부당하**다든가** 하는 생각을 하지 않는다. (これについて不都合だとか不当だとかということは考えない。)
- 이제 와서 내가 잘했**다든가** 네가 잘했**다든가** 따져도 소용없다. (今さらおれの方が良かったとかお前の方が良かったとか, とやかく言っても無駄だ。)

-다든지 【직업이 있**다든지**～ (仕事があるとか～)】

『形容詞と '-었-' の後に用いられる』
語尾 連結語尾

例 예쁘**다든지**, 좋다**든지**, 먹었**다든지**

形態関連語 -는다든지, '이다' + -라든지

1. 〔主に '-다든지 -다든지 하다' の形で用いられ〕 考え得る様々な命題的内容を羅列し, そのうちのどれを指してもかまわないことを表わす。

例 ■ 엄마가 직업이 있**다든지** 병이 들었**다든지** 하면 아이를 돌보는 일이 어려워진다. (お母さんが仕事があるとか病気にかかったとかいうと, 子供の面倒を見ることが難しくなる。)

- 시민의 미적 수준이 낮**다든지** 공공 정신이 부족하**다든지** 하는 이야기. (市民の美的水準が低いとか公共精神が足りないとかという話。)
- 명랑하고 활동적이던 사람이 사업에 실패해서 우울해졌**다든지** 하는 경우가 있다. (明るくて活動的だった人が事業に失敗して憂うつになったりする場合がある。)

-다마는 【키는 크다마는~ (背は高いけれど~)】

『形容詞, '이다', '-았-', '-겠-'の後に用いられる』

[語尾] 連結語尾

[例] 예쁘다마는, 좋다마는, 학생이다마는, 먹었다마는, 가겠다마는

[形態関連語] -는다마는

[縮約] -다만

1. '-다만'の原形。☞ -다만 (p.288)

例 ▪ 키는 크**다마는** 너무 말랐구나. (背は高いけれど, やせすぎだなあ。)
  ▪ 나도 같이 가고 싶**다마는** 지금은 시간이 없다. (私も一緒に行きたいが, 今は時間が無い。)
  ▪ 나도 할 수 있겠**다마는** 돈이 없구나. (私もできそうだが, 金が無いなあ。)

-다만 【모양은 예쁘다만~ (形はかわいいけれど~)】

『形容詞, '이다', '-았-', '-겠-'の後に用いられる』

[語尾] 連結語尾

[例] 예쁘다만, 좋다만, 먹었다만, 가겠다만

[形態関連語] -는다만

[原形] -다마는

[関連語] -습니다만

[全体参考] 1. 話し言葉に用いられる。2. 成人語。3. '-다마는'より '-다만'が多く用いられる。4. 文末には最も敬意が低い階称の終結語尾が用いられる。

1. 〔語尾 '-다' に補助詞 '만' が結合した形で〕前の内容を認めるけれども, それが後の内容に影響を及ぼさないことを表わす。

例 ▪ 모양은 예쁘**다만** 너무 비싸구나. (形はかわいいけれど, 高すぎるなあ。)
  ▪ 하숙할 생각이**다만**, 지금은 친구집에 있다. (下宿するつもりだが, 今は友達の家にいる。)
  ▪ 같이 가고 싶**다만** 오늘은 바쁘구나. (一緒に行きたいけれど, 今日は忙しいなあ。)

-다며

【요즘 바쁘**다며**？（最近忙しいんだって？）】

『形容詞，'-았-'，'-겠-'の後に用いられる』

|語尾| 終結語尾

|親しい間で敬意が低い| 友達に

|例| 예쁘**다며**, 좋다며, 먹었다며, 하겠다며

|形態関連語| -는다며, -라며²

|原形| -다면서

|関連語| -냐며, 動詞＋-라며, -자며

|全体参考| 1. 話し言葉に用いられる。このときは［다매］と発音することもある。2. 皮肉なニュアンスが感じられることもある。

1. 直接あるいは間接的に聞いた事柄について，相手に確かめる調子で聞き返すことを表わす。

例 ▪ 요즘 바쁘**다며**？（最近忙しいんだって？）
  ▪ 여자 친구가 예쁘**다며**？（ガールフレンドがかわいいんだって？）
  ▪ 너도 같이 보았**다며**？（お前も一緒に見たんだって？）

-다면

【가능하**다면**～（できることなら～）】

『形容詞，'-았-'，'-겠-'の後に用いられる』

|語尾| 連結語尾

|例| 예쁘**다면**, 좋다면, 먹었다면, 하겠다면

|形態関連語| -는다면, -라면²

|関連語| -냐면, 動詞＋-라면, -자면

|全体参考| 話し言葉では'-담'が用いられることもある。|例| 보았**다면**(보았**담**) 말해 봐.（見たのなら，話してみて。）

1. ある事柄を仮定して条件とすることを表わす。

例 ▪ 가능하**다면** 여기에서 제 꿈을 키워 보고 싶습니다.（できることなら，ここで自分の夢を育みたいと思います。）
  ▪ 네가 도와주지 않았**다면** 나 혼자서 혼났을 거야.（君が助けてくれなかったなら，ぼく一人で叱られたはずだよ。）
  ▪ 월급만 많**다면** 그 일을 해 보고 싶어요.（給料さえ多いなら，その仕事

をやってみたいです。)

- 진수 ：모르겠습니다．(チンス：分かりません。)
  선생님：모르겠**다면** 내가 가르쳐 줄까? (先生：分からないなら，私が教えようか?)

-다면서 【고생이 많**다면서**? (苦労が多いんだって?)】

『形容詞，'-았-'，'-겠-'の後に用いられる』

|語尾| 終結語尾

|親しい間で敬意が低い| 友達に

|例| 예쁘**다면서**，좋다면서，먹었**다면서**，하겠**다면서**

|形態関連語| -는다면서，'이다'+-라면서
|丁寧| -다면서요
|縮約| -다며
|関連語| -냐면서，動詞+-라면서，-자면서
|全体参考| 話し言葉に用いられる。

1. 話し手が既に知っていたり聞いたりした事柄をもう一度確認しながら尋ねることを表わす。

例 ■ 우리 동생이 제일 고생이 많**다면서**? (うちの弟(妹)が一番苦労が多いんだって?)

■ 너 회사에 근무한 적도 있**다면서**? (君，会社に勤めたこともあるそうだね。)

■ 너희들 지난 주에 여행 갔다왔**다면서**? (君たち，先週旅行に行って来たそうだね。)

-다면서요 【배고프다면서요? (お腹が空いたんですって?)】

『形容詞, '-았-', '-겠-'の後に用いられる』
語尾 終結語尾
親しい間で敬意が高い 先輩や目上の人に

例 예쁘다면서요, 좋다면서요, 먹었다면서요, 하겠다면서요

形態関連語 -는다면서요, '이다' + -라면서요
関連語 -냐면서요, 動詞 + -라면서요, -자면서요
全体参考 話し言葉に用いられる。

1. 話し手が既に知っていたり聞いたりした事柄をもう一度確認しながら尋ねることを表わす。

例 ▪ 배고프다면서요? (お腹が空いたんですって?)
　▪ 여자 친구가 있다면서요? (ガールフレンドがいるんですって?)
　▪ 아이들과 같이 바닷가에 가셨다면서요? (子供たちと一緒に海辺にいらっしゃったそうですね。)

-다 못해 【생각다 못해~ (考えあぐねて~)】

慣用句
結合情報 ☞ -다⁷

全体参考 原形の '-다가 못해' はあまり用いられない。

1. 'ある状態の程度を超え, さらに甚だしい程度に移っていくこと' の意味。

例 ▪ 생각다 못해 미선이는 교수님을 찾아뵈었다. (考えあぐねて, ミソンは教授のところに伺った。)
　▪ 이 천은 희다 못해 파랗구나. (この生地は白いのを通り越して青みがかってるな。)
　▪ 고맙다 못해 눈물이 다 날 지경이다. (感謝に堪えず, 涙が出そうなほどだ。)
　▪ 참다 못해 영숙이는 이혼하기로 했다. (我慢しきれず, ヨンスクは離婚することにした。)

-다 보니 【계속 하다 보니~ (続けてやっているうちに~)】

慣用句

結合情報 ☞ -다⁷

全体参考 1. 原形の'-다가 보니'はあまり用いられない。2. '-다 보니까'の形でも用いられる。例 돈을 마구 쓰**다 보니까** 빚만 졌어요. (お金をどんどん使っているうちに、借金ばかりしました。)

1. 'そのような理由によって'の意味。

例
- 계속 하**다 보니** 재미가 생기던데요. (続けてやっているうちに、面白くなってきたんですよ。)
- 살기가 어렵**다 보니** 어쩔 수 없었노라고 했다. (生活が苦しいものだから、どうしようもなかったのだと言った。)
- 제가 게으르**다 보니** 전화도 못했네요. (私が無精なので、電話もできませんでしたね。)

-다 보면 【병원에 있다 보면~ (病院にいると~)】

慣用句

結合情報 ☞ -다⁷

全体参考 原形の'-다가 보면'はあまり用いられない。

1. '前のことが起こった結果によって'の意味。

例
- 병원에 있**다 보면** 별별 환자들이 다 찾아온다. (病院にいると、ありとあらゆる患者がやって来る。)
- 시간이 흐르**다 보면** 차차 잊혀지겠지. (時間が経つうちに、だんだん忘れていくだろうね。)
- 아이를 기르**다 보면** 가끔 엉뚱한 일 때문에 놀라기도 하고 웃기도 한다. (子供を育てていると、ときどき突拍子もないことで驚くこともあるし、笑うこともある。)

-다손 치더라도

【힘이 있**다손 치더라 도**~ (力があるからと いって~)】

『形容詞, '있다/없다', '-았-' の後に用い られる』
慣用句

例 크**다손 치더라도**, 어렵**다손 치더라도**, 있**다손 치더라도**, 없**다손 치더라도**, 먹었**다손 치더라도**

形態関連語 -는다손 치더라도, '이다' + - 라손 치더라도

全体参考 前接する語句の内容を極端な程度にまで仮定する '이야 (~こそは)' や '제 아무리~ (どんなに~しても)' 等の語と共に用いられたり, '설사, 설혹, 설령, 비록 (たとえ, 仮に)' 等の副詞と共に用いられたりする。

1. 前接する語句の内容を仮定するが, それが後の語句に影響を及ぼさないことを表わす。

例 ■ 힘이 있**다손 치더라도** 옛날 같기야 하겠니? (力があるからといって, 昔みたいにいくかなあ?)
   ■ 아무리 시간이 없**다손 치더라도** 밥은 먹어야지요. (いくら時間が無いとしても, ご飯は食べませんとね。)
   ■ 설사 엄마를 속일 수 있**다손 치더라도** 그게 무슨 소용이 있나? (たとえお母さんのことをだませたとしても, そんなの何の役にも立たないよ。)
   ■ 설령 약간의 변형이 있었**다손 치더라도** 분명히 이 노래의 원형은 있었을 것이다. (仮に若干の変形があったとしても, 明らかにこの歌の原形はあったはずだ。)

-다시피

【너도 알**다시피**~ (君も知っている通り~)】

『動詞の後に用いられる』
語尾 連結語尾

例 보**다시피**, 알**다시피**, 먹**다시피**

1. 〔'알다 (知る, 分かる), 보다 (見る)' と共に用いられ〕'~する通りに' の意味。

例 ■ 너도 알**다시피** 내가 요즘 좀 바쁘잖니? (君も知っている通り, 私が最近ちょっと忙しいじゃない?)

- 보시**다시피** 이렇습니다. (ご覧の通り，こういうわけです。)
- 당신도 아시**다시피** 이 지경이 되었습니다. (あなたもご存知の通り，この有様になりました。)

2. 〔'-다시피 하다'の形で動詞の後に用いられ〕実際にそうするわけではないが，それに近いことをするときに用いられる。'～するのとほとんど同じく' の意味。

例
- 문법서를 읽거나 해서 혼자 배우**다시피** 했습니다. (文法書とか読んだりして，一人で学ぶようなものでした。)
  - 내 친구 미선이는 우리 집에서 살**다시피** 했어. (私の友達のミソンは私の家で暮らすようなものだったわ。)
  - 어제 거의 밤을 새우**다시피** 했거든. (昨日ほとんど徹夜に近かったんだ。)
  - 거의 뛰**다시피** 했다. (ほとんど走らんばかりだった。)

-단다

【좋은 책들이 아주 많**단다**. (良い本がとっても多いんだよ。)】

『形容詞，'-았-'，'-겠-'の後に用いられる。動詞の後には -ㄴ단다, -는단다が用いられ, '이다'の後には -란다が用いられる』

例 예쁘**단다**, 좋**단다**, 먹었**단다**, 하겠**단다**

[語尾] 終結語尾

[最も敬意が低い] おじいさんが子供に

[形態関連語] -는단다, '이다' + -란다

[全体参考] 1. 話し言葉に用いられる。 2. 自慢して話すときにも用いられる。 3. 敬語表現は '-답니다'。

1. ある事柄を聞き手に親しみを持って話すことを表わす。

例
- 세상엔 좋은 책들이 아주 많**단다**. (世の中には良い本がとっても多いんだよ。)
  - 아빠는 요즘 무척 바쁘시**단다**. (お父さんはこのごろすごく忙しいんだよ。)
  - 우리 학교에 큰 등나무가 있었**단다**. (うちの学校に大きな藤の木があったんだよ。)
  - 꿈에 내가 정말 하늘을 날았**단다**. (夢で私が本当に空を飛んだんだよ。)

-단 말이다

【나도 할 수 있단 말이에요. (私もできますってば。)】

『形容詞，'-았-'，'-겠-'の後に用いられる。動詞の後には -ㄴ단 말이다，-는단 말이다 が用いられ，'이다' の後には -란 말이다が用いられる』

慣用句

例 예쁘단 말이다, 좋단 말이다, 먹었단 말이다, 잡겠단 말이다

形態関連語 -는단 말이다, -란 말이다¹
関連語 -냔 말이다, -란 말이다², -잔 말이다
全体参考 話し言葉に用いられる。

1. 話の要点をしぼって述べることを表わす。

例 ■ 그 정도는 나도 할 수 있**단 말이에요**. (そのぐらいは私もできますってば。)

　■ 이 일을 어째야 옳**단 말이냐**? (これをどうすりゃいいってんだ？)

　■ 어제 비를 맞아서 감기에 걸렸**단 말이지**? (昨日雨に降られて風邪を引いたってわけだろ？)

-답니까

【무슨 소용이 있답니까? (何の意味があるんですか？)】

『形容詞，'-았-'，'-겠-'の後に用いられる。動詞の後には -ㄴ답니까，-는답니까が用いられ，'이다' の後には -랍니까が用いられる』

語尾　終結語尾
最も敬意が高い　職場の上司や目上の人に（公式的）

例 예쁘답니까, 좋답니까, 먹었답니까, 하겠답니까

形態関連語 -는답니까, -랍니까
全体参考 話し言葉に用いられる。

1. 〔疑問文の形式だが答えを要求しない形で用いられ〕ある事柄についての驚きや疑問を強調して述べるときに用いられる。

例 ▪ 이름이 무슨 소용이 있**답니까**？（名前なんか何の意味があるんですか？）
- 무슨 인심이 이리 야박하**답니까**？（どうして人情がこんなにも薄いんですか？）
- 우리만 당하란 법 있**답니까**？（私達だけやられてもいいなんて決まりがどこにあるんですか？）

-답니다 【이사를 했**답니다**．（引っ越しをしたんですよ．）】

『形容詞，'-았-'，'-겠-'の後に用いられる。動詞の後には -ㄴ답니다，-는답니다が用いられ、'이다'の後には -랍니다が用いられる』

[語尾] 終結語尾
[最も敬意が高い] 職場の上司や目上の人に（公式的）

例 예쁘**답니다**，좋**답니다**，먹었**답니다**，하겠**답니다**

[形態関連語] -는답니다，-랍니다

[全体参考] 1. 話し言葉に用いられる。 2. ある事柄を強調したり自慢したりすることを表わすときもある。

1. 話し手が既に知っていたり聞いたりした事柄を客観的に親しみを持って説明することを表わす。

例 ▪ 우리 사무실이 이사를 했**답니다**．（うちの事務室が引っ越しをしたんですよ．）
- 세상 일은 다 마음먹기에 달렸**답니다**．（世の中のことは全て心の決め方次第なんですよ．）
- 옛날 어느 마을에 착한 소녀가 살고 있었**답니다**．（昔、ある村に心根の優しい少女が住んでいました。）
- 제가 우승을 했**답니다**．（私が優勝したんですよ。）

-대¹ 【진수가 나 놀렸대. (チンスが私のこと、からかったのよ。)】

『形容詞と'-았-','-겠-'の後に用いられる。動詞の後には -ㄴ대, -는대が用いられ、'이다'の後には -래が用いられる』

例 예쁘대, 좋대, 먹었대, 하겠대

[語尾] 終結語尾

[親しい間で敬意が低い] 友達に

[形態関連語] -는대¹, -래¹

[丁寧] -대요¹

[全体参考] 話し言葉に用いられる。

1. 相手がしたことを他の人に言いつけるときに用いられる。

例
- 엄마, 진수가 나 놀렸대. (お母さん、チンスが私のこと、からかったのよ。)
- 누나가 엄마 몰래 화장했대. (お姉さんがお母さんに内緒で化粧したんだよ。)
- 엄마, 형이 숙제도 안 했대. (お母さん、お兄さんが宿題もやらなかったんだよ。)
- 아빠, 형이 나 또 때렸대. (お父さん、お兄さんがぼくをまた叩いたんだよ。)

[参考] 1. 主に子供の話し言葉に用いられる。 2. '-겠-'の後には用いられない。 3. 文末を若干上げてから下げる抑揚と共に用いられる。

2. 〔疑問文の形式だが答えを要求しない形で用いられ〕その事柄を強く否定したり主張したりすることを表わす。

例
- 누가 그걸 먹겠대? 어서 가져 가! (誰がそんなの食べるかよ？ さっさと持って行けよ！)
- 앤, 내가 그런 소리 듣겠대? (ねえ、私がそんな話聞くと思って？)
- 내가 언제 결혼했대? (私がいつ結婚したのよ？)

[参考] 1. 驚いたり不満に思ったりする意味が含まれている。 2. '-겠-'の後に用いられる。

-대²

【건강이 안 좋대. (体の具合が良くないんだって。)】

『形容詞, '-았-', '-겠-' の後に用いられる。動詞の後には -ㄴ대, -는대が用いられ, '이다' の後には -래が用いられる』

縮約形(終結の機能)

|親しい間で敬意が低い|　友達に

例　예쁘대, 좋대, 먹었대, 하겠대
'-다고 해' の縮約形

形態関連語 -는대², -래²

丁寧 -대요²

関連語 -내, -래³, -재

全体参考 話し言葉に用いられる。

1. 聞いたり経験したりした事柄に基づいて説明することを表わす。

例 ▪ 진수가 건강이 안 좋대. (チンスが体の具合が良くないんだって。)
   ▪ 영숙이가 어제 일본에 갔대. (ヨンスクが昨日日本に行ったんだって。)
   ▪ 유럽 사람들도 그렇대. (ヨーロッパの人たちもそうなんだって。)

2. 聞いたり経験したりした事柄に基づいて尋ねることを表わす。

例 ▪ 부모님께서 유학을 안 보내 주시겠대? (ご両親が留学に行かせて下さらないんだって?)
   ▪ 그걸 어떻게 알았대? (それをどうやって知ったんだって?)
   ▪ 저 친구는 그걸 어디서 들었대? (あいつはそれをどこで聞いたんだって?)

대로

【내 말대로 해 봐. (私の言う通りにやってごらん。)】

『終声字の有無にかかわらず대로が用いられる』

助詞　補助詞

例　순서대로, 내 말대로, 명령대로

類義　마따나, 처럼

全体参考 '대로' は助詞であり, 名詞の後に用いる。しかし '퇴근하는 대로 오세요. (退社したらすぐ来て下さい。)', '좋을 대로 해. (好きなようにやって。)' のように修飾する語尾 '-는', '-ㄹ' の後に用いられる '대로' は依存名詞であり, 分かち

書きする。

1. 〔'가르침 (教え), 명령 (命令), 지시 (指示)'のような名詞の後に用いられ〕前の語に基づいていたり, 変わるところがなかったりすることを表わす。

例 ▪ 일단 내 말**대로** 해 봐. (とりあえず, 私の言う通りにやってごらん。)
　▪ 오늘 예정**대로** 극장에 갑니까? (今日予定通りに映画館に行きますか?)
　▪ 순서**대로** 셋을 말해 보시오. (順番に従って三つを言ってみなさい。)
　▪ 평소**대로** 하는 것이 제일 좋을 것 같습니다. (いつも通りにやるのが一番良さそうです。)
　▪ 오늘은 제가 한 턱 낼 테니까, 마음**대로** 시키세요. (今日は私がおごりますから, 好きなように注文して下さい。)

2. 〔'~는 ~대로'の形で用いられ〕別々に分けられることを表わす。

例 ▪ 작은 것은 작은 것**대로** 따로 골라 두세요. (小さいものは小さいもの同士で別に取っておいて下さい。)
　▪ 잠은 잠**대로** 다 자고 언제 공부하니? (睡眠は睡眠でたっぷりとっていたら, いつ勉強するの?)

3. 〔'말 (言葉), 속담 (ことわざ), 이야기 (話)'のような語に付き〕'その内容の示す通り', 'そのように'の意味。

例 ▪ 가난한 집에 자식이 많다는 속담**대로** 그들은 자식을 많이도 낳았다. (貧乏人の子沢山ということわざ通り, 彼らは子供をたくさん産んだ。)
　▪ 눈 큰 애가 그렇다는 말**대로**, 유미는 겁이 많고 착한 애였다. (目の大きい子がそうだという言葉通り, ユミは怖がりで心根の優しい子だった。)
　▪ 좋은 약이 입에 쓰다는 말**대로** 이 말이 지금의 당신에게는 큰 도움이 될 것입니다. (良薬口に苦しという言葉通り, この言葉は今のあなたには大きな助けとなることでしょう。)

-대요¹ 【진수가 또 거짓말했대요. (チンスがまた嘘ついたんですよ。)】

『形容詞,'-았-','-겠-'の後に用いられる。動詞の後には -ㄴ대요, -는대요が用いられ,'이다'の後には -래요が用いられる』

[語尾] 終結語尾

[親しい間で敬意が高い] 先輩や目上の人に

例 예쁘대요, 좋대요, 먹었대요, 하겠대요

[形態関連語] -는대요¹, -래요¹

[全体参考] 話し言葉に用いられる。

1. 相手のことを他の人に言いつけるときに用いられる。

例 • 선생님, 진수가 또 거짓말했**대요**. (先生, チンスがまた嘘ついたんですよ。)
 • 엄마, 누나가 혼자만 라면 먹었**대요**. 나는 안 주고. (お母さん, お姉さんが一人だけでラーメン食べたんだよ。ぼくにはくれないで。)
 • 대성이가 동생을 또 때렸**대요**. (テソンが弟（妹）をまた叩いたんですよ。)

[参考] 1. 主に子供の言葉に用いられる。2.'-겠-'の後には用いられない。3. 文末を若干上げてから下げる抑揚と共に用いられる。

2. 〔疑問文の形式だが答えを要求しない形で用いられ〕その事柄を強く否定したり主張したりすることを表わす。驚いたり不満に思ったりする意味が含まれている。

例 • 누가 결혼하겠**대요**? (誰が結婚するもんですか。)
 • 내가 언제 화났**대요**? (私がいつ怒ったんですか？)

-대요² 【월급이 아주 많대요. (給料がとても多いんですって。)】

『形容詞,'-았-','-겠-'の後に用いられる。動詞の後には -ㄴ대요, -는대요が用いられ,'이다'の後には -래요が用いられる』

縮約形（終結の機能）

[親しい間で敬意が高い] 先輩や目上の人に

例 예쁘대요, 좋대요, 먹었대요, 하겠대요

'-다고 해요'の縮約形

[形態関連語] -는대요², -래요²

[関連語] -내요, -래요³, -재요

全体参考 話し言葉に用いられる。

1. 聞いたり経験したりした事柄に基づいて説明することを表わす。

例 ▪ 그 직장은 월급이 아주 많**대요**. (その会社は給料がとても多いんですって。)
　▪ 요즘 하숙집을 구하기가 힘들**대요**. (最近下宿を探すのが大変なんですって。)
　▪ 친구들이랑 농구를 하다가 다쳤**대요**. (友達とバスケットボールをしていてけがをしたんですって。)

2. 聞いたり経験したりした事柄に基づいて尋ねることを表わす。

例 ▪ 집에 무슨 일이 있**대요**? (家で何かあるんですって?)
　▪ 지갑 주인은 찾았**대요**? (財布の持ち主は見つかったんですって?)
　▪ 그런데 누가 아버지를 모시고 가겠**대요**? (ところで誰がお父さんに付き添って行くんですって?)

-더-

【집에 없**더**라. (家にいなかったね。)】

『動詞, 形容詞, '이다', '-았-', '-겠-'の後に用いられる』

語尾　先語末語尾

例 가더-, 먹더-, 예쁘더-, 좋더-, 학생이더-, 갔더-, 하겠더-

全体参考 '-더군, -더냐, -더라, -더이다'のような終結語尾の形, または'-더니, -더라도, -더라면, -더니만큼'のような連結語尾の形に用いられる。

1. 話し手が自ら見たり経験したりした事柄や, 聞いたりすることで知った事柄を回想するときに用いられる。

例 ▪ 너 어제 어디 갔었니? 전화했는데 집에 없**더**라. (昨日どこに行ってたの? 電話したけど家にいなかったね。)
　▪ 이것 저것 샀더니 용돈이 모자라**더**라. (あれこれ買ったら, お小遣いが足りなかったよ。)
　▪ 요 며칠 잠을 못 잤**더**니 좀 피곤하군요. (ここ何日か眠れずにいたら, ちょっと疲れましたね。)

2. 話し手が初めて知ったということを表わす。
例 ▪ 군밤을 천 원어치 샀는데 얼마 안 되**더**군요. (焼き栗を千ウォン分買ったんですけど、いくらもありませんでしたね。)
　▪ 영숙이의 노래 솜씨가 대단하**더**라. (ヨンスクの歌の実力はすばらしいものだったよ。)

3. 話し手自身の事柄を客観化して他の人に知らせることを表わす。
例 ▪ 내가 그래도 꽤 잘 먹**더**군. (私はそれでもかなりよく食べたな。)
　▪ 나는 그 술집에 자주 가게 되**더**라. (私はその飲み屋によく行くようになったよ。)
　▪ 내가 어젯밤 꿈에서 미국에 가**더**라. (私は昨日の夜、夢でアメリカに行ってたよ。)

参考 話し手の意図や意志は現われない。

```
┌─ アドバイス ─────────────────────────────┐
```

'-더-'の説明：

1. 叙述語が感情を表わす形容詞のとき、主体は話し手自身である。

例1 ：그 영화가 (<u>나는</u>) 몹시 슬프**더**라. (○)(その映画が (<u>私は</u>) 非常に悲しかったよ。)

例1' ：그 영화가 <u>우리 언니는</u> 몹시 슬프**더**라. (×)

2. しかし叙述語が動詞のときは主体が話し手であると非文になる (例2)。ただし例3のように叙述語が動詞であっても、話し手が自分自身のことを客観化して述べるときは非文にならない。なお例4は叙述語が感情を表わす形容詞で、話し手が自分自身のことを述べている文である。

例2 ：<u>내가</u> 밥을 먹**더**라. (×)

例3 ：<u>내가</u> 꿈속에서 하늘을 날**더**라. (<u>私が</u>夢の中で空を飛んでいたよ。)

例4 ：<u>내가</u> 그런 실수를 하다니, 그 순간에는 내가 정말 밉**더**라. (<u>私が</u>そんなミスをするなんて、その瞬間には自分が本当に恨めしかったよ。)

3. 命令文や勧誘文には '-더-' は用いられない。

4. 話し手が自ら経験した事柄について述べる。

例5：나는 안 보았지만 그 영화가 재미있**더**라．（×）

5. '-더-'は話し手が自ら経験した事柄を場面を変えて相手に話すことを表わす。つまり，話し手がある事柄を経験した場面と，それを報告する場面が異なるのである。例6の話し手が'너（お前）'を見たのは'어제（昨日），종로（鐘路）'においてであるが，その事柄を話すのは'어제（昨日），종로（鐘路）'ではなく，他の時間と他の場所においてである。

例6：너, 어제 여자랑 종로에서 손 잡고 가**더**라．（お前，昨日女の人と鐘路で手をつないで歩いてたよな。）

-더군요

【집이 그리워지**더군요**．（家が恋しくなりましたよ。）】

『動詞，形容詞，'이다'，'-았-'，'-겠-'の後に用いられる』

[語尾] 終結語尾

[親しい間で敬意が高い]　先輩や目上の人に

[例] 가**더군요**，먹**더군요**，예쁘**더군요**，좋**더군요**，학생이**더군요**，갔**더군요**，재미있겠**더군요**

[関連語] -군요，-는군요

[全体参考] 1. 話し言葉に用いられる。2. 感嘆を表わす。話し手が初めて知った事柄について述べるときに用いられる。

1. 過去に持続していたことを表わすと共に，話し手が自ら経験した過去の事柄を回想しながら知らせることを表わす。

例 ▪ 집이 그리워지**더군요**．（家が恋しくなりましたよ。）

　▪ 주위 사람들이 먹을거리를 주**더군요**．（周りの人たちが食べるものをくれましたよ。）

　▪ 이 댁 따님이 어머니를 닮아서 상냥하**더군요**．（このお宅の娘さんはお母さんに似て優しかったですよ。）

　▪ 도로가 포장되고 자동차가 많아졌**더군요**．（道路が舗装されて自動車が多くなっていましたよ。）

-더니

【하루종일 날이 흐리더니~】(一日中曇っていたが~)

『動詞, 形容詞, '이다', '-았-'の後に用いられる』

語尾 連結語尾

例 가더니, 먹더니, 예쁘더니, 좋더니, 학생이더니, 갔더니

1. 聞いたり経験したりした事柄が他の事柄の理由（原因，条件，前提）となることを表わす。

   例 ■ 하루종일 날이 흐리더니 밤부터 비가 내리기 시작했다. (一日中曇っていたが，夜から雨が降り始めた。)

   ■ 며칠 잠을 못 잤더니 좀 피곤하네요. (何日か眠れずにいたら，ちょっと疲れましたね。)

   ■ 어제 술을 많이 마셨더니 속이 쓰려서 아침밥을 못 먹겠어요. (昨日お酒をたくさん飲んだら，お腹が荒れたように痛くて朝ご飯が食べられません。)

   ■ 오랜만에 만났더니 많이 컸구나! (久しぶりに会ったけど，ずいぶん大きくなったなあ！)

2. ある事柄に続いて他の事柄が起こることを説明するときに用いられる。

   例 ■ 어둠 속에서 한 여자가 나타나더니 재빠른 동작으로 어느 집으로 들어갔다. (暗闇の中から一人の女が現われたかと思うと，素早い動作である家に入って行った。)

   ■ 그녀가 바짝 다가서더니 귓속말로 소곤거렸다. (彼女はぴったりと近寄ってそばに立つと，ひそひそと耳打ちした。)

   ■ 어제도 술 마시고 들어오더니 오늘 또 마신 거야? (昨日も酒を飲んで帰って来たと思ったら，今日もまた飲んだの？)

3. 先に経験したり存在したりした事柄が，ある事柄と対立関係にあることを表わす。

   例 ■ 어제는 덥더니 오늘은 시원하다. (昨日は暑かったが今日は涼しい。)

   ■ 물에 빠진 놈 건져 줬더니 내 보따리 내놔라 한다. (水におぼれたやつを救ってやったら，自分の風呂敷包みをよこせと言う (苦しいときに助けてもらっても，楽になれば忘れてしまうこと)。)

   ■ 어젠 전화 목소리가 힘이 없더니, 오늘은 꽤 기분 좋은 것 같군요.

(昨日は電話の声に元気がなかったけど，今日はずいぶん調子が良さそうですね。)

参考 先行節と後行節に対立的な内容が現われる。

4. 何らかの事柄に加え，さらに他の事柄があることを表わす。

例 ▪ 약수터에도 그리 사람이 많지 않**더니** 오늘은 종일 산이 조용하였다. (薬水泉にもさほど人が多くないと思ったら，今日は一日中，山が静かだった。)

▪ 얼굴이 예쁘**더니** 마음까지 곱다. (顔がきれいだと思ったら，心まで美しい。)

▪ 빛깔이 곱**더니** 그 맛까지 매우 좋다. (彩りが美しいと思ったら，その味まで非常に良い。)

5. 〔終結語尾のように用いられ〕(後行節が省略され) 過去の事柄を回想して言いつけたり，余韻を残しながら述べたりすることを表わす。

例 ▪ 처음 보았을 때부터 왠지 꺼림칙하**더니**. (初めて会ったときから，なぜだか嫌な感じがしたんだがなあ。)

▪ 어째 좀 잠잠하다 싶**더니**. (どおりでちょっと静かだと思ったら。)

▪ 아까는 영화 보러 오지 않겠다고 하**더니**. (さっきは映画を見に来ないつもりだと言ってたのに。)

アドバイス

'-더니' と '-았더니':

'現在形＋-더니' の主体は話し手以外である。また '-았더니' の主体は聞き手以外である。以下の文では (　) の中に主語を補って示した。

例1: (네가) 빵을 사오**더니** 왜 (네가) 밥을 먹니? ((君が) パンを買って来たけど，なぜ (君が) ご飯を食べるの？)

例2: (내가) 빵을 사왔**더니** 왜 (네가) 밥을 먹니? ((私が) パンを買って来たけど，なぜ (君が) ご飯を食べるの？)

例3: (네가) 유미를 오랫만에 만나**더니** 할 이야기가 그렇게도 많았니? 열 두 시가 넘어서 들어오게? ((君が) ユミに久しぶりに会ったけど，話すことがそんなにも多かったの？ 12時が過ぎてから帰って来るなんて。)

例４：(내가) 유미를 오랫만에 만났**더니** 못 알아보겠어. ((私が) ユミに久しぶりに会ったけど，見違えちゃったよ。)

-더라 【나를 찾아왔**더라**. (私を訪ねて来たよ。)】

『動詞，形容詞，'이다'，'-았-'，'-겠-' の後に用いられる』

[語尾] 終結語尾

[最も敬意が低い] おじいさんが子供に

[例] 가**더라**, 먹**더라**, 예쁘**더라**, 좋**더라**, 학생이**더라**, 갔**더라**, 하겠**더라**

[全体参考] 話し言葉に用いられる。

1. 経験して新たに知った事柄を回想して述べることを表わす。

例 ▪ 어제는 그 사람이 나를 찾아왔**더라**. (昨日はその人が私を訪ねて来たよ。)
　▪ 참! 네 시계가 고장 났**더라**. (あっ，そうだ! 君の時計が壊れてたよ。)

[参考] 主体が聞き手と第三者のときにのみ用いられる。主体が話し手のときには用いられない。[例] 나는 집에 가더라. (×)

2. 過去の事柄についての感嘆を表わす。

例 ▪ 나도 가 봤는데 아주 좋**더라**. (私も行ってみたけど，すごく良かったよ。)
　▪ 네 생각이 많이 나**더라**. (君のことをたくさん思い出したよ。)
　▪ 난 집에 어머니가 안 계신 게 제일 싫**더라**. (私は家にお母さんがいないのが一番嫌だったよ。)
　▪ 수제비를 정말 맛있게 끓였**더라**. (すいとんを本当においしく作ってたよ。)

[参考] 主体が話し手で，叙述語が話し手の心理を表わすときに用いられる。

3. 〔'누구 (誰), 무엇 (何), 언제 (いつ)' 等の疑問詞と共に用いられ〕過去の事柄の記憶をたどりながら自問する調子で述べることを表わす。

例 ▪ 그러니까 그게 언제**더라**? (だから，それがいつだっけ?)
　▪ 그 사람이 뭘 부탁했**더라**? (その人って何を頼んだんだっけ?)
　▪ 누구시**더라**. 잘 생각이 안 나는데요. (どなたでしたっけ。なかなか思い出せないんですが。)
　▪ 거기가 어디**더라**. 강원도 어디인데. (そこがどこだっけ。江原道のどこかなんだが。)

> **アドバイス**
>
> **'-더라'の主体について：**
> '-더라'は経験して新たに知った事柄を回想して述べることを表わすもので，このときの主体は一般的に話し手以外である。しかし夢の中のことであるとか，自分が経験した事柄を時間がしばらく過ぎた後に再確認する等，自分のことを客観的に観察するときは主体が話し手にもなり得る。これを '視点の移動' とも言う。
>
> 例1：<u>내가</u> 꿈속에서 참 잘 달리**더라**. (<u>私が</u>夢の中で本当によく走っていたよ。)
>
> 例2：<u>나도</u> 모르게 손이 올라가**더라**. (<u>私も</u>知らないうちに手があがっていたよ。)
>
> 例3：나중에 보니 <u>내가</u> 괜한 간섭을 했**더라**. (後で考えたら，<u>私が</u>余計な干渉をしていたよ。)

-더라고

【자기가 화를 내**더라고**. (自分が腹を立ててたよ。)】

『動詞，形容詞，'이다'，'-았-'，'-겠-'の後に用いられる』

[語尾] 終結語尾

[親しい間で敬意が低い] 友達に

[例] 가더라고, 먹더라고, 예쁘더라고, 좋더라고, 학생이더라고, 갔더라고, 하겠더라고

[丁寧] -더라고요

[関連語] -다고¹

[全体参考] 1. 話し言葉でしばしば [더라구] と発音される。2. '引用' の意味はなく，'-더라' だけで終結し得る文に，ただ口癖のように '고' を付けて述べた形である。3. '-더군' に比べて日常的な話し言葉に多く用いられる。

1. 過去に自ら経験して新たに知った事柄を聞き手に知らせることを表わす。

例 ▪ 오히려 자기가 화를 내**더라고**. (かえって自分が腹を立ててたよ。)

▪ 나도 어떻게 그런 곳에까지 갔는지 모르겠**더라고**. (私もどうやってそ

んな所にまで行ったか分からなかったよ。)
- 쉬운 줄 알았는데 생각보다 어렵**더라고**. (簡単だと思ったのに，思ったより難しかったよ。)
- 유미가 생각보다 많이 컸**더라고**. (ユミが思ったよりずいぶん大きくなってたよ。)
- 제인 씨는 한국말을 참 잘하**더라고**. (ジェーンさんは韓国語が本当に上手だったよ。)
- 한밤중에 비가 왔**더라고**. (真夜中に雨が降ってたよ。)

-더라고요

【안 믿어 주**더라고요**. (信じてくれませんでしたよ。)】

『動詞，形容詞，'이다'，'-았-'，'-겠-'の後に用いられる』

語尾　終結語尾

親しい間で敬意が高い　先輩や目上の人に

例　가더라고요, 먹더라고요, 예쁘더라고요, 좋더라고요, 학생이더라고요, 갔더라고요, 하겠더라고요

関連語　-다고요

全体参考　話し言葉でしばしば［더라구요］と発音される。

1. 過去に自ら経験して新たに知った事柄を聞き手に知らせることを表わす。

例
- 전화 건 게 나라니까 안 믿어 주**더라고요**. (電話をかけたのが私だと言ったら，信じてくれませんでしたよ。)
- 하룻밤 자고 나면 내일이 오늘이 되**더라고요**. (一晩寝て起きたら，明日が今日になっていたんですよ。)

-더라도 【화 나는 일이 있더라도~（腹の立つことがあっても~）】

『動詞，形容詞，'이다'，'-았-'の後に用いられる』

[語尾] 連結語尾

[例] 가더라도, 먹더라도, 예쁘더라도, 좋더라도, 학생이더라도, 갔더라도

[書き方注意] -더래도（×）

[全体参考] '-아도' より仮定の意味が強い。

1. 前の事柄を認めるが，それが後の事柄に拘束されないことを表わす。

例 ▪ 화 나는 일이 있**더라도** 소리 지르지 마십시오．(腹の立つことがあっても，声を張り上げないで下さい。)

▪ 형제들이라 하**더라도** 성장하고 나면 여기 저기 흩어져서 살게 된다．(兄弟といえども成長してしまうと，あちこちに散らばって暮らすようになる。)

▪ 아무리 아는 것이 많**더라도** 올바로 사용하지 않으면 오히려 나쁜 것이다．(いくら知っていることが多くても，正しく使わないとかえって悪いのである。)

[参考] '-았-' の後に用いられる。

2. 〔不定代名詞 '누가（誰が），어디（どこ）' 等と共に用いられ〕後の事柄がやはりそうであることを強調して表わす。

例 ▪ 메추리는 누가 보**더라도** 예쁘게 생긴 새가 아니다．(ウズラは誰が見ても，かわいらしい鳥ではない。)

▪ 어떠한 일이 있**더라도** 그 은혜 잊지 않겠습니다．(どんなことがあっても，そのご恩は忘れません。)

▪ 다음에는 아무리 급하**더라도** 전화부터 하세요．(次からはいくら急であっても，まず電話をして下さい。)

더러

【저더러 그저 많이 먹으래요．（私にともかくたくさん食べろですって。）】

『終声字の有無にかかわらず**더러**が用いられる』

[助詞] 副詞格助詞

[例] 언니**더러**，동생**더러**

副詞語を表わす

[類義] 보고，에게，한테

[全体参考] 話し言葉で人を表わす語に付いて用いられる。

1. 〔主に間接話法の引用部分で'誰に'に該当する語の'誰'に付き〕'に（에게）'の意味。

例 ▪ 우리 엄마가 저**더러** 그저 많이 먹으래요．（うちのお母さんが私にともかくたくさん食べろですって。）

　　▪ 애들 외삼촌**더러** 한 번 놀러 오시라 그래라．（子供たちの叔父さん（母の兄弟）に一度遊びにいらっしゃるように言いなさい。）

　　▪ 누가 너**더러** 그러라고 했니？（誰がお前にそうしろって言ったの？）

[参考] 後に'-다'，'-냐'，'-라'，'-자'の形の節が現われる。

2. '尋ねる'等の行動が及ぶ対象であることを表わす。'に（에게）'の意味。

例 ▪ 행인**더러** 물었다．（通行人に尋ねた。）

　　▪ 그 얘기는 우리 집사람**더러** 물어 보세요．（その話はうちの家内に尋ねて下さい。）

[参考] '묻다（尋ねる），말하다（言う）'のような動詞と共に用いられる。

3. ある行為をさせられる対象を表わす。

例 ▪ 이 군**더러** 한 번 찾아보게 하지요．（李君に一度探させましょう。）

　　▪ 아내**더러** 술을 더 사오도록 했다．（妻に酒をもっと買って来させた。）

　　▪ 동욱은 권 비서**더러** 봉투를 두 장 가져오게 했다．（トンウクはクォン秘書に封筒を2通持って来させた。）

[参考] '-게／-도록 하다（～ようにする，～させる）'のように使役を表わす語と共に用いられる。

> **アドバイス**
>
> '더러'の説明：
> 1. 話し言葉で代名詞 '나 (私), 너 (君)' に付いて '날더러 (私に), 널더러 (君に)' のように 'ㄹ더러' の形でも用いられる。
> 例1：누가 **널더러** 오래？（誰がお前に来いって？）
> 例2：**날더러** 학교에 가지 말래．（私に学校に行くなだって。）
> 2. '더러' は '에게'，'한테' より用いられる範囲が狭い。'더러' は間接疑問文や話すことと関連した動詞と共に用いられるときに限り '에게'，'한테'，'보고' と置き換えることができる。
> 例1：그가 나**더러**／나**에게**／나**한테**／나**보고** 가자고 했다．（彼が私に行こうと言った。）
> 例2：김 선생님**더러** 전화했다．（×）
> 例3：김 선생님**에게** 전화했다．（○）（金先生に電話した。）
> ☞ '보고' のアドバイス (p.495)

-던¹ 【언니가 결혼하던 날 (お姉さんが結婚した日)】

『動詞，形容詞，'이다'，'-았-' の後に用いられる』

[語尾] 修飾する語尾

例 가던, 먹던, 예쁘던, 좋던, 학생이던, 갔던

1. 過去の事柄を思い返すことを表わす。

例 ▪ 언니가 결혼하**던** 날도 눈이 내렸다．（お姉さんが結婚した日も雪が降った。）

▪ 진수가 떠나**던** 날 영숙이는 많이 울었다．（チンスが発った日、ヨンスクはたくさん泣いた。）

▪ 화실에서 밤새워 그림을 그리**던** 일이 생각나．（アトリエで夜を明かして絵を描いていたことを思い出すよ。）

2. 過去のある時点まで何らかの動作や状態が継続することを表わす。

例 ▪ 읽고 싶었**던** 책이나 읽으면서 푹 쉴까 해요．（読みたかった本でも読みながら、ゆっくり休もうかと思います。）

- 어렸을 때 친하던 친구들을 만났어요. (幼いとき親しかった友人たちと会いました。)
- 가만히 보고만 있던 남편이 말했다. (黙って見ているだけだった夫が言った。)
- 나는 우리가 자주 만나던 그 여인이 걱정스러웠다. (私は、私たちがよく会っていた、あの女性のことが心配だった。)
- 네가 툭하면 자랑하던 그 삼촌이구나. (君がことあるごとに自慢していた、あの叔父さん(父の兄弟)だね。)

3. 〔主に'-았던, -았었던'の形で用いられ〕過去に持続していた行動や状態等が中断されることを表わす。

例
- 추적추적 내리던 비는 멈췄다. (しとしと降っていた雨は止んだ。)
- 제가 전에 있었던 학교에서도 그런 일이 있었지요. (私が前にいた学校でもそんなことがありましたよ。)
- 잘 놀던 아이가 갑자기 울기 시작했다. (元気に遊んでいた子供が急に泣き出した。)
- 사이가 좋던 두 사람이 요즘은 자주 싸우는 편이다. (仲の良かった二人だが、このごろはよくケンカする方だ。)
- 나무 위에 올라갔던 친구가 내려왔습니다. (木の上に登っていた友達が降りて来ました。)
- 인간이 살았던 최초의 낙원. (人間が住んでいた最初の楽園。)

-던² 【일본말을 배우던? (日本語を習ってたのかい?)】

『動詞、形容詞、'이다'、'-았-'の後に用いられる』

語尾　終結語尾

最も敬意が低い　おじいさんが子供に

例　가던, 먹던, 예쁘던, 좋던, 학생이던, 갔던

全体参考　1. '-더냐'より親しみを持って述べることを表わす。 2. 話し言葉に用いられる。 3. '-디'に置き換えることができる。 例 물이 차디? (水が冷たかったのかい?)

1. 自ら経験して知った事柄を回想しながら尋ねることを表わす。

例 ▪ 진수가 일본말을 배우**던**? (チンスが日本語を習ってたのかい？)
　▪ 영숙이가 벌써 유아원에 다니**던**? (ヨンスクがもう保育園に通ってるのかい？)
　▪ 물이 차**던**? (水が冷たかったのかい？)
　▪ 그가 언제 왔**던**? (彼がいつ来たんだい？)

2. 〔疑問文の形式だが答えを要求しない形で用いられ〕過去の事柄を回想させ，前の内容を強く否定したり強調したりすることを表わす。

例 ▪ 누가 너처럼 부모님한테 말대꾸하**던**? (誰がお前みたいに親に口答えしたんだい？)
　▪ 내가 언제 약속 안 지키**던**? (私がいつ約束を守らなかったんだい？)

-던가¹【그 사람 좀 어떻던가? (あの人，どうだったかね？)】

『動詞，形容詞，'이다'，'-았-' の後に用いられる』

[語尾] 終結語尾

[やや敬意が低い] 先生が学生に，嫁の両親が婿に（成人語）

例 가던가, 먹던가, 예쁘던가, 좋던가, 학생이던가, 갔던가

[全体参考] 1. 話し言葉に用いられる。 2. 相手を指す言葉は '자네（君）' を，呼びかける言葉は '여보게（なあ）' を用いる。

1. 相手の経験を回想させ，それについて尋ねることを表わす。

例 ▪ 여보게, 그 사람 좀 어떻**던가**? (なあ，あの人，どうだったかね？)
　▪ 그 사람이 술에 취했**던가**? (あの人が酒に酔ってたのかね？)
　▪ 자네, 서울에는 온 적이 없**던가**? (君，ソウルには来たことがなかったのかね？)
　▪ 그 책방에는 읽고 싶은 책이 없**던가**? (その本屋には読みたい本が無かったのかね？)

-던가² 【내가 너한테 말 안 했던가? (ぼくが君に言わなかったっけ？)】

『動詞, 形容詞, '이다', '-았-'の後に用いられる』

[語尾] 終結語尾

[親しい間で敬意が低い] 友達に

[例] 가던가, 먹던가, 예쁘던가, 좋던가, 학생이던가, 갔던가

[丁寧] -던가요

[全体参考] 話し言葉に用いられる。

1. 過去の事柄を回想しながら自問する形式を取り, 相手の注意を喚起させることを表わす。

例 ▪ 참, 내가 너한테 말 안 했**던가**? (そうだ, ぼくが君に言わなかったっけ？)
　▪ 이런 것을 이상 기온이라고 하**던가**? (こういうのを異常気象って言うんだっけ？)
　▪ 오늘이 며칠이**던가**? (今日は何日だっけ？)
　▪ 오 년이란 세월이 그렇게 길었**던가**? (5年という歳月がそんなに長かったかな？)
　▪ 일 년을 보고 농사를 짓고, 십 년을 보고 나무를 심고, 백 년을 보고 인재를 기른다고 하지 않**던가**? (1年を見すえて農作業をし, 10年を見すえて木を植え, 100年を見すえて人材を育てると言ったではないか。)

2. 〔疑問文の形式だが答えを要求しない形で用いられ〕文の内容を強調することを表わす。

例 ▪ 시내 버스를 탈 때 얼마나 요동이 심했**던가**? (市内バスに乗ったとき, どれほど揺れがひどかったことか！)
　▪ 이 얼마나 매혹적인 이야기였**던가**? (どんなに魅惑的な話だったことか！)
　▪ 영숙이의 그 눈이 얼마나 사랑스러웠**던가**? (ヨンスクのその目がどれほど愛らしかったことか！)

[参考] '얼마나 (どれほど)' と共に用いられる。

3. 〔'-던가 보다／싶다'の形で用いられ〕話し手の推量や推測を表わす。

例 ▪ 선생님들의 지시가 있었**던가** 보았다. (先生方の指示があったようだった。)
　▪ 원래 학교의 기숙사가 아니었**던가** 싶을 정도로 그 건물의 구조는 좀 특이했다. (もともと学校の寄宿舎ではなかったかと思われるほど, その建

物の構造はちょっと変わっていた。）
- 내가 그 때 왜 그런 심한 말을 그녀에게 했**던가** 모르겠다．（私がそのとき，なぜそんなひどいことを彼女に言ったか分からない。）

> **アドバイス**
>
> '-던가' と '-든가' の比較：
> '-던가' は '-더-' と '-ㄴ가' が結合したもので，過去に経験した事柄を回想しながら尋ねることを表わす．'-든가' は主に '〜 -든가 〜 -든가' の形で用いられ，二つ以上の事柄を並べ挙げてその中の一つを選ぶことを表わす．
> 例１：먹**든가** 말**든가** 마음대로 해．（○）（食べるなりやめるなり，好きにして。）
> 　　　먹던가 말던가 마음대로 해．（×）
> 例２：내가 밥을 먹었**던가**．（○）（私，ご飯を食べたっけ。）
> 　　　내가 밥을 먹었든가．（×）

-던가요

【값이 얼마나 하**던가요**？（値段はいくらぐらいしたんですか？）】

『動詞，形容詞，'이다'，'-았-' の後に用いられる』

[語尾] 終結語尾

[親しい間で敬意が高い] 先輩や目上の人に

例 가던가요, 먹던가요, 예쁘던가요, 좋던가요, 학생이던가요, 갔던가요

[全体参考] 話し言葉に用いられる。

1. 相手の経験を回想させ，それについて尋ねることを表わす。

例 - 그 책은 값이 얼마나 하**던가요**？（その本の値段はいくらぐらいしたんですか？）
　- 그 사람은 학교에 잘 다니**던가요**？（その人は学校にちゃんと通っていたんですか？）
　- 진수가 밥은 먹었**던가요**？（チンスはご飯は食べたんですか？）
　- 어디가 제일 마음에 드시**던가요**？（どこが一番お気に召したんですか？）

2. 〔疑問文の形式だが答えを要求しない形で用いられ〕文の内容を強調することを表わす。

例 ▪ 아가의 그 눈이 얼마나 사랑스러웠**던가요**？（赤ちゃんのその目がどれほど愛らしかったことでしょうか！）

▪ 도대체 어디서 이런 걸 공짜로 주**던가요**？（一体どこでこれをタダでくれたんでしょうか！）

参考 主に'얼마나（どれほど），어떻게（どうやって）'等と共に用いられる。

-던데¹ 【날씨 참 좋**던데**．（ほんとに良い天気だったけどなあ。）】

『動詞，形容詞，'이다'，'-았-'，'-겠-'の後に用いられる』

語尾 終結語尾

親しい間で敬意が低い 友達に

例 가던데，먹던데，예쁘던데，좋던데，학생이던데，갔던데，하겠던데

丁寧 -던데요

類義 -거들랑

1. 過去の事柄を思い返し，聞き手の反応を期待しない調子で述べることを表わす。

例 ▪ 날씨 참 좋**던데**．（ほんとに良い天気だったけどなあ。）

▪ 그 식당 괜찮**던데**．（あの食堂，なかなか良かったけどなあ。）

▪ 아，거기 물건도 좋고，가격도 싸**던데**．（あ，あそこ，品物も良いし，値段も安かったよ。）

2. 過去の事柄を述べながら'聞き手の反応を期待すること'を表わす。

例 ▪ 대성：유미 오면 같이 먹어야지．（テソン：ユミが来たら一緒に食べなくちゃ。）

영숙：유미 아까 먹는 것 같**던데**．（ヨンスク：ユミ，さっき食べてるようだったけど。）

▪ 지난주에 만났을 때 아무 얘기도 없**던데**．（先週会ったとき，何の話も無かったよ。）

▪ 나는 조용하지 않으면 공부가 잘 안 되**던데**．（ぼくは静かじゃないと勉

強がなかなかできなかったけどね。)

参考 '-데'を伸ばすような語調で強調して述べる。

> **-던데²** 【밥을 먹던데~ (ご飯を食べていたのですが~)】
> 『動詞, 形容詞, '이다', '-았-', '-겠-'の後に用いられる』
> 語尾 連結語尾
>
> 例 가던데, 먹던데, 예쁘던데, 좋던데, 학생이던데, 갔던데, 하겠던데

1. 後で述べる話の前提として,過去の事柄を回想して説明することを表わす。

例 ▪ 다른 사람들은 밥을 먹던데 우리는 안 먹어요? (他の人たちはご飯を食べていたのですが,私たちは食べないのですか?)
  ▪ 신문을 보니까 기자 모집을 하던데, 다시 응시해 봐요. (新聞を見たら記者の募集をしてたんだけど,もう一度試験を受けてごらんよ。)
  ▪ 사장님이 부탁하시던데 사무실로 가 봐요. (社長から頼まれていたのですが,事務室の方へお回り下さい。)
  ▪ 그 근처에 있는 섬이 관광지로 유명하다고 하던데 가 보셨어요? (その近くにある島が観光地として有名だそうですが,行ってごらんになりましたか?)

2. 後の事柄と対立する事柄を提示することを表わす。'~けれども (-지만)','~が (-나)'の意味。

例 ▪ 소설은 아주 좋던데 사람은 약간 이상해. (小説はすごく良かったけど,人柄はちょっと変だね。)
  ▪ 남들은 잘도 기다리던데 나는 기다리는 게 싫다. (他の人たちはちゃんと待ってるけど,私は待つのは嫌だな。)

3. 前の事柄を認めながら,それと対立する事柄をつなげる。'~のに (-거늘)'の意味。

例 ▪ 배우들은 선글라스를 잘도 쓰고 다니던데, 나라고 쓰지 못할 까닭이 어디 있어! (俳優たちはサングラスをよくかけているのに,私だってかけ

られないわけがないよ！）
- 평소엔 그렇지도 않**던데** 오늘 저녁엔 왜 이렇게 조용하지？（普段はそうでもなかったのに，今日の夕方はどうしてこんなに静かなのかな？）
- 제주도에서는 벌써 꽃소식이 들리**던데**, 이제 추우면 얼마나 더 춥겠어요？（済州島ではもう花の便りが聞こえているのに，この先寒いと言ったって，たいして寒くありませんよ。）

参考 後には疑問の形式が用いられる。

-던데요 【그 식당 참 좋**던데요**．（その食堂，本当に良かったんですよ。）】

『動詞，形容詞，'이다'，'-았-'，'-겠-'の後に用いられる』

語尾 終結語尾

親しい間で敬意が高い　先輩や目上の人に

例 가던데요, 먹던데요, 예쁘던데요, 좋던데요, 학생이던데요, 갔던데요, 하겠던데요

類義 -거들랑요

全体参考 1. 話し言葉に用いられる。2. 話し手自身の行動については用いられない。例 제가 그 영화를 보던데요．（×）

1. 感嘆を表わす。話し手が経験した何らかの事柄を報告する調子で述べるときに用いられる。

例
- 그 식당 참 좋**던데요**．（その食堂，本当に良かったんですよ。）
- 모두들 그러**던데요**．（皆そう言ってたんですよ。）
- 몹시 기다리시**던데요**．（大変お待ちだったんですよ。）
- 진수는 모르는 게 없**던데요**．（チンスは知らないことがありませんでしたよ。）
- 시골 풍경은 많이 변했**던데요**．（田舎の風景はずいぶん変わっていましたねえ。）

-던지

【거기서 뭘 샀던지~ (そこで何を買ったのか~)】

『動詞, 形容詞, '이다', '-았-'の後に用いられる』

[語尾] 連結語尾

[例] 가던지, 먹던지, 예쁘던지, 좋던지, 학생이던지, 갔던지

1. 過去の事柄について漠然とした疑問や疑いを表わす。

例 ▪ 거기서 뭘 샀던지 생각이 안 난다. (そこで何を買ったのか, 思い出せない。)
  ▪ 그 날 비가 왔던지 기억할 수가 없다. (その日雨が降ったのか, 思い出すことができない。)

[参考] '-던지'の示す節は主語や目的語の機能を持つ。

2. 〔主に '어찌나/얼마나/어떻게나 -던지' の形で用いられ〕過去の事柄を回想するが, それが後の内容の根拠や原因になることを表わす。

例 ▪ 나는 그 광경을 보면서 어찌나 무서웠던지 그만 넘어졌지요. (私はその光景を見たとき, とても恐ろしくて思わず倒れたんですよ。)
  ▪ 그 엄청난 소리에 얼마나 놀랐던지 모두가 제정신이 아니었다. (そのものすごい音にとても驚いたので, 皆あわてふためいた。)
  ▪ 그는 얼마나 심사숙고 했던지 마침내 털썩 주저앉고 말았다. (彼はあまりにも深く考え込んだので, ついにペタリと座り込んでしまった。)
  ▪ 아줌마께서 어찌나 웃어 대던지 어리둥절했었다. (おばさんがあまりにも笑い立てたので面食らった。)
  ▪ 어찌나 당황했던지 연락할 새도 없었어요. (あまりにも慌てたので, 連絡する間もありませんでした。)

[参考] 1. 連結語尾のように用いられる。 2. '어찌나, 얼마나 (あまりにも, とても)' 等でその当時の状況がすばらしかったことや, その程度が非常に甚だしかったことを表わす。

3. 〔'-던지(도) 모르다'の形で用いられ〕その内容が実現する可能性について話し手自らの推測を表わす。

例 ▪ 그것은 교감으로 승진하기 위한 절차였던지도 몰랐다. (それは教頭に昇進するための手続きだったのかも知れなかった。)

4. 〔終結語尾のように用いられ〕感嘆を表わす。

例 ▪ 그 날 따라 날씨는 왜 그리 춥**던지**. (その日に限って，天気はなんだってあんなに寒かったのかねえ。)

- 어찌나 아프**던지**. (どれほど痛かったことか。)

丁寧 -던지요

アドバイス

'-던지' と '-든지' の比較：

'-던지' は過去に経験した事柄を回想することを表わすのに対し，'-든지' は主に二つ以上の事柄の中から一つを選択することを表わす。

例1：집에 있**든지** 나가**든지** 네 맘대로 해라. (○)(家にいるなり出かけるなり，お前の好きなようにしろ。)

집에 있던지 나가던지 네 맘대로 해라. (×)

例2：어찌나 아프**던지**. (○)(どれほど痛かったことか。)

어찌나 아프든지. (×)

-던 참이다

【일거리를 찾던 참이었어요. (仕事を探していたところでした。)】

結合情報 ☞ -던¹

慣用句

関連語 -고 있는 참이다, -려던 참이다

1. '何かをしようとしたところだ' の意味。

例 ▪ 그렇지 않아도 일거리를 찾**던 참이었어요**. (ちょうど仕事を探していたところでした。)

- 밥을 먹**던 참이다**. (ご飯を食べていたところだ。)

- 힘들어서 쉬**던 참이었어요**. (くたくたで休んでいたところでした。)

-데요

【눈물을 글썽이데요. (涙ぐんでいましたよ。)】

『動詞，形容詞，'이다'，'-았-'，'-겠-' の後に用いられる』

[語尾] 終結語尾

[親しい間で敬意が高い] 先輩や目上の人に

[例] 가데요, 먹데요, 예쁘데요, 좋데요, 학생이데요, 갔데요, 하겠데요

[類義] -거들랑요

[全体参考] 話し言葉に用いられる。

1. 話し手が自分の経験した事柄を回想し，その場でそう知らせることを表わす。

例 ▪ 학생들이 눈물을 글썽이데요. (学生たちが涙ぐんでいましたよ。)
  ▪ 남들이 부러워하는 높은 자리에 있으면 그걸 성공이라고 하데요. (人のうらやむ高い地位にいれば，それを成功と言ってたんですよ。)
  ▪ 나중에 보니, 그 사람이 바로 부장님이었데요. (後で分かったことですが，その人がまさに部長だったんですよ。)

[参考] 自分の経験した事柄であることを知らせるために'～ 보니까 (～みたら)'，'～ 보니 (～みたら)'等の語と共に用いる。例 알고 보니까 그 사람이 바로 우리 사촌이데요. (後で分かったことですが，その人がまさにうちのいとこだったんですよ。)

2. 話し手が自分の経験した事柄を回想し，そのときそう思うようになったことを表わす。

例 ▪ 계속 악몽을 꾸는 기분이데요. (ずっと悪夢を見ている気分でしたね。)
  ▪ 그 때 생각이 많이 나데요. (そのときのことがたくさん思い出されましたね。)
  ▪ 그것도 못 할 노릇이데요. (それも，やりきれないことでしたね。)
  ▪ 누가 불쌍한지 모르겠데요. (誰がかわいそうなのか分かりませんでしたね。)

도

【나도 학교에 가요. (私も学校に行きます。)】

『終声字の有無にかかわらず도が用いられる。名詞, 代名詞, 副詞等に付いて用いられる』

[助詞] 補助詞

例 언니도, 동생도, 너도, 이것도, 빨리도, 집에도, 학교에서도

1. 羅列することを表わす。'同一である'の意味。

1. 〔同一の行為や同一の事柄を羅列し〕'同じく (또한)', '同様に (역시)'の意味。

例
- 나도 학교에 가요. (私も学校に行きます。)
- 콜라도 있어요? (コーラもありますか？)
- 너도 같이 갈래? (君も一緒に行く？)
- 지금은 김치도 잘 먹어요. (今はキムチもよく食べます。)
- 다른 여행사도 마찬가지예요? (他の旅行代理店も同じですか？)

2. 〔主に '~도 ~도' の形で用いられ〕羅列された事柄が全て同じ事情であることを表わす。

例
- 돈도 명예도 외모도 사랑에 비길 만한 것은 못 됩니다. (お金も名誉も外見も, 愛に勝るものにはなり得ません。)
- 지금은 그의 얼굴도 이름도 기억하지 못한다. (今は彼の顔も名前も思い出せない。)
- 친구도 만나고 도서관에서 공부도 해요. (友達にも会いますし, 図書館で勉強もします。)
- 물건도 사고 신나게 놀고 싶은데 돈이 없어. (買い物もして楽しく遊びたいけど, お金が無いよ。)
- 술값도 싸고, 분위기도 좋다. (飲み代も安いし, 雰囲気も良い。)

参考 '밑도 끝도 없이 (だしぬけに)', '시도 때도 없이 (時を選ばず)', '더도 덜도 말고 (多からず少なからず)' のような慣用表現に用いられる。

3. 〔'-지도 -지도 못하다／않다' の形で用いられ〕対立する事柄を並べ挙げ, 全体を否定することを表わす。

例
- 죽지도 살지도 못한다. (死ぬことも生きることもできない。)
- 달지도 시지도 않아요. (甘くも酸っぱくもありません。)

- 그의 충청도 사투리는 느리지**도** 빠르지**도** 않았으며, 막힘이 없었다. (彼の忠清道なまりはのろくも早くもなかったし, つかえることがなかった。)

2. '一番最後のもの' の意味

1. 最も可能性が低いと思われるものまで含めることを表わす。'甚だしくは～までも' の意味。

例
- 개**도** 주인의 은혜를 갚는다고 한다. (犬も主人に恩返しするという。)
- 작별인사**도** 없이 가 버렸다. (別れの挨拶も無しに行ってしまった。)
- 집**도** 없이 떠도는 신세. (家も無く, さすらう身の上。)

類義 까지도, 조차

2. 〔否定文にのみ用いられ〕強い否定を表わす。

例
- 전혀 상상**도** 할 수 없었다. (全く想像もできなかった。)
- 말**도** 안 된다. (話にもならない。)
- 그 여학생은 눈**도** 깜짝 안 했다. (その女子学生は瞬きもしなかった。)
- 생각**도** 하지 마라. (考えようともするな。)
- 손**도** 까딱 안 하고 누워 있기만 한다. (指一本動かさず, 横になっているばかりだ。)

類義 조차

3. 〔否定文にのみ用いられ〕全体を否定することを表わす。

例
- 배탈이 나서 아무것**도** 먹지 못해요. (お腹をこわして何も食べられません。)
- 그에게는 아무런 잘못**도** 없어요. (彼には何の落ち度もありません。)
- 나는 그 어느 쪽 편**도** 들 수 없었다. (私はどちら側の味方もできなかった。)
- 모기나 파리가 한 마리**도** 없다. (蚊やハエが一匹もいない。)

3. '譲歩' の意味

類義 이라도

1. 別に気に入りはしないが, それよりましなものがないので, 譲歩してそれでもかまわないという意味を表わす。

例
- 복사 상태가 좀 안 좋은 것**도** 괜찮지요? (コピーの状態が少しくらい良くないものでもかまわないでしょう?)

- 베개가 없으면 방석**도** 괜찮아요. (枕が無ければ座布団でもいいですよ。)

  参考 '괜찮다 (大丈夫だ), 상관없다 (かまわない), 개의치 않다 (意に介さない)' 等と共に用いられる。

2. 'いくら～でも', 'いくら～しても' の意味.

例 - 돌다리**도** 두들겨 보고 건너라. (石橋も叩いてみて渡れ (石橋を叩いて渡るの意)。)

- 아는 길**도** 물어 가라. (知っている道も聞いて行け (念には念を入れよの意)。)

- 어린 아이 매**도** 많이 맞으면 아프다. (幼子のむちもたくさん打たれると痛い (たいしたことでなくても, たび重なれば大きな損害になること)。)

- 사람**도** 사람 나름이다. (人も人なりだ。)

3. 〔'누구 (誰), 무엇 (何), 어느 (どの)' 等と共に肯定文に用いられ〕全体を肯定することを表わす。

例 - 그는 어떤 문제**도** 혼자 풀 수 있다고 자신한다. (彼はどんな問題でも一人で解けると自信を持っている。)

- 그 어느 누구**도** 그런 일은 할 수 있다. (どこの誰でもそんなことはできる。)

- 사랑도, 그 무엇**도** 모두 떠나게 하는 이유가 되는 것으로 인식한다. (愛も何もかも全てが消えていく理由になるものと認識する。)

4. '程度' の意味

1. 〔程度を表わす語に付き〕その程度が期待より多かったり少なかったりすることを表わす。

例 - 한 뼘**도** 채 못 되는 밭. (まだ一指尺 (親指と他の指を広げた間の長さ) にも満たない足。)

- 이 한 권의 책은 10 분**도** 안 걸려 다 읽을 수 있다. (この一冊の本は10分もかからずに読み切れる。)

- 결혼한 지 1년**도** 못 되어 이혼을 했다. (結婚してから1年もたたずに離婚をした。)

- 10 킬로미터**도** 넘는 길을 걸어다녀야 했다. (10キロ以上にもなる道を歩いて通わなければならなかった。)

5. '強調'の意味

1. 〔一部の副詞等に付いて用いられ〕強調することを表わす。

例 ▪ 아마**도** 숙제를 안 한 모양이에요. (おそらく宿題をしなかったようです。)

▪ 영진 씨 왜 아직**도** 안 오죠? (ヨンジンさん, どうしてまだ来ないんでしょう?)

▪ 유난히**도** 날씨가 좋은 아침이었다. (ひときわ天気の良い朝だった。)

▪ 그는 모든 일을 척척 잘**도** 처리한다. (彼はあらゆることをてきばきと見事に処理する。)

参考 '아마 (おそらく), 아직 (まだ), 잘 (よく)' 等の副詞に付いて用いられる。

6. '感嘆'の意味

1. 〔感嘆文等に用いられ〕'感嘆'の意味を強める。

例 ▪ 달**도** 참 밝구나. (月も実に明るいなあ。)

▪ 원, 별 쓸데없는 생각**도** 다 하는구나! (まったく, 余計なことまで考えるものだな!)

▪ 아이, 김 선생님**도** 별 말씀을 다 하세요. (まあ, 金先生ったら, とんでもありませんわ。)

2. 〔'~도 ~도'のように繰り返し用いられ〕'感嘆'の意味を強調することを表わす。

例 ▪ 어제 시장에 갔었는데 사람**도** 사람**도** 그렇게 많을 수가 없구나. (昨日市場に行ったんだけど, 人また人であんなに多いのもないね。)

▪ 고생**도** 고생**도** 지지리도 많이 했구나. (苦労に苦労をずいぶんとたくさんしたもんだなあ。)

▪ 바람**도** 바람**도** 어떻게나 불어 대던지…. (風また風がどんなに吹きまくったことか…。)

参考 '~'に同じ語が用いられる。

3. 〔'-기도 하다'の形で用いられ〕そうだと認めることを強調して表わす。

例 ▪ 세상에, 사람이 많기**도** 하구나. (なんとまあ, ずいぶん人が多いなあ。)

▪ 유미는 예쁘기**도** 하구나. (ユミはとてもかわいいなあ。)

▪ 오, 가엾기**도** 하여라. (おお, なんと気の毒なことよ。)

~도 ~다 【너도 너다.(君も君だ。)】
慣用句　　　　　　　　　　　　　　　　　　結合情報 ☞ 도

全体参考 '~'に'엄마도 엄마예요.(お母さんもお母さんですよ。)'のように人を表わす語が繰り返し用いられる。

1. '言われた当人だからそうなのであって，他の人であればそうではないだろう'という意味を表わす。

例 ▪ 참, 너**도** 너**다**. (まったく，君も君だ。)
　▪ 참, 언니**도** 언니**다**, 그 새를 못 참아서 전화했어요？ (まったく，お姉さんもお姉さんよ，待ち切れなくて電話したんですか？)

-도록 【제가 그 일을 하도록~ (私にその仕事をさせて下さいますよう~)】
『動詞と一部の形容詞の後に用いられる』　　例 가도록, 먹도록,
語尾　連結語尾　　　　　　　　　　　　　　　 아프도록, 좋도록

1. 後の内容が起こるよう，意図的に示す方向や目的を表わす。'~するように(-게끔)'の意味。

例 ▪ 제발 제가 그 일을 하**도록** 허락해 주세요. (どうか私にその仕事をさせて下さいますよう，お願いします。)
　▪ 들기 쉽**도록** 싸 드릴까요？ (持ちやすいようにお包みしましょうか？)
　▪ 나는 그들에게 발견되지 않**도록** 몸을 숨겼다. (私は彼らに見つからないように身を隠した。)
　▪ 주인은 개가 편안히 죽을 수 있**도록** 주사를 놓아 주기를 부탁했다. (飼い主は犬が楽に死ねるよう，注射を打ってくれるように頼んだ。)
　▪ 이번에는 실수하지 않**도록** 조심하세요. (今回は失敗しないよう注意して下さい。)

類義 -게⁴, -게끔

2. 〔主に自動詞の語幹に付き〕到達する限界や程度を表わす。'~するくらいに'の意味。

例 ▪ 그는 몸살이 나**도록** 열심히 일했다. (彼は過労で体にガタがくるくらい熱心に働いた。)

- 그는 고개가 휘**도록** 뒤를 돌아보았다. (彼は首が曲がるくらいに後を振り返った。)
- 진수는 마을 사람들에게 입에 침이 마르**도록** 칭찬을 받고 있었다. (チンスは村の人々に口を極めてほめられていた。)

3. 時間の限界を表わす。'〜するときまで' の意味。

例
- 밤 새**도록** 일해야 될 때도 있어. (夜が明けるまで働かなくちゃいけないときもあるよ。)
- 목이 아프**도록** 이야기해도 아이들은 떠들기만 합니다. (喉が痛くなるまで話しても，子供たちは騒いでばかりいます。)
- 진수는 담배 한 대가 다 타**도록** 앉아 있었다. (チンスはタバコ一本が燃え尽きるまで座っていた。)
- 그는 해가 지**도록** 보이지 않았다. (彼は日が暮れるまで現われなかった。)
- 그는 한 달이 넘**도록** 병원에 누워 있었다. (彼は一カ月が過ぎるまで病院に入院していた。)

4. 〔主に '하다 (する)，만들다 (作る，〜(に)する)' 等と共に用いられ〕 'そうさせる' の意味。

例
- 그는 그녀가 섬을 떠나지 않을 수 없**도록** 만들어 버렸다. (彼は彼女が島を離れざるを得ないようにしてしまった。)
- 그는 부인이 저녁을 빨리 짓**도록** 했다. (彼は奥さんに夕食を早く作らせた。)
- 내가 거짓말을 하**도록** 옆에서 부추긴 건 바로 세상 사람들이었다. (私が嘘をつくように横からけしかけたのは，他でもない，世間の人たちであった。)
- 제가 여기서 묵**도록** 해 주세요. (私をここに泊めて下さい。)

類義 -게[4], -게끔

参考 '-게 하다／만들다 (〜ようにする，〜させる)' に比べて使役の意味が弱いが，'そのような環境を作ってやること' を表わす。

5. 〔'-도록 하다' の形で用いられ〕あることを命令したり勧めたりするときに用いられる。

例
- 소화가 안 될지도 모르니, 조금씩 먹**도록** 해. (消化が良くないかも知れないから，少しずつ食べるようにして。)

- 가시거든 몸조심하**도록** 하시오．（帰ったら体に気をつけるようになさい。）
- 그럼 오늘 좀 일찍 들어가서 쉬**도록** 해요．（では，今日は少し早めに帰って休むようにして下さい。）
- 맵거나 짠 음식을 삼가**도록** 하세요．（辛いものやしょっぱい食べ物は控えるようにして下さい。）

参考　このとき‘하다’の命令形が用いられる。

6.〔終結語尾のように用いられ〕命令することを表わす。

例
- 끝나는 대로 바로 보고하**도록**．（終わり次第，直ちに報告するように。）
  - 잠깐 나갔다 올 테니까 자습하**도록**．（ちょっと行って来るから自習するように。）
  - 그러면 각자의 임무에 임하**도록**．（それでは各自の任務に臨むように。）
  - 나머지는 이 지역을 찾아보**도록**．（残りの者はこの地域を探すように。）

参考　1.‘-도록 할 것’の形でも用いられる。例 끝나는 대로 바로 보고하**도록 할 것**．（終わり次第，直ちに報告するようにすること。）2. 主に軍隊や学校のような集団で命令を下すときに用いられる。

アドバイス

‘-도록’と‘-게’の比較：☞ ‘-게’[4] のアドバイス（p.55）

～도 ～이려니와

【추위도 추위려니와 ～（寒さもさることながら～）】

結合情報 ☞ 도

慣用句

全体参考　‘～’に同じ語が用いられる。

1.‘前接語のことは認めるが，後にはそれより更なるものが現われること’を表わす。

例
- 추위**도** 추위**려니와** 피곤함을 더 견디기 힘들었어요．（寒さもさることながら，疲れをいっそうこらえるのが大変でした。）
  - 돈**도** 돈**이려니와** 우선 시간이 절대적으로 부족했다．（お金もさることながら，まず時間が絶対的に足りなかった。）

~도 ~이지만 【돈도 돈이지만~ (お金も大事だけど~)】

慣用句

結合情報 ☞ 도

全体参考 '~'に同じ語が用いられる。

1. '言及された事柄が該当することはもちろん, その他にも' の意味。

例
- 돈**도** 돈**이지만** 우선 사람이 살아야지. (お金も大事だけど, まず人が生きることが先だよ。)
- 참, 너**도** 너**지만** 네 신랑한테 내가 뭐 사 줄까? (そういえば, あなたのこともそうだけど, あなたのご主人に私は何を買ってあげようかしら?)
- 엄마**도** 엄마**지만** 아빠가 더 걱정이었다. (お母さんのこともももちろんだが, お父さんの方がもっと心配だった。)

든¹ 【뭐든 괜찮으니까~ (何でもいいから~)】

『든は終声字の無い語の後に, 이든は終声字のある語の後に用いられる』

例 고기든, 사과든, 국이든, 밥이든

助詞 補助詞

原形 든가¹, 든지¹

1. ☞ 이든 (p.665)

例
- 뭐**든** 괜찮으니까 많이만 사 와. (何でもいいから, たくさん買って来て。)
- 어떤 이유**든** 간에 꼭 와야 한다. (いかなる理由であれ, ともかく来なければならない。)
- 송아지**든** 어미소**든** 간에 소는 다 몰아 오너라. (子牛であれ母牛であれ, ともかく牛はみんな引っ張って来い。)
- 사과**든** 배**든** 어느 것이나 먹어라. (リンゴでも梨でも, どれでも食べろよ。)

－든² 【어딜 가든～ (どこに行っても～)】

『動詞, 形容詞, '이다' の後に用いられる。'-겠-' の後には用いられない』

[語尾] 連結語尾

[例] 가든, 먹든, 예쁘든, 좋든, 책이든

[原形] -든가², -든지²

[訳注] '-았-' の後にも用いられる。

1. ['어떤 (どんな), 어느 (どの), 어디 (どこ), 누가 (誰が)' 等と共に用いられ] 'どうであろうとも' という意味を表わす。

例 ▪ 요새는 어딜 가든 물건이 풍부하다. (最近はどこに行っても品物が豊富だ。)

　▪ 문장은 어떤 것이든 언어의 기록이다. (文はどんなものであれ, 言語の記録だ。)

　▪ 제가 누굴 만나든 참견하지 마세요. (私が誰に会おうと口を出さないで下さい。)

2. ['-든 -든 (간에)' の形で用いられ] '相反したり対立したりする二つの事柄の中のいずれであっても' という意味を表わす。

例 ▪ 결과가 좋든 나쁘든 받아들여야 한다. (結果が良くても悪くても, 受け入れなければならない。)

　▪ 싫든 좋든 그 일을 하지 않을 수 없다. (好きでも嫌いでも, その仕事をやらないわけにはいかない。)

　▪ 많든 적든 간에 그 중의 일부는 사실이 아니다. (多かれ少なかれ, ともかくそのうちの一部は事実ではない。)

[参考] '-든' の後에 '간에 (ともかく)' や '상관없이 (かかわらず)' が用いられ, 意味を明確にする。例 사람은 원하든 원하지 않든 간에 사람들 속에서 살아가고 있다. (人は望むにせよ望まないにせよ, ともかく人々の中で生きている。)

든가¹ 【누구든가 한 사람은 가야 한다. (誰か一人は行かなければならない。)】

『든가は終声字の無い語の後に、이든가は終声字のある語の後に用いられる』

[助詞] 補助詞

[例] 고기든가, 사과든가, 국이든가, 밥이든가

[縮約] 든¹

1. ☞ 이든가 (p.666)

例 ▪ 누구**든가** 한 사람은 가야 한다. (誰か一人は行かなければならない。)
　　▪ 어디**든가** 나가 보아라. (どこでもいいから出かけてみなさい。)
　　▪ 언제**든가** 그를 찾아 보아야 한다. (いつかは彼をさがしてみなければならない。)
　　▪ 사과**든가** 귤이**든가** 가지고 오너라. (リンゴでもミカンでもいいから持って来なさい。)

-든가² 【네가 오든가~ (君が来るか~)】

『動詞, 形容詞, '이다' の後に用いられる。'-겠-' の後には用いられない』

[語尾] 連結語尾

[例] 가든가, 먹든가, 예쁘든가, 좋든가, 책이든가

[書き方注意] 내려오던가 내려간던가 (×)

[縮約] -든²

[類義] -거나, -든지²

[全体参考] ☞ '-던가' のアドバイス (p.315)。

1. 〔'-든가 -든가' の形で用いられ〕対立する二つの事柄の中からどちらを選んでもかまわないことを表わす。

例 ▪ 네가 오**든가** 내가 가**든가** 하자. (君が来るか、ぼくが行くかしよう。)
　　▪ 사람을 보내**든가** 편지를 하**든가** 하시오. (人を行かせるか、手紙を書くかしなさい。)
　　▪ 내가 죽**든가** 네가 죽**든가**, 둘 중의 하나다. (私が死ぬか君が死ぬか、二つに一つだ。)

- 재가 공부하는 걸 보니, 판검사가 되**든가** 변호사가 되**든가** 무엇이든 한자리 할 것 같네. (あの子の勉強ぶりを見たら、判事や検事になるか弁護士になるか、何であれ立派な職に就きそうだね。)

訳注 '-았-'の後には用いられない。

2. 〔'누가(誰が), 어디(どこ), 무엇(何)'等の語と共に用いられ〕'どうであろうとも'という意味を表わす。

例 • 누가 보**든가** 상관없다. (誰が見ようが関係ない。)

- 어디를 가**든가** 그 광고가 눈에 띄었다. (どこに行ってもその広告が目についた。)

- 제가 무엇을 하**든가** 참견하지 마세요. (私が何をしようと口を出さないで下さい。)

訳注 '-았-'の後に用いられる。

든지¹ 【뭐든지 고비라는 게 있단다. (何であれ山場というのがあるんだよ。)】

『든지は終声字の無い語の後に, 이든지は終声字のある語の後に用いられる』

[助詞] 補助詞

例 고기**든지**, 사과**든지**, 국이**든지**, 밥이**든지**

縮約 든¹

1. ☞ 이든지 (p.667)

例 • 뭐**든지** 고비라는 게 있단다. (何であれ山場というのがあるんだよ。)

- 잡지**든지** 책**이든지** 아무거나 가지고 오면 돼요. (雑誌なり本なり, 何を持って来てもいいんですよ。)

- 커피**든지** 홍차**든지** 마시고 싶은 대로 마셔라. (コーヒーでも紅茶でも, 飲みたいだけ飲めよ。)

-든지² 【가든지 말든지~ (行こうが行くまいが~)】

『動詞, 形容詞, '이다', '-았-'の後に用いられる。'-겠-'の後には用いられない』

[語尾] 連結語尾

[例] 가든지, 먹든지, 예쁘든지, 좋든지, 책이든지, 잡았든지

[縮約] -든²

[類義] -거나, -든가²

1. 〔'-든지 -든지'の形で用いられ〕対立する二つの事柄の中からどちらを選んでもかまわないことを表わす。

例 ・ 가든지 말든지 내버려 둬. (行こうが行くまいが放っておけよ。)
  ・ 배가 고프든지 몸이 아프든지 하면 집 생각이 난다. (お腹が空いたり体の具合が悪かったりすると, 家のことを思い出す。)
  ・ 약을 먹든지 주사를 맞든지 해야 하지 않소? (薬を飲むなり注射を打つなりしなくちゃいけないんじゃないですか?)
  ・ 더 이상은 깎아 줄 수 없으니까, 사든지 말든지 마음대로 하세요. (それ以上安くできませんから, 買うなりやめるなり, お好きなようにして下さい。)

[参考] '-든지 말든지'の形で用いられることもある。

2. 〔'누가 (誰が), 어디 (どこ), 무엇 (何)' 等と共に用いられ〕 'どうであろうとも' という意味を表わす。

例 ・ 네가 어딜 가든지 상관 않겠다. (君がどこに行こうが気にしないよ。)
  ・ 겉모양이야 어떠하든지 상관 있나? (見かけなんかどうだってかまわないよ。)
  ・ 전공 책이면 무엇이든지 간에 다 사겠다. (専攻の本なら何であろうと, ともかく皆買うつもりだ。)

[参考] '-든지'の後に '간에 (ともかく)'や '상관없이 (かかわらず)'を用いて意味を明確にする。[例] 어딜 가든지 간에 상관하지 않겠다. (どこに行くにせよ気にしないよ。)

-듯	【땀이 비 오듯 쏟아진다.（汗が滝のように流れる。）】
	『動詞，形容詞，'이다'の後に用いられる』
語尾	連結語尾

例 가듯，먹듯，예쁘듯，좋듯，사람이듯

原形 -듯이

全体参考 '-았듯이'は用いられるが'-았듯'は用いられない。例 앞에서 이야기했듯（×）／이야기했듯이（○）（前に述べたように）

1. '-듯이'の縮約語。☞ -듯이（p.334）

例 ▪ 얼굴에 땀이 비 오듯 쏟아진다.（顔から汗が滝のように流れる。）

  ▪ 의사는 나를 마치 어린아이 다루듯 했다.（医者は私をまるで子供のように扱った。）

  ▪ 그 결과야 불을 보듯 뻔하지 않은가？（その結果は火を見るように明らかではないか？）

-듯이	【얼굴이 다르듯이～（顔が違うように～）】
	『動詞，形容詞，'이다'，'-았-'の後に用いられる』
語尾	連結語尾

例 가듯이，먹듯이，예쁘듯이，좋듯이，잡았듯이

縮約 -듯

全体参考 '-듯이'は語幹に直接付く語尾である。しかし'죽은 듯이 누워 있다.（死んだように横たわっている。）'の'듯이'は修飾する語尾'-ㄴ'の後に用いられた依存名詞なので，分かち書きする。

1. 前の内容と同じように後の内容もそうであることを表わす。'～するように'の意味。

例 ▪ 사람들마다 얼굴이 다르듯이 나라마다 풍습도 다르다.（人によって顔が違うように，国によって風習も違う。）

  ▪ 앞에서 이야기했듯이 광고는 하나의 예술이다.（前に述べたように，広告は一つの芸術である。）

2. 〔慣用表現に用いられ〕類似した事柄を比較して述べるときに用いられる。

例 ▪ 땀이 비 오**듯이** 쏟아진다．（汗が滝のように流れる。）
- 이 잡**듯이** 뒤져도 지갑을 찾을 수가 없었다．（シラミつぶしにさがしても，財布を見つけることができなかった。）
- 돈을 물 쓰**듯이** 쓴다．（金を湯水のごとく使う。）

-디

【뭐라고 하**디**？（何だって？）】

『動詞，形容詞，'이다'，'-았-'，'-겠-'の後に用いられる』

[語尾] 終結語尾

[最も敬意が低い] おじいさんが子供に

[例] 가**디**，먹**디**，예쁘**디**，좋**디**，학생이**디**，갔**디**，하겠**디**

[関連語] -더냐

[全体参考] 話し言葉に用いられる。

1. 聞き手が自ら経験して新たに知った事柄について尋ねることを表わす。

例 ▪ 진수 씨가 뭐라고 하**디**？（チンスさんが何だって？）
- 할머니가 그러시**디**？（おばあさんがそうおっしゃったの？）
- 엄마가 너한테 그 얘기를 해 주**디**？（お母さんがお前にその話をしてくれたかい？）
- 아빠가 집에 오셨**디**？（お父さんが家に帰って来たの？）
- 해 보니까 할 수 있겠**디**？（やってみたら，できそうだった？）

2. 〔疑問文の形式だが答えを要求しない形で用いられ〕過去の事柄を思い返し，強く否定したり主張したりすることを表わす。

例 ▪ 너희 선생님이 그렇게 가르치**디**？（お前たちの先生がそう教えたの？）
- 그거 먹고 배부르**디**？（それ食べてお腹一杯だったの？）
- 그 사람이 화가 나서 그러**디**？（その人は腹が立ってそうしたの？）

따라

【오늘따라 운이 좋았던 것 같습니다. (今日は特についていたみたいです。)】

『終声字の有無にかかわらず따라が用いられる』

[助詞]　補助詞

[例]　올해따라, 오늘따라, 금년따라

1. 〔'오늘（今日）','그 날（その日）'のように時間を表わす一部の名詞に付き〕'いつもと違って格別に'の意味。

例 ▪ 오늘따라 운이 좋았던 것 같습니다.（今日は特についていたみたいです。）
　　▪ 그 날따라 휴일이어서 어디나 사람이 많았다.（その日はちょうど休日なのでどこも人出が多かった。）
　　▪ 금년따라 더위가 더 유난스러운 것 같습니다.（今年は特に暑さがひときわ激しいようです。）

アドバイス

補助詞'따라'と動詞の活用形'따라'の区別：
次のように助詞'에'が付き得るときの'따라'は動詞'따르다（よる, 従う）'の活用形である。
例1：무게에 따라 값이 달라요.（重さによって値段が違います。）
例2：철 따라 고운 옷 갈아입는 산.（철에 따라）（季節によって美しい衣に着替える山。（季節によって））

ㄹ¹

【널 좋아해.（君が好きだよ。）】

『終声字の無い語の後に用いられる』

[助詞]　目的格助詞

[例]　날 (나를), 널 (너를), 뭘 (뭐를)
目的語を表わす

[全体参考] 話し言葉に用いられる。

1. '를'の縮約語。☞ 를 (p.447)

例 ▪ 널 좋아해.（君が好きだよ。）
　　▪ 절 따라오세요.（私について来て下さい。）

- 지금 뭘 해요? (今何をしていますか？)
- 어딜 가려고 그래? (どこに行こうっていうんだい？)
- 학교엘 가요. (学校に行くんです。)

-ㄹ² 【지금쯤 대학교에 다닐 너 (今ごろ大学に通っているはずのお前)】

『-ㄹは終声字の無い動詞と形容詞、'ㄹ'終声字で終わる動詞と形容詞の'ㄹ'脱落形そして'이다'の後に、-을は'ㄹ'以外の終声字のある動詞と形容詞そして'-았-'の後に用いられる』

[語尾] 修飾する語尾

[例] 갈、비쌀、살 (살다)、길 (길다)、학생일、먹을、좋을、했을

1. これから起こることについての推測、予定、意図を表わす

1. 推測や予定を表わす。

例
- 지금쯤 대학교에 다닐 너를 상상해 보곤 해. (今ごろ大学に通っているはずのお前を想像してみたりするんだ。)
  - 이 가방 안에 돈이 들어 있을 것 같다. (このカバンの中にお金が入っていそうだ。)
  - 그렇게 말하면 믿을 사람은 너밖에 없다. (そんな話を聞くと、信じられる人は君しかいない。)

[参考] 推測を表わす。

例
- 곧 떠날 사람이 어디를 돌아다니는 거야? (もうすぐ出発する人がどこをほっつき回ってるんだよ？)
  - 출발할 시간이 다가오고 있다. (出発する時間が近づいてきている。)
  - 도착할 시간을 알려주세요. (到着する時間を知らせて下さい。)

[参考] 予定を表わす。

2. 話し手の意図を表わす。

例
- 책을 살 사람은 서점에 같이 갑시다. (本を買う人は書店に一緒に行きましょう。)
  - 나는 여기를 떠날 생각이 없어. (私はここを立ち去る気は無いよ。)

- 나는 이 책을 읽을 마음으로 샀다. (私はこの本を読むつもりで買った。)
- 그리스도에 대하여 이만큼이라도 믿을 생각이 없다면 스스로 기독교도라 할 권리가 없다. (キリストについてこれっぽっちも信じる気が無いのなら, 自らキリスト教徒だと言う権利が無い。)

[参考] '意図'を表わすときは'생각(考え, 気), 마음(気持ち, つもり), 뜻(意志)'等の名詞と共に用いられる。

3. ['-았을／-었을'の形で用いられ〕ある事柄が過去に起こっただろうと推測することを表わす。

例
- 외국 생활에서 있었을 어려움을 이야기하였다. (外国生活であったと思われる苦労について話した。)
- 이웃이 도움을 주었을 때, 감사의 말을 해야 한다. (隣人が助けてくれたとき, 感謝の言葉を言わなければならない。)

[参考] '-았-／-었-'の後に用いられる。

| 2. 時制を表わさない |

1. 後の語を修飾する機能だけを表わす。

例
- 내가 할 말이 없다. (私は言うことが無い。)
- 이름 모를 꽃들 (名前の分からない花々)
- 지금은 바람만 불 뿐, 비는 오지 않는다. (今は風だけが吹くばかりで, 雨は降らない。)
- 유미는 웃을 때가 제일 예쁘다. (ユミは笑うときが一番かわいい。)

-ㄹ 거야 【비가 올 거야. (雨が降ると思うよ。)】

慣用句
親しい間で敬意が低い　友達に

[発音] [ㄹ 꺼야]
[結合情報] ☞ -ㄹ²
'-ㄹ 것이야'の縮約形

[書き方注意] -ㄹ 꺼야 (×)

[全体参考] 1. 話し言葉に用いられる。2. 推測を表わすときにのみ'-았-'と共に用いることができる。

1. そうであろうと推測することを表わす。

例
- 비가 올 거야. (雨が降ると思うよ。)

- 아직도 그 아이는 자고 있**을 거야**．(まだその子は寝ているだろう。)
- 너라면 해 낼 수 있**을 거야**．(君ならやり遂げることができるはずだ。)
- 선교사가 되어 아프리카에서 살아도 좋**을 거야**．(宣教師になって，アフリカで暮らしてもいいだろう。)
- 제인은 지금쯤 미국에 도착했**을 거야**．(ジェーンは今時分ならアメリカに到着しただろう。)

2. 〔主体が話し手である文に用いられ〕意志を表わす。

例 ■ 난 만두는 안 먹**을 거야**．(ぼくはギョーザは食べないよ。)
- 나는 절대로 이번 일을 후회하지 않**을 거야**．(私は絶対今回のことを後悔しないよ。)

類義 -ㄹ 테야

3. 〔疑問文に用いられ〕相手の意思を尋ねることを表わす。

例 ■ 너는 언제 갈 **거야**？(君はいつ行くんだ？)
- 점심에 뭐 먹을 **거야**？(お昼に何食べるつもりなの？)

類義 -ㄹ 테야

-ㄹ 거예요

【비가 올 거예요．(雨が降ると思います。)】

発音 [ㄹ 꺼예요]
結合情報 ☞ -ㄹ²

慣用句
親しい間で敬意が高い　先輩や目上の人に
'-ㄹ 것이어요'の縮約形

書き方注意 -ㄹ 꺼예요 (×)

全体参考 1. 話し言葉に用いられる。2. 推測を表わすときにのみ '-았-' と共に用いることができる。3. しばしば [ㄹ 꺼에요] と発音される。

1. そうであろうと推測することを表わす。

例 ■ 내일 비가 올 **거예요**．(明日雨が降ると思います。)
- 인삼은 꽤 비쌀 **거예요**．(高麗人参はかなり高いと思います。)
- 그 때가 밤 열 시쯤 되었**을 거예요**．(そのときは夜の10時ぐらいになっていたと思います。)

2. 〔主体が話し手である文に用いられ〕意志を表わす。

例 ■ 저는 내일 떠날 **거예요**．(私は明日発つつもりです。)

- 저는 학원에 다닐 **거예요**. （私は塾に通うつもりです。）
3. 〔疑問文に用いられ〕相手の意思を尋ねることを表わす。
例 - 무슨 영화를 볼 **거예요**? （何の映画を見るつもりですか？）
- 선생님께서는 언제 떠나**실 거예요**? （先生はいつお発ちになりますか？）
- 밤새 안 주무**실 거예요**? （一晩中お休みにならないつもりですか？）

-ㄹ 건가요

【뭘 하실 건가요？ (何をなさるおつもりですか？)】

|発音| [ㄹ 건가요]
|結合情報| ☞ -ㄹ²

|慣用句|
|親しい間で敬意が高い| 先輩や目上の人に

|全体参考| 1. 말し言葉に用いられる。 2. '-ㄹ 것인가요'の縮約形。

1. 〔動詞に用いられ〕'そうするつもり（または計画）ですか？'の意味。
例 - 뭘 하실 건가요? （何をなさるおつもりですか？）
- 정말 사표를 낼 **건가요**? （本当に辞表を出すつもりですか？）
- 어디 가실 **건가요**? （どちらに行かれるんですか？）
- 돈은 누가 낼 **건가요**? （お金は誰が出すんですか？）
- 고향에 편지를 보낼 **건가요**? （故郷に手紙を出すつもりですか？）

-ㄹ걸¹

【많이 아플걸．(すごく痛いだろう。)】

『-ㄹ걸は終声字の無い動詞と形容詞，'ㄹ'終声字で終わる動詞と形容詞の'ㄹ'脱落形そして'이다'の後に，-을걸は'ㄹ'以外の終声字のある動詞と形容詞そして'-았-'の後に用いられる』

|語尾| 終結語尾
|親しい間で敬意が低い| 友達に

|発音| [ㄹ걸]

|例| 갈걸，비쌀걸，살걸（살다），길걸（길다），학생일걸，먹을걸，좋을걸，했을걸

|書き方注意| -ㄹ껄 （×）
|丁寧| -ㄹ걸요
|全体参考| 話し言葉に用いられる。

1. 確実でない事柄を推量したり推測したりすることを表わす。

例 ▪ 이를 뽑을 때 많이 아플**걸**. （歯を抜くとき，すごく痛いだろう。）
　　▪ 영하는 지금쯤 대학교에 다닐**걸**. （ヨンハは今ごろ大学に通っているだろう。）
　　▪ 그 영화 재미있을**걸**. （その映画，面白いだろうね。）

2. 〔'-았을걸'の形で用いられ〕ある事柄が過去に起こっただろうと推測することを表わす。

例 ▪ 부산에는 비가 많이 왔을**걸**. （釜山では雨がたくさん降っただろう。）
　　▪ 준원이는 학교를 벌써 졸업했을**걸**. （チュンウォンは学校をもう卒業しただろう。）
　　▪ 제시카는 지금쯤 미국에 도착했을**걸**. （ジェシカは今時分ならアメリカに到着しただろうね。）
　　▪ 조금만 조심했더라면 그런 일이 일어나지 않았을**걸**. （もうちょっと気をつけていたら，そんなことが起こらなかっただろうね。）

-ㄹ걸² 【밥이라도 많이 먹고 올걸. （ご飯でもたくさん食べて来ればよかったよ。）】

『-ㄹ걸は終声字の無い動詞と'ㄹ'終声字で終わる動詞の'ㄹ'脱落形の後に，-을걸は'ㄹ'以外の終声字のある動詞の後に用いられる』

[語尾] 終結語尾

[発音] [ㄹ껄]

[例] 갈걸, 살걸 (살다), 먹을걸

[書き方注意] -ㄹ껄 (×)

[全体参考] 1. 話し言葉に用いられる。 2. '-ㄹ걸 그러다/하다'のようにも用いられる。例 낮잠이나 잘걸 그랬어. （昼寝でもしたらよかったよ。）

1. 〔独り言に用いられ〕前回やらなかったりできなかったりした事柄について，違うようにしていたならよかったはずだと後悔することを表わす。

例 ▪ 이럴 줄 알았으면 밥이라도 많이 먹고 올**걸**. （こんなことだとわかっていたら，ご飯でもたくさん食べて来ればよかったよ。）
　　▪ 오면서 땅콩이나 사올**걸**. （来るときにピーナッツでも買って来ればよかったよ。）

- 손이나 잡을걸. (手でも握ればよかったよ。)
- 내가 좀 참을걸. (ぼくがちょっと我慢するんだったなあ。)

> **アドバイス**
>
> '-ㄹ 걸', '-ㄹ걸¹⁾', '-ㄹ걸²⁾' の区別：
> '-ㄹ 걸' の '-ㄹ' は名詞を修飾する語尾であり，'걸' は '것을' が縮約した形であるので，分かち書きする。
> 例1：먹을 걸 사 왔니？(食べ物を買って来たの？)
> '-ㄹ걸¹⁾' と '-ㄹ걸²⁾' は終結語尾であるので分かち書きしない。
> '-ㄹ걸¹⁾' は推測を表わし（例2），'-ㄹ걸²⁾' は後悔を表わす語尾である（例3）。
> 例2：많이 아플걸. (すごく痛いだろう。)
> 例3：밥을 먹고 올걸. (ご飯を食べて来ればよかったよ。)
> 例2は 'すごく痛いだろう' と推測する意味を表わし，例3は 'ご飯を食べて来なかったこと' についての後悔を意味する。
> 例1の '먹을 걸' は '먹을 것을' に置き換えることができる。このように '걸' を '것을' に置き換えることができれば分かち書きし，できなければ語尾であるので分かち書きしない。
> 例4：많이 아플걸. (すごく痛いだろう。)〔아플 것을 (×)〕
> 例5：먹을 걸 사 왔니？(食べ物を買って来たの？)〔먹을 것을 (○)(食べ物を)〕

-ㄹ걸요

【그 사람은 못 **올걸요**. (その人は来られないでしょう。)】

『-ㄹ걸요は終声字の無い動詞と形容詞, 'ㄹ' 終声字で終わる動詞と形容詞の 'ㄹ' 脱落形そして '이다' の後に, -을걸요は 'ㄹ' 以外の終声字のある動詞と形容詞そして '-았-' の後に用いられる』

語尾　終結語尾

親しい間で敬意が高い　先輩や目上の人に

例　갈걸요, 예쁠걸요, 살걸요 (살다), 길걸요 (길다), 학생일걸요, 먹을걸요, 좋을걸요, 먹었을걸요

全体参考　1. 話し言葉に用いられる。2. 相手の言葉と反対の事柄を推測して述べることもある。3. しばしば [ㄹ걸료] と発音する。

1. 〔上昇調の抑揚と共に用いられ〕確実ではないが推測して述べることを表わす。

例
- 그 사람은 못 **올걸요**. (その人は来られないでしょう。)
- 이를 뽑을 때 아주 **아플걸요**. (歯を抜くとき, とても痛いでしょう。)
- 얼마 전만 해도 여기 물이 맑**았을걸요**. (少し前ぐらいまでここの水はきれいだったでしょう。)
- 제인　: 진수 씨가 총각일까요? (ジェーン: チンスさんって独身でしょうか?)

  하나코: 아**닐걸요**. 결혼**했을걸요**. (花子: 違うでしょう。結婚しているでしょうね。)

-ㄹ 겁니다

【비가 올 겁니다. (雨が降っていると思います。)】

慣用句

最も敬意が高い　職場の上司や目上の人に (公式的)

発音　[ㄹ 껌니다]
結合情報　☞ -ㄹ²

書き方注意　-ㄹ 껍니다 (×)

全体参考　1. 話し言葉に用いられる。2. 推測を表わすときにのみ '-았-' と共に用いられる。

1. そうであろうと推測することを表わす。

例 ▪ 부산에는 지금쯤 비가 **올 겁니다**. (釜山では今ごろ雨が降っていると思います。)
　▪ 한 시간쯤 후에 도착**할 겁니다**. (1時間ぐらい後に到着するでしょう。)
　▪ 진수는 아마 지금쯤 집에 갔**을 겁니다**. (チンスはたぶん今ぐらいなら家に帰ったでしょう。)

|参考| 副詞 '아마 (たぶん)' と共に用いられ, 推測が確実ではないことを表わす。

2. 〔主体が話し手である文に用いられ〕意志を表わす。

例 ▪ 이번 휴가 때 고향에 **갈 겁니다**. (今度の休暇に故郷へ帰るつもりです。)
　▪ 다음 주에 유미 씨를 만나서 청혼**할 겁니다**. (来週ユミさんに会ってプロポーズするつもりです。)
　▪ 다시는 그 사람 말을 듣지 않**을 겁니다**. (二度とその人の話を聞かないつもりです。)

-ㄹ 것¹ 【회의에 참석할 것. (会議に出席すること。)】

『-ㄹ 것は終声字の無い動詞と 'ㄹ' 終声字で終わる動詞の 'ㄹ' 脱落形の後に, -을 것は 'ㄹ' 以外の終声字のある動詞の後に用いられる』

慣用句

|発音| [ㄹ 껃]

|例| 갈 것, 열 것 (열다), 먹을 것

|全体参考| 主にメモするときに用いられる。

1. 〔通知する文に用いられ〕指示したり命令したりすることを表わす。

例 ▪ 회의에 참석**할 것**. (会議に出席すること。)
　▪ 보고서 올**릴 것**. (報告書を提出すること。)
　▪ 밥을 먹은 후에 반드시 이를 닦**을 것**. (ご飯を食べた後, 必ず歯を磨くこと。)

-ㄹ 것² 【마실 것 (飲み物)】

『-ㄹ 것は終声字の無い動詞と 'ㄹ' 終声字で終わる動詞の 'ㄹ' 脱落形の後に, -을 것は 'ㄹ' 以外の終声字のある動詞の後に用いられる』

慣用句

発音 [ㄹ 껃]

例 갈 것, 알 것 (알다), 먹을 것

関連語 -ㄴ 것, -는 것

全体参考 話し言葉で '-ㄹ 거' と縮約して用いられる。例 마실 거, 먹을 거 좀 사오세요. (飲み物や食べ物を買って来て下さい。)

1. 前の動詞の意味する機能を持つ物を表わす。

例 ▪ 등산에 가려면 마실 것, 먹을 것을 준비해. (登山に行くなら飲み物や食べ物を用意して。)
   ▪ 나는 백화점에 가서 사야 할 것들을 미리 적는다. (私はデパートに行って買わなくてはいけない物をあらかじめ書いておく。)
   ▪ 아무거나 읽을 것을 좀 줘. (何でもいいから読む物をくれよ。)

-ㄹ 것 같다 【비가 올 것 같다. (雨が降りそうだ。)】

慣用句

発音 [ㄹ 껃 깓따]
結合情報 ☞ -ㄹ²

類義 -ㄹ 듯싶다, -ㄹ 듯하다

関連語 -ㄴ 것 같다, -는 것 같다

全体参考 断定的な表現を避けるときは '-ㄹ 것 같다' を用いることが多い。

1. 話し手の推測を表わす。

例 ▪ 하늘을 보니 곧 비가 올 것 같다. (空を見たら, もうすぐ雨が降りそうだ。)
   ▪ 결혼을 하면 참 행복할 것 같다. (結婚をしたら, 本当に幸せだろう。)
   ▪ 영하는 크면 참 예쁠 것 같아. (ヨンハは大きくなったら本当にきれいだろうね。)
   ▪ 토요일에는 극장에 사람이 많을 것 같아요. (土曜日は映画館に人が多そうです。)

-ㄹ 것이다

【버스가 곧 올 것이다. (バスがまもなく来るだろう。)】

発音 [ㄹ 꺼시다]
結合情報 ☞ -ㄹ²

慣用句

最も敬意が低い　おじいさんが子供に

関連語 -ㄴ 것이다, -는 것이다, -았던 것이다

全体参考 '-겠다'に置き換えることができる。例 버스가 곧 오겠다. (バスがまもなく来そうだ。)

1. 話し手の推測や推量を表わす。

例
- 버스가 곧 올 것이다. (バスがまもなく来るだろう。)
  - 내일도 추울 것이다. (明日も寒いだろう。)
  - 지금 가면 문을 안 열었을 것이다. (今行ったって店を開けていないだろう。)

参考 '-았-'と共に用いることができる。

2. 〔主体が話し手である文に用いられ〕話し手の強い意志や確信を表わす。

例
- 나는 이 일을 기어이 해 내고야 말 것이다. (私はこの仕事を必ずやり遂げてみせるつもりだ。)
  - 나는 지금 당장 집에 갈 것이다. (私は今すぐ家に帰るつもりだ。)
  - 나는 꼭 성공할 것이다. (私はきっと成功するつもりだ。)

-ㄹ게

【맛있는 것 사 줄게. (おいしいもの、買ってやるよ。)】

発音 [ㄹ께]

例 갈게, 살게 (살다), 먹을게

『-ㄹ게は終声字の無い動詞と'ㄹ'終声字で終わる動詞の'ㄹ'脱落形の後に, -을게は'ㄹ'以外の終声字のある動詞の後に用いられる』

語尾　終結語尾

親しい間で敬意が低い　友達に

書き方注意 -ㄹ께 (×)

丁寧 -ㄹ게요

類義 -마

[全体参考] 1. 主体が話し手のときにのみ用いられる。2. 叙述文にのみ用いられる。3. 話し言葉に用いられる。

1. そうすることを相手に約束するときに用いられる。

例 ▪ 내가 맛있는 것 사 **줄게**. (私がおいしいもの，買ってやるよ。)
- 다음에는 내가 피자를 만들어 **줄게**. (次は私がピザを作ってあげるからね。)
- 내가 한 턱 **낼게**. (ぼくがおごるよ。)
- 내가 서울에 가서 전화**할게**. (私がソウルに行って電話するよ。)
- 이따가 현관에서 기다**릴게**. (後で玄関で待ってるから。)

[参考] 約束する内容が聞き手に利益となるときにのみ用いられる。例 내가 널 미워할게. ('미워하다'は'憎む'の意)(×)／내가 네 돈을 안 갚을게. ('돈을 안 갚다'は'お金を返さない'の意)(×)

2. そうすることを相手に知らせるときに用いられる。

例 ▪ 나 먼저 **갈게**. (私，先に帰るね。)
- 화장실에 다녀**올게**. (トイレに行って来るよ。)
- 여기 소식 좀 알려 **줄게**. (こっちのニュースを知らせるよ。)

アドバイス1

'-ㄹ게'の主体について：

'-ㄹ게'は主体が話し手のときにのみ用いられる。

例1：내가 **갈게**. (○)(私が行くよ。)

例2：네가 맛있는 걸 사 줄게. (×)

例3：그가 맛있는 걸 사 줄게. (×)

アドバイス2

'-ㄹ'で始まる語尾の正書法：

'-ㄹ'で始まる語尾はその後の音が濃音になるので，書くときに注意が必要である。

1. 疑問を表わさないもの：'-ㄹ게，-ㄹ걸，-ㄹ수록，-ㄹ지'等は濃音で表記しない。

例1：이따가 먹을게. (○)(後で食べるよ。)／먹을께. (×)

> 2. 疑問を表わすもの：'-ㄹ까'は濃音で表記する。
> 例2：언제 **올까**？（○）（いつ来るだろうか？）

-ㄹ게요	【꼭 돌아올게요．（必ず帰りますよ。）】	発音 [ㄹ게요]

『-ㄹ게요は終声字の無い動詞と'ㄹ'終声字で終わる動詞の'ㄹ'脱落形の後に，-을게요は'ㄹ'以外の終声字のある動詞の後に用いられる』

例 갈게요，살게요（살다），먹을게요

語尾 終結語尾

親しい間で敬意が高い 先輩や目上の人に

書き方注意 -ㄹ께요（×）

全体参考 1．主体が話し手のときにのみ用いられる。2．叙述文にのみ用いられる。3．話し言葉に用いられる。

1. そうすることを相手に約束するときに用いられる。

例 ▪ 제가 내년에는 꼭 돌아**올게요．**（私は来年には必ず帰りますよ。）

　▪ 할머니，제가 신문을 읽어 드**릴게요．**（おばあさん，私が新聞をお読みしますよ。）

　▪ 다음 달에 꼭 **갈게요．**（来月きっと行きますからね。）

2. そうすることを相手に知らせるときに用いられる。

例 ▪ 그럼 먼저 **갈게요．**（では先に帰りますね。）

　▪ 화장실 좀 갔다 **올게요．**（トイレに行って来ます。）

　▪ 저 미선인데요，나중에 다시 전화**할게요．**（私，ミソンですけど，後でもう一度電話します。）

-ㄹ 겸

【운동도 **할 겸** 학교까지 걸어다녀요. (運動も兼ねて，学校まで歩いて通います。)】

発音 [ㄹ 껌]
結合情報 ☞ -ㄹ²

慣用句

全体参考 名詞と名詞をつなぐこともある。例 유미 씨는 안내 **겸** 통역관이에요. (ユミさんは案内兼通訳官です。)

1. 〔動詞に用いられ〕二つ以上の動作や行為を兼ねることを表わす。

例
- 운동도 **할 겸** 학교까지 걸어다녀요. (運動も兼ねて，学校まで歩いて通います。)
- 머리도 식힐 **겸** 산책이나 갑시다. (頭を冷やすのも兼ねて，散歩でも行きましょう。)
- 옷도 사고 구경도 **할 겸** 남대문 시장에 갔습니다. (服を買うついでに見物も兼ねて，南大門市場に行きました。)

-ㄹ까

【인생이란 무엇**일까**? (人生とは何だろうか？)】

『-ㄹ까は終声字の無い動詞と形容詞と'ㄹ'終声字で終わる動詞と形容詞の'ㄹ'脱落形そして'이다'の後に，-을까は'ㄹ'以外の終声字のある動詞と形容詞そして'-았-'の後に用いられる』

語尾 終結語尾
親しい間で敬意が低い 友達に

例 갈까, 비쌀까, 살**까** (살다), 달까 (달다), 학생일**까**, 먹**까**, 좋을까, 잡았을**까**

丁寧 -ㄹ까요

1. 〔新聞や本で用いられる書き言葉で〕一般的な問題を提起することを表わす。

例
- 인생이란 무엇**일까**? (人生とは何だろうか？)
- 이 이야기의 주제는 무엇**일까**? (この話のテーマは何だろうか？)
- 인간에게 고향이란 어떤 것**일까**? (人間にとって故郷とはどんなものだろうか？)

参考 新聞や本に用いられるときは明確に聞き手が指定されず，敬意の高低を明らか

にしにくい。
2. 相手に提案したり意見を尋ねたりすることを表わす。

例 ▪ 이번 기회에 한 번 가 **볼까**？（この機会に一度行ってみようか？）
- 우리 같이 극장에 **갈까**？（ねえ，一緒に映画館に行こうか？）
- 우리, 같이 걸**을까**.（ねえ，一緒に歩こうか。）

例 ▪ 점심으로 라면을 먹**을까** 밥을 먹**을까**？（昼食にラーメンを食べようか，ご飯を食べようか？）
- 어디로 **갈까**？（どこに行こうか？）
- 언제 만**날까**？（いつ会おうか？）

[参考] 疑問詞と共に用いられたり'-ㄹ까 -ㄹ까'の形で用いられたりする。

3. 推測することを表わす。

例 ▪ 정말 그 사람이 범인**일까**？（本当にその人が犯人だろうか？）
- 내일도 비가 **올까**？（明日も雨が降るだろうか？）
- 몇 시나 됐**을까**？（何時ぐらいになっただろうか？）

4. 〔疑問文の形式だが答えを要求しない形で用いられ〕強い肯定を表わす。'非常にそうだ'の意味。

例 ▪ 이 아이들이 없다면 내 삶은 얼마나 쓸쓸**할까**？（この子たちがいなかったら，私の人生はどれほど寂しいだろうか？）
- 물이 이렇게 맛있을 수 있**을까**？（水がこんなにおいしいことってあるだろうか？）

[参考] '얼마나（どれほど）'，'어떻게（どうやって）'等と共に用いられる。

5. 〔'-ㄹ까 -ㄹ까'または'-ㄹ까 말까'の形で用いられ〕話し手がはっきりと決定を下せないまま，何をすべきかためらうことを表わす。

例 ▪ 졸업하면 결혼을 **할까** 취직을 **할까** 고민 중이에요.（卒業したら結婚をしようか就職をしようか，悩んでいるところです。）
- 대학을 **갈까** 취직**할까** 생각하고 있어요.（大学に行こうか就職しようか，考えています。）
- 진수 씨를 만**날까** **말까** 결정을 내리지 못했어요.（チンスさんに会おうかどうしようか，決められずにいるんです。）

6. 〔'-ㄹ까 염려되다／걱정되다'の形で用いられ〕そのような事柄が起こるかも知れないので心配することを表わす。

例 ▪ 잘못하면 사고가 **날까** 염려되는군요. (まかり間違えば事故が起こるのではと心配になるんですね。)
　▪ 아이를 너무 귀엽게만 키우면 버릇이 없어**질까** 걱정이 돼요. (子供をあまりかわいがって育ててばかりいると、行儀が悪くなるのではと心配になります。)
　▪ 비가 너무 많이 **올까** 걱정됩니다. (雨がたくさん降りすぎるのではと心配になります。)

-ㄹ까 말까 하다

【키가 1미터 될까 말까 했다. (背丈が1メートルあるか無いかだった。)】

結合情報 ☞ -ㄹ까

慣用句

1. 数量等がある程度にほぼ近いことを表わす。

例 ▪ 그 꼬마는 키가 1미터 **될까 말까 했다**. (そのちびちゃんは背丈が1メートルあるか無いかだった。)
　▪ 국수는 5인분이 **될까 말까 했다**. (麺は5人分あるか無いかだった。)
　▪ 영희는 스무 살이 **될까 말까 한** 나이로 보인다. (ヨンヒは二十歳そこそこの年齢に見える。)

2. ある事柄が起こるようでもあり、起こらないようでもあることを表わす。

例 ▪ 어디에서 귀를 기울여야 **들릴까 말까 할** 정도의 소리가 났다. (どこかから耳を傾けてやっと聞こえるか聞こえないかぐらいの音がした。)
　▪ 버스는 한 시간에 한 번 정도 **올까 말까 했다**. (バスは1時間に1本ほど来るか来ないかであった。)

-ㄹ까 보다 【집에 갈까 보다. (家に帰ろうかと思う。)】
慣用句

結合情報 ☞ -ㄹ까

1. 〔動詞に用いられ〕確実ではないが，そうするつもりがあることを表わす。

例 ▪ 이제 그만 집에 **갈까 보다**. (もうこのへんで家に帰ろうかと思う。)
　▪ 이 약을 먹어도 안 나으면, 병원에 가야 **할까 봐요**. (この薬を飲んでも治らなかったら, 病院に行かなくちゃいけないだろうなあと思います。)
　▪ 우리도 저기에 **갈까 보다**. (私たちもあそこに行こうかと思う。)
　▪ 우리도 서울로 이사를 **갈까 봐요**. (私たちもソウルに引っ越そうかと思います。)

-ㄹ까 봐 【배가 아플까 봐~ (お腹が痛くなるかと思い~)】
慣用句

結合情報 ☞ -ㄹ까

全体参考 1. '-ㄹ까 봐서'の形でも用いられる。 2. 話し手はそのような状況を否定的に考え, 避けたい気持ちを持っている。

1. ある事柄が起こるのではないかと疑わしく思いながら推量することを表わす。

例 ▪ 외국에서 배가 **아플까 봐** 약을 준비했어요. (外国でお腹が痛くなるかと思い, 薬を用意しました。)
　▪ 친구는 내가 병이 **날까 봐** 걱정했다. (友達は私が病気になるかと思って心配した。)
　▪ 마이클이 날 두고 혼자 **갈까 봐** 막 달려왔다. (マイケルが私をおいて一人で行くのではと思い, 必死に走って来た。)
　▪ 제시카가 화를 **낼까 봐서** 얘기를 못 하겠어요. (ジェシカが怒りそうで, 話ができません。)
　▪ 대성이가 김밥을 다 먹**을까 봐** 몇 줄 따로 두었다. (テソンがのり巻を全部食べるかと思い, 何本か別に取っておいた。)
　▪ 다른 사람이 들**을까 봐** 작은 소리로 말했다. (他の人に聞かれるかと思い, 小さな声で話した。)

-ㄹ까 싶다 【철수를 만날까 싶어~ (チョルスに会うかと思い~)】

結合情報 ☞ -ㄹ까

慣用句

関連語 -나 싶다

1. 〔動詞に用いられ〕前の語句通りになりそうで心配する気持ちがあることを表わす。
例 ▪ 철수를 **만날까 싶어** 도망 다녔다. (チョルスに会うかと思い, 逃げ回った。)
▪ 시험에 떨어지게 **될까 싶어서** 밤을 새워 공부했다. (試験に落ちることになるのではと思い, 徹夜して勉強した。)

2. 〔動詞に用いられ〕ある行動を行う意図があることを表わす。
例 ▪ 시간도 많은데 그냥 걸어 **갈까 싶어**. (時間もたくさんあるので, このまま歩いて行こうかと思うよ。)
▪ 할 일도 없는데 영화나 **볼까 싶다**. (やることも無いので, 映画でも見ようかと思う。)

3. '話し手はそうではなさそうだと思っていること'を表わす。
例 ▪ 하늘이 이렇게 맑은데 비가 **올까 싶어**. (空がこんなに晴れているのに, 雨が降るかしらねえ。)
▪ 벌써 열 시인데 유미가 제시간에 올 수 **있을까 싶다**. (もう10時なのに, ユミは時間通りに来られるかなあ。)

参考 後には前と対立する内容が現われると予測される。例 하늘이 이렇게 맑은데 비가 **올까 싶어**. (비가 오지 않을 것 같다.)(空がこんなに晴れているのに, 雨が降るかしらねえ。)(雨が降りそうにない。)

-ㄹ까요

【차나 한 잔 **할까요**？（お茶でも一杯飲みましょうか？）】

『-ㄹ까요は終声字の無い動詞と形容詞，'ㄹ'終声字で終わる動詞と形容詞の'ㄹ'脱落形そして'이다'の後に，-을까요は'ㄹ'以外の終声字のある動詞と形容詞そして'-았-'の後に用いられる』

語尾　終結語尾

親しい間で敬意が高い　先輩や目上の人に

例　**갈까요**，**비쌀까요**，**살까요**（살다），**달까요**（달다），학생**일까요**，**먹을까요**，**좋을까요**，**잡았을까요**

全体参考　話し言葉に用いられる。

1. 相手に一緒にやろうと提案したり相手の意見を尋ねたりすることを表わす。

例 ▪ 우리 다방에 가서 차나 한 잔 **할까요**？（ねえ，喫茶店に行ってお茶でも一杯飲みましょうか？）

　▪ 그럼 시내에서 만**날까요**？（では市内で会いましょうか？）

　▪ 점심이나 같이 먹**을까요**？（昼ご飯でも一緒に食べましょうか？）

例 ▪ 영화를 **볼까요**？ 박물관에 **갈까요**？（映画を見ましょうか？ 博物館に行きましょうか？）

　▪ 점심에 무엇을 먹**을까요**？（お昼に何を食べましょうか？）

　▪ 어디로 **갈까요**？（どこに行きましょうか？）

参考　1. 主体は話し手と聞き手を共に含む。2. 尋ねる形なので，一方的な提案を表わす'-ㅂ시다（～しましょう）'より相手の意見を尊重する表現である。3. '-ㄹ까요？ -ㄹ까요？'の形でも用いられる。例　영화를 **볼까요**？ 연극을 **볼까요**？（映画を見ましょうか？ 演劇を見ましょうか？）

2. 〔主体が話し手である文に用いられ〕話し手がこれからどうすべきか相手に尋ねることを表わす。

例 ▪ 제가 언제 댁에 **갈까요**？（私はいつお宅にお伺いしましょうか？）

　▪ （제가）무엇을 만**들까요**？（（私は）何を作りましょうか？）

　▪ 무거워 보이는데，（제가）들어 드**릴까요**？（重そうですけど，（私が）お持ちしましょうか？）

3. 〔主に'어디（どこ），왜（なぜ）'のような疑問詞と共に尋ねる形で用いられ〕推測することを表わす。

例 ▪ 그 남자는 어떤 사람**일까요**? (あの男の人はどんな人でしょうか?)
   ▪ 저 사람이 학생**일까요**? (あの人って学生でしょうか?)
   ▪ 그 사람들이 지금쯤 어디까지 갔**을까요**? (あの人たちは今ごろどこまで行ったでしょうか?)
   ▪ 제가 그 일을 잘 할 수 있**을까요**? (私はその仕事がうまくできるでしょうか?)

   参考 主体は第三者であり，状態を表わす動詞，または'-ㄹ 수 있다'と共に用いられる。

4. 〔疑問文の形式だが答えを要求しない形で用いられ〕強い肯定を表わす。'非常にそうだ'の意味。

例 ▪ 그런 처지라면 산다는 게 얼마나 힘이 들**까요**? (そんな境遇であるなら，生きるということがどれほど大変でしょうか?)
   ▪ 부모라면 어떻게 그런 일을 할 수 있**을까요**? (親であれば，どうしてそんなことができるでしょうか?)

-ㄹ까 하다 【선물을 좀 살까 해서~ (プレゼントを買おうかと思って~)】
慣用句

結合情報 ☞ -ㄹ까

全体参考 '-려고/-고자 하다 (~ようと思う)'に比べ，話し手の意図はさほど明確ではない。

1. 〔動詞に用いられ〕話し手がそうしたいと思っていることを表わす。

例 ▪ 내일이 친구 생일이라서 선물을 좀 **살까 해서** 왔어요. (明日友達の誕生日なので，プレゼントを買おうかと思って来ました。)
   ▪ 제인을 **깨울까 하다가** 피곤해 보여서 안 깨웠어요. (ジェーンを起こそうかと思いましたが，疲れているようなので起こしませんでした。)
   ▪ 오늘은 운동 좀 **할까 했는데** 비가 오네요. (今日はちょっと運動しようかと思ったのですが，雨が降ってますね。)

2. 話し手がそうだろうと推測して後の行動を行うことを表わす。

例 ▪ 너무 더워서 시원**할까 하고** 창문을 열었어요. (あまりに暑いので，涼しくなるかと思って窓を開けました。)
   ▪ 좀더 **빠를까 해서** 택시를 탔다가 길이 막혀서 혼났어요. (ちょっとは

速いかと思ってタクシーに乗ったのですが，道が混んでいてひどい目にあいました。）

-ㄹ께
語尾　終結語尾

1. '-ㄹ게'の誤り。☞ -ㄹ게（p.346）

-ㄹ께요
語尾　終結語尾

1. '-ㄹ게요'の誤り。☞ -ㄹ게요（p.348）

-ㄹ 나름이다　【네가 할 나름이다.（君のやり方次第だ。）】　例 할 나름이다
慣用句

関連語 -기 나름이다

全体参考 '名詞 나름이다'の形で用いられ，'その名詞（の意味する対象）にかかっている'ことを表わす。例 선생도 **선생 나름이야**.（先生も先生次第だよ。）

1. 〔主に'하다（する）'と共に用いられ〕'ある事柄のやり方にかかっている'の意味。

例
- 성공하느냐 못 하느냐는 네가 **할 나름이다**.（成功するかどうかは，君のやり方次第だ。）
  - 사랑을 받고 못 받고는 제 **할 나름이다**.（愛されたり愛されなかったりは，自分のやり方次第だ。）
  - 어떤 아이로 자라느냐는 부모가 교육**할 나름이지**.（どんな子に育つかは，親の教育次第だよ。）

-ㄹ 나위도 없다 【말할 나위도 없다.（言うまでもない。）】 例 말할 나위도 없다
慣用句

1. 〔主に'말하다（言う）'と共に用いられ〕'（言う）までもない'の意味。
例 ▪ 어른을 공경해야 함은 말**할 나위도 없다**. （目上の人を敬わなければならないことは言うまでもない。）
　 ▪ 학교에 지각하지 말아야 하는 건 두말 **할 나위도 없어**. （学校に遅刻しちゃいけないことは，繰り返すまでもないことだよ。）

-ㄹ는지 【비가 올는지 모르겠어요.（雨が降るかどうか分かりません。）】 発音 [ㄹ른지]

『-ㄹ는지は終声字の無い動詞と形容詞，'ㄹ'終声字で終わる動詞と形容詞の'ㄹ'脱落形そして'이다'の後に，-을는지は'ㄹ'以外の終声字のある動詞と形容詞そして'-았-'の後に用いられる』
語尾

例 갈는지, 비쌀는지, 살는지 (살다), 달는지 (달다), 학생일는지, 먹을는지, 높을는지, 잡았을는지

書き方注意 -ㄹ런지（×）/-ㄹ른지（×）

1. 〔'-ㄹ는지 알다／모르다'の形で用いられ〕確実ではない事柄について疑問を持つことを表わす。
例 ▪ 비가 **올는지** 모르겠어요. （雨が降るかどうか分かりません。）
　 ▪ 유미가 **올는지** 안 **올는지** 모르겠다. （ユミが来るか来ないか分からない。）
　 ▪ 그 사람이 또 무슨 말을 **할는지** 알 수가 없다. （その人がまた何を言い出すか分からない。）

参考 '-ㄹ는지'が目的語として用いられる。

2. 〔連結語尾のように用いられ〕ある事柄が起こる可能性やその実現の可否について，話し手が推定する根拠や原因を表わす。
例 ▪ 비가 **올는지** 하늘이 먹구름으로 덮였다. （雨が降るのだろうか，空が暗雲に覆われた。）
　 ▪ 복권이라도 당첨**될는지** 돼지꿈을 꾸었다. （宝くじにでも当選するのだろうか，豚の夢（縁起の良い夢の意）を見た。）

-ㄹ는지도 모르다

【시험을 볼는지도 몰라요.（試験を受けるかも知れません。）】

[発音] [ㄹ른지도 모르다]
[結合情報] ☞ -ㄹ는지

慣用句

1. ある事柄が実現する可能性について話し手自らの疑問を表わす。

例 ・ 내일 시험을 **볼는지도 몰라요**. （明日試験を受けるかも知れません。）
　　・ 일부러 그렇게 만든 연극이었**을는지도 모른다**. （わざとそのように作った演劇だったかも知れない。）
　　・ 그 사람들이 이미 도착했**을는지도 몰라요**. （その人たちは既に到着しているかも知れません。）

-ㄹ는지요

【지금 올는지요？（今来るでしょうか？）】

『-ㄹ는지요は終声字の無い動詞と形容詞，'ㄹ'終声字で終わる動詞と形容詞の'ㄹ'脱落形そして'이다'の後に，-을는지요は'ㄹ'以外の終声字のある動詞と形容詞そして'-았-'の後に用いられる』

[語尾] 終結語尾
[親しい間で敬意が高い] 先輩や目上の人に

[発音] [ㄹ른지요]

例 갈는지요, 비쌀는지요, 살는지요（살다）, 달는지요（달다）, 학생일는지요, 먹을는지요, 높을는지요, 잠았을는지요

[書き方注意] -ㄹ런지요（×）/-ㄹ른지요（×）

[全体参考] 話し言葉に用いられる。

1. ある可能性について疑問を表わす。

例 ・ 진수가 지금 **올는지요**? （チンスが今来るでしょうか？）
　　・ 교실에 가서 찾아보면 유미가 있**을는지요**? （教室に行ってさがしてみれば，ユミがいるでしょうか？）
　　・ 할아버지께서 지금쯤 도착하셨**을는지요**? （おじいさんは今時分なら到着なさったでしょうか？）

2. 相手の意思を尋ねることを表わす。

例 ・ 영화를 지금 보**실는지요**? （映画を今からご覧になるのでしょうか？）
　　・ 언제쯤 출발하**실는지요**? （いつぐらいに出発なさるのでしょうか？）

-ㄹ 대로 -아서 【지칠 대로 지쳐서~ (疲れに疲れて~)】

結合情報 ☞ -ㄹ²

慣用句

全体参考 1.'~-ㄹ 대로 ~-아서'の形で'~'には同じ語が繰り返される。2.'~-ㄹ 대로 ~-ㄴ'の形でも用いられる。例 지칠 대로 지친 상태야.(疲れに疲れた状態だよ。)

1. ある状態が非常に甚だしいことを表わす。

例
- 영숙이는 지칠 대로 지쳐서 누가 건드리기만 해도 그대로 쓰러질 것 같았다. (ヨンスクは疲れに疲れて, 誰かが触れただけでもそのまま倒れそうだった。)
  - 신발이 닳을 대로 닳아 구멍이 났다. (履き物がすり減るだけすり減って, 穴が開いた。)
  - 옷이 낡을 대로 낡아서 버릴 수밖에 없었다. (服が古くなるだけ古くなり, 捨てるしかなかった。)
  - 시들 대로 시든 장미꽃. (しおれにしおれたバラの花。)

-ㄹ 듯 말 듯하다 【비가 올 듯 말 듯 하네요. (雨が降るような降らないような感じですね。)】

発音 [ㄹ 뜬 말 뜨타다]
結合情報 ☞ -ㄹ²

慣用句

1. 〔動詞に用いられ〕'そのようでもあるし, そうでないようでもある'の意味。

例
- 비가 올 듯 말 듯하네요. (雨が降るような降らないような感じですね。)
  - 그 문제는 알 듯 말 듯한데요. (その問題は分かりそうで分からないんですが。)
  - 들릴 듯 말 듯한 목소리로 말했다. (聞こえるか聞こえないかくらいの声で話した。)
  - 웃을 듯 말 듯한 표정. (笑っているような笑っていないような表情。)

-ㄹ 듯싶다

【그 사람이 올 듯싶어요.
（あの人が来そうです。）】

発音 [ㄹ 뜯씹따]
結合情報 ☞ -ㄹ²

慣用句

類義 -ㄹ 것 같다, -ㄹ 듯하다
関連語 -ㄴ 듯싶다, -는 듯싶다

1. 〔これからのことを主観的に推測し〕'何々しそうだ，そのように思われる'の意味。

例 ▪ 오늘쯤 그 사람이 올 듯싶어요. （今日あたり，あの人が来そうです。）
　▪ 곧 소나기가 올 듯싶다. （もうすぐにわか雨が降りそうだ。）
　▪ 갓 스무 살을 넘겼을 듯싶은 남자가 문을 열었다. （二十歳を過ぎたばかりに見える男がドアを開けた。）

-ㄹ 듯하다

【비가 올 듯하다. （雨が降りそうだ。）】

発音 [ㄹ 뜨타다]
結合情報 ☞ -ㄹ²

慣用句

類義 -ㄹ 것 같다, -ㄹ 듯싶다
関連語 -ㄴ 듯하다, -는 듯하다

1. 'そうらしい'，'そうするようだ'，'そのようだ'と推測することを表わす。

例 ▪ 하늘을 보니 비가 올 듯하다. （空を見たら，雨が降りそうだ。）
　▪ 이 옷이 우리 아이에게 맞을 듯해요. （この服がうちの子に合いそうです。）
　▪ 유미가 이혼했다니 가슴이 찢어질 듯해요. （ユミが離婚したなんて，胸が張り裂けそうです。）

-ㄹ 따름이다

【내가 할 일만 할 따름이야. （自分のやるべきことをやるだけだよ。）】

結合情報 ☞ -ㄹ²

慣用句

類義 -ㄹ 뿐이다

1. 現在の状況が唯一のものであり、それ以外に選択されないことを表わす。'もっぱらそれだけだ'の意味。

例 ▪ 나는 그저 내가 할 일만 **할 따름이야**. (ぼくはただ自分のやるべきことをやるだけだよ。)

　▪ 이렇게 매번 도와 주시니 감사**할 따름입니다**. (このようにいつも助けて下さり、感謝するばかりです。)

　▪ 오늘은 유미 씨를 만나러 왔**을 따름이에요**. (今日はユミさんに会いに来ただけです。)

-ㄹ 때
慣用句

【점심을 먹고 있을 때~ (昼ご飯を食べているとき~)】

結合情報 ☞ -ㄹ²

類義 -ㄹ 적에

全体参考 1. '-ㄹ 때에'の形で用いられることもある。2. '-았을 때'の形で用いられ、'ある動作が完了した状況で'という意味を表わすこともある。例 발을 밟았을 때에는 "미안합니다." 라고 하세요. (足を踏んだときは「ごめんなさい。」と言って下さい。)

1. ある事柄が起こる瞬間や起こっている間を表わす。

例 ▪ 점심을 먹고 있**을 때** 대성이가 찾아왔다. (昼ご飯を食べているとき、テソンが訪ねて来た。)

　▪ 사람들은 누구나 보람 있는 일을 **할 때에** 행복을 느끼게 된다. (人々は誰でもやり甲斐のあることをするときに幸せを感じるようになる。)

2. ある条件や状況を表わす。

例 ▪ 어른의 입장에서 **볼 때** 아무것도 아닌 것을 가지고 아이들은 싸우기 마련이다. (大人の立場から見ると何でもないことで子供たちはケンカするものである。)

-ㄹ라

【감기에 걸릴라. (風邪を引くぞ。)】

『-ㄹ라は終声字の無い動詞と'ㄹ'終声字で終わる動詞の'ㄹ'脱落形の後に, -을라は'ㄹ'以外の終声字のある動詞の後に用いられる。また一部の形容詞の後にも用いられる』

語尾　終結語尾

最も敬意が低い　おじいさんが子供に

例　다칠라, 알라（알다）, 늦을라, 바쁠라, 추울라（춥다）

全体参考　話し言葉に用いられる。

1. そうなるのでないかと心配することを表わす。

例 ■ 감기에 걸릴라. (風邪を引くぞ。)
- 이러다 병날라. (こうしているうちに病気になるぞ。)
- 학교에 지각할라. (学校に遅刻するよ。)
- 늦잠 자다가 늦을라. (寝坊してると遅れるよ。)
- 아직 바람이 차니까 따뜻하게 입어, 너무 추울라. (まだ風が冷たいから暖かくしろよ, すごく寒いぞ。)

-ㄹ래

【수영하러 갈래. (水泳しに行くよ。)】

『-ㄹ래は終声字の無い動詞と'ㄹ'終声字で終わる動詞の'ㄹ'脱落形の後に, -을래は'ㄹ'以外の終声字のある動詞の後に用いられる』

語尾　終結語尾

親しい間で敬意が低い　友達に

例　갈래, 놀래（놀다）, 먹을래

丁寧　-ㄹ래요

全体参考　話し言葉に用いられる。

1. 〔話し手の動作を表わす動詞と共に用いられ〕これからあることがやりたいと自分の意思を述べるときに用いられる。

例 ▪ 나, 수영하러 **갈래**. （ぼく，水泳しに行くよ。）
　　▪ 나는 엄마하고 같이 **잘래**. （私はお母さんと一緒に寝るわ。）
　　▪ 엄마, 나 집에 **갈래**. （お母さん，私，家に帰る。）
　　▪ 나는 지금 밥 먹을래. （ぼくは今からご飯を食べるよ。）
　　参考 主体が話し手であるときにのみ用いられる。
2. 相手の意思を尋ねることを表わす。
例 ▪ 같이 안 **갈래**？ （一緒に行かない？）
　　▪ 부탁이 있는데 들어 **줄래**？ （頼みがあるんだけど，聞いてくれる？）
　　▪ 오늘 나 저녁 사 **줄래**？ （今日ぼくに夕飯おごってくれる？）
　　参考 '-ㄹ래, -ㄹ래'の形で用いられることもある。例 청소 **할래**, 안 **할래**？ （掃除するの？ しないの？）
3. 相手のことを不満に思い，脅かしたり叱ったりするときに用いられる。
例 ▪ 너 혼 좀 **날래**？ （お前，ひどい目にあいたいのか？）
　　▪ 너 한번 맞아 **볼래**？ （お前，一発殴られたいのか？）
　　▪ 너 정말 욕심 **부릴래**？ （お前，本当に欲張るの？）
　　▪ 너 나한테 정말 **이럴래**？ （お前，おれに本当にこんなことするの？）
　　参考 疑問文に用いられ，脅かす語調を伴う。

-ㄹ래요 【저는 먼저 **잘래요**. （私は先に寝ますよ。）】
『-ㄹ래요は終声字の無い動詞と'ㄹ'終声字で終わる動詞の'ㄹ'脱落形の後に，-을래요は'ㄹ'以外の終声字のある動詞の後に用いられる』
語尾 終結語尾
親しい間で敬意が高い 先輩や目上の人に
例 갈래요，놀래요 （놀다），먹을래요

全体参考 話し言葉に用いられる。
1. これからやることについて自分の意思を述べるときに用いられる。
例 ▪ 저는 먼저 **잘래요**. （私は先に寝ますよ。）
　　▪ 엄마, 나 화장실에 **갈래요**. （お母さん，私トイレに行くわね。）
　　▪ 저는 지금 점심을 먹을래요. （私は今から昼ご飯を食べますよ。）

2. 相手の意思を尋ねることを表わす。

例 ▪ 일요일에 등산 같이 안 **갈래요**? （日曜日に登山，一緒に行きませんか？）
　▪ 주스 마**실래요**? （ジュース，飲みますか？）

-ㄹ 리가 없다 【그럴 리가 없어. （そんなはずがないよ。）】　結合情報 ☞ -ㄹ²
慣用句

[類義] -ㄹ 턱이 없다

[全体参考] '-ㄹ 리(가) 있다'の形で反語でも用いる。例 선생님이 시험 날짜를 모를 리가 있나요? （先生が試験の日を知らないはずがあるでしょうか？）／영희가 화를 낼 리 있니? （ヨンヒが腹を立てるはずがあるかしら？）

1. 一般的な事実に照らして，不可能だと思うことを表わす。

例 ▪ 아니야, 그럴 **리가 없어**. （いいや，そんなはずがないよ。）
　▪ 대성이가 이번 시험에 떨어**질 리가 없어**. （テソンが今度の試験に落ちるはずがないよ。）
　▪ 그런 사람이 선생**일 리가 없어요**. （そんな人が先生であるわけがありません。）
　▪ 밤새워 놀았으니 피곤하지 않**을 리가 없지요**. （夜更かしして遊んだんですから，疲れないわけがありませんよ。）

-ㄹ 만하다 【이해할 만해요. （理解できそうです。）】　結合情報 ☞ -ㄹ²
慣用句

1. そのような程度であったり，そのような価値があることを表わす。

例 ▪ 선생님의 설명을 들으니 이해할 **만해요**. （先生の説明を聞くと，理解できそうです。）
　▪ 밤을 샜다니 병이 **날 만해**. （徹夜したなんて，病気になって当たり前だよ。）
　▪ 이 정도는 혼자 먹**을 만하다**. （このぐらいは一人で食べられそうだ。）
例 ▪ 그 가격이라면 **살 만하지**. （その値段なら，買う価値があるよ。）
　▪ 영숙이라면 만나 **볼 만해**. （ヨンスクだったら，会ってみるべきだね。）

- 제주도는 꼭 가볼 만한 곳이에요. (済州島は是非行ってみる価値のある所です。)

-ㄹ 모양이다 【비가 올 모양이에요. (雨が降りそうです。)】

慣用句　　結合情報 ☞ -ㄹ²

関連語 -ㄴ 모양이다, -는 모양이다

1. これから起こる事柄を推量したり推測したりすることを表わす。

例
- 밖을 보니 비가 **올 모양이에요**. (外を見ると, 雨が降りそうです。)
- 진수는 아빠 닮아서 키가 **클 모양이야**. 밥도 저렇게 많이 먹는 걸 보니… (チンスはお父さんに似て背が大きくなりそうだよ。ご飯もあんなにたくさん食べるのを見たら…)
- 유미는 오늘밤도 들어오지 않**을 모양이었다**. (ユミは今夜も帰って来そうになかった。)

-ㄹ 뻔하다 【사고 날 뻔했어요. (事故が起こるところでした。)】

慣用句　　結合情報 ☞ -ㄹ²

全体参考 主に否定的な内容と共に用いられる。

1. 〔動詞に用いられ〕'もう少しでそのような状況になりそうだったので心配したこと'を表わす。

例
- 아까는 사고 **날 뻔했어요**. (さっきは事故が起こるところでした。)
- 너 때문에 지각**할 뻔했잖아**. (お前のせいで遅刻するところだったじゃない。)
- 길이 미끄러워서 두 번이나 넘어**질 뻔했다**. (道がつるつるして, 二度も転ぶところだった。)

参考 '하마터면 (危うく), 자칫하면 (ややもすると), 까딱하면 (まかり間違えば)' 等と共に用いられる。例 **하마터면** 사고 날 뻔했어요. (危うく事故が起こるところでした。)

2. 非常にそうだと誇張して述べることを表わす。

例 ▪ 화가 나서 미칠 **뻔했어**. (腹が立って，気が変になりそうだったよ。)
- 숙제가 많아서 다 하느라고 죽을 **뻔했어요**. (宿題が多くて，全部やろうとして死にそうでした。)
- 어제 오랜만에 등산 갔다가 다리가 아파서 죽을 **뻔했어**. (昨日久しぶりに登山に行って，足が痛くて死にそうだったよ。)

[参考] '죽다 (死ぬ)，미치다 (気が変になる)' 等と共に用いる。

-ㄹ 뿐만 아니라

【비가 올 뿐만 아니라~ (雨が降るだけでなく~)】

[結合情報] ☞ -ㄹ²

慣用句

[類義] -ㄹ 뿐더러

[全体参考] 1. '-ㄹ 뿐만 아니라 名詞+도'の形で用いられる。2. '名詞 뿐만 아니라'の形でも用いられる。例 너뿐만 아니라 나도 화가 났어. (君だけじゃなく，ぼくも腹が立ったよ。)

1. '前の事柄だけでなく，さらには'の意味。

例 ▪ 내일은 비가 **올 뿐만 아니라** 바람도 분대. (明日は雨が降るだけでなく，風も吹くんだって。)
- 그 회사는 일이 많을 **뿐만 아니라** 월급도 적다. (その会社は仕事が多いばかりか，給料も少ない。)
- 유미는 얼굴이 예쁠 **뿐만 아니라** 마음씨도 고왔다. (ユミは顔がきれいなだけでなく，心根も美しかった。)
- 오늘은 날씨가 더울 **뿐만 아니라** 습도도 매우 높다. (今日は天気が暑いだけでなく，湿度も非常に高い。)
- 학생들**뿐만 아니라** 선생님들도 윷놀이를 했다. (学生たちばかりでなく，先生たちもユンノリ (すごろくに似た伝統的な遊び) をした。)

-ㄹ 뿐이다

【울기만 할 뿐이다. (泣いているばかりだ。)】

[結合情報] ☞ -ㄹ²

慣用句

[類義] -ㄹ 따름이다

　　　　　　　　　　　　　　　　　　　　　　　　　　　　　　　　　　-ㄹ 생각이다

全体参考　'그저, 단지, 오로지 (ただ)' 等と共に用いられる。

1. 前の行動だけを続けたり, そのような事柄だけであることを表わす。
例 ▪ 아까부터 아무리 달래도 울기만 **할 뿐이다**. (さっきからいくらなだめても, 泣いているばかりだ。)
　 ▪ 그가 단지 나를 이해해 주기만을 **바랄 뿐이다**. (彼がただ私を理解してくれることだけを望むばかりだ。)
　 ▪ 초대라니요, 그저 놀러 오시라고 **했을 뿐이에요**. (招待だなんて, ただ遊びにいらっしゃるように言っただけですよ。)

-ㄹ 생각이다
【열심히 해 볼 생각이다. (がんばってやってみるつもりだ。)】
結合情報 ☞ -ㄹ²

慣用句

1. 〔動詞に用いられ〕'〜しようと思う' の意味。
例 ▪ 내일부터는 한번 열심히 해 **볼 생각이다**. (明日からは一ぺん, がんばってやってみるつもりだ。)
　 ▪ 나는 오늘밤에는 끝까지 **남을 생각이다**. (私は今夜は最後まで居残るつもりだ。)
　 ▪ 이번 여름 휴가에는 꼭 동남아에 가 **볼 생각이다**. (今度の夏休みには是非とも東南アジアへ行ってみるつもりだ。)

-ㄹ 셈으로
【금방 갈 셈으로~ (すぐ帰るつもりで~)】
発音 [ㄹ 쎄므로]
結合情報 ☞ -ㄹ²

慣用句

1. 〔動詞に用いられ〕'そうするつもりで' の意味。
例 ▪ 금방 **갈 셈으로** 돈을 안 가지고 왔어요. (すぐ帰るつもりでお金を持たないで来ました。)
　 ▪ 떼어먹**을 셈으로** 돈을 빌린 것은 아니었다. (踏み倒すつもりでお金を借りたわけではなかった。)

-ㄹ 셈이다
【어쩔 셈인지 모르겠다.（どういうつもりか分からない。）】
発音 ［ㄹ 쎄미다］
結合情報 ☞ -ㄹ²
慣用句

1. 〔動詞に用いられ〕何々しようと思うことを表わす。

例 ■ 어쩔 셈인지 모르겠다.（どういうつもりか分からない。）
- 그렇게 놀아서 대학은 어떻게 **갈 셈이냐**？（そんなに遊んで大学はどうやって行くつもりなんだ？）
- 돌을 멀리 **던질 셈이었으나** 바로 앞에 떨어지고 말았다.（石を遠くに投げるつもりだったが，すぐ前に落ちてしまった。）

-ㄹ 셈 치고
【고생할 셈 치고〜（苦労する覚悟で〜）】
発音 ［ㄹ 셈 치고］
結合情報 ☞ -ㄹ²
慣用句

関連語 -ㄴ 셈 치고, -는 셈 치고

1. 〔動詞に用いられ〕これからの事柄を推量して仮定することを表わす。

例 ■ **고생할 셈 치고** 시집 한 권을 모두 외우기로 했다.（苦労する覚悟で，詩集一冊を全て暗記することにした。）
- 대성이는 나중에 혼날 **셈 치고** 일단 숙제를 안 하기로 했다.（テソンは後で叱られるつもりで，ひとまず宿題をしないことにした。）

-ㄹ 수가 있다
【도대체 시끄러워서 살 수가 있나？（とにかくやかましくて生活できないよ。）】
発音 ［ㄹ 쑤가 읻따］
結合情報 ☞ -ㄹ²
慣用句

全体参考 同じ意味で'-ㄹ 수가 없다'の形でも用いられる。例 말을 하고 싶어 **견딜 수가 없어요**.（話がしたくて仕方がありません。）／집에 가고 싶어 **참을 수가 없었다**.（家に帰りたくて耐えられなかった。）

1. 〔疑問文の形式だが答えを要求しない形で用いられ〕主張する内容を強調して述べることを表わす。

例 ■ 도대체 시끄러워서 **살 수가 있나**？（とにかくやかましくて生活できないよ。）

- 궁금증이 생겨서 견**딜 수가 있어야지요**? (気になって仕方がありませんよ。)
- 그렇게 돈을 써 대니 어떻게 돈을 모**을 수 있겠니**? (そんなにお金を使いまくってたら，どうやってお金が貯められるの？)

-ㄹ수록 【생각하면 할**수록**～（考えれば考えるほど～）】

『-ㄹ수록は終声字の無い動詞と形容詞，'ㄹ'終声字で終わる動詞と形容詞の'ㄹ'脱落形そして'이다'の後に，-을수록は'ㄹ'以外の終声字のある動詞と形容詞の後に用いられる』

語尾　連結語尾

発音　[ㄹ쑤록]

例　갈수록, 비쌀수록, 살수록（살다）, 길수록（길다）, 학생일수록, 먹을수록, 높을수록

全体参考　'-면 -ㄹ수록'の形でも用いられる。例 세월이 가면 갈수록（歳月が経てば経つほど）

1. あることが増えるにつれ，他のことがそれに比例して増えたり減ったりしていくときに用いられる。

例
- 생각하면 할**수록** 답답하였다. (考えれば考えるほど，もどかしかった。)
- 나이를 먹어 갈**수록** 아내가 소중하게 느껴진다. (年を取るにつれ，妻が大切に感じられる。)
- 꿈이 높으면 높**을수록** 이루기 어려운 것은 당연한 것이다. (夢が大きければ大きいほど，かなえにくいのは当然のことだ。)

-ㄹ 수밖에 없다 【여기서 기다릴 수밖에 없습니다.（ここで待つしかありません。）】

慣用句

発音　[ㄹ 쑤 바께 업따]
結合情報　☞ -ㄹ²

関連語　-는 수밖에 없다

1. '仕方なくそうする'，'そうであるだけだ'，'それ以外に方法がない'の意味。

例 ▪ 수업이 끝날 때까지 여기서 기다릴 **수밖에 없습니다**. (授業が終わるまで，ここで待つしかありません。)

▪ 우리가 참을 **수밖에 없어요**. (私たちが我慢するしかありません。)

▪ 살다 보면 부부싸움을 **할 수밖에 없어**. (生活していると，夫婦げんかは避けられないよ。)

-ㄹ 수 없다 【술을 마셔서 운전할 수 없어요. (お酒を飲んだので運転できません。)】

発音 [ㄹ 쑤 업따]
結合情報 ☞ -ㄹ²

慣用句

反対 -ㄹ 수 있다 例 지금은 갈 수 없지만, 저녁에는 **갈 수 있어요**. (今は行けませんが，夕方には行けます。)

1. 〔何らかの理由のため〕そのような状況にならないことを表わす。

例 ▪ 지금은 술을 마셔서 운전**할 수 없어요**. (今はお酒を飲んだので運転できません。)

▪ 지금 **갈 수 없습니다**. (今行けません。)

▪ 수업 시간에는 영어로 말**할 수 없어요**. (授業中は英語で話すことができません。)

-ㄹ 수 있는 대로 【될 수 있는 대로~ (できるだけ~)】

発音 [ㄹ 쑤 인는 대로]
結合情報 ☞ -ㄹ²

慣用句

1. 〔動詞に用いられ〕'できるだけ，可能な限り（最大限）'の意味。

例 ▪ **될 수 있는 대로** 빨리 회사로 오세요. (できるだけ早く会社に来て下さい。)

▪ 돈을 모을 **수 있는 대로** 모아서 여행을 가자. (お金を貯められるだけ貯めて旅行に行こう。)

▪ 사람들을 구할 **수 있는 대로** 구해서 데려 와. (人を集められるだけ集めて連れて来て。)

-ㄹ 수 있다 【한국말로 편지를 쓸 수 있어요. (韓国語で手紙が書けます。)】

発音 [ㄹ 쑤 읻따]
結合情報 ☞ -ㄹ²

慣用句

反対 -ㄹ 수 없다　例 몸이 아파서 술 마시러 **갈 수 없어요**. (体の具合が悪くて、お酒を飲みに行けません。)

1. 〔動詞に用いられ〕能力を表わす。'〜するすべを知っている、〜できる (-ㄹ 줄 알다)' の意味。

例 ▪ 저는 한국말로 편지를 **쓸 수 있어요**. (私は韓国語で手紙が書けます。)
　　▪ 수영**할 수 있어요**? (泳げますか?)
　　▪ 데이비드 씨는 영어, 독어, 불어를 **할 수 있다**. (デイビッドさんは英語、ドイツ語、フランス語ができる。)

2. 何らかの状況が可能になることを表わす。

例 ▪ 방학 동안에는 아르바이트를 **할 수 있어요**. (学校が休みの間にはアルバイトをすることができます。)
　　▪ 오늘 퇴근 후에 술 한잔 **할 수 있어**? (今日退社してから、お酒一杯飲める?)
　　▪ 지금 잠깐 집 앞으로 나올 **수 있어요**? (今ちょっと家の前に出て来られますか?)

-ㄹ 적에 【해가 뜰 적에〜 (日が昇るときに〜)】

発音 [ㄹ 쩌게]
結合情報 ☞ -ㄹ²

慣用句

類義 -ㄹ 때

1. 〔動詞と '-았을' に用いられ〕'その動作が進行しているときに'、'過去のあるときに' の意味。

例 ▪ 해가 **뜰 적에** 일어나, 달이 **질 적에** 잠자리에 들었다. (日が昇るときに起き、月が沈むときに寝床に入った。)
　　▪ 내가 방황**할 적에** 곁에 있어 준 사람이 있었다. (私がさまよっているとき、そばにいてくれた人がいた。)
　　▪ 젊었을 **적에** 세상에 무서운 것이 없었지. (若かったとき、世の中に怖い

ものが無かったよ。）

2. 〔形容詞の未来形に用いられ〕'その状態が現われているときに'の意味。

例 ▪ 정신이 맑을 적에 얘기를 해 두어야겠다．（意識がはっきりしているときに，話をしておかなければならないだろう。）

　▪ 농사철에 일손이 모자랄 적에 도와 주세요．（農繁期の人手が足りないときに手伝って下さい。）

-ㄹ 줄 모르다

【피아노를 칠 줄 몰라요．（ピアノが弾けません。）】

発音 [ㄹ 쭐 모르다]
結合情報 ☞ -ㄹ²

慣用句

反対 -ㄹ 줄 알다

関連語 -ㄴ 줄 모르다, -는 줄 모르다

1. 〔動詞に用いられ〕'やり方'の意味。

例 ▪ 저는 피아노를 칠 줄 몰라요．（私はピアノが弾けません。）

　▪ 제인은 운전할 줄 몰라요．（ジェーンは運転できません。）

　▪ 마이클은 김밥을 만들 줄 몰라요．（マイケルはのり巻が作れません。）

2. そのような事柄が起こるだろうとは思いも及ばなかったことを表わす。

例 ▪ 진수가 정말 우리 집에 올 줄 몰랐어요．（チンスが本当にうちに来るとは思いませんでした。）

　▪ 제가 결혼하게 될 줄 몰랐어요．（私が結婚することになろうとは思いませんでした。）

　▪ 제가 한국에 오게 될 줄은 몰랐어요．（私が韓国に来ることになろうとは思いませんでした。）

　▪ 마이클이 유부남일 줄은 생각도 못했어요．（マイケルに奥さんがいるとは思いも及びませんでした。）

参考 1. '-ㄹ 줄은'の形でも用いられる。2. '모르다'の代わりに'생각도 못하다（思いも及ばない），꿈도 못 꾸다（夢にも思わない）'等が用いられることもある。

-ㄹ 줄 알다 【수영할 줄 알아요?（泳げますか？）】

慣用句

発音 [ㄹ 쭐 알다]
結合情報 ☞ -ㄹ²

反対 -ㄹ 줄 모르다 例 저는 담배 피울 줄 몰라요.（私はタバコを吸うことができません。）

関連語 -ㄴ 줄 알다, -는 줄 알다

1. 〔動詞に用いられ〕'やり方'の意味。

例 ▪ 수영할 줄 알아요?（泳げますか？）
　▪ 춤 출 줄 알아?（踊れる？）
　▪ 담배를 피울 줄 알지만 안 피우겠습니다.（タバコを吸うことはできますが、吸わないつもりです。）

2. 'ある事柄がそうであろうと思う'の意味。

例 ▪ 누가 비가 이렇게 올 줄 알았나?（誰も雨がこんなに降るとは思わなかったよ。）
　▪ 내 그럴 줄 알았지.（ぼくはそうだと思ったんだよ。）
　▪ 나는 수업이 곧 끝날 줄 알았어.（私は授業がすぐ終わると思ったよ。）

3. 〔'-면 -ㄹ 줄 알다'の形でのみ用いられ〕脅かすことを表わす。

例 ▪ 너희들 오늘 놀러 나가면 혼날 줄 알아!（お前たち、今日遊びに出かけたら叱られると思えよ！）
　▪ 고자질하면 너 죽을 줄 알아!（告げ口したら、お前、痛い目にあうからな！）

-ㄹ지 【언제 올지~（いつ来るか~）】

『-ㄹ지は終声字の無い動詞と形容詞，'ㄹ'終声字で終わる動詞と形容詞の'ㄹ'脱落形そして'이다'の後に，-을지は'ㄹ'以外の終声字のある動詞と形容詞そして'-았-'の後に用いられる』

語尾

発音 [ㄹ찌]

例 갈지, 예쁠지, 살지 (살다), 길지 (길다), 학생일지, 먹을지, 높을지, 잤았을지

書き方注意 -ㄹ찌 (×)

関連語 -ㄴ지, -는지²

1. 〔'-ㄹ지 알다／모르다'の形で用いられ〕漠然とした疑問を表わす。

例 ▪ 유미가 언제 올**지** 알아요？（ユミがいつ来るか分かりますか？）

▪ 언제 무슨 일이 일어날**지** 몰랐다．（いつどんなことが起こるか分からなかった。）

▪ 그가 오늘은 올**지** 안 올**지** 모르겠다．（彼が今日は来るか来ないか分からない。）

▪ 우리한테도 그런 일이 생길**지** 누가 알아요？（私たちにもそんなことが起きないとも限りません。）

参考 1. 疑問詞'언제（いつ），어디（どこ），누가（誰が）'等と共に用いられたり'-ㄹ지 -ㄹ지'の形で用いられたりする。2. '-ㄹ지'の示す節が後の叙述語'알다（知る，分かる）／모르다（知らない，分からない）'の目的語として用いられる。

訳注 終結語尾としても用いられる。例 어떻게 대답하면 좋을**지**？（どう答えたらいいだろうか？）

2. 〔連結語尾のように用いられ〕ある事柄が起こる可能性やその実現の可否について話し手が推定することを表わす。

例 ▪ 누가 너를 데려갈**지** 고생깨나 하겠다．（誰がお前を嫁にもらっていくものやら，ちょっと苦労しそうだな。）

▪ 과연 어느 팀에 승리가 돌아갈**지** 경기는 열기를 더해 갔다．（果たしてどのチームに勝利が帰するか，競技は熱気を増していった。）

参考 '-ㄹ지'の後に'모르겠지만（分からないが）'のような語が省略され，連結語尾のように用いられたものである。例 누가 너를 데려갈**지**（모르겠지만）참 걱정이다．（誰がお前を嫁にもらっていくものやら（分からないが），本当に心配だ。）

-ㄹ 지경이다

【서 있기조차 힘이 들 지경이다．（立っていることさえ辛いほどだ。）】

発音 [ㄹ 찌경이다]
結合情報 ☞ -ㄹ²

慣用句

1. 'そのような状況または程度である'の意味。

例 ▪ 피곤해서 서 있기조차 힘이 들 **지경이다**．（疲れて立っていることさえ辛いほどだ。）

▪ 사람이 너무 많아 누가 누군지 이름조차 모를 **지경이다**．（人が多すぎ

て誰が誰だか名前さえ分からないくらいだ。)
- 이 돈으로는 자기 혼자 먹고 살기도 어려울 **지경이다**. (このお金では自分一人暮らしていくのも苦しい状況だ。)

-ㄹ지도 모르다

【비가 **올지도 모르겠다**. (雨が降るかも知れない。)】

発音 [ㄹ찌도 모르다]
結合情報 ☞ -ㄹ지

慣用句

関連語 -ㄴ지도 모르다, -는지도 모르다

1. その内容の実現する可能性について話し手自らの疑問を表わす。

例
- 비가 **올지도 모르겠다**. (雨が降るかも知れない。)
- 진수는 오늘 안 **올지도 모른다**. (チンスは今日来ないかも知れない。)
- 그 이야기를 들으면 친구가 **화낼지도 몰라요**. (その話を聞いたら友達が怒るかも知れません。)

-ㄹ지 모르다

【잘 **먹을지 모르겠어**. (ちゃんと食べるかしらねえ。)】

発音 [ㄹ찌 모르다]
結合情報 ☞ -ㄹ지

慣用句

関連語 -ㄴ지 모르다, -는지 모르다

1. ある状況がどうなったのか心配することを表わす。

例
- 철수가 밥이나 잘 **먹을지 모르겠어**. (チョルスったらご飯とかちゃんと食べるかしらねえ。)
- 제시카가 그 때 한국에 올 수 **있을지 모르겠어요**. (ジェシカがそのとき韓国に来られるか分かりません。)
- 내일쯤 소포가 **올지 모르겠다**. (明日あたり小包が届くか分からない。)

-ㄹ지요

【비가 올지요? (雨が降るでしょうか?)】

『-ㄹ지요は終声字の無い動詞と形容詞、'ㄹ' 終声字で終わる動詞と形容詞の 'ㄹ' 脱落形そして '이다' の後に、-을지요は 'ㄹ' 以外の終声字のある動詞と形容詞そして '-았-' の後に用いられる』

[語尾] 終結語尾

[親しい間で敬意が高い] 先輩や目上の人に

[発音] [ㄹ찌요]

[例] 갈지요, 비쌀지요, 살지요 (살다), 길지요 (길다), 학생일지요, 먹을지요, 높을지요, 잠았을지요

[書き方注意] -ㄹ찌요 (×)

[関連語] -ㄴ지요, -는지요

[全体参考] 話し言葉に用いられる。

1. 漠然と疑ったり推測したりすることを表わす。

   例 ▪ 이렇게 날씨가 좋은데 비가 **올지요**? (こんなに良い天気なのに、雨が降るでしょうか?)

   ▪ 대성이가 전화한 게 아니었**을지요**? (テソンが電話したのではなかったでしょうか?)

2. 相手に婉曲に、または丁重に尋ねることを表わす。

   例 ▪ 미안하지만 나하고 같이 우리 집에 가 줄 수 없**을지요**? (すみませんが、私と一緒にうちに行ってもらえないでしょうか?)

   ▪ 이것도 경쟁이라고 해도 좋**을지요**? (これも競争と言ってもいいでしょうか?)

3. 〔'얼마나 -ㄹ지요' の形で用いられ〕強調することを表わす。

   例 ▪ 이 아이가 이대로 자라 준다면 얼마나 사랑스러**울지요**. (この子がこのまま育ってくれたら、どれほどかわいいことでしょう。)

   ▪ 당신이 저에게 꽃을 주신다면 얼마나 기**쁠지요**. (あなたが私に花を下さるなら、どれほどうれしいことでしょう。)

   ▪ 그런 광경을 보셨으니 마음이 얼마나 아프**실지요**. (そんな光景をご覧になったら、心がどれほどお痛みになるでしょう。)

-ㄹ 참이다 【만나 보고 갈 참이다. (会って行くつもりだ。)】

結合情報 ☞ -ㄹ²

慣用句

1. 〔動詞に用いられ〕'何々をするつもりである，そうする意向である'の意味。

例 ▪ 온 김에 그 사람을 만나 보고 **갈 참이다**. (来たついでに，その人に会って行くつもりだ。)
　　▪ 내일은 동대문 시장에도 나가 **볼 참이다**. (明日は東大門市場にも出かけてみるつもりだ。)
　　▪ 사람들의 의견을 들어 **볼 참이다**. (人々の意見を聞いてみるつもりだ。)

-ㄹ 턱이 없다 【그 사람이 지각할 턱이 없지. (その人が遅刻するはずがないよ。)】

結合情報 ☞ -ㄹ²

慣用句

類義 -ㄹ 리가 없다

全体参考 '-ㄹ 턱이 있나'の形でも用いられる。例 진수가 그만한 일에 화를 **낼 턱이 있나**? (チンスがそれしきのことで腹を立てるはずがあるか？)

1. 一般的に考えて不可能だと思うことを表わす。

例 ▪ 그 사람이 지각**할 턱이 없지**. (その人が遅刻するはずがないよ。)
　　▪ 아무 근거도 없이 그런 소문이 **날 턱이 없지**. (何の根拠も無く，そんなうわさが立つわけがないだろ。)
　　▪ 유미가 그런 것도 모**를 턱이 없어**. (ユミがそんなことも知らないはずがないよ。)

-ㄹ 테고 【진수도 올 테고~ (チンスも来るでしょうし~)】

結合情報 ☞ -ㄹ²

慣用句

全体参考 '-ㄹ 테고'の後には前の内容に伴う結果が現われたり，さらに語句が付け加えられたりする。

1. 'そうであろうし'の意味。

例 ▪ 진수도 **올 테고** 그러면 영숙이도 올 텐데요. (チンスも来るでしょうし、そうすればヨンスクも来るはずですけど。)
- 멀리 가 봤자 뭐 **없을 테고**, 1층에 있는 식당으로나 가지요. (遠くに行ったって、たいしたものも無いでしょうし、1階にある食堂にでも行きましょうよ。)
- 그 사람도 **바빴을 테고**, 저도 바빴어요. (その人も忙しかったでしょうし、私も忙しかったんです。)

-ㄹ 테냐 【너도 커피를 마실 테냐? (お前もコーヒーを飲むのかい?)】

慣用句

結合情報 ☞ -ㄹ²

最も敬意が低い　おじいさんが子供に

全体参考 話し言葉に用いられる。

1. 相手の意思を尋ねることを表わす。'そうするつもりか'の意味。

例 ▪ 너도 커피를 **마실 테냐**? (お前もコーヒーを飲むのかい?)
- 이래도 안 **믿을 테냐**? (これでも信じないのかい?)
- 너 정말 말 안 **들을 테냐**? (お前、本当に言うことを聞かないつもりかい?)

-ㄹ 테니 【내가 저녁을 살 테니~ (ぼくが夕食をおごるから~)】

慣用句

結合情報 ☞ -ㄹ²

1. 後の内容の条件と共に話し手の考えを表わす。

例 ▪ 내가 저녁을 **살 테니** 나가자. (ぼくが夕食をおごるから出かけよう。)
- 그럼 우선 하루치 약을 지어 **드릴 테니** 드세요. (ではとりあえず一日分の薬を調合いたしますから、お飲み下さい。)
- 집은 내가 **볼 테니**, 염려마세요. (留守番は私がしますから、心配しないで下さい。)

参考 '-았-'の後には用いられない。例 내가 저녁을 샀을 테니… (×)

2. 後の内容の条件と共に推測することを表わす。'そうであろうから'の意味。

例 ■ 힘들 테니 좀 쉬어．（辛いだろうから，ちょっと休みなよ。）
　■ 이제는 별 일 없을 테니 안심해．（もうたいしたことないはずだから，安心して。）
　■ 당시에는 나무가 많았을 테니, 지금보다 공기도 좋았을 것이다．（当時は木が多かったはずだから，今より空気も良かったであろう。）

参考 '-았-'の後に用いられる。

-ㄹ 테니까

【건강이 곧 좋아질 테니까 ～（体の具合がすぐ良くなるでしょうから～）】

結合情報 ☞ -ㄹ²

慣用句

1. 推測を表わす。'～だろうから'の意味。

例 ■ 건강이 곧 좋아질 테니까 너무 실망하지 마세요．（体の具合がすぐ良くなるでしょうから，あまりがっかりしないで下さい。）
　■ 너는 합격할 테니까 걱정하지 마．（君は合格するはずだから心配しないで。）
　■ 지금 다들 퇴근했을 테니까, 내일 다시 오세요．（今は皆退社したはずですから，明日もう一度来て下さい。）

参考 '-았-'の後に用いられる。

2. 〔主体は話し手で，動作を表わす動詞に用いられ〕話し手の意志を表わす。'そうするつもりだから'の意味。

例 ■ 나는 들어갈 테니까, 일이 다 끝나면 내게 전화해라．（私は帰るから，仕事が全部片付いたら私に電話してくれ。）
　■ 나는 할머니하고 여기서 자고 갈 테니까 그렇게 알아．（私はおばあさんとここで泊まって行くから，そのつもりでね。）
　■ 내가 적극 밀어 줄 테니까 한번 해 봐요．（私が積極的にサポートしてやるから，一度やってごらんなさい。）
　■ 제가 다 준비할 테니까 선생님은 그냥 오세요．（私が全部準備しますから，先生はいらっしゃるだけでけっこうです。）

参考 1. '-았-'の後には用いられない。2. 後の語句が省略され，終結語尾のように用いられることもある。例 늦게 들어오기만 해 봐라. 일찍 문 걸고 자 버릴 테니까．（遅く帰って来たりしてごらん。早めに戸締りして，寝てるからね。）

－ㄹ 테니까요

【꼭 올 테니까요. (必ず来るはずですから。)】

結合情報 ☞ －ㄹ²

慣用句

親しい間で敬意が高い　先輩や目上の人に

1. 自分が述べた前の言葉に推測を加えることを表わす。'そうであるはずです'の意味。

例 ■ 잘 보관하세요. 나중에 주인이 꼭 **올 테니까요**. (ちゃんと保管して下さい。後で持ち主が必ず来るはずですから。)

　　■ 그런 생각도 결코 쉬운 것은 아닐 **테니까요**. (そんな考えも決して容易なものではないはずですから。)

2. 自分が述べた言葉に意図を加えることを表わす。'そうするつもりです'の意味。

例 ■ 일찍 들어오세요. 저녁을 해 **놓을 테니까요**. (早めに帰って来て下さい。夕食を作っておきますから。)

　　■ 내일까지 특별히 봐 **줄 테니까요**. (明日まで特別に大目に見てあげますから。)

　　■ 걱정 마세요. 조심해서 **다룰 테니까요**. (心配しないで下さい。気をつけて扱いますから。)

－ㄹ 테다

【집에 갈 테다. (家に帰るんだ。)】

結合情報 ☞ －ㄹ²

慣用句

最も敬意が低い　おじいさんが子供に

1. 〔主体が話し手である文に用いられ〕固い意志を表わす。

例 ■ 나는 지금 집에 **갈 테다**. (ぼくは今, 家に帰るんだ。)

　　■ 내년에 미국에 꼭 **갈 테다**. (来年アメリカにきっと行くんだ。)

　　■ 나 혼자라도 반드시 찾을 **테다**. (私一人でも必ず探すつもりだ。)

-ㄹ 테야

【난 나중에 먹을 테야. (私は後で食べるよ。)】 [結合情報] ☞ -ㄹ²

慣用句

[親しい間で敬意が低い] 友達に

[類義] -ㄹ 거야

[全体参考] 話し言葉に用いられる。

1. 〔主体が話し手である文に用いられ〕意志を表わす。

例
- 난 나중에 먹**을 테야**. (私は後で食べるよ。)
- 오늘은 목욕하지 않**을 테야**. (今日は風呂に入らないよ。)
- 네가 죽으면 나도 따라 죽**을 테야**. (お前が死んだら, ぼくも後を追って死ぬつもりだよ。)

2. 〔疑問文に用いられ〕相手の考えを尋ねることを表わす。

例
- 영화 보러 갈 **테야**? (映画見に行くのかい？)
- 누가 먼저 밥을 먹**을 테야**? (誰が先にご飯を食べるんだい？)
- 날씨도 좋은데 집에만 있**을 테야**? (天気も良いのに, 家にばかりいるつもりなの？)

-ㄹ 테지만

【이런 걸 싫어할 테지만~ (こんなことを嫌がるだろうが~)】 [結合情報] ☞ -ㄹ²

慣用句

1. '~だろうが'の意味。

例
- 너는 이런 걸 싫어**할 테지만** 그래도 해야 한다. (君はこんなことを嫌がるだろうが, それでもやらなければならない。)
- 너는 아직 운명을 믿지 않**을 테지만** 나는 믿는다. (君はまだ運命を信じないだろうが, 私は信じる。)

-ㄹ 텐데

【바쁠 텐데 가 보세요. (忙しいと思いますが, 行ってみて下さい。)】 [結合情報] ☞ -ㄹ²

慣用句

[全体参考] 後の語句が省略され, 終結語尾のように用いられることもある。例 어떡

하죠? 손님들이 곧 **올 텐데.** (どうしましょう？ お客さんたちがもうすぐ来るはずだけど。)

1. そうであろうと推測して状況を提示することを表わす。

例 ▪ 바쁠 **텐데** 가 보세요. (忙しいと思いますが，行ってみて下さい。)

　▪ 조금만 노력하면 한국말을 잘 **할 텐데**, 왜 하려고 하지를 않아요? (少しだけがんばれば韓国語がうまくできるはずなのに，どうしてやろうとしないんですか？)

　▪ 손님들이 곧 **올 텐데** 언제까지 기다리란 말이에요? (お客さんたちがもうすぐ来るはずですが，いつまで待てと言うのですか？)

-ㄹ 텐데도

【술을 꽤 많이 마셨을 텐데도~ (酒をずいぶんたくさん飲んだはずなのに~)】

結合情報 ☞ -ㄹ²

慣用句

1. '~ようであるにもかかわらず' の意味。

例 ▪ 진수는 술을 꽤 많이 마셨을 **텐데도** 취한 것처럼 보이지 않았다. (チンスは酒をずいぶんたくさん飲んだはずなのに，酔ったように見えなかった。)

　▪ 김 선생은 연락을 받았을 **텐데도** 오지 않았다. (金さんは連絡を受け取ったはずなのに来なかった。)

-ㄹ 텐데요

【그 옷이 꽤 비쌀 텐데요. (その服ってずいぶん高いはずですよ。)】

結合情報 ☞ -ㄹ²

慣用句

親しい間で敬意が高い　先輩や目上の人に

全体参考　1. 話し言葉に用いられる。2. 連結の機能を持つ '-ㄹ 텐데' は後の語句が省略され，終結語尾のように用いられることもある。これに '요' が付いた形である。

1. そうであろうと推測して述べることを表わす。

例 ▪ 그 옷이 꽤 비쌀 **텐데요.** (その服ってずいぶん高いはずですよ。)

　▪ 진수는 여행을 갔을 **텐데요.** (チンスは旅行に行ったはずですよ。)

2. そうであろうと推測して尋ねることを表わす。

例 ▪ 그 곳에는 비가 많이 왔**을 텐데요**? (そこでは雨がたくさん降ったでしょうね?)
　　▪ 선생님께서는 저녁을 아직 안 드셨**을 텐데요**? (先生は夕食をまだ召し上がってないでしょうね?)

-라¹ 【대자연을 보라! (大自然を見よ!)】

『-라は終声字の無い動詞と'ㄹ'終声字で終わる動詞の後に，-으라は'ㄹ'以外の終声字のある動詞の後に用いられる』

[語尾] 終結語尾

[敬意の高低が無い] 不特定の人に：文章で読者に

例 보라, 살라 (살다), 먹으라

[関連語] -아라¹

1. 〔新聞等で用いられる文で〕不特定の人々に対して命令したり，行動するよう求めたりすることを表わす。

例 ▪ 눈을 들어 대자연을 보**라**! (顔を上げて大自然を見よ!)
　　▪ 항상 기뻐하**라**, 모든 일에 감사하**라**. (いつも喜べ，あらゆることに感謝せよ。)
　　▪ 다음에서 알맞은 답을 고르**라**. (次から適当な答えを選べ。)

[参考] 丁寧を表わす敬語は現われない。'하라体'とも言う。

2. 〔命令の意味はなく〕希望や祈願を表わす。

例 ▪ 사랑하는 조국이여, 길이 번영하**라**. (愛する祖国よ, とこしえに繁栄せよ。)
　　▪ 사랑하는 벗들이여, 그대들에게 축복이 있**으라**. (愛する友たちよ, あなたたちに祝福あれ。)

3. 相手にある程度の尊敬を示しながら命令と勧誘を同時に表わす。

例 ▪ 독자들이여, 생각해 보**라**. (読者たちよ, 考えてみよ。)
　　▪ 기대하시**라**, 개봉박두. (乞うご期待, 封切り迫る。)

- 이 손에서 뭐가 나올 것인지 기대하시**라**. (この手から何が出てくるか、ご期待あれ。)

[参考] 命令の語尾 '-아라' は '-시-' と共に用いられないが、'-라' はぞんざいな表現ではないので尊敬の '-시-' と共に用いることができる。例 자, 여기를 보**시라**. (では、こちらをご覧あれ。)

-라² 【유미는 학생이 아니**라**~ (ユミは学生じゃなくて~)】

『'아니다'の後に用いられる』
[語尾] 連結語尾

例 학생이 아니라

[全体参考] '名詞＋이/가 아니라 名詞이다' の形で用いられる。

1. 前の事柄と後の事柄が対立することを表わす。

例 ▪ 유미는 학생이 아니**라** 회사원이야. (ユミは学生じゃなくて会社員だよ。)
  ▪ 그 책은 교과서가 아니**라** 사전이야. (その本は教科書じゃなくて辞典だよ。)
  ▪ 그 아이는 대성이가 아니**라** 진수야. (その子はテソンじゃなくてチンスだよ。)
  ▪ 리차드 씨는 미국 사람이 아니**라** 영국 사람이에요. (リチャードさんはアメリカ人ではなくてイギリス人です。)

-라³ 【남편은 변호사**라** 늘 바빠요. (夫は弁護士なのでいつも忙しいです。)】

『'이다/아니다'の後に用いられる』
[語尾] 連結語尾

例 학생이라, 학생이 아니라

[形態関連語] -아³

[原形] -라서　例 내일은 휴일이**라서** 수업이 없어요. (明日は休日なので授業がありません。)

1. 原因や根拠を表わす。

例 ▪ 남편은 변호사**라** 늘 바빠요. (夫は弁護士なのでいつも忙しいです。)
  ▪ 내일은 휴일이**라** 수업이 없어요. (明日は休日なので授業がありません。)
  ▪ 칭찬이 아니**라** 좀 서운했다. (ほめ言葉ではないので、ちょっと残念だった。)

라고¹ 【"싫어."라고 했다. (「嫌だよ。」と言った。)】

『라고は引用文の最後の語に終声字が無い場合に，이라고は終声字がある場合に用いられる』

[助詞] 引用格助詞

[例] "싫어."라고, "좋군."이라고

[関連語] 고², 하고²

[全体参考] 1. '라고¹'も'라고²'と同様に'라고／이라고'のような異形態を持つが，通常，終結語尾は終声字の無い語で終わるので，主に'라고'が用いられる。2. '말하다（言う）'類の動詞と共に用いられる。3. 助詞なので前の語に付けて用いる。

1. 他の人の話を直接引用することを表わす。

例 ▪ 최 선생은 간단하게 "싫어."라고 했다. (崔さんはあっさり「嫌だよ。」と言った。)

▪ 아나운서가 "내일 비가 올 겁니다."라고 말했어요. (アナウンサーが「明日雨が降るでしょう。」と言いました。)

▪ 영민 씨가 미라에게 "밥 먹어요!"라고 말했습니다. (ヨンミンさんがミラに「ご飯食べなさい！」と言いました。)

▪ 누군가가 "불이야!"라고 외쳤다. (誰かが「火事だ！」と叫んだ。)

▪ 선생님께서는 "비가 오겠군."이라고 말씀하셨다. (先生は「一雨来そうだな。」とおっしゃった。)

2. 表示板等に書いてある言葉やことわざを引用することを表わす。

例 ▪ 산 입구에는 '입산금지'라고 써 있었다. (山の入り口には「入山禁止」と書いてあった。)

▪ 메모지에다 '2시에 회의 있음'이라고 써 두세요. (メモ用紙に「2時に会議あり」と書いておいて下さい。)

▪ 교실에는 '금연'이라고 써 있었다. (教室には「禁煙」と書いてあった。)

라고²【너라고 별 수 있겠니？（お前だって他に手があるの？）】

『라고は終声字の無い語の後に，이라고は終声字のある語の後に用いられる』

[助詞] 補助詞

例 너라고，동생이라고

1. ☞ 이라고² (p.669)

例 ▪ 너라고 별 수 있겠니？（お前だって他に手があるの？）
  ▪ 아이，작기도 해라，딸기**라고** 원！（あら，ずいぶん小さいわね，これがイチゴだって，まったく！）
  ▪ 철수**라고** 다른 사람만 못하겠나？（チョルスだって他の人に劣るもんかね。）
  ▪ 이걸 음식**이라고** 먹으라니．（これが食い物だと。食べられるかよ。）

-라고³【다 작전이라고．（みんな作戦なんだよ。）】

『'이다／아니다'の後に用いられる』

[語尾] 終結語尾

[親しい間で敬意が低い] 友達に

例 학생이라고，학생이 아니라고

[形態関連語] -다고¹

[丁寧] -라고요¹

[関連語] -냐고¹，-라고⁴，-자고¹

[全体参考] 話し言葉に多く用いられ，しばしば［라구］と発音する。

1. 話し手が聞き手に自分の考えを主張する調子で述べることを表わす。'～だよ（-이야）'の意味。

例 ▪ 그것도 다 작전이**라고**．（それもみんな作戦なんだよ。）
  ▪ 나도 잘 나가는 사람이**라고**．（ぼくも引っ張りだこなんだよ。）
  ▪ 내가 그런 게 아니**라고**．（ぼくはそんなんじゃないんだよ。）

2. 〔'얼마나（どれほど，すごく）'と共に用いられ〕自慢するように強調して述べることを表わす。

例 ▪ 내가 얼마나 좋은 부모**라고**．（私ってすごく良い親なんだよ。）

- 대성이가 얼마나 착한 학생이**라고**. (テソンってすごく心根の優しい学生なんだよ。)
- 이 사람이 얼마나 좋은 남편이**라고**. (この人はすごく良い夫なんだよ。)

3. 〔先に述べた内容を繰り返し述べたり，再び確認したりするとき〕ある事柄を問い返すことを表わす。

例
- 네 이름이 뭐**라고**? (君の名前, 何だって？)
- 내가 진짜 학생이 아니**라고**? (ぼくが本当の学生じゃないって？)
- 이게 누구 거**라고**? (これ誰のだって？)

参考 文末を上げる抑揚と共に用いられる。

4. 〔答えを要求するのではなく〕相手の話に対して驚きや信じられないという気持ち, または否定的な見解等を表わす。

例
- 뭐, 네가 학생이 아니**라고**? (何, お前が学生じゃないって？)
- 나보고 아줌마**라고**? 기가 막혀서. (私におばさんだって？ あきれるわね。)

参考 文末を上げる抑揚と共に用いられる。

5. 先に述べられた話を繰り返しながらその話に関心を示したり, 話し手が誤解していたことに気付いたりしたときに用いられる。

例
- 난 또 네가 우리 학교 학생이**라고**. (ぼくはまた君がうちの学校の学生なんだと。)
- 이게 바로 노루**라고**. 난 또 사슴인 줄로만 알았네. (これがあのノロジカだって。私はまた鹿だとばかり思ったよ。)
- 난 또 누구**라고**. 선생님이신 줄 알았네. (私はまた誰なのかと。先生でいらっしゃると思ったよ。)

参考 文末を下げながら少し伸ばすような語調で用いられる。

-라고⁴ 【먼저 가라고. (先に行けって。)】

『-라고は終声字の無い動詞と'ㄹ'終声字で終わる動詞の後に, -으라고は'ㄹ'以外の終声字のある動詞の後に用いられる』

例 가라고, 살라고(살다), 먹으라고

[語尾] 終結語尾
[親しい間で敬意が低い] 友達に

[丁寧] -라고요²
[関連語] -다고¹, -라고³, -냐고¹, -자고¹
[全体参考] 話し言葉で多く用いられ, しばしば [라구] と発音される。

1. 話し手が自分の考えを強調したり繰り返し述べたりしながら命令することを表わす。

例 ▪ 너 먼저 가, 먼저 가라고. (お前, 先に行けよ, 先に行けって。)
　▪ 청소 좀 깨끗이 하라고. (掃除をきれいにしろって。)
　▪ 집에 가서 좀 쉬라고. (家に帰って休めって。)
　▪ 너희들끼리 먹으라고. (お前たちだけで食べろって。)

2. 相手が先に述べた命令の内容を繰り返して言ったり, 再び確認するために尋ねたりすることを表わす。

例 ▪ 유미 : 너 당장 학교로 가. (ユミ：あんた, 今すぐ学校に行って。)
　　진수 : 뭐, 나더러 어디로 가라고? (チンス：何, ぼくにどこへ行けって？)
　▪ 나더러 나가라고? 그러지 뭐. (私に出て行けって？ そうするよ。)
　▪ 어디 있는 걸 먹으라고? (どこにあるものを食べろって？)
[参考] 文末を上げる抑揚と共に用いられる。

3. 〔答えを要求するのではなく〕先に述べられた話に対して驚きや信じられないという気持ち, または否定的な見解等を表わす。

例 ▪ 사과하라고? 내가 뭘 잘못했는데? (謝れだって？ 私の何が悪かったんだ？)
　▪ 기껏 한다는 소리가 나보고 도망을 치라고? (せいぜい言うことが私に逃げろだって？)
　▪ 나만 바보처럼 살아가라고? (私だけ馬鹿みたいに生きていけって？)

4. 先に述べられた話を繰り返しながらその話に関心を示したり, 話し手

が誤解していたことに気付いたりしたときに用いられる。

例 ▪ 지금 오지 말고 밤에 **오라고**. 알았어. (今来ないで夜来いってことか。分かったよ。)

▪ 진수더러 이 약을 먹**으라고**. 난 또 날보고 먹으라는 줄 알았네. (チンスにこの薬を飲めってことか。私はまた，私に飲めっていうことだと思ったよ。)

参考 文末を下げながら少し伸ばすような語調で用いられる。

5. そうなるのではないかと思い，用心深く問い返すことを表わす。

例 ▪ 그러다가 소문나**라고**? (そんなことしてたら，うわさになるだろ？)

▪ 그렇게 미루다가 결국 나만 혼나**라고**? (そんなふうに後回しにしていたら，結局私だけ叱られるだろ？)

-라고⁵ 【의사라고～（医者だからといって～）】

『'이다／아니다'の後に用いられる』

語尾　連結語尾

例　학생이라고，학생이 아니라고

形態関連語 -는다고², -다고²

1. 原因を表わす。'～だからといって' の意味。

例 ▪ 의사**라고** 모든 병을 다 고치는 것은 아니다. (医者だからといって，あらゆる病気を全て治すわけではない。)

▪ 장관님이시**라고** 인사하는 법까지 달라졌어. (長官（日本の大臣にあたる）だからといって，挨拶の仕方まで変わったよ。)

▪ 이제는 대학생이**라고** 온갖 멋을 다 부린다니까. (今は大学生だからといって，すっかりめかしこんでるんだってば。)

2. '～だと思って' の意味。

例 ▪ 그게 어떤 돈이**라고** 네가 함부로 쓰려고 해? (それがどんなお金だと思って，お前は勝手に使おうとするんだ？)

▪ 어느 앞이**라고** 감히 반말이야? (誰の前だと思って，生意気にぞんざいな口を利くんだ？)

-라고⁶ 【구경을 많이 하라고~ (見物をたくさんするようにと思って~)】

『-라고は終声字の無い動詞と 'ㄹ' 終声字で終わる動詞の後に，-으라고は 'ㄹ' 以外の終声字のある動詞の後に用いられる』

例 가라고, 살라고 (살다), 먹으라고

語尾 連結語尾

全体参考 1. 一部の形容詞に用いることができる。例 이게 다 너 **좋으라고** 하는 일이야. (これはみんなお前に良かれと思ってやってることなんだよ。) 2. '-라' には命令や伝達の意味がない。

1. 目的を表わす。前の事柄が成し遂げられることを願いながら，後の行動を行うことを表わす。

例
- 네가 구경을 많이 하**라고** 여행 가는 거야. (君が見物をたくさんするようにと思って旅行に行くんだよ。)
- 이게 다 너희들 잘되**라고** 하는 일인 줄 몰라서 그러니? (これはみんなお前たちがうまくいくようにと思ってやってるのも知らないで，そうするの?)
- 시험에 합격하**라고** 떡을 사 주는 거예요. (試験に合格するようにと餅を買ってあげるんですよ (餅がくっつくことを表わす '붙다' が試験に受かることも表わすことから)。)
- 보기에 좋**으라고** 꽃을 꽂았어. (見栄えが良いようにと花を挿したのよ。)

-라고⁷ 【외교관이라고 해요. (外交官だそうです。)】

『'이다/아니다' の後に用いられる』

例 선생님이라고, 선생님이 아니라고

語尾 引用を表わす語尾

形態関連語 -는다고³, -다고³

縮約 -라

関連語 -냐고², -라고⁸, -자고²

1. '何々は何々である/何々は何々ではない' の形で表わされた文を間接的に伝えることを表わす。

例 ▪ 저 사람은 직업이 외교관이**라고** 해요. (あの人の職業は外交官だそうです。)

- 박유미 : 몇 시래요? (パク・ユミ：何時ですって？)
  김진수 : 9시 반이**라고** 해요. (キム・ジンス：9時半だそうです。)
- 가을은 독서의 계절이**라고** 해요. (秋は読書の季節だそうです。)
- 용 모양의 고려 청자는 모든 사람들이 사용한 것은 아니**라고** 한다.
  (龍の形の高麗青磁は全ての人が使ったわけではないそうだ。)

2. 節（主語＋叙述語）を必要とする一部の動詞と共に用いられ，その節を表わす。'～であると'の意味。

例
- 그는 이것이 다툼이**라고** 말했다. (彼はこれが戦いだと言った。)
- 김 선생님은 그런 일은 학자가 할 일이 아니**라고** 생각하였다. (金先生はそんなことは学者がやることではないと思った。)
- 모두들 그 애를 짱구**라고** 불렀다. (皆その子をチャング（おでこの広い子，わんぱく小僧の意）と呼んだ。)
- 물을 모든 생명의 근원이**라고** 믿어 왔다. (水をあらゆる生命の根源だと信じてきた。)

参考 '말하다（言う）／고백하다（告白する），보다（見なす）／여기다（思う）／생각하다（思う，考える），믿다（信じる）／주장하다（主張する）'等と共に用いられる。

例
- 그의 말씨로 보아서, 나는 민수가 선생이**라고** 추측했다. (彼の言葉遣いから見て，私はミンスが先生だと推測した。)
- 우리는 내일은 해가 뜰 것이**라고** 기대한다. (私たちは明日は日が昇るだろうと期待する。)

参考 '기대하다（期待する），추측하다（推測する）'等と共に用いられ，未定の事柄を示す。

アドバイス1

'이다' 叙述文の間接引用 （-라고）：

'이다'で表わす平叙形の文は敬意の高低にかかわりなく，全て'-라'の形になり，これに引用を表わす助詞'고'が付いて'-라고'の形で用いられる。

例1：유미 : 저는 회사원이에요. (ユミ：私は会社員です。)
  →진수 : 유미가 회사원이**라고** 해요. (チンス：ユミは会社員だそうです。)

例2：유미：저건 내 게 아니야．(ユミ：あれは私のものじゃないわ。)
　　→진수：저건 유미 게 아니**라고** 해요．(チンス：あれはユミのものではないそうです。)
例3：유미：저게 내 거야．(ユミ：あれが私のものよ。)
　　→진수：저게 유미 거**라고** 해요．(チンス：あれがユミのものだそうです。)
'-라고 해요'は'-래요'と短縮して用いられる。
例4：저 분은 회사원이라고 해요．
　　→저 분은 회사원**이래요**．(あの方は会社員だそうです。)

|アドバイス2|

叙述の引用を表わす'-라고'と縮約した形'-라'：
叙述形で表現された内容を間接的に伝えること（引用）を表わす'-라고'は'-라'と縮約して用いることもある。
例1：나는 이 말이 틀린 말은 아니**라고** 생각합니다．
　　→나는 이 말이 틀린 말은 아니**라** 생각합니다．(私はこの言葉が間違った言葉ではないと思います。)

-라고[8]【오전 10시까지 모이라고~（午前10時までに集まれと~）】

『-라고は終声字の無い動詞と'ㄹ'終声字で終わる動詞の後に，-으라고は'ㄹ'以外の終声字のある動詞の後に用いられる』

|語尾| 引用を表わす語尾

|例| 가라고，살라고（살다），먹으라고

|関連語| -다고[3], -라고[7], -냐고[2], -자고[2]
|全体参考| '라'と縮約して用いることもある。(アドバイス2 (p.394)を参照)

1. 命令形で表わされた文の内容を間接的に伝えることを表わす。
例 ▪ 유미：몇 시까지 오래요？(ユミ：何時までに来いですって？)
　　진수：오전 10시까지 모이**라고** 하는데요．(チンス：午前10時までに集まれと言っているんですが。)

- 영숙 : 과장님이 뭐래요? (ヨンスク : 課長は何と言ってるんですか?)

  대성 : 1층에서 기다리**라고** 해요. (テソン : 1階で待てと言っています。)

2. 〔'명령하다(命令する), 요구하다(要求する), 당부하다(頼む)'等と共に用いられ〕その命令や要求等の内容を表わす。'~することを', '~するように'の意味。

例 - 그는 영숙이에게 대신 가**라고** 명령했다. (彼はヨンスクに代わりに行けと命令した。)

  - 한 친구가 나에게 술을 그만 마시**라고** 충고를 했다. (ある友達が私にお酒をもう飲むなと忠告をした。)

  - 모두 나에게 잘해 보**라고** 격려를 했다. (みんな私にうまくやってみろと激励をした。)

  参考 '-ㄹ 것을'に置き換えることができる。例 그는 영숙이에게 대신 **갈 것을** 명령했다. (彼はヨンスクに代わりに行くことを命令した。)

3. 〔'손짓하다(手ぶりで示す), 아우성이다(大騒ぎだ)'等と共に用いられ〕その内容を表わす節を示すときに用いられる。

例 - 구미코에게 안으로 들어가**라고** 손짓했다. (くみ子に中へ入れと手ぶりで示した。)

  - 친구들이 한턱을 내**라고** 아우성들이에요. (友人たちがおごってくれと大騒ぎです。)

  参考 '-ㄹ 것을'に置き換えることはできない。例 구미코에게 안으로 들어**갈 것을** 손짓했다. (×)

4. 命令文からなることわざを引用しながら次の行動に関する話をするときに用いられる。

例 - 돌다리도 두들기고 건너**라고** 매사에 조심하세요. (石橋も叩いて渡れ(石橋を叩いて渡るの意)と言うように, 万事に用心して下さい。)

  - 아는 길도 물어 가**라고** 항상 신중하게 행동해야지. (知っている道も尋ねて行け(念には念を入れよ)と言うように, いつも慎重に行動しなくちゃ。)

  - 너 자신을 알**라고** 너무 나서면 사람들이 싫어해. (汝自身を知れと言うように, あまり出しゃばると人が嫌がるよ。)

  参考 '-라'と短縮して用いることはできない。例 돌다리도 두드리고 건너**라** 매사에 조심하세요. (×)

> **アドバイス1**

命令文の間接引用（-라고）:
命令文を間接的に伝えるとき，敬意の高低にかかわりなく，全て'-라'の形になり，これに引用を表わす助詞'고'が付いて'-라고'の形で用いられる。

例1：유미：내일 꼭 오세요.（ユミ：明日必ず来て下さい。）
　　→진수：유미가 나를 내일 꼭 **오라고** 해요.（チンス：ユミが私に明日必ず来いと言っています。）

例2：언니：너도 같이 오너라.（姉：あんたも一緒においで。）
　　→유미：언니가 저도 같이 **오라고** 해요.（ユミ：お姉さんが私も一緒に来いと言っています。）

'-라고 해요'は'-래요'と短縮して用いられる。

例3：꼭 오라고 해요.
　　→꼭 **오래요**.（必ず来いと言っています。）

> **アドバイス2**

命令の引用を表わす'-라고'と縮約した形'-라':
命令形で表現された内容を間接的に伝えること（引用）を表わす'-라고'は'-라'と縮約して用いることもある。

例1：선생님은 진수에게 손을 들**라고** 명령했다.
　　→선생님은 진수에게 손을 들**라** 명령했다.（先生はチンスに手を挙げろと命令した。）

-라고요¹ 【훌륭하신 선생님이라고요.
（すばらしい先生なんですよ。）】

『'이다／아니다'の後に用いられる』

[語尾] 終結語尾

[親しい間で敬意が高い] 先輩や目上の人に

[例] 학생이라고요, 학생이 아니라고요

[関連語] -냐고요, -라고요², -자고요

[全体参考] 話し言葉に多く用いられ, しばしば［라구요］と発音される。

1. 話し手が聞き手に自分の考えを主張する調子で話すことを表わす。'〜ですよ (-이에요)' の意味。

例 ▪ 그 분은 훌륭하신 선생님이**라고요**. （その方はすばらしい先生なんですよ。）
　 ▪ 우리들 인생이 걸린 일이**라고요**. （私たちの人生がかかったことなんですよ。）
　 ▪ 한국말 공부해야지, 아르바이트 해야지, 너무 바빠서 죽을 지경이**라고요**. （韓国語の勉強しなくちゃいけないし, アルバイトしなくちゃいけないし, 忙しすぎて死にそうなんですよ。）

2. 〔'얼마나 (どれほど, すごく)' と共に用いられ〕強調して述べたり, 自慢する調子で述べたりすることを表わす。

例 ▪ 그럼요, 그 사람 얼마나 나쁜 사람이**라고요**. （そうなんですよ, あの人, すごく悪い人なんですよ。）
　 ▪ 이게 얼마나 비싼 거**라고요**. （これはすごく高いものなんですよ。）
　 ▪ 제가 얼마나 좋은 딸이**라고요**. （私ってすごく良い娘なんですからね。）

3. 〔先に述べた内容を繰り返し述べたり, 再び確認したりするとき〕ある事柄を問い返すことを表わす。

例 ▪ 그 사람이 미국 사람이**라고요**？（あの人がアメリカ人ですって？）
　 ▪ 마이클이 소설가**라고요**？（マイケルが小説家ですって？）
　 ▪ 그 분이 여자 친구**라고요**？（あの方がガールフレンドですって？）

[参考] 文末を上げる抑揚と共に用いられる。

4. 〔答えを要求するのではなく〕先に述べられた話に対して驚きや信じられないという気持ち, または否定的な見解等を表わす。

例 ▪ 내가 먼저 화를 내도 시원찮은데, 뭐**라고요**？（私の方こそ腹を立てて

も気が収まらないのに，何言ってるんですか？）
- 그런 사람이 박사**라고요**？（そんな人が博士ですって？）
- 아니，그런 사람들이 소설을 쓰는 사람들이**라고요**？（ええっ，あんな人たちが小説家なんですって？）

参考 文末を上げる抑揚と共に用いられる。

5. 先に述べられた話を繰り返しながらその話に関心を示したり，話し手が誤解していたことに気付いたりしたときに用いられる。

例
- 아，그 때는 저녁 식사할 시간이**라고요**．（ああ，そのときは夕食をとる時間ですものね。）
- 그럼，누구의 부탁이시**라고요**．（もちろん，他ならぬ方の頼みですものね。）

参考 文末を下げながら少し伸ばすような語調で用いられる。

-라고요²【조심하**라고요**．（気をつけなさいって。）】

『-라고요は終声字の無い動詞と'ㄹ'終声字で終わる動詞の後に，-으라고요は'ㄹ'以外の終声字のある動詞の後に用いられる』

語尾 終結語尾

親しい間で敬意が高い　先輩や目上の人に

例 가라고요，살라고요（살다），먹으라고요

関連語 -다고요，-라고요¹，-냐고요，-자고요

全体参考 話し言葉に多く用いられ，しばしば［라구요］と発音される。

1. 話し手が聞き手に自分の考えを主張する調子で話すことを表わす。

例
- 저처럼 되지 않으려면 조심하**라고요**．（私みたいになりたくないなら，気をつけなさいって。）
- 저어，그게 아니고요，저한테도 기회를 달**라고요**．（あのう，そうじゃなくて，私にもチャンスを下さいって。）
- 바쁘면 어서 가 보시**라고요**．（忙しいなら早くお帰りなさいって。）

2. 〔先に述べた内容を繰り返し述べたり，再び確認したりするとき〕命令の内容の事柄を問い返すことを表わす。

例
- 선생님：내일도 수업하러 오세요．（先生：明日も授業を受けに来なさい。）
  학생　：네？내일 또 오**라고요**？（学生：はい？明日もまた来いですって？）

- 다시 학교로 돌아가**라고요**? (もう一度学校に戻れですって？)
- 이런 것 다 버리**라고요**? (こんなもの全部捨てろですって？)

[参考] 文末を上げる抑揚と共に用いられる。

3. 〔答えを要求するのではなく〕先に述べられた話に対して驚きや信じられないという気持ち，または否定的な見解等を表わす。

例 - 남편 : 진정해, 여보. (夫：落ち着けよ，お前。)
　　부인 : 진정하**라고요**? (奥さん：落ち着けですって？)
- 우리 아버지가 당신한테 사과를 하**라고요**? 그게 말이 돼요? (うちの父があなたに謝れですって？ そんなの話になりますか？)

[参考] 文末を上げる抑揚と共に用いられる。

4. 先に述べられた話を繰り返しながらその話に関心を示したり，話し手が誤解していたことに気付いたりしたときに用いられる。

例 - 일회용품을 쓰지 말**라고요**. (난 또 이걸 쓰지 말라는 줄 알았지.)
　　(使い捨て用品を使うなってことですね。(ぼくはまたこれを使うなってことだと思ったよ。))
- 아, 이걸로 달**라고요**. (ああ，これをくれってことですね。)

[参考] 文末を下げながら少し伸ばすような語調で用いられる。

-라고 해서 【어린아이라고 해서~ (幼児だからといって~)】

慣用句

[結合情報] ☞ -라고⁷

[形態関連語] -는다고 해서, -다고 해서

1. 'そのようなことを理由にして'の意味。

例 - 어린아이**라고 해서** 다 봐 주면 안 돼요. (幼児だからといって，何でも大目に見てやったらだめですよ。)
- 방학이**라고 해서** 놀기만 해서야 되겠니? (学校の休みだからといって，遊んでばかりいちゃだめだよ。)
- 한국 사람이**라고 해서** 한국말을 가르칠 수 있는 건 아니다. (韓国人だからといって，韓国語が教えられるわけではない。)

-라기보다는 【공부라기보다는~ (勉強というよりは~)】

『'이다/아니다'の後に用いられる』
慣用句

例 학생이라기보다는, 학생이 아니라기보다는

形態関連語 -는다기보다는, -다기보다는

1. '何々というより，むしろ後の内容で表現した方が良い'の意味。

例 • 이건 공부**라기보다는** 놀이 같다. (これは勉強というよりは遊びみたいだ。)
   • 김 선생님은 선생이**라기보다는** 학생처럼 보여. (金先生は先生というよりは学生のように見えるよ。)

-라 놔서 【원래 고집이 센 아이라 놔서 ~ (もともと我の強い子なので~)】

『'이다'の後に用いられる』
慣用句

例 학생이라 놔서

原形 -라 놓아서

全体参考 1. 話し言葉に用いられる。 2. '워낙 (なにしろ), 원래 (もともと)' 等と共に用いられる。

1. 前の事柄のせいで後の事柄のような結果が生じることを表わす。'~なので (-기 때문에)'の意味。

例 • 원래 고집이 센 아이**라 놔서** 다른 사람 말을 듣지 않아요. (もともと我の強い子なので，他の人の話を聞かないんですよ。)
   • 워낙 바쁜 때**라 놔서** 정신이 없어요. (なにしろ忙しいときなので，てんてこ舞いです。)
   • 자동차는 질색이**라 놔서** 사기가 싫어요. (自動車はうんざりなので，買いたくありません。)

-라는¹ 【동갑내기라는 거 (同い年だってこと)】

『'이다/아니다'の後に用いられる』

[語尾] 修飾する語尾

[例] 학생이라는, 학생이 아니라는

[全体参考] この'-라는'には引用の意味がない（縮約形の'-라는'は基本的に'引用'の意味がある）。

1. 〔'것(こと), 듯(〜ように), 생각(考え), 점(点)'等の名詞の前に用いられ〕その内容を表わす節を示すときに用いられる。

例 ▪ 우리가 동갑내기**라는** 거 알고 있어요. (私たちが同い年だってこと, 知ってますよ。)

▪ 자신이 얼마나 잘못했는지에 대해서는 알 바 아니**라는** 듯이 행동했다. (自分がどれほど悪かったかについては, あずかり知らぬというように行動した。)

▪ 결코 내 잘못이 아니**라는** 점을 분명히 합시다. (絶対にぼくの間違いじゃないっていう点をはっきりしましょうよ。)

-라는² 【미국인이라는 사람도〜 (アメリカ人だという人も〜)】

『'이다/아니다'の後に用いられる』

縮約形（後の語を修飾する機能）

[例] 학생이라는, 학생이 아니라는

叙述形の'-라고 하는'の縮約形

[形態関連語] -는다는, -다는

[関連語] -냐는, -라는³, -자는

[全体参考] 日常の会話では'-란'と縮約して言うこともある。[例] 존슨이 미국인이란 사람도 있다. (ジョンソンがアメリカ人だという人もいる。)

1. 他の人の話を引用して伝えることを表わす。'何々だという〜'の意味。

例 ▪ 존슨이 미국인이**라는** 사람도 있었고 캐나다인이**라는** 사람도 있었다. (ジョンソンがアメリカ人だという人もいたし, カナダ人だという人もいた。)

▪ 우리 회사가 문을 닫을 것이**라는** 사람도 있어. (うちの会社が店をたたむだろうという人もいるよ。)

2. 〔名詞の前に用いられ〕その内容を表わす節を示すときに用いられる。

例 ▪ 사장님의 공장 방문은 현장 감시를 겸한 것이**라는** 소문이 있다. (社長の工場訪問は現場の監視を兼ねたものだといううわさがある。)

▪ 티끌 모아 태산이**라는** 말이 있다. (ちりも積もれば山となるという言葉がある。)

▪ 나이가 들어 가면서 돈이 인생의 전부가 아니**라는** 생각을 하게 되었다. (年を取るにつれ，お金が人生の全てではないということを考えるようになった。)

参考 '얘기（話）／말（言葉），내용（内容）／뜻（意味），것（こと）'等の名詞と共に用いられる。

3. ある対象を特に取り上げて示すことを表わす。

例 ▪ 어느 날 박유미**라는** 사람이 찾아왔다. (ある日，パク・ユミという人が訪ねて来た。)

▪ 과장이**라는** 사람들도 그래. (課長という人たちもそうさ。)

▪ 그들은 대성이**라는** 아들이 하나 있다. (彼らにはテソンという息子が一人いる。)

▪ 이쪽은 내 대학 동창인 김진수**라는** 친구입니다. (こちらは私の大学時代の同窓生で，キム・ジンスという友達です。)

参考 1. 前の語と後の語が同格である。例 김진수라는 친구（キム・ジンスという友達）→ 김진수（キム・ジンス）＝친구（友達） 2. 面識のない人たちに自己紹介するときに用いる。例 저는 김유미**라는** 사람입니다. (私はキム・ユミというものです。)

-라는³【나를 오라는 데가～ (私に来いという所が～)】

『-라는は終声字の無い動詞と'ㄹ'終声字で終わる動詞の後に，-으라는は'ㄹ'以外の終声字のある動詞の後に用いられる』
縮約形（後の語を修飾する機能）

例 가라는, 살라는 (살다), 먹으라는

命令形の'-라고 하는'の縮約形

関連語 -다는, -라는², -냐는, -자는

全体参考 日常の会話では'-란'と縮約して言うこともある。例 나를 오란 데가

두 군데 있어．(私に来いという所が 2 カ所あるよ。)

1. 他の人が命令した内容の言葉を引用して伝えることを表わす。'何々しろという～'の意味。

例 ▪ 나를 오**라는** 데가 두 군데 있어．((会社の内定が決まったりして) 私に来いという所が 2 カ所あるよ。)

　▪ 나한테 명함을 달**라는** 사람이 별로 없다．(私に名刺をくれという人はあまりいない。)

　▪ 공부 좀 열심히 하**라는** 부모님의 말씀이 생각난다．(勉強を一所懸命やれという親の言葉が思い出される。)

2. 〔名詞の前に用いられ〕その命令や合図，連絡等の内容を表わす節を示すときに用いられる。

例 ▪ 머리를 짧게 자르**라는** 명령을 내렸다．(頭を短く刈れという命令を下した。)

　▪ 그는 나에게 잘 가**라는** 말도 없이 들어가 버렸다．(彼は私にさよならとも言わずに入って行ってしまった。)

　▪ 손으로 가**라는** 신호를 한다．(手で行けという合図をする。)

　▪ 어머니는 잠자코 있**으라는** 눈짓을 하셨다．(母は黙っていろという目くばせをした。)

　▪ 하루는 대사관에서 잠깐 왔다 가**라는** 연락이 왔다．(ある日，大使館からちょっと来てほしいという連絡が来た。)

　▪ 기도를 하려면 나라를 위하여 기도하**라는** 것이다．(祈るなら，国のために祈れというのだ。)

　▪ 아버님의 유언은 게으른 우리 형제들에게 부지런히 땅을 가꾸고 일하**라는** 가르침이셨어．(お父さんの遺言は怠け者のぼくら兄弟に手まめに土地を手入れして働けという教えだったよ。)

参考 '얘기 (話)／말 (言葉)，내용 (内容)／뜻 (意味)，것 (こと)／점 (点)，눈짓 (目くばせ)／시늉 (そぶり)' 等の名詞と共に用いられる。

-라니¹ 【수고라니? (お疲れ様だって?)】

『'이다／아니다'の後に用いられる』

[語尾] 終結語尾

[親しい間で敬意が低い] 友達に

[例] 학생이라니, 학생이 아니라니

[形態関連語] -다니¹

[丁寧] -라니요¹

[関連語] -냐니, -라니², -자니

[全体参考] 話し言葉に用いられる。

1. 疑わしかったり意外なことだと感じられたりして, 驚いて問い返すことを表わす。

例 ▪ 수고**라니**? 그 말은 아랫사람에게나 하는 말이야. (お疲れ様だって? その言葉は下の人なんかに言う言葉だよ。)

　▪ 김진수: 사장님! (キム・ジンス: 社長!)
　　이대성: 사장님이**라니**? 나 말이요? (イ・デソン: 社長だって? ぼくのことですか?)

　▪ 글쎄요**라니**? 그러지 말고 얘길 해 봐. (どうですかねぇだって? そう言わないで, 話してごらんよ。)

　▪ 부인: 어머, 그거 웬 거예요? (奥さん: あら, それどうしましたの?)
　　남편: 웬 거**라니**? 선물로 사 왔지. (夫: どうしたのだって? プレゼントに買って来たんだよ。)

[参考] 後の文には意外だという調子で尋ねたりすることを表わす内容が現われ, 主に上昇調の抑揚と共に用いられる。

2. 感嘆を表わす。疑わしかったり意外なことだと感じられたりして, 信じられないという調子で述べるときに用いられる。

例 ▪ 엊그제 결혼한 것 같은데 벌써 아기 돌이**라니**. (ついこの前結婚した気がするのに, もう子供が1歳だとは。)

　▪ 이 나이에 새삼스레 공부**라니**. (この年で今さら勉強だとは。)

　▪ 아니 저렇게 못생긴 게 내 얼굴이**라니**. (なんと, あんなに不細工なのがぼくの顔だとは。)

[参考] 後の文にはだから残念だというような内容が含まれ, 主に下降調の抑揚と共に用いられる。

-라니² 【알아서 하라니? (自分で判断してやれだと?)】

『-라니は終声字の無い動詞と'ㄹ'終声字で終わる動詞の後に、-으라니は'ㄹ'以外の終声字のある動詞の後に用いられる』

[語尾] 終結語尾

[親しい間で敬意が低い] 友達に

[例] 가라니, 살라니 (살다), 먹으라니

[丁寧] -라니요²

[関連語] -다니¹, -라니¹, -냐니, -자니

[全体参考] 話し言葉に用いられる。

1. 〔動詞に用いられ〕疑わしかったり意外なことだと感じられたりして、驚いて問い返すことを表わす。

例 ▪ 알아서 하**라니**? 그럼 안 해도 된단 말이네. (自分で判断してやれだと? じゃ、やらなくてもいいってことだね。)

   ▪ 갈 길로 가**라니**, 그럼 집을 나가란 말이우? (行くべき道に行けだって、じゃ、家を出ろってことかい?)

   ▪ 김진수: 여기 있는 꽃 좀 꺾어. (キム・ジンス:ここの花、ちょっと折って。)

   이대성: 꽃을 꺾**으라니**? 이게 너네 거니? (イ・デソン:花を折れって? これ、お前のものなの?)

[参考] 後の文には意外だという調子で尋ねたりすることを表わす内容が現われ、主に上昇調の抑揚と共に用いられる。

2. 感嘆を表わす。疑わしかったり意外なことだと感じられたりして、信じられないという調子で述べるときに用いられる。

例 ▪ 우리더러 또 기다리**라니**, 벌써 세 시간을 기다렸는데. (私たちにまた待っていろだなんて、もう3時間待ったのに。)

   ▪ 이걸 다시 쓰**라니**. 몇 번이나 써야 하지? (これをもう一度書けだなんて。何回書かなくちゃいけないんだ?)

   ▪ 기다리지 말고 자고 있**으라니**. (待たないで寝ていろだなんて。)

[参考] 後の文にはだから残念だというような内容が含まれ、主に下降調の抑揚と共に用いられる。

-라니까¹ 【내 거라니까. (ぼくのだってば。)】

『'이다/아니다'の後に用いられる』

[語尾] 終結語尾

[親しい間で敬意が低い] 友達に

[例] 학생이라니까, 학생이 아니라니까

[形態関連語] -는다니까, -다니까
[丁寧] -라니까요
[関連語] -냐니까, -라니까², -자니까
[全体参考] 話し言葉に用いられる。

1. 聞き手がその話の真偽を聞き入れないときに，話し手が繰り返し強調して述べることを表わす。

例 ▪ 그건 내 거**라니까**. (それはぼくのだってば。)
  ▪ 내가 제일이**라니까**! (ぼくが一番だってば！)
  ▪ 길에서 파는 물건은 사는 게 아니**라니까**! (道で売ってる物は買うもんじゃないってば！)

-라니까² 【좀 앉아 보라니까. (ちょっと座ってごらんってば。)】

『-라니까は終声字の無い動詞と'ㄹ'終声字で終わる動詞の後に，-으라니까は'ㄹ'以外の終声字のある動詞の後に用いられる』

[語尾] 終結語尾

[親しい間で敬意が低い] 友達に

[例] 가라니까, 살라니까 (살다), 먹으라니까

[丁寧] -라니까요
[関連語] -다니까, -라니까¹, -냐니까, -자니까
[全体参考] 話し言葉に用いられる。

1. 聞き手がその命令の内容を聞き入れないときに，話し手が繰り返し強調して述べることを表わす。

例 ▪ 앉아! 좀 앉아 보**라니까**. (座って！ ちょっと座ってごらんってば。)
  ▪ 일어서**라니까**. (立ってってば。)

- 그거 이리 내놔. 내놓으라니까. (それ、こっちによこせよ。よこせってば。)
- 내 얘기를 들으라니까. (ぼくの話を聞けってば。)

-라니요¹ 【점심이라니요？(昼ご飯ですって？)】

『'이다／아니다'の後に用いられる』

[語尾] 終結語尾

[親しい間で敬意が高い] 先輩や目上の人に

[例] 학생이라니요, 학생이 아니라니요

[形態関連語] -다니요

[関連語] -냐니요, -라니요², -자니요

[全体参考] 1. 話し言葉に用いられる。2. 後の文には意外だという調子で尋ねたりすることを表わす内容が現われ、主に上昇調の抑揚と共に用いられる。

1. 疑わしかったり意外なことだと感じられたりして、驚いて問い返すことを表わす。

例
- 점심이라니요? 지금 11시밖에 안 됐는데요. (昼ご飯ですって？ 今まだ11時なんですけど。)
- 숙제라니요? 무슨 말이세요? 숙제 없었는데요. (宿題ですって？ 何のことですか？ 宿題、ありませんでしたけど。)
- 손에 낀 반지가 결혼 반지가 아니라니요? (指にはめた指輪が結婚指輪じゃないんですって？)

-라니요² 【가라니요？(行けですって？)】

『-라니요は終声字の無い動詞と'ㄹ'終声字で終わる動詞の後に、-으라니요は'ㄹ'以外の終声字のある動詞の後に用いられる』

[語尾] 終結語尾

[親しい間で敬意が高い] 先輩や目上の人に

[例] 가라니요, 살라니요 (살다), 먹으라니요

[関連語] -다니요, -라니요¹, -냐니요, -자니요

[全体参考] 1. 話し言葉に用いられる。2. 後の文には意外だという調子で問い返す内容が現われ、主に上昇調の抑揚と共に用いられる。

1. 命令の内容について疑わしかったり意外なことだと感じられたりして，驚いて問い返すことを表わす。

例 ・ 가라니요？ 지금 말이에요？ （行けですって？　今ですか？）
　　・ 오지 말라니요？ 제 마음이에요． （来るなですって？　私の勝手ですよ。）
　　・ 잡으라니요？ 뭘요？ （捕まえろですって？　何をですか？）
　　・ 더 먹으라니요？ 제가 돼지인 줄 아세요？ （もっと食べろですって？　私が豚だとお思いですか？）

라도¹ 【숙제라도 하세요．（宿題でもして下さい。）】

『라도は終声字の無い語の後に，이라도は終声字のある語の後に用いられる』

[助詞] 補助詞

例 사과라도, 라면이라도

1. ☞ 이라도 （p.669）

例 ・ 공부할 시간이 없으면 숙제라도 하세요． （勉強する時間が無いなら宿題でもして下さい。）

-라도² 【내가 선생님이라도〜 （ぼくが先生であっても〜）】

『'이다／아니다'の後に用いられる』

[語尾] 連結語尾

例 학생이라도, 학생이 아니라도

[形態関連語] -아도

[全体参考] '이다／아니다'の後には'-어도'が用いられるが，話し言葉では'-라도'がより自然である。例 내가 유미어도 화를 내겠다．（??）

1. ある事柄を仮にそうだとしても，後の内容がそれにかかわらないことを表わす。

例 ・ 내가 선생님이라도 그런 학생은 혼내겠어． （ぼくが先生であってもそんな学生は叱るよ。）
　　・ 내가 유미라도 화를 내겠다． （私がユミであっても腹を立てるだろう。）
　　・ 그 사람이 부자가 아니라도 괜찮아． （その人が金持ちでなくてもかまわないよ。）

- 아무리 네가 천재**라도** 이 문제는 풀 수 없다. (いくら君が天才であってもこの問題は解けない。)

라면¹ 【영어**라면** 내가 최고다. (英語ならぼくが一番だ。)】

『**라면**は終声字の無い語の後に，**이라면**は終声字のある語の後に用いられる』

[助詞] 補助詞

例 영어**라면**, 한국말**이라면**

1. ☞ 이라면 (p.672)

例 ▪ 영어**라면** 내가 최고다. (英語ならぼくが一番だ。)
　▪ 달리기**라면** 자신있어요. (かけっこなら自信あります。)

-라면² 【하루가 48시간이**라면**～ (一日が48時間ならば～)】

『'이다／아니다'の後に用いられる』

[語尾] 連結語尾

例 학생이**라면**, 학생이 아니**라면**

[形態関連語] -는다면, -다면

[関連語] -냐면, 動詞+-라면, -자면

1. ある状況を仮定し，それが条件になることを表わす。

例 ▪ 하루가 48시간이**라면** 더 열심히 일을 할 텐데. (一日が48時間ならば，もっと一所懸命に仕事をするところだが。)
　▪ 내가 학생이 아니**라면** 돈을 많이 벌 수 있겠지. (ぼくが学生じゃないなら，お金をたくさん稼げるだろうね。)
　▪ 내가 너**라면** 진수를 사귈 거야. (私があなたなら，チンスと付き合うわよ。)

[参考] 話し言葉で'-라면'が'-람'と用いられることもある。例 내가 너**람** 진수를 사귈 거야. (私があなたなら，チンスと付き合うわよ。)

2. 〔'～라면 ～이다'の形で用いられ〕'断定的に言うのではないが，一歩譲ってそうだとすること'の意味。

例 ▪ 이사도 큰일이**라면** 큰일이다. (引っ越しも大ごとだと言えば大ごとだ。)

- 그만한 것도 다행이**라면** 다행이야. (それしきのことでも幸いだと言えば幸いだよ。)
- 진수를 만난 것이 행운이**라면** 행운이었다. (チンスに出会ったことが幸運だと言えば幸運だった。)

参考 '～'に同じ名詞を繰り返し用いる。例 문제**라면** 문제 (問題と言えば問題)／행복이라면 행복 (幸せと言えば幸せ)

-라면³ 【내가 정치가라면～ (私が政治家だとしたら～)】

『'이다／아니다'の後に用いられる』

縮約形 (連結の機能)

例 학생이라면, 학생이 아니라면

叙述形の'-라고 하면'の縮約形

形態関連語 -는다면 (-는다고 하면), -다면 (-다고 하면)

関連語 -냐면 (-냐고 하면), -라면⁴, -자면 (-자고 하면)

1. 'そのような条件の場合には'の意味。

例
- 내가 정치가**라면** 뭘 하는 게 좋을까? (私が政治家だとしたら、何をするのが良いだろうか?)
  - 자기가 세상에서 제일 예쁜 사람이**라면** 뭐든지 다 사 준대요. (自分が世の中で一番きれいな人だったら、何でもみんな買ってあげるんですって。)
  - 네가 내 친구가 아니**라면** 내가 무엇 때문에 너를 만나겠니? (君がぼくの友達じゃないとしたら、ぼくは何のために君に会うんだい? (友達だから会うの意))
  - 그는 몸에 좋다는 음식이**라면** 뭐든지 가리지 않고 잘 먹었다. (彼は体に良いという食べ物であれば、何でもかまわずよく食べた。)

-라면⁴ 【가라면~ (行けっていうのなら~)】

『-라면は終声字の無い動詞と 'ㄹ' 終声字で終わる動詞の後に，-으라면は 'ㄹ' 以外の終声字のある動詞の後に用いられる』

縮約形 (連結の機能)

例 가라면, 살라면 (살다), 먹으라면

命令形の '-라고 하면' の縮約形

関連語 -다면 (-다고 하면), -라면³, -냐면 (-냐고 하면), -자면 (-자고 하면)

1. 命令の内容を伝えると同時に，それが後の事柄の条件になることを表わす。'そのような命令が条件であれば' の意味。

例
- 네가 지금 가라면 갈게. (君が今行けっていうのなら，行くよ。)
- 돈을 달라면 돈을 주겠어요. (お金をくれというのなら，お金をあげますよ。)
- 가져오라면 가져와. (持って来いっていったら，持って来いよ。)
- 먹으라면 먹지, 뭐. (食べろっていうんなら，食べるさ。)

-라서 【친구 생일이라서~ (友達の誕生日なので~)】

『'이다／아니다' の後に用いられる』

語尾 連結語尾

例 학생이라서, 학생이 아니라서

形態関連語 -아서

縮約 -라³

全体参考　'이다／아니다' の後には '-어서' が用いられるが，話し言葉では '-라서' がより自然である。例 요즘은 방학이어서 별로 바쁘지 않아요. (??)

1. 前の事柄が後の事柄の原因や根拠になることを表わす。'~なので (-기 때문에)' の意味。

例
- 내일이 친구 생일이라서 선물 좀 살까 해서요. (明日友達の誕生日なので，プレゼントを買おうかと思いまして。)
- 토요일이라서 극장에 사람이 많을 것 같은데. (土曜日なので映画館に人が多そうだけど。)
- 요즘은 방학이라서 별로 바쁘지 않아요. (最近は学校が休みに入ったの

で，あまり忙しくありません。）

- 그 과학관은 미래 세계에 대한 다양한 프로그램이 있는 곳이**라서** 더욱 유명하다．（その科学館は未来世界に関する多様なプログラムのある所なので一段と有名である。）

란¹ 【공부란～ （勉強とは～）】

『란은 終声字の無い語の後に，이란은 終声字のある語の後に用いられる』

[助詞] 補助詞

[例] 공부**란**，사랑**이란**

[全体参考] 1. '란'은 '는'에 치환할 수도 있다. 단 '란'의 편이 '는'보다도 강조하여 서술하는 것을 나타낸다. [例] 공부**는** 자기 스스로 하는 것이다．（勉強は自分自ら行うものである。）

1. ☞ 이란¹ （p.673）

例 - 공부**란** 자기 스스로 하는 것이다．（勉強とは自分自ら行うものである。）

- 사랑**이란** 두 사람이 주고 받는 것이다．（愛とは二人で交し合うものである。）

- 인간**이란** 사회 속에서 다른 사람들과 같이 살아가는 존재이다．（人間とは社会の中で他の人々と共に生きていく存在である。）

- 컴퓨터**란** 사람이 중간에 개입되지 않고 산술 및 논리적 계산을 수행하여 정보를 처리하는 데 사용되는 기계를 말한다．（コンピュータとは人間が中間に介入することなく，数学及び論理的計算を遂行して情報を処理するのに使用される機械のことを言う。）

란² 【택시란 택시는 （タクシーというタクシーは）】

『란은 終声字の無い語の後に，이란은 終声字のある語の後に用いられる』

[助詞] '～란 ～'の形で用いられる

[例] 버스**란** 버스는，트럭**이란** 트럭은

[全体参考] 1. '～이란 ～'の形で用いられる。2. 後には '모두 （皆），전부 （全部），다 （全て）'のように前の事柄を総合する語が用いられる。

1. ☞ 이란² (p.674)
例 ▪ 여기는 택시**란** 택시는 전부 모범택시뿐이에요. (ここはタクシーというタクシーは全て模範タクシー（一般タクシーより料金は高いが設備やサービスが良い）だけです。)
　▪ 이 동네 어머니**란** 어머니들은 모두 다 오신 것 같다. (この近所のお母さんというお母さんは皆いらっしゃったようだ。)
　▪ 온 섬의 배**란** 배는 모두 모인 모양이다. (島中の船という船は皆集まったようだ。)

-란³ 【네가 학생이 아니란 말 (お前が学生じゃないという話)】

『'이다／아니다'の後に用いられる』

縮約形（後の語を修飾する機能）

例 학생이란, 학생이 아니란

叙述形の'-라고 하는'の縮約形

形態関連語 -는단, -단
関連語 -냔, -란⁴, -잔

1. '前の内容が表わすような〜'の意味。
例 ▪ 네가 학생이 아니**란** 말을 아무도 안 했어. (お前が学生じゃないという話を誰もしなかったよ。)
　▪ 김민식이**란** 사람을 아니? (キム・ミンシクっていう人を知ってる？)
　▪ '가을여행'이**란** 영화가 좋대. (「秋の旅」っていう映画が良いんだって。)

-란⁴ 【이웃을 사랑하란 말 (隣人を愛せという話)】

『-란は終声字の無い動詞と'ㄹ'終声字で終わる動詞の後に, -으란は'ㄹ'以外の終声字のある動詞の後に用いられる』
縮約形 (後の語を修飾する機能)

例 가란, 살란 (살다), 먹으란

命令形の'-라고 하는'の縮約形

関連語 -단, -란³, -냔, -잔

全体参考 '-란'を'-라는'に置き換えることができる。

1. '前の命令が意味するような〜'の意味。

例
- 나는 못하면서 다른 사람더러 이웃을 사랑하란 말을 어떻게 할 수 있는가? (自分はできないくせに, 他の人に隣人を愛せという話を一体どうやって言えるのか?)
  - 잘못을 깨닫기까지 혼자 방안에 있으란 말을 들었다. (過ちに気付くまで一人で部屋にいろと言われた。)
  - 아, 그러니까 이렇게 돌리란 말이구나. (ああ, だからこうやって回せってことだな。)

-란 말이다¹ 【그런 것이 아니란 말이야. (そういうことじゃないんだよ。)】

『'이다/아니다'の後に用いられる』
慣用句

例 학생이란 말이다, 학생이 아니란 말이다

形態関連語 -는단 말이다, -단 말이다

関連語 -냔 말이다, -란 말이다², -잔 말이다

全体参考 1. 話し言葉に用いられる。 2. '-란'を'-라는'に置き換えることはできない。

1. 話し手が自分の言葉を強調して述べることを表わす。

例
- 그런 것이 아니란 말이야. (そういうことじゃないんだよ。)
  - 너는 하나밖에 없는 내 아들이란 말이다. (お前は一人しかいない私の息子なのだ。)

-란 말이다² 【지금 당장 가란 말이야. (今すぐ行けと言うんだよ。)】

『-란 말이다は終声字の無い動詞と'ㄹ'終声字で終わる動詞の後に、-으란 말이다は'ㄹ'以外の終声字のある動詞の後に用いられる』慣用句

例 가란 말이다, 만들란 말이다 (만들다), 먹으란 말이다

関連語 -단 말이다, -란 말이다¹, -냔 말이다, -잔 말이다

全体参考 1. 話し言葉に用いられる。 2. '-란'を'-라는'に置き換えることはできない。

1. 命令の内容を強調して述べることを表わす。

例 ▪ 지금 당장 가**란 말이야**. (今すぐ行けと言うんだよ。)
  ▪ 빨리 내 놓**으란 말이야**. (さっさとよこせって言うんだよ。)
  ▪ 그럼 이걸 그냥 썩히**란 말이니**? (じゃ、これをそのまま腐らせろって言うの?)

-랍니까 【누가 아니랍니까? (その通りですよね。)】

『'이다/아니다'の後に用いられる』

語尾 終結語尾

最も敬意が高い 職場の上司や目上の人に (公式的)

例 학생이**랍니까**, 학생이 아니**랍니까**

形態関連語 -는답니까, -답니까

全体参考 話し言葉に用いられる。

1. 〔疑問文の形式だが答えを要求しない形で用いられ〕ある事柄についての驚きや疑問を強調して述べるときに用いられる。

例 ▪ 누가 아니**랍니까**? 그 녀석이 그런 꿍꿍이를 다 갖고 있었다니.
  (その通りですよね (原意は「誰が違うと言いましたか」)。あいつがそんなもくろみを持っていたとはね。)
  ▪ 그런 사기꾼이 어떻게 형사**랍니까**? (あんな詐欺師がどうして刑事なんですか?)

-랍니다

【건강이 제일이**랍니다**.（健康が一番なんですよ。）】

『'이다/아니다'の後に用いられる』

[語尾] 終結語尾

[最も敬意が高い] 職場の上司や目上の人に（公式的）

例 학생이**랍니다**, 학생이 아니**랍니다**

[形態関連語] -는답니다, -답니다

[全体参考] 1. 話し言葉に用いられる。 2. 強調したり自慢したりすることを表わすときもある。

1. ある事柄を親しみを持って説明するときに用いられる。

例 ▪ 나이 들수록 건강이 제일이**랍니다**. （年を取るほど健康が一番なんですよ。）

▪ 제 아들이 고등학교 선생님이**랍니다**. （私の息子は高校の先生なんですよ。）

▪ 우리 아이는 장학생이**랍니다**. （うちの子は奨学生なんですよ。）

▪ 제 신랑은 월급쟁이가 아니**랍니다**. 이제는 어엿한 사장님이시죠. （私の夫は月給取りじゃありませんの。今は立派な社長でいらっしゃいますのよ。）

랑

【무**랑** 호박이**랑** 한 개씩 주세요. （大根とカボチャを一つずつ下さい。）】

『랑は終声字の無い語の後に、이랑は終声字のある語の後に用いられる』

[助詞] 接続助詞

例 사과**랑**, 밥이**랑**

1. ☞ 이랑 (p.675)

例 ▪ 무**랑** 호박이**랑** 한 개씩 주세요. （大根とカボチャを一つずつ下さい。）

-래¹ 【누가 아니래. (その通りよね。)】

『'이다／아니다' の後に用いられる』

[語尾] 連結語尾

[親しい間で敬意が低い] 友達に

[例] 학생이래, 학생이 아니래

[形態関連語] -는대¹, -대¹

[丁寧] -래요¹

[全体参考] 1. 話し言葉に用いられる。 2. 文末を若干上げてから下げる抑揚と共に用いられる。

1. 〔疑問文の形式だが答えを要求しない形で用いられ〕相手に軽く反論したり、とがめたりすることを表わす。

例 ▪ 유미：아유, 쟤 얄미워 죽겠어. (ユミ：もうっ、あの子憎らしくてまいっちゃうわ。)

　영숙：누가 아니래. (ヨンスク：その通りよね (原意は「誰が違うと言ったか」)。)

▪ 미선：쟤는 왜 그렇게 잘난 척만 하니？ (ミソン：あの子はなんでそんなに偉そうなふりばかりするのかしら？)

　유미：누가 아니래. (ユミ：まったくよね (原意は「誰が違うと言ったか」)。)

▪ 저 사람 왜 저 모양이래？ (あの人、なんであんな調子なんだ？)

-래² 【선생님이래. (先生だって。)】

『'이다／아니다' の後に用いられる』

縮約形（終結の機能）

[親しい間で敬意が低い] 友達に

[例] 학생이래, 학생이 아니래

叙述形の '-라고 해' の縮約形

[形態関連語] -는대², -대²

[丁寧] -래요²

[関連語] -내, -래³, -쟤

[全体参考] 話し言葉に用いられる。

1. 聞いて知った事柄や他の人の話を伝えるときに用いられる。

例 ▪ 존슨 씨는 선생님이래．（ジョンソンさんは先生だって。）
　▪ 우리 인간의 조상이 원숭이래．정말 그럴까？（ぼくたち人間の祖先は猿だって。本当にそうかなあ？）
　▪ 전시회가 오늘부터 열흘간이래．（展示会は今日から10日間だって。）

2. 第三者に関する話を相手に確認しながら尋ねることを表わす。

例 ▪ 그 사람은 어느 나라 사람이래？（その人はどこの国の人だって？）
　▪ 어제 그 아이가 진수 동생이 아니래？（昨日のあの子って，チンスの弟（妹）じゃないんだって？）

3. 〔疑問文の形式だが答えを要求しない形で用いられ〕軽く反論することを表わす。

例 ▪ 누가 바보래？좀 모자란다 그거지．（誰が馬鹿だって？ ちょっととろいってことだろ。）
　▪ 누가 널 못난이래？아빠한테는 네가 이 세상에서 제일 예쁜데．（誰がお前のことをかわいくないって？ お父さんにはお前がこの世の中で一番かわいいんだよ。）

[参考] 上昇調の抑揚と共に用いられる。

-래³ 【거기서 기다리래．（そこで待ちなさいって。）】

『-래は終声字の無い動詞と'ㄹ'終声字で終わる動詞の後に，-으래は'ㄹ'以外の終声字のある動詞の後に用いられる』

縮約形（終結の機能）
[親しい間で敬意が低い]　友達に

例 가래，살래（살다），먹으래

命令形の'-라고 해'の縮約形

[丁寧] -래요³
[関連語] -대²，-래²，-내，-재
[全体参考] 話し言葉に用いられる。

1. 他の人が命令した内容を伝えるときに用いられる。

例 ▪ 엄마가 거기서 기다리래．（お母さんがそこで待ちなさいって。）
　▪ 나보고 그 회사에서 일하래．（私にその会社で働けって。）

- 나보고 엄마가 전화할 데 있다고 빨리 끊**으래**. (私にお母さんが電話するところがあるから早く切れって。)

2. 第三者が命令した内容の話を聞き手に確認しながら尋ねることを表わす。

例 ・ 날더러 대신 들어가**래**? (私に代わりに入れって？)
- 엄마가 너도 그 집에서 저녁 먹**으래**? (お母さんがお前もその家で夕飯食べろって言ったの？)

3. 〔疑問文の形式だが答えを要求しない形で用いられ〕相手の話に軽く反論することを表わす。

例 ・ 유미 : 아유, 다리 아파. 달리기를 했더니 죽겠어. (ユミ：ふう, 足痛い。かけっこしたら, くたくただわ。)

영숙 : 누가 하**래**? (ヨンスク：好きでやったんでしょ（原意は「誰がやれと言ったか」）。)

- 누가 널더러 그런 데 가**래**? 나처럼 집에서 책이나 보지. (自分が行こうと思って行ったんだろ（原意は「誰がお前にそんな所に行けと言ったか」）。ぼくみたいに家で本でも読むもんだよ。)

-래요¹ 【누가 아니래요. (その通りですよね。)】

『'이다／아니다' の後に用いられる』

[語尾] 終結語尾

[親しい間で敬意が高い] 先輩や目上の人に

例 학생이래요, 학생이 아니래요

[形態関連語] -는대요¹, -대요¹

[全体参考] 話し言葉に用いられる。

1. 〔疑問文の形式だが答えを要求しない形で用いられ〕相手に軽く反論したり, とがめたりすることを表わす。

例 ・ 유미 : 아유, 쟤 얄미워 죽겠어. (ユミ：もうっ, あの子憎らしくてまいっちゃうわ。)

영숙 : 누가 아니**래요**. (ヨンスク：その通りですよね（原意は「誰が違うと言いましたか」）。)

- 미선 : 쟤는 왜 그렇게 잘난 척만 하니？（ミソン：あの子はなんでそんなに偉そうなふりばかりするのかしら？）
- 유미 : 누가 아니래요．（ユミ：まったくですよね（原意は「誰が違うと言いましたか」）。）

-래요² 【아기 돌이래요．(赤ちゃんの１歳の誕生日ですって。)】

『'이다／아니다' の後に用いられる』

縮約形（終結の機能）

|親しい間で敬意が高い| 先輩や目上の人に

例 학생이래요．학생이 아니래요

叙述形の '-라고 해요' の縮約形

|形態関連語| -는대요²，-대요²
|関連語| -내요，-래요³，-재요
|全体参考| 話し言葉に用いられる。

1. 聞いて知ったり他の人が述べたりした話の内容を伝えるときに用いられる。

例
- 이번 일요일이 아기 돌이래요．（今度の日曜日が赤ちゃんの１歳の誕生日ですって。）
- 그 날이 공휴일이래요．（その日は公休日ですって。）
- 거기서 만화만 읽는 게 아니래요．（そこは漫画だけ読む所じゃないんですって。）

2. 聞いたりすることで知った話の内容について相手に確認しながら尋ねることを表わす。

例
- 그건 무슨 꽃이래요？（それは何の花ですって？）
- 이번 달 시험은 며칠이래요？（今月の試験は何日ですって？）
- 퇴원은 언제래요？（退院はいつですって？）

3. 〔疑問文の形式だが答えを要求しない形で用いられ〕相手の話に軽く反論することを表わす。

例
- 누가 저만 제일이래요？ 이번에는 제 의견이 낫다는 거지요．（誰が何でも私が一番だって言いました？ 今回は私の意見が良いってことでしょう。）

-래요

-래요³ 【여기 한번 왔다 가래요. (ここに一度立ち寄ってくれですって。)】

『-래요は終声字の無い動詞と'ㄹ'終声字で終わる動詞の後に, -으래요は'ㄹ'以外の終声字のある動詞の後に用いられる』

縮約形（終結の機能）

親しい間で敬意が高い　先輩や目上の人に

例 가래요, 살래요 (살다), 먹으래요

命令形の '-라고 해요' の縮約形

関連語 -대요², -래요², -내요, -재요

全体参考 話し言葉に用いられる。

1. 他の人が命令したことを伝えるときに用いられる。

例 ▪ 여기 한번 왔다 가**래요**. (ここに一度立ち寄ってくれですって。)
　　▪ 식사 후 30분마다 한 봉지씩 잡수시**래요**. (食後30分に一袋ずつお飲みになるようにとのことです。)
　　▪ 들어올 때 과일이라도 사 **오래요**. (帰りに果物でも買って来てですって。)

2. 第三者が命令した内容の話を聞き手に再び確認しながら尋ねることを表わす。

例 ▪ 몇 시까지 나오**래요**？ (何時までに出て来いですって？)
　　▪ 저는 어디서 먹으**래요**？ (私はどこで食べろですって？)

3. 〔疑問文の形式だが答えを要求しない形で用いられ〕相手の話に軽く反論することを表わす。

例 ▪ 누가 그렇게 급하게 드시**래요**？ 그러다가 체하겠어요. (そんなに急いで召し上がってはいけませんよ（原意は「誰がそんなに早く召し上がるように言いましたか」）。そんなことしてたら胃がもたれますよ。)

-러

【운동을 하러~（運動をしに~）】

『-러は終声字の無い動詞と‘ㄹ’終声字で終わる動詞の後に，-으러は‘ㄹ’以外の終声字のある動詞の後に用いられる』

|語尾| 連結語尾

|例| 보러，살러（살다），먹으러

|類義| -려, -려고²

|全体参考| ‘-러’節の主体と文全体の主体は同一である。|例| 나는 운동하러 영희가 체육관에 가요．（×）

1. 〔‘-러 가다／오다’の形で用いられ〕‘行動の目的’を表わす。

例
- 저는 운동을 하**러** 체육관에 가요．（私は運動をしに体育館に行きます。）
- 유미를 만나**러** 다방에 가．（ユミに会いに喫茶店に行くよ。）
- 우리 수영하**러** 가자．（ねえ，泳ぎに行こう。）
- 주말에 우리 집에 차 마시**러** 오세요．（週末うちにお茶を飲みに来て下さい。）
- 밥 먹**으러** 가자．（ご飯食べに行こう。）

アドバイス

‘-러’と‘-려고’の比較：

1. ‘-러’と‘-려고’は意図を表わし得る動詞とのみ共に用いられる（例：먹다（食べる），보다（見る）等）。‘지치다（疲れる）’のように状態を表わす動詞とは用いられない。

   例1：밥 먹**으러**／먹**으려고** 간다．（○）（ご飯を食べに行く。）／지치려고 공부했다．（×）

2. ‘-러’の用いられた文の後には‘가다（行く），오다（来る），다니다（通う）’等の移動動詞が用いられるが，‘-려고’にはさまざまな動詞が用いられる。

   例1：유미는 공부하러 책을 샀다．（×）／유미는 공부**하려고** 책을 샀다．（○）（ユミは勉強しようと思って本を買った。）

3. ‘-러’は命令文と勧誘文に用いられるが，‘-려고’は用いられない。

例1: 네가 먼저 배 타**러** 가라. (○)(お前が先に船に乗りに行け。)／네가 먼저 배 타려고 가라. (×)

例2: 우리 배 타**러** 가자. (○)(ねえ，船に乗りに行こう。)／우리 배 타려고 가자. (×)

4. '-려고'は移動を表わす動作動詞と共に用いられるが，'-러'は用いられない。

例1: 그는 학교에 가**려고** 버스를 탔다. (○)(彼は学校に行こうとしてバスに乗った。)

例2: 그는 학교에 가러 버스를 탔다. (×)

5. '-려고'は'-려고 하다/들다'の形でしばしば用いられるが，'-러'は'-러 하다/들다'の形では用いられない。

例1: 진수는 체육관에 가**려고** 했다. (○)(チンスは体育館に行こうとした。)／진수는 체육관에 가러 했다. (×)

例2: 강아지가 주인을 물**려고** 든다. (○)(子犬が飼い主を噛もうとする。)／강아지가 주인을 물러 든다. (×)

6. '-려고'は'意図'と'目的'を表わすが，'-러'は主に行動の目的を表わす。

-려 【무언가를 나에게 주**려**~ (何かを私にくれようと~)】

『-려は終声字の無い動詞と'ㄹ'終声字で終わる動詞の後に，-으려は'ㄹ'以外の終声字のある動詞の後に用いられる』

[語尾] 連結語尾

[例] 가려, 팔려 (팔다), 먹으려

[原形] -려고²

[類義] -고자, -러

[全体参考] '-려'は'-려고'と異なり，後に節が用いられない。

1. 〔主に'-려 하다/들다'の形で用いられ〕これからそのようにしようとする主体の意志を表わす。

例 ■ 너는 항상 무언가를 나에게 주**려** 했지. (君はいつも何かを私にくれようとしたよね。)
　■ 아이들이 뭔가 말하**려** 하였다. (子供たちが何か言おうとした。)
　■ 선생님이 시험을 보**려** 했지만 학생들이 말을 듣지 않았어요. (先生が試験をしようとしましたが, 学生たちは従いませんでした。)
　■ 너는 왜 자꾸 그 일을 숨기**려** 드니? (君はなぜしきりにその件を隠そうとするの?)

2. 〔'-려 하다'の形で用いられ〕'これからそんなことが起こりそうだ'という意味を表わす。

例 ■ 눈이 오**려** 하네요. (雪が降りそうですね。)
　■ 꽃이 피**려** 한다. (花が咲こうとしている。)
　■ 기침이 나오**려** 해서 혼났어요. (咳が出そうで大変でした。)

-려고¹ 【학교에 가 보려고. (学校に行ってみようと思って。)】

『-려고は終声字の無い動詞と'ㄹ'終声字で終わる動詞の後に, -으려고は'ㄹ'以外の終声字のある動詞の後に用いられる』

語尾　終結語尾
親しい間で敬意が低い　友達に

例　가려고, 살려고 (살다), 먹으려고

丁寧　-려고요

全体参考　1. 話し言葉に用いられる。 2. '-려고'の後に'하다'等の動詞が省略され, 終結語尾として用いられる。例 집에 가려고 해. (家に帰ろうと思うよ。)/숙제는 내일 하려고 한다. (宿題は明日しようと思う。) 3. '-ㄹ라고/-ㄹ라구'は誤りだが, 話し言葉でしばしば用いられる。例 벌써 갈라고? (×)/갈라구? (×)

1. 話し手がこれからある行動をしようとすることを表わす。

例 ■ 학교에 가 보**려고**. (学校に行ってみようと思って。)
　■ 영숙 : 너 어디 가니? (ヨンスク : あなたどこ行くの?)
　　미선 : 겨울 바다나 보**려고**. (ミソン : 冬の海でも見ようと思って。)
　■ 집에 가서 동생들과 나눠 먹으**려고**. (家に帰って弟(妹)たちと分けて食べようと思って。)

2. 聞き手にどんな行動をするつもりなのか尋ねることを表わす。

例 ▪ 이 시간에 어딜 가**려고**？（この時間にどこに行こうっていうの？）
　　▪ 왜, 화장실에 가**려고**？（あら，トイレに行くつもり？）
　　▪ 아니, 벌써 퇴근하**려고**？（えっ，もう退社しようっていうの？）

3. 〔疑問文の形式だが答えを要求しない形で用いられ〕まさかそんなはずはないということを強調して表わす。

例 ▪ 내가 이런 줄 누가 알**려고**．（私がこんなだと誰が知るだろうか。）
　　▪ 우리끼리 있는데 엄마가 설마 안 오시**려고**．（ぼくたちしかいないのに，お母さんがまさか来ないはずはないよ。）
　　▪ 아무리 그렇게 이상한 일이 일어나**려고**．（いくらなんでもそんなに変なことは起きないよ。）

4. （尋ねる意味はなく）事の成り行きがそうなるのではと心配することを表わす。

例 ▪ 그러다가 소문이라도 나쁘게 나면 어찌**려고**？（そんなことしてて悪いうわさでも立ったらどうするの？）
　　▪ 감기 든 사람이 집에 있어야지．나가서 찬바람을 쐬면 어찌**려고**？（風邪引いた人は家にいなくちゃ。外で冷たい風に当たるなんてどういうつもりなの？）

-려고²【저녁을 먹으러 가려고～（夕食を食べに行こうと思って～）】

『-려고は終声字の無い動詞と'ㄹ'終声字で終わる動詞の後に，-으려고は'ㄹ'以外の終声字のある動詞の後に用いられる』

例 가려고，살려고（살다），먹으려고

語尾　連結語尾

縮約　-려

類義　-고자，-러

全体参考　1. '-려고'節の主体と文全体の主体は同一である。2. '-려고 하다／들다'の形で用いられることもある。3. '-ㄹ려고／-ㄹ려구'は誤り。例 열심히 공부할려고（×）／공부할려구（×）한다。4. '-러'のアドバイス（p.420）を参照。

1. これからある行動をしようとする主体の意図を表わす。'～するために

(-기 위하여)'の意味。

例 ▪ 저녁을 먹으러 가**려고** 시내 버스를 탔다. (夕食を食べに行こうと思って市内バスに乗った。)

　▪ 유미 씨한테 주**려고** 꽃을 샀어요. (ユミさんにあげようと思って花を買いました。)

　▪ 내일부터는 다시 학교에 가**려고** 해요. (明日からはまた学校に行こうと思います。)

　▪ 남대문 시장에 가서 옷을 사**려고** 해요. (南大門市場に行って服を買おうと思います。)

2. 〔'-려고 하다'の形で用いられ〕これからそんなことが起こりそうであることを表わす。

例 ▪ 벌써 꽃이 피**려고** 하네. (もう花が咲こうとしているね。)

　▪ 비가 오**려고** 해. (雨が降りそうだよ。)

　▪ 곧 해가 뜨**려고** 한다. (もうすぐ日が昇ろうとしている。)

　▪ 기차가 막 출발하**려고** 한다. (汽車がちょうど出発しようとしている。)

-려고 들다

【뭐든지 자기가 하려고 든다. (何でも自分でやろうとする。)】

結合情報 ☞ -려고²

慣用句

関連語 -고 들다, -기로 들다, -자고 들다

全体参考 1. '-려 들다'の形でも用いられる。例 진수는 뭐든지 자기가 하**려** 든다. (チンスは何でも自分でやろうとする。) 2. 話し手はこのような事柄について否定的に考えることを表わすときもある。

1. '前接する語句の表わす行動を努めて積極的に行おうとする'の意味。

例 ▪ 진수는 뭐든지 자기가 하**려고** 든다. (チンスは何でも自分でやろうとする。)

　▪ 박 과장님과 김 과장님은 만나기만 하면 싸우**려고** 들어요. (朴課長と金課長は会えばいつもケンカしようとします。)

　▪ 도와주지는 못하면서 오히려 방해하**려** 든다. (手伝ってくれるどころか、かえって邪魔しようとする。)

- 마이클 씨는 어디에서든 나서**려고** 들어요. (マイケルさんはどこでも出しゃばろうとします。)

-려고요 【전화를 하려고요. (電話をしようと思いまして。)】 『-려고요は終声字の無い動詞と'ㄹ'終声字で終わる動詞の後に, -으려고요は'ㄹ'以外の終声字のある動詞の後に用いられる』 [語尾] 終結語尾 [親しい間で敬意が高い] 先輩や目上の人に	[例] 가려고요, 팔려요 (팔다), 먹으려고요

[全体参考] 話し言葉に用いられる。

1. 話し手がこれからある行動をしようとすることを表わす。
   例 ▪ 전화를 하**려고요**. (電話をしようと思いまして。)
   ▪ 다른 게 아니라, 이야기 좀 하**려고요**. (実は, ちょっとお話ししようと思いまして。)
   ▪ 뭐 좀 물어 보**려고요**. (まあちょっとお尋ねしようと思いまして。)
   ▪ 대성 : 너는 어딜 가는 길이니? (テソン : 君はどこに行くところだい?)
     진수 : 약국에 좀 가**려고요**. (チンス : 薬屋にちょっと行こうと思いまして。)

2. 聞き手にどんな行動をするつもりなのか尋ねることを表わす。
   例 ▪ 어디로 가**려고요**? (どこに行くつもりですか?)
   ▪ 이번에는 외국으로 가시**려고요**? (今回は外国に行かれるんですか?)
   ▪ 벌써 그만 먹**으려고요**? (もう食事はおしまいですか?)

3. 〔疑問文の形式だが答えを要求しない形で用いられ〕まさかそんなはずはないということを強調して表わす。
   例 ▪ 설마 이 곳까지 찾아오**려고요**? (まさかここまで訪ねて来ようというんですか?)
   ▪ 이 의자의 주인이 어디 따로 있**으려고요**? (このイスの持ち主が他にいるはずはありませんよ。)

4. (尋ねる意味はなく) 事の成り行きがそうなるのではと心配することを表わす。

例
- 오늘따라 손님이 저렇게 많이 오시는데 혼자서 어쩌시**려고요**？（今日に限ってお客さんがあんなにたくさんいらっしゃるのに，お一人でどうなさろうっていうんですか？）
  - 그렇게 함부로 말하다가 남이 들으면 어쩌**려고요**？（そんなに言いたい放題話していて，他の人に聞かれたらどうするつもりですか？）
  - 남에게 그 죄를 씌워서 어쩌**려고요**？（他人にその罪をなすりつけて，どうしようっていうんですか？）

-려고 하다 【백화점에 가려고 해요.（デパートに行こうと思います。）】 結合情報 ☞ -려고²

慣用句

1. 〔主体は話し手で，その行動を示し〕これからそのようにしようとする話し手の意志を表わす。

例
- 옷을 사러 백화점에 가**려고 해요**．（服を買いにデパートに行こうと思います。）
  - 한국말 공부를 열심히 하**려고 합니다**．（韓国語の勉強を一所懸命やろうと思います。）
  - 졸업하면 한국말 선생님이 되**려고 한다**．（卒業したら韓国語の先生になろうと思う。）

2. 'あることがまもなく起こりそうであること'を表わす。

例
- 비가 오**려고 해요**．（雨が降りそうです。）
  - 벌써 해가 지**려고 한다**．（もう日が沈もうとしている。）
  - 촛불이 꺼지**려고 하자** 손으로 바람을 막았다．（ろうそくの火が消えようとしたとき，手で風をさえぎった。）

-려면¹ 【수업이 끝나려면~ (授業が終わるまでは~)】

『-려면は終声字の無い動詞と 'ㄹ' 終声字で終わる動詞の後に, -으려면は 'ㄹ' 以外の終声字のある動詞の後に用いられる』

[語尾] 連結語尾

[例] 가려면, 살려면 (살다), 먹으려면

1. 'これからあることが起こる場合は' の意味。

例 ▪ 수업이 끝나려면 아직 멀었는데요. (授業が終わるまではまだ時間がかかりますが。)

　　▪ 물 끓으려면 잠시 기다려야 돼. (お湯が沸くまではしばらく待たないとだめだよ。)

　　▪ 옛날에는 아이들이 어른이 되려면 반드시 성년식을 거쳐야 했다. (昔は子供たちが大人になるには必ず成人式を済まさなければならなかった。)

-려면² 【옷을 사려면~ (服をお求めでしたら~)】

『-려면は終声字の無い動詞と 'ㄹ' 終声字で終わる動詞の後に, -으려면は 'ㄹ' 以外の終声字のある動詞の後に用いられる』

縮約形(連結の機能)

[例] 가려면, 살려면 (살다), 먹으려면

'-려고 하면' の縮約形

[関連語] -려거든

[全体参考] '-ㄹ라면', '-ㄹ려면', '-ㄹ래면'(×) [例] 갈라면(×)／갈려면(×)／갈래면(×) 지금 가야지.

1. 主体が意図する内容を条件とし, '何々しようとすれば' という意味を表わす。

例 ▪ 남자 옷을 사려면 4층으로 가세요. (紳士服をお求めでしたら, 4階へお回り下さい。)

　　▪ 버스를 타려면 잔돈이 있어야 돼. (バスに乗るには, 小銭が必要だよ。)

　　▪ 모르는 것을 알려면 누구한테든지 바로 바로 물어보는 게 좋아요. (分からないことを理解しようと思ったら, 誰にでもその場ですぐ尋ねた方が良いですよ。)

-려면 멀었다 【운전에 익숙해지려면 아직도 멀었습니다. (運転に慣れるまではまだ時間がかかります。)】

結合情報 ☞ -려면¹

慣用句

全体参考 1. しばしば '아직(도)(まだ)' と共に用いられる。2. '-기엔 멀었다' の形でも用いられる。例 어른이 되기엔 아직 멀었어요. (大人になるにはまだまだです。)

1. 'あることが完成したり目標の状態に到達したりするまでにはまだ至っていない' の意味。

例 ▪ 운전에 익숙해지려면 아직도 멀었습니다. (運転に慣れるまではまだ時間がかかります。)

 ▪ 부모님 마음을 이해하려면 아직 먼 것 같습니다. (親の気持ちを理解するにはまだほど遠いようです。)

 ▪ 한국말을 잘 하려면 아직 멀었죠? (韓国語が上手になるにはまだまだでしょう?)

-려 하다 【기침이 나오려 해서 혼났어. (咳が出そうで大変だったよ。)】

結合情報 ☞ -려

慣用句

1. 〔動詞に用いられ〕'これからあることがまもなく起こりそうだ' という意味を表わす。

例 ▪ 기침이 나오려 해서 혼났어. (咳が出そうで大変だったよ。)

 ▪ 벌써 꽃이 피려 하는구나. (もう花が咲こうとしているなあ。)

2. 〔動詞に用いられ〕これからそのようにしようとする主体の意志を表わす。

例 ▪ 진수는 뭐든지 유미에게 주려 한다. (チンスは何でもユミにあげようとする。)

 ▪ 보약을 먹으려 해서 먹은 게 아니고 엄마가 권해서 먹게 됐어. (補薬 (気力回復のために飲む漢方薬のこと) が飲みたくて飲んだわけじゃなくて、お母さんに勧められて飲むようになったんだよ。)

- 좋은 자리에만 취직을 하려 해서 자리가 없는 거야. (良い職にばかり就こうとするから働き口が無いんだよ。)

로 【학교로 갔다. (学校に行った。)】

『로は終声字の無い語と'ㄹ'終声字で終わる語の後に，으로は'ㄹ'以外の終声字のある語の後に用いられる』

[助詞] 副詞格助詞

[例] 학교로, 서울로, 집으로

副詞語を表わす

[全体参考] '로'と'에'の比較。'에'のアドバイス 2 (p.600) を参照。

1. 方向や目標の場所を表わす

1. 〔'집 (家)', '운동장 (グラウンド)'のように一定の面積を持った場所を表わす語に付き〕何かをしに移動することを表わす。'〜を目的地として'の意味。

例 ・ 우리는 학교로 갔다. (私たちは学校に行った。)
　・ 민수는 마당으로 내려섰다. (ミンスは庭に降り立った。)
　・ 저녁에 우리집으로 와. (夕方うちに来て。)
　・ 경찰이 운전석으로 다가갔다. (警察が運転席に近づいて行った。)
　・ 김 선생이 미국으로 간 이유를 모르겠다. (金さんがアメリカに行った理由が分からない。)

[参考] 1. '가다 (行く), 내려서다 (降り立つ), 오다 (来る), 오르다 (登る), 올라가다 (登って行く)'のような動詞と共に用いられる。2. '에'に置き換えることができる。[例] 저녁에 우리집에 와. (夕方うちに来て。)

2. 〔'側', '方面'を表わす語に付き〕行動や状態の方向を表わす。'〜の方に', '〜に向かって'の意味。

例 ・ 대성이는 문쪽으로 걸어갔다. (テソンはドアの方へ歩いて行った。)
　・ 진수는 이제 새로운 곳으로 떠난다. (チンスは今新たな場所へと出発する。)
　・ 우리는 골목길로 접어들었다. (私たちは路地にさしかかった。)
　・ 유미는 얼른 창쪽으로 몸을 당겼다. (ユミは素早く窓の方に身を引いた。)

> 参考 1. '떠나다 (発つ), 돌다 (回る), 향하다 (向かう), 통하다 (通じる), 가다 (行く)'のような動詞と共に用いられる。 2. '에'に置き換えることはできない。

例 ▪ 길이 안쪽**으로** 굽더니 갑자기 넓어졌다. (道が内側に曲がったかと思うと，急に広くなった。)

▪ 자세가 나빠 몸이 약간 오른쪽**으로** 휘어 있다. (姿勢が悪く, 体がやや右側に曲がっている。)

▪ 할머니의 등허리가 앞**으로** 굽어 있다. (おばあさんは腰が曲がり, 前かがみになっている。)

> 参考 '굽다 (曲がる), 휘다 (曲がる)' 等と共に用いられる。

3. 一定の地点を基準にした方向を表わす。

例 ▪ 우리 마을은 부산에서 남쪽**으로** 13 킬로미터 지점에 있다. (私たちの村は釜山から南へ 13 kmの地点にある。)

▪ 교문을 들어서면 오른쪽**으로** 학생회관이 있다. (校門を入ると右側に学生会館がある。)

▪ 마당 쪽**으로** 나무가 한 그루 있다. (庭の方に木が 1 本ある。)

> 参考 基準を表わす '〜에서', '〜를 기준으로 하여 (〜を基準にして)' のような語句はしばしば省略されることもある。

2. 行動の経路を表わす

1. 〔'길 (道)', '다리 (橋)', '문 (門)' のような語に付き〕 '〜を通って'の意味。

例 ▪ 이 곳에서는 반드시 횡단 보도**로** 건너야 한다. (ここでは必ず横断歩道を渡らなくてはならない。)

▪ 이 길**로** 가야 더 빨리 도착할 수 있어. (この道から行った方がもっと早く着けるよ。)

▪ 강에 다리를 놓아 다리**로** 건너다닌다. (川に橋を架け, 橋を渡って行き来する。)

▪ 우리는 뒷문**으로** 빠져나갔다. (私たちは裏門から抜け出た。)

> 参考 1. '걸어다니다 (歩き回る), 건너다 (渡る), 지나가다 (通り過ぎる)' 等の移動の意味を持つ動詞と共に用いられる。 2. 慣用句 '〜로 해서" (p.447)を参照。

2. 〔行動の具体的な経路を表わす語に付き〕 '〜を通過して' の意味。

例 ▪ 아파트 단지 안**으로** 셔틀버스가 다닌다. (アパート団地の中をシャトル

バスが走っている。)
- 송충이들이 이 소나무 저 소나무**로** 옮겨다닌다. (毛虫たちがあの松こ の松へと移り回る。)
- 나는 바지를 걷어올리고 물속**으로** 걸었다. (私はズボンをまくり上げて 水の中を歩いた。)
- 나는 물속**으로** 헤엄치며 다녔다. (私は水の中を泳ぎ回った。)
- 시위대열은 시청 앞 광장**으로** 지나갔다. (デモ隊の列は市庁前の広場を 通過した。)

参考 1. '다니다 (通う), 지나가다 (通り過ぎる), 날아다니다 (飛び回る)' のよう な動詞と共に用いられる。 2. '를' に置き換えることができる。

3. 仕方や有様を表わす

1. 〔行動の仕方や有様を表わす語に付き〕'〜で (〜を 가지고, 〜로써)' の意味。

例
- 계속해서 이러한 태도**로** 나오면 곤란해. (ずっとこんな態度で出られ ちゃ困るよ。)
- 대뜸 반말**로** 나오는데 고향 사투리다. (いきなりぞんざいな言い方をす るが, 故郷の方言である。)
- 그들은 엄숙한 태도**로** 김 박사를 맞았다. (彼らは厳粛な態度で金博士を 迎えた。)
- 그는 늘 웃는 얼굴**로** 사람들을 대한다. (彼は常に笑顔で人々に接する。)

参考 '나오다 (出る), 맞다 (迎える), 맞이하다 (迎える), 대하다 (接する)' の ような動詞と共に用いられる。

2. 〔衣類を表わす語に付いて用いられ〕'そのような装いで' の意味。

例
- 그들은 양복 차림**으로** 회사 정문 앞에 줄을 섰다. (彼らはスーツ姿で 会社の正門の前に並んだ。)
- 누나는 잠옷 바람**으로** 누워 있었다. (姉はパジャマ姿で寝そべっていた。)
- 유미는 언제나 청바지 차림**으로** 회사에 간다. (ユミはいつもジーンズ 姿で会社に行く。)

4. 材料や原料を表わす

1. 〔ある状態を作り上げる材料を表わす語に付き〕'～を材料として'，'～で（～를 가지고）'の意味。

例 ▪ 나무**로** 된 지팡이. （木でできた杖。）
　▪ 떡은 쌀**로** 만든다. （餅は米で作る。）
　▪ 실크**로** 만든 옷은 집에서 빨면 안 돼요. （シルクで作った服は家で洗ってはいけません。）
　▪ 하늘은 흰 구름**으로** 뒤덮여 있었다. （空は白い雲でおおわれていた。）
　▪ 나무**로** 불을 땔 때면 좋은 냄새가 난다. （木をくべると良い匂いがする。）

　参考 '다(가)'を付けてその意味を強調することもある。例 돌**로다(가)** 만든 그릇 （石で作った器）

5. 道具や手段を表わす

1. 〔道具を表わす語に付き〕'～で（～를 가지고，～로써）'の意味。

例 ▪ 그는 콧구멍을 휴지**로** 틀어막았다. （彼は鼻の穴にティッシュを詰め込んでふさいだ。）
　▪ 문을 열쇠**로** 잠갔다. （戸を鍵で閉めた。）
　▪ 낙서를 지우개**로** 지워 버렸다. （落書きを消しゴムで消した。）
　▪ 배추를 칼**로** 썰었다. （白菜を包丁で刻んだ。）
　▪ 볼펜**으로** 쓰세요. （ボールペンで書いて下さい。）

　関連語 로다，로다가，로써
　参考 '다(가)'を付けてその意味を強調することもある。例 망치**로다(가)** 못을 쳤다. （ハンマーで釘を打った。）
　訳注 '에'との比較については'에'のアドバイス3（p.601）を参照。

2. 〔具体的な運送の手段を表わす語に付き〕'～を利用して'，'～で（～를 가지고）'の意味。

例 ▪ 지하철**로** 동대문 운동장까지 가요. （地下鉄で東大門運動場まで行きます。）
　▪ 제 차**로** 같이 가시죠？ （私の車で一緒に行きましょう。）
　▪ 난 택시**로** 갈 거야. （私はタクシーで行くよ。）

　関連語 로써

로 433

6. 変化を表わす

1. 〔変化してできあがった対象を表わす語に付き〕'〜となるように（〜가 되도록／되게）'の意味。

例 ▪ 올챙이가 개구리**로** 되었다. (おたまじゃくしがカエルになった。)
　▪ 물이 수증기**로** 변한다. (水が水蒸気に変わる。)
　▪ 담배가 연기**로** 변해요? (タバコが煙に変わりますか？)
　▪ 우리 회사를 주식회사**로** 바꾸었다. (私たちの会社を株式会社に変えた。)

　[参考] 1. '변하다 (変わる), 바꾸다 (変える), 바뀌다 (変わる)' 等の '変化' の意味を持つ動詞と共に用いられる。2. '〜에서 〜으로' の形で用いられる。'〜에서' は省略されることもあるが, 何が省略されたか推測することができる。[例] 고체에서 기체**로** 변하는 모습 (固体から気体に変わる様子)

7. 資格，身分，名声を表わす

1. 〔身分，地位，資格を表わす語に付き〕'〜の身分／地位／資格をもって'の意味。

例 ▪ 나는 농부의 아들**로** 태어났다. (私は農夫の息子として生まれた。)
　▪ 그는 그 아가씨를 아내**로** 삼았다. (彼はその娘を妻にした。)
　▪ 최 씨는 나를 형님**으로** 받든다. (崔さんは私を兄として慕ってくれる。)
　▪ 나는 한국인**으로** 행세했어요. (私は韓国人に成り済ましました。)
　▪ 우리 삼촌은 한국 대표 선수**로** 활약하고 있다. (うちの叔父 (父の兄弟) は韓国代表選手として活躍している。)

　[関連語] 로서

　[参考] '삼다 (〜にする), 태어나다 (生まれる), 받들다 (敬う), 행세하다 (成り済ます), 부르다 (呼ぶ), 칭하다 (称する)' のような動詞と共に用いられる。

2. 〔名声を表わす語に付き〕'〜と知られていて'の意味。

例 ▪ 김 선생은 우리 사이에서 돼지**로** 통한다. (金さんはぼくらの間でブタで通っている。)
　▪ 원래 그 사람은 구두쇠**로** 소문난 사람이야. (もともとあの人はケチで評判の人だよ。)
　▪ 이 곳은 옛날부터 아름다운 고장**으로** 이름나 있는 곳이야. (ここは昔から美しい地方として名の知られている所だよ。)
　▪ 파리는 에펠탑**으로** 유명하다. (パリはエッフェル塔で有名だ。)

- 마이클은 책벌레**로** 유명하다. (マイケルは本の虫として有名だ。)

参考 '통하다 (通っている), 소문나다 (評判だ), 명성을 높이다／얻다 (名声を高める／得る), 유명하다 (有名だ), 이름나다 (名が知られる)' 等と共に用いられる。

3. 〔名称を表わす語に付き〕'〜と (〜이라고)' の意味。

例
- 저도 당신을 형님**으로** 부르겠습니다. (私もあなたをお兄さんとお呼びします。)
- 태조는 국호를 고려**로** 칭했다. (太祖は国号を高麗と称した。)

関連語 로서

参考 '부르다 (呼ぶ), 칭하다 (称する)' のような動詞と共に用いられる。

8. 判断を表わす

1. 〔判断の結果を表わす語に付き〕'〜であると', '〜の資格と見なして' の意味。

例
- 나는 그의 말을 진담**으로** 알아들었다. (私は彼の話を本当の話として受け取った。)
- 김진수 씨가 이번 사건의 범인**으로** 밝혀졌다. (キム・ジンス氏が今回の事件の犯人であることが明らかになった。)
- 가장 훌륭한 어머니**로** 존경 받는 사람은 신사임당이다. (最も立派な母親として尊敬されている人は申師任堂(師任堂は号, 李朝中期の書画家で, 儒学者・李栗谷の母)である。)
- 어머니는 그를 나의 신랑감**으로** 생각해 두셨다. (母は彼を私の夫にふさわしい人と考えていた。)

参考 '밝혀지다 (明らかになる), 치다 (見なす), 손꼽다 (屈指だ)' のような動詞と共に用いられる。

2. 〔そのようだと判断される対象を表わす語に付き〕'〜であると' の意味。

例
- 인삼은 한국 것을 최고**로** 친다. (高麗人参は韓国産を最高のものと認める。)
- 몸이 떨리는 것**으로** 보아 많이 아픈가 보다. (体が震えるところからして, とても具合が悪いようだ。)
- 아이를 독립된 인격체**로** 생각해 주어야 해요. (子供を独立した人格を持った個人として考えてあげなくてはいけません。)

参考 '치다 (見なす), 생각하다 (考える), 여기다 (思う), 보다 (見なす)' のように判断を意味する動詞と共に用いられる。

9. 形を表わす

1. 〔形を表わす語に付き〕'〜のように（〜처럼）' の意味。

例 ▪ 진수 씨는 씨름 선수**로** 생긴 몸집에 목소리도 아주 컸다. (チンスさんは相撲選手のような体格のうえに，声もとても大きかった。)

　　▪ 김 선생님은 상자 모양**으로** 생긴 가방에서 안경을 꺼냈다. (金先生は箱の形をしたカバンからめがねを取り出した。)

参考 '생기다 ((形などが) 〜である，〜のように見える)' のような動詞と共に用いられる。

10. 原因や理由を表わす

1. 〔'原因，理由，根拠' にあたる語に付き〕'〜が原因となり' の意味。

例 ▪ 감기**로** 발생한 폐렴. (風邪から来た肺炎。)

　　▪ 부부싸움은 늘 하찮은 일**로** 생긴다. (夫婦げんかはいつも取るに足りないことから起こる。)

　　▪ 무슨 일**로** 그다지 걱정이 많으십니까？ (何のことでそんなにご心配が多いのですか？)

　　▪ 시골길을 달려온 탓**으로** 유미는 온통 먼지를 뒤집어썼다. (田舎道を走って来たせいで，ユミはすっかりほこりまみれだった。)

　　▪ 선생님 덕택**으로** 이 논문을 쓸 수 있었습니다. (先生のおかげでこの論文を書くことができました。)

参考 〔〜로 인하여／인해／인해서 (〜に因り)〕〔〜로 말미암아 (〜に基づき)〕〔〜로 하여 (〜により)〕の形でよく用いられるが '인하여'，'말미암아' 等は省略されることもある。

訳注 '에' との比較については '에' のアドバイス 4 (p.601) を参照。

2. 〔'생각 (考え)'，'마음 (気持ち) のように行動の動機を表わす語に付き〕'〜するつもりで' の意味。

例 ▪ 밥을 사 먹을 생각**으로** 나오긴 했는데 마땅히 먹고 싶은 게 없네. (外食するつもりで出ては来たけど，これといって食べたいものが無いね。)

　　▪ 그는 이를 악물고 독한 마음**으로** 참았다. (彼は歯を食いしばり，不屈の精神で耐えた。)

[類義] 에서

11. 選択を表わす

1. 〔選択される対象であることを表わす語に付き〕'~を（選んで）'の意味。

例 ▪ 나는 우리 학교 대표**로** 뽑혀 태권도 대회에 나갔다. （私はうちの学校の代表に選ばれてテコンドー大会に出た。）

　▪ 아기한테는 연하고 부드러운 것**으로** 줘야 한다. （赤ちゃんには軟らかくて感触の良いものを与えなければならない。）

　▪ 아기 이름을 뭘**로** 정했어？ （赤ちゃんの名前を何に決めたの？）

[参考] '고르다（選ぶ）, 선택하다（選択する）, 뽑다（選び抜く）'のような動詞と共に用いられる。

例 ▪ 이걸**로** 주세요. （（いくつかあるもののうちから一つ選んで）これを下さい。）

　▪ 전 물냉면**으로** 하겠어요. （私は水冷麺にします。）

　▪ 저도 같은 걸**로** 주세요. （私にも同じものを下さい。）

　▪ 비지니스 클래스**로** 예약하겠어요. （ビジネスクラスを予約します。）

[参考] しばしば話し言葉で用いられる例である。

12. 時間を表わす

1. 〔行動が継続的に行われる時間を表わす語に付き〕'そのようなときに'の意味。

例 ▪ 어부들이 밤**으로** 배를 타고 나가 고기를 잡는다. （漁師たちは夜に船に乗って出かけ, 魚を獲る。）

　▪ 봄・가을**로** 포도를 재배하고 수확한다. （春と秋にブドウを栽培して収穫する。）

　▪ 아침저녁**으로**는 벌써 쌀쌀해졌다. （朝夕にはもう肌寒くなった。）

[類義] 에

2. 〔時間を表わす語に付き〕'~まで含めて言えば'の意味。

例 ▪ 그는 오늘**로** 마지막 근무라고 한다. （彼は今日で最後の勤務だそうだ。）

　▪ 우리 모임은 오는 12일**로** 30돌을 맞는다. （私たちの集まりは来る12日で30周年を迎える。）

　▪ 올해**로** 고생은 끝이다. （今年で苦労は終わりだ。）

- 오늘**로** 벌써 엿새째나 붙잡고 있건만 겨우 반도 못 끝냈다．（今日でもう６日間も取り組んでいるが，ほんの半分も終えられなかった。）

  関連語 로써

  参考 動作や状況の始まりや終わりを表わす語と共に用いられる。

3. 〔時間を表わす一部の語に付き〕'～から（～부터）'，'～を起点として'の意味。

例 - 그 이후**로** 빌려간 사람이 없어요．（その後から借りて行った人はいません。）
  - 춘향전은 조선 후기 이래**로** 서민들에게 가장 많이 읽힌 소설이다．（春香伝は朝鮮後期以来，庶民たちに最も多く読まれた小説である。）
  - 누님은 남편이 죽은 후**로** 아이들을 혼자 키웠다．（お姉さんは夫が亡くなってから子供たちを一人で育てた。）

  関連語 로부터

13. 説明を表わす

1. 〔説明または提示する語で〕'～であって（～인 바）'，'～だが（～인데）'の意味。

例 - 이 술은 가장 오래된 술의 하나**로**，그 맛이 일품이다．（この酒は最も古い酒の一つで，その味は逸品だ。）
  - '춘향전'은 판소리 열두 마당 중의 하나**로**，줄거리는 다음과 같다．（「春香伝」はパンソリ十二場中の一つで，あらすじは次の通りである。）

  参考 1. 主に文頭で '～는 ～로' の文型で多く用いられる。 2. '로서' に置き換えることができる。

14. 強調を表わす

全体参考 強調を表わす '로' は省略することができる。

1. 〔時間や順序を表わす語に付き〕その時間や順序を強調する。

例 - 그는 점차**로** 자포자기적인 상태에 빠져들었다．（彼は次第に自暴自棄な状態に陥った。）
  - 시시각각**으로** 날씨가 변했다．（刻々と天気が変わった。）
  - 차차**로** 적응하겠지．（そのうちに慣れるだろうさ。）

  参考 '時間' を表わす語と共に用いられる。

例 ▪ 첫째로 손을 깨끗이 씻어야 한다.（最初に手をきれいに洗わなくてはならない。）

▪ 둘째로 일찍 자야 한다.（二番目に早めに寝なくてはならない。）

参考 '順序'を表わす語と共に用いられる。

2.〔仕方や有様等を表わす語に付き〕その仕方や有様等を強調する。

例 ▪ 너 진짜로 그럴래？（お前，本当にそうする気なの？）

▪ 그는 다짜고짜로 나를 끌어안았다.（彼はいきなり私を抱きしめた。）

▪ 유미가 피자를 통째로 다 먹어 버렸다.（ユミがピザを丸ごとすっかり食べてしまった。）

▪ 그것은 참으로 어처구니없는 일이었다.（それは本当にとんでもないことだった。）

로까지

【이혼 문제로까지 번졌다.（離婚問題にまで広がった。）】

『로까지は終声字の無い語と'ㄹ'終声字で終わる語の後に，으로까지は'ㄹ'以外の終声字のある語の後に用いられる』

助詞　로 ＋ 까지

例 이혼 문제로까지，수술로까지，병으로까지

'로'と'까지'が結合した語

全体参考 '까지'を用いると'로'だけを用いたときよりも状況が悪くなったり極端になったりする感じを表わす。

1. ある事柄が極端な状況に至るようになったことを表わす。'そのような状況に至るほどに'の意味。

例 ▪ 사소한 말다툼이 이혼 문제로까지 번졌다.（ささいな口げんかが離婚問題にまで広がった。）

▪ 스트레스가 쌓이면 병으로까지 되지요.（ストレスがたまると病気にまで至りますよ。）

로는

【듣기**로는** 괜찮다고 합니다. (聞くところでは，大丈夫だそうです。)】

『**로는**は終声字の無い語と'ㄹ'終声字で終わる語の後に，**으로는**は'ㄹ'以外の終声字のある語の後に用いられる』

[助詞] 補助詞

例 보기**로는**, 말**로는**, 말씀**으로는**

[全体参考] '론'と縮約して用いられることもある。

1. 〔'-기로는'の形で，判断やそのような根拠を表わす語に付き〕'~するところでは'の意味。

例 ▪ 듣기**로는** 괜찮다고 합니다. (聞くところでは，大丈夫だそうです。)
   ▪ 내가 알기**로는** 그 곳은 물가가 비싸다고 합니다. (私の知るところでは，そこは物価が高いそうです。)

2. 〔'말 (言葉)'，'말씀 (お言葉)'，'얘기 (話)'のような名詞に付き，そのように判断する根拠を表わし〕'~に照らしてみると'の意味で用いられる。

例 ▪ 들리는 말**로는** 유미가 내년에 이민 간대요. (耳にした話では，ユミが来年移民するんですって。)

3. '先行する語句に該当することであれば'の意味。

例 ▪ 부지런하기**로는** 우리 반에서 대성이를 따를 사람이 없을 것이다. (勤勉なことでは私たちのクラスでテソンの右に出る人はいないだろう。)

[助詞] 로+는

'名詞+로'に補助詞'는'が付いて用いられた形

[全体参考] '론'と縮約して用いられることもある。

1. 方向や方法等を表わす'名詞+로'に対照を表わす補助詞'는'が付いて用いられたものである。

例 ▪ 내 수입**으로는** 서울에서 집을 살 수가 없다. (私の収入ではソウルに家を買うことができない。)

로다

【막대기**로다** 모래사장 위에 하트를 그렸다. (棒切れで砂浜の上にハートを描いた。)】

『**로다**は終声字の無い語と'ㄹ'終声字で終わる語の後に，**으로다**は'ㄹ'以外の終声字のある語の後に用いられる』

[助詞] 副詞格助詞

例 방패**로다**, 칼**로다**, 창**으로다**

副詞語を表わす

[原形] 로다가

[関連語] 로

1. '로다가'の縮約語。☞ 로다가 (p.440)

例 ▪ 막대기**로다** 모래사장 위에 하트를 그렸다. (棒切れで砂浜の上にハートを描いた。)

로다가

【지우개**로다가** 지워 버렸다. (消しゴムで消し去った。)】

『**로다가**は終声字の無い語と'ㄹ'終声字で終わる語の後に，**으로다가**は'ㄹ'以外の終声字のある語の後に用いられる』

[助詞] 副詞格助詞

例 방패**로다가**, 칼**로다가**, 창**으로다가**

副詞語を表わす

[縮約] 로다

[関連語] 로

[全体参考] 1. 話し言葉に用いられる。 2. 主に'道具, 方法, 材料'と'理由, 原因'の意味を表わす'로'に'다가'が付いて用いられる。

1. 道具, 手段, 方法を表わす

1. 〔道具を表わす語に付き〕'そのような手段をとって'の意味。

例 ▪ 지우개**로다가** 지워 버렸다. (消しゴムで消し去った。)
   ▪ 가방**으로다가** 모기를 내리쳤다. (カバンで蚊を叩きつぶした。)

[関連語] 에다가

2. 〔ある行為を行うときに要求されるものを表わす語に付き〕'〜を材料として'の意味。

例 ▪ 강철**로다가** 기계를 만들었다. (鋼鉄で機械を作った。)

- 이 공장에서는 카바이트**로다가** 천을 짭니다. (この工場ではカーバイトで布材を作り出します。)

2. 原因や理由を表わす

1. '〜のために (〜때문에)' の意味を強調することを表わす。
- 도로교통법 위반**으로다가** 딱지를 뗴였다. (道路交通法違反で切符を切られた。)
- 그 사람이 간첩 혐의**로다가** 붙들렸단다. (あの人がスパイ容疑で捕まったんだって。)

로라야 【칼로라야 베어지지〜 (ナイフでないと切れないな〜)】

『로라야は終声字の無い語と 'ㄹ' 終声字で終わる語の後に, 으로라야は 'ㄹ' 以外の終声字のある語の後に用いられる』

[助詞] 로 + 라야

例 방패**로라야**, 칼**로라야**, 창**으로라야**

副詞語を表わす

1. 〔道具を表わす語に付き〕'〜をもってして初めて' の意味。
- 칼**로라야** 베어지지 안 그러면 어림도 없어. (ナイフでないと切れないな。そうでなきゃ到底無理だよ。)

2. 〔方法や仕方を表わす語に付き〕'まさに〜でこそ' の意味。
- 아니 단연코 그 반대**로라야** 한다. (いや断固として, その反対でなければならない。)

〜로 말미암아 【산업화로 말미암아〜 (産業化によって〜)】

結合情報 ☞ 로

慣用句

1. 原因や契機となる対象を表わす。
- 산업화**로 말미암아** 도시가 거대해졌다. (産業化によって都市が巨大になった。)
- 그는 여러 가지 일**로 말미암아** 사표를 냈다. (彼は様々な事情によって辞表を出した。)

로부터

【가지**로부터** 떨어진다.（枝から落ちる。）】

『**로부터**は終声字の無い語と'ㄹ'終声字で終わる語の後に，**으로부터**は'ㄹ'以外の終声字のある語の後に用いられる』

[助詞] 副詞格助詞

例 위**로부터**，하늘**로부터**，땅**으로부터**

副詞語を表わす

1. 〔事柄が始まる場所を表わす語に付き〕'～から（～에서）'の意味。

例・나뭇잎이 가지**로부터** 떨어진다.（木の葉が枝から落ちる。）
　・로마는 각지**로부터** 관광객이 많이 온다.（ローマは各地から観光客がたくさん来る。）

[関連語] 에서부터

2. 〔出どころを表わす語に付き〕'～から（～에게서，～한테서）'の意味。

例・내일 소풍을 간다는 말을 친구**로부터** 들었을 뿐 어디로 가는지는 몰라요.（明日遠足に行くという話を友達から聞いただけで，どこに行くかは知りません。）
　・가정교사**로부터** 불어를 배운다.（家庭教師からフランス語を習う。）

3. 〔行為を行う人を表わす語に付き〕'～から（～에게서，～한테서）'の意味。

例・경찰**로부터** 여러 가지 질문을 받았다.（警察からいろいろな質問をされた。）
　・삼촌**으로부터** 초청을 받아 미국으로 갑니다.（（ビザを申請するとき等の表現として）叔父（父の兄弟）から招請を受けてアメリカに行きます。）

[参考] '받다（受ける），당하다（こうむる）'等と共に用いられる。

[助詞] '～**로부터** ～'の形で用いられる

1. 〔始める時間を表わす語に付き〕'～を始まりとして'，'～を数えるときの最初の基準として'の意味。

例・지금**으로부터** 삼 개월 전，비가 오는 날이었다.（今から3ヵ月前，雨の降る日だった。）
　・그가 말한 때**로부터** 이미 반 세기의 세월이 더 흘러갔다.（彼が話したときから，はや半世紀の歳月がさらに流れ去った。）

参考 1. '지금으로부터 3개월 전（今から3カ月前）'のように区切られる時間を表わす語と共に用いられる。 2. '지금부터（今から）'のように'으로'を伴わずに用いられることもある。

2. 〔ある事柄の範囲が広がり始める地点を表わす語に付き〕'～から始め'の意味。

例 ・어린이**로부터** 노인에 이르기까지 열심히 돌과 흙을 날라다 둑을 쌓았다．（子供から老人に至るまで，一所懸命に石と土を運んで堤防を築いた。）
 ・환경 보호 운동은 작게는 가정**으로부터** 크게는 국가에서까지 함께 해야 한다．（環境保護運動は小さな所では家庭から，大きな所では国家においてまで共に行わなければならない。）

参考 主に〔～로부터 ～에 이르기까지〕の形で用いられ，出来事や事柄の範囲全体を表わす。

로서

【친구**로서** 말한 거다．（友達として話したのだ。）】

『**로서**は終声字の無い語と'ㄹ'終声字で終わる語の後に，**으로서**は'ㄹ'以外の終声字のある語の後に用いられる』

[助詞] 副詞格助詞

例 아내**로서**, 딸**로서**, 남편**으로서**

副詞語を表わす

関連語 로

1. 〔人を表わす語に付き〕'～の資格で'の意味。

例 ・그 얘기는 아내**로서**가 아니라 친구**로서** 말한 거다．（その話は妻としてではなく，友達として話したのだ。）
 ・부모**로서** 의무를 다하여야 한다．（親として義務を果たさなくてはならない。）
 ・내가 학교 대표**로서** 방송국에 간 일이 있었다．（私は学校の代表として放送局に行ったことがある。）

参考 '로'に置き換えることができる場合とできない場合とがある。

2. 〔事柄や対象を表わす名詞の後に用いられ〕'～の地位や資格で'の意味。

例 ・드디어 우리도 전문가**로서** 승인을 받았다．（ついに私たちも専門家として承認された。）

- 남대문 시장은 우리 나라의 명물**로서** 최근 들어 더욱 큰 인기를 얻고 있다. (南大門市場は我が国の名物として，最近になっていっそう大人気を得ている。)

3. 〔人を表わす語に付き〕'〜の立場から見るとき'の意味。

例 ■ 외국인인 저**로서**는 이웃 사람들의 도움이 고마울 뿐이에요. (外国人の私としては，近所の人たちの助けがありがたいばかりです。)

- 축구 팬의 한 사람**으로서** 월드컵 경기가 기다려진다. (サッカーファンの一人として，ワールドカップが待ち遠しい。)

|参考| 1. '로'에 置き換えることはできない。 2. '로서는, 로서야'の形でも用いられる。

4. 〔時間を表わす語に付き〕'〜の成り行きから見るとき'の意味。

例 ■ 현재**로서** 에이즈는 완전히 치료되기는 어렵다고 한다. (現在のところエイズは完全には治療しにくいそうだ。)

アドバイス

'로서'の用法：

'로서'は補助詞'는, 도, 야'等の助詞と共に'로서는, 로서도, 로서야'等の形でも用いられる。

例1：학생인 저**로서는** 일자리 구하는 게 어려워요. (学生の私としては職を探すのが大変です。)

　　　에이즈는 현재**로서도** 완치가 불가능하다. (エイズは現在であっても完治が不可能だ。)

　　　나**로서야** 네가 와 주면 좋지. (ぼくの方こそ君が来てくれたらうれしいよ。)

로써

【이메일**로써** 친구들과 안부를 주고받아요. (Eメールで友達と近況を伝え合います。)】

『**로써**는 終声字の無い語と'ㄹ'終声字で終わる語の後に, **으로써**는'ㄹ'以外の終声字のある語の後に用いられる』

[助詞] 副詞格助詞

例 전화**로써**, 글**로써**, 운동**으로써**

副詞語を表わす

[関連語] 로

1. 〔道具や手段を表わす語に付き〕'〜をもって (〜를 가지고)', '〜によって (〜에 의하여)'の意味。

例 ▪ 유학을 간 유미는 이메일**로써** 친구들과 안부를 주고받아요. (留学に行ったユミはEメールで友達と近況を伝え合います。)

▪ 인간은 언어**로써** 생각을 한다. (人間は言葉で考える。)

例 ▪ 미안하다는 말**로써** 화가 풀린다면 얼마나 좋겠니? (ごめんという言葉で怒りが収まるなら, どれほど良いかしら?)

▪ 운동**으로써** 살을 빼야지 굶어서 빼면 안 된다. (運動でやせなくちゃ。食べないでやせるのは良くないよ。)

▪ 국민은 투표**로써** 자신의 의견을 표시한다. (国民は投票で自分の意見を表示する。)

2. 〔根拠を表わす語に付き〕'〜に基づいて'の意味。

例 ▪ 그가 날 얼마나 사랑하는지는 이 사실**로써** 알 수 있다. (彼が私をどれほど愛しているかは, この事実で知ることができる。)

▪ 그것은 그가 이 시간에 여기에 왔다는 사실**로써** 충분히 증명되었다. (それは彼がこの時間にここに来たという事実で十分に証明された。)

3. 〔文頭で'이로써', '이것으로써', '이상으로써'等の形で用いられ〕'これまで述べた内容や起きたことを最後として'の意味。

例 ▪ 이것**으로써** 결혼식을 모두 마치겠습니다. (これをもちまして, 結婚式をお開きにしたいと思います。)

▪ 이상**으로써** 제 발표는 모두 끝났습니다. (以上をもちまして, 私の発表は全て終了いたしました。)

～로써

[助詞] '～로써 ～'の形で用いられる

[関連語] 로

[全体参考] '오늘로써 12일째 (今日で12日目)'のように区切られる時間を表わす語と共に用いられる。

1. 〔時間を表わす語に付き〕時間の終了点を表わす。

例
- 우리는 오늘**로써** 열흘째 휴가를 즐기고 있다. (私たちは今日で10日目の休暇を楽しんでいる。)
  - 수업은 오늘**로써** 끝을 맺겠습니다. (授業は今日でおしまいです。)
  - 바로 올해**로써** 30년이 되었습니다. (ちょうど今年で30年になりました。)

～로 인하여 【그 일로 인하여～ (そのことによって～)】

慣用句

[結合情報] ☞ 로

[全体参考] '～로 인해／인해서／인한'の形でも用いられる。2. '인하여'を省き, '로'だけでも用いられる。例 그 일로 소영이는 많은 어려움을 겪었다. (そのことでソヨンは多くの困難を味わった。)／이번 지진으로 많은 피해를 입었다. (今回の地震で多くの被害を被った。)

1. 原因となる対象を表わす。

例
- 그 일**로 인하여** 소영이는 많은 어려움을 겪었다. (そのことによってソヨンは多くの困難を味わった。)
  - 이번 지진**으로 인해서** 많은 피해를 입었다. (今回の地震によって多くの被害を被った。)
  - 엔화 강세**로 인해** 수출에 어려움을 겪고 있다. (円高により輸出が困難になっている。)
  - 운전자의 부주의**로 인한** 교통사고. (ドライバーの不注意による交通事故。)
  - 처음에는 고혈압**으로 인한** 두통이 아닌가 했어요. (初めは高血圧による頭痛ではないかと思いました。)

~로 해서¹ 【어디로 해서~ (どこを通って~)】

慣用句

結合情報 ☞ 로

[全体参考] 1. 場所を表わす名詞と共に用いられる。 2. '가다 (行く) /오다 (来る)' と共に用いられる。

1. 'ある所を通って'の意味。

例 ▪ 어디로 해서 갈까요? (どこを通って行きましょうか?)
- 시청앞으로 해서 갈 생각이에요. (市庁前を通って行くつもりです。)
- 부산으로 해서 제주도에 왔어요. (釜山を経由して済州島に来ました。)

~로 해서² 【이 일로 해서~ (このことによって~)】

慣用句

結合情報 ☞ 로

1. '~が原因や理由となって'の意味。

例 ▪ 어쨌든 이 일로 해서 회사 전체가 힘들어졌어요. (ともかくこのことによって会社全体が大変になりました。)
- 그 일로 해서 그도 정신 차렸을 거예요. (そのことによって彼も目が覚めたと思います。)
- 비만으로 해서 생기는 여러 질병들. (肥満によって生ずる様々な疾病。)

를 【구두를 샀어요. (靴を買いました。)】

『를は終声字の無い語の後に、을は終声字のある語の後に用いられる。를は話し言葉でしばしばㄹと縮約して用いられる』

[助詞] 目的格助詞

例 구두를, 가방을, 연필을, 날 (나를), 널 (너를)
目的語を表わす

1. 動作の影響が直接及ぶ対象を表わす。

例 ▪ 엄마가 구두를 샀어요. (お母さんが靴を買いました。)
- 우리는 영화를 봤다. (私たちは映画を見た。)
- 다방에서 커피를 마셨어요. (喫茶店でコーヒーを飲みました。)

- 밀가루로 수제비를 만들어 먹었다. (小麦粉ですいとんを作って食べた。)
- 나는 식구들에게 편지를 썼다. (私は家族らに手紙を書いた。)

  参考 '사다 (買う), 먹다 (食べる), 보다 (見る), 만들다 (作る), 쓰다 (書く, 使う), 부르다 (呼ぶ)' のように動作の性質が具体的な動詞と共に用いられる。

2. ある行為を受ける身体の一部を表わす。

例
- 그 부인은 고개를 힘차게 끄덕였다. (その夫人は首を強く縦に振った。)
  - 옥녀는 머리를 끄덕였다. (オンニョはうなずいた。)
  - 나는 눈을 감았다. (私は目をつぶった。)
  - 그는 눈물을 흘렸다. (彼は涙を流した。)
  - 나는 숨을 크게 들이켰다. (私は息を大きく吸い込んだ。)

3. 願うことを意味する動詞の対象を表わす。

例
- 나는 소설가로의 성공을 희망했다. (私は小説家としての成功を望んだ。)
  - 그 눈빛은 구원을 바라는 간절한 눈빛이었다. (その目つきは救いを求める切実な目つきだった。)
  - 아들의 건강을 빌었다. (息子の健康を祈った。)

  参考 '바라다 (願う), 빌다 (祈る), 기대하다 (期待する)' のような動詞と共に用いられる。

4. 感じたり知ったりするように, 人の内面的な行動を意味する動詞の対象を表わす。

例
- 나는 추위를 느꼈다. (私は寒さを感じた。)
  - 인간은 세계를 알기 전에 먼저 가정을 안다. (人間は世界を知る前にまず家庭を知る。)
  - 하느님을 두려워할 줄 알아야 한다. (神を恐れることを知らねばならない。)
  - 나는 그 날의 감격을 잊을 수 없다. (私はその日の感激を忘れることができない。)
  - 그는 수많은 고통을 겪었다. (彼は幾多の苦痛を経験した。)

  参考 '잊다 (忘れる), 알다 (知る), 느끼다 (感じる)' のような動詞と共に用いられる。

5. 相互的な行為を意味する動詞の一方の対象や, 状態を意味する動詞の対象を表わす。

例 ▪ 철이가 순이를 만났다. (チョリがスニに会った。)
　▪ 그는 그녀를 좋아하는 것 같다. (彼は彼女のことが好きなようだ。)
　▪ 아기는 아빠를 많이 닮았다. (赤ん坊はお父さんにとても似ている。)
　▪ 영하는 엄마보다 아빠를 닮았어. (ヨンハはお母さんよりお父さんに似ているよ。)

　[類義] 과
　[参考] '만나다 (会う), 닮다 (似る), 마주치다 (出くわす), 좋아하다 (好む)' のように相互的な行為を表わす動詞と共に用いられる。

6. 〔'どこどこを辞める', 'どこどこを出る'のような表現において〕'どこどこ'に該当する語で, 誰かがその場所から遠ざかるとき, その対象としての場所を表わす。

例 ▪ 그는 오랫동안 다니던 직장을 사퇴했다. (彼は長い間通っていた職場を辞めた。)
　▪ 고등학교를 나와서 대기업에 취직했다. (高校を出て大企業に就職した。)
　▪ 집을 나와서 회사로 갔다. (家を出て会社に行った。)
　▪ 학교를 떠나니 홀가분하다. (学校を離れたら気が楽だ。)

　[類義] 로부터, 에서

7. ある動作の行為を受ける客体（人間）を表わす。

例 ▪ 우리가 옥순이를 돕겠습니다. (私たちがオクスンを助けます。)
　▪ 주인 여자는 곧 하녀를 집으로 보냈다. (女主人はすぐさま下女を家に行かせた。)
　▪ 나는 아줌마를 불렀다. (私はおばさんを呼んだ。)

8. 動作の向かう場所を表わす。

例 ▪ 그는 학교를 향해 말없이 걸어갔다. (彼は学校に向かい, 無言で歩いて行った。)
　▪ 조그만 시골역을 지나 기차는 대구를 향해 달리고 있었다. (小さな田舎駅を過ぎ, 汽車は大邱に向かって走っていた。)
　▪ 그들은 탑고개를 향하여 내려갔다. (彼らは塔のある峠に向かって下りて行った。)
　▪ 학생들은 강당을 향해 달려가기 시작했다. (学生たちは講堂に向かって駆け出した。)

参考 目的地に向かって行く動作を表わし，'에서'と反対方向への動作を指す。

目的や対象以外を表わす用法

1. 〔動作が行われる場所全体を表わし〕行動が進行する場所を表わす。
例 ▪ 캄캄한 하늘을 비행기가 날고 있다. (真っ暗な空を飛行機が飛んでいる。)
   ▪ 길을 가고 있는데 누군가 다가와서 인사를 했다. (道を歩いているとき，誰かが近寄って来て挨拶をした。)
   ▪ 사람들이 차도를 그대로 다니고 있기 때문에 몹시 위험하다. (人々が車道をかまわず行き来しているため非常に危険だ。)
   ▪ 거리를 헤매는 청소년들. (街をさまよう青少年たち。)
   ▪ 강을 헤엄쳐 건넜다. (川を泳いで渡った。)

   類義 에서
   参考 '가다 (行く), 걷다 (歩く), 다니다 (通う), 달리다 (走る), 건너다 (渡る), 날다 (飛ぶ), 오르다 (登る)' 等の移動を表わす動詞と共に用いられる。

2. 〔動作が行われる場所全体を表わし〕行動の目標となる場所を表わす。
例 ▪ 아침 일찍 회사를 나왔다. (朝早く会社に来た。)
   ▪ 오전에 산을 오르기로 했다. (午前中，山に登ることにした。)
   ▪ 우리는 지금 부산을 가는 길입니다. (私たちは今から釜山に行くところです。)
   ▪ 집에 오는 길에 약국을 들렀다 오너라. (帰りに薬屋に寄って来い。)

   類義 에
   参考 '가다 (行く), 걷다 (歩く), 다니다 (通う), 달리다 (走る), 건너다 (渡る), 날다 (飛ぶ), 오르다 (登る)' 等の移動を表わす動詞と共に用いられる。

3. 行動が始まる場所を表わす。
例 ▪ 우리는 아침 아홉 시에 서울을 떠났다. (私たちは朝9時にソウルを発った。)
   ▪ 해가 지자 우리는 서둘러 산을 내려왔다. (日が沈むや，私たちは急いで山を下りて来た。)
   ▪ 그는 어제 부산을 출발했다. (彼は昨日釜山を出発した。)
   ▪ 집을 나온 고양이가 도둑고양이다. (家から出て来た猫がドロボウ猫だ。)

[類義] 에서

[參考] '떠나다 (発つ), 출발하다 (出発する)'のような動詞と共に用いられる。

4. 行動の経路を表わす。

例 ▪ 우리는 홍콩에서 배로 하노이를 거쳐 캄보디아로 갔다. (私たちは香港から船でハノイを経てカンボジアに行った。)
- 아이들이 이 길을 통하여 달아났다. (子供たちはこの道を通って逃げた。)
- 이 버스는 여러 정류장을 경유한다. (このバスはあちこちの停留所を経由する。)

5. 〔'여행 (旅行), 소풍 (遠足), 유학 (留学)'等の名詞と共に用いられ〕ある行為を実行するための動作を表わす。'~するために', '~する目的で', '~をしに'の意味。

例 ▪ 할머니는 날마다 새벽에 미사를 가신다. (おばあさんは毎日明け方, ミサにお出かけになる。)
- 주말에 낚시를 갔다. (週末釣りに行った。)
- 여의도로 꽃놀이를 갔다. (汝矣島へ花見に行った。)
- 오늘 영하네 학교는 서울랜드로 소풍을 간다. (今日ヨンハの学校はソウルランドへ遠足に行く。)
- 농부들은 아침 일찍부터 일을 나간다. (農民たちは朝早くから仕事に出かける。)
- 유미도 유학을 떠났대. (ユミも留学に行ったんだって。)

[參考] 1. '다니다 (通う), 가다 (行く), 오다 (来る), 떠나다 (発つ)'等の移動を表わす動詞と共に用いられるが, 移動の意味よりは行動の内容に焦点が置かれる。 2. '에'に置き換えることはできない。

6. 〔'학교 (学校), 교회 (教会), 회사 (会社)'のように具体的な場所を表わす名詞の後に用いられ〕ある行為を反復的に, または習慣的に行うことを表わす。'~するために', '~する目的で', '~をしに'の意味。

例 ▪ 우리 아빠는 회사를 다니신다. (うちのお父さんは会社に勤めている。)
- 어릴 적부터 그는 부모의 손에 이끌려 교회를 가게 되었다. (幼いころから彼は両親の手に引かれて教会に行くようになった。)
- 이발소를 다니기도 번거로운 일의 하나였다. (床屋に行くのも煩わしいことの一つだった。)

- 그녀는 병원 옆 와이 미용실을 다닌다. (彼女は病院の隣のＹ美容室に行っている。)

  参考 1. '다니다 (通う), 가다 (行く), 오다 (来る), 떠나다 (発つ)' 等の移動を表わす動詞と共に用いられるが, 移動の意味よりは行動の内容に焦点が置かれる。2. '에' に置き換えることができる。

7. 叙述語の行為の基準点となる対象であることを表わす。

例
- 그는 그 회의를 불참했다. (彼はその会議に参加しなかった。)
- 오늘도 철수는 학교를 지각했다. (今日もチョルスは学校に遅刻した。)
- 그는 입학 시험을 합격했다. (彼は入学試験に合格した。)

  類義 에

8. 〔'～를 ～로' の形で用いられ〕基準となる対象であることを表わす。

例
- 인기를 목숨으로 살아 가는 연예인들. (人気に命をかけて生きていく芸能人たち。)
- 기성 세대들의 가치관을 기준으로 요즘 아이들에 대해 이야기할 수 없다. (既存の世代の価値観を基準に, 最近の子供たちについて話すことはできない。)
- 합격을 목적으로 공부하였다. (合格を目的に勉強した。)
- 김 씨를 끝으로 모두 나갔다. (金さんを最後に皆出て行った。)
- 진수는 연세대를 목표로 삼아 열심히 공부했다. (チンスは延世大を目標にして一所懸命勉強した。)

  参考 '名詞+를' と '名詞+로' が意味上の「主語－述語」関係をなす。例 합격을 목적으로 공부하였다. (合格を目的に勉強した。) →합격이 목적이다. (合格が目的だ。)

9. 一部の動詞で, その動詞と語根の同じ名詞形を目的語で使用するときに用いられる。

例
- 괴로운 꿈을 꾼 유미코는 잠에서 깼다. (辛い夢を見たゆみ子は眠りから覚めた。)
- 민속 의상을 입은 여자들이 춤을 추기 시작했다. (民俗衣装をまとった女性たちが踊り始めた。)
- 그는 씁쓸한 웃음을 웃었다. (彼は苦笑いをした。)

  参考 '同族目的語' とも言う。例 꿈을 꾸다 (夢を見る)／잠을 자다 (眠る)／춤을 추다 (踊る)

10. 〔漢字語の名詞と‘하다’の間に用いられ〕漢字語の名詞に付き，それを指定して明示することを表わす。
例 ▪ 영하는 항상 늦게까지 공부를 한다．(ヨンハはいつも遅くまで勉強をする。)
  ▪ 당신도 옛날에 자취를 했다면서요？(あなたも昔自炊をしたんですって？)
  ▪ 누가 설명을 해도 마찬가지이다．(誰が説明をしても同じことだ。)
11. 動作が継続する時間を表わす。‘間’の意味。
例 ▪ 그는 쉬면서 저녁 한때를 지냈다．(彼は休みながら夕方のひと時を過ごした。)
  ▪ 한참을 바위에 걸터앉아 쉬었다．(しばしの間，岩に腰をおろして休んだ。)
  ▪ 일 년을 나는 미경이한테 얹혀 살았다．(1年を私はミギョンのやっかいになって暮らした。)
  ▪ 우리는 하룻밤을 그 집에서 묵었다．(私たちは一晩をその家で過ごした。)
  ▪ 하루에 세 시간을 걸어도 힘들지 않아요．(一日に3時間歩いても辛くありません。)

語用的意味の添加

1. 選択したり指定したりすることを表わす。
例 ▪ 배 말고 사과를 주세요．(梨ではなくてリンゴを下さい。)
  ▪ 오늘은 누구를 만나니？(今日は誰に会うの？)
  ▪ 오늘은 밥을 안 먹고 빵을 먹을래．(今日はご飯を食べないで，パンを食べるよ。)
  参考 強調する抑揚がある。
2. 〔語尾‘-지’の後に付いて‘않다’，‘못하다’等と共に用いられ〕‘-지’の前の語を強調することを表わす。
例 ▪ 나는 그 꽃이 예쁘지를 않다．(私はその花がきれいだと思わない。)
  ▪ 아무리 깨워도 깨어나지를 않았다．(いくら起こしても目覚めなかった。)
  ▪ 너무 바빠서 오지를 못했습니다．(忙しすぎて来られませんでした。)
  ▪ 왜 약속 장소에 나오지를 않았지？(なぜ約束の場所にやって来なかったのかな？)

- 아이가 잠시도 가만히 있지를 못한다. (子供が片時もじっとしていられない。)

  参考 話し言葉に用いられる。

3. 〔一部の副詞や動詞, 形容詞の連結語尾の後に用いられ〕その行為や状態を対象化することを表わす。

例 - 빨리를 가거라. (早く行け。)
- 그러구 섰지 말고 좀 깊이를 들여다봐라. (そうやって突っ立ってないで, 深くまでのぞいて見ろよ。)
- 우선 먹어를 보아라. (まず食べてみろよ。)
- 목이 아파서 많이를 못 먹어요. (喉が痛くてたくさんは食べられません。)

4. 〔'말하기를 (言うところでは), 이르기를 (日く)' 等の形で〕他の人の話や考えの内容を直接引用することを表わす。

例 - 옛말에 자녀들을 가르치는 말에 이르기를…. (古語の子供を導く言葉によれば…。)
- 예수 말씀하시기를, "천국은 너희 마음에 있다." (イエス曰く, 「天国は汝の心にある」と。)
- 짐작하기를, 그렇다면 그들이 나를 미워하는 것이 아닌가 한다. (察するに, だとすれば彼らは私のことを憎んでいるのではないかと思う。)

アドバイス

助詞 '를' の省略と意味：

1. 話し言葉では目的格助詞が現われる場所で '를' が省略されることもある。

例1：밥∅ 안 먹을래. (ご飯∅食べないよ。)

例2：(가게에서) 사과∅ 주세요. ((お店で) リンゴ∅下さい。)

例3：오늘은 누구∅ 만나니？(今日は誰∅会うの？)

上の文に次のように '를' が用いられると, 選択したり指定したりする意味が加わる。

例1'：밥을 안 먹을래. (ご飯を食べないよ。)

例2'：(가게에서) 사과를 주세요. ((お店で) リンゴを下さい。)

例 3': 오늘은 누구를 만나니? (今日は誰と会うの?)
2. '를'은 'ㄹ'과 縮約して用いることもある。
例 1: 선생님, 절(저를) 부르셨어요? (先生, 私をお呼びですか?)
　　　 제인은 마이클보다 날(나를) 좋아해. (ジェーンはマイケルより私のことが好きだよ。)

～를 가지고　【나를 가지고～ (私のことで～)】
慣用句

結合情報 ☞ 를

全体参考　'ㄹ 가지고'の形に縮約して用いられる。例 가만있는 날 가지고 왜들 날리야? (私はおとなしくしていたのに, どうして私のことで騒いでいるの?)

1. 'それを対象として'の意味。
例 ■ 우리 부모님이 나를 가지고 싸우실 때 제일 화가 난다. (うちの両親が私のことでケンカするとき, 一番腹が立つ。)
　 ■ 너는 늘 사소한 문제를 가지고 화를 내니? (お前はいつもつまらないことで腹を立てるの?)
　 ■ 이 정도 추위를 가지고 뭘 그러세요? (このぐらいの寒さでどうしたというのですか?)

2. 手段, 道具, 方法を表わす。
例 ■ 유치원에서 아이들이 종이상자를 가지고 자동차를 만들었다. (幼稚園で子供たちが紙箱で自動車を作った。)
　 ■ 쌀을 가지고 국수나 빵을 만든다. (米で麺やパンを作る。)

～를 두고　【한 여자를 두고～ (1人の女性のことを～)】
慣用句

結合情報 ☞ 를

1. 'それを対象として'の意味。
例 ■ 이 드라마는 한 여자를 두고 두 남자가 사랑하게 되는 이야기이다. (このドラマは1人の女性のことを2人の男性が愛するようになる話だ。)

- 신혼 부부는 가사 문제**를 두고** 밤새 싸웠다. (新婚夫婦は家事の問題をめぐって一晩中ケンカした。)
- 아니, 이렇게 예쁜 우리 아기**를 두고** 밉다고 하다니. (えっ、こんなにかわいいうちの赤ん坊のことをかわいくないだなんて。)

~를 막론하고

【이유 여하를 막론하고 ~ (理由の如何にかかわらず~)】

結合情報 ☞ 를

慣用句

類義 ~를 불문하고 例 남녀노소**를 불문하고** 다이아몬드를 좋아한다. (老若男女を問わず、ダイヤモンドを好む。)

1. いずれであれ'とやかく言ったり問いただしたりせずに'の意味。

例
- 이유 여하**를 막론하고** 법에 따라 다스리겠다. (理由の如何にかかわらず、法に則って罰する。)
- 현대 사회에서는 남녀노소**를 막론하고** 스트레스를 받는다. (現代社会では老若男女を問わず、ストレスを受けている。)
- 그들은 지위의 고하**를 막론하고** 모두 처벌되었다. (彼らは地位の上下にかかわらず、皆処罰された。)

~를 불문하고

【지위 고하를 불문하고 ~ (地位の上下を問わず~)】

結合情報 ☞ 를

慣用句

類義 ~를 막론하고

1. いずれであれ'とやかく言ったり問いただしたりせずに'の意味。

例
- 지위 고하**를 불문하고** 부정부패는 없애야만 한다. (地位の上下を問わず、不正腐敗は無くさなければならない。)
- 난 틈만 나면 장소**를 불문하고** 조는 버릇이 있다. (私は暇さえあれば場所を問わず、居眠りする癖がある。)

~를 비롯하여 【저를 비롯하여~ (私をはじめとして~)】
慣用句

結合情報 ☞ 를

全体参考 1. '~를 비롯해/비롯해서/비롯한'の形でも用いられる。 2. '~'には最も代表的な例が用いられる。

1. '多くの中からそれをはじめと見なす'の意味。'~をはじめとして'の意味。

例 ▪ 저**를 비롯하여** 여섯 사람으로 실천 위원회를 구성하였습니다. (私をはじめとして，6人で実践委員会を構成しました。)

▪ 널뛰기는 설날**을 비롯하여** 단오나 추석에 즐긴다. (板跳びは元旦をはじめとし，端午や秋夕 (陰暦8月15日のこと) に楽しむ。)

▪ 서울은 남산**을 비롯하여** 여러 산들이 빙 둘러 있다. (ソウルは南山をはじめ，多くの山がぐるりと取り囲んでいる。)

~를 위하여 【나라를 위하여~ (国のために~)】
慣用句

結合情報 ☞ 를

関連語 -기 위해서

全体参考 '~를 위해/위해서/위한'の形でも用いられる。 例 불쌍한 사람**을 위해** 봉사하며 살고 싶다. (気の毒な人のために奉仕しながら暮らしたい。)

1. 'それを目標として'の意味。

例 ▪ 이들은 나라**를 위하여** 무엇을 할 수 있을 것인지를 먼저 생각한다. (この人たちは国のために何ができるかをまず考える。)

▪ 출세**를 위해서** 일하는 사람들은 행복하지 않을 것이다. (出世のために働く人たちは幸せではないだろう。)

~를 통하여 【교과서를 통하여~ (教科書を通じて~)】
慣用句

結合情報 ☞ 를

全体参考 '~를 통해/통해서/통한'の形でも用いられる。

1. 'それを手段として'の意味。
例 ▪ 이것이 우리가 교과서를 **통하여** 알게 된 한국의 관습이다. (これが我々が教科書を通じて知るようになった韓国の慣習だ。)
  ▪ 동물들은 싸움을 **통하여** 왕을 뽑는다. (動物たちは戦いを通して王を選ぶ。)
2. 'ある過程や経験を経て'の意味。
例 ▪ 속담이란 옛날 사람들이 오랜 경험을 **통해** 얻은 것이다. (ことわざとは昔の人々が長い間の経験を通じて得たものである。)
  ▪ 사람들은 실수를 **통해서** 성숙해진다. (人々は失敗を通じて成熟する。)

-ㅁ 【학생임 (学生であること)】

『-ㅁ は終声字の無い動詞と形容詞，'ㄹ'終声字で終わる動詞と形容詞そして'이다'の後に，-음 は'ㄹ'以外の終声字のある動詞と形容詞そして'-았-'の後に用いられる』

[語尾] 用言を名詞化する語尾

[例] 감，비쌈，만듦 (만들다)，둥긂 (둥글다)，학생임，먹음，높음，잡았음

[関連語] -기

1. 動詞や形容詞に付いて文の主語や目的語にする。
例 ▪ 너의 신분이 학생**임**을 잊지 마라. (君の身分が学生であることを忘れるな。)
  ▪ 성공하고 못 하고는 노력**함**에 달렸다. (成功するかしないかは努力することにかかっている。)
  ▪ 그 분은 세월이 빨리 **감**을 한탄했다. (その方は歳月が早く過ぎることを嘆いた。)
  ▪ 며칠이 지나서야 그 답이 틀렸**음**을 알아차렸다. (数日が過ぎてはじめて，その答えが間違っていたことに気付いた。)
  ▪ 그 사내는 독신 시절이 좋았**음**을 고백했다. (その男は独身のころが良かったことを告白した。)
  ▪ 그가 이 길로 지나갔**음**이 확실하다. (彼がこの道を通って行ったことは確かだ。)

参考 名詞に該当する機能を持つので後に助詞が付く。例 너는 한국인임을 자랑스럽게 생각해야 해. (お前は韓国人であることを誇りに思わなくちゃいけないよ。)

2. 〔通知文やメモ等に用いられ〕ある事柄を記録するように記したり知らせたりすることを表わす。

例 ■ 이상의 사항을 위반하는 자는 법에 의해 처리**함**. (以上の事項に違反する者は法によって処理する。)
■ 오늘 아침 6시에 서귀포 역을 떠**남**. (今朝6時に西帰浦駅を発つ。)
■ 출입을 금**함**. (立ち入りを禁ず。)
■ 1998년 5월 5일 청송대에서 저자 **씀**. (1998年5月5日、聴松台にて著者識す。)
■ 오전 10시에 회의 있**음**. (午前10時に会議あり。)
■ 마이클 씨가 전화**함**. (マイケルさんより電話あり。)

参考 丁寧さのない'中和体'とも言う。

アドバイス1

'-ㅁ'と'-기'の比較：

1. '-ㅁ'の示す節が主語として用いられるとき：

'옳다 (正しい), 나쁘다 (悪い), 이롭다 (有利だ)'等の評価や判定を表わす形容詞や'분명하다 (明らかだ), 확실하다 (確実だ), 틀림없다 (間違いない)'等の形容詞、そして'드러나다 (現われる), 알려지다 (知られる), 밝혀지다 (明らかになる)'等の'気付いて悟る'ことを表わす自動詞等が共に用いられるが、'-기'の示す節では用いられない。

例1：우리가 이 유산을 간직**함**이 (○) / 간직하기가 (×) 옳지 않겠나? (私たちがこの遺産を保存するのがもっともではなかろうか？)

例2：그들은 학생**임**이 (○) / 학생이기가 (×) 틀림없다. (彼らは学生であることに間違いない。)

例3：이 사건은 그 사람이 조작했**음**이 (○) / 조작했기가 (×) 드러났다. (この事件はその人のでっち上げだったことが明らかになった。)

2. '-기'の示す節が主語として用いられるとき：
'쉽다（易しい）, 어렵다（難しい）, 힘들다（大変だ）'等の評価を表わす形容詞や '좋다（良い）, 싫다（嫌だ）, 즐겁다（楽しい）'等の心理状態を表わす形容詞と共に用いられるが, '-ㅁ'の示す節では用いられない。

例1：어린아이들일수록 말을 배우**기**가（○）／배움이（×）쉽다．（幼児ほど言葉が習いやすい。）

例2：다른 사람들이 놀고 있으면 일하**기**가（○）／일함이（×）싫다．（他の人たちが遊んでいると働きたくない。）

3. '-ㅁ'の示す節が目的語として用いられるとき：
'발견하다（発見する）, 깨닫다（悟る）, 알다（知る）'等の '気付いて悟る' ことを表わす動詞や, '주장하다（主張する）, 보고하다（報告する）, 알리다（知らせる）'等の情報伝達を表わす動詞と共に用いられるが, '-기'の示す節では用いられない。

例1：영숙이는 진수가 떠나고 나서야 그를 사랑했**음**을（○）／사랑했기를（×）깨달았다．（ヨンスクはチンスが去ってはじめて, 彼を愛していたことに気付いた。）

例2：그는 자신이 이 일의 적임자**임**을（○）／적임자이기를（×）주장했다．（彼は自分がこの仕事の適任者であることを主張した。）

4. '-기'の示す節が目的語として用いられるとき：
'좋아하다（好む）, 싫어하다（嫌がる）, 두려워하다（恐れる）'等の心理を表わす動詞や '바라다（望む）, 희망하다（希望する）, 기원하다（祈願する）'等の願いや望みを表わす動詞, '시작하다（始める）, 계속하다（継続する）, 그치다（止める）, 멈추다（止める）'等の時間と関連した動詞, そして '명령하다（命令する）, 약속하다（約束する）'等の命令や約束を表わす動詞と共に用いられるが, '-ㅁ'の示す節では用いられない。

例1：그는 남을 도와 주**기**를（○）／도와 줌을（×）좋아한다．（彼は人を助けるのが好きだ。）

例 2：일이 뜻대로 잘 되**기**를（○）／잘 됨을（×）희망한다．（ことが思い通りうまくいくことを望む。）

例 3：드디어 자동차들이 조금씩 움직이**기**를（○）／움직임을（×）시작했다．（ついに自動車の列が少しずつ動き始めた。）

例 4：이번에는 청팀이 먼저 출발하**기**를（○）／출발함을（×）명령했다．（今度は青チームが先に出発するよう命じた。）

アドバイス 2

転成語尾 '-ㅁ' と接尾辞 '-ㅁ' の比較：
転成語尾 '-ㅁ' が付いて名詞化したものと，動詞と形容詞の語幹に接尾辞 '-ㅁ' が付いて名詞に派生した単語とは区別される。前者は副詞で修飾することはできるが用言の連体形で修飾することはできず，後者は逆に用言の連体形で修飾することはできるが副詞で修飾することはできない。つまり，下の例で '그림[1]（絵）' は（動詞の語幹に接尾辞 '-ㅁ' が付いて派生した）名詞を '아름다운（美しい）' という連体形で修飾し，'그림[2]（描くこと）' は（転成語尾 '-ㅁ' が付いた）動詞の名詞形を '열심히（熱心に）' という副詞で修飾している。

例：그는 아름다운 **그림**[1]을 열심히 **그림**[2]으로써 여가 활용을 하고 있다．（彼は美しい絵を熱心に描くことで余暇を生かしている。）

-ㅁ으로써

【이 일을 함으로써～（この仕事をすることで～）】

結合情報 ☞ -ㅁ

慣用句

書き方注意 -므로써（×）

全体参考 1. 名詞形転成語尾 '-ㅁ' に助詞 '으로써' が付いた形。2. 動作を表わす動詞と共に用いられ，後にも動作動詞だけが用いられる。3. '-므로' のアドバイス（p.489）を参照。

1. 'それを手段として' という意味を表わす。

例 ▪ 이 일을 **함으로써** 밥값을 한다．（この仕事をすることで食い扶持分の働きをしている。）

- 네덜란드는 여러 종류의 꽃을 가꾸어 수출**함으로써** 소득을 올리고 있다. (オランダは様々な種類の花を育てて輸出することで所得を上げている。)
- 직업을 가**짐으로써** 돈을 버는 것도 중요하다. (職業を持つことでお金を稼ぐことも大切だ。)
- 약속을 못 지**킴으로써** 친구들한테서도 믿음을 잃고 말았다. (約束が守れないことで友人たちからも信頼を失ってしまった。)

-ㅁ으로 해서

【네가 거짓말을 **함으로 해서**～ (お前が嘘をつくことによって～)】

結合情報 ☞ -ㅁ

慣用句

1. 後の事柄の原因や根拠を表わす。

例
- 네가 거짓말을 **함으로 해서** 얼마나 많은 일들이 벌어졌는가를 봐라. (お前が嘘をつくことによって, どれだけ多くのことが起こったかを見よ。)
- 오늘 내가 한 이 말을 듣지 않**음으로 해서** 언젠가 후회하는 날이 올 것이다. (今日私が言ったこの話を聞かないことによって, いつか後悔する日が来るだろう。)

-마

【편지를 보내**마**. (手紙を送るよ。)】

『-마は終声字の無い動詞と'ㄹ'終声字で終わる動詞の後に, -으마は'ㄹ'以外の終声字のある動詞の後に用いられる』

語尾 終結語尾

最も敬意が低い   おじいさんが子供に

例 가마, 만들마 (만들다), 먹으마

参考 -ㄹ게

全体参考 話し言葉に用いられる。

訳注 '-지¹' (p.697) を参照。

1. 話し手が聞き手に快く約束することを表わす。

例
- 서울에 가는 대로 편지를 보내**마**. (ソウルに着いたらすぐ手紙を送るよ。)

- 자세한 것은 나중에 말하**마**. (詳しいことは後で言うよ。)
- 네가 공부를 열심히 하면 대학까지라도 보내 주**마**. (お前が勉強を一所懸命やったら，大学までも行かせてやるからな。)

> **アドバイス**
>
> '-마'と'-을게'の比較：
>
> '-마'よりも'-을게'の方を多く用いる。
>
> 例１：(아버지가 아들에게) 내가 내일 장난감 사 **줄게**／사 주**마**.
> ((父が息子に) パパが明日おもちゃを買ってあげるよ／買ってあげるからな。)
>
> '-마'を使用すると権威を持った調子で述べる感じを与える。

마는 【애기가 길어졌습니다**마는**～ (話が長くなりましたが～)】

『'-냐'，'-다'，'-더라，'-ㅂ니다'等の語尾の後に用いられる』

[助詞] 補助詞

[例] 되겠느냐**마는**, 좋다**마는**, 가더라**마는**, 잡니다**마는**, 먹습니다**마는**

[書き方注意] 만은 (×)
[縮約] 만²

1. '만'の原形。☞ 만² (p.468)

例
- 애기가 길어졌습니다**마는** 다음과 같이 잘라 말할 수 있겠지요. (話が長くなりましたが，次のように言い切ることができるでしょう。)
  - 가고는 싶다**마는** 시간이 없구나. (行きたいとは思うけど，時間が無いなあ。)
  - 말씀은 고맙습니다**마는** 혼자 할 수 있습니다. (お言葉はありがたいのですが，一人でできます。)

마다

【주말**마다** 야외로 나가요.（週末はいつも郊外に出かけます。）】

『終声字の有無にかかわらず**마다**が用いられる』

[助詞] 補助詞

[例] 해**마다**, 날**마다**, 아침**마다**

1. 〔それぞれ同一の関連性のある対象を表わす語に付き〕'一つ一つ全て'、'一つも例外なく'の意味。

例 ▪ 주말**마다** 야외로 나가요.（週末はいつも郊外に出かけます。）
- 피곤해서 아침**마다** 일어나기가 무척 힘들어요.（疲れているので毎朝起きるのが大変辛いです。）
- 한국은 각 계절**마다** 좋은 점이 많아요.（韓国はそれぞれの季節ごとに良い点がたくさんあります。）
- 오늘은 가는 곳**마다** 사람이 많군요.（今日は行く先ごとに人が多いですねえ。）
- 친구들을 생각할 때**마다** 고향이 그립습니다.（友人たちのことを思うたびに故郷が恋しいです。）

[参考] '常に'の意味で'날이면 날**마다**（毎日）、밤이면 밤**마다**（毎晩）'の形で用いられることもある。[例] 날이면 날**마다** 찾아오는 반가운 손님.（毎日やって来るうれしいお客。）／밤이면 밤**마다** 울어 대는 부엉이.（毎晩鳴きたてるフクロウ。）

2. 〔時間を表わす語に付いて用いられ〕一定の期間に似通った行動や状態が繰り返されることを意味する。'～当たり'、'～に1回ずつ'の意味。

例 ▪ 버스는 5분**마다** 한 대씩 다녀요.（バスは5分に1本走っています。）
- 이 곳은 닷새**마다** 한 번씩 장이 선다.（ここは5日ごとに市が立つ。）
- 매 2년**마다** 정기 검사를 받는다.（2年ごとに定期検査を受ける。）

마따나

【아내의 말**마따나**~（妻の言う通り~）】

『'말'、'말씀'の後に用いられる』

[助詞] 補助詞

[例] 네 말**마따나**, 선생님 말씀**마따나**

[類義] 대로, 처럼

1. 〔'누구의 말／말씀（誰々の話／お話）'等に付いて用いられ〕ちょう

どその人の言う話の内容に同意することを表わす。'言う通り'の意味。

例
- 아내의 말**마따나** 술을 조금만 마셔야겠다. (妻の言う通り，酒は少しだけ飲むようにしなくては。)
- 어머니의 말**마따나** 먹고 할 일이 없어서 문제인 것 같다. (母の言う通り，これといってやることが無くて問題のようだ。)
- 네 말**마따나** 지금 이 순간에도 굶어 죽는 사람들이 있다. (君の言うように，今この瞬間にも飢え死にする人たちがいる。)

마저

【바람**마저** 세차게 불었다. (風までも激しく吹いた。)】

『終声字の有無にかかわらず**마저**が用いられる』

[助詞] 補助詞

例 너**마저**, 선생님**마저**

[類義] 까지, 조차

1. 'ある事柄にさらに加え'，'そのような状況がさらに'の意味。

例
- 추운 데다가 바람**마저** 세차게 불었다. (寒い上に風までも激しく吹いた。)
- 빛**마저** 제법 붉은 흙탕물이었다. (色までもかなり赤い泥水だった。)
- 요즘 젊은이를 보면 두려움**마저** 생긴다. (最近の若者を見ると恐ろしくさえなる。)

2. '最後のものまで全て'の意味。最後に残った一つまでそうであることを表わす。

例
- 집**마저** 남의 손에 넘어갔다. (家まで人の手に渡った。)
- 그렇게 믿었던 너**마저** 나를 배신하다니. (あんなに信じていたお前まで私を裏切るとは。)
- 김 박사는 끼니**마저** 잊은 채 연구를 하고 있었다. (金博士は食事さえ忘れて研究をしていた。)
- 진수는 우리에게 말도 걸지 않고 인사**마저** 하지 않는다. (チンスは私たちに言葉もかけないし，挨拶さえしない。)

> **アドバイス 1**
>
> '마저'の用法：
>
> '마저'は否定的な状況で用いられ，肯定的な状況では用いられない。
>
> 例1：마이클 씨는 영어와 불어, 독어, 3개 국어를 유창하게 말하고, 일본어**마저** 잘 한다. (?)
>
> 例2：마이클 씨는 듣기, 쓰기도 잘 못하고 읽기**마저** 잘 못한다.
> (マイケルさんはリスニングもライティングもよくできないし，リーディングさえよくできない。)

> **アドバイス 2**
>
> '마저'と'까지, 조차'の比較：☞ '까지'のアドバイス (p.113)

만¹ 【아빠는 동생**만** 데리고 가셨다. (お父さんは弟(妹)だけ連れて行った。)】
『終声字の有無にかかわらず만が用いられる』
[助詞] 補助詞
例 회사만, 직장만

1. '唯一であること'を意味する

 1. あるものを選択し，他のものを排除することを表わす。'単に'，'もっぱら'の意味。

 例 ▪ 아빠는 동생**만** 데리고 가셨다. (お父さんは弟(妹)だけ連れて行った。)
   ▪ 오늘은 아저씨**만** 우리 집에 오셨어요. (今日はおじさんだけうちにいらっしゃいました。)
   ▪ 그는 서류 가방**만** 들고 있었다. (彼は書類カバンだけ持っていた。)
   ▪ 친한 친구끼리**만** 놀면 안 돼요. (仲良しの友達とばかり遊んでいちゃだめですよ。)

2. '他のものから制限すること'の意味

 1. 〔'딱 한 번 (ただ一度)'のように制限することを表わす語に付いて用いられ〕話し手の期待のうちで最も低いものを意味する。'最小限に制限して'の意味。

例 ▪ 그는 딱 한 번**만** 세상 사람들의 부러움을 받았을 뿐이다. (彼はただ一度だけ世の中の人々にうらやましがられただけだ。)
  ▪ 딱 한 잔**만** 하세요. (一杯だけ飲んで下さい。)
  ▪ 그럼 단돈 이천 원**만** 내십시오. (じゃ、ほんの2千ウォンだけちょうだいします。)

3. '比較すること'の意味

1. 〔'〜만 같지 못하다'の形で否定の表現と共に用いられ〕後に述べた行為や状態が前のものより悪かったり、それに及ばなかったりすることを意味する。

例 ▪ 차라리 떠나지 않은 것**만** 같지 못해. (むしろ立ち去らない方が良かったよ。)
  ▪ 그 어떤 것도 네가 준 이 꽃 하나**만** 같지 못해. (どんなものも君がくれたこの花一つに及ぶものはないよ。)

2. 〔'〜만 같다'の形で用いられ〕'〜であるもの(〜인 것)'、'〜と(과)'の意味。

例 ▪ 그의 말은 거짓말**만** 같았다. (彼の話は嘘としか思われなかった。)
  ▪ 나에게는 서울 애가 인간이 아닌 천사**만** 같았다. (私にはソウルの子が人間というより天使としか思えなかった。)
  ▪ 그거 말인데 마치 만든 조화**만** 같아서 생명이 없어 보였어. (あれのことだけど、まるで作った造花のようで生命が無いみたいだったよ。)

3. 〔'〜만(은) 못하다'の形で用いられ〕'〜に比べ、それに及ばない'の意味。

例 ▪ 아우가 암만해도 형**만**은 못하다. (弟はどうやっても兄にはかなわない。)
  ▪ 일본**만**은 못하더라도 최소한 경기장만큼은 다 준비해 두어야 하지 않을까. (日本には及ばないとしても、少なくとも競技場ぐらいはしっかり準備しておかなくてはいけないのではないだろうか。)

参考 対照的な内容が現われるため、それを明示する補助詞'은'と共に用いられる。

4. 強調を表わす

1. 前接語の意味を強調し、そのような行為や状態が持続することを表わす。

例 ■ 구경꾼들이 자꾸**만** 바뀌면서 공연은 계속되었다. （見物人たちが何度も入れ替わりながら，公演は続けられた。）
　■ 그는 그저 웃고**만** 있었다. （彼はただ笑ってばかりいた。）
　■ 밤은 점점 깊어**만** 간다. （夜は次第に更けていくばかりだ。）
　■ 기쁜 소식을 듣고도 그는 웬일인지 마냐 울고**만** 있었다. （うれしい知らせを聞いても，彼はどうしたことか，ひたすら泣いてばかりいた。）

参考 しばしば '그저（ただ），마냐（ひたすら），그냥（ただ），점점（次第に）' のような副詞と共に用いられる。

2. 〔'-ㄹ／-ㄴ 것만 같다' の形で用いられ〕'まるで本当にそのようだ' の意味。

例 ■ 배가 너무 불러 숨이 막힐 것**만** 같았다. （お腹があまりに一杯で息が詰まりそうなくらいだった。）
　■ 나는 이미 한 사람의 당당한 작가가 된 것**만** 같았다. （私は既に一人の堂々たる作家になったようだった。）
　■ 노래를 듣고 나의 가슴은 기쁨으로 터질 것**만** 같았습니다. （歌を聞き，私の胸は喜びで張り裂けんばかりでした。）
　■ 정말 당장이라도 저의 집은 망할 것**만** 같습니다. （本当に今すぐにでも私の家は滅びそうなくらいです。）
　■ 다른 사람들도 모두 부자가 되고 싶어 미칠 것**만** 같은 모양이었다. （他の人たちも皆金持ちになりなくて，気も狂わんばかりの様子だった。）

만² 【산이 험하기는 합니다**만**〜 （山が険しいことは険しいのですが〜）】

『'-냐'，'-다'，'-더라'，'-ㅂ니다' 等の語尾の後に用いられる』

助詞　補助詞

例 되겠느냐**만**, 좋다**만**, 가더라**만**, 갑니다**만**, 먹습니다**만**

原形 마는

全体参考 '마는' より '만' の形で多く用いられる。

1. 〔'-다'，'-더라' 等の語尾の後に用いられ〕前の事柄を認めながら，それと対立する他の事柄を述べたり，それと共に他の事柄をさらに挙げたりして述べることを表わす。

例 ▪ 산이 험하기는 합니다만 못 오를 정도는 아닙니다. (山が険しいことは険しいのですが, 登れないほどではありません。)
　▪ 가고는 싶다만 시간이 없구나. (行きたいとは思うけど, 時間が無いなあ。)
　▪ 비가 오기는 온다만 그리 많이 올 것 같지 않아 걱정이구나. (雨が降ることは降るけれども, あまりまとまった雨は降りそうもないから心配だなあ。)
　▪ 얼마 되겠느냐만 받아 두어라. (いくらも無いと思うけど, 受け取っておけよ。)

2. 〔'-다', '-더라' 等の語尾の後に用いられ〕ある事柄を述べるにあたり, 前提となる事柄を提示するために既に知っている事柄をもう一度述べることを表わす。

例 ▪ 여러분도 이미 다 아시는 일입니다만 제가 일전에 중국에 갔을 때입니다. (皆様も既にご存知のことですが, 私が先日中国に行ったときのことです。)
　▪ 돌고 도는 게 돈이더라만, 이렇게 돈이 없으니 정말 괴롭다. (巡り巡るのが金 (金は天下の回り物の意) だとは言うが, こう金が無いと本当に苦しい。)

3. 〔'미안하다 (すまない), 실례하다 (失礼する), 고맙다 (ありがたい)' 等の挨拶の言葉に慣用的に用いられ〕へりくだった表現に用いられる。

例 ▪ 미안합니다만 말씀 좀 묻겠습니다. (すみませんが, ちょっとお尋ねします。)
　▪ 실례합니다만 길 좀 가르쳐 주십시오. (すみませんが, 道を教えて下さい。)
　▪ 고맙습니다만 괜찮습니다. (ありがたいのですが, 結構です。)

〜만 같아도

【중학생만 같아도〜 (中学生ぐらいだったら〜)】

結合情報 ☞ 만¹

慣用句

1. ある状況を比較して仮定することを表わす。'〜だったら (-였으면)' の意味。

例 ■ 중학생**만 같아도** 데리고 갈 텐데. (中学生ぐらいだったら連れて行くのだが。)
　■ 작년 이맘때**만 같아도** 내 신세가 이렇지는 않았는데… (去年の今ごろだったら、私の身の上はこうじゃなかったのに…)

~만 아니면 【공부만 아니면~ (勉強のことさえなければ~)】
慣用句　　　結合情報 ☞ 만¹

1. ある事柄が避けられない条件や理由であることを表わす。'それが理由／原因となり'の意味。'(よりによって) ～のために (～때문에)'の意味。

例 ■ 애들 공부**만 아니면** 시골에 가서 살고 싶어요. (子供たちの勉強のことさえなければ、田舎に行って暮らしたいです。)
　■ 그는 흰머리**만 아니면** 청년이라고 해도 믿을 정도로 젊어 보였다. (彼は白髪でさえなければ、青年と言っても信じられるほど若く見えた。)
　■ 너**만 아니면** 내가 한국에 오지 않았어. (お前のことさえなければ、ぼくは韓国に来なかったよ。)

~만 -아도 【냄새만 맡아도~ (匂いだけ嗅いでも~)】
慣用句　　　結合情報 ☞ 만¹

全体参考　'名詞 + 만 ～' や '動詞 + -기만 ～'の形で用いられる。

1. ある事柄が成り立つための最小限の条件を表わす。

例 ■ 이젠 냄새**만 맡아도** 알지. (今じゃ匂いだけ嗅いでも分かるよ。)
　■ 고개**만 들어도** 보이는 곳. (頭を上げただけでも見える所。)
　■ 상상**만 해도** 아찔하다. (想像しただけでもひやっとする。)
　■ 그런 말을 듣**기만 해도** 고맙습니다. (そうした話を聞くだけでもありがたいです。)

만큼

【눈이 왕방울**만큼** 컸다．（目が大鈴くらい大きかった。）**】**

『終声字の有無にかかわらず**만큼**が用いられる』

[助詞] 副詞格助詞

[例] 아내**만큼**，남편**만큼**

副詞語を表わす

[類義] 처럼

[関連語] 만¹，만큼도

[全体参考] 1. 同じ意味で'만치'を用いることもできる。[例] 그 사나이는 눈이 왕방울**만치** 컸다．（その男は目が大鈴くらい大きかった。）／나**만치** 약을 많이 먹는 사람도 없을 겁니다．（私くらい薬をたくさん飲む人もいないと思います。）

1. 〔程度が似ていたり，それに大変近かったりするとき，その程度を表わす語に付いて用いられ〕'〜と同じくらいに'の意味。

例 ▪ 그 사나이는 눈이 왕방울**만큼** 컸다．（その男は目が大鈴くらい大きかった。）

　　▪ 트럭은 공룡**만큼** 거대해 보였다．（トラックは恐竜くらい巨大に見えた。）

　　▪ 해바라기가 창 높이**만큼** 자라 창을 가리고 있었다．（ひまわりが窓の高さほどに育ち，窓を覆っていた。）

　　▪ 비가 병아리 눈물**만큼** 왔다．（雨がひよこの涙ほど（量が非常に少ないこと，雀の涙の意）降った。）

2. 〔'〜만큼 〜도 없다'のような構文に用いられ〕'比較される対象が最もそうである'の意味。

例 ▪ 나**만큼** 약을 많이 먹는 사람도 없을 겁니다．（私くらい薬をたくさん飲む人もいないと思います。）

　　▪ 아마 우리 나라**만큼** 아들을 좋아하는 나라도 없을 겁니다．（おそらく我が国ほど息子を好む国も無いと思います。）

　　▪ 시어머니한테 나**만큼** 잘 하는 사람도 없을 거야．（姑に私くらい良いお嫁さんもいないと思うわ。）

3. 〔'어느（どの），얼마（いくら）'のような疑問代名詞に付いて用いられ〕'どのくらい／いくらくらい'の意味。

例 ▪ 형님이 저를 얼마**만큼** 아끼는지 충분히 알았습니다．（お兄さんが私をどのくらい大事にしているか十分分かりました。）

- 어느**만큼** 잘 사느냐가 문제입니다.（どれだけ良い暮らしをするかが問題です。）

アドバイス

‘**만큼**，-**는 만큼**，-**는만큼**’の区別：

만큼は助詞なので分かち書きしない。-**는 만큼**は動詞の連体形語尾‘-**는**’に依存名詞‘**만큼**’が用いられたものなので分かち書きする。
-**는만큼**は‘-**느니만큼**’と同じものであり‘-**므로**（〜ので，〜から）’の意味を表わす語尾なので分かち書きしない。

例1：나도 너**만큼** 먹어．（ぼくも君くらい食べるよ。）

例2：나도 네가 먹**는 만큼** 먹을 수 있어．（ぼくも君が食べるくらい食べられるよ。）

例3：잘못한 것이 없**는만큼** 떳떳해야 해．（悪いところが無いのだから，堂々としていなくてはいけないよ。）

例2では‘네가 먹는 것만큼（君が食べる分くらい）’に置き換えることができるならば依存名詞であるので分かち書きする。語尾として用いられた例3は‘-**므로**’に置き換えることができる。

例3'：잘못한 것이 없**으므로** 떳떳해야 해．（悪いところが無いから，堂々としていなくてはいけないよ。）

〜만 하더라도

【그 때만 하더라도〜
（あのころはまだ〜）】

結合情報 ☞ 만¹

慣用句

[類義] 〜만 해도　例 얼마 전까지**만 해도** 우리 집이 부자였어．（ついこの前まではうちは金持ちだったよ。）

1. ‘〜の場合を限定して取り上げ，話すとしても’の意味。

例 ▪ 그 때**만 하더라도** 학생들은 틈만 있으면 헌책방에 들락거렸다．（あのころはまだ，学生たちは暇さえあれば古本屋に出入りした。）

▪ 우리 삼촌**만 하더라도** 살아 계신지 돌아가셨는지 모릅니다．（うちの叔父（父の兄弟）のことだって，生きていらっしゃるのかお亡くなりになったの

か分かりません。)

~만 해도
【어제까지만 해도~ (つい昨日までは~)】
慣用句

結合情報 ☞ 만¹

類義 ~만 하더라도 例 여기**만 하더라도** 공기가 다르네. (この辺だけでも空気が違うね。)

1. 'これ一つを限定して取り上げ，話すとしても' の意味。

例 ▪ 어제까지**만 해도** 멀쩡했었는데 무슨 일이야. (つい昨日までは何ともなかったのに，どういうことだ。)
  ▪ 내가 학교 다닐 때**만 해도** 안 그랬는데. (私が学校に通っているころはまだ，そうじゃなかったのだが。)
  ▪ 여기**만 해도** 공기가 다르네. (この辺だけでも空気が違うね。)

말고
【그것말고 다른 거 없어요? (それじゃなくて，他のものありませんか？)】
『終声字の有無にかかわらず말고が用いられる』
助詞 補助詞

例 나말고, 그것말고

1. '~ではなく (後のもの)' の意味。

例 ▪ 그것**말고** 다른 거 없어요? (それじゃなくて，他のものありませんか？)
  ▪ 아냐, 아냐. 거기**말고** 왼쪽으로 더 가. (ちがう，ちがう。そこじゃなくて，もっと左に行って。)
  ▪ 차**말고** 물 좀 주시겠어요? (お茶ではなくて，お水を下さいますか？)

参考 後には命令，要求，質問等の内容が現われる。

2. '~を除いて' の意味。

例 ▪ 저**말고** 또 누가 오지요? (私の他には誰が来るんですか？)
  ▪ 그것**말고** 제가 할 수 있는 일이란 아무것도 없어요. (それ以外に私のできることなんて何もありませんよ。)
  ▪ 방금 말한 사람**말고** 또 없어? (さっき言った人の他にはいないの？)

- 버스에는 나말고 다섯 사람이 타고 있었다. (バスには私以外に 5 人が乗っていた。)

アドバイス 1

補助詞'말고'の特徴：
体言のすぐ後に用いられる'말고（〜ではなく，〜を除いて）'を動詞'말다（〜(する)のをやめる）'の活用形と見なす見解もあるが，体言に直接付き，'말고'を'말다'に置き換えることができず，動詞'말다'とは意味が非常に異なるので，助詞として処理する。

アドバイス 2

補助詞'말고'と動詞'말고'の比較：
次の'말고'は'〜하지 말고（〜せずに）'に置き換えることができるものであり，用言の活用形であるので分かち書きする。
例：남의 걱정 **말고** 술이나 들어. (人の心配しないで酒でもお飲みよ。)
　　꼼짝 **말고** 기다려. (じっとして待ってて。)
　　아무 소리 **말고** 가만히 있어. (何も言わないで黙ってて。)
　　상관 **말고** 네 일이나 잘 해. (人のことに構わないでお前のことこそちゃんとやれよ。)
　　잔소리 **말고** 어서 가! (つべこべ言わずに，早く行って！)

며[1] 【오똑한 코**며** 커다란 눈이**며** (ツンと高い鼻やら，とても大きい目やら)】

『며は終声字の無い語の後に，이며は終声字のある語の後に用いられる』

例 귀며, 입이며

[助詞] 接続助詞

1. ☞ 이며 (p.676)

例 ・유미는 오똑한 코**며** 커다란 눈이**며** 웃을 때 주름이 생기는 모습까지도 그대로 제 엄마를 닮았다. (ユミはツンと高い鼻やら，とても大きい目やら，笑うときしわのできる様子までも自分の母親にそっくりだ。)

- 청자**며** 백자**며** 중국 골동품이라는 대형 화병도 있었다. (青磁やら，白磁やら，中国の骨董品という大型花瓶もあった。)

-며² 【누나는 의사**며** 엄마는 약사다. (お姉さんは医者で，お母さんは薬剤師だ。)】
『-며は終声字の無い動詞と形容詞，'ㄹ'終声字で終わる動詞と形容詞そして'이다'の後に，-으며は'ㄹ'以外の終声字のある動詞と形容詞そして'-았-'の後に用いられる』
[語尾] 連結語尾

[例] 가며，비싸며，살며(살다)，달며(달다)，학생이며，먹으며，높으며，잡았으며

1. 対等的連結語尾の用法

1. 二つ以上の事柄を同じ資格で羅列することを表わす。

例 ▪ 누나는 의사**며** 엄마는 약사다. (お姉さんは医者で，お母さんは薬剤師だ。)
  ▪ 배가 아프고 소화가 안 되**며** 술을 과음했을 때. (お腹の調子が悪く消化が不良だったり，お酒を飲み過ぎたりしたとき。)
  ▪ 인간은 누구나 행복을 원하**며**, 모두가 행복해지려고 애를 쓰고 있습니다. (人間は誰でも幸せを望み，皆が幸せになろうと努めています。)
  ▪ 큰형은 직장에 다니**며** 작은형은 대학에 다닌다. (上の兄は会社に通い，下の兄は大学に通っている。)

[類義] -고⁴
[参考] 前の事柄と後の事柄の順序を変えても文全体の意味は変わらない。

2. 前の事柄と後の事柄が互いに対立することを表わす。

例 ▪ 저는 나쁜 짓을 하**며** 남은 못 하게 한다. (自分は悪さをしながら，他人がするのは許さない。)
  ▪ 저는 맥주를 마시**며** 부하는 막걸리를 마시게 한다. (自分はビールを飲みながら，部下にはマッコリを飲ませる。)

[類義] -면서

3. 前の事柄と後の事柄を同じ資格でつなぐが，順次的であることを表わす。

例 ▪ 마침내 신을 찾아내고 사랑했**으며** 큰 기쁨을 느껴 보았나요？（ついに神を見つけて愛し，大きな喜びを感じたのですか？）

　　▪ 우리는 항상 승리했**으며** 앞으로 더욱 큰 승리를 할 것입니다．（私たちは常に勝利し，これからもいっそう大きな勝利を挙げることでしょう。）

　　[参考] 前の事柄と後の事柄が時間的な順序を表わすので，その順序を変えることができない。

2. 同時の動作を表わす

1. 〔動作を表わす動詞に用いられ〕前の事柄と後の事柄の動作が同時に起こることを表わす。

例 ▪ 주인은 미소를 지**으며** 말했다．（主（あるじ）は微笑みながら話した。）

　　▪ 풍뎅이 한 마리가 누워서 빙빙 소리를 내**며** 맴돌고 있다．（1匹のコガネムシがひっくり返って，音をたてながらグルグル回っている。）

　　▪ 유미는 밥을 먹**으며** 텔레비전을 본다．（ユミはご飯を食べながらテレビを見る。）

　　▪ 계단이 너무 높아서 우리는 덜덜 떨**며** 내려왔다．（階段があまりに高いので，私たちはぶるぶる震えて下りて来た。）

　　[類義] -면서

3. 二つの事柄が重なっていることを表わす

1. 〔形容詞と'이다'に用いられ〕二つ以上の事柄や状態を共に表わす。

例 ▪ 영하는 얼굴도 예쁘**며** 키도 크다．（ヨンハは顔もきれいだし，背も高い。）

　　▪ 가을은 책을 읽기에 알맞은 계절이**며** 사색을 하는 데 좋은 계절이다．（秋は本を読むのに最適な季節だし，思索をするのに良い季節である。）

　　▪ 사랑이란 시시각각 죽는 일이**며** 시시각각으로 태어나는 일입니다．（愛とは刻一刻と死ぬものであり，刻一刻と生まれるものです。）

2. ある動作や状態が持続しながら共に現われることを意味する。

例 ▪ 이 만화의 주인공은 우주를 날아다니**며** 신나게 모험을 한다．（この漫画の主人公は宇宙を飛び回って，面白楽しく冒険をする。）

　　▪ 어째서 인간은 유토피아에서도 속고 속이**며** 살아야 한단 말인가．（どうして人間はユートピアでも騙し騙されて（原文では「騙されて騙し」）生きなければならないというのか。）

- 그이는 지갑을 열어 보**며** 깜짝 놀랐다. (その人は財布を開けてみて, ハッと驚いた。)

4. 単語連結語尾

1. 〔'-며 -며'の形で用いられ〕二つ以上の行動を交互に続けて行うことを表わす。

例
- 우리가 울**며** 웃으**며** 함께 지내 온 시간이 어느덧 3년이나 지났다. (私たちが泣いたり笑ったりしながら一緒に過ごしてきた時間がいつの間にか3年も過ぎた。)
- 오**며** 가**며** 만나는 사람. (あの場所この場所で出会う人。)

参考 主に対立する二つの動詞を連結する。

アドバイス１

'-며'と'-고'の比較:

三つ以上の節を羅列するとき, '-며'はより大きい単位をつなぎ, '-고'は'-며'が用いられた節の中の小さい単位をつなぐ。例1と例1'では読点の位置が異なる。

例1: 선생님께서는 항상 사람됨이 우선이**고** 공부는 그 다음이**며**, 출세나 명예는 가장 나중의 것이라고 하셨습니다. (先生はいつも人となりが一番で勉強はその次であり, 出世や名誉は最も後のことだとおっしゃいました。)

例1': 선생님께서는 항상 사람됨이 우선이**며**, 공부는 그 다음이**고** 출세나 명예는 가장 나중의 것이라고 하셨습니다. (先生はいつも人となりが一番であり, 勉強はその次で出世や名誉は最も後のことだとおっしゃいました。)

アドバイス２

'-며'と'-면서'の比較:

'-면서'は主体が有情物である場合, 先行節と後行節の主体が同一となる制約があるが, '-며'にはこのような制約が無い。

例1: 유미가 노래를 부르**면서** 미선이가 춤을 춘다. (×)

例2：유미가 노래를 부르**며**，미선이가 춤을 춘다．(○)(ユミが歌を歌い、ミソンが踊る。)

このような特徴を持つため，'-면서'は'-며'よりも'同時の動作'の意味を強く表わす。

例3：유미가 노래를 부르**면서** 춤을 춘다．(ユミが歌を歌いながら踊る。)

例4：유미가 노래를 부르**며** 춤을 춘다．(ユミが歌を歌いながら踊る。)

면¹ 【공부면 공부（勉強は勉強）】

『면は終声字の無い語の後に，이면は終声字のある語の後に用いられる』

[助詞] '～면～'の形で用いられる

[例] 노래면 노래，얼굴이면 얼굴

1. ☞ 이면 (p.676)

例 ▪ 영하는 공부**면** 공부，운동**이면** 운동，못하는 게 없다．(ヨンハは勉強は勉強，運動は運動で，できないものがない。)

　▪ 요즘 초등학생들은 수학**이면** 수학，영어**면** 영어，전 과목을 다 잘해야 한다고 한다．(最近の小学生たちは数学は数学なりに，英語は英語なりに，全科目全てよくできないといけないそうだ。)

-면² 【배가 고프면～（お腹が空いたら～）】

『-면は終声字の無い動詞と形容詞，'ㄹ'終声字で終わる動詞と形容詞そして'이다'の後に，-으면は'ㄹ'以外の終声字のある動詞と形容詞そして'-았-'の後に用いられる』

[語尾] 連結語尾

[例] 가면，비싸면，살면（살다），달면（달다），학생이면，먹으면，높으면，잡았으면

1. 条件を表わす

1. 後の行動についての条件を表わす．

例 ▪ 배가 고프**면** 식사하러 가세요. (お腹が空いたら食事に行って下さい。)

  ▪ 바쁘지 않**으면** 우리 집에 놀러 오세요. (忙しくなかったらうちに遊びに来て下さい。)

  ▪ 극장에 가고 싶**으면** 토요일까지 전화해 주세요. (映画館に行きたかったら、土曜日までに電話して下さい。)

  [類義] -거든²

  [参考] 後に命令文や勧誘文が用いられる。また '-거든' に置き換えることができる。

2. 後の事柄についての条件を表わす。

例 ▪ 저는 커피를 마시**면** 잠이 안 와요. (私はコーヒーを飲むと眠くなりません。)

  ▪ 너무 많이 울**면** 눈이 퉁퉁 부어. (あまりたくさん泣くと目がぷっくり腫れるよ。)

  ▪ 추울 때 뜨거운 걸 먹**으면** 좀 덜 추워요. (寒いとき熱いものを食べると、少し寒さが和らぎます。)

3. 〔時間を表わす名詞と '이다' に用いられ〕時間的条件を表わす。

例 ▪ 김장 날이**면** 동네 아주머니들이 일을 거들었다. (キムジャン(一冬分のキムチの漬け込み)の日には近所のおばさんたちが仕事を手伝った。)

  ▪ 나는 주말이**면** 유적지를 찾아 나선다. (私は週末になれば遺跡地を訪ねに出かける。)

  ▪ 더운 여름이**면** 냇가에서 물놀이를 한다. (暑い夏には川のほとりで水遊びをする。)

  ▪ 얼마 안 있**으면** 추석이다. (しばらくすれば秋夕 (陰暦 8 月 15 日のこと) だ。)

4. 決まってそうなるという法則的な条件を表わす。

例 ▪ 꼬리가 길**면** 밟히는 법이다. (尻尾が長ければ踏まれるものである (悪さを繰り返せばついには見つかってしまうこと)。)

  ▪ 누구나 세월이 가**면** 늙는 법이야. (誰でも歳月が経てば老いるものだよ。)

  ▪ 노인이 따로 있는 것이 아니라 젊은이가 늙**으면** 노인이 되는 것이다. (老人が他にいるのではなく、若者が老いると老人になるのである。)

  [参考] '-게 되다 (〜することになる), -는 것이다 (〜するのである), -는 법이다 (〜するものだ)' 等の断定を表わす語と共に用いられる。

5. 習慣的な条件や反復的な条件を表わす。

例 ▪ 평소에는 잘 하다가도 시험장에만 가**면** 긴장되고 떨려. (普段はよくできても，試験場に行くと必ず緊張して震えるんだよ。)

▪ 거기 가기만 하**면** 꼭 그를 만나게 되네. (そこに行きさえすれば，必ず彼に会うことになるね。)

▪ 길에서 개를 만나**면** 언제나 쓰다듬는 버릇이 있다. (道で犬を見かけると，いつもなでる癖がある。)

参考 '-면 꼭' や '-면 반드시' の形でよく用いられる。

2. 仮定を表わす

1. 〔可能性がさほどないことについて〕そのようにしたいという仮定を表わす。

例 ▪ 내가 백만장자가 되**면** 너한테 비싼 자동차 사 줄게. (ぼくが百万長者になったら，君に高い自動車を買ってやるよ。)

▪ (여름에) 지금이 겨울이**면** 스키 타러 갈 텐데. ((夏に) 今が冬だったら，スキーをしに行くのに。)

▪ 내가 미국에서 태어났**으면** 영어를 잘 했겠지. (私がアメリカで生まれていたら，英語が上手だったろうね。)

参考 この場合 '-는다면，-라면' 等に置き換えることができる。意味の違いについては以下のアドバイス (p.482) を参照。

2. 〔'-면 하다／싶다／좋겠다' 等の形で用いられ〕希望や願いを表わす。

例 ▪ 바닷가에 한 번 다녀오**면** 좋을 텐데. (海辺に一度行って来られたらいいのになあ。)

▪ 아빠, 우리도 한국에서 살**면** 좋겠어. (お父さん，ぼくたちも韓国で暮らせたらいいよね。)

▪ 저 아이에게 청소라도 좀 시켰**으면** 해요. (あの子に掃除でもちょっとさせたいんですけどね。)

▪ 나는 네가 우리 집에 자주 왔**으면** 해. (ぼくは君がうちにたくさん来てくれたらいいなと思うよ。)

▪ 이번 가을에 이사를 했**으면** 좋겠어요. (今年の秋に引っ越したいですね。)

▪ 너무 답답해서 어디라도 좀 다녀왔**으면** 싶은 마음이 생겼다. (あま

りに息苦しいので，どこでもいいから出かけて来たい気持ちになった。)

関連語 -았으면 싶다, -았으면 하다

参考 '-았-'の後に用いられることもあるが，このときの'-았-'は過去の時制を表わすものではなく，希望する内容が完全に成し遂げられること（完了）を表わすものである。

3. 後の事柄の根拠等を表わす

1. 後の事柄を述べるときの根拠となることを表わす。

例
- 자세히 뜯어보**면** 결코 잘 생긴 얼굴이 아니다. (よくよく見ると，決してハンサムな顔ではない。)
- 진수가 오늘 잘 노는 것을 보**면** 병이 좀 나은 모양이다. (チンスが今日元気に遊ぶのを見ると，病気が少し良くなったようである。)
- 나도 알고 보**면** 좋은 사람이야. (ぼくも本当は良い人間なんだよ。)

参考 後の事柄に叙述文が用いられる。また'-거든'に置き換えることはできない。

2. 〔例を挙げて説明する表現と共に用いられ〕後の内容を説明することを表わす。

例
- 다시 말하**면** 진리는 말로 표현할 수 없다는 것이다. (言い換えれば，真理は言葉で表現できないということである。)
- 일반적으로 말하**면** 한국이 이에 속한다. (一般的に言うと，韓国がこれに属する。)
- 바꿔 말하**면** 성공하기 위해서는 끊임없이 노력해야 한다. (換言すれば，成功するためには絶えず努力しなければならない。)
- 한마디로 요약하**면** 다음과 같다. (一言でまとめると，次の通りである。)
- 생각하**면** 너도 참 좋은 사람이다. (思えばお前も実に良い人間だ。)

4. 終結語尾のように用いられる

1. 〔'-았으면'の形で後の語句が省略され〕そうなるよう願ったり希望したりすることを表わす。

例
- 이번에는 꼭 합격했**으면**. (今度はなんとしても合格できたらなあ。)
- 나도 너처럼 운동을 잘 했**으면**. (ぼくも君みたいにスポーツが上手だったらなあ。)
- 올해는 꼭 고향에 가 봤**으면**. (今年は是非とも故郷に帰れたらなあ。)

- 남북이 모두 행복하고 사이좋게 잘 살았**으면**. (南北どちらも幸せで仲良く無事に暮らせたなら。)

参考 '꼭 합격했**으면** 좋겠어. (なんとしても合格できたらいいのになあ。)' のような文の後の語句が省略されたものと見なすことができる。

アドバイス

'条件'を表わす '-면' と '-는다면' の比較：

-면は現実性を容易に信じることのできる条件を表わす点で直接的なのに対し、-는다면は仮定して条件とするものなので、そのような事柄の起こる可能性が低かったり、あまりなかったりすること、あるいは事実ではないことを仮定するときに用いられる。

訳注 '-는다면' と '-ㄴ다면' の違いについては '-는다면' (p.219) を参照。

例1：비가 **오면** 소풍을 안 간다. (雨が降れば遠足に行かない。)

例2：비가 **온다면** 소풍을 안 간다. (雨が降るなら遠足に行かない。)

例1は実際に雨が降った場合を条件とし、例2は雨が降ることを仮定して条件としている。

例3：21세기가 **되면** 과학이 발달할 것이다. (21世紀になれば科学が発達するだろう。)

例4：21세기가 **된다면** 과학이 발달할 것이다. (??)

例3は自然な文であるが、例4は現実的な時間の流れを仮定的な条件として述べたために不自然な文になっている。

-면 되다

【그냥 오시**면 돼요**. (手ぶらでいらっしゃればいいですよ。)】

結合情報 ☞ -면²

慣用句

1. '他のことはさておき、その条件を備えさえすればよいこと'を表わす。

例 ▪ 진수：제가 뭘 가지고 갈까요？ (チンス：私は何を持って行きましょうか？)

　　유미：그냥 오시**면 돼요**. (ユミ：手ぶらでいらっしゃればいいですよ。)

▪ 신용 카드를 잃어버렸어요. 어디로 전화하**면 돼요**？ (クレジットカードを無くしてしまいました。どこに電話すればいいですか？)

- 은행으로 가**면 돼요**. (銀行に行けばいいですよ。)
- 저는 교통만 편리하**면 돼요**. (私は交通の便さえ良ければけっこうです。)

> **アドバイス**
>
> '-면 되다' と '-아도 되다' の比較：
>
> '-면 되다' は何らかの条件を備えさえすればよいことを表わすのに対し，'-아도 되다' は '許可' や '許容' を表わすものである。
>
> 例1：카드로 계산**해도 됩니다**. (カードで支払ってもかまいません。)
> 　　　지금 나**가도 돼요**？ (今出かけてもいいですか？)
> 　　　내일은 학교에 오지 않**아도 돼요**. (明日は学校に来なくてもいいです。)
>
> 上の例文は，カードで支払ってもいいこと，今出かけてもいいこと，明日学校に来なくてもいいことを許容するものである。

-면 -ㄹ수록 【하면 할수록~（やればやるほど~）】

結合情報 ☞ -면²

慣用句

1. その程度が甚だしくなることを表わす。

例
- 방송국 일은 하**면 할수록** 어려운 것 같아요. (放送局の仕事はやればやるほど大変なようです。)
- 해가 가**면 갈수록** 우리의 문명은 더욱 복잡해지고 있다. (歳月が経てば経つほど我々の文明はいっそう複雑になっている。)

-면 몰라도 【그 쪽에서 오면 몰라도~（あちらから来るならともかく~）】

結合情報 ☞ -면²

慣用句

全体参考 1. '-라면 몰라도／-는다면 몰라도／-자면 몰라도' の形でも用いられる。
例 그 쪽에서 **온다면 몰라도** 우리가 갈 수는 없어요. (あちらから来るというならともかく，私たちが行くことはできません。) 2. '-라면 몰라도／-는다면 몰라도／-자면 몰라도' を用いると実現しにくい仮定を表わす。

1. 実現しにくい条件を挙げながら，その後の内容を強調して述べることを表わす。

例
- 그 쪽에서 **오면 몰라도** 우리가 갈 수는 없어요．（あちらから来るならともかく，私たちが行くことはできません。）
- 거짓말을 **하면 몰라도** 진수가 일등 했을 리는 없을 것이다．（嘘をついているならいざ知らず，チンスがトップになったはずはないだろう。）
- 숙제를 다 **했으면 몰라도** 그 전에는 친구랑 놀 수 없어．（宿題を全部やったならともかく，その前には友達と遊べないよ。）
- **너라면 몰라도** 다른 사람이랑은 같이 안 갈래．（君だったらまだしも，他の人とは一緒に行かないよ。）

-면서 【텔레비전을 보면서～（テレビを見ながら～）】

『-면서は終声字の無い動詞と形容詞，'ㄹ'終声字で終わる動詞と形容詞そして'이다'の後に，-으면서は'ㄹ'以外の終声字のある動詞と形容詞そして'-었-'の後に用いられる』

語尾 連結語尾

例 가면서，비싸면서，알면서（알다），달면서（달다），학생이면서，먹으면서，높으면서，잡았으면서

---

1. 動作が同時に成立することを表わす

類義 -며²

全体参考 先行節と後行節の主体は同じである。

1. 〔動作を表わす動詞に用いられ〕前の事柄と後の事柄の動作が同時に起こることを表わす。

例
- 나는 텔레비전을 **보면서** 밥을 먹었다．（私はテレビを見ながらご飯を食べた。）
- 차를 **마시면서** 이야기를 할까요？（お茶を飲みながら話をしましょうか？）
- 운전**하면서** 전화하지 마십시오．（運転しながら電話しないで下さい。）
- 진수는 비를 **맞으면서** 택시를 기다리고 있었다．（チンスは雨に濡れながらタクシーを待っていた。）

- 그녀가 웃**으면서** 말했다. (彼女が笑いながら言った。)

2. 二つの事柄が共に含まれていることを表わす

1. 〔形容詞に用いられ〕二つ以上の事柄や状態が同時に現われることを表わす。

例 ■ 부드러우**면서** 가벼운 옷감. (柔らかくて軽い生地。)
- 바다는 푸르**면서**도 검은 물빛을 반짝이고 있었다. (海は青黒い海水をキラキラと輝かせていた。)
- 그런데 참 신기하**면서**도 고마운 것이 있습니다. (ところで実に不思議な上に、ありがたいことがあります。)

[類義] -며²

[参考] 補助詞 '도' が共に用いられ、その意味を強調することもある。

例 ■ 자연은 인간의 어머니이**면서** 삶의 고향이다. (自然は人間の母であると共に、命の故郷である。)
- 그 분은 좋은 학자이**면서** 경건한 신앙인이기도 했다. (その方は優れた学者であると同時に、敬虔な信仰人でもあった。)

[類義] -며²

[参考] 〔'이다' に用いられ〕二つ以上の資格を同時に兼ねることを表わす。

2. ある行動や状態が続いているときに他の動作や状態が現われることを表わす。

例 ■ 사랑을 잃**으면서** 자신을 잃었다. (愛を失うと共に、自信を失った。)
- 돈도 못 받**으면서** 그런 일까지 왜 해요? (お金ももらえないのに、そんなことまでなぜするのですか?)
- 이 약 저 약 사 먹**으면서** 견뎌 보았다. (あの薬この薬と買って飲んでは我慢した。)

3. 前の動作や状態が始まることで、後の動作や状態が現われることを表わす。

例 ■ 5월이 되**면서** 벌써 더워지기 시작했다. (5月になると、もう暑くなり始めた。)
- 나는 나이가 들어가**면서** 돈이 전부가 아니라는 생각을 하게 되었다. (私は年を取るにつれ、お金が全てではないと考えるようになった。)

- 날씨가 풀리**면서**부터 여기저기 물웅덩이가 생겨났다. （天気が和らぐにつれ，あちこちで水たまりができた。）

類義 -며²

参考 1. 前の事柄と後の事柄が同時に起こるのではない。 2. '-면서부터'の形でも用いられる。

3. 対立する関係を表わす

1. 前と後の事柄，動作，状態が対立していることを表わす。

例
- 자기는 놀**면서** 우리만 청소를 시킨다. （自分は遊んでいるくせに，私たちにだけ掃除をさせる。）
- 제가 바보이**면서** 남을 바보라고 한다. （自分が馬鹿のくせに，人を馬鹿だと言う。）
- 그 사람은 부자이**면서**도 늘 헌옷만 입고 다녀요. （その人は金持ちなのに，いつもボロ服ばかり着て過ごしています。）
- 유미는 나를 알**면서**도 모르는 척했다. （ユミは私のことを知っているのに，知らないふりをした。）
- 그 사람을 미워하**면서**도 한편으로는 그리워하는 마음이 들어요. （その人を憎みながらも，一方では慕う気持ちになります。）
- 나는 그 소리를 들었**으면서**도 못 들은 척 가만히 있었다. （私はその音を聞いたのに，聞こえないふりをしてじっとしていた。）

参考 1. '-았-'の後に用いられる。例 자기도 놀았으면서… （自分も遊んだくせに…） 2. 補助詞'도'が共に用いられ，その意味を強調することもある。例 지금 화를 내면서**도** 아니라고 한다. （今怒っているのに，違うと言う。）

アドバイス

'-면서'と'-며'の比較：☞ '-며'のアドバイス2 (p.477)

-면 안 되다

【이 곳에 주차하면 안 돼요. (ここに駐車してはいけません。)】

結合情報 ☞ -면²

慣用句

類義 -아서는 안 되다

全体参考 '-아도 되다'は許可を表わす。例 이 곳에는 주차**해도 됩니다**. (ここには駐車してもかまいません。)

1. ある行動をしないよう禁止することを表わす。

例 ▪ 이 곳에 주차하**면 안 돼요**. (ここに駐車してはいけません。)
  ▪ 도서관에서는 떠들**면 안 됩니다**. (図書館では騒いではいけません。)
  ▪ 이 영화는 미성년자가 보**면 안 된다**. (この映画は未成年者が見てはいけない。)

-면 좋겠다

【우리 집에 오면 좋겠다. (うちに来ればいいのに。)】

結合情報 ☞ -면²

慣用句

全体参考 現実と異なることや現実で成り立ち得ない状況を仮定することもある。例 키가 5센티미터만 더 컸**으면 좋겠다**. (背があと5センチだけ高かったらいいのに。)

1. 話し手の望みや願いを表わす。

例 ▪ 네가 우리 집에 오**면 좋겠다**. (君がうちに来ればいいのに。)
  ▪ 이 옷에 어울리는 구두를 사**면 좋겠는데요**. (この服に合う靴が買えたらいいのですが。)
  ▪ 내일은 비가 안 왔**으면 좋겠어**. (明日は雨が降らなかったらいいのにね。)
  ▪ 이런 마을에서 살**면 좋겠어**. (こんな村で暮らせたらいいのにね。)

-면 -지

【돈이 모자라면 모자라지~ (お金が足りないことはあっても~)】

結合情報 ☞ -면²

慣用句

1. 〔'-면 -지 ~않다'の形で用いられ〕前の内容を仮定したとしても、後の内容にはならないことを強調して述べるときに用いられる。

例 ▪ 돈이 모자라**면** 모자라**지** 남지는 않아요. (お金が足りないことはあっても, 余ることはありません。)

▪ 옷을 사**면** 사**지** 빌려 입지는 않겠어요. (服を買うことはあっても, 借りて着たりはしません。)

2. 〔'-면 -았지 ~않겠다'の形で用いられ〕前の行動はするとしても, 後の行動はしないだろうという意味を表わす。

例 ▪ 잠을 자**면** 잤**지** 그런 데에는 가지 않겠다. (寝てた方がましさ, そんな所には行かないよ。)

▪ 죽**으면** 죽었**지** 항복하지 않겠다. (死んでこそすれ, 降伏などするものか。)

▪ 굶**으면** 굶었**지** 빌어먹지는 않겠다. (飢えてこそすれ, 物乞いなどはするものか。)

-므로 【사계절이 뚜렷하**므로**~ (四季がはっきりしているので~)】

『-므로は終声字の無い動詞と形容詞, 'ㄹ'終声字で終わる動詞と形容詞そして'이다'の後に, -으므로は'ㄹ'以外の終声字のある動詞と形容詞そして '-았-', '-겠-'の後に用いられる』

語尾 連結語尾

例 가**므로**, 비싸**므로**, 알**므로** (알다), 달**므로** (달다), 학생이**므로**, 먹**으므로**, 높**으므로**, 잡았**으므로**, 잡겠**으므로**

類義 -기에¹, -니³

全体参考 1. 後の事柄には前の事柄の結果を表わす内容が現われる。 2. 日常的な話し言葉よりも主に論理的な書き言葉に用いられる。

訳注 '-느라고' (p.190), '-니까' (p.262) '-아서' (p.539) を参照。また、'-기에¹' のアドバイス1 (p.104) を参照。

1. 前の事柄が後の事柄の根拠になることを表わす。'~ので (-기 때문에)' の意味。

例 ▪ 한국은 사계절이 뚜렷하**므로** 지내기가 좋다. (韓国は四季がはっきりしているので過ごしやすい。)

▪ 위의 사람은 타의 모범이 되**므로** 이에 표창함. (上の者は他の模範となるので, ここに表彰す。)

- 진수는 고등학생이**므로** 술집에 갈 수 없다. (チンスは高校生なので飲み屋に行くことができない。)
- 중국에 갔을 때에는 11월이었**으므로** 나뭇잎이 다 떨어져 있었다. (中国に行ったのは11月だったので、木の葉がすっかり落ちていた。)
- 그의 말이 사실이겠**으므로** 더 이상 논의할 필요가 없다. (彼の話は事実であろうから、これ以上議論する必要が無い。)

アドバイス1

'-므로' と '-기에' の比較： ☞ '-기에' のアドバイス1（p.104）

アドバイス2

'-므로' と '-아서' の区別：
会話の最初の発話で '原因' の意味を含んだ文を述べるときは '-아서' を用い、'-므로' は用いない。

アドバイス3

'-므로' と 'ㅁ으로써' の区別：
'-므로' は理由を表わし、'-ㅁ으로써' は手段や方法を表わす。'-므로' は '-므로써' とならないが、'-ㅁ으로' は '-ㅁ으로써' との置き換えが可能である。
例1： 꽃을 수출**함으로써** 돈을 번다. (○)（花を輸出することで金を稼ぐ。）
例2： 꽃을 수출하므로써 돈을 번다. (×)

-므로써

仮見出し語

全体参考 用言を名詞化する語尾 '-ㅁ' に助詞 '으로써' の付いた '-ㅁ으로써' を誤って分析したものである。

1. '-ㅁ으로써' の誤り。 ☞ -ㅁ으로써 (p.461)

例 ▪ 사람이란 사람다운 지조가 **있음으로써** (○)／있으므로써 (×) 사람인

것이 아닙니까? (人間とは人間らしい固い志があることで，人間なのではありませんか？)
- 토의를 **함으로써** (○)／하프로써 (×) 서로 경험을 나누게 된다. (討議をすることで，互いに経験を分かち合うようになる。)

-ㅂ니까 【무엇을 **합니까**？(何をしていますか？)】

『-ㅂ니까は終声字の無い動詞と形容詞，'ㄹ' 終声字で終わる動詞と形容詞の 'ㄹ' 脱落形そして '이다' の後に，-습니까は 'ㄹ' 以外の終声字のある動詞と形容詞そして '-았-'，'-겠-' の後に用いられる』

[語尾] 終結語尾
[最も敬意が高い] 職場の上司や目上の人に (公式的)

[例] 갑니까, 예쁩니까, 압니까 (알다), 깁니까 (길다), 학생입니까, 먹습니까, 좋습니까, 먹었습니까, 먹겠습니까

---

1. 話し手が聞き手にある動作，状態，事柄を丁寧に尋ねることを表わす。

例 - 진수는 지금 무엇을 **합니까**? (チンスは今何をしていますか？)
  - 저 사람이 누구**입니까**? (あの人は誰ですか？)
  - 이것은 무엇**입니까**? (これは何ですか？)
  - 화장실은 어디에 있**습니까**? (トイレはどこにありますか？)

2. [疑問文の形式だが答えを要求しない形で用いられ] その内容をより強調して述べることを表わす。

例 - 우리 가족이 이렇게 건강한 것이 얼마나 감사**합니까**? (うちの家族がこんなに健康でいられるのは，どれほどありがたいことでしょうか？)
  - 앞으로 수많은 인력과 인재가 필요할 텐데 왜 인구를 줄**입니까**? (今後，数多くのマンパワーと人材が必要なはずですから，人口は減らしませんよ。)
  - 세상에 그런 법이 어디 있**습니까**? (まったく，そんな話がどこにありますか？)

-ㅂ니다

【학교에서 일합니다. (学校で働いています。)】

『-ㅂ니다は終声字の無い動詞と形容詞, 'ㄹ' 終声字で終わる動詞と形容詞の 'ㄹ' 脱落形そして '이다' の後に, -습니다は 'ㄹ' 以外の終声字のある動詞と形容詞そして '-았-', '-겠-' の後に用いられる』

[語尾] 終結語尾

[最も敬意が高い] 職場の上司や目上の人に (公式的)

[例] 갑니다, 예쁩니다, 압니다 (알다), 깁니다 (길다), 학생입니다, 먹습니다, 좋습니다, 먹었습니다, 먹겠습니다

1. 話し手が聞き手に現在の動作, 状態, 事柄を丁寧に知らせることを表わす。

例 ▪ 저는 학교에서 일합니다. (私は学校で働いています。)
　▪ 사람을 기다립니다. (人を待っています。)
　▪ 저는 야구를 좋아합니다. (私は野球が好きです。)
　▪ 미안합니다. (すみません。)
　▪ 사랑합니다. (愛しています。)

-ㅂ시다

【우리 같이 갑시다. (ねえ, 一緒に行きましょう。)】

『-ㅂ시다は終声字の無い動詞, 'ㄹ' 終声字で終わる動詞の 'ㄹ' 脱落形の後に, -읍시다は 'ㄹ' 以外の終声字のある動詞の後に用いられる。また一部の形容詞の後にも用いられる』

[語尾] 終結語尾

[やや敬意が高い] 老夫婦の間, 目下の人をやや敬って (成人語)

[例] 갑시다, 놉시다 (놀다), 먹읍시다, 부지런합시다, 충실합시다

[類義] -세, -자¹

[全体参考] 1. 話し言葉に用いられる。 2. 尊敬の '-시-' が用いられた '-십시다' は '-ㅂ시다' よりもさらに敬意を高めて述べることを表わす。 [例] 형님, 우리하고

같이 **갑시다**/가**십시다**. (お兄さん，ぼくたちと一緒に行きましょう。)
1. ある行動を一緒にやるよう勧誘することを表わす。
   例 ▪ 우리 같이 **갑시다**. (ねえ，一緒に行きましょう。)
   ▪ 당장 나**갑시다**. (直ちに出かけましょう。)
   ▪ 자, 우리 한 잔 **합시다**. (じゃ，一杯やりましょう。)
   ▪ 우리 먼저 먹**읍시다**. (ねえ，先に食べましょう。)
2. 聞き手にそうするよう要求することを表わす。
   例 ▪ 나 좀 **봅시다**. (ちょっと顔を貸して下さい。)
   ▪ 거 좀 조용히 **합시다**. (さあ，ちょっと静かにしましょう。)
   ▪ 표 좀 **팝시다**. (チケットを売って下さい。)
   ▪ 담배 좀 피우지 **맙시다**. (タバコを吸うのは止めましょうよ。)
3. 話し手がそうすることについて，聞き手の了解を得ようとするときに用いられる。
   例 ▪ 택시 좀 같이 **탑시다**. (タクシーに相乗りさせて下さい。)
   ▪ 담뱃불 좀 빌**립시다**. (タバコの火をちょっと貸して下さい。)
   ▪ 운전사 양반, 나 좀 내**립시다**. (運転手さん，私をちょっと降ろして下さい。)
   ▪ 그렇다면 하나 더 물어 **봅시다**. (それでしたら，もう一つお尋ねしましょう。)
   参考 主体は話し手である。
4. 〔'치다 (見なす), 하다 (する)' 等と共に用いられ〕勧誘する意味はなく，そうであると仮定することを表わす。
   例 ▪ 당신 말이 백 번 다 옳다고 **칩시다**. (あなたの言葉が一から百まで全部正しいとしましょう。)
   ▪ 여보, 산책 나온 셈 **칩시다**. (あなた，散歩に出て来たことにしましょうよ。)
   ▪ 여기 사랑하는 사람이 있다고 **합시다**. (ここに愛する人がいるとしましょう。)

밖에 【다섯 명**밖에** 안 왔어요. (5人しか来ませんでした。)】

『終声字の有無にかかわらず**밖에**が用いられる』

[助詞] 補助詞

例 너**밖에**, 지금**밖에**

[関連語] 만¹, 뿐

[全体参考] 話し手がその事柄に満足していないことを表わすときもある。

1. 〔否定の内容を表わす文で名詞, 副詞, '-기', '-아서'等に付き〕'～以外には', '～の他には'の意味。

例 ▪ 다섯 명**밖에** 안 왔어요. (5人しか来ませんでした。)
  ▪ 점심 시간이 20 분**밖에** 안 남았어요. (昼食の時間が20分しか残っていません。)
  ▪ 짐은 트렁크 하나**밖에** 없어요. (荷物はトランク一つしかありません。)
  ▪ 그렇게**밖에** 할 수 없었어. (そのようにしかできなかったよ。)
  ▪ 회사까지는 두 정류장**밖에** 안 된다. (会社までは停留所二つ分しかかからない。)

アドバイス1

'밖에'と'만'の比較:

'밖에'が用いられた否定表現と'만'が用いられた肯定表現の意味するところは同じである。

例1: 우리 반에는 여자들**밖에** 없다. (うちのクラスには女子しかいない。)
  →우리 반에는 여자들**만** 있다. (うちのクラスには女子だけいる。)
例2: 그들은 노는 것**밖에** 모른다. (彼らは遊ぶことしか知らない。)
  →그들은 노는 것**만** 안다. (彼らは遊ぶことだけ知っている。)

> **アドバイス 2**
>
> '밖에' と '외에':
> 一定の範囲内に入らないことを示すとき '밖＋에' を使用することがあるが，これは '외에' に置き換えることもできる。このときの '밖' は名詞である。その意味は '一定の限度や範囲に入らない残りの他の部分や事柄' である。
>
> 例1：이 교실에는 학생들과 선생님들, 그 **밖에**／그 **외에** 학부모들까지 있어 발 디딜 틈이 없다. (この教室には学生と先生，その他に父兄までおり，足の踏み場が無い。)
>
> 例2：이 **밖에도** 다른 가설이 많다. (この他にも多くの仮説がある。)

보고

【토마스 씨**보고** 몸조리 잘 하라고～
(トーマスさんにお体に気をつけるよう～)】
『終声字の有無にかかわらず**보고**が用いられる』
[助詞]　副詞格助詞

[例] 아내**보고**, 남편**보고**
副詞語を表わす

[類義] 더러, 에게, 한테

[全体参考] 話し言葉に用いられる。

1. 〔主に人を表わす語に付き〕間接引用の内容で指示を受ける人を表わす語に付いて用いられ，'에 (더러, 에게)' の意味を表わす。

例 ■ 토마스 씨**보고** 몸조리 잘 하라고 전해 주세요. (トーマスさんにお体に気をつけるよう伝えて下さい。)
　　■ 나**보고** 같이 가자고？ (私に一緒に行こうって？)
　　■ 누가 너**보고** 가랬니？ (誰がお前に帰れって？)
　　■ 나**보고** 어떡하란 말이에요. (私にどうしろと言うんですか。)
　　■ 누가 당신**보고** 먹지 말라고 했어. (誰がお前に食べるなって言ったんだ。)
   [参考] 後に '-다', '-냐', '-라', '-자' 形の節が用いられる。

2. 〔行動が及ぶ対象を表わす語に付いて用いられ〕'에 (에게)', '을 (를)' の意味。

例 ■ 나**보고** 욕하지 마세요. (私に悪口を言わないで下さい。)

- 나**보고** 손가락질하더니 혹 너마저 나를 조롱하는 것은 아니겠지?
  (私に後ろ指をさしていたが、ひょっとしてお前まで私を馬鹿にするのじゃないだろうな？)
- 누구**보고** 원망하겠니. (誰のことを恨めようか。)

[参考] '욕하다 (悪口を言う)、손가락질하다 (後ろ指をさす)'のように'-다고'形の節を持つ動詞と共に用いられる。

3. 尋ねたりするような行動が及ぶ対象であることを表わす。'に (에게)' の意味。

例
- 왜 자꾸 나**보고** 물어 봐. (なんで何度も私に聞くんだ。)
  - 누구**보고** 하는 소린지 모르겠네. (誰に言ってることなのかしらね。)
  - 당신**보고** 한 말이 아니니까 그만둡시다. (あなたに言ったことじゃないから、もうやめましょう。)

[参考] '묻다 (尋ねる)、하다 ((소리, 말等と共に) 言う)'のような動詞と共に用いられる。

アドバイス

'보고' と '에게' の比較：

'보고' は '에게' の意味だが、'에게' に比べ、共に用いられる動詞が制約される。'보고' は間接引用文や '말하다 (言う)、묻다 (尋ねる)、욕하다 (悪口を言う)' 等と共に用いられ、直接対面して話す状況でのみ用いられる。

例1：김 선생님**보고** 전화했다. ／편지를 썼다. (×)
例2：김 선생님**에게** 전화했다. ／편지를 썼다. (○)
　　　(金先生に電話した。／手紙を書いた。)

'電話したり手紙を書いたりすること' のように直接対面しないときは '에게' が用いられ、'보고' は用いられない。

보다

【버스**보다** 조금 빠릅니다. (バスより少し速いです。)】

『終声字の有無にかかわらず보다が用いられる』

[助詞] 副詞格助詞

[例] 아내**보다**, 남편**보다**

副詞語を表わす

[全体参考] 1. '더 (もっと), 더욱 (いっそう), 훨씬 (はるかに)' 等の副詞が現われやすい。 2. 比較しながら特に対照を表わすときは '보다는' や '보담' の形が用いられることもある。例 생각**보다는**／**보담** 돈이 많이 들어요. (思ったよりもお金がたくさんかかります。)

1. 〔互いに違いのあるものを比較する場合, 比較の対象となる語に付いて用いられ〕'～に比べて' の意味。

例 ▪ 지하철이 버스**보다** 조금 빠릅니다. (地下鉄がバスより少し速いです。)
  ▪ 제가 제임스**보다** 6개월 빨리 왔어요. (私がジェームスより6カ月早く来ました。)
  ▪ 제 방이 그 방**보다** 좀 더 커요. (私の部屋がその部屋よりもちょっと大きいです。)
  ▪ 여자가 남자**보다** 더 오래 산다. (女性が男性よりも長生きする。)
  ▪ 생각**보다** 돈이 많이 들어요. (思ったよりお金がたくさんかかります。)

アドバイス

'보다' の特徴 :

年齢の比較等では程度を比較するのではないので '더 (もっと), 더욱 (いっそう), 훨씬 (はるかに)' 等の副詞は用いられない。

例 1 : 우리**보다** 3년 선배였던 그 언니. (○)
　　　(私たちより3年先輩だった, あのお姉さん。)
　　　우리보다 3년 **더** 선배. (×)

例 2 : 우리 언니는 나**보다** 두 살 위이다. (○)
　　　(うちの姉は私より二つ上だ。)
　　　우리 언니는 나보다 두 살 **더** 위이다. (×)

부터 【오후 세 시**부터** 네 시까지 (午後3時から4時まで)】

『終声字の有無にかかわらず**부터**が用いられる』

[助詞] '〜**부터** 〜'の形で用いられる

[例] 어제**부터**, 오늘**부터**, 내년**부터**

[全体参考] 1. '에서부터'や'로부터'の形でも用いられる。 2. 〔〜에서부터 〜까지〕〔〜에서 〜까지〕〔〜부터 〜까지〕の形で用いられる。[例] 봄**에서부터** 가을**까지**／봄**에서** 가을**까지**／봄**부터** 가을**까지**。 (春から秋まで。)

1. 〔時間を表わす語に付き〕ある事柄に関連した範囲の開始点を表わす。'ある時期が始まるときに続き, その後に'の意味。

例 ▪ 정문에서 오후 세 시**부터** 네 시까지 기다리겠습니다. (正門で午後3時から4時まで待っています。)
  ▪ 13 세**부터** 59 세 사이의 남자. (13歳から59歳の間の男性。)
  ▪ 오늘**부터** 날마다 편지를 쓸지도 모릅니다. (今日から毎日手紙を書くかも知れません。)
  ▪ 사춘기**부터** 남녀의 모습은 뚜렷하게 차이가 난다. (思春期から男女の体つきは目に見えて違いが出てくる。)

[助詞] 補助詞

1. 〔ある行動の主体や対象を表わす語に付き〕'まずそれから始めること'を表わす。

例 ▪ 집에 들어오면 손**부터** 씻어라. (家に帰ったらまず手を洗いなさい。)
  ▪ 화가 났는지 여자는 뺨**부터** 한 차례 때렸다. (腹が立ったのか, 女はまずほっぺたを1回ぶった。)
  ▪ 사랑하지도 않으면서 결혼**부터** 하면 어떻게 하니? (愛してもいないのに, 結婚なんかしちゃっていいの?)
  ▪ 우리는 자리에 앉자마자 술**부터** 마셔 댔다. (私たちは席に着くやいなや, まず酒から飲みまくった。)

[参考] 1. 時間の意味を持たない語に付いて用いられる。 2. '우선 (まず), 먼저 (先に)'等と共に用いられることもある。

2. それが他の行為や状態の基本になることを表わす。

例 ▪ 우선 생각**부터** 옳아야 할 것이다. (まず考えから正しくあるべきだろう。)
　　▪ 제비가 박씨를 물어다 준 일**부터** 예사롭지 않다. (ツバメがひょうたんの種をくわえて持って来てくれたことからして不思議である。)
3. 話し手がある行為について一般的な時間よりも早く行われたと思ったときに用いられる。
例 ▪ 피곤한지 초저녁**부터** 졸렸다. (疲れたのか，宵の口から眠かった。)
　　▪ 대낮**부터** 웬일이세요？ (真っ昼間からどうしたんですか？)
　　▪ 그런데 식전**부터** 웬일이니？ (ところで朝っぱらからどうしたの？)
　[参考] 1.'까지'とは共に用いることができない。2.'서부터'の形でも用いられる。
4. 〔'당초(当初), 본시(本来), 원래(元来)'等'はじめ'を意味する語に付いて用いられ〕前接語を単に強調することを表わす。
例 ▪ 그래，난 본래**부터** 그런 사람이야. (そうさ，ぼくははじめからそういう人間だよ。)
　　▪ 아버지는 원래**부터** 남을 야단치지 못할 만큼 마음이 약하시다. (父は元から人を叱りつけることができないほど気が弱い。)
　[参考] '부터'を省略することができる。例 나는 **본래** 그런 사람이야. (ぼくは元々そういう人間だよ。)

뿐 【가족**뿐**이다. (家族だけである。)】

『終声字の有無にかかわらず뿐が用いられる』
[助詞] 補助詞

例 소리**뿐**, 말**뿐**, 소문**뿐**

[類義] 만¹
[関連語] 밖에

1. 〔'～뿐이다'の形で用いられ〕'～があるだけで，他のものは無い'の意味。
例 ▪ 우리가 믿고 의지할 것은 가족**뿐**이다. (私たちが信じて頼れるのは家族だけである。)
　　▪ 제가 할 줄 아는 한국말은 인사말**뿐**이에요. (私が話せる韓国語は挨拶の言葉だけです。)

- 휴가가 일 년에 5 일**뿐**이다. (休暇は1年に5日だけだ。)
2. 〔'〜뿐'の形で用いられ〕'〜があるだけで'の意味。
例 ▪ 주룩주룩 떨어지는 빗소리**뿐** 사방이 조용했다. (ざあざあと降り注ぐ雨音ばかりで，周囲は静かだった。)
  ▪ 어둠과 바람 소리**뿐** 어디에도 불빛 하나 없었다. (暗闇と風の音だけで，どこにも明かり一つ無かった。)

  参考 '뿐'の後に休止がある。

3. 〔'〜뿐 아니다'の形で用いられ〕'〜だけに限って言うこと'の意味。
例 ▪ 제인이 놀라운 것은 한국말 솜씨**뿐**만은 아니었다. (ジェーンのことで驚いたのは韓国語の実力だけではなかった。)
  ▪ 급한 것은 너**뿐** 아니야. (急いでいるのはお前だけじゃないよ。)

  参考 しばしば'비단 〜뿐만 아니다 (単に〜だけではない)'の形で用いられる。

4. 〔'〜뿐(만) 아니라'の形で用いられ〕'それ以外にもさらに'の意味。
例 ▪ 저는 경주**뿐** 아니라 부여에도 여러 번 다녀왔어요. (私は慶州だけでなく扶余にも何度か行って来ました。)
  ▪ 서울의 남대문 시장은 한국에서**뿐**만 아니라 세계적으로 잘 알려진 곳입니다. (ソウルの南大門市場は韓国でのみならず，世界的によく知られた所です。)

アドバイス

依存名詞 '뿐':

'-ㄹ 뿐이다'に用いられた'뿐'は依存名詞なので分かち書きする。

例1 : 아까부터 아무리 달래도 울기만 할 **뿐이다**. (さっきからいくらなだめても泣いてばかりだ。)

　　　그가 나를 이해해 주기만을 바랄 **뿐이다**. (彼が私を理解してくれることだけを望むばかりだ。)

서¹ 【둘이서 살고 있어요. (二人で暮らしています。)】

『終声字の無い一部の語の後に用いられる』

[助詞] 主格助詞

例 혼자서, 둘이서, 셋이서

主語を表わす

1. 〔'혼자 (一人)', '둘이 (二人)', '셋이 (三人)', '넷이 (四人)' 等のように人の数を表わす語に付いて用いられ〕その語が主語であることを表わし, その '数' を強調する。

例 ・우리 둘이서 살고 있어요. (私たち二人で暮らしています。)
- 혼자서 식사를 할 때면 집 생각이 난다. (一人で食事するときは家のことが思い出される。)
- 친구끼리 셋이서 자취하기로 했어요. (友達三人で自炊することにしました。)

서² 【시골서 삽니다. (田舎で暮らしています。)】

[助詞] 副詞格助詞

例 어디서, 서울서, 동경서

副詞語を表わす

[原形] 에서

[全体参考] 話し言葉に用いられる。

1. '에서' の縮約語。☞ 에서 (p.617)

例 ・나는 시골서 삽니다. (私は田舎で暮らしています。)
- 어디서 왔습니까? (どこから来ましたか?)
- 멀리서 성당의 종소리가 들려왔다. (遠くから聖堂の鐘の音が聞こえてきた。)

[助詞] 主格助詞

主語を表わす

1. '에서' の縮約語。☞ 에서 (p.620)

例 ・배구 시합은 삼성서 이겼어. (バレーボールの試合は三星の方が勝ったよ。)
- 이번 시합은 우리 학교서 이겼어. (今回の試合はうちの学校の方が勝ったよ。)

- 장 사장네 회사**서** 도와 준대. (チャン社長の会社で手を貸してくれるそうだ。)

서부터

【거기**서부터** 산 밑까지 (そこから麓まで)】

[助詞] 副詞格助詞

[例] 거기**서부터**, 서울**서부터**, 동경**서부터** 副詞語を表わす

[原形] 에서부터

[全体参考] 話し言葉に用いられる。

1. '에서부터'の縮約語。☞ 에서부터 (p.620)

例 - 거기**서부터** 산 밑까지는 밭이었다. (そこから麓までは畑だった。)
- 대전**서부터** 호남선과 경부선은 갈라진다. (大田から湖南線と京釜線は分かれる。)
- 어디**서부터** 얘기를 해야 될지 모르겠어요. (どこから話をすべきか分かりません。)
- 여기**서부터** 앞으로만 곧장 가면 돼요. (ここから前方にまっすぐ行けばいいですよ。)

-세

【한 잔 하러 가**세**. (一杯やりに行こう。)】

『-세は終声字の無い動詞, 'ㄹ'終声字で終わる動詞の 'ㄹ' 脱落形そして '하다' で終わる一部の形容詞の後に, -으세は 'ㄹ' 以外の終声字のある動詞の後に用いられる』

[語尾] 終結語尾

[やや敬意が低い] 先生が学生に, 嫁の両親が婿に (成人語)

[例] 가**세**, 노**세** (遊ぶ), 부지런하**세**, 잡으**세**

[類義] -ㅂ시다, -자[1]

[全体参考] 話し言葉に用いられる。

1. 一緒にやるよう勧誘することを表わす。

例 ▪ 한 잔 하러 가세. (一杯やりに行こう。)
　▪ 우리 서로 마음껏 마시고 즐겨 보세. (我々共に心ゆくまで飲んで楽しもう。)
　▪ 자, 우리 모두 좀 더 침착하세. (さあ, みんなもう少し落ち着こうよ。)
　▪ 자, 이쪽으로 앉으세. (じゃ, こっちの方に座ろう。)
2. 聞き手にそうするよう要求することを表わす。
例 ▪ 김 서방, 나 좀 보세. (金さんや, ちょっと顔を貸してくれるかね。)
　▪ 좀 조용하세. (ちょっと静かにしような。)
3. 話し手が自分の行動について, 聞き手の了解を得ようとするときに用いられる。
例 ▪ 자, 나 좀 지나가세. (どれ, ちょっと通してもらおう。)
　▪ 내가 먼저 시작하세. (私が先に始めよう。)
　参考 主体が話し手である文に用いられる。
4. 〔'치다 (見なす), 하다 (する)'と共に用いられ〕勧誘の意味はなく, そうであると仮定することを表わす。
例 ▪ 그래, 복권에 당첨이 되었다고 치세. 그 돈으로 뭘 하고 싶은가? (それじゃ, 宝くじに当たったとしよう。その金で何がやりたいかね?)
　▪ 우리가 이겼다고 하세. (うちらが勝ったとしよう。)

-세요 【김 선생님도 오세요. (金先生もお出でになります。)】

『-세요は終声字の無い動詞と形容詞, 'ㄹ' 終声字で終わる動詞と形容詞の 'ㄹ' 脱落形そして '이다'の後に, -으세요は 'ㄹ' 以外の終声字のある動詞と形容詞の後に用いられる』

例 가세요, 예쁘세요, 아세요 (알다), 기세요 (길다), 선생님이세요, 잡으세요, 좋으세요

語尾　終結語尾

親しい間で敬意が高い　先輩や目上の人に

全体参考 1. 尊敬を表わす語尾 '-시-' と終結語尾 '-어요' の結合した '-시어요' が縮約してできた語。'-셔요' より '-세요' の形が多く用いられる。例 김 선생님도 오셔요. (金先生もお出でになります。) 2. 話し言葉に用いられる。

1. 主体を敬いながら，現在の動作や状態について知らせることを表わす。
例 ▪ 내일 김 선생님도 오**세요**. 그러니까 같이 갑시다. (明日金先生もお出でになります。ですから一緒に行きましょう。)
　▪ 할머니께서는 시골에서 사**세요**. (おばあさんは田舎で暮らしていらっしゃいます。)
　▪ 부모님들께선 자기 자식이 잘 되는 걸 가장 기뻐하**세요**. (親御さんはご自分の子供が成功することを最も喜ばれます。)
2. 〔一定の抑揚と共に用いられ〕感嘆を表わす。
例 ▪ 아, 형님이**세요**. (あ, お兄さんですね。)
　▪ 아휴, 선생님 이제 오**세요**. (おや, 先生, 今お出でですか。)
3. 主体を敬いながら，聞き手に尋ねることを表わす。
例 ▪ 할머니도 어디 가**세요**? (おばあさんもどちらかお出かけですか？)
　▪ 선생님, 무슨 음식을 좋아하**세요**? (先生, どんな料理がお好きですか？)
　▪ 내일 저녁 때 시간 있으**세요**? (明日の夕方, お時間ございますか？)
4. 〔疑問文の形式だが答えを要求しない形で用いられ〕断定したり強く否定したりすることを表わす。
例 ▪ 진수 씨의 실수가 그뿐인 줄 아**세요**? (チンスさんの間違いがそれだけだとお思いですか？)
　▪ 내 꼴이 우습지 않으**세요**? (私って, いいざまですよね。)
5. 〔動詞に用いられ〕命令, 勧誘, 要請を表わす。
例 ▪ 엄마, 저거 사 주**세요**. (お母さん, あれ買って。)
　▪ 저 은행 앞에서 내려 주**세요**. (あの銀行の前で降ろして下さい。)
　▪ 여기들 앉으**세요**. (皆さん, こちらにお座り下さい。)

-소

【이만 가겠**소**. (これで帰ります。)】

『-소는 'ㄹ' 以外の終声字のある動詞と形容詞そして '-았-', '-겠-' の後に, -오는 終声字の無い動詞と形容詞, 'ㄹ' 終声字で終わる動詞と形容詞の 'ㄹ' 脱落形そして '이다' の後に用いられる。'ㄹ' 以外の終声字のある動詞と形容詞の後にはまれに -으오が用いられる』

|語尾| 終結語尾

|やや敬意が高い| 老夫婦の間, 目下の人をやや敬って (成人語)

|例| 받**소**, 고맙**소**, 잡았**소**, 잡겠**소**, 가**오**, 바쁘**오**, 아**오** (알다), 다**오** (달다), 학생이**오**, 잡**으오**

|全体参考| 1. 話し言葉に用いられる。 2. '-소'は '-시-'と共に用いられないが '-오'は '-시-'と共に用いられる。|例| 같이 안 가시소？(×)／같이 안 가**시오**？(○)(ご一緒に行きませんか？)

1. 現在の動作や状態について知らせることを表わす。

例 ▪ 그럼 이만 가겠**소**. (では, これで帰ります。)
　▪ 날씨가 생각보다 추운 것 같**소**. (思ったより寒いようです。)
　▪ 여보, 다녀왔**소**. (お前, 行って来たよ。)
　▪ 빨리 마치고 돌아오겠**소**. (早く終わらせて帰って来ます。)
　▪ 내 힘이 닿는 데까지 노력하겠**소**. (私の力が及ぶ限り努力いたします。)

2. 感嘆を表わす。

例 ▪ 세상에 별 험한 일도 다 있**소**. (まったく, いやにすさんだこともあるものですね。)
　▪ 걱정했는데 칭찬해 주니 고맙**소**그려. (心配していたのですが, ほめていただいてありがたいですね。)
　▪ 오랜만에 산에 오르니 참 좋**소**그려. (久しぶりに山に登ったら, 実に楽しいですね。)

|類義| -구려

|参考| '그려 (～ですね)' と共に用いられることもある。

3. 聞き手に尋ねることを表わす。

例 ▪ 무슨 일이 있소? （何かあるのですか？）
  ▪ 냄새를 맡아도 모르시겠소? （匂いを嗅いでもお分かりになりませんか？）
  ▪ 같이 안 가시겠소? （ご一緒に行きませんか？）
  ▪ 건강은 괜찮소? （お加減はいかがですか？）

4.〔疑問文の形式だが答えを要求しない形で用いられ〕述べようとする事柄を強調するときに用いられる。

例 ▪ 왜 그리 눈치가 없소? （なんだってそんなに勘が鈍いんですか？）
  ▪ 설마 이 힘든 생활이 오래야 가겠소? （まさか，この辛い生活が長く続きはしないでしょう。）
  ▪ 거지가 찬 밥 더운 밥 가리겠소? （乞食が冷や飯だの温かい飯だのと，選り好みしますかね？）

-습니까

【어디에 있습니까? （どこにありますか？）】

『-습니까は'ㄹ'以外の終声字のある動詞と形容詞そして，'-았-'，'-겠-'の後に，-ㅂ니까は終声字の無い動詞と形容詞，'ㄹ'終声字で終わる動詞と形容詞の'ㄹ'脱落形そして'이다'の後に用いられる』

語尾　終結語尾

最も敬意が高い　職場の上司や目上の人に（公式的）

例 먹습니까，좋습니까，잡았습니까，잡겠습니까，갑니까，비쌉니까，압니까（알다），깁니까（길다），학생입니까

書き方注意　-읍니까（×）

1. 話し手が聞き手に現在の動作や状況等を丁寧に尋ねることを表わす。

例 ▪ 주차장이 어디에 있습니까? （駐車場はどこにありますか？）
  ▪ 요즘 건강은 어떻습니까? （最近お加減はいかがですか？）
  ▪ 언제 한국에 오셨습니까? （いつ韓国に来られましたか？）
  ▪ 수업은 몇 시에 시작합니까? （授業は何時に始まりますか？）

訳注　開始時間に言及するときは'시작하다'を自動詞で用いることがある。

2.〔疑問文の形式だが答えを要求しない形で用いられ〕文の内容をより強

調して述べることを表わす。

例 ▪ 세상에 그런 법이 어디 있**습니까**？（まったく，そんな話がどこにありますか？）

▪ 발 없는 말이 천 리 간다고 하지 않**습니까**？（足の無い言葉が千里を行く（口を慎むべきだという意味）と言うではありませんか？）

-습니다 【만나서 반갑**습니다**．（お会いできてうれしいです。）】

『-습니다は‛ㄹ’以外の終声字のある動詞と形容詞そして‛-았-’，‛-겠-’の後に，-ㅂ니다は終声字の無い動詞と形容詞，‛ㄹ’終声字で終わる動詞と形容詞の‛ㄹ’脱落形そして‛이다’の後に用いられる』

語尾　終結語尾

最も敬意が高い　職場の上司や目上の人に（公式的）

例 먹**습니다**，좋**습니다**，잡았**습니다**，잡겠**습니다**，갑니다，비쌉니다，압니다（알다），깁니다（길다），학생**입니다**

書き方注意　-읍니다（×）

1. 話し手が聞き手に現在の動作や状況等を丁寧に知らせることを表わす。

例 ▪ 만나서 반갑**습니다**．（お会いできてうれしいです。）

▪ 영숙이는 지금 학교에 있**습니다**．（ヨンスクは今学校にいます。）

▪ 저는 한국어 공부를 하고 있**습니다**．（私は韓国語の勉強をしています。）

▪ 우리 집 마당에는 나무가 많**습니다**．（うちの庭には木がたくさんあります。）

-시-

【할머니께서 오신다. (おばあさんがお出でになる。)】

『-시- は終声字の無い動詞と形容詞, 'ㄹ' 終声字で終わる動詞と形容詞の 'ㄹ' 脱落形そして '이다' の後に, -으시- は 'ㄹ' 以外の終声字のある動詞と形容詞の後に用いられる』

例 가시-, 예쁘시-, 아시-(알다), 기시-(길다), 선생님이시-, 잡으시-, 높으시-

|語尾| 先語末語尾

1. 行動や状態の主体に対し, 尊敬を表わすときに用いられる。

例 ▪ 할머니께서 오신다. (おばあさんがお出でになる。)
  ▪ 선생님은 내 말을 들으시고 즐거워하셨다. (先生は私の話をお聞きになり, 喜ばれた。)
  ▪ 하느님은 가장 높으시고 전지전능하시다. (神は最も高貴であり, 全知全能であられる。)

2. 〔尊敬の対象に当たる人物の体の一部や所有物等が主体となる文に用いられ〕その人物を間接的に敬うときに用いられる。

例 ▪ 선생님, 어디 아프신가요? (先生, どこか具合がお悪いんですか？)
  ▪ 선생님 댁이 학교에서 꽤 머시지요? (先生のお宅は学校からずいぶん遠いでしょう？)
  ▪ 형님이 하시는 일이 잘 되셔야 할 텐데…. (兄さんのやってる仕事がうまくいくといいんだけど…。)

アドバイス 1

'-시-' の用法：

1. 主体に対する尊敬を表わす。話し手より年上であったり社会的に地位が高かったりする主体に用いる。

2. '-시-' は動詞や形容詞の語幹のすぐ後に付き, 時制を表わす '-았-' や '-겠-' 等よりも前に付く。

例：하시겠습니다 (なさいます)
  하시었다＞하셨다 (なさった)

3. '-시-'が用いられた文の主語には'이/가'よりも'께서'を用いる。

例：선생님**께서** 가르치**십**니다.（先生が教えて下さいます。）

アドバイス2

'-시-'による敬語法：

1. 用言の語幹に'-시-'を付けて主体に尊敬を表わす。

例1：이분이 선생님이다.（この方が先生だ。）
　　→이분이 선생님이**시**다.（この方が先生でいらっしゃる。）

例2：가는 사람（行く人）
　　→가**시**는 사람（お行きになる人）

例3：할아버지가 건강하다.（おじいさんが元気だ。）
　　→할아버지께서 건강하**시**다.（おじいさんがお元気でいらっしゃる。）

2. 一部の動詞は'-시-'を付けて尊敬を表わすのではなく，特別な尊敬語を用いる。

例：먹다（食べる）—**잡수시다**（召し上がる）／먹으시다（×）

例：자다（寝る）—**주무시다**（お休みになる）／자시다（×）

3. 次の用言は二つの尊敬形が共に用いられるが，以下のように異なる点がある。

例：있다（いる，ある）—계시다（いらっしゃる）／있으시다（おありになる）

例：아프다（体の具合が良くない，痛い）—편찮으시다（お加減が良くない）／아프시다（お痛みになる）

例1 ：선생님은 돈이 많이 있**으시**다.（先生はお金がたくさんおありになる。）(先生の所有物に対する敬意)

例1'：선생님께서 댁에 **계신다**.（先生がご在宅だ。）(先生本人に対する尊敬表現)

例1"：선생님은 돈이 계신다.（×）
　　　선생님께서 댁에 있으시다.（×）

例2 ：할머님께서 **편찮으시다**.（おばあさんはお加減が良くない。）(おばあさん本人に対する尊敬表現)

例2': 할머님이 치아가 아프**시**다. (おばあさんは歯がお痛みになる。)(おばあさんの身体の一部に対する敬意)

例2": 할머님이 아프시다. (×)
　　　 할머님이 치아가 편찮으시다. (×)

-십시오

【이리로 오**십시오**. (こちらにお出で下さい。)】

『-십시오は終声字の無い動詞と'ㄹ'終声字で終わる動詞の'ㄹ'脱落形の後に、-으십시오は'ㄹ'以外の終声字のある動詞の後に用いられる』

[語尾] 終結語尾

[最も敬意が高い] 職場の上司や目上の人に（公式的）

例 가십시오, 사십시오 (살다), 잡으십시오

[書き方注意] -십시요 (×)

[全体参考] 1. 話し言葉に用いられる。2. 尊敬の'-시-'と命令を表わす'-ㅂ시오'が結合して用いられる形である。3. '안녕히 계십시요.'や'어서 오십시요.'は間違いであり、'-십시오'か'-세요'と表わす。4. 否定形は'-지 마십시오'である。
例 담배를 피우**십시오**. (タバコを吸って下さい。) →담배를 피우**지 마십시오**. (タバコを吸わないで下さい。)

1. 〔目上の人等に用いられ〕'〜して下さい'という意味で、丁寧な命令や勧誘を表わす。

例 ▪ 자, 이리로 오**십시오**. (では、こちらにお出で下さい。)
　 ▪ 어서 밖으로 나가**십시오**. (早く外に出て下さい。)
　 ▪ 여러분은 항상 열심히 일하는 사람이 되도록 노력하**십시오**. (皆さんは常に一所懸命働く人になるようがんばって下さい。)
　 ▪ 그런 말은 하지 마**십시오**. (そんなことは言わないで下さい。)
　 ▪ 비가 많이 오는 날에는 운전하지 마**십시오**. (雨がたくさん降る日は運転しないで下さい。)

2. 〔試験問題等で用いられる書き言葉で〕指示することを表わす。

例 ▪ 보기와 같이 적당한 자리에 넣**으십시오**. (例のように適当な所に入れて

下さい。)
- 맞는 것을 고르**십시오**. (正しいものを選んで下さい。)
- 질문에 대답하**십시오**. (質問に答えて下さい。)

3. 〔命令の意味はなく〕慣用的な挨拶の言葉に用いられる。

例
- 안녕히 계**십시오**. ((居残る人に) さようなら。)
- 안녕히 가**십시오**. ((立ち去る人に) さようなら。)
- 어서 오**십시오**. (いらっしゃいませ。)
- 안녕히 주무**십시오**. (お休みなさい。)
- 새해 복 많이 받으**십시오**. (新年明けましておめでとうございます。)
- 이름 좀 말씀해 주**십시오**. (お名前を教えて下さい。)

아¹ 【대성아 (テソンくん)】

『아は終声字のある語の後に, 야は終声字の無い語の後に用いられる』

[助詞] 呼称する語に付いて用いられる助詞

[例] 영숙아, 진수야

[尊敬] 이여, 이시여

[全体参考] 一般的に外国人の名前に付けることはほとんどなく, 名前だけで呼ぶ。
[例] 마이클아 (?)／하나코야 (?)／마이클! (○)(マイケル!)／하나코! (○)(花子!)

1. 友達や自分より年下の人を呼ぶときに用いる。

例
- 대성**아**, 같이 가자. (テソンくん, 一緒に行こう。)
- 영숙**아**, 숙제 다 했니? (ヨンスクちゃん, 宿題全部やったの?)
- 예슬**아**, 너는 물건을 어떻게 고르겠니? (イェスル, 君は品物をどうやって選ぶつもりなの?)

2. 動物や事物等を人間のように呼ぶことを表わす。

例
- 달**아** 달**아** 밝은 달**아**. (月よ月よ, 明るい月よ。)
- 바람**아** 불어라. (風よ, 吹け。)
- 거북**아** 안녕? (亀さん, 元気?)

アドバイス

韓国での名前の呼び方：

韓国では大人同士で互いの名前を呼ぶことはほとんどないが，子供のころからの友人であれば互いの名前を呼ぶこともある。もし相手が年上ならば常に'**과장님**（課長），**사장님**（社長），**선생님**（先生）'のように職業と関連した呼称語を用いたり，'**선배님**（先輩）'と呼んだりする。また大人になってから出会った職場の同僚や目下の人も名前だけでは呼ばず，'~ **씨**（さん）'を用いて'**영숙 씨**（ヨンスクさん），**진수 씨**（チンスさん）'のように呼ぶ。

-아² 【편지를 받아.（手紙をもらうよ。）】

『-아は語幹末の母音が'ㅏ，ㅗ'の動詞と形容詞の後に，-어は語幹末の母音が'ㅏ，ㅗ'以外の動詞と形容詞そして'-았-'，'-겠-'の後に，-여は'하다'の後に用いられる』

[例] 잡아, 높아, 먹어, 싫어, 잡았어, 잡겠어, 해

[語尾] 終結語尾

[親しい間で敬意が低い] 友達に

[形態関連語] -야³

[丁寧] -아요

[全体参考] 1. 話し言葉に用いられる。2. 主に話し言葉で'같다'の語幹の後の'-아'が'-애'となって用いられるが，これは誤りである。[例] 비가 올 것 같애（×）/ 같아（○）.（雨が降りそうだ。）

[訳注] '이다'の後には'-야'が用いられる。[例] 좋은 사람이야.（良い人だよ。）

1. **平叙文や疑問文に用いられる**

1. ある事柄を知らせるときに用いられる。

例 ▪ 나도 자주 편지를 받**아**.（私もしょっちゅう手紙をもらうよ。）

　▪ 배가 고픈 것 같**아**.（お腹が空いたみたい。）

　▪ 나도 네가 얼마나 힘든지 알**아**.（ぼくも君がどれほど辛いか知ってるよ。）

　▪ 저것보다는 이것이 더 좋**아**.（あれよりはこれがもっと良い。）

- 나는 어제 한숨도 못 잤아. (私は昨日一睡もできなかったよ。)

[関連語] -지¹

[参考] '-았-, -겠-' の後に用いられる。

2. 感嘆を表わす。

例 - 어머나, 차들이 저렇게 많아! (まあ, 車があんなにたくさん！)
- 엄마랑 같이 있으니까 참 좋아! (お母さんと一緒にいるから本当にうれしい！)
- 아이, 일어나기 귀찮아. (ああ, 起きるのが面倒くさい。)

3. 聞き手に尋ねることを表わす。

例 - 내가 가도 괜찮아? (ぼくが行ってもかまわない？)
- 은행에서 돈 찾을 줄 알아? (銀行でのお金の下ろし方, 知ってる？)
- 어디 갔다 지금 와? (どこに行って今ごろ来たんだ？)
- 언제 집에 가? (いつ家に帰る？)

[参考] '-았-, -겠-' の後に用いられる。

4. 〔疑問文の形式だが答えを要求しない形で用いられ〕強く否定することを表わす。

例 - 놀긴 어디서 놀아? (遊ぶって, どこで遊ぶんだよ？)
- 하지만 나도 가만히 있을 줄 알아? (だけど, こっちも黙っていると思う？)
- 내가 지금 이 시간에 가긴 어딜 가? (ぼくが今この時間に行く所は無いよ。)
- 나쁜 일이야 생기겠어? (悪いことなんか起きないよ。)

[参考] '-았-, -겠-' の後に用いられる。

2. 命令文や勧誘文に用いられる

1. 命令することを表わす。

例 - 너, 이리 따라와! (お前, こっちについて来い！)
- 지금 당장 거기에 가 봐. (今すぐそこに行ってみなさい。)
- 먼저 눈을 감아. (まず目を閉じて。)
- 빨리 빨리 걸어. (もっと早く歩いてよ。)
- 모르면 잠자코 있어. 함부로 나서지 말고. (分からなかったら黙ってろ

よ。やたらと出しゃばらないでさ。)

参考 1. 動詞にのみ用いられる。2. '말다（〜(する)のをやめる)'に'-아'の付いた形は'마'である。例 가지 마．(○)(行くな。)／가지 말아．(×)

2. 相手に勧誘することを表わす。

例 ▪ 우리 모두 같이 **가**．(みんな一緒に行こう。)

　▪ 너도 같이 먹**어**．(君も一緒に食べようよ。)

　▪ 잠깐만 기다렸다가 같이 떠**나**．(ちょっと待ってから一緒に出発しよう。)

参考 動詞にのみ用いられる。

アドバイス1

文の終結を表わす'-아'：

1. 尊敬を表わす'-시-'と語尾'-어'が結合して'-셔'の形で用いられる。

例1：선생님께서 지금 수업 중이**셔**．(先生は今授業なさってるところだよ。)

　　선생님께서 어디 가**셔**？(先生はどちらにお出かけ？)

2. 母音'ㅏ，ㅓ'で終わる用言の場合は同じ母音が繰り返されるので、二つのうち一つが省略される。

例2：가다 (行く) + -아→**가** (行くよ)

　　서다 (立つ) + -어→**서** (立つよ)

訳注 連結語尾の'-아'については'-아³'のアドバイス1の 訳注 1 (p.519) を参照。なお終声字の無い動詞と形容詞に終結語尾'-아'の付いた形は巻末の付録1.用言活用表を参照。

3. 禁止を表わす動詞'말다（〜(する)のをやめる)'に'-아'が結合すると'말아'ではなく'마'となる。

例3：가지 **마**．(○)(行くな。)／가지 말아．(×)

4. '하다 (する)'に終結語尾'-여'が付くと'해'となり，'하여'とはならない（例えば，빨리 해！(○)(早くやって！)／빨리 하여！(×)。ただし連結語尾'-여'が付くときは'해'と'하여'が共に用いられる。'-아³'参照 (p.515))。

> 訳注 語幹末の母音が'ㅏ'のときは'-아'が用いられる（'-아³'のアドバイス1の 訳注 2 (p.520) を参照）。

例1：약다（こざかしい）+ -아→**약아**（こざかしいよ）

　　　얇다（薄い）+ -아→**얇아**（薄いよ）

　　　얕다（浅い）+ -아→**얕아**（浅いよ）

アドバイス2

'-아' と '-지' の比較：

1. '-아'はそれ自体語彙的意味がほとんどなく，文法的な意味を表わす語尾であり，'-지'は話し手が前もって知っている事柄を聞き手に再確認したり同意を求めたりすることを表わす。従って'-아'は相手の意思がそうであるのかそうでないのかを尋ねることができるのに対し，'-지'はあらかじめ一つのことを前提するものなのでそのように尋ねることはできない。

例1：너 내일 학교에 **가**, 안 **가**？（○）

　　　（お前，明日学校に行くの，行かないの？）

　　　너 내일 학교에 가**지**, 안 가**지**？（×）

2. 叙述文で '-겠-' と結合するときはその意味が変わる。'-겠어'は話し手の'意図'や'推定'を表わすが，'-겠지'は'推定'の意味だけを表わす。

例2：나는 내일 학교에 가**겠어**.（ぼくは明日学校に行くよ。）（意図）／

　　　내일 비가 오**겠어**.（明日雨が降るだろう。）（推定）

　　　나는 내일 학교에 가**겠지**.（ぼくは明日学校に行くだろうね。）（推定）／

　　　내일 비가 오**겠지**.（明日雨が降るだろうね。）（推定）

3. 命令や勧誘を表わす文で '-아' は直接，相手に命令することを表わすが，'-지'は直接的な命令よりは間接的に勧誘することを表わすので '-아' よりも親しみがあり，聞き手には柔らかく感じられる。

例3：네가 먼저 **가**.（君が先に行って。）

　　　네가 먼저 **가지**.（君が先に行ったら。）

しかし勧誘の意味のときは勧誘の程度がはるかに強く感じられるので聞き手は断りにくい。
例4：내일 저녁에 술 한잔 **해**．（明日の夕方，一杯やろう。）
　　　내일 저녁에 술 한잔 **하지**．（明日の夕方，一杯やろうな。）

-아³ 【물고기를 잡아～ （魚を捕まえ～）】

『-아は語幹末の母音が‘ㅏ，ㅗ’の動詞と形容詞の後に，-어は語幹末の母音が‘ㅏ，ㅗ’以外の動詞と形容詞の後に，-여は‘하다’の後に用いられる』

例 잡아，높아，먹어，싫어，하여／해

[語尾] 連結語尾

[形態関連語] -라³

[原形] -아서

[訳注] ‘이다’の後には‘-라’が用いられる。例 대학생이라（大学生なので）

1. 従属的連結語尾として用いられる

1. 時間の前後の順序を表わす。前と後の行動や事柄が時間の順序に従って起こることを表わす。

例 ▪ 물고기를 잡**아** 매운탕을 끓였다．（魚を捕まえ，メウンタン（魚や野菜を入れ，辛めに煮込んだ料理）を作った。）
　▪ 그녀는 조용히 일어**나** 밖으로 나갔다．（彼女は静かに立ち上がり，外へ出て行った。）
　▪ 그는 자기 의자에 **가** 힘없이 앉았다．（彼は自分のイスのところへ行き，力なく座った。）
　▪ 진수는 옷을 벗**어** 옷걸이에 걸었다．（チンスは服を脱ぎ，ハンガーにかけた。）
　▪ 창문을 열**어** 밖을 내다보세요．（窓を開け，外を眺めて下さい。）

[参考] 1.‘-아서’に置き換えることができる。例 물고기를 잡**아서** 매운탕을 끓였다．（魚を捕まえてメウンタンを作った。）2. 前と後の事柄の主体は同一である。また叙述語は動作を表わす動詞である。3. 後の節の叙法に制約がない。

2. '-아'가 付いた動詞の動作や状態が後の動詞の示す時間よりも前に完了しており，その時間まで持続することを表わす。'～した状態で'，'～のままで'の意味。

例 ▪ 우리는 물가에 앉**아** 흐르는 물을 바라보았다. (私たちは川のほとりに座り，流れる川の水を眺めた。)
- 깨**져** 흩어진 그릇들. (砕けて散った器。)
- 그는 마당에 앉**아** 흙장난을 하고 있었다. (彼は庭に座り，泥遊びをしていた。)
- 그는 마루에 벌렁 드러누**워** 노래를 불러 댔다. (彼は板の間にごろりと横になり，歌をがなりたてた。)

例 ▪ 그는 대통령이 되**어** 정치를 잘 했다. (彼は大統領になり，政治を見事にやった。)
- 살**아** 숨쉬는 동물. (生きて息づく動物。)

参考 動作を表わす動詞と状態を表わす動詞が共に用いられる。

3. 後に来る事柄の原因や理由を表わす。

例 ▪ 내가 동생 생일도 기억하지 못할 것 같**아** 화가 났니？ (私が弟（妹）の誕生日も忘れそうだからって，むっとしてるの？)
- 오늘은 바람이 많이 불**어** 정말 춥다. (今日は風がたくさん吹き，本当に寒い。)
- 개울 바닥이 눈에 덮**여** 희게 빛나고 있었다. (小川の川床が雪に覆われ，白く輝いていた。)
- 우리는 아직 어**려** 힘든 일을 못 했다. (私たちはまだ幼くて，きつい仕事ができなかった。)
- 남편이 집안일을 많이 도와주**어** 별로 힘들지 않다. (夫が家事をたくさん手伝ってくれるので，たいして辛くない。)

参考 1. 後には命令文と勧誘文は用いられない。2. 前の文と後の文の主体が異なることもある。例 진수가 먼저 소리를 질러 나도 따라서 소리를 질렀다. (チンスが先に声を上げ，私も続けて声を上げた。)

4. 前の事柄が後の事柄の目的となることを表わす。'～するために (-기 위하여)，～して (-아서)'の意味。

例 ▪ 나는 그 시험에 합격하기 위해 1년을 더 공부해야 했다. (私はその

試験に受かるために，もう1年勉強しなければならなかった。)
- 그들은 자유를 찾**아** 힘을 합쳐 싸운 것이었다．(彼らは自由を求め，力を合わせて戦ったのであった。)

2. 副詞的機能

1. 方法や手段を表わす。

例 - 사과를 깎**아** 먹어라．(リンゴをむいて食べなさい。)
- 비둘기는 하늘을 날**아** 둥지로 돌아갔다．(鳩は空を飛んで巣に帰って行った。)
- 적군을 총으로 쏘**아** 죽였다．(敵軍を銃で撃ち殺した。)
- 우리는 걸**어** 걸**어** 십 리 길을 갔다．(私たちは歩きに歩いて10里（1里は日本の1里の10分の1に当たる）の道を進んだ。)

参考 1. '-아서'に置き換えることができる。2. 前の事柄と後の事柄の主体は同一である。

2. 前の事柄が後の事柄の時間的な状況や背景を表わす。時間の範囲や空間の広がりを表わす。

例 - 지리산은 여러 도에 걸**쳐** 있다．(智異山はいくつかの道（どう，行政区画）にまたがっている。)
- 몽고는 여러 차례에 걸**쳐** 침입해 왔다．(蒙古は数度に渡って侵入して来た。)

3. 時間の経過を表わす。

例 - 그 노인은 설교가 시작되면 얼마 되지도 않**아** 잠이 들어 버렸다．(その老人は説教が始まると，さほど経たないうちに眠り込んでしまった。)
- 그러나 얼마 안 **가** 나는 그에게 가장 귀찮은 존재가 되어 버렸지．(しかしほどなく，私は彼にとって最も厄介な存在になってしまったんだよ。)
- 얼마 지나지 않**아** 진수가 다시 돌아왔다．(あまり経たないうち，チンスがまた戻って来た。)

参考 '며칠（何日），얼마（いくら）'等と'안（〜しない），못（〜できない）'等の否定を表わす語と共に用いられ，時間がさほど経っていないことを表わす。

4. 〔'말하다（言う），예를 들다（例を挙げる）'等と共に副詞的に用いられ〕説明することを表わす。

例 - 예를 들**어** 서울역으로 가는 길을 설명해 보자．(例えば，ソウル駅に行

- 다시 말해 설명을 해 달라는 말이다. (言い換えれば，説明をしてくれという意味である。)

3. 補助的連結語尾

1. 本用言と'있다（〜している），보다（〜してみる），주다（〜してやる），가다（〜していく），내다（〜し抜く），두다（〜しておく），버리다（〜してしまう）'等の補助用言をつなぐことを表わす。

例
- 눈을 잠시 감**아** 보라. (目をしばらく閉じてみよ。)
- 머리를 어떻게 깎**아** 드릴까요？ (髪をどのようにお切りしましょうか？)
- 음식을 접시에 담**아** 주세요. (料理をお皿に盛って下さい。)
- 창문을 닫**아** 보세요. (窓を閉めてみて下さい。)
- 문을 열**어** 둘까요？ (ドアを開けておきましょうか？)

2. 〔合成動詞ではなく〕二つの動詞をつなげるときに用いられる。

例
- 와, 한꺼번에 웃음이 터**져** 나왔다. (ドッと一斉に笑いがわき起こった。)
- 그녀의 얼굴에서 눈물이 솟**아** 흘렀다. (彼女の顔に涙があふれ流れた。)
- 길 가던 아이가 나에게 웃**어** 보인다. (道を歩いていた子供が私に笑いかける。)

参考 '-아서'に置き換えることはできない。

3. '어림잡아（大雑把に見積もって），애써（努めて），줄잡아（少なく見積もって），연이어（引き続き）'等の副詞形を作るときに用いられる。

例
- 돼지 한 마리당 어림잡**아** 80만 원입니다. (豚一匹当たり，大雑把に見積もって80万ウォンです。)
- 그는 애**써** 아무렇지도 않은 척했다. (彼は努めて何ともないふりをした。)
- 우리는 큰 대회에서 연달**아** 우승했다. (我々は大きな大会で立て続けに優勝した。)
- 머지 않**아** 다가올 봄. (もうじき訪れる春。)

4. '에, 로, 와'等の助詞と一部の用言からなる慣用的表現に用いられる。

例
- 이 일로 형**에** 대**해** 믿음을 갖게 되었다. (このことで兄に対し，信頼感を持つようになった。)
- 성경이 선교사**에** 의**해** 번역되었다. (聖書が宣教師によって翻訳された。)

- 홍수로 인해 논밭이 물에 잠겼다. (洪水によって田畑が水に浸かった。)
- 그는 나이에 비해 어려 보인다. (彼は年齢に比べ, 若く見える。)
- 이성계는 학자들과 더불어 토론하기를 좋아했다. (李成桂（李朝初代の国王）は学者らと共に討論することを好んだ。)

参考 〔~에 관해 (~に関し)〕〔~에 대해 (~について, ~に対し)〕〔~에 따라 (~に従い)〕〔~에 반해 (~に反し)〕〔~에 비해 (~に比べ)〕〔~에 의해 (~により)〕〔~에 있어 (~において)〕〔~로 인해 (~により)〕〔~로 미루어 (~から察して)〕〔~로 보아 (~から見て)〕〔~와 더불어 (~と共に)〕〔~를 통해 (~を通じ)〕等。

アドバイス1

単語を作る '-아' の用法：

1. '-아' は用言と用言をつないで合成語を作る単語結合の語尾としても用いられる。このときは '-아서' に置き換えることができない。

例1：올라오너라. (上がって来い。)／돌아오너라. (帰って来い。)

2. 感情を表わす形容詞と '-아하다' が結合して動詞を作る。

例2：철수가 좋다. (チョルスが良い。)
　　→철수를 좋아한다. (チョルスを好む。)(共に 'チョルスが好きだ' の意)
　　우리 딸이 자랑스럽다. (うちの娘が誇らしい。)
　　→우리 딸을 자랑스러워한다. (うちの娘を誇らしく思う。)

訳注 連結語尾の '-아'：

1. 終結語尾 '-아' と同様に, 連結語尾 '-아' も母音 'ㅏ, ㅓ' で終わる動詞と形容詞の後に用いられるときは, 同じ母音が繰り返されるので, 二つのうち, 一つが省略される（'-아²' のアドバイス1の2. (p.513) を参照）。連結語尾 '-아도, -아서' 等についても同じように適用される。

例1：가다 (行く)＋-아　→가 (行き)
　　　　　　　　＋-아도→가도 (行っても)
　　　　　　　　＋-아서→가서 (行って)

例2：서다 (立つ)＋-어　→서 (立ち)
　　　　　　　　＋-어도→서도 (立っても)
　　　　　　　　＋-어서→서서 (立って)

なお終声字の無い動詞と形容詞の後に'-아서'の付いた形は巻末の付録1.用言活用表を参照。

2. 語幹末の母音が'ㅏ'のときは，終結語尾'-아'と同様，連結語尾も'-아，-아도，-아서'等が用いられる（'-아²'のアドバイス1の 訳注 (p.514)を参照）。

例3：약다（こざかしい）→약아（こざかしくて），약아도（こざかしくても），약아서（こざかしくて）

　　　얇다（薄い）→얇아（薄くて），얇아도（薄くても），얇아서（薄くて）

　　　얕다（浅い）→얕아（浅くて），얕아도（浅くても），얕아서（浅くて）

アドバイス2

'-아'と'-고'の比較：

1. '方法'や'手段'を表わす'-고'と'-아'の違いは次の通りである。'-고'は同時的で持続的な動作であるのに対し，'-아'は持続的ではない。

例1：ㄱ．손을 잡고 간다．(○)（手を握って行く。）
　　　ㄴ．손을 잡아 간다．(×)

例2：ㄱ．책상을 끌고 당긴다．(×)
　　　ㄴ．책상을 끌어 당긴다．(○)（机を引き寄せる。）

2. '-아 있다'は'完了'，'-고 있다'は'進行'を表わす。

例3：ㄱ．총이 이쪽을 향하여 있다．（銃がこちらを向いている。）（'完了'を表わす）
　　　ㄴ．총이 이쪽을 향하고 있다．（銃がこちらを向きつつある。）（'進行'を表わす）

-아 가다
【하루하루를 살아 간다．(その日その日を暮らしていく。)】　結合情報 ☞ -아³

慣用句

全体参考 '-아 오다' の形でも用いられる。

1. 動作や状態等が継続して進行することを表わす。

例 ▪ 하루하루를 살아 간다．(その日その日を暮らしていく。)
- 거의 다 와 가요．(もうすぐ着きますよ。)
- 일이 잘 되어 가니？(事はうまく進んでるの？)
- 졸음을 참아 가면서 운전을 했다．(眠気に耐えながら運転をした。)
- 유미는 대성이와 5년째 사귀어 오고 있다．(ユミはテソンと5年間付き合ってきている。)
- 점점 머리가 아파 온다．(だんだん頭が痛くなってくる。)
- 날씨가 점점 추워 온다．(だんだん寒くなってくる。)

参考 動作を表わす動詞だけでなく，状態を表わす動詞や形容詞にも用いられる。後者の場合も前者のように継続して進行することを表わす。

2. ある行動を終えてから，その結果を保ったまま移動することを表わす。

例 ▪ 선물을 사 가세요．(お土産を買って行って下さい。)
- 책을 읽어 오세요．(本を読んで来て下さい。)
- 샌드위치를 만들어 왔습니다．(サンドイッチを作って来ました。)

参考 動作を表わす動詞と共に用いられる。

-아 가면서
【물 좀 마셔 가면서～ (お水を飲みながら～)】　結合情報 ☞ -아³

慣用句

全体参考 1. 動作を表わす動詞と共に用いられる。 2. '-아 가며' の形でも用いられる。例 물 좀 마셔 가며 잡수세요．(お水を飲みながら召し上がって下さい。)／쉬어 가며 공부해．(休みながら勉強して。)

1. 後の事柄を行う合間に前の動作を行うことを表わす。

例 ▪ 물 좀 마셔 가면서 잡수세요．(お水を飲みながら召し上がって下さい。)
- 메모해 가면서 들으세요．(メモを取りながら聞いて下さい。)
- 살아 가면서 배운다．(暮らしながら学ぶ。)

- 마이클 씨가 이제는 농담도 **해 가면서** 한국말을 해요. (マイケルさんは今じゃ冗談もまじえながら韓国語を話します。)

-아 가지고 【물고기를 잡아 가지고〜 (魚を捕まえて〜)】
慣用句　　結合情報 ☞ -아³

全体参考 1. '-아서'の話し言葉。2. '-아 갖고'と縮約して用いることもある。
例 물고기를 잡**아 갖고** 찌게를 끓였다. (魚を捕まえてチゲを作った。)／이걸 접**어 갖고** 꽃을 만들 거야. (この紙を折って花を作るのよ。)

1. 方法, 手段, 理由等を表わす '-아서 (〜して)' の意味を強調するときに用いられる。

例 ▪ 물고기를 잡**아 가지고** 찌게를 끓였다. (魚を捕まえてチゲを作った。)
  ▪ 엄마가 과일을 쟁반에 담**아 가지고** 들어오셨다. (お母さんが果物をお盆に盛って入って来た。)
  ▪ 이걸 접**어 가지고** 종이학을 만들 거야. (この紙を折って鶴を作るのよ。)
  ▪ 화가 **나 가지고** 죽겠어. (むかついてたまらないよ。)
  ▪ 배가 고**파 가지고** 밥을 두 그릇이나 먹었어요. (お腹が空いてご飯を2杯も食べました。)

-아 계시다 【가게에 앉아 계신다. (お店に座っていらっしゃる。)】
慣用句　　結合情報 ☞ -아³

全体参考 主体が尊敬の対象である場合に用いられる。

1. 〔動詞に用いられ〕ある動作や状況が終了し, その状態が持続することを表わす。

例 ▪ 할머니께서 하루 종일 가게에 앉**아 계신다**. (おばあさんが日がな一日お店に座っていらっしゃる。)
  ▪ 집에 도착했을 때, 할아버지께서는 깨**어 계셨습니다**. (家に着いたとき, おじいさんは起きていらっしゃいました。)

-아 내다 【아무리 힘들어도 참아 내라. (いくら辛くても耐え抜け。)】

結合情報 ☞ -아³

慣用句

全体参考 '-아 내야 하다, -아 내고 말다, -아 내 버리다'の形で用いられると、その意味をさらに強調することを表わす。例 아무리 힘들어도 참아 내야 해. (いくら辛くても耐え抜かなくてはいけないよ。)／무슨 일이 있어도 유미의 연락처를 알아 내고 말겠어. (どんなことがあってもユミの連絡先を探し出してやるよ。)

1. ある事柄を最後までやり遂げたり完成したりすることを表わす。

例 ▪ 아무리 힘들어도 참아 내라. (いくら辛くても耐え抜け。)
   ▪ 이 일은 꼭 제 힘으로 해 내겠어요. (この仕事は必ず自分の力でやり遂げます。)
   ▪ 이 책은 너무 재미가 없어서 읽어 내기가 힘들어요. (この本はあまりにつまらなくて、読み終えるのに骨が折れます。)

2. ある抽象的な事柄の結果をはっきり示すときに用いられる。

例 ▪ 무슨 일이 있어도 유미의 연락처를 알아 내세요. (どんなことがあってもユミの連絡先を探し出して下さい。)
   ▪ 그 사람을 기억해 내려고 애를 썼다. (その人のことを思い出そうと努力した。)

-아 놓다 【여기에 세워 놓으세요. (ここに止めておいて下さい。)】

結合情報 ☞ -아³

慣用句

関連語 -아 두다

1. 〔動詞に用いられ〕ある動作や過程が完了し、その結果がそのまま残っていることを表わす。

例 ▪ 자전거를 여기에 세워 놓으세요. (自転車をここに止めておいて下さい。)
   ▪ 제가 그 선물을 포장해 놓을게요. (私がその贈り物を包んでおきますからね。)
   ▪ 잡채는 미리 만들어 놓으면 맛이 없어요. (チャプチェ（種々の野菜のナムルを肉や春雨と混ぜ合わせた料理）は前もって作っておくとおいしくありません。)

-아 놔서

【밥을 많이 먹어 놔서~ （ご飯をたくさん食べてしまったので~）】

結合情報 ☞ -아³

慣用句

全体参考 1. '-아 놓아서'が縮約した形である。'-아 놔서'の形でより多く用いられる。例 밥을 많이 먹어 놓아서 배가 안 고프구나. （ご飯をたくさん食べてしまったのでお腹が空かないなあ。） 2. '-아 놓으니／놓아도'の形でも用いられる。例 채소가 비싸 놓으니 살 수가 없다. （野菜が高いので買えない。） 3. しばしば'워낙（なにしろ，あまりにも）'と共に用いられる。

1. 〔何らかの状態になっていることを強調し〕後の語句の内容について理由や原因を述べるときに用いられる。'そのような成り行きや状態になっているので'の意味。

例 ▪ 워낙 밥을 많이 먹어 놔서 배가 고프지 않아요. （なにしろご飯をたくさん食べてしまったのでお腹が空いていません。）
　▪ 워낙 버릇 없는 애가 돼 놔서 아무도 상대를 하지 않는다. （あまりにもわがままな子になってしまい，誰も相手にしない。）
　▪ 워낙 할 일이 많아 놔서 그 부탁을 들어 줄 수 없을 것 같아요. （なにせやることが多すぎて，その頼みごとを聞いてあげられないと思います。）
　▪ 가뭄이라 채소가 원체 비싸 놓으니 사다 먹을 수가 없어요. （日照りで野菜がなにしろ高いので買って食べることができません。）

-아다

【고기를 잡아다~ （魚を捕まえて来て~）】

例 잡아다, 찾아다, 업어다, 입어다, 하여다／해다

『-아다は語幹末の母音が'ㅏ, ㅗ'の動詞の後に，-어다は語幹末の母音が'ㅏ, ㅗ'以外の動詞の後に，-여다は動詞'하다'の後に用いられる』

語尾 連結語尾

原形 -아다가

1. ある場所で前の行動を終えた後，その行動の結果を保ったまま，他の場所で後の行動を引き続き行うことを表わす。

例 ▪ 고기를 잡아다 어항에 넣자. （魚を捕まえて来て水槽に入れよう。）

- 아직도 물을 길**어다** 먹는 곳이 있단 말이야？（いまだに水を汲んで来て飲んでるところがあるっていうの？）
- 그 많은 책을 가**져다** 하룻밤 만에 다 읽을 수 있다구？（そんなにたくさんの本を持って来て，一晩で全部読めるって？）

2. 〔'-아다 주다'の形で用いられ〕他の人のために何らかのことをするときに用いられる。

例
- 선생님께서 집까지 데**려다** 주셨어요．（先生が家まで送って下さいました。）
- 좀 태**워다** 주세요．（乗せて行って下さい。）
- 역까지 바**래다** 주지．（駅まで見送ってやるよ。）
- 우리 어머니 좀 모**셔다** 주세요．（うちの母を（目的地まで）連れて行って下さい。）

参考　'바래다（見送る），데리다（連れる），모시다（お供する），태우다（乗せる）'等の動詞の後に用いられる。

-아다가　【아기를 안아다가～（赤ちゃんを抱いて行って～）】

『-아다가は語幹末の母音が'ㅏ，ㅗ'の動詞の後に，-어다가は語幹末の母音が'ㅏ，ㅗ'以外の動詞の後に，-여다가は動詞'하다'の後に用いられる』

語尾　連結語尾

例　잡아다가，찾아다가，업어다가，입어다가，하여다가／해다가

縮約　-아다

全体参考　1. '-아다가'の前と後には他動詞が用いられる。2. このときの'다가'は'物を運ぶ'という意味を表わす。

1. ある場所で前の行動を終えた後，その行動の結果を保ったまま，他の場所で後の行動を引き続き行うことを表わす。

例
- 엄마는 아기를 안**아다가** 침대에 눕혔다．（お母さんは赤ちゃんを抱いて行ってベッドに寝かせた。）
- 꽃을 꺾**어다가** 꽃병에 꽂았다．（花を折って来て花瓶に挿した。）
- 그 경찰은 범인을 잡**아다가** 경찰서로 보냈다．（その警官は犯人を捕ま

えて来て警察署に引き渡した。）
- 은행에 있는 돈을 다 찾아다가 써 버렸다. （銀行にあるお金を全部下ろして使ってしまった。）

> **アドバイス**
>
> '-아다가'の用法：
> '-아다가'が用いられた文では前の行為が行われる場所と後の行為が行われる場所が異なる。つまり例1のように，赤ちゃんを'抱く場所'と'寝かせる場所'が異なるのである。
> 例1：엄마는 아기를 안아다가 침대에 눕혔다. （お母さんは赤ちゃんを抱いて行ってベッドに寝かせた。）
> このとき前と後の行為者は同一である（同一主体）。また前と後の目的や対象も同一で，移動可能なものである。
> '-아다가'は他動詞に付くが，その他動詞は目的語を動作の結果として残すものに限られる。
> 例2：밥을 먹어다가～（×）
> 먹다（食べる）の動作の結果として'밥（ご飯）'は残るものではなく，無くなるものであるので'-다가'が付くと非文になる。

-아 대다 【그렇게 떠들어 대니~（そんなにわめき立てるから~）】

慣用句

結合情報 ☞ -아³

全体参考 話し手はそのような行動について否定的に，または不満に思うことを表わす。

1. 〔動詞に用いられ〕ある行動を継続して激しく繰り返すことを表わす。

例
- 그렇게 떠들어 대니 목이 아프지. （そんなにわめき立てるから喉が痛いんだよ。）
- 그만 좀 먹어 대. （がつがつ食うのはそのぐらいにしろよ。）
- 폭죽을 쏘아 대는 바람에 시끄러워서 잠을 못 잤어요. （爆竹を撃ちまくるものだから，うるさくて寝られませんでした。）

- 유미는 유학을 보내 달라고 계속 졸라 댔다.（ユミは留学に行かせてくれと，ずっとねだり続けた。）

-아도 【아무리 그를 막아도～（いくら彼を止めても～）】

『-아도は語幹末の母音が'ㅏ，ㅗ'の動詞と形容詞の後に，-어도は語幹末の母音が'ㅏ，ㅗ'以外の動詞と形容詞そして'-았-'の後に，-여도は'하다'の後に用いられる』

[語尾] 連結語尾

[例] 잡아도，높아도，먹어도，싫어도，잡았어도，하여도／해도

[形態関連語] -라도²

[訳注] '이다'の後に用いられる形については'-라도²'（p.406）を参照。

1. 仮定して譲歩することを表わす

[類義] -ㄹ지라도

1. まだ起こっていないことを仮定するが，後にはそれと対立したり期待とは異なったりする否定的な事柄が現われることを表わす。

例 ・아무리 그를 막아도 그는 꼭 이 일을 할 거야.（いくら彼を止めても，彼はきっとこのことをやるはずだよ。）
   ・비바람이 불어도 운동회를 할 겁니다.（雨や風が吹いても運動会をやるでしょう。）
   ・아무리 비싸도 꼭 사고 싶어요.（いくら高くても是非買いたいと思います。）

[参考] '아무리（いくら），설사（たとえ）'等と共に用いられる。

2. 過去の事実と反対のことを仮定するときに用いられる。

例 ・그는 병원에 갔어도 살아나지 못했을 것이다.（彼は病院に行ったとしても，助からなかっただろう。）
   ・그 때 진수랑 결혼했어도 곧 이혼했을 것 같아.（あのときチンスと結婚したとしても，すぐ離婚したと思うよ。）

3. 極端な事柄を仮定し，仮にそうだとしても後の事柄にはなり得ないことを表わす。

例 ▪ 태산이 무너**져도** 내 마음은 결코 흔들리지 않는다. (泰山が崩れても (泰山は大山の意，極端な仮定を表わす)，私の気持ちは決して揺るがない。)

▪ 나는 죽**어도** 그 사실을 말하지 않겠다. (私は死んでもその事実を口にするまい。)

▪ 아인슈타인이 풀**어도** 이 문제는 풀 수 없다. (アインシュタインが解こうとも，この問題は解くことができない。)

▪ 하늘이 무너**져도** 솟아날 구멍은 있다. (空が崩れても這い出る穴はある (いくら困難なときでもそこを抜け出す方策はあるの意)。)

4. 前の事柄を認めるけれども，その事柄が後の事柄に拘束されないことを表わす。

例 ▪ 채찍을 들**어도** 사랑을 바탕으로 해야 한다. ((叱るとき)むちを手にしても愛情に根差していなければならない。)

▪ 하루쯤은 굶**어도** 죽지 않을 겁니다. (一日ぐらいは食べなくても死なないでしょう。)

▪ 미선이는 얼굴은 예**뻐도** 마음씨는 곱지 않다. (ミソンは顔立ちはきれいでも，気立てはよくない。)

2. 仮定を表わす

1. 単なる仮定を表わす。

例 ▪ 나 같**아도** 서운했겠는데. (私であっても寂しかっただろうね。)

▪ 다이아몬드는 세월이 흘**러도** 그 빛을 잃지 않는다. (ダイアモンドは歳月が流れてもその輝きを失わない。)

▪ 하루에 세 시간쯤은 걸**어도** 힘들지 않아요. (一日に3時間ぐらいは歩いても辛くありません。)

▪ 나이가 마흔 살이 넘**어도** 장가를 못 가는 사람이 있다. (年が40を過ぎても結婚できない男性がいる。)

2. 〔'-만 -아도'の形で用いられ〕最小限の条件を誇張して表わす。

例 ▪ 그 사람의 이름만 들**어도** 치를 떨 정도였다. (その人の名前を聞くだけでも身が震えるほどだった。)

▪ 그 무서움은 생각만 **해도** 소름이 끼칠 지경이었다. (その恐ろしさは考えただけでも鳥肌が立つほどだった。)

- 그 일은 생각만 **해도** 아찔하다. (そのことは考えただけでもひやっとする。)

3. 〔疑問詞 '누가（誰が），어디（どこ）' 等と共に用いられ〕後の内容がやはりそうだということを強調して表わす。

例
- 붉은 색은 누가 보**아도** 똑같이 붉고, 찬 얼음은 누가 만**져도** 똑같이 차다. (赤い色は誰が見ても一様に赤く, 冷たい氷は誰が触っても一様に冷たい。)
- 이 문제는 누가 다루**어도** 동일하다. (この問題は誰が扱っても同じだ。)
- 이런 경치라면 누가 보**아도** 싫증이 나지 않을 거요! (こういう眺めならば，誰が見ても飽きないはずだよ！)

4. 〔'좋다（良い），되다（（~しても）よい），괜찮다（かまわない）' 等と共に用いられ〕そうであってもかまわないという許可や許容を表わす。

例
- 남자는 좀 키가 **커도** 괜찮다. (男はちょっとぐらい背が高くてもかまわない。)
- 여기에서 담배를 피**워도** 괜찮아요? (ここでタバコを吸ってもかまいませんか？)
- 지금 유미한테 전화**해도** 될까? (今ユミに電話してもいいかな？)
- 이 옷 입어 **봐도** 돼요? (この服，着てみてもいいですか？)

参考 否定表現は '-면 안 되다' である。例 이 곳에 주차**해도** 됩니까? (ここに駐車してもいいですか？)／주차하**면 안 됩니다**. (駐車してはいけません。)

3. 仮定ではなく事実を表わす

1. 対立的な内容を表わす。

例
- 그 닭이 크지는 않**아도** 살은 쪘을 거예요. (その鶏は大きくはないけど，肉はついていると思います。)
- 호텔을 모두 둘러보**아도** 빈 방이 없어요. (ホテルを全部見て回っても空き部屋がありません。)
- 비가 **와도** 바람은 불지 않는다. (雨は降っても風は吹かない。)
- 나는 대입 시험에 합격했**어도** 집안 사정 때문에 진학할 수 없었다. (私は大学入試に合格したのだが，家庭の事情のために進学することができなかった。)

- 공부를 열심히 **해도** 시험을 잘 보지 못해요. (勉強を熱心にやっても，試験がうまくいかないんです。)

類義 -나[6], -지만

参考 対立を表わす補助詞 '는' としばしば共に用いられる。

2. 〔時間の経過を意味する '지나다（過ぎる）' のような動詞と共に用いられ〕'～するまで（-도록）' の意味。

例 - 사흘이 지**나도** 그 편지는 나에게 오지 않았다. (三日経ってもその手紙は私のところに来なかった。)
- 오전 7시가 지**나도** 온도계는 영하 4도를 가리킨 채로였다. (午前 7 時が過ぎても温度計はマイナス 4 度を指したままだった。)
- 진통이 일어난 지 6, 7시간이 지**나도** 아이는 태어나지 않았다. (陣痛が起きてから 6, 7 時間が過ぎても子供は生まれなかった。)

3. 〔'아무리 -아도' の形で用いられ〕譲歩する内容を強調して表現することを表わす。

例 - 노인이 아무리 코를 골**아도** 그 소년은 조용히 앉아 있었다. (老人がいくらいびきをかいても，その少年は静かに座っていた。)
- 아내의 모습은 아무리 찾**아도** 보이지 않았다. (妻の姿はいくらさがしても見えなかった。)
- 아무리 소리쳐**도** 누구 한 사람 달려오지 않는다. (いくら大声を上げても誰一人駆けつけて来ない。)

4. 〔時間を表わす語の後で '-만 해도' の形で用いられ〕'そのときは' の意味。

例 - 그 때만 **해도** 칼라 사진이 어디 있었어? (そのころはまだカラー写真はどこにも無かったよ。)
- 우리 때만 **해도** 대학에 다닌 사람이 별로 없었잖아요. (私たちのころなんかは大学に通う人があまりいなかったじゃないですか。)
- 며칠 전만 **해도** 땀을 뻘뻘 흘렸는데…. (つい数日前までは汗をだらだら流していたのに…。)

5. 〔'-라고 해도' の形で用いられ〕'あることを条件に挙げて述べるとしても' の意味。

例 ▪ 같은 종류의 나무라고 **해도**, 미국에서는 잘 자라는 나무가 한국에서는 잘 자라지 못하는 경우가 있다. (同じ種類の木だと言っても、アメリカではよく育つ木が韓国ではうまく育たない場合がある。)

▪ 말이라고 **해도** 지금의 말과는 달리 발굽이 세 개 있는 것도 있었다. (馬と言っても今の馬とは異なり、ひづめが三つあるものもいた。)

6. 〔'〜를 보아도'の形で用いられ〕ある事柄の根拠を挙げて述べることを表わす。

例 ▪ 배가 고픈 걸 보**아도** 열두 시가 된 것 같은데요. (お腹が空いたところから見ても、12時になったみたいですよ。)

▪ 축구 시합 같은 걸 보**아도** 멕시코 사람들은 열광적으로 응원한다. (サッカーの試合とかを見ても、メキシコ人たちは熱狂的に応援する。)

▪ 안경을 쓰고 있는 것을 보**아도** 분명히 대성이 아버지였다. (メガネをかけているところから見ても、明らかにテソンのお父さんだった。)

7. 〔'너무 (あまりに), 더 (もっと)' 等の副詞と共に用いられ〕ある状態や状況を挙げて述べながら、その程度が甚だしいことを強調して表わす。

例 ▪ 배가 불러**도** 너무 부르다. (お腹が苦しいほど一杯だ。)

▪ 사람이 못났**어도** 너무 못났다. (人の出来が悪いにしても、あまりの悪さである。)

▪ 바람이 불**어도** 몹시 분다. (風が吹くにしても、ひどい吹きようである。)

8. 〔'-아도 -아도'の形で用いられ〕強調して述べることを表わす。

例 ▪ **가도 가도** 끝없는 바다가 펼쳐진다. (行っても行っても果てしない海が広がる。)

▪ 먹**어도** 먹**어도** 끝이 없다. (食べても食べてもきりがない。)

▪ 걸**어도** 걸**어도** 끝이 없는 사막. (歩いても歩いても果てのない砂漠。)

▪ 돈은 벌**어도** 벌**어도** 더 벌고 싶은 법이다. (お金はもうけてももうけても、さらにもうけたいものである。)

参考 同じ動詞や形容詞が繰り返し用いられる。例 잡아도 잡아도 (捕まえても捕まえても)／비싸도 비싸도 (いくら高くても)

-아도 되다

【교실 밖으로 **나가도 돼요**. (教室の外に出てもかまいません。)】

結合情報 ☞ -아도

慣用句

全体参考　1. '-아도 괜찮다／좋다'の形でも用いられる。例 집에 **가도 괜찮아요／좋아요.** (家に帰ってもかまいません／いいです。) 2. 禁止を表わすときは'-면 안 되다'を用いる。例 교실 밖으로 나가**면 안 돼요**. (教室の外に出てはいけません。)／여기서 사진 찍**으면 안 됩니다**. (ここで写真を撮ってはいけません。)

1. ある動作を許可したり許容したりすることを表わす。

例 ▪ 문제를 다 풀면 교실 밖으로 **나가도 돼요**. (問題を全部解いたら、教室の外に出てもかまいません。)

　　▪ 모르는 게 있으면 언제든지 질문**해도 됩니다**. (分からないところがあるときは、いつ質問してもけっこうです。)

　　▪ 이제 집에 **가도 돼요**. (もう家に帰ってもいいですよ。)

2. 〔疑問文に用いられ〕許可を求めることを表わす。

例 ▪ 여기서 사진 찍**어도 됩니까**? (ここで写真を撮ってもいいですか?)

　　네, 찍**어도 돼요**. (はい, 撮ってもかまいません。)／아니오, 찍**으면 안 돼요**. (いいえ, 撮ってはいけません。)

　　▪ 엄마, 이거 먹**어도 되나요**? (お母さん, これ食べてもいいの?)

　　▪ 여기에 주차**해도 돼요**? (ここに駐車してもいいですか?)

-아 두다

【꼭 **외워 두세요**. (是非覚えておいて下さい。)】

結合情報 ☞ -아³

慣用句

関連語　-아 놓다

全体参考　1. 動作を表わす動詞と共に用いられる。 2. '-아 놓다'に比べ'-아 두다'の方がその結果をより長く保つことを表わす。

1. 〔動詞に用いられ〕'ある動作や過程の結果をその状態のままにしておくこと'の意味。

例 ▪ 이 표현을 꼭 **외워 두세요**. (この表現を是非覚えておいて下さい。)

　　▪ 잊어버리지 않게 적**어 두었는데**. (忘れないように書いておいたのだが。)

　　▪ 내가 그걸 어디에 놓**아 두었더라**? (私ったら, あれをどこに置いといた

ん だっけ？）
- 한국 사람들은 겨울 동안 먹을 김치를 한꺼번에 담**가 둡니다**．（韓国人は冬の間食べるキムチを一度に漬けておきます。）

-아 드리다
慣用句
【선물을 사 드립니다．（贈り物を買ってあげます。）】

結合情報 ☞ -아³

[関連語] -아 주다

例 아버지가 아들에게：내가 이 책 **사 줄게**．（父が息子に：お父さんがこの本買ってやるよ。）

例 아들이 아버지에게：제가 이 책 **사 드릴게요**．（息子が父に：ぼくがこの本買ってあげますよ。）

1. 〔動詞に用いられ〕自分より年上の人や目上の人のために何らかのことを行うときに用いられる。'-아 주다（〜してやる）'の謙譲語。

例 - 유미는 부모님께 선물을 **사 드립니다**．（ユミはご両親に贈り物を買ってあげます。）
 - 선생님을 도**와 드리세요**．（先生のお手伝いをして下さい。）
 - 할머니，제가 문을 **열어 드릴까요**？（おばあさん，私がドアをお開けしましょうか？）

アドバイス

'-아 드릴까요'と'-아 주세요'：

相手の'〜 -아 드릴까요？（〜いたしましょうか？）'という言葉に対し，'네，〜-아 주세요．（ええ，〜して下さい。）'と答える。

例1：영희：제가 도와 드릴까요？（ヨンヒ：私がお手伝いしましょうか？）
　　철수：네，도와 주세요．（チョルス：ええ，お願いします（手伝って下さい）。）
例2：마이클：무거워 보이는데，제가 들어 드릴까요？（マイケル：重そうですけど，私がお持ちしましょうか？）
　　제시카：네，들어 주세요．（ジェシカ：ええ，お願いします（持って下さい）。）

-아라¹ 【여기 앉아라. (ここに座れ。)】

『-아라は語幹末の母音が'ㅏ, ㅗ'の動詞の後に, -어라は語幹末の母音が'ㅏ, ㅗ'以外の動詞の後に, -여라は動詞'하다'の後に用いられる』

例 잡아라, 놓아라, 먹어라, 입어라, 하여라/해라

語尾 終結語尾

最も敬意が低い おじいさんが子供に

関連語 -거라, -너라, -라¹

全体参考 1. 話し言葉に用いられる。 2. 母音'ㅏ'で終わる動詞の後に命令形の語尾'-아라'が付くと, '아'が省略されて'-라'となる。例 네가 먼저 가라. (お前が先に行け。) 3. '말다 (〜(する)のをやめる)'に'-아라'が付いた形は'마라'である。例 가지 마라. (○)(行くな。) /가지 말아라. (×)

1. 命令を表わす。

例 ▪ 여기 앉아라. (ここに座れ。)
  ▪ 이걸 접시에 담아라. (これをお皿に盛りなさい。)
  ▪ 어머니께는 나를 만났다는 얘기를 하지 마라. (お母さんにはぼくに会ったことを話すなよ。)
  ▪ 노래를 불러라. (歌を歌え。)

2. 〔主に希望や願い事を述べるときの言葉に用いられ〕(命令の意味はなく) そうなることを望んだり祈ったりすることを表わす。

例 ▪ 새해는 아들이나 낳아라. (新年はとにかく息子を産むようにね。)
  ▪ 부디 오래오래 행복하게 잘 살아라. (どうか末永く幸せに暮らすように。)
  ▪ 너희들도 소원 성취하고 복 많이 받아라. (お前たちも願いが成就し, 良いことがたくさんあるようにな。)

3. 〔悪口や脅かす言葉等に用いられ〕そのようになれと望むことを表わす。

例 ▪ 너 오늘 혼 좀 나 봐라! (お前今日はひどい目にあうからな！)
  ▪ 어디 죽는 맛 좀 봐라. (ほら, 死ぬ思いを味わってみろ。)
  ▪ 이런 바보를 봤나, 아예 죽어 버려라. (こんな馬鹿見たことないぞ, さっさと死んじまえ。)

-아라² 【아이, 좋아라. (あら, 良いわね。)】

『-아라は語幹末の母音が'ㅏ, ㅗ'の形容詞や一部の自動詞の後に, -어라は語幹末の母音が'ㅏ, ㅗ'以外の形容詞や一部の自動詞の後に, -여라は形容詞'하다'の後に用いられる』

例 작아라, 높아라, 없어라, 늦어라, 하여라／해라

[語尾] 終結語尾

[類義] -구나

1. 〔日常的な話し言葉に用いられ〕話し手の感じることや感情を強調して表わす。

例 • 아이, 좋아라. (あら, 良いわね。)
   • 어휴, 더워라. (やれやれ, 暑いな。)
   • 무서워라. (怖いわ。)
   • 아이구, 뜨거워라. (いやあ, 熱いなあ。)

   [参考] '-았-'の後には用いられない。例 좋았어라. (×)

2. 〔詩や歌の歌詞のような書き言葉に用いられ〕感嘆を表わす。

例 • 달도 밝아라. (月も明るいものだなあ。)
   • 아아 우리도 살았어라. 태극기를 들고 암흑을 헤치자. (ああ, 我々は生きているのだなあ。大極旗を掲げて暗黒を追い払おう。)

   [参考] '-았-'の後にも用いられる。

-아라도

【일단 잡아라도 보아라. (とりあえず捕まえてみなさい。)】

『-아라도는 語幹末의 母音이 'ㅏ, ㅗ'의 動詞의 後에, -어라도는 語幹末의 母音이 'ㅏ, ㅗ' 以外의 動詞의 後에, -여라도는 動詞 '하다'의 後에 用いられる』

例 잡아라도, 먹어라도, 하여라도／해라도

語尾　連結語尾

1. 他のものよりは気に入らないが、そのようなことだけでも行うことを表わす。
   例 ▪ 위험하지 않으니, 일단 잡**아라도** 보아라. (危なくないから、とりあえず捕まえてみなさい。)
   　▪ 얼마든지 장난삼**아라도** 애인의 애를 태우게 할 수 있었다. (面白半分ではあれ、いくらでも恋人の気をもませることができた。)
   　▪ 그는 인사 삼**아라도** 물 한 잔 주는 법이 없었다. (彼は挨拶ついででも、水一杯出すことがなかった。)

2. 極端な例を挙げながら'そうしてまでも'という意味を表わす。
   例 ▪ 금방 잡**아라도** 먹을 듯한 기세였다. (今すぐ捕まえてでも食べるような勢いだった。)
   　▪ 아낙네들은 당장 애기를 빼앗**아라도** 올 듯이 화를 내었다. (女たちは今すぐにでも子供を奪って来そうな調子で怒った。)

-아 버리다

【구멍을 막아 버려요. (穴をふさいでしまいます。)】

結合情報 ☞ -아³

慣用句

全体参考　動作を表わす動詞と共に用いられる。

1. 'ある行動を全て行うこと、全て終えること'を表わす。
   例 ▪ 쥐가 나오지 못하게 구멍을 막**아 버려요**. (ネズミが出て来られないように穴をふさいでしまいます。)
   　▪ 기차역에 도착해 보니 기차는 벌써 떠**나 버렸다**. (駅に着いてみると、汽車はとっくに発ってしまっていた。)

[参考] 動作を終えたことで話し手は気がせいせいしているとか，残念だとかといった感情を表わす。

2. 'ある行動をするようになること，(好ましくないことを) 起こすようになること' を表わす。

例 ▪ 자기 뜻대로 안 되면 울**어 버려요**. (自分の思い通りにならないと泣いてしまいます。)
　▪ 너 자꾸 그러면 나 죽**어 버린다**. (お前が何度もそうしたら，ぼくは死んじゃうからね。)

-아 보다 【받아 보세요. (受け取ってみて下さい。)】
慣用句　　　　　　　　　　　　　　　　[結合情報] ☞ -아³

1. 〔動詞に用いられ〕ある行為を試しにやってみることを表わす。

例 ▪ 제 공을 받**아 보세요**. (私のボールを受け取ってみて下さい。)
　▪ 마음에 들면 한번 신**어 보세요**. (気に入りましたら，一度履いてみて下さい。)
　▪ 저 옷을 입**어 볼까**? (あの服を着てみようか?)
　▪ 도서관에서 유미를 찾**아 보세요**. (図書館でユミをさがしてみて下さい。)

-아 보이다 【얼굴이 좋아 보이는구나. (良い顔してるね。)】
慣用句　　　　　　　　　　　　　　　　[結合情報] ☞ -아³

[全体参考] '-게 보이다' に置き換えることもできる。例 유미는 나이보다 어리**게 보여**. (ユミは年より若く見えるよ。)／오늘따라 더 예쁘**게 보여요**. (今日は特にいっそうきれいに見えますね。)

1. 〔形容詞に用いられ〕外見からしてそうだと見当を付けて述べることを表わす。'〜なように見える／〜みたいに思われる' の意味。

例 ▪ 얼굴이 좋**아 보이는구나**. (良い顔してるね。)
　▪ 너 아파 **보인다**. (お前，具合悪いみたいだな。)
　▪ 유미는 나이보다 어려 **보인다**. (ユミは年より若く見える。)
　▪ 제인 씨, 오늘따라 더 예뻐 **보여요**. (ジェーンさん，今日は特にいっそうきれいに見えますね。)

-아 봤자

【싸워 봤자~ (ケンカしたって~)】

結合情報 ☞ -아³

慣用句

全体参考 1. '-아 봤자'는 '-아 보았자'가 縮約した語である。2. '-아 봤자'の形でより多く用いられる。例 싸워 보았자 누가 이기겠어? (ケンカしたって，どっちが勝つかよ？) 3. '-아 본댔자'の形でも用いられる。

1. ある行動をしても無駄なことを表わす。'そのようにやってみたとしても'の意味。

   例 ▪ 너희들이 싸워 봤자, 누가 이기겠어? (お前たちがケンカしたって，どっちが勝つかよ？)
   - 그런 애들은 아무리 야단쳐 봤자, 눈도 깜짝 않는걸. (ああいう子たちはいくら叱ったって，どこ吹く風なんだよな。)
   - 이렇게 서로 싸워 봤자, 무슨 소용이 있을까. (こうやってお互いに争ったところで，何のたしになるだろうか。)
   - 손 대 본댔자 별 수 없을걸. (手を加えたところで，仕方ないだろうね。)
   - 내가 아무리 이야기를 해 본댔자 소용없을 거야. (ぼくがいくら話をしてみても，無駄だと思うよ。)

-아 빠지다

【낡아 빠진 청바지 (古くなってぼろぼろのジーンズ)】

結合情報 ☞ -아³

慣用句

全体参考 話し手の否定的な感情を含んでおり，肯定的な事柄とは共に用いられない。例 예뻐 빠진 여자 (×)

1. その程度がとても甚だしいことを表わす。

   例 ▪ 마이클은 낡아 빠진 청바지를 입고 있었다. (マイケルは古くなってぼろぼろのジーンズをはいていた。)
   - 흔해 빠진 사랑 이야기. (ごくありふれた愛の話。)
   - 썩어 빠진 사람들. (腐れ切った人たち。)

-아서 【그는 미국에 가서~ （彼はアメリカに行って~）】

『-아서は語幹末の母音が'ㅏ, ㅗ'の動詞と形容詞の後に, -어서は語幹末の母音が'ㅏ, ㅗ'以外の動詞と形容詞の後に, -여서は'하다'の後に用いられる』

[語尾] 連結語尾

[例] 잡아서, 높아서, 먹어서, 싫어서, 하여서／해서

[形態関連語] -라서

[訳注] '이다'の後に用いられる形については'-라서'(p.409)を参照。

1. 連結語尾

[縮約] -아³

1. 時間の前後の順序を表わす。前の事柄と後の事柄が順次的に起こることを表わす。

例 ▪ 그는 미국에 **가서** 경영학을 공부했다. （彼はアメリカに行って経営学を勉強した。）
- 집에 **와서** 샤워를 했어요. （家に帰ってシャワーをしました。）
- 영숙이가 편지를 **써서** 부쳤다. （ヨンスクが手紙を書いて送った。）
- 그림을 **그려서** 벽에 붙인다. （絵を描いて壁に貼る。）

[参考] 1. 前と後の主体は同一で, 叙述語には主に動作を表わす動詞が用いられる。2. 後の文の叙法に制約がない。

2. 前の動作や状態が後まで持続することを表わす。'~した状態で'または'~したままで'の意味。

例 ▪ 여기 **앉아서** 조금만 기다리세요. （こちらに座って, 少々お待ち下さい。）
- 대성이가 의자에 **앉아서** 신문을 읽는다. （テソンはイスに座って新聞を読む。）
- 그는 기쁨에 **넘쳐서** 편지를 쓰고 있다. （彼は喜びにあふれて, 手紙を書いている。）

3. 前の内容が後の内容の原因や理由となることを表わす。

例 ▪ 이 댁 따님이 어머니를 **닮아서** 상냥하더군요. （このお宅のお嬢さんはお母さんに似て優しかったですよ。）
- 한국어 실력이 늘지 않**아서** 걱정이에요. （韓国語の実力が伸びなくて心

- 그 부자는 도둑 맞**아서** 빈털터리가 되었다. (その金持ちは泥棒に入られて一文無しになった。)
- 어제는 배가 고**파서** 죽을 지경이었어요. (昨日はお腹が空いて死にそうでした。)
- 눈이 **와서** 길이 미끄러워요. (雪が降って道が滑りやすいです。)

例
- 그녀는 잔뜩 화가 **나서** 입술을 꼭 다물었다. (彼女はひどく腹が立って唇をきっと堅く閉じた。)
- 숙제가 많**아서** 늦게 잤어요. (宿題が多くて遅く寝ました。)
- 길에 차가 많**아서** 빨리 달릴 수 없어요. (道に車が多くて速く走れません。)

参考 1. 前には主に状態を表わす動詞が用いられる。2. 後に命令文や勧誘文は用いられない。3. 前の内容と後の内容の主体が異なることもある。例 진수가 집을 나**가서** 엄마가 걱정하신다. (チンスが家を出たので、お母さんが心配している。)

4. 〔慣用的に'미안하다 (すまない)／죄송하다 (申し訳ない)／반갑다 (うれしい)／고맙다 (ありがたい)'等の語と共に用いられ〕前の事柄に対する何らかの表現を挨拶の言葉で述べることを表わす。

例
- 회의에 늦**어서** 죄송합니다. (会議に遅れまして申し訳ありません。)
- 파티에 못 **가서** 미안합니다. (パーティーに行けなくてすみません。)
- 파티에 초대해 주**셔서** 고맙습니다. (パーティーに招待して下さり、ありがとうございます。)
- 만**나서** 반가웠어요. (お会いできてうれしかったです。)

5. 目的を表わす。'〜するために (-기 위해서)'の意味。

例
- 그는 다시 보물을 찾**아서** 각지를 걸어 다녔다. (彼は再び宝物を探して、各地を歩き回った。)
- 우리는 공룡의 화석을 찾**아서** 길을 떠났다. (私たちは恐竜の化石を求めて出発した。)

2. 副詞的な機能

1. 後の事柄が起こった時間を表わす。'〜と (した) とき'の意味。

例
- 저 아이는 어려**서** 예뻤다. (あの子は幼いころかわいかった。)
- 저녁이 되**어서** 사람들이 집으로 돌아왔다. (夕方になり、人々が家に帰っ

■ 밤이 어둑**해서** 영숙이가 우리를 찾아왔다. (夜かなり暗くなってから，ヨンスクが私たちのところを訪ねて来た。)

　　参考 '-아'に置き換えることはできない。例 저 아이는 어려 예뻤다. (×)

2. 'ある時期に至り'の意味。
例 ■ 20세기 후반에 들**어서** 사회는 눈부시게 발달했다. (20世紀後半に入り，社会は目覚ましく発達した。)
　　■ 근래에 **와서** 서울 근처에 새로운 도시들이 많이 생겼다. (最近に至って，ソウル近辺に新たな都市が多く生まれた。)
　　■ 그의 작품 세계는 후기에 **와서** 많은 변화가 있었다. (彼の作品の世界は後期に至って，多くの変化があった。)

3. 時間や空間の範囲を表わす。
例 ■ 이 소설을 그는 3개월 동안에 걸**쳐서** 썼다. (この小説を彼は3カ月間にわたって書いた。)
　　■ 그 해 겨울부터 23년 봄에 걸**쳐서** 그 곡을 썼다. (その年の冬から23年の春にかけてその曲を書いた。)
　　■ 민속 자료를 통**해서** 조상들의 생활 모습을 짐작할 수 있다. (民俗資料を通じて，祖先の生活の様子を推し量ることができる。)

　　参考 1. '-아'に置き換えることができる。2. 時間の範囲を表わす。
例 ■ 고대 인간이 살았던 흔적은 구대륙으로부터 신대륙에 걸**쳐서** 퍼져 있다. (古代の人間が住んでいた痕跡は旧大陸から新大陸にかけて広がっている。)
　　■ 이 지역 전반에 걸**쳐서** 많은 유물이 발견되었다. (この地域全般にかけて多くの遺物が発見された。)

　　参考 1. '-아'に置き換えることができる。2. 空間の範囲を表わす。

4. 時間の経過を表わす。
例 ■ 그녀는 자정이 조금 지나**서** 집으로 돌아왔다. (彼女は夜中の12時が少し過ぎてから家に帰って来た。)
　　■ 세 시가 지나**서** 회의가 끝났다. (3時が過ぎてから会議が終わった。)
　　■ 그는 날이 저물**어서** 풀려났다. (彼は日が暮れてから解放された。)
　　■ 열 시가 넘**어서** 순이가 왔다. (10時が過ぎてからスニが来た。)

参考 補助詞'야'が付き，意味をさらに強調する。例 열 시가 넘**어서야** 순이가 왔다.（10時が過ぎてからやっとスニが来た。）

5. 〔'며칠（何日），얼마（いくら）'等や'안（～しない），못（～できない）'等の否定を表わす語と共に用いられ〕時間がさほど経っていないことを表わす。

例 ■ 며칠 안 **가서** 나는 파리로 되돌아왔네.（何日も経たないうちに，ぼくはパリにまた戻って来たのだ。）
　　■ 얼마 안 **가서** 미선이는 그 사실을 알게 되었다.（ほどなくして，ミソンはその事実を知るようになった。）

6. 行動の仕方や手段を表わす。

例 ■ 밥을 물에 말**아서** 먹어도 돼？（ご飯に水をかけて食べてもいい？）
　　■ 냄새 맡**아서** 모르시겠소？（匂いを嗅いでお分かりになりませんか？）
　　■ 그들은 걸**어서** 국경을 넘어갔다.（彼らは歩いて国境を越えて行った。）

7. 〔'말하다（言う），예를 들다（例を挙げる）'等に用いられ〕説明することを表わす。

例 ■ 예를 들**어서** 한국 음식을 만들어 보라.（例として韓国料理を作ってみよ。）
　　■ 다시 말**해서** 간단하게 말하는 것이 중요하다.（言い換えれば，簡単に述べることが大切なのである。）
　　■ 넓게 말**해서** 이것도 포함된다.（広く言えば，これも含まれる。）

3. 慣用的な用法

1. 〔'-아서(는) ～ 없다'の形で用いられ〕条件を表わす。

例 ■ 정치는 국가를 떠**나서** 존재할 수 없다.（政治は国家を離れて存在することはできない。）
　　■ 나는 시간을 공간과 따로 떼**어서** 생각할 수 없다.（私は時間を空間と切り離して考えることができない。）
　　■ 네가 그렇게 덜렁거**려서**는 우등생이 될 수 없다.（君，そんなにそそっかしいんじゃ優等生になれないよ。）

参考 補助詞'는'を付け，その意味をさらに強調することもある。

2. 〔'-아서(야) 되겠는가'の形で用いられ〕'そうしてはいけないこと'を強調して述べるときに用いられる。

例 ▪ 우리가 벌써 이렇게 소비적인 생활을 **해서**야 되겠는가? (私たちは今からこんなに消費的な生活をしてもよいものだろうか?)
  ▪ 학문에 힘쓰겠다는 사람이 다른 일에 관심을 두**어서**야 되겠는가? (学問に努めると言った人間が他のことに関心を払ってもよいものだろうか?)
  ▪ 이 정도 비에 하늘을 탓하고 일손을 놓**아서**야 되겠는가? (この程度の雨で空のせいにし、仕事の手を休んでもいいのだろうか?)

3. '계속해서 (続けて), 다투어서 (앞다투어서)(争って (先を争って)), 더불어서 (共に), 덧붙여서 (ちなみに), 번갈아서 (交互に), 연달아서 (立て続けに), 줄잡아서 (少なく見積もって), 풀어서 (かみ砕いて)' 等の副詞形を作るときに用いられる。

例 ▪ 나는 아이의 발달 과정을 **계속해서** 기록했다. (私は子供の発達過程を記録し続けた。)
  ▪ **더불어서** 늘어나느니 차뿐이었다. (共に増えるものは車ばかりだった。)
  ▪ 여왕은 지배하는 방법도 알고 있었지만, 더 **나아가서** 국민의 심중을 익히고 있었다. (女王は支配する方法も知っていたが、さらになお国民の心中を熟知していた。)
  ▪ 좀 더 **풀어서** 이야기해 보자. (もう少しかみ砕いて話してみよう。)
  ▪ 적군은 **연달아서** 쳐들어왔다. (敵軍は立て続けに攻め込んで来た。)

4. '에, 로, 와' 等の助詞と一部の用言からなる慣用的表現に用いられる。

例 ▪ 주말을 보내는 방법은 사람에 **따라서** 다르다. (週末の過ごし方は人によって違う。)
  ▪ 그 사람은 나이에 비**해서** 경험이 많다. (その人は年齢に比べて経験が多い。)
  ▪ 인간에 의**해서** 이루어지는 역사 창조. (人間によって遂げられる歴史の創造。)
  ▪ 동양과 서양은 자연에 대한 생각에 있**어서** 커다란 차이점이 있다. (東洋と西洋は自然に対する考え方において、極めて大きい違いがある。)

参考 〔~에 관해서 (~に関して)〕〔~에 대해서 (~について, ~に対して)〕〔~에 따라서 (~に従って)〕〔~에 반해서 (~に反して)〕〔~에 비해서 (~に比べて)〕〔~에 의해서 (~によって)〕〔~에 있어서 (~において)〕〔~로 인해서 (~によって)〕〔~로 미루어서 (~から察して)〕〔~로 보아서 (~から見て)〕〔~와 더불어서 (~と共に)〕等。

> **アドバイス1**

'-아서'と'-고'の比較:

'-아서'が'時間の前後の順序'を表わす場合,'-고'('-고⁴'(p.65)参照)に置き換えることができるが,その意味はやや異なる。'-고'は単に時間的な前後の順序を表わすのに対し,'-아서'は前の事柄が後の事柄の前提となり,後の行動が前の行動の目的となる。下の例1のように'-고'を用いると'ヨンスクが友達に会ったこと'と'学校に行ったこと'の二つの行動が順次的に起こったことを表わすだけで,二つの行動の間には関連性がない。しかし例2のように'-아서'を用いると'友達に会ったこと'が'学校に行く'ための前提になっているものと解釈される。従って'-아서'は前と後の行動が緊密な関係を表わす場合に用いられ,'-고'はこの二つの行動の緊密度が相対的に低い場合に用いられる。

例1:영숙이는 친구를 만나**고** 학교에 갔다.(ヨンスクは友達に会って,(その後,友達と別れてから)学校に行った。)

例2:영숙이는 친구를 만나**서** 학교에 갔다.(ヨンスクは友達に会って,(その友達と一緒に)学校に行った。)

> **アドバイス2**

'-아서'と'-니까'の比較:

1. '-아서'が'原因'や'理由'を表わすときは'-니까'に置き換えることができる。ただし'-니까'は後に命令文や勧誘文を用いることができるが,'-아서'は用いることができない。

例1:눈이 많이 오**니까** 집안에서 놀아라(○)/놀자.(○)
　　(雪がたくさん降っているから,家の中で遊びなさい/遊ぼう。)

例2:눈이 많이 와**서** 집안에서 놀아라(×)/놀자.(×)

2. '미안하다(すまない),고맙다(ありがたい),반갑다(うれしい)'等の感情を表わす形容詞は'-아서'と共に用いられるが,'-니까'とは用いられない。

例 1：늦**어서** (○)／늦으니까 (×) 미안합니다. (遅れてすみません。)

例 2：만**나서** (○)／만나니까 (×) 반가워요. (お会いできてうれしいです。)

アドバイス 3

'-아서'と'-아 가지고'の比較：

'-아서'は基本的に"가짐（持つこと，ここではある動作や状態を保つこと）"の意味を持っており，多くの場合'-아 가지고（〜(し)て，〜でもって，〜ので)'に置き換えることができる。

例 1：영숙이는 편지를 **써서** 부모님께 부쳤다.
　　→영숙이는 편지를 **써 가지고** 부모님께 부쳤다.
　　　(ヨンスクは手紙を書いて両親に送った。)（時間の前後の順序）

例 2：우리들은 그 짐승의 배를 창으로 찔**러서** 죽였다.
　　→우리들은 그 짐승의 배를 창으로 찔**러 가지고** 죽였다.
　　　(私たちはその獣の腹を槍で刺して殺した。)（手段）

例 3：그녀는 잔뜩 화가 **나서** 입술을 꼭 다물었다.
　　→그녀는 잔뜩 화가 **나 가지고** 입술을 꼭 다물었다.
　　　(彼女はひどく腹が立ったので唇をきっと堅く閉じた。)（理由）

-아서는 안 되다　【이 곳에 주차해서는 안 돼요. (ここに駐車してはいけません。)】　結合情報 ☞ -아서

慣用句

[類義] -면 안 되다　例 이 곳에 주차하**면 안 돼요**. (ここに駐車してはいけません。)／운전할 때는 술을 마시**면 안 됩니다**. (運転するときはお酒を飲んではいけません。)

1. そのような行動をしてはいけないと禁止することを表わす。

例 ▪ 이 곳에 주차**해서는 안 돼요**. (ここに駐車してはいけません。)

　▪ 운전할 때는 술을 마**셔서는 안 됩니다**. (運転するときはお酒を飲んではいけません。)

- 부모님께 그런 말을 **해서는 안 된다**. (親にそんなことを言ってはいけない。)

-아서야 【날이 밝**아서야**~ (夜が明けてようやく~)】

『-아서야는 語幹末の母音が'ㅏ, ㅗ'の動詞と形容詞の後に, -어서야は語幹末の母音が'ㅏ, ㅗ'以外の動詞と形容詞の後に, -여서야は'하다'の後に用いられる』

[語尾] 連結語尾

[例] 잡**아서야**, 높**아서야**, 먹**어서야**, 싫**어서야**, 하**여서야**／해**서야**

[関連語] -아서

1. 時間を表わす'-아서'を強調するときに用いられる。'ある時点に至ってようやく'の意味。

例 - 날이 밝**아서야** 그녀는 깨어났다. (夜が明けてようやく彼女は目覚めた。)
   - 수많은 이야깃거리에 샛별이 돋**아서야** 잠자리에 들었다. (きりの無い話の種に, 明けの明星が出るころようやく寝床に入った。)
   - 조카들은 언니가 방으로 쫓**아서야** 마지못해 나간다. (甥っ子たちは姉に部屋の方へと追い払われ, いやいや出て行く。)

2. ['-아서(야) 되겠는가'の形で用いられ]'そうしてはいけないこと'を強調して述べるときに用いられる。

例 - 세상은 넓은데 언제까지 이렇게 갇혀 살**아서야** 되겠습니까? (世の中は広いのに, いつまでこんなに閉じ込められて生きなければならないのでしょうか?)
   - 하지만 너한테까지 알리지 않**아서야** 되겠니? (でも君にまで知らせなくちゃいけないんじゃないの?)
   - 사람이 자기 뿌리를 모르고 살**아서야** 되겠느냐? (人が自分のルーツを知らずに生きててよいものか?)

-아서요

【너무 많**아서요**.（すごく多いんだもん。）】

『-아서요は語幹末の母音が'ㅏ, ㅗ'の動詞と形容詞の後に，-어서요は語幹末の母音が'ㅏ, ㅗ'以外の動詞と形容詞の後に，-여서요は'하다'の後に用いられる』

[語尾] 終結語尾

[親しい間で敬意が高い] 先輩や目上の人に

[例] 잡아서요, 높아서요, 먹어서요, 싫어서요, 해서요

[形態関連語] -라서요

[全体参考] 話し言葉に用いられる。

[訳注] '이다'の後には'-라서요'が用いられる。

1. 相手の問いに対し，その原因や理由を挙げて答えることを表わす。

例 ▪ 아버지 : 뭘 그렇게 놀라느냐？（父：何をそんなに驚いてるんだい？）
　　아들　 : 사람들이 너무 많**아서요**. （息子：人がすごく多いんだもん。）

▪ 엄마 : 아직 안 잤어？（お母さん：まだ寝てないの？）
　영숙 : 별로 졸리지 않**아서요**. （ヨンスク：あんまり眠くなくて。）

▪ 영숙 : 왜 이사하시려는데요？（ヨンスク：どうして引っ越そうと思ってるんですか？）
　유미 : 지금 사는 집이 좀 작**아서요**. （ユミ：今住んでいる家がちょっと狭いものですから。）

-아서 죽겠다

【아파서 죽겠어요. （痛くて死にそうです。）】

[結合情報] ☞ -아서

慣用句

[全体参考] 1. 話し言葉でのみ用いられる。 2. '-아／어／여 죽겠다'の形でも用いられる。[例] 아파 죽겠다. （痛くて死にそうだ。）／힘들어 죽겠어. （辛くてたまらないよ。） 3. '죽겠다'の代わりに'미치겠다'も用いられる。[例] 더워서 미치겠어. （暑くて気が変になりそうだよ。）

1. 'ある状態が非常に甚だしいこと'を強調して表現する語。

例 ▪ 아파서 죽겠어요. （痛くて死にそうです。）

　▪ 힘들어서 죽겠어요. （辛くてたまりません。）

- 배가 고파서 죽겠어요. (お腹が空いて死にそうです。)
- 얄미워 죽겠어요. (憎らしくてたまりません。)
- 더워서 죽겠어. (暑くてたまらないよ。)

-아야 【편지를 받아야~ (手紙を受け取ってこそ~)】

『-아야는 語幹末の母音が 'ㅏ, ㅗ' の動詞と形容詞の後に, -어야는 語幹末の母音が 'ㅏ, ㅗ' 以外の動詞と形容詞そして '-았-' の後に, -여야는 '하다' の後に用いられる』

例 잡아야, 높아야, 먹어야, 싫어야, 잡았어야, 하여야/해야

語尾 連結語尾

形態関連語 -어야, -라야

訳注 '이다' の後には '-어야, -라야' が用いられる。'-어야' は終声字の無い名詞の後で '이어야' が縮約し, '여야' となることがある。

1. 後の語句の必須条件であることを表わす。

例
- 편지를 **받아야** 답장을 쓰지. (手紙を受け取ってこそ返事を書くもんだろ。)
- 신발을 사러 갈 때는 좋은 신발을 신고 **가야** 대접을 받는다고 한다. (靴を買いに行くときは良い靴を履いて行ってこそ, 客扱いしてもらえるのだそうだ。)
- 진수가 **와야** 비로소 일이 다 끝나게 되는 것이다. (チンスが来てはじめて, 仕事が全部終わることになるわけだ。)

参考 補助詞 '만' を付け, その意味を強調することもある。例 편지를 받아야**만** 답장을 쓰지. (手紙を受け取ってこそ返事を書くもんだろ。)

2. 〔'-아야 하다/되다' の形で用いられ〕当然そうしなければならないことを表わす。

例
- 외국어를 배우려면 공부를 열심히 **해야** 된다. (外国語を学ぼうと思ったら, 勉強を一所懸命しなければならない。)
- 인간은 자연과 더불어 **살아야**만 한다. (人間は自然と共に生きなければならない。)
- 등산을 가려면 나침반을 가져**가야** 합니다. (登山に行くならコンパスを持って行かなければなりません。)

[参考] 補助詞 '만'を用いることができる。[例] 외국어를 배우려면 공부를 열심히 해야**만** 된다. (外国語を学ぼうと思ったら、勉強を一所懸命しなければならない。)

3. 〔'-아야 하다'の形で用いられ〕そのような状況を避けることができないときに用いられる。

例 ▪ 오늘은 학교에 **가야** 해요. (今日は学校に行かなければなりません。)
  ▪ 일이 너무 많아서 야근을 **해야** 합니다. (仕事が多すぎて夜勤をしなければいけません。)
  ▪ 지금 형편으로는 아르바이트라도 **해야** 한다. (今の暮らし向きではアルバイトでもしなければならない。)

[反対] -지 않아도 되다 [例] 학교에 가**지 않아도 돼요**. (学校に行かなくてもいいです。)

4. 仮定したことが結局は何の役にも立たないことを表わす。'～したところで (-아 봤자)'の意味。

例 ▪ 아무리 좋**아야** 그림의 떡. (いくら良くとも、絵にかいた餅。)
  ▪ 아무리 졸라 보**아야** 소용없다. (いくらねだっても無駄だ。)
  ▪ 아무리 좋**아야** 제 집만 하겠소？ (いくら良くても自分の家ほど良い所があるでしょうか？)

[参考] 1. 補助詞 '만'を用いることはできない。2. 主に '아무리 (いくら)'のような語と共に用いられる。3. '-아도'と置き換えることができる。[例] 아무리 좋**아도** 그림의 떡. (いくら良くても、絵にかいた餅。)

アドバイス

'-아야'と'-면'の比較：

語尾 '-면'が単なる条件や根拠を表わすのに対し、'-아야'は後の事柄が成立するための必須条件を表わす。

例1：비가 적당히 오**면** 농사가 잘 된다. (雨が適度に降れば農作業がうまくいく。)

비가 적당히 와**야** 농사가 잘 된다. (雨が適度に降ってこそ農作業がうまくいく。)

例2：성인이**면** 결혼할 수 있다. (成人であれば結婚できる。)

성인이**어야** 결혼할 수 있다. (成人であってこそ結婚できる。)

-아야겠-

【꼭 대학교에 **가야겠**다고~
(なんとしても大学に行かなくてはと~)】

『-아야겠- は語幹末の母音が 'ㅏ, ㅗ' の動詞と形容詞の後に, -어야겠- は語幹末の母音が 'ㅏ, ㅗ' 以外の動詞と形容詞の後に, -여야겠- は '하다' の後に用いられる』
縮約形

例 잡**아야겠**-, 높**아야겠**-, 먹**어야겠**-, 없**어야겠**-, 하**여야겠**-/**해야겠**-
'-아야 하겠-' の縮約形

形態関連語 -어야겠-, -라야겠-

全体参考 '-아야겠구나, -아야겠다, -아야겠지' 等の形で用いられる。

訳注 '이다' の後には '-어야겠-, -라야겠-' が用いられる。'-어야겠-' は終声字の無い名詞の後で '이어야겠-' が縮約し, '-여야겠-' となることがある。

1. 〔主体が話し手である文に用いられ〕当然そうすべきことについて話し手の意志を表わす。

例 ▪ 나는 꼭 대학교에 **가야겠**다고 생각했다. (私はなんとしても大学に行かなくてはと思った。)

▪ 나도 끝까지 살아남**아야겠**다. (私も最後まで生き残らなくては。)

▪ 나도 이제부터는 할 말은 하고 살**아야겠**어요! (私もこれからは言うことは言って暮らしませんとね!)

2. そのような状況にならざるを得ないと話し手が推測することを表わす。

例 ▪ 너 매 좀 맞**아야겠**구나. (お前, ちょっとお仕置きされないとな。)

▪ 할 수 없이 그 일을 내가 맡**아야겠**더군. (仕方なくその仕事をぼくが引き受けることになりそうだったよ。)

-아야 되다

【숙제를 꼭 **해야 돼요**. (宿題を必ずしなければいけません。)】

結合情報 ☞ -아야

慣用句

全体参考 '-았-' とも共に用いることができる。この場合はそのようにできなかったことについて残念な気持ちを表わす。例 그때 집에 **갔**어야 됐는데. (あのとき家に帰らなくてはいけなかったのに。)

1. ある行動を必ず行わなければならないことを表わす。

例 ・ 숙제를 꼭 **해야 돼요**. (宿題を必ずしなければいけません。)
　・ 내일 오전 회의에 꼭 **와야 됩니다**. (明日の午前の会議に必ず出なくてはいけません。)
　・ 올여름에는 꼭 고향에 **가야 되는데요**. (今年の夏はなんとしても故郷に帰らなければならないのですが。)
　・ 담배를 끊으**셔야 됩니다**. (タバコをおやめにならなければいけません。)
　・ 어제 철수를 만났**어야 되는데**. (昨日チョルスに会わなくてはいけなかったのに。)

-아야만

【도움을 받**아야만**～ (手を借りてやっと～)】

『-아야만은 語幹末の母音が'ㅏ, ㅗ'の動詞と形容詞の後に，-어야만은 語幹末の母音が'ㅏ, ㅗ'以外の動詞と形容詞そして'-았-'の後に，-여야만은'하다'の後に用いられる』

例 잡아야만, 높아야만, 먹어야만, 싫어야만, 잡았어야만, 하여야만／해야만

[語尾] 連結語尾

[形態関連語] -어야만, -라야만

[訳注] '이다'の後には'-어야만, -라야만'が用いられる。'-어야만'は終声字の無い名詞の後で'이어야만'が縮約し，'여야만'となることがある。

1. 後の語句の必須条件であることを表わす。

例 ・ 그는 나의 도움을 받**아야만** 걸을 수 있다. (彼は私の手を借りてやっと歩くことができた。)
　・ 어려움을 참**아야만** 발전이 있단다. (辛さに耐えてこそ発展があるんだよ。)
　・ 부부가 성격이 같**아야만** 산다면 이 세상에 같이 사는 사람들이 몇이나 되겠니? (夫婦は性格が同じでなければ暮らせないのなら，この世の中で一緒に暮らせる人って何人いると思う？)

2. 〔'-아야만 하다／되다'の形で用いられ〕当然そうしなければならないことを表わす。

例 ▪ 네 죄를 용서 받겠다는 마음으로 다 참**아야만** 하는 거야. (お前の罪を許してもらうつもりで、耐え抜かなくてはいけないんだよ。)
  ▪ 우리는 이성을 되찾**아야만** 합니다. (私たちは理性を取り戻さなければなりません。)
  ▪ 무엇을 하든지 간에 최선을 다**해야만** 된다. (何をするにせよ最善を尽くさなければならない。)

3. 〔'-아야만 하다'の形で用いられ〕そのような状況を避けることができないときに用いられる。

例 ▪ 소년은 그냥 비를 맞**아야만** 했다. (少年はただ雨に打たれるしかなかった。)
  ▪ 나는 담임선생님에게 불려가서 맞**아야만** 했다. (私は担任の先生に呼び出され、ぶたれるほかなかった。)
  ▪ 나는 왜 이렇게 어리석게 살**아야만** 하는가. (私はなぜこれほど愚かに生きなければならないのか。)

-아야죠

【저도 살**아야죠**. (私も生きていきませんとね。)】

『-아야죠は語幹末の母音が 'ㅏ, ㅗ' の動詞と形容詞の後に、-어야죠は語幹末の母音が 'ㅏ, ㅗ' 以外の動詞と形容詞の後に、-여야죠は '하다' の後に用いられる』

[語尾] 終結語尾
[親しい間で敬意が高い] 先輩や目上の人に

例 잡**아야죠**, 높**아야죠**, 먹**어야죠**, 싫**어야죠**, 하**여야죠**／해**야죠**

[形態関連語] -어야죠, -라야죠
[原形] -아야지요
[全体参考] 話し言葉に用いられる。
[訳注] '이다' の後には '-어야죠, -라야죠' が用いられる。'-어야죠' は終声字の無い名詞の後で '이어야죠' が縮約し、'여야죠' となることがある。

1. 〔主体である話し手の行動を示し〕話し手の意志を表わす。

例 ▪ 저도 살**아야죠**. (私も生きていきませんとね。)
  ▪ 다들 가는데 저도 가 **봐야죠**. (みんな行くのに、私も行ってみませんとね。)

- 저는 이젠 학교에 **가야죠**. (私はそろそろ学校に行きませんとね。)
2. 相手の意思を尋ね，そのように行動することを提案するときに用いられる。

例
- 어서 병원으로 **가셔야죠**. (早く病院にいらっしゃいませんとね。)
- 뭘 좀 드시고 **가셔야죠**. (何か少し召し上がって行きませんとね。)
- 선생님, 희망을 **가져야죠**. (先生，希望を持ちませんとね。)
- 대성: 별로 심하게 다치지도 않았는데 그냥 퇴원할 걸 그랬어요.
  (テソン: それほどひどくけがをしたわけでもないのに，すぐ退院すればよかったですよ。)

  유미: 그래도 조심하**셔야죠**. (ユミ: それでも気をつけませんとね。)

3. ある事柄の程度を強調するときに用いられる。

例
- 살기가 힘들어서 다른 데 신경 쓸 겨를이 있**어야죠**. (生活が大変で，他のところに関心を払う余裕が無いんですよ。)
- 요즘 같은 현대 사회에서야 부족한 게 있**어야죠**. (最近のような現代社会では，足りないものが無いんですよ。)
- 바빠서 시간이 **나야죠**. (忙しくて時間が空かないんですよ。)

4. 当然そうしなければならないのだが，そうできなくてもどかしいという意味を表わす。

例
- 고등학교는 겨우 마쳤는데 진학할 수가 있**어야죠**. (高校はやっと終えたのですが，進学することができないんですよ。)
- 내가 어디 상냥**해야죠**. (私って優しいところが無いんですよ。)
- 주소가 써 있지 않으니까 어디 답장을 보낼 수가 있**어야죠**. (住所が書いてないから，どうにも返事の送りようがないんですよ。)

-아야지[1] 【오늘은 갚아야지. (今日は返さなくちゃ。)】

『-아야지は語幹末の母音が 'ㅏ, ㅗ' の動詞と形容詞の後に, -어야지は語幹末の母音が 'ㅏ, ㅗ' 以外の動詞と形容詞の後に, -여야지は '하다' の後に用いられる』

語尾 終結語尾

親しい間で敬意が低い 友達に

例 잡아야지, 높아야지, 먹어야지, 싫어야지, 하여야지／해야지

形態関連語 -어야지[1], -라야지

丁寧 -아야지요

全体参考 話し言葉に用いられる。

訳注 '이다' の後には '-어야지, -라야지' が用いられる。'-어야지' は終声字の無い名詞の後で '이어야지' が縮約し, '여야지' となることがある。

1. 〔主体である話し手の行動を示し〕話し手の決心や意志を表わす。

例 ▪ 진수한테 빌린 돈을 오늘은 갚**아야지**. (チンスに借りたお金を今日は返さなくちゃ。)
   ▪ 집에 가서 잠이나 푹 **자야지**. (家に帰ってぐっすり寝よう。)
   ▪ 다시는 영어를 하지 말**아야지**. (二度と英語を使わないようにしなくては。)

2. 〔主体である聞き手の行動について話し手の考えを強調して表わし〕相手にそうするように勧誘したり命令したりすることを表わす。

例 ▪ 우리 집에서 자고 **가야지**. (うちに泊まって行かないと。)
   ▪ 진수야, 이제 침실로 **가야지**. (チンス, もう寝室に行かないとね。)
   ▪ 아저씨께 인사를 드**려야지**. (おじさんにご挨拶しなきゃ。)

3. 相手の意思を推し量ったり尋ねたりすることを表わす。

例 ▪ 우리도 이제 아이를 하나 낳**아야지**? (うちらもそろそろ子供を産まないといけないだろ?)
   ▪ 너도 이제 군대 갔다 와서 장가를 들**어야지**? (お前もそろそろ軍隊に行って来て, 嫁をもらわなくちゃいけないだろ?)

4. ある事柄の程度を強調するときに用いられる。

例 ▪ 할 수 없이 혼자 그 일을 하자니 여간 힘들**어야지**. (やむを得ず一人でその仕事をやろうと思ったら, ものすごく大変だよ。)

- 그 녀석이 여간이**어야지**. (あいつは侮れないぞ。)
- 작아도 여간 작**아야지**. (小さいなんてもんじゃないよ。)

[参考] '여간 (ちょっとやそっとの (〜ではない))' と共に用いられる。

5. 当然そうしなければならないのにそうできず、次の行動に制約を受けることを表わす。

例
- 창피해서 할 말이 있**어야지**. (恥ずかしくて何も言えないよ。)
- 애가 잠을 **자야지**. (子供が寝ないんだよ。)
- 아무리 인기척을 내도 누가 내다**봐야지**. (いくら咳払いをしても誰も顔を出さないんだよ。)

例
- 내가 왔으면 만사 제치고 나**와야지**. 무슨 소리야. (私が来たなら何はともあれ出て来なくちゃ。何を言ってるんだね。)
- 사람이 부르면 대답이 있**어야지**. 원 요즘 애들은 버르장머리가 없어. (人が呼んだら返事をするもんだよ。まったく最近の子は礼儀がないね。)

[参考] 'そうできなくて残念だったり、もどかしかったりする' という意味を含むこともある。

-아야지² 【힘들수록 더 열심히 살아야지~ (辛いときほどもっとがんばって暮らさなきゃ~)】

『-아야지は語幹末の母音が'ㅏ, ㅗ'の動詞と形容詞の後に, -어야지は語幹末の母音が'ㅏ, ㅗ'以外の動詞と形容詞の後に, -여야지は'하다'の後に用いられる』

[語尾] 連結語尾

例 잡아야지, 높아야지, 먹어야지, 싫어야지, 하여야지／해야지

[形態関連語] -어야지², -라야지

[全体参考] 主に話し言葉で用いられる。

[訳注] '이다'の後には'-어야지, -라야지'が用いられる。'-어야지'は終声字の無い名詞の後で'이어야지'が縮約し、'여야지'となることがある。

1. 前の事柄と後の事柄に相反する内容をつなげるときに用いられる。

例
- 힘들수록 더 열심히 살**아야지**, 그렇게 시간을 낭비하면 안 돼. (辛いときほどもっとがんばって暮らさなきゃ、そんなに時間を無駄にしちゃだめだよ。)

2. 前の内容が後の内容の必須条件となることを表わす。

例 ▪ 매일 머리를 감**아야지**, 모발이 건강해집니다.（毎日髪を洗ってこそ，毛髪が健康になります。）

-아야지요　【고향에 **가야지요**.（故郷に帰りませんとね。）】

『-아야지요は語幹末の母音が'ㅏ, ㅗ'の動詞と形容詞の後に，-어야지요は語幹末の母音が'ㅏ, ㅗ'以外の動詞と形容詞の後に，-여야지요は'하다'の後に用いられる』

[語尾] 終結語尾

[親しい間で敬意が高い] 先輩や目上の人に

例 잡아야지요, 높아야지요, 먹어야지요, 싫어야지요, 하여야지요／해야지요

[形態関連語] -어야지요, -라야지요

[縮約] -아야죠

[全体参考] 話し言葉に用いられる。

[訳注] '이다'の後には'-어야지요, -라야지요'が用いられる。'-어야지요'は終声字の無い名詞の後で'이어야지요'が縮約し，'여야지요'となることがある。

1. 〔主体である話し手の行動を示し〕話し手の決心や意志を表わす。

例 ▪ 올해는 고향에 **가야지요**.（今年は故郷に帰りませんとね。）
　▪ 금년에는 무슨 일이 있어도 시험을 **봐야지요**.（今年はどんなことがあっても試験を受けませんとね。）
　▪ 저도 내년에는 취직해**야지요**.（私も来年は就職しませんとね。）

2. 〔主体である聞き手の行動について話し手の考えを強調して表わし〕相手にそうするように勧誘したり命令したりすることを表わす。

例 ▪ 선생님, 저쪽으로 가 보**셔야지요**.（先生，あちらの方にいらっしゃいませんと。）
　▪ 입장하려면 표를 **사야지요**.（入場するならチケットを買いませんと。）

3. 相手の意思を尋ねることを表わす。

例 ▪ 영감님도 코트를 벗**어야지요**?（おじいさんもコートを脱ぎますよね？）
　▪ 선생님께서는 지금 출발하**셔야지요**?（先生は今からご出発ですよね？）

4. ある事柄の程度を強調するときに用いられる。

例 ▪ 무거워서 어디 가져갈 수가 있**어야지요**. （重くてとうてい持って行くことができないんですよ。）

　▪ 그 놈의 행동을 보고 참을 수가 있**어야지요**！（あいつのやってることを見て我慢ならないんですよ！）

5. 当然そうしなければならないのだが，そうできなくて残念だったり，もどかしかったりすることを表わす。

例 ▪ 선물이 왔는데 누가 보냈는지 알 수가 있**어야지요**. （プレゼントが届いたのですが，誰が送ったのか知りようがないんですよ。）

　▪ 휴일에 집에 있을 사람이 있**어야지요**？（休日に家にいる人なんていないんですよ。）

-아야 하다　【먼저 사과를 해야 한다. （先に謝らなくてはいけない。）】　結合情報 ☞ -아야

慣用句

全体参考　1. '-어야／여야 하다'の形でも用いられる。2. '-았-, -겠-'と共に用いられることもある。例 시험을 봐야 **했**다. （試験を受けなければならなかった。）／시험을 봐야 하**겠**다. （試験を受けなければならないだろう。）

1. 義務あるいは'そのようにするのが当然であること'を表わす。

例 ▪ 네가 잘못했다면 먼저 사과를 **해야 한다**. （お前が悪かったのなら，先に謝らなくてはいけない。）

　▪ 학기가 끝날 때 꼭 시험을 **봐야 해요**. （学期の終わりに必ず試験を受けなければなりません。）

　▪ 내일은 집에서 쉬**어야 해**. （明日は家で休まなくちゃいけないよ。）

　▪ 이런 때일수록 우리는 최선을 다**해야 합니다**. （こういう時ほど，私たちは最善を尽くすべきです。）

-아 오다 【사귀어 온 애인 (付き合ってきた恋人)】
慣用句

結合情報 ☞ -아³

関連語 -아 가다

1. 〔動詞に用いられ〕ある行動や状態が現在に向かって継続して進行することを表わす。

例 ▪ 오랫동안 사귀**어 온** 애인. (長い間付き合ってきた恋人。)
　▪ 그 노인은 자식들을 위해 장사를 하면서 늙**어 왔다**. (その老人は子供たちのために商売をしながら老いてきた。)
　▪ 마이클은 한국에 오면서 오랫동안 키**워 온** 개를 친구에게 주고 왔다. (マイケルは韓国に来るとき、長い間育ててきた犬を友達にあげて来た。)

2. 〔動詞と形容詞に用いられ〕何らかの状態や現象が始まり、進行することを表わす。

例 ▪ 새 날이 밝**아 온다**. (新しい日が明けてくる。)
　▪ 찬물에 손을 넣으니 뼈까지 시**려 왔다**. (冷水に手を入れたら骨までしびれてきた。)
　▪ 새벽이 가까**워 오고** 있다. (夜明けが近づいてきている。)

3. 〔動詞に用いられ〕'話し手に向かって何らかの行為が起こる'ことを表わす。

例 ▪ 진수는 날마다 나에게 전화를 걸**어 왔다**. (チンスは毎日私に電話をかけてきた。)
　▪ 무얼 먹겠느냐며 물**어 왔다**. (何を食べるのかと尋ねてきた。)

-아요

【서울에서 살아요. (ソウルで暮らしています。)】

『-아요は語幹末の母音が 'ㅏ, ㅗ' の動詞と形容詞の後に, -어요は語幹末の母音が 'ㅏ, ㅗ' 以外の動詞と形容詞そして '-았-', '-겠-' の後に, -여요는 '하다' の後に用いられる』

[語尾] 終結語尾

[親しい間で敬意が高い] 先輩や目上の人に

[例] 잡아요, 높아요, 먹어요, 싫어요, 잡았어요, 잡겠어요, 해요

[形態関連語] -어요, -에요, -여요², -예요

[全体参考] 1. 話し言葉に用いられる。 2. '이다/아니다' では '-에요' が用いられる。[例] 학생이에요. (学生です。)/학생이 아니에요. (学生ではありません。) 3. '같다' に '-아요' を付けた形を '같애요' とするのは誤りである。[例] 바보같애요. (×)/같아요. (○) (馬鹿みたいです。)

[訳注] '이다' の後には '-어요, -에요' が用いられる。'이어요' の縮約形は '-여요²' (p.635), '이에요' の縮約形は, '-예요' (p.637) を参照。

1. 聞き手に話し手が知っている事柄を知らせるときに用いられる。

[例] ▪ 저는 서울에서 살아요. (私はソウルで暮らしています。)
　　 ▪ 그 서점에는 좋은 책이 많아요. (その本屋には良い本がたくさんあります。)
　　 ▪ 감기에 걸린 것 같아요. (風邪を引いたようです。)
　　 ▪ 정말 저도 몰랐어요. (本当に私も知りませんでした。)

[関連語] -지요

[参考] '-았-, -겠-' の後に用いられる。

2. 聞き手に尋ねることを表わす。

[例] ▪ 머리를 비누로 감아요? (頭を石けんで洗いますか?)
　　 ▪ 국이 좀 싱겁지 않아요? (汁がちょっと薄くないですか?)
　　 ▪ 선생님은 어렸을 때부터 키가 크셨어요? (先生は子供のころから背が高かったですか?)
　　 ▪ 몇 등이나 했어요? (何位ぐらいになったのですか?)

[参考] '-았-, -겠-' の後に用いられる。

3. 〔疑問文の形式だが答えを要求しない形で用いられ〕強く否定すること

를 表わす。

例 ■ 부모님한테 미안하지도 않**아요**? (ご両親に申し訳ないと思いませんか?)

　■ 제가 잘못한 거라면 그 사람이 가만히 있었**겠어요**? (私が悪かったのなら、その人が黙っていたでしょうか?)

　■ 이 말은 흠 없는 사람이 없다는 말이 아니**겠어요**? (この言葉は欠点の無い人はいないということではないでしょうか?)

　■ 저라고 그 일을 못하**겠어요**? (私だってその仕事はできますよ。)

　参考 '-았-, -겠-'の後に用いられる。

4. 婉曲に、あるいはあまり強圧的にならずに命令することを表わす。

例 ■ 저길 보**아요**. (あちらを見て下さい。)

　■ 가지 **마요**. (行かないで下さい。)

　■ 나 좀 **봐요**. (ちょっと顔貸して下さい。)

　■ 잠깐만 기다**려요**. (ちょっと待って下さい。)

　参考 1. 動詞にのみ用いられる。 2. 否定命令を表わす '말다 (～(する)のをやめる)' に '-아요' が用いられると '말아요' ではなく '마요' となる。例 가지 **마요**. (行かないで下さい。)／하지 **마요**. (やめて下さい。)

5. 勧めることを表わす。

例 ■ 같이 차 한 잔 하고 **가요**. (一緒にお茶一杯飲んで行きましょう。)

　■ 우리 지금 떠**나요**. 제발. (ねえ、今出発しましょうよ。お願いですから。)

　■ 지금 시내에 나가는 길인데, 같이 **가요**. (今ちょうど市内に出かけるところですけど、一緒に行きましょう。)

　参考 動詞にのみ用いられる。

-아 있다

【침대에 누워 있어요. (ベッドに横になっています。)】

慣用句

結合情報 ☞ -아³

尊敬 -아 계시다 例 할머니께서 병원에 입원해 계십니다. (おばあさんが病院に入院していらっしゃいます。)

1. ある行為が終わり、その完了した状態が持続することを表わす。

例 ■ 철수는 침대에 누**워 있어요**. (チョルスはベッドに横になっています。)

　■ 교실에서 학생들은 앉**아 있고** 선생님은 **서 계신다**. (教室で学生たちは

座っており，先生は立っていらっしゃる。）
- 슈퍼에 가면 김치가 병에 들어 있어요．（スーパーに行けばキムチがビンに入っています。）

> **アドバイス**
>
> '-아 있다' と '-고 있다' の比較：☞ '-고 있다' のアドバイス (p.80)

-아 주다 【문 좀 열어 주세요．（ドアを開けて下さい。）】 結合情報 ☞ -아³
慣用句

謙譲 -아 드리다

全体参考 1. 行為を受ける側が目上の人であれば '-아 드리다' の形を用いる。例 할머니를 도와 드렸다．（おばあさんのお手伝いをした。）2. '-아 주시겠어요？（〜して下さいますか？）' に対しては '네, -아 드리겠어요．（ええ，〜いたします。）' と答える。例 영희：도와 주시겠어요？（ヨンヒ：手伝って下さいますか？）철수：네, 도와 드리겠어요．（チョルス：ええ，お手伝いいたします。）

1. 〔動詞に用いられ〕他の人のためにある行動を行うときに用いられる。
例
- 문 좀 열어 주세요．（ドアを開けて下さい。）
  - 우리 남편은 잘 도와 줘요．（うちの主人はよく手伝ってくれます。）
  - 아이들의 말을 들어 주세요．（子供たちの話を聞いてあげて下さい。）
  - 이것 좀 들어 주시겠어요？（これちょっと持って下さいますか？）
  - 저 좀 도와 줄래요？（私にちょっと手を貸してくれますか？）

2. 強調して述べることを表わす。
例
- 그렇게 말 안 들으면 혼내 준다．（そんなに言うことを聞かないなら，とっちめてやるぞ。）
  - 저런 애들은 때려 주세요．（あんな子たちはぶってやって下さい。）
  - 너 자꾸 거짓말하면 엄마한테 일러 준다．（お前，何度も嘘ついたら，お母さんに言いつけてやるからな。）

-아지다 【날씨가 점점 추워집니다.（だんだん寒くなります。）】

『-아지다は語幹末の母音が'ㅏ, ㅗ'の動詞と形容詞の後に，-어지다は語幹末の母音が'ㅏ, ㅗ'以外の動詞と形容詞の後に，-여지다は'하다'の後に用いられる』

例 작아지다, 길어지다, 따뜻해지다

慣用句

全体参考 '-아지다'は分かち書きしない。例 추워지다（○）(寒くなる)／추워 지다（×）

1. 〔形容詞に用いられ〕自ずから少しずつ変化することを表わす。

例 ▪ 날씨가 점점 추워집니다. (だんだん寒くなります。)
  ▪ 해가 점점 길어지고 있어요. (日がだんだん長くなっています。)
  ▪ 영하가 점점 예뻐지네요. (ヨンハがますますきれいになりますね。)
  ▪ 준수가 많이 착해졌어요. (チュンスはずいぶん良い子になりました。)
  ▪ 평균 기온이 높아지면, 극지방의 빙산이 녹는다. (平均気温が高くなると，極地の氷山が溶ける。)

2. 〔動詞に用いられ〕ある動作がうまく進行することを表わす。

例 ▪ 이 볼펜이 글씨가 잘 써지네. (このボールペンは字がうまく書けるね。)
  ▪ 차가 잘 가진다. (車がちゃんと走る。)
  ▪ 맞춤구두를 신으니 잘 걸어진다. (オーダーメードの靴を履いたらよく歩ける。)

類義 -게 되다

参考 受動の意味を表わすという見解もある。

-아 치우다 【숙제를 다 해 치우니~ (宿題をすっかり済ませたら~)】

結合情報 ☞ -아³

慣用句

全体参考 話し手があることをさっさとやってしまったと思ったときに用いられる。

1. 〔動詞に用いられ〕'ある行動を全て済ませ，残ったものが無いようにする'の意味。

例 ▪ 숙제를 다 해 치우니 기분이 홀가분했다. (宿題をすっかり済ませたら気

- 많던 논밭도 다 팔**아 치우고** 집 한 채 없답니다. (たくさんあった田畑も全て売り払ってしまい，家一軒無いんですよ。)
- 그 많은 김밥을 진수 혼자 다 먹**어 치웠어요**. (あんなにたくさんののり巻をチンス一人で全部食べてしまいました。)
- 담당자를 갈**아 치운다**고 뭐가 달라지겠어요? (担当者の首をすげ替えるからといって，何が変わるでしょうか？)

-았- 【사진을 찾았어요. (写真を見つけました。)】

『-았-は語幹末の母音が'ㅏ, ㅗ'の動詞と形容詞の後に, -었-は語幹末の母音が'ㅏ, ㅗ'以外の動詞と形容詞の後に, -였-は'하다'の後に用いられる』

例 잡았-, 높았-, 먹었-, 싫었-, 학생이었-, 가수였-, 아니였-, 하였-／했-

語尾 先語末語尾

形態関連語 -었-

訳注 '이다'の後には'-었-'が用いられる。終声字の無い名詞の後では'이었-'が縮約し，'였-'となることがある。

1. 話している時点より過去にあったことを表わす。

例
- 제가 어제 할머니 옛날 사진을 찾**았**어요. (私は昨日おばあさんの昔の写真を見つけました。)
- 어제 시험을 보**았**어요. (昨日試験を受けました。)
- 네가 보내 준 편지 반갑게 읽어 보**았**다. (君が送ってくれた手紙をうれしく読んだ。)

参考 動詞と共に用いられ, ある行動が過去に起こったことを表わす。

例
- 어제는 날씨가 안 좋**았**어요. (昨日は天気が良くなかったです。)
- 나도 어렸을 때는 예**뻤**다. (私も子供のときはかわいかった。)
- 어제 본 영화가 재미있**었**다. (昨日見た映画は面白かった。)

参考 形容詞と共に用いられ, ある状態が過去にあったことを表わす。

2. ある行動が過去に完結したことを表わす。

例
- 영숙아, 감기 다 나**았**니? (ヨンスク，風邪すっかり治ったの？)

- 지금 대성이네 집에 다녀**왔**습니다. (今ちょうどテソンの家に行って来たところです。)
- 그들은 모두 운동장에 모여 있**었**다. (彼らは皆グラウンドに集まっていた。)

3. 過去に起こった行動の結果が現在まで持続していることを表わす。

例
- 작년에 그 사람을 알**았**어요. (去年その人のことを知りました。)
- 그녀는 흰 블라우스에 빨간 스커트를 입**었**고 흰 운동화를 신**었**다. (彼女は白いブラウスに赤いスカートを履き、白いスニーカーを履いている。)

4. これから起こることについて断定して述べることを表わす。

例
- 너 이제 큰일 **났**다. (お前、とうとう大変なことになったぞ。)
- 그 정도라면 당선되**었**다. (そのぐらいなら当選だな。)
- 너 내일 나한테 죽**었**다. (お前、明日は覚悟しておけよ。)

5. 〔'다 -았다'の形で用いられ〕もうできなくなったことを反語的に表わす。

例
- 오늘 비가 오는 것을 보니 소풍은 다 **갔**다. (今日雨が降ってるのを見たら遠足は行けないね。)
- 배탈이 났으니 요리는 다 먹**었**구먼. (お腹をこわしたから料理は食べられないなあ。)
- 하늘을 보니 비는 다 **왔**네. (この空の調子じゃ雨が降ることはないな。)

参考 この項目の文はそれぞれ '例 오늘 비가 오니 소풍은 못 가겠다. (今日雨が降るから遠足に行けないだろう。)/例 배탈이 났으니 요리를 못 먹겠다. (お腹をこわしたから料理が食べられそうにない。)/例 하늘을 보니 비가 올 것 같지 않다. (この空の調子では雨が降りそうにない。)' を表わす。

6. 現在のある事柄について述べるもので、慣用的に'-았-'を用いて表わす。

例
- 선생님 : 내가 한 말을 이제는 이해하겠니? (先生：私の言ったことはもう分かったかい?)
  학생 : 네, 잘 알**았**습니다. (学生：はい、よく分かりました。)
- 집에 도착하려면 아직 멀**었**니? (家に着くまではまだ時間がかかるの?)

-았구나 싶다 【너무 심했구나 싶어서~ (ずいぶんひどかったなあと思い~)】

結合情報 ☞ -았-

慣用句

1. 'そんな気がする' の意味。

例 ▪ 내가 유미에게 너무 **심했구나 싶어서** 사과하기로 했다. (私はユミにずいぶんひどかったなあと思い, 謝ることにした。)
　 ▪ 말을 잘못 **했구나 싶자** 후회가 되었다. (言い方がまずかったなあと思うや, 後悔の念が起きた。)

-았기에 망정이지 【비가 왔기에 망정이지~ (雨が降ったから良かったものの~)】

結合情報 ☞ -았-

慣用句

1. 'それでも事がそう運んだから(そうだったから)良かったものの' の意味。

例 ▪ 비가 **왔기에 망정이지** 눈이 왔으면 길이 다 얼었을 것이다. (雨が降ったから良かったものの, 雪が降っていたら道がすっかり凍っていただろう。)
　 ▪ 친구가 그 때 **왔기에 망정이지** 안 왔더라면 난 벌써 죽었을 거야. (友達がそのとき来たから良かったものの, 来なかったら私はとっくに死んでいたはずだよ。)

-았댔자 【만났댔자~ (会ったところで~)】

『-았댔자는 語幹末の母音が 'ㅏ, ㅗ' の動詞と形容詞の後に, -었댔자는 語幹末の母音が 'ㅏ, ㅗ' 以外の動詞と形容詞の後に, -였댔자는 '하다' の後に用いられる』

語尾 連結語尾

例 잡았댔자, 높았댔자, 먹었댔자, 싫었댔자, 하였댔자／했댔자

形態関連語 -었댔자

関連語 -댔자, -았자

訳注 '이다'の後には'-였댔자'が用いられる。終声字の無い名詞の後では'이었댔자'が縮約し,'였댔자'となることがある。

1. 前の事柄を認める場合も後の事柄を認めなければならないことを表わしたり,仮定したことが結局は何の役にも立たないことを表わしたりする。

例 ▪ 만**났댔자** 말 한 마디도 못했을는지도 모른다.（会ったところで一言も言えなかったかも知れない。）
  ▪ 한국말을 배**웠댔자** 막상 하려면 잘 안 된다.（韓国語を習ったとしても,いざ話そうとするとうまくできない。）
  ▪ 모기약은 **샀댔자** 마구 써 버리는 바람에 금방 떨어진다.（虫除けの薬は買ったとしてもどんどん使ってしまうので,すぐ無くなる。）

2. 〔主に'-아 보았댔자／봤댔자'の形で用いられ〕'そのようにするとしても'の意味。

例 ▪ 동전은 흔한 것이어서 아껴 보**았댔자** 별 것 아니라고 생각하기 쉽다.（コインはありふれたものなので,大切に使ってみたところでたいしたことないと思いやすい。）
  ▪ 이제 와서 떠들어 **봤댔자** 소용없는 노릇이지.（今になって騒ぎ立ててみても無駄なことだよ。）
  ▪ 가 **봤댔자** 별 소득은 없을 거다.（行ってみたって,あまり得るものは無いだろうな。）

-았더니

【회사에 **갔더니**～（会社に行ったら～）】

『-았더니は語幹末の母音が'ㅏ,ㅗ'の動詞の後に,-었더니は語幹末の母音が'ㅏ,ㅗ'以外の動詞の後に,-였더니は動詞'하다'の後に用いられる』

語尾 連結語尾

例 잡았더니, 먹었더니, 하였더니／했더니

1. 過去の事柄とは異なる新しい事柄があることを表わしたり,前の事柄が原因や理由となって後の事柄に至ったことを表わしたりする。

例 ▪ 토요일에 회사에 **갔더니** 아무도 없었다. (土曜日, 会社に行ったら誰もいなかった。)

▪ 어제 비를 **맞았더니** 감기에 걸렸다. (昨日雨に降られたら風邪を引いてしまった。)

▪ 공부를 안 하고 시험을 **봤더니** 답을 쓸 수가 없었다. (勉強をせずに試験を受けたら答えが書けなかった。)

-았던

【어릴 때 내가 살았던 동네 (子供のころ私が住んでいた町)】

『-았던は語幹末の母音が'ㅏ, ㅗ'の動詞と形容詞の後に, -었던は語幹末の母音が'ㅏ, ㅗ'以外の動詞と形容詞の後に, -였던は'하다'の後に用いられる』

[語尾] 修飾する語尾

例 살았던, 좋았던, 먹었던, 예뻤던, 하였던／했던

[形態関連語] -었던

[訳注] '이다'の後には'-었던'が用いられる。終声字の無い名詞の後では'이었던'が縮約し, '였던'となることがある。

1. 後の名詞を修飾する語尾で, 過去に完了せず中断したことを表わす。

例 ▪ 어릴 때 내가 **살았던** 동네에 다시 가 보았다. (子供のころ私が住んでいた町に再び行ってみた。)

▪ 초등학교 때 키가 **작았던** 친구가 지금은 나보다 크다. (小学校のとき背の低かった友達が今は私より高い。)

▪ 이게 옛날 사람들이 **먹었던** 음식이다. (これが昔の人たちが食べていた食べ物だ。)

-았던 것이다

【사람은 그림자조차 보이지 않았던 것이다. (人の影さえ見えなかったのである。)】

[結合情報] ☞ -았던

慣用句

[関連語] -ㄴ 것이다, -는 것이다, -ㄹ 것이다

[全体参考] 1. '-었던／였던 것이다'の形でも用いられる。2. 主にやや公式的な書き言葉に用いられる。

1. 話し手の確信や考え等を客観化させ，強調して述べることを表わす。

例 ▪ 사람은 그림자조차 보이지 않**았던 것이다**．（人の影さえ見えなかったのである。）

▪ 천주교 신부니까 아내와 자식이 없**었던 것이다**．（カトリックの神父だから妻と子供がいなかったのである。）

▪ 그 사실을 비로소 깨닫게 되**었던 것이다**．（その事実をはじめて知るようになったのである。）

-았었-

【어디에 벗어 놓**았었**죠？（どこに脱いでおいたんでしたっけ？）】

『-았었-は語幹末の母音が'ㅏ，ㅗ'の動詞と形容詞の後に，-었었-は語幹末の母音が'ㅏ，ㅗ'以外の動詞と形容詞の後に，-였었-は'하다'の後に用いられる』

[語尾] 先語末語尾

例 잡**았었**-，높**았었**-，먹**었었**-，싫**었었**-，하**였었**-／했**었**-，학생이**었었**-，가수**였었**-，아니**었었**-

[形態関連語] -었었-

[訳注] '이다'の後には'-었었-'が用いられる。終声字の無い名詞の後では'이었었-'が縮約し，'였었-'となることがある。

1. ある行動や事柄が過去のある時点に完了したことを表わす。

例 ▪ 내가 모자를 어디에 벗어 놓**았었**죠？（私ったら帽子をどこに脱いでおいたんでしたっけ？）

▪ 보트를 타다가 강물에 빠져 죽을 뻔하다가 살**았었**다．（ボートに乗っていて川に落ち，死ぬところだったが助かった。）

▪ 어린 나이에 대성이는 벌써 그런 것을 쓸 줄 알**았었**다．（幼いながらテソンは既にそんなものを使うことができた。）

2. ある行動や状況が過去のある時点に完了し，その状態が過去のある時点まで持続していたことを表わす。

例 ▪ 그 때 방안은 연기로 가득 찼**었**다．（そのとき部屋の中は煙で充満していた。）

- 어제 그것을 대충 만들어 놓**았었**다. (昨日それを大まかに作っておいた。)

3. 過去の事柄が現在では変わってしまったことを表わす。

例
- 우리가 어릴 때 이 동네 살**았었**거든요. (私たちは子供のころ, この町に住んでいたんですよ。)
- 부산에 살**았었**어요. 그렇지만 지금은 서울에 살아요. (釜山に住んでいました。でも今はソウルに住んでいます。)
- 아내는 분명히 생선을 식탁 위에 올려놓**았었**다고 말했다. (妻は確かに魚を食卓の上に出しておいたと言った。)

参考 述べられた事柄が今はそうではないことを表わす。'断続や断絶'の意味。

例
- 처녀 시절에는 꿈도 많**았었**다. ((女性の話で) 独身時代は夢も多かった。)
- 나는 널 아까부터 보**았었**어. (ぼくは君をさっきから見ていたよ。)
- (지금은 그렇지 않지만) 진수는 중고등 학교 때 공부를 잘 **했었**다. ((今はそうではないが) チンスは中学や高校のとき, 勉強がよくできたものだった。)
- 어렸을 때는 키가 **컸었**는데 지금 보니 별로 안 크네. (子供のころは背が高かったのに, 今見たらあまり高くないね。)

参考 '対照'を表わす。

4. '回想'や'経験'を表わす。

例
- 그 때 대관령 정상에서 보았던 설경이 너무 좋**았었**다. (あの時, 大関嶺 (ソウル地方と嶺東地方を結ぶ峠) の頂上で見た雪景色がとても良かった。)
- 힘들었지만 그래도 그 때가 좋**았었**지. (辛かったけど, それでもあのころが良かったよ。)
- 여름이면 자주 언니는 콩국수를 내놓**았었**다. (夏場はよくお姉さんがコンククス (麺を豆乳に入れて塩で味付けしたもの) を出してくれたものだった。)

参考 '回想'を表わす。

例
- 우리는 말타기를 하고 놀**았었**다. (私たちはお馬さんごっこをして遊んでいた。)
- 몇 년 전에 유럽을 다녀**왔었**다. (数年前, ヨーロッパに行って来た。)
- 그 식당에서 친구들과 함께 스파게티를 먹**었었**다. (その食堂で友人たちと一緒にスパゲッティーを食べた。)

参考 '経験'を表わす。

-았으면

【좀 쉬었으면 이제 출발합시다．(少し休んだのでしたら，そろそろ出発しましょう。)】

『-았으면は語幹末の母音が'ㅏ，ㅗ'の動詞と形容詞の後に，-었으면は語幹末の母音が'ㅏ，ㅗ'以外の動詞と形容詞の後に，-였으면は'하다'の後に用いられる』

[語尾] 連結語尾

[例] 잡았으면，좋았으면，먹었으면，싫었으면，하였으면／했으면

[形態関連語] -었으면

[訳注] '이다'の後には'-었으면'が用いられる。終声字の無い名詞の後では'이었으면'が縮約し，'였으면'となることがある。

1. 'ある条件を満たしたのなら'ということを表わす。

例 ▪ 좀 쉬**었으면** 이제 출발합시다．(少し休んだのでしたら，そろそろ出発しましょう。)

　▪ 시간이 되**었으면** 회의를 시작해요．(時間になったのなら会議を始めましょう。)

　▪ 집에 도착**했으면** 전화를 하세요．(家に着いたのなら電話をして下さい。)

2. 過去や現在の事柄と反対の状況を仮定し，現在ではそうでないことを残念がったり後悔したりすることを表わす。

例 ▪ 대학교 다닐 때 더 열심히 공부**했으면** 좋은 회사에 취직했을 텐데．(大学生のとき，もっと一所懸命勉強していたら良い会社に就職したはずなのに。)

　▪ 날씨가 좋**았으면** 산책을 갔을 거야．(天気が良かったら散歩に行ってたよ。)

　▪ 김 선생님이 내일 오**셨으면** 우리를 못 만났겠지．(金先生が明日いらっしゃってたら，私たちに会えなかっただろうね。)

-았으면 싶다 【좀 쉬었으면 싶어요. (少し休めたらいいなあと思います。)】

結合情報 ☞ -았으면

慣用句

関連語 -면²

1. 'そのようになったらいいと思う'の意味。

例 ▪ 오늘은 좀 쉬었으면 싶어요. (今日は少し休めたらいいなあと思います。)
- 그들이 빨리 돌아가 줬으면 싶었다. (彼らが早く帰ってくれたらいいのにと思った。)
- 빨리 어른이 되었으면 싶어서 어른 흉내를 내기도 했어요. (早く大人になりたいと思い、大人の真似をすることもありました。)

-았으면 하다 【비가 왔으면 하고~ (雨が降ればなあと思い~)】

結合情報 ☞ -았으면

慣用句

関連語 -면²

1. 'そうなることを仮定して望むこと'を表わす。

例 ▪ 비가 왔으면 하고 밖을 내다보았다. (雨が降ればなあと思い、外を眺めた。)
- 선생님, 바쁘시지 않으면 잠깐만 저희 집에 다녀가셨으면 해요. (先生、お忙しくありませんでしたら、ちょっとうちに寄って行かれたらと思うのですが。)
- 나는 늘 형이 많았으면 하는 생각을 하곤 했다. (私はいつも兄が多かったらなあと思ったものだ。)

-았자

【도망을 쳐 보았자~ (逃げ出したって~)】

『-았자は語幹末の母音が'ㅏ, ㅗ'の動詞と形容詞の後に, -었자は語幹末の母音が'ㅏ, ㅗ'以外の動詞と形容詞の後に, -였자は'하다'の後に用いられる』

|語尾| 連結語尾

例 잡았자, 높았자, 먹었자, 싫었자, 하였자／했자

|形態関連語| -랬자
|関連語| -댔자, -았댔자
|全体参考| 後に命令文や勧誘文は用いられない。
|訳注| '이다'の後には'-랬자'が用いられる。

1. 〔主に'-아 보았자'の形で用いられ〕前の事柄を認める場合にも後の事柄を認めなければならないことを表わしたり, 仮定したことが結局は何の役にも立たないことを表わしたりする。

例 ▪ 도망을 쳐 **보았자** 근처에서 잡힐 것이 뻔했다. (逃げ出したって, 近くで捕まるのが目に見えていた。)

 ▪ 가 **보았자** 아무런 일도 없을 것이므로 그대로 서 있었다. (行ってみても何も起こらないはずだから, そのまま立っていた。)

 ▪ 우리끼리 논쟁을 해 **보았자** 뾰족한 수가 있을 턱이 없다. (うちらだけで議論をしても妙案が出るはずがない。)

야¹

【유미야 (ユミちゃん)】

『야は終声字の無い語の後に, 아は終声字のある語の後に用いられる』

|助詞| 呼称する語に付いて用いられる助詞

例 유미야, 대성아

|尊敬| 이여, 이시여
|全体参考| 韓国での名前の呼び方は'아¹'のアドバイス (p.511) を参照。

1. 友達や自分より年下の人を呼ぶときに用いる。

例 ▪ 유미**야**, 밥 먹었니？ (ユミちゃん, ご飯食べたの？)

- 철수**야**, 학교 가자. (チョルス, 学校行こう。)
- 애**야**, 넌 내가 좋으냐? (ねえ, お前は私のことが好きかい？)

2. 動物や事物等を人間のように呼ぶことを表わす。

例 ▪ 나무**야**, 나무**야**, 누워서 자라. (木よ木よ, 横たわって眠れ。)
- 나의 사랑 한반도**야**. (我が愛しの韓半島（韓国の国土をなす半島,「韓国」の違った呼び方）よ。)
- 토끼**야**, 안녕？ (ウサギさん, 元気？)

야² 【너야 물론 누구나 좋아하지. (君のことはもちろん誰だって好きだよ。)】

『야は終声字の無い語の後に, 이야は終声字のある語の後に用いられる』

[助詞] 補助詞

例 너야, 선생님이야

1. ☞ 이야 (p.677)

例 ▪ 너**야** 물론 누구나 좋아하지. (君のことはもちろん誰だって好きだよ。)
- 나**야** 늘 그렇지 뭐. (私なんかあいかわらずさ。)
- 더위 따위에 질 수**야** 있나요？ (暑さなんかに負けられますか？)
- 이제**야** 조금 알 것 같아요. (今ようやく少し分かる気がします。)

-야³ 【미국 사람이야. (アメリカ人だよ。)】

『'이다／아니다'の後に用いられる』

[語尾] 終結語尾

[親しい間で敬意が低い] 友達に

例 사실이야, 사실이 아니야

[形態関連語] -아²

[全体参考] 丁寧な表現では'-에요'が用いられる。例 학생이**에요**. (学生です。) ただし終声字の無い名詞の後では'이에요'が'예요'と縮約されることもある。例 가수**예요**. (歌手です。)

[訳注] 終声字の無い名詞の後では'이다'の語幹'이-'が省略されることがある（'이다²'のアドバイス 2 (p.665) を参照）。例 학교**야**. (学校だよ。)

1. 断定して述べることを表わす。
例 ▪ 존슨 씨는 미국 사람이**야**. (ジョンソンさんはアメリカ人だよ。)
　▪ 무슨 사고가 난 모양이**야**. (何か事故が起きたみたいだよ。)
　▪ 그 소문은 사실이 아니**야**. (そのうわさは事実じゃないよ。)
　▪ 친구하고 약속이 있어서 시내에 가는 길이**야**. (友達と約束があって市内に行くところだよ。)

参考 叙述性が強いため '命令' を表わすものと見なされることもある。例 조용히 하란 말이**야**! (静かにしろって言うんだ！)

2. 感嘆を表わす。
例 ▪ 이 곳은 참 아름다운 곳이**야**! (ここは実に美しい所だよ！)
　▪ 그건 절대로 사실이 아니**야**. (それは絶対に事実じゃないよ。)
　▪ 당신은 행복한 사람이**야**! (あなたは幸せな人だよ！)

3. 聞き手に尋ねることを表わす。
例 ▪ 진수가 아직도 학생이**야**? (チンスってまだ学生なの？)
　▪ 그게 사실이 아니**야**? (それって事実じゃないの？)
　▪ '한글'이라는 이름은 누가 붙인 거**야**? (「ハングル」っていう名前は誰が付けたの？)

4. 〔疑問文の形式だが答えを要求しない形で用いられ〕強く否定することを表わす。
例 ▪ 너 같은 애도 학생이**야**? (お前みたいなのでも学生なの？)
　▪ 이것도 밥이**야**? (これでもご飯なの？)
　▪ 네가 뭔데 나서는 거**야**? (お前が何だって出しゃばるんだ？)
　▪ 누구한테 욕을 하는 거**야**? (誰に向かって悪口を言ってるんだ？)

야말로 【그 친구**야말로** 정말 천재다. (あいつこそ本当に天才だ。)】

『야말로は終声字の無い語の後に, 이야말로は終声字のある語の後に用いられる』

助詞 補助詞

例 누나**야말로**, 동생**이야말로**

1. ☞ 이야말로 (p.678)

例 ▪ 그 친구**야말로** 정말 천재다．(あいつこそ本当に天才だ。)
- 나**야말로** 이 직장에 꼭 필요한 사람이다．(私こそこの職場に絶対必要な人間だ。)
- 이 일**이야말로** 나한테 딱 맞는 일이다．(この仕事こそ私にぴったりの仕事だ。)

-어¹ 【싫어．(嫌だよ。)】

『-어は語幹末の母音が'ㅏ，ㅗ'以外の動詞と形容詞そして'-았-'，'-겠-'の後に，-아は語幹末の母音が'ㅏ，ㅗ'の動詞と形容詞の後に，-여は'하다'の後に用いられる』

[語尾] 終結語尾

[親しい間で敬意が低い] 友達に

例 먹어, 싫어, 먹었어, 먹겠어, 잡아, 좋아, 해

[全体参考] 主体の尊敬を表わす'-시-'と結合すると'-셔'になる。例 우리 선생님이셔．(うちの先生でいらっしゃるんだよ。)／우리 선생님은 내일 미국으로 가셔．(うちの先生は明日アメリカに行かれるんだよ。)

1. ☞ -아² (p.511)

例 ▪ 싫**어**．(嫌だよ。)
- 오늘은 좀 일찍 나왔**어**．(今日はちょっと早めに出て来たよ。)
- 운전할 수 있겠**어**？(運転できそう？)
- 빨리 걸**어**．(早く歩いて。)
- 어휴, 더**워**．(ふう, 暑い。)

-어² 【옷을 벗어~ (服を脱ぎ~)】

『-어は語幹末の母音が'ㅏ, ㅗ'以外の動詞と形容詞の後に, -아は語幹末の母音が'ㅏ, ㅗ'の動詞と形容詞の後に, -여は'하다'の後に用いられる』

語尾 連結語尾

例 먹어, 싫어, 잡아, 좋아, 하여/해

1. ☞ -아³ (p.515)

例 ▪ 진수는 옷을 벗어 옷걸이에 걸었다. (チンスは服を脱ぎ, ハンガーにかけた。)
  ▪ 오늘은 바람이 많이 불어 정말 춥다. (今日は風がたくさん吹き, 本当に寒い。)
  ▪ 개미 떼가 나무 위로 줄을 지어 올라가고 있었다. (蟻の群れが木の上の方へと列をなし, 登って行くところだった。)

-어다 【꽃을 꺾어다~ (花を折って来て~)】

『-어다は語幹末の母音が'ㅏ, ㅗ'以外の動詞の後に, -아다は語幹末の母音が'ㅏ, ㅗ'の動詞の後に, -여다は動詞'하다'の後に用いられる』

語尾 連結語尾

例 꺾어다, 잡아다, 하여다/해다

1. ☞ -아다 (p.524)

例 ▪ 꽃을 꺾어다 화병에 꽂아라. (花を折って来て花瓶に挿しなさい。)
  ▪ 들쥐는 온갖 곡식을 끌어다 곳간에 쌓았다. (野ネズミはありとあらゆる穀物を引きずって来て米蔵に積み重ねた。)
  ▪ 봄이면 산나물을 뜯어다 먹곤 했다. (春には山菜を摘んで来て食べたものだ。)
  ▪ 농부는 열심히 물을 길어다 항아리에 부었습니다. (農夫は一所懸命水を汲んで来て甕 (かめ) に注ぎました。)

-어다가 【그 책을 좀 가져다가~ (その本をちょっと持って行って~)】

『-어다가は語幹末の母音が'ㅏ, ㅗ'以外の動詞の後に, -아다가は語幹末の母音が'ㅏ, ㅗ'の動詞の後に, -여다가は動詞'하다'の後に用いられる』

例 꺾어다가, 잡아다가, 하여다가／해다가

語尾　連結語尾

1. ☞ -아다가 (p.525)

例
- 학교 가는 길에 그 책을 좀 가**져다가** 주세요. (学校に行くついでにその本をちょっと持って行って下さい。)
- 택시는 나를 서울역에 실**어다가** 주었다. (タクシーは私をソウル駅に乗せて行ってくれた。)
- 빨리 물을 길**어다가** 부어야 했다. (早く水を汲んで来て注がなければならなかった。)

-어도 【사진을 찍어도~ (写真を撮っても~)】

『-어도は語幹末の母音が'ㅏ, ㅗ'以外の動詞と形容詞の後に, -아도は語幹末の母音が'ㅏ, ㅗ'の動詞と形容詞の後に, -여도は'하다'の後に用いられる』

例 먹어도, 싫어도, 잡아도, 좋아도, 하여도／해도

語尾　連結語尾

1. ☞ -아도 (p.527)

例
- 이 박물관에서는 사진을 찍**어도** 괜찮아요. (この博物館では写真を撮ってもかまいません。)
- 종로에 피자집이 생겼다던데 좀 멀**어도** 거기 갈까? (鍾路にピザ屋ができたそうだけど, ちょっと遠くてもそこに行こうか?)
- 음식은 아무거나 먹**어도** 돼요? (料理は何を食べてもいいですか?)

-어라¹ 【천천히 먹어라. (ゆっくり食べなさい。)】

『-어라は語幹末の母音が'ㅏ, ㅗ'以外の動詞の後に, -아라は語幹末の母音が'ㅏ, ㅗ'の動詞の後に, -여라は動詞'하다'の後に用いられる』

語尾 終結語尾

最も敬意が低い　おじいさんが子供に

例 먹어라, 입어라, 잡아라, 놓아라, 하여라／해라

1. ☞ -아라¹ (p.534)

例
- 천천히 먹어라. 체하겠다. (ゆっくり食べなさい。胃がもたれるぞ。)
- 옷을 많이 입어라. (服をたくさん着なさい。)
- 이제 너도 쉬어라. (もうお前も休めよ。)

-어라² 【아이 고마워라. (まあ, ありがたいわ。)】

『-어라は語幹末の母音が'ㅏ, ㅗ'以外の形容詞や一部の自動詞の後に, -아라は語幹末の母音が'ㅏ, ㅗ'の形容詞や一部の自動詞の後に, -여라は形容詞'하다'の後に用いられる』

語尾 終結語尾

例 없어라, 늦어라, 작아라, 좋아라, 하여라／해라

1. ☞ -아라² (p.535)

例
- 아이 고마워라. (まあ, ありがたいわ。)
- 날 찾는 이 아무도 없어라. (私を訪れる人は誰もいないのだなあ。)

-어라도 【어디 먹어라도~ (どれ、食べてみるとでも~)】

『-어라도は語幹末の母音が'ㅏ, ㅗ'以外の動詞の後に、-아라도は語幹末の母音が'ㅏ, ㅗ'の動詞の後に、-여라도は動詞'하다'の後に用いられる』

例 먹어라도, 잡아라도, 하여라도／해라도

語尾 連結語尾

1. ☞ -아라도 (p.536)

例 ▪ 어디 먹어라도 볼까. (どれ、食べてみるとでもしようか。)
  ▪ 한참 울어라도 보고 싶은 심정이었다. (ひとしきり泣いてみたい思いであった。)
  ▪ 신문을 더러 읽어라도 보시는지 모르겠어요. (新聞をたまにお読みにでもなっていらっしゃるのかしら。)

-어서 【늦어서~ (遅れて~)】

『-어서は語幹末の母音が'ㅏ, ㅗ'以外の動詞と形容詞の後に、-아서は語幹末の母音が'ㅏ, ㅗ'の動詞と形容詞の後に、-여서は'하다'の後に用いられる』

例 먹어서, 예뻐서, 잡아서, 좋아서, 하여서／해서

語尾 連結語尾

1. ☞ -아서 (p.539)

例 ▪ 늦어서 미안해요. (遅れてすみません。)
  ▪ 바람이 너무 불어서 산꼭대기까지 올라갈 수 없었어요. (風がずいぶん吹くので山の頂上まで登れませんでした。)
  ▪ 잘 저어서 마셔. (よくかき混ぜて飲んで。)
  ▪ 학교까지 걸어서 가요. (学校まで歩いて行きます。)

-어서야

【꽃을 함부로 꺾**어서야** 됩니까? (花をやたらに折ってもいいのですか？)】

『-어서야는 語幹末の母音が'ㅏ, ㅗ'以外の動詞と形容詞の後に, -아서야は語幹末の母音が'ㅏ, ㅗ'の動詞と形容詞の後に, -여서야は'하다'の後に用いられる』

|語尾| 連結語尾

|例| 먹어서야, 싫어서야, 잡아서야, 좋아서야, 하여서야／해서야

1. ☞ -아서야 (p.546)

例 ▪ 꽃을 함부로 꺾**어서야** 됩니까? (花をやたらに折ってもいいのですか？)
  ▪ 밥을 그렇게 조금 먹**어서야** 힘을 쓸 수 있겠니? (ご飯をそんなに少ししか食べないんじゃ力が出せないだろ。)

-어서요

【볼일이 있**어서요**. (用事がありまして。)】

『-어서요는 語幹末の母音が'ㅏ, ㅗ'以外の動詞と形容詞の後に, -아서요는 語幹末の母音が'ㅏ, ㅗ'の動詞と形容詞の後に, -여서요는 '하다'の後に用いられる』

|語尾| 終結語尾

|親しい間で敬意が高い| 先輩や目上の人に

|例| 먹어서요, 싫어서요, 잡아서요, 좋아서요, 해서요

1. ☞ -아서요 (p.547)

例 ▪ 영숙: 유미 씨는 어디 가는 길이세요? (ヨンスク：ユミさんはどちらにお出かけですか？)
  유미: 시내에 볼일 있**어서요**. (ユミ：市内に用事がありまして。)
  ▪ 대성: 웬 일이세요? (テソン：どうしたんですか？)
  미선: 만나고 싶**어서요**. (ミソン：会いたいと思いまして。)
  ▪ 진수: 그걸 뭐하게요? (チンス：それをどうするんですか？)
  유미: 아니 좀 쓸 일이 있**어서요**. (ミソン：いえ、ちょっと使う用があるものですから。)
  ▪ 왠지 사는 게 재미없**어서요**. (なぜか生きるのがつまらなくて。)

-어야

【손을 씻**어야** 합니다.（手を洗わなくてはいけません。）】

『-**어야**は語幹末の母音が'ㅏ, ㅗ'以外の動詞と形容詞の後に, -**아야**は語幹末の母音が'ㅏ, ㅗ'の動詞と形容詞の後に, -**여야**は'하다'の後に用いられる』

語尾　連結語尾

例　먹**어야**, 없**어야**, 잡**아야**, 좋**아야**, 하**여야**／**해야**

1. ☞ -아야 (p.548)

例
- 손을 씻**어야** 합니다.（手を洗わなくてはいけません。）
- 일주일은 더 병원에 있**어야** 된대요.（あと 1 週間は入院していなくてはいけないそうです。）
- 독서는 취미가 아니라 생활이**어야** 하니까요.（読書は趣味ではなく, 生活であるべきですからね。）
- 너 사진을 다시 찍**어야** 되겠다.（お前, 写真をもう一回撮らないとだめだよ。）

-어야겠-

【좀 먹**어야겠**다.（ちょっと食べなくては。）】

『-**어야겠**-は語幹末の母音が'ㅏ, ㅗ'以外の動詞と形容詞の後に, -**아야겠**-は語幹末の母音が'ㅏ, ㅗ'の動詞と形容詞の後に, -**여야겠**-は'하다'の後に用いられる』

縮約形

例　먹**어야겠**-, 없**어야겠**-, 잡**아야겠**-, 높**아야겠**-, 하**여야겠**-／**해야겠**-

'-어야 하겠-'の縮約形

1. ☞ -아야겠- (p. 550)

例
- 저녁에 고기라도 좀 먹**어야겠**다.（夕方, 肉でもちょっと食べなくては。）
- 그렇다면 천천히 걸**어야겠**군.（それならゆっくり歩かないといけないな。）
- 물론 울어야 할 때는 울**어야겠**지.（もちろん泣くべきときは泣かなくちゃ。）
- 오늘은 푹 쉬**어야겠**다.（今日はゆっくり休まなくては。）

- 네가 한 번 우리를 도와 주**어야겠어**. (君の力を一度我々に貸してもらわないとな。)

-어야만 【밥을 제때 먹**어야만** 합니다. (食事を適切な時間に必ずとらなければいけません。)】

『-어야만は語幹末の母音が'ㅏ，ㅗ'以外の動詞と形容詞そして'-았-'の後に，-아야만は語幹末の母音が'ㅏ，ㅗ'の動詞と形容詞の後に，-여야만は'하다'の後に用いられる』

例 먹**어야만**，싫**어야만**，잡**았어야만**，잡**아야만**，좋**아야만**，하**여야만**／해**야만**

|語尾| 連結語尾

1. ☞ -아야만 (p.551)

例 - 밥을 제때 먹**어야만** 합니다. (食事を適切な時間に必ずとらなければいけません。)

- 몸에 좋으니 고기를 먹**어야만** 한다는 주장은 억지다. (体に良いから肉を是非食べるべきだという主張は強引だ。)

- 유행하는 옷을 입**어야만** 좋은 것은 아니야. (流行の服を着さえすればいいというわけじゃないよ。)

- 딸은 걷지도 못하고 하루 종일 누워 있**어야만** 했다. (娘は歩くこともできず，一日中横になっていなければならなかった。)

-어야죠

【다 먹어야죠. (全部食べませんとね。)】

『-어야죠は語幹末の母音が'ㅏ, ㅗ'以外の動詞と形容詞の後に, -아야죠は語幹末の母音が'ㅏ, ㅗ'の動詞と形容詞の後に, -여야죠は'하다'の後に用いられる』

[語尾] 終結語尾

[親しい間で敬意が高い] 先輩や目上の人に

[例] 먹어야죠, 싫어야죠, 잡아야죠, 좋아야죠, 하여야죠／해야죠

[原形] -어야지요

1. ☞ -아야죠 (p.552)

例 ▪ 남은 밥은 다 먹**어야죠**. (残ったご飯は全部食べませんとね。)
　　▪ 저, 시장하실 텐데 뭘 좀 드시고 가**셔야죠**. (あの, お腹がお空きでしょうから, 何か少し召し上がって行きませんとね。)
　　▪ 도무지 장사가 되**어야죠**. (からっきし商売にならないんですよ。)
　　▪ 워낙 실력 있는 사람들이 많아서 따라갈 수가 있**어야죠**. (なにせ実力のある人が多くて, ついていけないんですよ。)

-어야지¹

【밥 먹어야지. (ご飯食べなくちゃ。)】

『-어야지は語幹末の母音が'ㅏ, ㅗ'以外の動詞と形容詞の後に, -아야지は語幹末の母音が'ㅏ, ㅗ'の動詞と形容詞の後に, -여야지は'하다'の後に用いられる』

[語尾] 終結語尾

[親しい間で敬意が低い] 友達に

[例] 먹어야지, 싫어야지, 잡아야지, 좋아야지, 하여야지／해야지

[丁寧] -어야지요

1. ☞ -아야지¹ (p.554)

例 ▪ 세수하고 밥 먹**어야지**. (顔を洗ってご飯食べなくちゃ。)
　　▪ 이거 귀찮아서 살 수가 있**어야지**. (こりゃ面倒くさくて, やってられないな。)

- 그럼, 누워 있**어야지**. (じゃ、横になっていないとね。)
- 내가 도와 주**어야지**. (私が手伝ってやらなくては。)

-어야지² 【아프면 집에서 쉬어야지~ (具合が悪いのなら家で休まなくちゃ~)】

『-어야지は語幹末の母音が 'ㅏ, ㅗ' 以外の動詞と形容詞の後に、-아야지は語幹末の母音が 'ㅏ, ㅗ' の動詞と形容詞の後に、-여야지は '하다' の後に用いられる』

例 먹**어야지**, 싫**어야지**, 잡**아야지**, 좋**아야지**, 하**여야지**／해**야지**

[語尾] 連結語尾

1. ☞ -아야지² (p.555)

例
- 아프면 집에서 쉬**어야지**, 나가서 찬바람을 쐬면 어쩌려고. (具合が悪いのなら家で休まなくちゃ、外に出て冷たい風に当たるなんてどういうつもりなの。)
- 구워서 먹**어야지**, 날 것으로 먹으면 안 돼. (焼いてから食べなくちゃ、生で食べたらだめだよ。)

-어야지요 【마음대로 되어야지요. (思い通りにいかないんですよ。)】

『-어야지요は語幹末の母音が 'ㅏ, ㅗ' 以外の動詞と形容詞の後に、-아야지요は語幹末の母音が 'ㅏ, ㅗ' の動詞と形容詞の後に、-여야지요は '하다' の後に用いられる』

例 먹**어야지요**, 싫**어야지요**, 잡**아야지요**, 좋**아야지요**, 하**여야지요**／해**야지요**

[語尾] 終結語尾

[親しい間で敬意が高い] 先輩や目上の人に

[縮約] -어야죠

1. ☞ -아야지요 (p.556)

例
- 그게 어디 마음대로 되**어야지요**. (それがどうも思い通りにいかないんですよ。)

- 언니도 코트를 벗**어야지요**? (お姉さんもコートを脱ぎますよね？)
- 화가 나서 견딜 수가 있**어야지요**. (腹が立って我慢できないんですよ。)
- 아버지께서 좋아하시는 꽃도 많이 심**어야지요**. (お父さんの好きな花もたくさん植えませんとね。)

-어요   【힘이 들어요. (大変です。)】

『-어요は語幹末の母音が'ㅏ, ㅗ'以外の動詞と形容詞そして'-았-', '-겠-'の後に, -아요は語幹末の母音が'ㅏ, ㅗ'の動詞と形容詞の後に, -여요は'하다'の後に用いられる』

[語尾] 終結語尾

[親しい間で敬意が高い] 先輩や目上の人に

例 먹어요, 싫어요, 잡았어요, 잡겠어요, 잡아요, 좋아요, 해요

---

1. ☞ -아요 (p.559)

例
- 숙제가 많아서 힘이 들**어요**. (宿題が多くて大変です。)
- 낮잠을 자는 중에 친구가 찾아왔**어요**. (昼寝をしているところに友達が訪ねて来ました。)
- 잘 모르겠**어요**. (よく分かりません。)
- 콜라 있**어요**? (コーラ, ありますか？)
- 빨리 빨리 먹**어요**. (早く食べて下さい。)
- 아직 수업이 끝나지 않았**어요**. (まだ授業が終わっていません。)
- 선생님을 만나고 싶었**어요**. (先生に会いたかったです。)

-었-

-었- 【집에 없었어요. (家にいませんでした。)】

『-었-は語幹末の母音が'ㅏ, ㅗ'以外の動詞と形容詞の後に, -았-は語幹末の母音が'ㅏ, ㅗ'の動詞と形容詞の後に, -였-は'하다'の後に用いられる』

語尾　先語末語尾

例 먹었-, 싫었-, 잡았-, 좋았-, 하였-／했-

1. ☞ -았- (p.563)

例 ▪ 그 때 집에 없었어요. (その時, 家にいませんでした。)
  ▪ 어떤 사건이 있었는데요？ (どんな事件があったんですか？)
  ▪ 아차, 늦었구나. (しまった, 遅れたなあ。)
  ▪ 나는 흰 블라우스에 빨간 스커트를 입었고 흰 운동화를 신었다.
    (私は白いブラウスに赤いスカートを履き, 白いスニーカーを履いている。)

-었댔자

-었댔자 【내가 먹었댔자～ (私が食べたと言っても～)】

『-었댔자は語幹末の母音が'ㅏ, ㅗ'以外の動詞と形容詞の後に, -았댔자は語幹末の母音が'ㅏ, ㅗ'の動詞と形容詞の後に, -였댔자は'하다'の後に用いられる』

語尾　連結語尾

例 먹었댔자, 싫었댔자, 잡았댔자, 좋았댔자, 하였댔자／했댔자

1. ☞ -았댔자 (p.565)

例 ▪ 내가 먹었댔자 얼마나 먹었겠니？ (私が食べたと言っても, たいして食べちゃいないよ。)
  ▪ 입었댔자 한복 아니면 양복이지. (着たとしても, 韓服（韓国の伝統衣装）か背広だよ。)
  ▪ 방학이 됐댔자 진수는 귀향할 수 없었다. (学校が休みになったとは言え, チンスは帰郷できなかった。)

-었었-

【책상 위에다 두**었었**거든요. (机の上に置いといたんですよ。)】

『-었었-は語幹末の母音が'ㅏ, ㅗ'以外の動詞と形容詞の後に、-았었-は語幹末の母音が'ㅏ, ㅗ'の動詞と形容詞の後に、-였었-は'하다'の後に用いられる』

例 먹었었-, 싫었었-, 붙잡았었-, 좋았었-, 하였었-/했었-

[語尾] 先語末語尾

1. ☞ -았었- (p.568)

例
- 어저께 제가 그 책을 책상 위에다 두**었었**거든요. (昨日私はその本を机の上に置いといたんですよ。)
  - 손이 빨갛게 얼**었었**다. (手が赤くかじかんでいた。)
  - 나는 그 회사에 오랫동안 다**녔었**다. (私はその会社に長い間通っていた。)

-었자

【도토리가 굵**었자**〜 (どんぐりが大きくったって〜)】

『-었자は語幹末の母音が'ㅏ, ㅗ'以外の動詞と形容詞の後に、-았자は語幹末の母音が'ㅏ, ㅗ'の動詞と形容詞の後に、-였자は'하다'の後に用いられる』

例 먹었자, 싫었자, 잡았자, 좋았자, 하였자/했자

[語尾] 連結語尾

1. ☞ -았자 (p.572)

例
- 도토리가 굵**었자** 밤만 하랴? (どんぐりが大きくったって、栗ほどもあろうか?)
  - 제가 부자**였자** 얼마나 가지고 있을라고. (自分が金持ちだからって、どれほど持ってるものかって。)
  - 아무리 힘 센 사람이**었자** 이 무거운 돌을 혼자서는 들지 못할 거요. (いくら力持ちだからって、この重い石を一人では持てないはずだよ。)

에 【신촌에 있다.（新村にある。）】

『終声字の有無にかかわらず에が用いられる』

[助詞] 副詞格助詞

例 학교에, 교실에, 운동장에

副詞語を表わす

1. 場所や位置を表わす

1. 〔場所を表わす名詞に付いて用いられ〕事物や人間が占めている場所を表わす。

例 ▪ 우리 학교는 신촌에 있다.（私たちの学校は新村にある。）
   ▪ 지금 우리 아이는 집에 없어요.（今うちの子は家にいません。）
   ▪ 이 곳에 늘 안개가 심하다.（ここにいつも霧がひどくかかる。）

  参考 1. '있다（いる，ある），위치하다（位置する），많다（多い），적다（少ない）' 等と共に用いられる。2. '에서' に置き換えることはできない。

2. 事柄が起こったり行為が行われたりする場所を表わす。

例 ▪ 그는 도착하자마자 호텔에 머물렀다.（彼は到着するとすぐにホテルに泊まった。）
   ▪ 모두 운동장에 모이세요.（全員グラウンドに集まって下さい。）
   ▪ 근처에 교통사고가 나서 차가 막혔다.（近くで交通事故が起こって渋滞した。）
   ▪ 부모님은 농촌에 살고 계신다.（両親は農村に住んでいる。）
   ▪ 우리는 모두 의자에 앉았다.（私たちは皆イスに座った。）
   ▪ 모두 바닥에 앉으세요.（全員床に座って下さい。）
   ▪ 사과가 땅에 떨어졌다.（リンゴが地面に落ちた。）

  参考 '살다（住む），머무르다（泊まる），앉다（座る），떨어지다（落ちる），내리다（下りる）' のような動詞と共に用いられる。

3. 〔行動の目標となる場所を表わす名詞に付いて用いられ〕'〜の方に移動して' の意味。

例 ▪ 오늘 아침 일찍 학교에 갔어요.（今朝早く学校に行きました。）
   ▪ 다나카 씨도 도서관에 와요.（田中さんも図書館に来ます。）
   ▪ 조금 있으면 런던에 도착합니다.（少ししたらロンドンに到着します。）
   ▪ 큰 마을 가까이에 이르러 좀 쉬기로 했다.（大きい村の近くに着いてか

- 누나는 회사에 다니게 되었습니다. (姉は会社に通うことになりました。)
- 우리 딸은 아직도 학교에 다녀요. (うちの娘はまだ学校に通っています。)

参考 1. '가다 (行く), 오다 (来る)' 等の移動を表わす動詞や '도착하다 (到着する), 닿다 (着く), 이르다 (至る)' のような動詞と共に用いられる。2. '다니다 (通う), 가다 (行く)' と共に用いられ, ある目的を持って繰り返し行き来することを表わす。

4. 〔ある出来事や事柄が展開して到達する所を表わす語に付いて用いられ〕'～を範囲として' の意味。

例
- 열여섯에서부터 열여덟에 이르는 고등 학교 학생들. (16歳から18歳にいたる高校生たち。)
- '아라비안 나이트'는 8 세기에서부터 13 세기에 걸친 이야기들이다. (「アラビアン・ナイト」は8世紀から13世紀にかけた物語である。)
- 이 일은 이미 오랜 기간에 걸쳐 계획된 일이다. (この仕事は既に長い期間にわたって計画されたものである。)

類義 까지

参考 1. '이르다 (わたる, 及ぶ), 걸치다 (わたる, かける)' のような動詞と共に用いられる。2. 〔에서부터 ～에〕の形で用いられ, '에서부터' は開始点, '에' は範囲の最終の到達点を表わす。

5. 〔接触する場所や物等を表わす語に付いて用いられ〕'～と互いに接して' の意味。

例
- 문에 붙은 메모지를 발견했다. (ドアに張られたメモを見つけた。)
- 지우개가 연필에 붙어 버렸다. (消しゴムが鉛筆にくっ付いてしまった。)
- 흙이 바지에 묻었다. (土がズボンに付いた。)
- 그는 차에 부딪쳤다. (彼は車にぶつかった。)
- 출입문에 기대지 마시오. (出入り口のドアに寄りかからないで下さい。)

参考 '닿다 (触れる), 붙다 (付く), 묻다 (付く), 기대다 (寄りかかる), 부딪치다 (ぶつかる)' のような動詞と共に用いられる。

6. 〔行動の影響を受ける場所を表わす語に付いて用いられ〕'～を対象として' の意味。

例
- 이 통에 기름 좀 가득 넣어 주세요. (この容器に油を一杯入れて下さい。)
- 이걸 냄비에 넣고 녹이세요. (これを鍋に入れて溶かして下さい。)
- 한길이는 돈을 주머니에 넣고 가게로 달려갔다. (ハンギルはお金をポ

ケットに入れて店に駆けて行った。)
- 아저씨는 수레**에** 짐을 싣고 떠났다. (おじさんは荷車に荷物を載せて去って行った。)
- 쌀을 항아리**에** 담아라. (米を甕 (かめ) に入れなさい。)

参考 1. '넣다 (入れる), 두다 (置く), 쓰다 (書く)'のような動詞と共に用いられる。2. '에다가' に置き換えることができる。

7. [現われる場所等を意味する語に付き] 出どころや出典先を表わす。

例
- 그런 사랑 이야기가 이 책**에**도 나온다. (そういった愛の話がこの本にも出てくる。)
- 한국의 옛날 이야기**에** 등장하는 인물들은 대부분 서민 중심이다. (韓国の昔話に登場する人物の大半は庶民が中心である。)

参考 '등장하다 (登場する), 출현하다 (出現する), 나오다 (現われる)'のような動詞と共に用いられる。

2. 対象を表わす

1. [行為者の行為の影響が及ぶ対象を表わす語に付いて用いられ] '(その対象) に' の意味。

例
- 나는 그 남자 가수의 노래**에** 매혹되었다. (私はその男性歌手の歌に魅せられた。)
- 그는 텔레비전을 보는 일**에** 열중하고 있었다. (彼はテレビを見ることに熱中していた。)
- 그 사람은 도박**에** 미쳐서 가정도 돌보지 않았다. (その人はギャンブルに狂い, 家庭もかえりみなかった。)

参考 '매혹되다 (魅せられる), 열중하다 (熱中する), 미치다 (狂う)'のような動詞と共に用いられる。

2. [ある行為の受け手を表わす語に付いて用いられ] '〜を受け取る対象として'の意味。'〜に (〜에게)'の意味。

例
- 그는 그 학교**에** 돈을 대 주었다. (彼はその学校にお金を出してやった。)
- 시골 구석구석의 교회**에** 큰 힘을 주고 있다. (田舎の隅々にある教会に大きな力を与えている。)
- 어머니는 아침마다 꽃**에** 물을 주었다. (母は毎朝花に水をやった。)
- 우리 같은 서민들만 나라**에** 꼬박꼬박 세금을 바친다구. (私たちのよ

うな庶民だけが国にきちんきちんと税金を納めてるんだってば。)

参考 1. 行為を受ける人が団体に属している不特定の人であったり、無情名詞であったりするときに用いられる。2. '에다가'の形でも用いられる。3. '대다 (支援する), 주다 (与える), 바치다 (納める)'のような動詞と共に用いられる。

3. 〔受動文で行為者を表わす語に付き〕'～に (～에게)'の意味。

例 ▪ 그 사람은 경찰에 쫓기고 있었다. (その人は警察に追われていた。)
  ▪ 그는 달려드는 팬들에 깔려 부상을 입었다. (彼は駆け寄るファンたちの下敷きになり負傷した。)
  ▪ 이들은 나치에 쫓겨 미국으로 망명하였다. (この人たちはナチに追われ、アメリカへ亡命した。)

類義 에게, 한테

参考 1. 受動文に用いられる。2. '쫓기다 (追われる), 깔리다 (下敷きになる)'のような動詞と共に用いられる。3. '에'の前の名詞は複数名詞や団体名詞である。
例 그 사람이 **철수**에 쫓겨서… (×)

4. 何らかの対象となることを表わす。

例 ▪ 이 책은 동물에 관련된 것이다. (この本は動物に関するものである。)
  ▪ 그 사람은 중국과의 외교 문제에 관계하고 있다. (その人は中国との外交問題にかかわっている。)
例 ▪ 고래는 포유 동물에 속한다. (鯨は哺乳動物に属する。)
  ▪ 언어학도 인문 과학에 포함된다. (言語学も人文科学に含まれる。)
例 ▪ 철수는 지독한 독감에 걸렸다. (チョルスはひどいインフルエンザにかかった。)
  ▪ 들어오는 열차에 주의하여 주십시오. ((ホームに) 入って来る電車に注意して下さい。)
  ▪ 우린 선배의 명령에 따랐을 뿐이야. (ぼくたちは先輩の命令に従っただけだよ。)
  ▪ 음악에 맞춰 춤을 추는 게 쉽지는 않다. (音楽に合わせて踊るのは容易ではない。)

参考 '관련되다 (関連する, 関する), 관계하다 (かかわる)', '속하다 (属する), 포함되다 (含まれる)', '따르다 (従う), 집중하다 (集中する), 걸리다 (かかる)'のような動詞と共に用いられる。

5. 何らかの感情や思考の及ぶ対象であることを表わす。

例 ▪ 그는 슬픔에 잠겨 울고 있었다. (彼は悲しみに沈み、泣いていた。)

- 생각에 잠겨서 불러도 대답이 없었다. (物思いに沈み，呼んでも返事が無かった。)
- 그녀는 슬픔에 빠져서 헤어나올 줄을 몰랐다. (彼女は悲しみにおちいり，抜け出すことができなかった。)
- 나는 고민에 빠져 며칠을 뜬눈으로 새웠다. (私は悩みにおちいり，数日の間，一睡もせずに夜を明かした。)
- 철수는 기쁨에 넘쳐서 소리를 질렀다. (チョルスは喜びにあふれて声を上げた。)

参考 '잠기다 (沈む)，빠지다 (おちいる)'のような動詞と共に用いられる。

6. 何らかの状態に置かれたり行為を被ったりするときの手段や材料に該当する対象を表わす。

例
- 비에 젖은 옷을 그대로 입고 있으면 감기에 걸리기 쉽다. (雨に濡れた服をそのまま着ていると風邪を引きやすい。)
- 그는 가난에 찌들어 산다. (彼は貧乏じみた暮らしをしている。)
- 그는 희망에 가득 찬 얼굴을 나에게 돌렸다. (彼は希望に満ちた顔を私に向けた。)
- 오랜 객지 생활에 찌든 모습으로 나타났다. (長い客地の生活にやつれた姿で現われた。)
- 저렇게 잔머리를 굴리다가는 제 꾀에 자기가 속기 쉽다. (あんなに浅知恵を働かせていたら，自分のたくらみに自分が引っかかりやすい。)

参考 '젖다 (濡れる)，가리다 (遮られる)，차다 (満ちる)，찌들다 (やつれる)，속다 (だまされる)'のような動詞と共に用いられる。

3. 基準を表わす

1. 〔叙述語の意味する内容の基準点を表わす語に付いて用いられ〕'〜と (比較して)'の意味。

例
- 그 학생의 답안은 완벽에 가까웠다. (その学生の答案は完璧に近かった。)
- 그는 거의 고함에 가까운 소리를 지껄여 댔다. (彼はほとんどわめき声に近い声でまくしたてた。)
- 그런 행동은 예의에 벗어난다. (そういう行動は礼儀にはずれる。)

類義 과

参考 '걸맞다 (釣り合う)，어울리다 (似合う)，가깝다 (近い)，필적하다 (匹敵す

る)' 等と共に用いられる。

2. 〔比較や比喩の対象を表わす語に付いて用いられ〕'〜と（比較して），〜に（たとえて）' の意味。

例 ▪ 술버릇이 나쁜 사람을 가리켜 개**에** 비유한다. (酒癖の悪い人のことを犬にたとえる。)

　▪ 자연은 무생물보다는 동식물**에** 비교해야 한다. (自然は無生物よりは動植物と比較すべきである。)

　▪ 돈도 명예도 사랑**에** 비길 만한 것은 못 됩니다. (お金も名誉も愛に勝るものにはなり得ません。)

参考 1. '비기다 (比べる)，비교하다 (比較する)，비유하다 (たとえる)' のような動詞と共に用いられる。2. '에다가' の形でも用いられる。例 술버릇이 나쁜 사람을 가리켜 개**에다가** 비유한다. (酒癖の悪い人のことを犬にたとえる。)

3. 一般的な判断基準や話し手の判断基準を表わす。

例 ▪ 좋은 약은 입**에** 쓰고 좋은 충고는 귀**에** 거슬린다. (良薬は口に苦く，良い忠告は耳に障る。)

　▪ 공복에 마시는 물 한 잔이 몸**에** 좋다는 건 잘 알려진 사실이다. (空腹に飲む水一杯が体に良いということはよく知られた事実だ。)

　▪ 지수의 상태는 듣기**에** 매우 심각하다. (チスの状態は，聞いたところ，非常に深刻だ。)

　▪ 보기**에** 정말 민망할 정도다. (見るに実にしのびないほどだ。)

4. 資格を表わす

全体参考 1. '로' に置き換えることができる。例 영희가 반장**으로** 뽑혔다. (ヨンヒが級長として選ばれた。) 2. '임명되다 (任命される)，취임하다 (就任する)' のような動詞と共に用いられる。

1. 〔資格や身分を表わす語に付いて用いられ〕'〜として (〜ろ)' の意味。

例 ▪ 영희가 오늘 반장**에** 뽑혔다. (ヨンヒが今日級長に選ばれた。)

　▪ 선생님께서 문과 대학 학장**에** 취임하신 후로 영 뵙기가 힘들어. (先生が文学部の学部長に就任なさってから，まったくお会いするのが大変だよ。)

5. 原因や理由を表わす

1. 〔原因や理由を表わす語に付いて用いられ〕'〜を原因／理由として' の意味。

例 ▪ 더위에 지친 사람들. (暑さにばてた人たち。)

- 아기가 북소리에 놀라서 막 운다. (赤ちゃんが太鼓の音に驚いて泣きたてる。)
- 소녀가 추위에 떨고 있다. (少女が寒さに震えている。)
- 나는 소주 한 잔에 취해 버렸다. (私は焼酎一杯に酔ってしまった。)
- 나는 두려움에 떨었다. (私は恐ろしさに震えた。)

類義 로

参考 '에'のアドバイス4 (p.601)

2. 原因や理由を表わす語に付いて慣用的に用いられる。

例 ▪ 나도 관심을 가지고 있는 까닭에 이 문제는 잘 대답할 수 있었다. (私も関心を持っているので, この問題はうまく答えることができた。)

- 너희들 때문에 회사가 망한다. (お前たちのせいで会社がつぶれる。)
- 그는 정이 많은 탓에 부탁을 거절하지 못한다. (彼は情け深いせいで頼みごとを断ることができない。)

参考 '때문에 (~のせいで, ~のために), 탓에 (~のせいで), 까닭에 (~ので, ~のために)' 等で用いられる。

| 6. 道具や手段を表わす |

1. 〔道具を表わす語に付いて用いられ〕'~を道具として/使って'の意味。

例 ▪ 노마는 연필을 깎다가 칼에 손가락을 베었다. (ノマは鉛筆を削っていてナイフで指を切った。)

- 철수는 적군의 총에 죽었다. (チョルスは敵軍の銃に倒れた。)
- 돌부리에 채여 넘어질 뻔했다. (突き出た石につまずいて転ぶところだった。)

類義 로

参考 '에'のアドバイス3 (p.601)

2. 道具であると同時に, 叙述語が表わす行為の影響を受ける場所の性質をも表わす。

例 ▪ 연탄 난로에 라면을 끓여 먹었다. (練炭ストーブでラーメンを作って食べた。)

- 할머니는 세숫물**에** 걸레를 빤다. (おばあさんは顔を洗った水で雑巾を洗う。)
- 아기 기저귀는 햇볕**에** 말려야 좋다. (赤ちゃんのおしめは天日で乾かした方が良い。)
- 젖은 옷을 난로**에** 말렸다. (濡れた服をストーブで乾かした。)

参考 '에다가'의 形でも用いられる。

7. 時間を表わす

1. 〔時間を表わす語に付いて用いられ〕'〜のとき／間', '〜の期間を通じて'の意味。

例
- 한 시**에** 만나자. (1時に会おう。)
- 한국은 겨울**에** 몹시 춥다. (韓国は冬, 非常に寒い。)
- 대성이는 오늘 아침**에** 희정이와 약속을 했다. (テソンは今朝ヒジョンと約束をした。)
- 시계가 다섯 시**에** 울리게 되어 있다. (時計が5時に鳴るようになっている。)

2. 〔時間を表わす語に付いて用いられ〕その時間の経過を表わす。

例
- 그 일을 한 시간**에** 다 끝내라. (その仕事を1時間で全部終わらせなさい。)
- 하루**에** 그 모든 일을 다할 수는 없다. (1日でその全ての仕事を終えることはできない。)
- 한참만**에** 대성이가 한 마디 했다. (しばらくしてからテソンが一言言った。)
- 그가 3년 만**에** 다시 이 곳에 돌아왔다. (彼が3年ぶりに再びここに戻って来た。)
- 오랜만**에** 영화를 보았다. (久しぶりに映画を見た。)

参考 '만에'の形でよく用いられる。

3. 〔'일전에 (先日), 중에 (中に)'のように慣用的に用いられ〕時間を表わす。

例
- 사람의 눈은 마음이요 동시**에** 몸이다. (人の目は心であり, 同時に体である。)
- 일전**에** 이상한 전화를 받았었다. (先日変な電話をもらった。)

> 参考 '일전에 (先日), 일시에 (一度に), 순식간에 (一瞬のうちに), 단박에 (すぐに), 무심결에 (思わず)' 等で用いられる。この場合は '에' を省略することができない。

例 ■ 이 기숙사는 어두워진 뒤에 밖으로 나가는 게 금지되어 있다. (この寄宿舎は暗くなってから外へ出ることが禁止されている。)

■ 나는 여름 방학 중에 다이어트를 했다. (私は夏休み中にダイエットをした。)

> 参考 '중에 (中に), 동안에 (間に), 사이에 (間に), 은연중에 (ひそかに)' 等で用いられる。この場合は '에' を省略することができる。

8. 状況や出典を表わす

1. 状況, 環境, 条件を表わす。

例 ■ 이런 소낙비에 길을 떠나겠다니, 네가 지금 제정신이냐? (こんな急に降り出した雨の中を旅立つだなんて, 君は今, 気は確かなのかい?)

■ 학생 신분에 이런 곳엘 오다니, 너 혼 좀 나야겠구나! (学生の身分でこんな所に来るとは, お前, ちょっと油をしぼらないとだめだな!)

例 ■ 남들이 다 떠나가는 판국에 그만 혼자 쓸쓸히 남아 있었다. (他の人たちが皆立ち去っていくさなかに, なすすべもなく一人さびしく残っていた。)

■ 막내는 다섯 아이 중에 유달리 약한 아이였다. (末っ子は5人の子供の中でとりわけ弱い子供だった。)

■ 어떤 행동을 취하든지 간에 우선 잘 알아보자고. (どんな行動を取るにしても, まずよく調べてみようよ。)

> 参考 '판국에 (さなかに), 터에 (ときに), 중에 (中で)' 等の形でも用いられる。

2. 他の人の言葉やことわざ等を引用するときに用いられる。

例 ■ 우리 나라 속담에 발 없는 말이 천 리 간다고 했다. (私たちの国のことわざで, 足のない言葉が千里を行く (口を慎むべきだという意味) と言っている。)

■ 옛말에 기쁨이 지나치면 슬픔이 온다고 했다. (昔の言葉で, 喜びも度が過ぎると悲しみがやって来ると言ったものだ。)

3. '〜について (〜에 대하여)' の意味。

例 ■ 언젠가 사생활에 대한 기자의 질문에 그는 솔직히 고백을 했다. (いつだったか私生活に関する記者の質問に, 彼はありのまま告白をした。)

- 그녀의 말에 나는 이렇게 중얼거렸을 뿐이다. (彼女の言葉に私はこうつぶやいただけだ。)

9. 単位を表わす

1. 〔値段を表わす語に付いて用いられ〕'(その金額) でもって', '〜の値段で' の意味。

例 - 이 가방을 남대문 시장에서 만 원에 샀어. (このカバンを南大門市場で1万ウォンで買ったよ。)
- 게임 시디를 오천 원에 팔았다. (ゲームのCDを5千ウォンで売った。)
- 정말 이만 원에 이걸 다 샀단 말이니? (本当に2万ウォンでこれを全部買ったって言うの?)
- 손님 : 이 사과 얼마예요? (客:このリンゴいくらですか?)
  주인 : 천 원에 두 개예요. (店主:二つで千ウォンです(原文では「千ウォンで二つです」)。)

2. 回数や順序等を表わす。

例 - 이삿짐이 너무 많아서 한 번에 나르지 못 했다. (引っ越しの荷物が多すぎて一度に運べなかった。)
- 첫 번째에 할 일이 무엇인지 생각해 보자. (最初にやるべきことが何なのか考えてみよう。)
- 콜라를 두 번에 나누어서 마셨다. (コーラを2回に分けて飲んだ。)

10. 強調を表わす

全体参考 1. 語尾 '-ㄹ수록' や '반면 (反面), 피차 (互い), 대신 (代わり)' に付いて用いられる。 2. '에' を省略することができる。例 급할 때일수록 침착해야 해. (急を要するときほど落ち着かなくちゃいけないよ。)

1. その意味をより強調することを表わす。

例 - 급할 때일수록에 침착해야 해. (急を要するときほど落ち着かなくちゃいけないよ。)
- 그러면 그럴수록에 점점 더 그가 좋아졌다. (そうすればそうするほど、ますます彼のことが好きになった。)
- 추운 계절이 있는 반면에 더운 계절도 있다. (寒い季節がある反面、暑い季節もある。)

- 남자와 여자는 피차에 소식 한 자 적어 보내지 못 했다. (男と女は互いに一言も知らせを書いて送ることができなかった。)
- 오늘 아침 나는 밥 대신에 죽을 먹었다. (今朝私はご飯の代わりにおかゆを食べた。)

[助詞] '~에 ~'の形で用いられる

1. 加えることを表わす

1. ['~에 ~'の形で用いられ]'何かに何かを加えること'を表わす。'~に加え、さらに'の意味。

例
- 그녀는 오늘 청바지에 흰 색 블라우스를 입었다. (彼女は今日ジーンズに白いブラウスを着ている。)
- 정월 대보름이면 오곡밥에 아홉 가지 나물을 장만하여 올려놓았다. (小正月(旧正月の15日)には五穀米に9種類のナムルをこしらえて出した。)
- 갸름한 얼굴에 새까만 눈동자를 가진 소녀. (面長で真っ黒い瞳を持った少女。)

[関連語] 에다가

2. 繰り返すことで強調することを表わす。

例
- 지금 한국 축구는 발전에 발전을 거듭하고 있다. (今韓国のサッカーは発展に発展を重ねている。)
- 결혼 문제만큼은 신중에 신중을 기하여 결정하겠습니다. (結婚問題だけは慎重に慎重を期して決定いたします。)
- 후퇴에 후퇴를 거듭하면서 이 곳까지 쫓겨왔다. (後退に後退を重ねつつ、ここまで追われて来た。)

[参考] 前後に同じ名詞が繰り返し用いられる。

2. 単位を表わす

1. [基準や単位を表わす語に付いて用いられ]'~を基準/単位として'、'~ごと、~当たり'の意味。

例
- 어린이는 하루에 9-10시간 이상 충분히 자야 한다. (子供は一日に9~10時間以上たっぷり寝なければならない。)
- 우리 신문사는 일 년에 두 차례 기자를 모집한다. (うちの新聞社は年

- 이 빵은 하나**에** 천 원씩입니다. (このパンは 1 個千ウォンです。)
- 복사비는 한 장**에** 40 원입니다. (コピー代は 1 枚 40 ウォンです。)

参考 '마다（～ごと），당（～当たり）' に置き換えることができる。

2. 〔基準や単位を表わす語に付いて用いられ〕'いくつかの中で'の意味。

例 ・ 열**에** 아홉은 떨어진다. (10 人に 9 人は落ちる。)
- 이 지방은 일 년**에** 열 달은 비가 온다고 한다. (この地方は 1 年に 10 カ月は雨が降るという。)

[助詞]　接続助詞

類義 이며

関連語 에다가

全体参考 '모두（全て），잔뜩（いっぱい）'のように，先に羅列した全ての語をまとめて表わす語と共に用いられる。

1. 様々な事物を加えながら羅列することを表わす。'付け加えていくこと'の意味。

例 ・ 길거리 장사인데도 사과**에** 배**에** 귤**에** 없는 게 없이 다 있었다. (路上の商いなのに，リンゴに梨にミカンにと，無いものが無いほど全部そろっていた。)
- 좋은 집**에** 아름다운 옷**에** 맛나는 음식**에** 무엇 하나 부족함이 없다. (立派な家やら美しい服やらおいしい料理やらと，何一つ足りないものが無い。)
- 과일**에** 음료수**에** 잔뜩 가지고 갔다. (果物やら飲み物やら，いっぱい持って行った。)

アドバイス 1

'에' と '에서' の比較：

1. '에' は動作や状態が現われる地点を示すのに対し，'에서' は動作が起こる場所を表わす。'에' が付いて形成される副詞語を位置副詞語，また '에서' が付いて形成される副詞語を場所副詞語と言うこともある。

例1：그 여자는 마루**에** 앉았다．(その女の人は板の間に座った。)

例2：그 여자는 마루**에서** 앉았다．(その女の人は板の間で腰を下ろした。)

2. '살다 (住む，暮らす)'は'에'と'에서'のどちらも用いることができるが，次のような意味の違いがある。例1の'에'はソウルに居住しているという状態（静的な面）を表わし，例2の'에서'はソウルで生活しているという動作（動的な面）を表わす。

例1：저는 서울**에** 살아요．(私はソウルに住んでいます。)

例2：저는 서울**에서** 살아요．(私はソウルで暮らしています。)

アドバイス2

〔場所〕を表わす'에'と'로'の比較：

1. 移動動詞と共に用いられるとき，'에'は到着点を，'로'は出発時の目標点，方向，経由地を表わす。

例1：ㄱ．나는 대구**에** 도착했다．(私は大邱に到着した。)(到着点)
　　　ㄴ．나는 대구로 도착했다．(×)

例2：ㄱ．나는 대구**로** 떠났다．(私は大邱へ出発した。)(目標点，方向)
　　　ㄴ．나는 대구에 떠났다．(×)

例3：ㄱ．나는 저 길**로** 돌아서 갔다．(私はあの道を回って行った。)(経由地)
　　　ㄴ．나는 저 길에 돌아서 갔다．(×)

2. '에'と'로'がどちらも用い得る場合は次のような意味の違いがある。例1のように'에'を用いると'학원（塾）'が到着点（目的地）であることを表わし，例2のように'로'を用いると様々な選択の可能性がある中で'학원'という場所に向かうこと（方向）を表わす。

例1：9시까지 학원**에** 오세요．(9時までに塾に来て下さい。)

例2：9시까지 학원**으로** 오세요．(9時までに塾の方に来て下さい。)

アドバイス3

〔道具〕を表わす'에'と'로'の比較：

何らかの行為において，'에'はそれを道具として用いる意図がなかったことを表わすが，'로'は意図的にその道具を用いたことを表わす。

例1：ㄱ．나는 잘못해서 칼**에** 손을 베었다．(○)（私はあやまってナイフで手を切った。）

　　　ㄴ．나는 잘못해서 칼**로** 손을 베었다．(？)（私はあやまってナイフで手を切った。）

例2：ㄱ．나는 칼에 손을 베어서 혈서를 썼다．(×)

　　　ㄴ．나는 칼**로** 손을 베어서 혈서를 썼다．(○)（私はナイフで手を切り，血書を書いた。）

アドバイス4

〔原因〕を表わす'에'と'로'の比較：

'에'は前の名詞が直接的で実際の物事が原因である場合に用いられ（例1，2），'로'は全体的に影響を及ぼす原因である場合に用いられる（例3，4）。

例1：큰 소리**에** 놀란 아이가 울고 있다．（大きな音に驚いた子供が泣いている。）

例2：비바람**에** 나뭇잎들이 다 떨어졌다．（雨風で木の葉が皆落ちた。）

例3：감기**로** 고생하고 있어．（風邪で苦しんでるよ。）

例4：남자 친구의 오해**로** 헤어지게 되었다．（ボーイフレンドの誤解で別れることになった。）

에게 【동생**에게** 주었다．（弟（妹）にあげた。）】

『終声字の有無にかかわらず에게が用いられる』

[助詞] 副詞格助詞

[例] 언니에게，동생에게

副詞語を表わす

[関連語] 게¹，에게서

[尊敬] 께

[類義] 더러, 보고, 한테

1. 〔行為者の行為を受ける対象を表わす語に付き〕'(その対象) に'の意味。

例 ▪ 책을 동생**에게** 주었다. (本を弟 (妹) にあげた。)
   ▪ 김 선생님이 다나카 씨**에게** 한국말을 가르칩니다. (金先生が田中さんに韓国語を教えます。)
   ▪ 영민 씨가 한나 씨**에게** 전화를 했습니다. (ヨンミンさんがハンナさんに電話をしました。)
   ▪ 민호가 미라**에게** 공을 던집니다. (ミンホがミラにボールを投げます。)

[参考] '주다 (あげる), 가르치다 (教える), 맡기다 (預ける), 가다 (行く), 보이다 (見せる)'のような動詞と共に用いられる。

2. 〔ある状態の起こる固定した位置を表わす語に付き〕'間に, 中に'の意味で用いられる。

例 ▪ 친구**에게** 급한 일이 생겨서 가봐야 해요. (友達に急用ができて行かなければなりません。)
   ▪ 남편**에게** 문제가 생겨 변호사를 찾아갔다. (夫に問題が起こり, 弁護士を訪ねて行った。)
   ▪ 위장병은 스님들**에게** 많은 병이다. (胃腸病はお坊さんに多い病気だ。)
   ▪ 그런 시대에 우리**에게** 무슨 희망이 있었습니까? (そんな時代に私たちにどんな希望があったでしょうか?)

[参考] '있다 (いる, ある), 없다 (いない, ない), 많다 (多い), 적다 (少ない), 생기다 (生ずる), 남다 (残る)'等と共に用いられる。

3. 〔行為の進行方向や目的地を表わす語に付き〕'〜に向かって'の意味で用いられる。

例 ▪ 마이클이 조금씩 제인**에게** 다가왔다. (マイケルが少しずつジェーンに近づいて来た。)
   ▪ 철수**에게** 뛰어가는 아이들. (チョルスに駆け寄って行く子供たち。)

[参考] '가다 (行く), 오다 (来る)'等の動詞と共に用いられる。2. '에게로'に置き換えることができる。例 제인**에게로** 다가갔다. (ジェーンに近づいて行った。)

4. 〔受動文で行為者を表わす語に付き〕'〜によって (〜に 의해)'の意味で用いられる。

예 ▪ 호랑이**에게** 물려 가도 정신만 차려라. (虎にくわえ去られても気だけは しっかり持て (どんな危険な目にあっても気をしっかり持って事にあたれば危険 から逃れることができるという意)。)

▪ 너**에게** 잡힐 물고기가 어디 있겠니? (お前に捕まる魚なんてどこにもい ないよ。)

▪ 김 씨는 다행히도 지나가는 사람**에게** 발견되었다. (金さんは幸いにも 通りがかりの人に発見された。)

[参考] '잡히다 (捕まる), 빼앗기다 (奪われる), 밟히다 (踏まれる), 쫓기다 (追わ れる), 발견되다 (発見される)' のような動詞と共に用いられる。

5. 〔ある行為を加える人を表わす語に付き〕'~から (~로부터)' の意味 で用いられる。

예 ▪ 누구나 남**에게** 놀림을 받는 걸 싫어한다. (誰でも人にからかわれるのを 嫌がる。)

▪ 숙제를 안 했다고 선생님**에게** 핀잔을 맞았다. (宿題をしなかったと先 生にこっぴどく叱られた。)

[参考] 1. '받다 (受ける), 얻다 (得る), 당하다 (やられる)' のような動詞と共に用 いられる。 2. '에게서' を用いるべきところに '에게' を用いたものである。

6. 〔ある行為をさせられる対象を表わす語に付き〕'(人) に~させる', '(人) が~するように' の意味で用いられる。

예 ▪ 선생님이 학생들**에게** 책을 읽히신다. (先生が学生に本を読ませる。)

▪ 어머니가 아이**에게** 우유를 먹이신다. (お母さんが子供に牛乳を飲ませ る。)

▪ 아이**에게** 콜라를 마시지 못하게 했다. (子供にコーラを飲めないように した。)

[参考] '읽히다 (読ませる), 입히다 (着せる), -게 하다 (~させる)' 等の使役表現 に用いられる。

7. 〔ある感情を抱かせる対象を表わす語に付き〕'~に対して' の意味で用 いられる。

예 ▪ 나는 나 자신**에게** 실망했다. (私は自分自身に失望した。)

▪ 나는 차츰 외국 사람**에게** 흥미를 느낀다. (私は次第に外国人に興味を感 じてきている。)

▪ 이번 일로 그**에게** 너무 미안했다. (今回のことで彼にとても申し訳なかった。)

参考 '느끼다 (感じる), 실망하다 (失望する)'のような動詞と共に用いられる。

8. 〔ある感情や状態を感じる主体を表わす語に付き〕'～が感じるところでは'の意味で用いられる。

例 ■ 지금 우리**에게** 필요한 것은 돈이다. (今私たちに必要なのはお金だ。)
　■ 이제부터는 나**에게** 중요한 것이 무엇인지를 생각 봐야겠다. (これからは自分に大切なことが何なのかを考えてみなければならない。)
　■ 사람**에게** 고통과 고독이란 무엇인가. (人にとって苦痛と孤独とは何か。)

参考 '쉽다 (易しい), 새롭다 (新しい), 필요하다 (必要だ)'のような形容詞と共に用いられる。

9. 〔何らかの基準であることを表わす語に付き〕'～を基準とすると、～と (～과)'の意味で用いられる。

例 ■ 자기**에게** 맞는 일을 선택해야 한다. (自分に合う仕事を選ばなければならない。)
　■ 좋은 말이란 듣는이**에게** 알맞게 표현된 말이다. (良い言葉とは聞き手に適した表現で表わされた言葉である。)
　■ 한복이 저**에게** 어울릴까요? (韓服 (韓国の伝統衣装) は私に似合うでしょうか?)

類義 과

参考 '맞다 (合う), 알맞다 (適する), 어울리다 (似合う)' 等と共に用いられる。

10. 〔比較の対象を表わす語に付き〕'～と比較したら、～と (～과)'の意味で用いられる。

例 ■ 집에만 있으면 남**에게** 뒤떨어져요. (家にばかりいると人に後れを取りますよ。)
　■ 공부는 남**에게** 뒤지지 않아요. (勉強は人に負けません。)
　■ 너**에게** 비하면 형편없어. (君に比べたら形無しだよ。)
　■ 저 사람**에게** 비하면 나는 행복한 편이다. (あの人に比べれば、私は幸せな方だ。)

参考 '비하다 (比べる), 뒤지다 (ひけを取る)'のような動詞と共に用いられる。

11. 手紙等で受け取る対象を表わす語に付いて用いられる。'～を受け取る人へ'の意味。

例 ■ 보고 싶은 엄마**에게**. (会いたいお母さんへ。)

- 사랑하는 나의 친구 영미**에게!** (大好きな私の友達，ヨンミへ！)

[参考] 受け取る対象を敬わなくてもよい場合は '에게' が用いられ，敬わなくてはいけない場合は '께' が用いられる。

アドバイス

'에게' の縮約語 '게':

1. 話し言葉で '나에게, 저에게, 너에게' は '내게, 제게, 네게' と縮約して用いられる。☞ 게¹ (p.48)

   例1：친구가 **내게** 준 선물 (友達が私にくれたプレゼント)

   　　　제게 전화해 주세요. (私に電話して下さい。)

   　　　네게 이걸 줄게. (お前にこれをやるよ。)

2. 上の意味解釈11を除き，'에게' は '한테' に置き換えることができる。'한테' は主に話し言葉で用いられ，'에게' は話し言葉と書き言葉のどちらでも用いられる。

   例2：책을 동생**에게** 주었다. (本を弟（妹）にあげた。)

   　　→ 책을 동생**한테** 주었다. (本を弟（妹）にあげた。)

～에게 대한 【아내에게 대한～ (妻に対する～)】

[結合情報] ☞ 에게

慣用句

1. 〔行動や考えの対象である人を表わす語に付き〕 '～に向けた～, ～を対象とする～' の意味で用いられる。

例 - 그는 아내**에게 대한** 죄의식으로 괴로워했다. (彼は妻に対する罪の意識で苦しんだ。)

　　- 나는 떠나간 친구들**에게 대한** 섭섭함으로 마음이 아팠다. (私は去って行った友人たちに対する心残りで胸が痛んだ。)

에게로

【그녀에게로 다가갔다. (彼女に近づいて行った。)】

[助詞] 에게 + 로

[例] 너에게로, 동생에게로
'名詞＋에게'に助詞'로'が付いて用いられた形

[全体参考] 人や動物を表わす語に付いて用いられる。

1. 〔動作が及ぶ対象を表わす語に付き〕'～に向かって'の意味。

例 ▪ 그는 천천히 그녀**에게로** 다가갔다. (彼はゆっくり彼女に近づいて行った。)

  ▪ 여자가 태연하게 그들**에게로** 걸어갔다. (女が平然と彼らの方に歩いて行った。)

  ▪ 형은 돈을 나**에게로** 내밀었다. (兄はお金を私にさっと出した。)

  [参考] '가다 (行く)', '오다 (来る)' 等の具体的な動きを表わす動詞と共に用いられる。

2. 〔方向の対象となる語に付き〕'～の方へ'の意味。

例 ▪ 그는 부인**에게로** 고개를 돌렸다. (彼は夫人に顔を向けた。)

  ▪ 모든 사람의 눈길이 강수**에게로** 쏠렸다. (皆の視線がカンスに集まった。)

  [参考] '돌리다 (向ける), 쏠리다 (集まる)' 等の動詞と共に用いられる。

에게서

【동생에게서 전화가 왔습니다. (弟 (妹) から電話が来ました。)】

『終声字の有無にかかわらず에게서が用いられる』

[助詞] 副詞格助詞

[例] 너에게서, 동생에게서
副詞語を表わす

[関連語] 에게

[全体参考] 1. 人や動物を表わす語に付いて用いられる。 2. 話し言葉では'한테서'もしばしば用いられる。

1. 〔行動の出どころや始まりとなる対象を表わす語に付き〕'～から (～로부터)'の意味。

例 ▪ 동생**에게서** 전화가 왔습니다. (弟(妹)から電話が来ました。)
  ▪ 이게 진수**에게서** 받은 선물이야. (これがチンスからもらったプレゼントだよ。)
  ▪ 난 매일 동네 빵장수**에게서** 빵을 산다. (私は毎日近所のパン屋さんからパンを買う。)
  ▪ 나는 학생**에게서** 곤란한 질문을 받아 당황했다. (私は学生から答えにくい質問をされて慌てた。)

  参考 '받다 (もらう), 듣다 (聞く)' 等の動詞と共に用いられる。

2. 〔ある行為を加える人を表わす語に付き〕'〜によって (〜に 의해)' の意味。

例 ▪ 아주 착하던 사람이 남**에게서** 많은 피해를 입어 나빠지기도 한다. (とても心根の優しかった人が他人からたくさんひどいことをされて悪くなることもある。)
  ▪ 장 선생은 그 여자**에게서** 거절당한 모양이다. (チャンさんはあの女の人からフラれたみたいだ。)
  ▪ 그**에게서** 배반이 행해질 리가 없습니다. (彼から裏切られるはずがありません。)

3. 〔ある行為が起こる位置を表わす語に付き〕'中で, 間で' の意味。

例 ▪ 사고가 바로 우리들 자신**에게서** 일어났을 때를 생각하고 도와 줍시다. (事故が他ならぬ私たち自身に起こったときのことを考えて, 助けてあげましょう。)
  ▪ 그 말은 최근 우리**에게서** 조금씩 쓰이기 시작한 말이다. (その言葉は最近私たちの間で少しずつ使われ始めた言葉である。)

~에게 있어서 【아이들에게 있어서~ (子供たちにとって~)】
慣用句

結合情報 ☞ 에게

関連語 ~에 있어서

全体参考 人間名詞の後には '〜에게 있어서' を, それ以外には '〜에 있어서' を用いる。例 정치 문제**에 있어서**는 남자들이 할 말이 많다. (政治問題においては男性の方が言いたいことが多い。)

1. 〔話題の中心となっている人を表わす語に付き〕'~を中心にして考えると'の意味で用いられる。
例 ▪ 아이들에게 있어서 가정은 매우 소중한 곳이다. (子供たちにとって家庭は非常に大切な場所である。)
   ▪ 아직도 삶은 누구에게 있어서나 하나의 수수께끼이다. (いまだ人生は誰においてであれ, 一つのなぞである。)

~에 관해서
【골프에 관해서~ (ゴルフに関して~)】
慣用句
結合情報 ☞ 에

類義 ~에 대해서

全体参考 '~에 관하여/관한'の形でも用いられる。例 요즘은 온통 월드컵 축구에 관한 이야기뿐이다. (最近は皆ワールドカップのサッカーに関する話ばかりだ。)

1. 'それに関して, それについて'の意味を表わす。
例 ▪ 나는 골프에 관해서 거의 아는 것이 없다. (私はゴルフに関してほとんど知っていることが無い。)
   ▪ 학생들은 한글날에 관하여 글짓기를 하였다. (生徒たちはハングルの日(ハングルの公布記念日, 10月9日)について作文を書いた。)
   ▪ 백제에 관해서 조사해 보자. (百済について調べてみよう。)

~에 그치지 않다
【여기에 그치지 않는다. (ここにとどまらない。)】
慣用句
結合情報 ☞ 에

1. 'それを超えること'を表わす。
例 ▪ 문제는 여기에 그치지 않는다. (問題はここにとどまらない。)
   ▪ 그의 잘못은 이에 그치지 않고, 도둑질까지 일삼았다. (彼の過ちはこれにとどまらず, 盗みまで働いてしまった。)

에는	【제 딴**에는** 한다고 한 거예요. (私なりにはうまくやっているつもりでやったんですよ。)】

[助詞] '에는'の形で用いられる

[全体参考] 1. '엔'と縮約して用いられることもある。 2. '제（私の），자기（自分），내（私の）'等の代名詞，または人を表わす固有名詞が用いられる。 3. '딴에는'の前の名詞が省略されることもある。

1. 〔'～ 딴에는'の形で用いられ〕'それなりにはうまくやっているつもりで'の意味。

例 ▪ 제 딴**에는** 한다고 한 거예요. (私なりにはうまくやっているつもりでやったんですよ。)

　▪ 내 딴**에는** 자세히 읽는다고 읽은 거였는데. (私なりには詳しく読んでいるつもりで読んだわけだが。)

　▪ 자기 딴**에는** 나를 자기 친구로 생각했었나 보다. (自分では私を自分の友達だと思っていたみたいだ。)

　▪ 유미 딴**에는** 진수를 위한다고 한 일이었다. (ユミなりにはチンスのためだと思ってやったことだった。)

　▪ 딴**에는** 제가 잘난 줄 아는 모양이지. (それなりには自分が偉いと思ってるようだね。)

[助詞] '에 + 는'の形で用いられる	例 학교**에는**, 운동장**에는** '名詞＋에'に補助詞'는'が付いて用いられた形

[全体参考] 1. 主題を表わすときは'～에는'が文頭に用いられる。 2. 話し言葉では'엔'の形でも用いられる。

1. 時間や場所を表わす語に付いて用いられる。

例 ▪ 가게**에는** 아침부터 손님이 많았다. (店には朝からお客さんが多かった。)

　▪ 가을**에는** 여행을 할 거예요. (秋には旅行をするつもりです。)

　▪ 학교**에는** 오늘 못 가요. (学校には今日行けません。)

에다

【길에다 물을 뿌린다. (道に水をまく。)】

『終声字の有無にかかわらず에다が用いられる』

[助詞] 副詞格助詞

[例] 학교에다, 운동장에다

副詞語を表わす

[原形] 에다가

1. ☞ 에다가 (p.610)

例 ▪ 길에다 물을 뿌린다. (道に水をまく。)
  ▪ 2층 집에다 세를 얻었다. (2階建ての家を借りた。)
  ▪ 감기에다 몸살이 겹친 거 같아요. (風邪に加えて疲れから来る病気が重なったようです。)
  ▪ 당신은 가난뱅이에다 무식쟁이에다 둔하기까지 하거든요. (あなたは貧乏で無学な上に鈍くさえあるんですよ。)

에다가

【감기에다가 몸살까지 겹쳤어요. (風邪に加えて疲れから来る病気まで重なりました。)】

『終声字の有無にかかわらず에다가が用いられる』

[助詞] '~에다가 ~'の形で用いられる

[例] 학교에다가, 운동장에다가

[縮約] 에다

[関連語] 에

1. あるものに他のものが加わることを表わす。

例 ▪ 감기에다가 몸살까지 겹쳤어요. (風邪に加えて疲れから来る病気まで重なりました。)
  ▪ 그는 우울증에다가 사업까지 실패해서 술만 마신다. (彼はうつ病に加えて事業まで失敗し, 酒ばかり飲んでいる。)

[参考] '名詞+에다가 名詞+까지'の形で用いられる。

2. 様々な事柄を付け加えて, 並べ挙げることを表わす。

例 ▪ 맥주 열 병에다가 갈비 육 인분에다가 소주 두 병 주세요. (ビール10本にカルビ6人分, それと焼酎2本下さい。)

- 월급**에다가** 팁**에다가** 벌이가 꽤 괜찮겠다. (給料の上にチップもあって, 稼ぎがけっこう良さそうだ。)
- 저녁**에다가** 커피까지 주시니 자주 와야겠어요. (夕食に加えてコーヒーまで下さるんですもの, しょっちゅう来なくちゃいけませんわね。)
- 가족들**에다가** 친구들까지 와서 제 졸업을 축하해 주었어요. (家族に加えて友人たちまで来て, 私の卒業を祝ってくれました。)

[助詞] 副詞格助詞　　　　　　　　　　　副詞語を表わす

1. 行為を受ける対象が到達点であることを表わす

1. 〔行動の影響を受ける場所を表わす '名詞＋에' に用いられ〕その位置を維持してから, とどめておくことを表わす。

例
- 아이가 등**에다가** 큰 가방을 메고 걸어갔다. (子供が背中に大きなカバンを背負って歩いて行った。)
- 우리는 상처 위**에다가** 약을 발랐다. (私たちは傷の上に薬を塗った。)
- 나는 접시**에다가** 국수를 담았다. (私はお皿に麺を盛った。)

[参考] '에다가' は他動詞を叙述語とする構文で用いられる。

2. 〔ある行為の受け手を表わす語に付いて用いられ〕'〜を受け取る対象として' の意味。'〜に' の意味。

例
- 난초**에다가** 물을 주었다. (蘭に水をやった。)
- 콜라는 외국**에다가** 비싼 로열티를 주어야 하는 음료수이다. (コーラは外国に高いローヤルティーを払わなければならない飲料水だ。)

[参考] 受け手が団体に属した不特定の人のときに用いられる。また無情名詞にも用いられる。

2. 道具や手段を表わす

[関連語] 로다가

[全体参考] '불 (火), 햇볕 (天日), 난로 (ストーブ)' のようなものは '道具' や '手段' としても解釈できるが, 叙述語が表わす行為の影響を受ける場所としても解釈することができる。

1. 〔道具や手段を表わす語に付き〕'〜でもって (〜를 가지고)' の意味。

例
- 난로**에다가** 라면을 끓였다. (ストーブでラーメンを作った。)
- 빨래는 햇볕**에다가** 말려야 살균도 되고 좋단다. (洗濯物は天日で乾か

した方が殺菌もできて良いんだよ。）
- 젖은 옷을 난로**에다가** 말렸다．（濡れた服をストーブで乾かした。）

3. 比較や比喩を表わす

1. 〔比較したり，たとえたりする基準点を表わす'名詞＋에'に付いて用いられ〕これを強調することを表わす。

例
- 해와 달을 부부**에다가** 견주는 것은 오랜 관습이다．（太陽と月を夫婦になぞらえるのは古くからの慣習だ。）
- 행동이 비열한 인간을 개**에다가** 비유한다．（ふるまいが卑劣な人間を犬にたとえる。）
- 잘난 나를 네 형**에다가** 대냐．（立派なぼくを君の兄さんと比べるのかい。）

アドバイス

'에'と'에다가'の比較：

下の例1のように叙述語の行為を受ける場所や対象を表わすときは'에다가'が用いられる。しかし例2のように'位置'や'理由'を表わすときは'에다가'は用いられない。

例1：책상**에다가** 책을 놓았다．（机に本を置いた。）
　　　1**에다가** 2를 더하면 얼마인가？（1に2を足すといくらか？）
　　　밥을 고추장**에다가** 비볐다．（ご飯をコチュジャンに混ぜた。）
例2：책상에다가 책이 놓였다．（×）
　　　배신감에다가 치를 떨었다．（×）
　　　그것에다가 충격을 받았다．（×）

～에 대해서

【집사람 하는 일에 대해서～（家内のやることについて～）】

結合情報 ☞ 에

慣用句

類義 ～에 관해서

全体参考 '～에 대하여/대해/대한'の形でも用いられる。

1. 〔'それについて，それに関して'〕を表わす。

例 ▪ 전 집사람 하는 일**에 대해서** 간섭을 안 해요. (私は家内のやることについて干渉をしません。)

▪ 전 컴퓨터**에 대해** 잘 몰라요. (私はコンピュータについてよく分かりません。)

▪ 축구**에 대한** 관심이 없으면 동료들과 할 이야기가 없다. (サッカーに関する関心がなければ同僚たちと話すことが無い。)

에도 【그 무서운 가뭄에도 죽지 않고~ (あの恐ろしい日照りにも枯れずに~)】

『終声字の有無にかかわらず에도が用いられる』

[助詞] 副詞格助詞　　　　　　　　　副詞語を表わす

[全体参考] '가다 (行く)' は '감에도 (行くにも)', '이다 (~である)' は '임에도 (~であるにも)' のように '-ㅁ' を付けて '에도' と共に用いられる。

1. '前の名詞の内容とかかわりなく' という意味を表わす。

例 ▪ 잡초는 그 무서운 가뭄**에도** 죽지 않고 살아남았다. (雑草はあの恐ろしい日照りにも枯れずに生き残った。)

▪ 추운 지방에서 온 사람들은 겨울철임**에도** 코트를 입지 않았다. (寒い地方から来た人たちは冬の時期であるにもかかわらずコートを着ていなかった。)

2. 〔否定を表わす用言と共に用いられ〕'에도' の付いた語を強調することを表わす。

例 ▪ 김 씨는 어떠한 유혹**에도** 흔들리지 않고 공부만 했다. (金さんはいかなる誘惑にも揺れずに勉強に専念した。)

▪ 나를 도와 줄 사람은 아무 곳**에도** 없었다. (私を助けてくれる人はどこにもいなかった。)

[参考] '어느 (どの), 아무 (どんな)' 等と共に用いられる。

助詞 　에 + 도	例 학교에도, 교실에도, 운동장에도 '名詞 + 에'に補助詞 '도'が付いて用いられた形

1. 'また同様に'の意味。

例 ▪ 네 가슴에도 내 가슴에도 상처가 있다. (君の心にも私の心にも傷がある。)
　 ▪ 내 휴대전화는 사무실에도 집에도 없었다. (私の携帯電話は事務室にも家にも無かった。)
　 ▪ 런던에도 물론 사람이 많다. (ロンドンにももちろん人が多い。)
　 ▪ 그런 일은 자기 집에도 피해를 준다. (そのようなことは自分の家にも被害を与える。)

参考 1. '～에도 ～에도'の形や, '～뿐만 아니라 ～에도'の形で用いられる。 2. しばしば '또한 (同じく), 역시 (同様に)' 等の副詞と共に用いられる。

2. '에'を強調することを表わす。

例 ▪ 나 혼자 참고 견디기에도 힘들다. (自分一人で耐え忍ぶのも大変だ。)
　 ▪ 내가 여기 온 후에도 벌써 다섯 명이나 더 왔다. (私がここに来た後も, 既に5人もの人がさらにやって来た。)

～에도 불구하고	【추운 날씨에도 불구하고～ (寒い天気にもかかわらず～)】	結合情報 ☞ 에도

慣用句

関連語 -ㄴ데도 불구하고, -는데도 불구하고

全体参考 '불구하고'が省略されることもある。例 그는 추운 날씨에도 맨발로 다녔다. (彼は寒い天気にもかかわらず裸足で通った。)

1. '何かに拘束されたり, とらわれたりせずに'の意味。

例 ▪ 그는 추운 날씨에도 불구하고 맨발로 다녔다. (彼は寒い天気にもかかわらず裸足で通った。)
　 ▪ 제시카는 세 아이의 엄마임에도 불구하고 대학교에 다닌다. (ジェシ

カは三人の子供のお母さんであるにもかかわらず大学に通っている。)
- 영희는 부모님의 반대**에도 불구하고** 프랑스 남자와 결혼했다. (ヨンヒは両親の反対にもかかわらずフランスの男性と結婚した。)

～에 따라
【세탁물에 따라～ (洗濯物によって～)】
慣用句

結合情報 ☞ 에

全体参考 '～에 따라서／따라서는'の形でも用いられる。例 주말을 보내는 방법은 사람**에 따라서** 다르다. (週末の過ごし方は人によって違う。)

1. '基準に基づいて'の意味。

例
- 세탁물**에 따라** 요금이 달라요. (洗濯物によって料金が異なります。)
- 회사**에 따라서** 토요일에 쉬는 곳도 있어요. (会社によって土曜日に休む所もあります。)
- 지역**에 따라서는** 소나기가 오는 곳도 있습니다. (地域によってはにわか雨が降る所もあります。)

～에 따르면
【이 보고서에 따르면～ (この報告書によると～)】
慣用句

結合情報 ☞ 에

類義 ～에 의하면 例 이 보고서**에 의하면**～ (この報告書によると～)

1. 'よりどころとなる根拠であること'を表わす。

例
- 이 보고서**에 따르면**, 여성의 대학 진학률이 증가하고 있다. (この報告書によると, 女性の大学進学率が増加している。)
- 박 교수**에 따르면** 앞으로 물 사정이 더욱 나빠질 것이라고 한다. (朴教授によれば, 今後水の事情がいっそう悪化するだろうとのことだ。)

～에 반해
【소설에 반해～ (小説に対し～)】
慣用句

結合情報 ☞ 에

全体参考 1. '～에 반해서／반하여'の形でも用いられる。例 이**에 반해서**～ (これ

に反して~) 2. 書き言葉に用いられる。
1. '期待していることと反対になること'を表わす.
例 ▪ 소설에 반해, 수필은 좀더 자유로운 형식을 띠고 있다. (小説に対し、エッセイはもっと自由な形式を帯びている。)
▪ 누나는 그림을 잘 그려 상도 탔다. 이에 반해 동생인 나는 제대로 하는 게 없다. (姉は絵が上手で賞ももらった。これに対し、弟のぼくはろくにできるものが無い。)

~에 불과하다
【욕심에 불과하다. (欲望に過ぎない。)】
慣用句
結合情報 ☞ 에

類義 ~에 지나지 않다

1. 'それ以外には当たらないこと'を表わす.
例 ▪ 구속하는 사랑은 사랑이 아니라 자기 욕심에 불과하다. (束縛する愛は愛ではなく、自分の欲望に過ぎない。)
▪ 비록 한 병의 음료수에 불과하지만 그 마음 씀씀이가 고마웠다. (たとえ1本の飲み物に過ぎなくとも、その心遣いがありがたかった。)

~에 비추어
【경험에 비추어~ (経験に照らして~)】
慣用句
結合情報 ☞ 에

1. 根拠となる対象を挙げて示すことを表わす.
例 ▪ 내 경험에 비추어 보면 운동이란 고달픈 자기와의 싸움이다. (私の経験に照らしてみると、運動とは辛い自分との戦いである。)
▪ 이 이야기에 비추어 볼 때 올바른 정치란 무엇인지 생각해 봅니다. (この話に照らしてみて、正しい政治とは何か考えてみます。)

~에 비해서 【나이에 비해서~ (年のわりに~)】
慣用句

結合情報 ☞ 에

全体参考 '~에 비하여/비해/비하면'の形でも用いられる。例 값에 비하면 품질이 좋은 거예요.（値段のわりには品質が良いんですよ。）

1. 前の名詞と比較し，後の結果のようになることを表わす。

例 ■ 그는 나이에 비해서 얼굴이 어리게 보인다.（彼は年のわりに顔が若く見える。）

 ■ 우리 화장품도 이제 외제에 비해 손색이 없다.（私たちの化粧品も今や外国製に比べて引けを取らない。）

에서 【서울에서 산다.（ソウルで暮らしている。）】
『終声字の有無にかかわらず에서が用いられる』
助詞 副詞格助詞

例 학교에서, 길에서, 운동장에서
副詞語を表わす

1. 場所を表わす

縮約 서²

1. 〔ある行動や状態が起こっている場所を表わす語に付き〕'~をその場所として'の意味。

例 ■ 나는 태어나서부터 지금까지 서울에서 산다.（私は生まれてから今までソウルで暮らしている。）

 ■ 여름에는 해변에서 쉬는 게 소원이다.（夏は海辺で休むのが願いだ。）

 ■ 우리는 항상 집에서 기도를 드린다.（私たちはいつも家で祈とうをささげる。）

 ■ 농부들이 밭에서 열심히 일하고 있다.（農民たちが畑で一所懸命働いている。）

2. 〔抽象的な場所や空間を表わし〕何らかの状態にあることを表わす。

例 ■ 콩쥐는 계모 밑에서 갖은 고생을 다 하며 자랐다.（コンジュイ（李朝時代の古典小説の女主人公）は継母のもとで，ありとあらゆる苦労をして育った。）

- 숨막힐 듯한 분위기**에서** 회의는 몇 시간째 계속되었다. (息が詰まりそうな雰囲気で会議は数時間続けられた。)
- 지금 내 처지**에서** 노트북까지야 바랄 수는 없지. (今の私の立場でノートパソコンまでは望めないよ。)

3. 〔活動の領域を表わす語に付き〕'あることを行う場で'の意味。

例
- 그는 증권**에서** 재미를 보았다. (彼は証券で一もうけした。)
- 그는 이 장사**에서** 한 밑천을 건졌다. (彼はこの商売で一財産をもうけた。)
- 여성들은 항상 경제**에서** 부당하게 취급되어 왔다. (女性たちは常に経済の場で不当に扱われてきた。)

4. 行動や状態が及ぶ範囲を表わす。

例
- 우리 반**에서** 내가 제일 크다. (うちのクラスでぼくが一番大きい。)
- 제주도가 한국**에서** 제일 아름답다면서요? (済州島が韓国で一番美しいんですってね?)
- 나는 엄마를 이 세상**에서** 가장 사랑한다. (私はお母さんのことがこの世で一番大好きだ。)

2. 出発点や基準点を表わす

[縮約] 서²

1. 〔ある行為や事柄の出発点を表わす語に付き〕'~から(~로부터)', '~を出発/開始の地点として'の意味。

例
- 저는 지금 부산**에서** 오는 길입니다. (私は今釜山から(そちらへ)向かっているところです。)
- 그는 말**에서** 훌쩍 뛰어내렸다. (彼は馬からひらりと飛び降りた。)
- 하늘**에서** 눈이 내렸다. (空から雪が降った。)
- 라디오**에서** 흐르는 노랫소리가 귀에 익었다. (ラジオから流れる歌声は聞き慣れたものだ。)
- 주희는 핸드백**에서** 흰 봉투를 꺼냈다. (チュヒはハンドバッグから白い封筒を取り出した。)

2. 〔本, 言葉, 事実等を表わす語に付き〕'~から(~로부터)', '~を出どころとして'の意味。

例 ■ 이번 강의**에서** 많은 지식을 얻었다. (今回の講義から多くの知識を得た。)
  ■ 이 책**에서** 얻은 교훈이 뭐니? (この本から得た教訓は何なの？)
  ■ 그의 말**에서** 이 사실을 알았다. (彼の言葉からこの事実を知った。)
  ■ 그 전설**에서** 이런 풍습이 생겼다. (その伝説からこのような風習が生まれた。)

3. 〔ある事柄の根拠や動機を表わす語に付き〕'～が動機となって'の意味。

例 ■ 고마운 마음**에서** 하는 말이야. (ありがたいと思う気持ちから言ってるんだよ。)
  ■ 혹시나 하는 생각**에서** 출석을 불러 보았다. (ひょっとしたらという思いから出席をとってみた。)
  ■ 미안한 마음**에서** 하는 말이에요. (すまないと思う気持ちから言っているのです。)
  ■ 국가와 민족을 위해 봉사하겠다는 마음**에서** 꾸준히 노력하였다. (国家と民族のために奉仕しようという気持ちからたゆまず努力した。)

類義 로

3. 比較の基準点を表わす

類義 보다

1. 〔比較の基準となる点を表わす語に付き〕'에 (에)', '보다 (보다)', '～에 비べ'の意味。

例 ■ 그 여자는 표준**에서** 훨씬 밑도는 작은 체구였다. (その女性は標準をはるかに下回る小さな体格だった。)
  ■ 이**에서** 더 큰 사랑이 없다. (これより大きい愛は無い。)
  ■ 지금 성적**에서** 더 떨어지지 않도록 열심히 공부해야 한다. (今の成績からさらに落ちないよう一所懸命勉強しなければならない。)

助詞 '～에서 ～까지'の形で用いられる

1. 出発や開始の地点（範囲）から到着や終わりの地点（範囲）までの全体を表わす。

例 ■ 재윤이는 학교**에서** 집까지 쉬지 않고 뛰었다. (チェユンは学校から家

まで休まずに走った。）
- 집**에서** 회사 정문까지는 매우 가까웠다. （家から会社の正門までは非常に近かった。）
- 학교**에서** 집까지는 그리 멀지 않았다. （学校から家まではそれほど遠くなかった。）
- 우리는 밥을 먹기 위하여 강당**에서** 식당으로 갔다. （私たちはご飯を食べるために講堂から食堂へ向かった。）

助詞 主格助詞	主語を表わす

縮約 서²

関連語 가

全体参考 行動を表わす動詞と共に用いられる。

1. 〔団体名詞に付き〕ある行動の主体であることを表わす。

例
- 저게 삼성**에서** 만든 차래요. （あれが三星で作った車ですって。）
  - 이 대회는 지방 단체**에서** 후원한 것이다. （この大会は地方団体で後援したものだ。）
  - 정부**에서** 북한 관광을 본격적으로 추진하고 있다. （政府で北韓（北朝鮮の韓国での呼び名）観光を本格的に推進している。）
  - 환경부**에서** 전국의 대기 오염을 측정하고 있다. （環境部（日本の環境省に当たる）で全国の大気汚染を測定している。）

┌─ アドバイス ─┐
'에서' と '에' の比較 : ☞ '에' のアドバイス 1（p.599）

에서부터

【머리**에서부터** 발끝까지（頭から足先まで）】

『終声字の有無にかかわらず에서부터が用いられる』

助詞 '～에서부터 ～까지' の形で用いられる

例 학교**에서부터**, 직장**에서부터**

縮約 서부터

1. ある事柄や状況の範囲が広がり始める所を表わす。
例 ▪ 그 여자는 머리**에서부터** 발끝까지 온통 검은 색의 옷을 입었다. （その女性は頭から足先まで黒一色の服を着ている。）
　▪ 요즘은 아이**에서부터** 어른들까지 바쁘지 않은 사람이 없다. （最近は子供から大人まで忙しくない人がいない。）

参考 1. '에서' と '부터' が結合して用いられた形である。'에서' や '부터' だけでも用いることができる。例 머리**에서부터**／머리**에서**／머리**부터** 발끝까지. （頭から足先まで。） 2. 後の叙述語を修飾するのは '名詞＋에서부터' 単独ではなく、'名詞＋에서부터 名詞＋까지' 全体である。 3. 後の '까지' が無いときは非文となる。

2. ある事柄が起こる時間の開始点を表わす。
例 ▪ 유아기는 출생**에서부터** 2세까지를 말한다. （乳児期は出生から2歳までを言う。）
　▪ 우리 회사는 오전 9시**에서부터** 오후 6시까지 근무한다. （うちの会社は午前9時から午後6時までが勤務時間である。）

助詞	副詞格助詞	副詞語を表わす

関連語 로부터

1. 〔ある行為の開始地点を表わす語に付き〕'〜から（〜로부터）'、'〜を出発地点として' の意味。
例 ▪ 서울**에서부터** 줄곧 걸었어요. （ソウルからずっと歩きました。）
　▪ 수원**에서부터** 전철을 타고 서울의 직장에 다닌다. （水原から電車に乗ってソウルの会社に通っている。）

参考 上記の用法とは異なり '까지' が無くとも非文にはならない。

例 ▪ 아래쪽**에서부터** 꼭대기**까지** 쉬지 않고 올라갔다. （下の方から頂上まで休まずに登った。）
　▪ 그는 버스 정거장**에서부터** 집**까지** 뛰어 왔다. （彼はバス停留所から家まで走って来た。）
　▪ 부산**에서부터** 서울**까지** 차로 여섯 시간 걸렸어요. （釜山からソウルまで車で6時間かかりました。）

2. 範囲や時間の開始点を表わす。
例 ▪ 아우의 불행은 바로 거기**에서부터** 시작되었다. （弟（妹）の不幸はまさにそこから始まった。）

- 그 곳**에서부터** 풍경은 완연히 바뀌기 시작한다. (そこから風景ははっきりと変わり始める。)

  参考 '範囲'の開始点を表わす。

例 - 국가적인 행사를 위한 광대는 이미 고대**에서부터** 존재했었다. (国家的な行事のためのクァンデ（伝統的な仮面劇や人形劇等を演じる芸人）は既に古代から存在していた。)

- 유학은 신라**에서부터** 소중히 여겨졌다. (儒学は新羅のころから重要視された。)

  参考 '時間'の開始点を表わす。

～에 앞서 【버리기에 앞서~ (捨てる前に~)】

結合情報 ☞ 에

慣用句

1. ある事柄より先に他の事柄があることを表わす。

例 - 쓰레기를 버리기**에 앞서** 먼저 재활용할 수 있는지 없는지 생각해야 할 것이다. (ゴミを捨てる前に、まずリサイクルできるかできないか考えなくてはいけないだろう。)

- 시험을 보기**에 앞서** 공부부터 하세요. (試験を受ける前にまず勉強して下さい。)

- 어느 제도가 좋다 나쁘다를 말하기**에 앞서**, 우선 믿고 따르는 것이 중요하다. (どの制度が良いか悪いかを言う前に、まず信じて従うことが重要だ。)

-에요 【저는 학생이에요. (私は学生です。)】

『'이다／아니다'の後に用いられる』

語尾 終結語尾

親しい間で敬意が高い 先輩や目上の人に

例 학생이에요, 학생이 아니에요

形態関連語 -아요

全体参考 1. '이다／아니다'の後で'-어요'が'-에요'に変わったものである。

'-어요'が規則的な形態であるが，実際には'-에요'の方が多く用いられるので，どちらも標準語として認められている。2. 終声字のない名詞の後では'이에요'が'예요'に縮約される。例 가수이에요. →가수예요.（歌手です。）3. '-에요'のぞんざいな形は'-야'である。例 학생이야.（学生だよ。）／학생이 아니야.（学生じゃないよ。）

1. 聞き手に話し手が知っている事柄を知らせるときに用いられる。

例 ▪ 저는 학생이**에요**. （私は学生です。）
  ▪ 저는 회사원이 아니**에요**. （私は会社員ではありません。）
  ▪ 오늘은 목요일이**에요**. （今日は木曜日です。）
  ▪ 비가 올 모양이**에요**. （雨が降りそうです。）

2. 聞き手に尋ねることを表わす。

例 ▪ 유미 씨는 학생이**에요**？ （ユミさんは学生ですか？）
  ▪ 마이클 씨가 영국 사람이**에요**？ （マイケルさんってイギリス人なんですか？）
  ▪ 우리 선생님은 누구**예요**？ （私たちの先生は誰ですか？）

3. 〔疑問文の形式だが答えを要求しない形で用いられ〕強く否定することを表わす。

例 ▪ 아니, 그러고도 진수 씨가 학생이**에요**？ （ええっ，それでもチンスさんって学生ですか？）
  ▪ 돈 없는 사람은 부모가 아니**에요**？ （お金の無い人は親じゃないんですか？）
  ▪ 그렇게 노래를 못 하는데 가수**예요**？ （あんなに歌が下手なのに歌手なんですか？）

～에 의하면　【소문에 의하면～（うわさによると～）】

慣用句

結合情報　☞　에

類義　～에 따르면

全体参考　'～'にはそのような情報を得た場所が示され，後には'-대요(～(する)そうです)'のように他の人の言葉を引用する形が用いられることもある。

1. 'よりどころとなる根拠であること'を表わす。

例 ▪ 소문**에 의하면** 그 친구가 죽었다고 한다. （うわさによると，あの友達が

죽었다고 한다。)
- **뉴스에 의하면** 오늘밤에 태풍이 온대요. (ニュースによると，今晩台風が来るそうです。)
- **선생님들 말에 의하면** 대성이가 일등이래요. (先生方の話によると，テソンがトップだそうです。)
- **프로이드에 의하면** 꿈은 무의식의 표출이래요. (フロイトによると，夢は無意識の現われだそうです。)

~에 의한 【자동차 사고에 의한~ (自動車事故による~)】 [結合情報] ☞ 에
慣用句

1. '何々に基づく~' の意味。

例
- 자동차 사고**에 의한** 사망자가 남자가 여자보다 많다. (自動車事故による死亡者は男性が女性より多い。)
- 심장 질환**에 의한** 사망률이 꽤 높다. (心臓疾患による死亡率がかなり高い。)

~에 의해서 【바람에 의해서~ (風によって~)】 [結合情報] ☞ 에
慣用句

[全体参考] '~에 의하여/의해' の形でも用いられる。例 한 기자**에 의하여** 그 사실이 밝혀졌다. (一人の記者によってその事実が明らかになった。)

1. '誰々／何々を行為者として' の意味。

例
- 바람**에 의해서** 꽃가루가 옮겨진다. (風によって花粉が運ばれる。)
- 희곡은 대사와 몸짓**에 의하여** 표현된다. (戯曲は台詞と身振りによって表現される。)

～에 있어서

【생각에 있어서～ (考え方において～)】

慣用句

[結合情報] ☞ 에

[関連語] ～에게 있어서 : 人間名詞の後に用いられる。例 나에게 있어서 인생의 스승은 부모님이다. (私にとって人生の師は両親である。)

1. 'あることにおいては', 'その点から見れば' の意味。

例 ▪ 동양과 서양은 자연에 대한 생각**에 있어서** 커다란 차이점이 있다. (東洋と西洋は自然に対する考え方において，極めて大きい違いがある。)

▪ 가정 교육**에 있어서** 어머니의 영향은 절대적이라 할 수 있다. (家庭教育において母親の影響は絶対的だと言える。)

▪ 이 백화점은 크기나 물건의 수**에 있어서** 세계 최대라 할 수 있다. (このデパートは大きさや品物の数において世界最大だと言える。)

～에 지나지 않다

【코흘리개 아이에 지나지 않았다. (はな垂れ小僧に過ぎなかった。)】

慣用句

[結合情報] ☞ 에

[類義] ～에 불과하다 例 그 때 동수는 코흘리개 아이**에 불과했다**. (そのときトンスははな垂れ小僧に過ぎなかった。)

1. 'それ以外には当たらないこと' を表わす。

例 ▪ 그 때 동수는 코흘리개 아이**에 지나지 않았다**. (そのときトンスははな垂れ小僧に過ぎなかった。)

▪ 그건 그냥 아이들이 하는 장난**에 지나지 않아**. (それはただ子供たちのやるいたずらに過ぎないよ。)

～에 한해서

【여러분에 한해서～ (皆様に限り～)】

慣用句

[結合情報] ☞ 에

[全体参考] '～에 한하여/한해' の形でも用いられる。例 이번 일**에 한해** 수당을 지불합니다. (今回の仕事に限り，手当を支払います。)

1. 範囲を限定して述べることを表わす。

例 ▪ 여러분**에 한해서** 오천 원만 받겠습니다. (皆様に限り，5千ウォンだけでけっこうです。)
▪ 이걸 써 보신 분**에 한해서** 감상을 들어 보겠습니다. (これをお使いになった方に限りまして，ご感想をお聞きします。)

여¹ 【그대여 (君よ)】

『여は終声字の無い語の後に，이여は終声字のある語の後に用いられる』

[助詞] 呼称する語に付いて用いられる助詞

例 그대여, 신이여

---

1. ☞ 이여 (p.679)

例 ▪ 그대**여**, 부디 나를 용서해 주오. (君よ，どうか私を許してくれたまえ。)
▪ 주**여**, 함께 해 주소서. (主よ，共に宿りませ。)
▪ 노동자**여**! 단결하라! (労働者よ！ 団結せよ！)

-여² 【당신을 사랑해. (あなたを愛してるわ。)】

『'하다'の後に用いられる』

[語尾] 終結語尾

[親しい間で敬意が低い] 友達に

例 공부해

[全体参考] 実際には'하여'が縮約した'해'の形でのみ用いられる。

1. ☞ -아² (p.511)

例 ▪ 당신을 사랑**해**. (あなたを愛してるわ。)
▪ 아, 졸리고 피곤**해**. (ああ，眠いし疲れたよ。)
▪ 지금 뭘 **해**? (今何をしてるの？)
▪ 아이, 착**해**. (まあ，良い子ね。)
▪ 어휴, 답답**해**. (ふう，じれったいな。)

-여³ 【미국을 방문하여~ (アメリカを訪問し~)】

『'하다'の後に用いられる』

[語尾] 連結語尾

[例] 하여／해

[全体参考] 話し言葉では'하여'が縮約して'해'の形で用いられる。[例] 너에 대해 말해 줄게. (君のことについて話してあげるよ。)

1. ☞ -아³ (p.515)

例
- 대통령은 미국을 방문하여 회담을 하였다. (大統領はアメリカを訪問し、会談を行った。)
- 기쁜 소식을 마을 사람들에게 전하여 주었다. (うれしい知らせを村の人たちに伝えてあげた。)
- 이 상품을 많이 이용해 주시기 바랍니다. (この商品のたくさんのご利用をお待ちしております。)
- 담배에 대하여 한 말씀 드립니다. (タバコについて一言申し上げます。)

-여다 【나무를 하여다~ (たきぎを取って来て~)】

『動詞'하다'の後に用いられる』

[語尾] 連結語尾

[例] 하여다／해다

[全体参考] 主に'하여다'が縮約した'해다'の形で用いられる。

1. ☞ -아다 (p.524)

例
- 나무를 하여다 뒷마당에 쌓아 놓아라. (たきぎを取って来て裏庭に積んでおけ。)
- 원료를 외국에서 수입해다 공장에서 가공한다. (原料を外国から輸入して工場で加工する。)

-여다가

【책을 구하여다가~ (本を手に入れて~)】

『動詞 '하다' の後に用いられる』

[語尾] 連結語尾

[例] 하여다가／해다가

[全体参考] 主に '하여다가' が縮約した '해다가' の形で用いられる。

1. ☞ -아다가 (p.525)

例 ▪ 우선 한국에 관한 책을 구하**여다가** 읽어 볼 거야. (まず韓国に関する本を手に入れて読んでみるつもりだよ。)

　▪ 다나카 씨는 한국에서 옷을 수입**해다가** 판다. (田中さんは韓国から服を輸入して売っている。)

　▪ 가격이 괜찮아서 구매**해다가** 놓았다. (値段が手ごろなので買っておいた。)

-여도

【지금 생각하여도~ (今考えても~)】

『'하다' の後に用いられる』

[語尾] 連結語尾

[例] 하여도／해도

[全体参考] 主に '하여도' が縮約した '해도' の形で用いられる。

1. ☞ -아도 (p.527)

例 ▪ 지금 생각하**여도** 그 때 무슨 말을 하였는지 생각나지 않았다. (今考えてもあのとき何を言ったか思い出せなかった。)

　▪ 아무리 생각**해도** 좋은 생각이 떠오르지 않았다. (いくら考えても良い考えが思い浮かばなかった。)

　▪ 철수는 내 말이라면 콩을 팥이라 **해도** 그대로 믿는다. (チョルスは私の話なら，大豆を小豆だと言ってもそのまま信じる (人のことを疑わずに何でも信じてしまうこと)。)

-여라¹

【조용히 하여라. (静かにしなさい。)】

『動詞'하다'の後に用いられる』

語尾　終結語尾

最も敬意が低い　おじいさんが子供に

例　공부하여라／공부해라

全体参考　主に'하여라'が縮約した'해라'の形で用いられる。

1. ☞ -아라¹ (p.534)

例 ▪ 조용히 하여라. (静かにしなさい。)
  ▪ 우리는 아무 일 없으니 안심하여라. (私たちは何事も無いから安心しなさい。)
  ▪ 힘들거든 도와 달라고 해라. (大変なら手伝ってって言えよ。)

-여라²

【영숙이는 예쁘기도 해라. (ヨンスクはとてもかわいいねえ。)】

『形容詞'하다'の後に用いられる』

語尾　終結語尾

例　성실하여라／성실해라

全体参考　主に'하여라'が縮約した'해라'の形で用いられる。

1. ☞ -아라² (p.535)

例 ▪ 영숙이는 예쁘기도 해라. (ヨンスクはとてもかわいいねえ。)
  ▪ 오, 가엾기도 하여라. (おお, なんと気の毒なことよ。)
  ▪ 참으로 수려하여라, 삼천리 강산. (まことに秀麗なことよ, 三千里江山 (朝鮮の山河, 朝鮮の全土のこと)。)
  ▪ 착하기도 하여라. (なんと心根の優しいことよ。)

-여라도

【아르바이트를 하여라도 보아라. (アルバイトをやってみなさい。)】

『動詞'하다'の後に用いられる』

語尾　連結語尾

例　하여라도／해라도

全体参考　主に'하여라도'が縮約した'해라도'の形で用いられる。

1. ☞ -아라도 (p.536)
例 ▪ 방학 동안에 아르바이트를 하**여라도** 보아라. (学校が休みの間にアルバイトをやってみなさい。)
   ▪ 너도 공부를 **해라도** 보아라. (お前も勉強をやってみろよ。)

-여서 【너무 피곤**해서**〜 (あまりに疲れて〜)】
『'하다'の後に用いられる』
[語尾] 連結語尾
例 하**여서**／**해서**

[全体参考] 主に'하여서'が縮約した'해서'の形で用いられる。

1. ☞ -아서 (p.539)
例 ▪ 너무 피곤**해서** 알람시계 소리를 못 들었어요. (あまりに疲れてアラーム時計の音が聞こえませんでした。)
   ▪ 이사하는 데 가 보지 못**해서** 미안하다. (引っ越しのとき行けなくて申し訳ない。)
   ▪ 운전을 **해서** 백화점에 갑니다. (車を運転してデパートに行きます。)
   ▪ 한국말을 배우기 위**해서** 한국에 가요. (韓国語を学ぶために韓国に行きます。)

-여서야 【그렇게 공부**해서야**〜 (そのように勉強するんじゃ〜)】
『'하다'の後に用いられる』
[語尾] 連結語尾
例 하**여서야**／**해서야**

[全体参考] 主に'하여서야'が縮約した'해서야'の形で用いられる。

1. ☞ -아서야 (p.546)
例 ▪ 그렇게 공부**해서야** 시험을 잘 볼 리가 있나? (そのように勉強するんじゃ, 試験がうまくいくはずないよ。)
   ▪ 거짓말을 자꾸 **해서야** 누가 믿겠어요? (嘘を何度もつくんじゃ, 誰も信じませんよ。)

-여서요

【공부를 너무 **해서요**. (勉強をやりすぎたものですから。)】

『'하다'の後に用いられる』

例 해서요

[語尾] 終結語尾

[親しい間で敬意が高い] 先輩や目上の人に

[全体参考] '하여서요'が縮約した'해서요'の形でのみ用いられる。

1. ☞ -아서요 (p.547)

例 ■ 진수 : 왜 그래요? 피곤해 보여요. (チンス: どうしたんですか? 疲れているようですね。)

　　대성 : 예, 공부를 너무 **해서요**. (テソン: ええ、勉強をやりすぎたものですから。)

　■ 내일이 친구 생일이라서 선물 좀 살까 **해서요**. (明日友達の誕生日なので、プレゼントを買おうかと思いまして。)

　■ 혹시 부탁하실 일이 없으신가 **해서요**. (ひょっとして頼みごとがおありではないかと思いまして。)

-여야

【공부를 **해야** 해요. (勉強をしなければいけません。)】

『'하다'の後に用いられる』

例 하여야／해야

[語尾] 連結語尾

[全体参考] 主に'하여야'が縮約した'해야'の形で用いられる。

1. ☞ -아야 (p.548)

例 ■ 나는 공부를 **해야** 해요. (私は勉強をしなければいけません。)

　■ 몸이 튼튼**해야** 마음도 튼튼하다는 말이 있어요. (体が健全でこそ心も健全だという言葉があります。)

　■ 나이가 들수록 건강 관리를 잘 **해야** 될 것 같아요. (年を取るほど健康管理をしっかりしなければいけないようです。)

-여야겠-

-여야겠- 【그 소문을 확인하여야겠습니다. (そのうわさを確認いたしませんとね。)】

『'하다'의 後に用いられる』

縮約形

例 하여야겠-／해야겠-

'-여야 하겠-'의 縮約形

全体参考 主に'하여야겠-'が縮約した'해야겠-'の形で用いられる。

1. ☞ -아야겠- (p.550)

例 ▪ 그 소문을 확인하**여야겠**습니다. (そのうわさを確認いたしませんとね。)
  ▪ 상 차릴 준비를 **해야겠**다. (食膳の支度にかからなければ。)
  ▪ 송별회를 **해야겠**군요. (送別会をしなくてはいけませんねえ。)

-여야만

-여야만 【미술을 공부해야만 하겠어？ (美術の勉強じゃなくちゃいけないのかい？)】

『'하다'의 後に用いられる』

語尾 連結語尾

例 하여야만／해야만

全体参考 主に'하여야만'が縮約した'해야만'の形で用いられる。

1. ☞ -아야만 (p.551)

例 ▪ 꼭 미술을 공부**해야만** 하겠어？ ((相手の意志を確かめるように) どうしても美術の勉強じゃなくちゃいけないのかい？)
  ▪ 어떻게 **해야만** 우리 모두 잘 살 수 있을까. (どうすれば私たちみんな良い暮らしができるだろうか。)

-여야죠 【저도 일**해야죠**.（私も働きませんとね。）】

『'하다'の後に用いられる』

[語尾] 終結語尾

[親しい間で敬意が高い] 先輩や目上の人に

[例] **해야죠**

[原形] -여야지요

[全体参考] 実際には'하여야죠'が縮約した'해야죠'の形でのみ用いられる。

1. ☞ -아야죠 (p.552)

例 ▪ 잘 살려면 저도 일**해야죠**．（良い暮らしをしようと思ったら，私も働きませんとね。）

　▪ 나라를 위해 개인이 희생**해야죠**．（国のために個人が犠牲になりませんとね。）

　▪ 내가 어디 상냥**해야죠**．（私って優しいところが無いんですよ。）

　▪ 미리 시험 공부도 **해야죠**．（早いうちに試験勉強もしませんとね。）

-여야지[1] 【나도 열심히 공부**해야지**．（私も一所懸命勉強しなくちゃ。）】

『'하다'の後に用いられる』

[語尾] 終結語尾

[親しい間で敬意が低い] 友達に

[例] **해야지**

[丁寧] -여야지요

[全体参考] 実際には'하여야지'が縮約した'해야지'の形でのみ用いられる。

1. ☞ -아야지[1] (p.554)

例 ▪ 나도 열심히 공부**해야지**．（私も一所懸命勉強しなくちゃ。）

　▪ 그야 당연히 내가 **해야지**．（それは当然私がやらなきゃ。）

　▪ 사람이 묻는데 대답을 **해야지**．（人が聞いてるのに返事をしなくちゃ。）

-여야지² 【송별회라도 해야지~ (送別会でもやらなくちゃ~)】

『'하다'の後に用いられる』

例 하여야지／해야지

[語尾] 連結語尾

1. ☞ -아야지² (p.555)

例 ▪ 그럼 친구들끼리 송별회라도 **해야지** 그냥 헤어질 수 없지요. (それなら友達同士で送別会でもやらなくちゃ，何もせずに別れることはできませんよ。)

▪ 결혼이라도 **해야지**, 혼자 살면 너무 외롭잖아. (結婚でもしなくちゃ，一人暮らしじゃ寂しいじゃない。)

▪ 한국말을 좀 **해야지** 취직을 하지. (韓国語がちょっとできないと就職はできないよ。)

▪ 공부를 **해야지** 시험을 잘 볼 수 있다. (勉強してこそ試験で良い点が取れる。)

▪ 한국에서는 예**뻐야지** 배우가 될 수 있어. (韓国ではきれいじゃないと女優になれないよ。)

-여야지요 【저녁을 준비해야지요. (夕食の支度をしませんとね。)】

『'하다'の後に用いられる』

例 해야지요

[語尾] 終結語尾

[親しい間で敬意が高い] 先輩や目上の人に

[縮約] -여야죠

[全体参考] 実際には '하여야지요' が縮約した '해야지요' の形でのみ用いられる。

1. ☞ -아야지요 (p.556)

例 ▪ 저녁을 준비**해야지요**. (夕食の支度をしませんとね。)

▪ 돈이 있으면 뭐하고, 출세를 하면 뭐해요？ 건강**해야지요**. (お金があるからって何ですか，出世をしたからって何ですか？ 健康であればこそですよ。)

▪ 제가 대답**해야지요**. (私が答えませんとね。)

-여요¹ 【학교에 가려고 해요. (学校に行こうと思います。)】

『'하다'の後に用いられる』

|語尾| 終結語尾

|親しい間で敬意が高い| 先輩や目上の人に

例 해요

|全体参考| 実際には'하여요'が縮約した'해요'の形でのみ用いられる。

1. ☞ -아요 (p.559)

例 ▪ 내일부터는 다시 학교에 가려고 **해요**. (明日からはまた学校に行こうと思います。)

▪ 늦어서 미안**해요**. (遅れてすみません。)

▪ 수업이 끝난 후에 보통 뭘 **해요**？ (授業が終わってから，普通何をしますか？)

▪ 너무**해요**, 선생님. (あんまりですよ，先生。)

-여요² 【참 고마운 친구여요. (本当にありがたい友達です。)】

『'이다'の後に用いられる』

縮約形（終結の機能）

|親しい間で敬意が高い| 先輩や目上の人に

例 제 거**여요**, 저**여요**

'이어요'の縮約形

|全体参考| 1. '이다'が終声字の無い体言の後に用いられるとき，'이다'の語幹'이-'に語尾'-어요'が結合して'이어요'となるが，それが縮約した形である。例 학생이**여요**. (学生です。) 2. 実際には'-에요'の形でのみ用いられる。

1. ☞ -에요 (p.622)

例 ▪ 저한테는 여러 가지로 참 고마운 친구**여요**. (私にはいろいろと本当にありがたい友達です。)

▪ 엄마는 저를 가만두지 않을 거**여요**. (お母さんは私をただではおかないと思います。)

▪ 나를 살려 놓은 사람이 누구**여요**？ (私を救ってくれた人は誰ですか？)

-였-

【구경을 참 많이 하였습니다. (見物を本当にたくさんしました。)】

『'하다'の後に用いられる』

[語尾] 先語末語尾

[例] 하였-／했-

[全体参考] 書き言葉では'하였-'とその縮約形'했-'が用いられ, 話し言葉では主に'했-'が用いられる。

1. ☞ -았- (p.563)

例 ▪ 구경을 참 많이 하였습니다. (見物を本当にたくさんしました。)
   ▪ 그 학자는 사진을 찍으려고 하였다. (その学者は写真を撮ろうとした。)
   ▪ 초가집은 겨울에는 따뜻하고 여름에는 시원하였다. (わらぶきの家は冬は暖かく, 夏は涼しかった。)
   ▪ 어제 숙제를 했다. (昨日宿題をした。)

-였댔자

【성공했댔자~ (成功したとしても~)】

『'하다'の後に用いられる』

[語尾] 連結語尾

[例] 하였댔자／했댔자

[全体参考] 主に'하였댔자'が縮約した'했댔자'の形で用いられる。

1. ☞ -았댔자 (p.565)

例 ▪ 그는 성공했댔자 시골 학교의 선생님이 되었을 것이다. (彼は成功したとしても, 田舎の学校の先生どまりだっただろう。)
   ▪ 아무리 부탁을 했댔자 그들은 들어주지 않을 것이다. (いくら頼んだところで彼らは聞き入れないだろう。)

-였었-

【공부를 잘 했었다. (勉強がよくできた。)】

『'하다'の後に用いられる』

[語尾] 先語末語尾

[例] 하였었-／했었-

[全体参考] 主に'하였었-'が縮約した'했었-'の形で用いられる。

1. ☞ -았었- (p.568)

例 ▪ 진수는 공부를 잘 **했었**다. (チンスは勉強がよくできた。)
　▪ 아까 운동**했었**어. (さっき運動してたんだよ。)

-였자　【후회하였자~ (後悔したって~)】

『'하다'の後に用いられる』

例 하였자／했자

語尾　連結語尾

全体参考　主に'하였자'が縮約した'했자'の形で用いられる。

1. ☞ -았자 (p.572)

例 ▪ 아무리 후회하**였자** 쓸데없는 일이다. (いくら後悔したって無駄なことだ。)
　▪ 노름이란 잘 하**였자** 본전이지. (賭け事ってのはうまくやったって元を取るくらいさ。)
　▪ 대성이가 온다고 **했자** 겁날 것은 하나도 없어. (テソンが来ると言ったって, 怖がることは全く無いよ。)

-예요　【겨울 날씨예요. (冬の天気です。)】

縮約形 (終結の機能)

例 가수**예요**, 영화배우**예요**

親しい間で敬意が高い　先輩や目上の人に

'-이에요'の縮約形

全体参考　'이에요'は終声字の無い名詞の後で'예요'と縮約されて用いられる。
例 누구이에요. (×)／누구예요. (○)(誰ですか。)

1. ☞ -에요 (p.622)

例 ▪ 이제는 완연한 겨울 날씨**예요**. (もうすっかり冬の天気です。)
　▪ 집이 어디**예요**? (家はどこですか？)
　▪ 내일 뭐 할 거**예요**? (明日何をするつもりですか？)

-오 【우리는 지금 가오. (私たちは今から行きます。)】

『-오は終声字の無い動詞と形容詞, 'ㄹ'終声字で終わる動詞と形容詞の 'ㄹ'脱落形 そして '이다' の後に, -소は 'ㄹ' 以外の終声字のある動詞と形容詞そして '-았-', '-겠-' の後に用いられる。ㄹ' 以外の終声字のある動詞と形容詞の後にはまれに -으오 が用いられる』

[語尾] 終結語尾

[やや敬意が高い] 老夫婦の間, 目下の人をやや敬って (成人語)

[例] 가오, 비싸오, 아오 (알다), 다오 (달다), 학생이오, 먹소, 높소, 먹었소, 먹겠소, 잡으오

[全体参考] 尊敬を表わす '-시-' と結合して '-시오' の形でも用いられる。ただし, 意味解釈1の意味では '-시-' は用いられない。

1. 現在の動作や状態について知らせることを表わす。

例 ▪ 우리는 지금 가오. (私たちは今から行きます。)
　▪ 돈만 있으면 간단하오. (金さえあれば簡単です。)
　▪ 반갑소, 나 이대성이라고 하오. ((お会いできて) うれしいです。私はイ・デソンと申します。)
　▪ 여행할 땐 간편하게 차려입는 게 제일이오. (旅行するときは手軽に身支度するのが一番です。)

2. 感嘆を表わす。

例 ▪ 오늘은 날씨가 참 따뜻하오. (今日はとても暖かいですね。)
　▪ 우리 딸이 과연 착하오. (うちの娘はやはり良い子ですね。)

3. 聞き手に尋ねることを表わす。

例 ▪ 어디까지 가시오? (どこまで行かれるんですか?)
　▪ 이 생선은 얼마 하오? (この魚はいくらしますか?)
　▪ 내가 바보 같으오? (私が馬鹿に見えますか?)

4. 〔疑問文の形式だが答えを要求しない形で用いられ〕断定したり強く否定したりすることを表わす。

例 ▪ 당신도 학생이오? (あなた, それでも学生ですか?)

- 아니 지금은 수업중이 아니**오**? (えっ，今は授業中じゃないんですか？)
- 어른이 도대체 이게 무슨 행동이**오**? (大の大人が一体これは何というふるまいですか？)

5. 婉曲な命令や勧誘を表わす。

例
- 그 책 좀 다**오**. (その本ちょっとちょうだい。)
- 바로 그 곳으로 가 보시**오**. (すぐそこに行ってごらんなさい。)
- 눈물을 거두시**오**. (泣くのをおやめなさい。)
- 부디 마음을 굳게 먹고 살아가도록 하**오**. (どうか気をしっかり引きしめて生きていくようになさい。)

와 【어머니와 아버지 (母と父)】

『와は終声字の無い語の後に，과は終声字のある語の後に用いられる』
[助詞] 接続助詞

例 학교**와**, 교실과, 집과

1. ☞ 과 (p.82)

例
- 어머니**와** 아버지. (母と父。)
- 뼈**와** 살. (骨と肉。)
- 로미오**와** 줄리엣. (ロミオとジュリエット。)
- 나**와** 같이 우리 집으로 갑시다. (私と一緒にうちに行きましょう。)
- 이 치마**와** 어울리는 구두를 사고 싶어요. (このスカートと似合う靴が買いたいです。)
- 그는 나**와** 성격이 잘 맞는다. (彼は私と性格がよく合う。)

요 【질문이 있어요. (質問があります。)】

『文末や独立した句の成分の後に用いられる』
[助詞] 文終結助詞

例 먹어**요**, 먹지**요**, 먹네**요**, 먹는군**요**

1. 親しい間で敬意が高いことを表わす終結語尾を作る

1. 〔'-아'，'-지'，'-네'，'-ㄹ래'〕等の親しい間で敬意が低いことを表

わす終結語尾に付き〕話し手が聞き手に親しみのある丁寧な表現で述べるときに用いられる。

例 ▪ 질문이 있어**요**. (質問があります。)
　▪ 잘 모르겠어**요**. (よく分かりません。)
　▪ 날씨가 참 좋지**요**. (本当に良い天気ですよね。)
　▪ 식당에 갈까**요**? (食堂に行きましょうか？)
　▪ 나중에 올래**요**? (後で来ますか？)

2. 〔独立した句の成分に付き〕話を終えるときに用いられる。

例 ▪ 엄마 : 어제 누구 만났니? (お母さん：昨日誰と会ったの？)
　　딸 : 대성이**요**. (娘：テソンよ。)
　▪ 제인 : 어디 있었어요? (ジェーン：どこにいたんですか？)
　　유미 : 집에**요**. (ユミ：家にですよ。)
　▪ 선생님, 저는**요**? (先生、私は？)
　▪ 시장에를**요**? 왜**요**? (市場にですか？ どうしてですか？)
　▪ 빨리**요**, 빨리. (早くってば、早く。)

参考　1. それ自体で文が終わることを表わす。2. 先行する発話や状況からその残りの部分が容易に理解できるので、繰り返される部分を省略し、新しい部分だけを述べるものである。例 집에요. (家にですよ。) → 집에 있었어요. (家にいましたよ。)

2. 文中で用いられる

全体参考　1. それ自体では文が終結しない。2. '요'で抑揚が上昇する。

1. 〔独立した句の成分の後に用いられるもので、口癖のように文中でも用いられ〕述べる言葉を選んだり、ためらったりするときに使用される。

例 ▪ 저는**요**, 어제**요**, 학교에 갔는데**요**, 배가 아파서**요**, 중간에 도로 집으로 와 버렸어요. (私はですね、昨日ですね、学校に向かってたんですけどね、お腹が痛くてですね、途中で引き返して家に帰ってしまったんですよ。)

アドバイス1

해체（親しい間で敬意が低い）と해요체（親しい間で敬意が高い）：
'요'は文終結助詞で '보아 (見る), 먹지 (食べるだろう), 갈래 (行くよ)' のような해체の語尾 (-아, -지, -ㄹ래) に付いて '보아요 (見ます), 먹지요 (食べるでしょう), 갈래요 (行きますよ)' のような

해요体の語尾（-아요，-지요，-ㄹ래요）を作る。しかし '이에요（～
です）' や '하세요（して下さい）' のように '요' を分離することの
できない形態がある。
例：책상이에．(×)／안녕하세．(×)

> **アドバイス 2**

'요' と '-요'：
上で見た '요' は文終結助詞である。これと似た形態で，二つ以上の
事物や事柄の羅列を表わす連結語尾 '-요' がある。しかしこれは古
風な表現であり，現在は連結語尾 '-자' を用いることが多い。
例1：그 사람은 내 남편이**요** 친구다．（その人は私の夫であり，友達であ
る。）
　　　그것이 희망이**요**，자랑이**요**，보배가 아니겠는가？（それが希望
であり，誇りであり，宝ではないだろうか？）
例2：그 사람은 내 남편이**자** 친구다．（その人は私の夫であり，友達であ
る。）
　　　그것이 희망이**자**，자랑이**자**，보배가 아니겠는가？（それが希望
であり，誇りであり，宝ではないだろうか？）

> **アドバイス 3**

終結語尾に用いられる縮約形の '-요'：
'그것이 당신의 의무**요**．（それがあなたの義務です。）'，'이게 김치
요．（これがキムチです。）' の '요' は '이오' が縮約した形である。
これは終声字の無い体言の下で '이다' の語幹 '이-' と語尾 '-오'
が結合して縮約した形であり，主に話し言葉で用いられ，하오体（や
や敬意が高い）の終結の機能を持つ。

으로 【집으로（家に）】

『으로は'ㄹ'以外の終声字のある語の後に、로は終声字の無い語と'ㄹ'終声字で終わる語の後に用いられる』

[助詞] 副詞格助詞

例 집으로, 학교로, 교실로

副詞語を表わす

1. ☞ 로 (p.429)

例 ▪ 나는 곧장 집으로 돌아갔다. (私はすぐさま家に帰った。)
- ▪ 비둘기는 산으로 날아갔습니다. (鳩は山へ飛んで行きました。)
- ▪ 우리도 강으로 들어갔다. (私たちも川に入った。)
- ▪ 그도 우리 쪽으로 기울어졌다. (彼も私たちの味方についた。)

으로까지 【싸움으로까지（ケンカにまで）】

『으로까지は'ㄹ'以外の終声字のある語の後に、로까지は終声字の無い語と'ㄹ'終声字で終わる語の後に用いられる』

[助詞] 으로＋까지

例 싸움으로까지, 문제로까지, 글로까지

1. ☞ 로까지 (p.438)

例 ▪ 사소한 말다툼은 싸움으로까지 번지게 되었다. (ささいな口論はケンカにまで広がった。)
- ▪ 그 문제는 파업으로까지 갔다. (その問題はストライキにまで至った。)
- ▪ 그들은 건물 속으로까지 그를 뒤쫓았다. (彼らは建物の中にまで彼を追いかけた。)

으로는 【말씀으로는 (お話では)】

『으로는은 'ㄹ' 以外の終声字のある語の後に, 로는は終声字の無い語と 'ㄹ' 終声字で終わる語の後に用いられる』

[助詞] 으로+는

例 생각**으로는**, 전화**로는**, 글**로는**

1. ☞ 로는 (p.439)

例 ▪ 김 박사님 말씀**으로는** 그만하면 충분하다고 합니다. (金博士のお話ではそれぐらいであれば十分だとのことです。)
　▪ 내 생각**으로는** 오늘은 쉬는 게 좋겠어요. (私の考えでは今日は休んだ方が良さそうです。)

으로다 【손가락으로다 (指で)】

『으로다는 'ㄹ' 以外の終声字のある語の後に, 로다는終声字の無い語と 'ㄹ' 終声字で終わる語の後に用いられる』

[助詞] 副詞格助詞

例 책**으로다**, 전화**로다**, 글**로다**

副詞語を表わす

1. ☞ 로다 (p.440)

例 ▪ 손가락**으로다** 집어 먹었다. (指でつまんで食べた。)
　▪ 경찰이 곤봉**으로다** 때렸다고 한다. (警察がこん棒で殴ったそうだ。)
　▪ 경기는 삼판양승**으로다** 하자. (競技は三番勝負にしよう。)

으로다가 【책으로다가 (本で)】

『으로다가는 'ㄹ' 以外の終声字のある語の後に, 로다가는終声字の無い語と 'ㄹ' 終声字で終わる語の後に用いられる』

[助詞] 副詞格助詞

例 책**으로다가**, 전화**로다가**, 연필**로다가**

副詞語を表わす

1. ☞ 로다가 (p.440)

例 ▪ 책**으로다가** 모기를 잡았다. (本で蚊を叩きつぶした。)
- 그들은 김 씨를 존칭**으로다가** 선생이라고 불렀다. (彼らは金さんを尊称で先生と呼んだ。)
- 실장 직권**으로다가** 너를 취직시켜 줄게. (室長の職権で君を就職させてやるよ。)

으로라야

【싼 것**으로라야** 좋아했다. (安いものでないと喜ばなかった。)】

『**으로라야**는 'ㄹ' 以外の終声字のある語の後に、**로라야**は終声字の無い語と 'ㄹ' 終声字で終わる語の後に用いられる』

[助詞] 으로+라야

例 마음**으로라야**, 전화**로라야**, 글**로라야**

副詞語を表わす

1. ☞ 로라야 (p.441)

例 ▪ 무조건 남편은 싼 것**으로라야** 좋아했다. (何でもかんでも夫は安いものでないと喜ばなかった。)
- 여기에서는 현금**으로라야** 계산할 수 있다. (ここでは現金でなければ勘定ができない。)

으로부터

【지금**으로부터** (今から)】

『**으로부터**는 'ㄹ' 以外の終声字のある語の後に、**로부터**は終声字の無い語と 'ㄹ' 終声字で終わる語の後に用いられる』

[助詞] 副詞格助詞

例 지금**으로부터**, 어제**로부터**, 오늘**로부터**

副詞語を表わす

1. ☞ 로부터 (p.442)

例 ▪ 그 때가 지금**으로부터** 삼 개월 전이었다. (それは今から3ヵ月前だった。)
- 그는 가정**으로부터** 떠나기로 했다. (彼は家庭から離れることにした。)
- 이건 내가 어머님**으로부터** 받은 것이로구나. (これは私が母からもらったものだわ。)

으로서 【남편으로서 (夫として)】

『으로서は'ㄹ'以外の終声字のある語の後に、로서は終声字の無い語と'ㄹ'終声字で終わる語の後に用いられる』

[助詞] 副詞格助詞

[例] 남편으로서, 아내로서, 딸로서

副詞語を表わす

1. ☞ 로서 (p.443)

例 ▪ 남편으로서 그 정도는 해 주어야지. (夫としてそのぐらいはやってあげなくては。)
　▪ 가장으로서 책임감을 느낍니다. (家長として責任感を感じます。)
　▪ 이제는 한국인으로서 자부심을 자져야 한다. (今や韓国人として自負心を持たなくてはならない。)

으로써 【마음의 눈으로써 (心の目で)】

『으로써は'ㄹ'以外の終声字のある語の後に、로써は終声字の無い語と'ㄹ'終声字で終わる語の後に用いられる』

[助詞] 副詞格助詞

[例] 마음으로써, 전화로써, 글로써

副詞語を表わす

1. ☞ 로써 (p.445)

例 ▪ 마음의 눈으로써 사물을 바라본다. (心の目で物事を眺める。)
　▪ 이것으로써 결혼식을 모두 마치겠습니다. (これをもちまして、結婚式をお開きにしたいと思います。)

은 【한국말은 (韓国語は)】

『은は終声字のある語の後に、는は終声字の無い語の後に用いられる』

[助詞] 補助詞

[例] 남편은, 딸은, 아내는

1. ☞ 는¹ (p.192)

例 ▪ 한국말은 배우기가 어렵다．（韓国語は学ぶのが難しい。）
- 삼각형의 세 각의 합은 180 도이다．（三角形の三つの角の合計は 180 度である。）
- 술은 못 마시지만 그 분위기는 좋아해요．（お酒は飲めませんが、その雰囲気は好きです。）

～은 물론이다

【돈이 중요함은 물론이다．（お金が大切なのはもちろんだ。）】

結合情報 ☞ 은

慣用句

1. '～は言うまでもない' の意味。

例 ▪ 돈이 중요함은 물론이다．（お金が大切なのはもちろんだ。）
- 약속을 지켜야 하는 것은 물론이다．（約束を守らなければならないのはもちろんだ。）

은커녕

【남의 나라 말은커녕（よその国の言葉はおろか）】

『은커녕は終声字のある語の後に，는커녕は終声字の無い語の後に用いられる』

助詞　補助詞

例 라면은커녕, 굴은커녕, 사과는커녕

1. ☞ 는커녕（p.255）

例 ▪ 나는 남의 나라 말은커녕 제나라 말도 제대로 못하는 때가 많다．（私はよその国の言葉はおろか、自分の国の言葉もろくに話せないときが多い。）
- 두려움은커녕 오히려 도전해 보고 싶습니다．（怖いどころか、かえって挑戦してみたいと思います。）

을 【한국 음식을 (韓国料理を)】

『을は終声字のある語の後に, 를は終声字の無い語の後に用いられる』

[助詞] 目的格助詞

[例] 라면을, 귤을, 사과를

目的語を表わす

1. ☞ 를 (p.447)

例 ▪ 내가 한국 음식을 만들었어요. (私が韓国料理を作りました。)
　▪ 책을 펴세요. (本を開いて下さい。)
　▪ 술을 마십시다. (お酒を飲みましょう。)
　▪ 이 책을 김 선생에게 주어라. (この本を金さんにあげなさい。)
　▪ 유미가 손을 들었다. (ユミが手を挙げた。)

의 【영하의 책 (ヨンハの本)】

『終声字の有無にかかわらず의が用いられる』

[助詞] 連体格助詞

[発音] [의／에]

[例] 아내의, 남편의

冠形語を表わす

[全体参考] 話し言葉ではしばしば [에] と発音される。

1. 所有, 所属, 所在関係を表わす

1. 〔'누구의 집 (誰かの家)', '누구의 돈 (誰かのお金)' のように用い〕'누구 (誰か)' が後のものを所有している人であることを表わす。'〜が持っている〜' の意味。

例 ▪ 영하의 책. (ヨンハの本。)
　▪ 유미의 얼굴. (ユミの顔。)
　▪ 즐거운 나의 집. (楽しい我が家。)
　▪ 당신의 이름. (あなたの名前。)

2. 〔'무엇의 주인 (何かの持ち主)' のように用い〕'무엇 (何か)' が後の人の所有物であることを表わす。'何々を持っている〜' の意味。

例 ▪ 이 사전의 임자. (この辞書の持ち主。)
　▪ 이 개의 주인. (この犬の飼い主。)
　▪ 분실물의 주인. (落し物の持ち主。)

3. 〔多くの人が所属している所を表わす語に付き〕'～に属している／所属している～'の意味。

例 ▪ 이 나라의 국민. (この国の国民。)
　▪ 우리 가문의 아들들. (うちの家門の息子たち。)
　▪ 우리 나라의 국회의원. (我が国の国会議員。)

4. 〔'누구의 누구 (誰かの誰か)'のように用い〕前と後の人の関係を表わす。'～に (～という) 関係を持っている～'の意味。

例 ▪ 나의 어머니. (私の母。)
　▪ 당신의 동생. (あなたの弟 (妹)。)
　▪ 김 사장님의 부인. (金社長の奥様。)
　▪ 나의 선생님. (私の先生。)

5. 〔'누구의 작품 (誰かの作品)'のように用い〕'누구 (誰か)'が後のものを作った人であることを表わす。'～が作った／創作した／考え出した～'の意味。

例 ▪ 이광수의 '흙'. (李光洙の『土』。)
　▪ 충무공의 거북선. (忠武公の亀甲船。)
　▪ 임권택 감독의 영화. (林権澤監督の映画。)
　▪ 뉴튼의 법칙. (ニュートンの法則。)
　▪ 피타고라스의 정리. (ピタゴラスの定理。)

6. 〔'어디의 모래 (どこかの砂)'のように用い〕'어디 (どこか)'が後のものや人が存在する場所であることを表わす。'～にある／いる～，～でできる～，～で産出される～'の意味。

例 ▪ 강가의 모래. (川辺の砂。)
　▪ 도시의 처녀. (都会の娘。)
　▪ 꽃밭의 나비. (花畑の蝶。)
　▪ 우리 나라의 세계적인 음악가. (我が国の世界的な音楽家。)
　▪ 대구의 사과. (大邱のリンゴ。)
　▪ 중동의 석유. (中東の石油。)

7. 〔'무엇의 뒤 (何かの後)'のように用い〕'무엇 (何か)'が後の語句の示す位置や方向を表示するための基準であることを表わす。'～から (～ロブト, ～에서)'の意味。

例 ▪ 사람들의 뒤를 따라다닌다. (人々の後を追って行く。)
  ▪ 국민의 가까이에서 그 실정을 보고 느낀다. (国民の近くでその実情を見て感じる。)
  ▪ 서울은 우리 나라의 중앙에 있다. (ソウルは我が国の中央にある。)
8. 〔時を表わす語に付き〕'～にある／起こる／経験することのできる～' の意味。

例 ▪ 오늘날의 교육. (今日の教育。)
  ▪ 겨울의 바닷가. (冬の海辺。)
  ▪ 정오의 뉴스. (正午のニュース。)
  ▪ 내일의 승리. (明日の勝利。)

| 2. 主体を表わす |

1. 〔'누구의 결심 (誰かの決心)', '무엇의 하락 (何かの下落)' のように用い〕'誰々が行う～', 'あるものが何々する～' の意味で用いられる。'～が (ある行為を) 行う～', '～が何らかの状態を示す／起こす～' の意味。

例 ▪ 나의 결심. (私の決心。)
  ▪ 너의 부탁. (君の頼み。)
  ▪ 나라의 발전. (国の発展。)
  ▪ 석유 가격의 하락. (石油価格の下落。)
  ▪ 가격의 변동. (価格の変動。)

  参考 後の語は主に漢字語の名詞であり, '하다' が付いて用言になり得る。例 석유 가격의 하락. (石油価格の下落。) →석유 가격이 하락하는 것. (石油価格が下落すること。)

2. 〔'무엇의 아름다움 (何かの美しさ)' のように用い〕'무엇 (何か)' が後の語句の示す性質を持った主体であることを表わす。'～が持っている～' の意味。

例 ▪ 예술의 아름다움. (芸術の美しさ。)
  ▪ 인물의 준수함. (人柄の俊秀さ。)
  ▪ 지략의 빼어남. (知略の卓抜さ。)
  ▪ 성품의 강인함. (気性の強引さ。)

  参考 叙述語は形容詞である。

3. 連体節内の主語の役割を行う。

例 ▪ 나의 살던 고향. (私の住んでいた故郷。)
- 민족의 불행한 때. (民族の不幸なとき。)
- 청춘의 누리는 바 특권. (青春の享受するところの特権。)
- 나는 그의 하는 양만 바라보고 있었다. (私は彼の行う様子ばかり眺めていた。)

参考 助詞 '이/가' が用いられる位置に '의' を用いることもある。例 내가 살던 고향. (私が住んでいた故郷。) → 나의 살던 고향. (私の住んでいた故郷。)

4. 〔何かを与える主体を表わす語に付き〕 '〜が与える〜' の意味。

例 ▪ 하나님의 축복. (神様の祝福。)
- 폐하의 친절. (陛下のご好意。)
- 많은 하객들의 축하. (大勢の祝賀客の祝い。)

参考 前後の語は直接的な '主語—述語' の関係を持たない。

5. 〔持っていたり経験したりする主体を表わす語に付き〕 '〜が持っている〜, 〜が経験する〜' の意味。

例 ▪ 우리의 문제 의식. (我々の問題意識。)
- 늙은 어머니의 지혜. (老いた母の知恵。)
- 너의 불행. (君の不幸。)
- 그 여자의 일생. (その女の一生。)
- 우리의 목표. (私たちの目標。)

参考 前後の語は直接的な '主語—述語' の関係を持たない。

6. 〔'누구의 사랑 (誰かの愛)' のように用い〕 '누구 (誰か)' が後の行動を遂行する主体であることを表わす。 '〜が行う〜', '〜が遂行する〜' の意味。

例 ▪ 남녀간의 사랑. (男女間の愛。)
- 각하의 말씀. (閣下のお言葉。)
- 아비의 훈계. (父の訓戒。)
- 신라의 삼국 통일. (新羅の三国統一。)

参考 前後の語は直接的な '主語—述語' の関係を持たない。

3. 目的語を表わす：行為の '目標' や '対象'

1. 〔'무엇의 관찰（何かの観察）', '무엇의 연구（何かの研究）' のように用い〕'무엇（何か）' が後の語の目的や対象となることを表わす。'～を（後の語が意味するように行うこと）' を意味する。

例 ▪ 자연의 관찰．（自然の観察。）
　　▪ 학문의 연구．（学問の研究。）
　　▪ 금의 수출．（金の輸出。）

参考 後の語は主に漢字語の名詞で行為を表わし、'하다' が付いて用言になり得る。
例 학문의 연구．（学問の研究。）→ 학문을 연구하는 것．（学問を研究すること。）

2. 〔'무엇의 감독（何かの監督）', '무엇의 저자（何かの著者）' のように用い〕後の人の行動が前の '무엇（何か）' を対象とすることを表わす。'～を作った～' を意味する。

例 ▪ 아파트의 설계자．（アパートの設計者。）
　　▪ 법칙의 창시자．（法則の創始者。）

3. 〔対象を表わす前の語に付き〕前の語が後の語の目標であることを表わす。'～のための～' を意味する。

例 ▪ 어머니의 날．（母の日。）
　　▪ 스승의 날．（先生の日（5月15日，恩師に感謝する日）。）

4. 属性関係を表わす

1. 〔'최고（最高）', '최다（最多）' のように程度を表わす語に付き〕前の語が後の語の属性を表わす。'～という水準を示す～' を意味する。

例 ▪ 최선의 노력．（最善の努力。）
　　▪ 세계 최고의 장수 국가．（世界最高の長寿国家。）
　　▪ 최악의 경우．（最悪の場合。）
　　▪ 고도의 기술．（高度の技術。）
　　▪ 죽을지도 모를 정도의 심한 부상．（命にかかわるほどのひどいけが。）

2. 〔数量を表わす語に付き〕前の語が後の語の数量を限定することを表わす。'～という（数量）になる～' の意味。

例 ▪ 한 시간 가량의 이야기．（1時間ほどの話。）
　　▪ 다섯 자루의 연필．（5本の鉛筆。）

- 십 년**의** 세월. (10年の歳月。)
- 하루**의** 작업량. (一日の作業量。)
- 두 학급**의** 학생. (二クラスの学生。)
- 두 가지**의** 주의 사항. (二つの注意事項。)
- 십만 명**의** 흡연자. (10万人の喫煙者。)

3. 〔順番を表わす語に付き〕前の語が後の語の順番を表わす。'〜番目に起こる／生じる〜'の意味。

例 ▪ 제2**의** 전성기. (第二の全盛期。)
- 첫 번째**의** 사랑. (最初の愛。)

4. 〔'무엇의 여인 (何かの女)'のように用い〕'무엇 (何か)'の性質にたとえて後の語句を表現することを表わす。'〜のような〜'の意味。

例 ▪ 철**의** 여인 대처 수상. (鉄の女, サッチャー首相。)
- 백합**의** 순결. (百合の純潔。)
- 하루살이**의** 인생. (その日暮らしの人生。)
- 무쇠**의** 주먹. (鉄のこぶし。)
- 철벽**의** 장성. (鉄壁の長城。)
- 강철**의** 의지. (鋼鉄の意志。)

5. 〔多数を表わす語に付き〕その中の一部や部分を表わす。'〜のうちの〜', '〜の中の〜'の意味。

例 ▪ 큰 형벌**의** 하나. (大きい刑罰の一つ。)
- 최고 간부**의** 한 사람. (最高幹部の一人。)
- 중학생**의** 대부분은 흡연 경험이 있다고 한다. (中学生の大半は喫煙経験があるという。)
- 포로**의** 일부. (捕虜の一部。)
- 월급**의** 절반. (給料の半分。)

6. 〔'무엇의 노래 (何かの歌)'のように用い〕後の語が前の'무엇 (何か)'に関するものであることを表わす。'〜に関する〜'の意味。

例 ▪ 서울**의** 찬가. (ソウルの賛歌。)
- 가을**의** 노래. (秋の歌。)
- 한국**의** 지도. (韓国の地図。)
- 장미**의** 전설. (薔薇の伝説。)

7. 〔'무엇의 무게(何かの重さ)'のように用い〕'무엇(何か)'が後の語句の属性を持っているものであることを表わす。

例 ▪ 금의 무게. (金の重さ。)
　▪ 물의 온도. (水の温度。)
　▪ 국토의 면적. (国土の面積。)

[参考] 1. 数詞や数を表わす名詞, または単位や量を表わす依存名詞等に付いて用いられる。 2. '의'が省略されることもある。

5. その他の用法

1. 前の語と後の語が同じ資格であることを表わす。'～という～'を意味する。

例 ▪ 우리 할머니는 열여덟의 어린 나이로 시집을 가셨다. (うちの祖母は18歳のうら若い年で嫁いだ。)
　▪ 각하의 칭호. (閣下の称号。)
　▪ 조국 통일의 염원. (祖国統一の念願。)
　▪ 금강의 명산. (金剛の名山。)
　▪ 160 센티미터의 키. (160センチメートルの身長。)

[参考] このときの'의'を'同格'とも言う。

2. 〔後の語が比較を表わす語であるとき, 比較の対象となる前の語に付き〕'～に比べて, ～より'の意味。

例 ▪ 나의 두 배나 되는 수입. (私の2倍にもなる収入。)
　▪ 그녀는 우리 집의 세 배는 잘 사나 보다. (彼女はうちの3倍は良い暮らしをしているようだ。)

3. '불멸(不滅), 소기(所期), 일말(一抹)'等の一部の漢字語は単独では用いられず, '의'が付いて慣用的に用いられる。前の語が後の語の特性であることを表わす。'(そのような特性)を備えている～'の意味。

例 ▪ 불멸의 연인. (不滅の恋人。)
　▪ 소기의 목적. (所期の目的。)
　▪ 일말의 후회. (一抹の後悔。)
　▪ 절세의 미인. (絶世の美人。)
　▪ 일고의 가치. (一顧の価値。)

[参考] '불멸 (不滅), 일고 (一顧)' 等の一部の漢字語に付いて用いられる。
4. '의' の前の '名詞＋助詞' がその助詞の意味を保ったまま, 後の語を修飾する。即ち, '저자와의 대화 (著者との対話)' のように '저자 (著者)' が助詞 '와 (と)' と結合して '저자와 (著者と)' となり, これが '의 (の)' と結合して次の '대화 (対話)' を修飾する。

例 ▪ 저자와의 대화. (著者との対話。)
　　▪ 행복에의 초대. (幸福への招待。)
　　▪ 일상으로부터의 탈출. (日常からの脱出。)
　　▪ 학교에서의 하루. (学校での一日。)

┌─ アドバイス1 ─┐

'나 (ぼく), 저 (私), 너 (君)' と '의' の結合形：
'나의 (ぼくの)' が '내' に, '저의 (私の)' が '제' に, '너의 (君の)' が '네' に縮約して用いられる。
例：나의 소원＝내 소원 (ぼくの願い)
　　저의 어머니＝제 어머니 (私の母)
　　너의 책＝네 책 (君の本)

┌─ アドバイス2 ─┐

'의' の省略について：
'의' は次の三つの場合は省略が可能だが, それ以外の場合はほとんど省略されない。
1. '所有主―被所有物' の関係を表わす場合：
例1 ：철수의 책 (チョルスの本)／영희의 연필 (ヨンヒの鉛筆)
例1'：철수(∅) 책 (チョルスの本)／영희(∅) 연필 (ヨンヒの鉛筆)
2. '全体―部分' の関係を表わす場合：
例2 ：코끼리의 코 (象の鼻)／영하의 귀 (ヨンハの耳)
例2'：코끼리(∅) 코 (象の鼻)／영하(∅) 귀 (ヨンハの耳)
3. 親族関係を表わす場合：
例3 ：김 회장의 미망인 (金会長の未亡人)／철수의 엄마 (チョルスのお母さん)

例3': 김 회장(∅) 미망인（金会長の未亡人）／철수(∅) 엄마（チョルスのお母さん）

이

【학생이 와요.（学生が来ます。）】

『이は終声字のある語の後に，가は終声字の無い語の後に用いられる』

[助詞] 主格助詞

[例] 학생이，딸이，친구가
主語を表わす

1. ☞ 가（p.31）

例 ▪ 학생이 와요.（学生が来ます。）

語用的意味の添加

1. 引用される話の出どころを表わす。

例 ▪ 그가 하는 말이 너는 오지 말라더라.（彼が言うには，君は来るなだってさ。）

　▪ 선생님이 하시는 말씀이 글쎄 우리가 모두 바보래.（先生のおっしゃる話だと，それがね，ぼくたちはみんな馬鹿なんだってさ。）

　▪ 할머니께서 하시는 말씀이 우리 아버지는 어릴 때 늘 울곤 하셨대.（おばあさんがおっしゃる話では，お父さんは子供のころいつも泣いていたんだって。）

　▪ 간호원 말이 식사도 부쩍 줄었대.（看護師の話じゃ，食事もぐっと減ったんだって。）

[参考] 1. '말하기를（言うところでは）'や'말하되（言うには）'に置き換えることができる。2. 主に '말（話）'や'말씀（お話）'に付いて用いられる。

2. 〔'-ㄴ／-는／-ㄹ 것이'の形で用いられ〕ある事柄を取り上げ，後にその結果や理由を述べるときに用いられる。

例 ▪ 잠시 길가에 앉아서 쉰다는 것이 불쌍한 아이는 그만 깜박 잠이 들어 버렸대.（しばらく道端に座って休むつもりが，かわいそうな子供はついうっかり眠り込んでしまったんだって。）

　▪ 그 사람 말은 믿어도 되는 것이 절대로 헛소리하는 법이 없거든.

(その人の話を信じてもいいのは，絶対にいいかげんなことを言うはずがないからなんだよ。)

- 밥을 하루 한 끼라도 꼭 먹어야 하는 **것이** 그게 한국 사람 체질이거든. (ご飯を一日一食でも必ず食べなければいけないのは，それが韓国人の体質だからなんだよ。)

参考 '것이'가 縮約して '게'가 用いられることもある。例 그 사람 말은 믿어도 되는 게~ (その人の話を信じてもいいのは~)

이고

【시골**이고** 도시고 간에~ (田舎であれ都会であれどこでも~)】

『이고は終声字のある語の後に，고は終声字の無い語の後に用いられる』

助詞 接続助詞

例 라면**이고**, 과일**이고**, 커피고

1. 〔'~고 ~고 (간에)'の形で重ねて用いられ〕'~であれ'，'~のようなものを'，'~と~と~等を区別せずに'の意味。

例
- 요즘은 시골**이고** 도시고 간에 모두 인터넷을 한다. (最近は田舎であれ都会であれどこでも皆インターネットをやる。)
  - 술**이고** 뭐고 닥치는 대로 마셔 버렸다. (酒であれ何であれ手当たり次第飲んでしまった。)
  - 학교에서**고** 학원에서**고** 간에 가리지 않고 열심히만 하면 된다. (学校であれ塾であれともかく一所懸命やりさえすればよい。)

参考 最後の語にも '이고'を付ける。例 시골**이고** 도시고 (田舎であれ都会であれ) '와/과'は前の語にだけ付ける。例 시골과 도시와 (×)

2. 〔'무엇 (何), 언제 (いつ), 어느 (どの)'のような語に付き〕'~でも'，'~だと限定せずに'の意味。

例
- 우리 애는 먹성이 좋아 무엇**이고** 잘 먹는다. (うちの子は食べっぷりが良く，何でもよく食べる。)
  - 어디**고** 간에 다 마찬가지니까 그냥 여기서 하자. (どこだってみんな同じだから，もうここでやろうよ。)
  - 언제 어느 때**고** 간에 다 좋으니 연락해라. (いつでもいいから連絡しろよ。)

参考 '-고 간에'の形でよく用いられる。
訳注 補助詞的な用法である。

～이고 나발이고 【사랑이고 나발이고 ～（愛でも何でも～）】
結合情報 ☞ 이고

慣用句

全体参考 '간에'と共に用いられることもある。例 사랑이고 나발이고 간에 난 졸려 죽겠다.（愛でも何でもとにかくぼくは眠くてたまらない。）

1. 〔軽蔑したり嫌がったりする対象となる語に付き〕'～なんかは面倒だから／嫌だから全部やめて'の意味。

例 • 사랑이고 나발이고 난 졸려 죽겠다.（愛でも何でもぼくは眠くてたまらない。）

　• 저녁이고 나발이고 다 귀찮아.（夕食も何もみんなめんどくさいよ。）

　• 학교고 나발이고 난 안 다닐 거야.（学校なんてぼくは通わないつもりだよ。）

이나¹ 【강이나 바다（川や海）】

『이나は終声字のある語の後に，나は終声字の無い語の後に用いられる』

例 트럭이나 화물차, 기차나 고속버스

助詞 接続助詞

1. 〔類似したいくつかの語のうち，選択された対象に付き〕'あるいは'，'または'の意味。

例 • 여름에는 강이나 바다로 놀러 간다.（夏は川や海へ遊びに行く。）

　• 연필이나 볼펜으로 쓰세요.（鉛筆かボールペンで書いて下さい。）

　• 기차나 버스로 여행을 한다.（汽車やバスで旅行をする。）

이나² 【잠이나 자자．(もう寝よう。)】

『이나は終声字のある語の後に，나は終声字の無い語の後に用いられる』

例 라면이나，커피나

[助詞] 補助詞

1. 〔行動の目的を表わす語に付き〕'～はあまり気が向かないが'，'～でもかまわないから'の意味．

   例 ■ 잠이나 자자．(もう寝よう。)
   - 밥이 없으면 라면이나 먹자．(ご飯が無ければラーメンでも食べよう。)
   - 점심이나 먹으러 가지요．(お昼でも食べに行きましょう。)
   - 커피나 마시자．(コーヒーでも飲もう。)
   - 공부나 하자．(勉強でもしよう。)

   [類義] 이라도

   [参考] さほど悪くないもので，次善策という意味で用いられる。

2. 〔譲歩の対象や譲歩する行為を表わす語に付き〕'～でも（～이라도）'の意味．実際はそうではないが，そうであるかのように行動することを表わす．

   例 ■ 자기가 무슨 부모나 되는 듯이 말끝마다 참견이다．(自分が何か親にでもなったかのように口さえ開けばおせっかいだ。)
   - 그 아이는 무슨 큰 죄나 진 것처럼 미안해 했다．(その子は何か大きな罪でも犯したようにすまながった。)
   - 대성이와 병규는 약속이나 한 듯이 한숨을 쉬었다．(テソンとビョンギュは約束でもしたかのようにため息をついた。)

   [類義] 이라도

   [参考] '(마치)～나 ～ -ㄴ 것처럼／-ㄴ 것 같이／-ㄴ 듯이／-ㄴ 양'の形でも用いられる。

3. 〔'누구（誰），무엇（何），언제（いつ）'等の語に付き〕'～であっても区別せずに全て'の意味．

   例 ■ 지하철을 이용해 본 분들은 누구나 느꼈을 것이다．(地下鉄を利用したことのある方ならば誰でも感じたことだろう。)
   - 국교가 맺어진 나라에는 어디나 갈 수가 있습니다．(国交が結ばれた

국이라면 어디에도 갈 수가 있습니다.)
- 그녀를 부를 때면 언제**나** 호칭이 없이 불렀다. (彼女を呼ぶときはいつも呼称を付けずに呼んだ。)
- 나는 쓰고 싶은 것은 무엇**이나** 다 쓸 수 있습니다. (私は使いたいものは何でも皆使うことができます。)
- 그들은 아무**나** 죽였다. (彼らは誰彼かまわず殺した。)

[類義] 이든, 이든지, 이라도

4. 〔数量を表わす語に付き〕'~になるくらい (たくさん)'の意味。

例
- 몇 시간**이나** 걸려서 겨우 그 곳에 도착했다. (何時間もかかってやっとそこに到着した。)
- 떡을 다섯 개**나** 먹었어요. (お餅を五つも食べました。)
- 벌써 아이가 둘**이나** 돼요. (もう子供が二つになります。)
- 연의 종류는 100 여 가지**나** 된다. (凧の種類は100余りにもなる。)

[参考] 話し手の期待していたものより多いという意味が含まれている。

5. 〔数量を表わす依存名詞に付き〕'(取るに足りないが) ~が, ~を'の意味。

例
- 돈 푼**이나** 있다고 거들먹거리는 꼴이라니. (ちょっとした金があるからって, いばるざまと言ったら。)
- 나잇살**이나** 있는 사람이 그런 행동을 하다니… (いい年をした人がそんなふるまいをするとは…)
- 제 집 있는 사람이 몇**이나** 된답니까? (持ち家のある人がどれほどいると言うんですか?)

6. 〔'~나 ~나'の形で用いられ〕'~であれ~であれ区別せずに', '~も~も皆同じく'の意味。

例
- 너**나** 나**나** 알고 보면 모두 불쌍한 사람들이야. (お前もおれも本当は, どちらもかわいそうな人間なんだよ。)
- 예로부터 동양**이나** 서양**이나** 개에 대한 많은 이야기가 전해 내려오고 있다. (昔から東洋であれ西洋であれ, 犬に関するたくさんの話が伝わってきている。)
- 헌 시계**나** 고물**이나** 몽땅 다 삽니다. (古時計でも古物でもありったけ全部買い取ります。)

訳注 接続助詞的な用法である。

7. 〔大体の数量を表わす語に付き〕'(大体の見当で，大まかに) 〜ぐらい' の意味。

例 ▪ 한 백 명**이나** 될까? (大体100人ほどになるかなあ？)
  ▪ 11 시쯤**이나** 되었을까. (11時ぐらいになっただろうか。)
  ▪ 지금 몇 시쯤**이나** 되었지? (今何時ぐらいになったかな？)
  ▪ 커피를 하루에 몇 잔쯤**이나** 마셔요? (コーヒーを一日に何杯ぐらい飲みますか？)

参考 1. '이나' と類似した意味を表わす '쯤 (ぐらい)' と共に用いられる。2. 主に疑問文に用いられる。

8. 〔不確実な内容を表わす語に付き〕('〜고나 할까' の形で用いられ) '(このような表現では十分ではないが) あえて言うならば' の意味を強調して表わす。

例 ▪ 새 집은 옛날 집에 비하면 호텔 같다고**나** 할까. (新しい家は昔の家と比べるとホテルみたいだとでも言おうか。)
  ▪ 사람 사는 일에 좀더 관심을 갖게 되었다고**나** 할까요. (人が生きることに，より関心を持つようになったとでも言いましょうか。)
  ▪ 그것은 말하자면 후회와 같은 것이라고**나** 할까. (それはいわば後悔のようなものだとでも言おうか。)

9. 〔何らかの条件を表わす語に付き〕'〜だったら，〜なんかは' の意味。

例 ▪ 약삭빠른 사람**이나** 그럴 수 있지 그거 어디 아무나 할 수 있는가? (抜け目のない人だったらそうできるさ。それは誰でもできることじゃないよ。)
  ▪ 어린애**나** 할 수 있지 그거 어디 창피해서 하겠소? (子供なんかはやれますよ。そうでなければ恥ずかしくてできませんよ。)
  ▪ 힘이 센 사람**이나** 들 수 있는 거로군. (力持ちだったら持ち上げられるんだなあ。)

10. 〔'〜이나 아닌가' の形で疑いや疑惑を表わす語に付き〕'〜はひょっとして' の意味。

例 ▪ 열쇠가 없어서 들어가지 못하는 것**이나** 아닐까? (鍵が無くて入れなかったりしているのではないだろうか？)
  ▪ 내가 미쳤었던 것**이나** 아닌가. (私は気が変になっていたりしたのではないか。)

- 희뿌연 것이 귀신**이나** 아닌가 해서 꼼짝 않고 있었다. (ぼんやりと白っぽいものがお化けとかではないかと思い, 身じろぎもせずにいた。)

11. 〔'〜이나 다름없다／같다／마찬가지이다'의 形で用いられ〕'〜と (同じだ)'の意味。比較を表わす。

例 ▪ 집도 새 집**이나** 다름없어요. (家も新築と変わりありません。)
- 잠은 죽음**이나** 마찬가지야. (寝たら死んだも同然だぞ。)
- 아이들도 남과 비교되는 것을 싫어하기는 어른**이나** 마찬가지다. (子供たちも人と比較されることを嫌がるのは大人と同じである。)

類義 과

12. 〔一部の副詞に付き〕強調して述べることを表わす。

例 ▪ 혹시**나** 오늘은 나왔을까. (ひょっとして今日は出て来ただろうか。)
- 가뜩**이나** 신경 쓸 일이 많은데 너까지 왜 이러니. (ただでさえ気を使うことが多いのに, お前までどうしたの。)
- 무척**이나** 보고 싶었어. (すごく会いたかったよ。)
- 행여**나** 오실까 기다려지네. (もしやいらっしゃるかと待ちどおしい。)
- 어떻게**나** 무섭던지 혼자 못 보겠더라구요. (あまりに怖くて一人じゃ見られそうもありませんでしたよ。)

이나마 【잠깐이나마〜 (束の間だけでも〜)】

『이나마は終声字のある語の後に, 나마は終声字の無い語の後に用いられる』

[助詞] 補助詞

例 라면**이나마**, 커피**나마**

類義 이라도

1. '〜であっても, 〜であろうとも (満足とは言えないがそれなりに)'の意味。

例 ▪ 잠깐**이나마** 미영 씨를 만나서 행복했어요. (束の間だけでもミヨンさんに会えて幸せでした。)
- 라면**이나마** 먹으니까 좀 낫다. (ラーメンではあれ食べたら少し良くなった。)

- 아줌마가 다소**나마** 나를 감싸 주었다. (おばさんが多少なりとも私をかばってくれた。)
- 그렇게**나마** 해 주시면 고맙겠습니다. (そのようにでもして下さったらありがたいのですが。)

이니 【책이니 신문이니 (本だの新聞だの)】

『이니は終声字のある語の後に, 니は終声字の無い語の後に用いられる』

例 라면**이니**, 커피**니**

[助詞] 接続助詞

[類義] 이다¹, 하고¹ 例 책**이다** 신문**이다** 가릴 것 없이…／책**하고** 신문**하고** 가릴 것 없이… (本だの新聞だの何でもかまわず…)

[全体参考] 1. この助詞を付けて事物を羅列した後に, その全てを指す '온갖 (あらゆる)' や '모두 (皆)' のような語を用いて繰り返し表現する。 2. 最後の語にも '이니' を付ける。

1. 〔'~이니 ~이니' の形で用いられ, 羅列した語に付き〕 '~と~と~等の (あらゆる)' の意味。

例
- 책**이니** 신문**이니** 가릴 것 없이 마구잡이로 찢어 버렸다. (本だの新聞だの何でもかまわず, めちゃくちゃに破ってしまった。)
- 필통 속에는 볼펜**이니** 연필**이니** 만년필**이니** 필기도구 나부랭이가 가득하였다. (筆箱の中にはボールペンやら鉛筆やら万年筆やら, 筆記道具の雑多なものがぎっしり入っていた。)
- 곳간에는 옥수수**니** 조**니** 팥**이니** 온갖 곡식들이 가득하였다. (蔵にはトウモロコシや粟や小豆や, あらゆる穀物がつまっていた。)
- 니체가 사랑**이니** 동정**이니** 하는 것을 철학적으로 가장 쓸모없는 감정으로 욕을 했다는 말이 있다. (ニーチェは愛だの同情だのということを哲学的に最もくだらない感情だと罵った, という話がある。)

이다¹ 【수영이다 테니스다 (水泳だのテニスだの)】

『이다는 終声字のある語の後に, 다は終声字の無い語の後に用いられる』

[助詞] 接続助詞

[例] 라면이다, 커피다

[類義] 이니

[全体参考] 1. 単純に羅列するだけでなく, その後には羅列したもの全てをまとめて述べる内容が共に用いられる。2. 最後の語にも'이다'を付ける。

1. 〔'~이다 ~이다'の形で用いられ〕事物を羅列するときに用いられる。

例 ▪ 영하는 수영**이다** 테니스**다** 못 하는 운동이 없다. (ヨンハは水泳だのテニスだの, できないスポーツが無い。)

▪ 남편은 웬 일인지 반지**다** 목걸**이다** 잔뜩 사 왔다. (夫はどうしたことか, 指輪だのネックレスだの, いっぱい買って来た。)

▪ 우리는 산**이다** 들**이다** 온통 쏘다니느라 시간 가는 줄도 몰랐다. (私たちは山や野原をくまなく歩き回り, 時間が経つのも忘れた。)

▪ 여기는 책**이다** 노트**다** 연필**이다** 없는 게 없구나. (ここは本やらノートやら鉛筆やら, 無いものが無いなあ。)

▪ 근대화**다** 건설**이다** 말뿐이다. (近代化だの建設だのと, 口だけだ。)

이다² 【이게 내 사진이다. (これが私の写真だ。)】

『'집이고', '집이니', '집입니다', '집이에요', '집입니까' 等の形で活用する』

[助詞] 叙述格助詞

[例] 학생이다, 가수이다／가수다

1. '指定'を表わす

[全体参考] 1. '이다'の前の名詞は冠形語で修飾され得る。[例] 착한 학생**이다**. (心根の優しい学生だ。) 2. '~는 ~이다'の否定形は '~는 ~가／이 아니다'である。[例] 이 아이**는** 내 아들**이** 아니다. (この子は私の息子ではない。)

1. 〔名詞句や体言等に付き〕事物を指定することを表わす。

例 ▪ 이게 내 사진**이다**. (これが私の写真だ。)

▪ 얘가 제 아들**이에요**. (この子が私の息子です。)

- 여기가 서울온천**입니다**. (ここがソウル温泉です。)
- 1킬로그램에 5천원**이에요**. (1キロ5千ウォンです。)

2. 特殊な用法

1. 〔名詞+接尾辞'-적(的)'に付き〕主体の特徴を表わす。

例 ■ 젊은 세대는 감정적**이다**. (若い世代は感情的だ。)
- 기성세대는 정적**이다**. (既成世代は静的だ。)

参考 1. '이다'の前の語は冠形語では修飾されず、副詞語で修飾される。例 매우 감정적이다. (非常に感情的だ。) 2. この構文の否定形は'~는 ~ -적이 아니다'以外に'~는 ~ -적이 않다'を用いることがある。

2. 〔'-하다'が付き得る一部の名詞に付き〕行動を表わす用言のように用いられる。

例 ■ 할머니는 괜한 걱정**이시다**. (おばあさんは取り越し苦労でいらっしゃる。)
- 민수가 자기를 안 데려 간다고 불평**이었다**. (ミンスは自分を連れて行かないからと不満だった。)

3. 〔副詞に付き〕行動や状態の様相を表わす。

例 ■ 요리솜씨가 제법**이에요**. (料理の腕前はなかなかです。)
- 여기에 온 건 내가 제일 먼저**다**. (ここに来たのは私が一番先だ。)

アドバイス1

'이다'の해요体の形:

1. '이다'の해요体は'이에요'と'이어요'である。しかし主に'이에요'が用いられる。終声字の無い語の後に用いられるときは'예요'または'여요'と縮約して用いられることもある。

例1:이게 내 사진**이에요**／사진**이어요**. (これが私の写真です。)
例2:이게 사과**예요**／사과**여요**. (これがリンゴです。)

2. 姓名に'이에요'を付けるときは次のようになる。

韓国人の名前で終声字があれば、まず名前に'이'を付け、次に'이에요'の縮約形'예요'を付ける。例えば'은정이'**예요**. ('ウンジョン'です。) と言う。終声字が無ければ'정화'**예요**. ('チョンファ'です。), '권정화'**예요**. ('クォン・ジョンファ'です。) と言う。なお、終声字のある名前で姓と共に言うときは'권은정'**이에요**. ('クォン・

ウンジョン'です。）と言う。外国人の名前に終声字があれば'죤'**이에요.**（'ジョン'です。），終声字が無ければ'메리'**예요.**（'メリー'です。）と言う。

3. '아니다'には'-에요'または'-어요'が付くので'아니에요／아녜요'，'아니어요／아녀요'となる。'아니예요／아니여요'は間違いである。

　アドバイス 2

'이다'の語幹'이-'の省略について：
終声字の無い語の後では'이-'が省略されることもある。
例1：이게 맛있는 사과**다.**（これはおいしいリンゴだ。）
　　　마이클이 가수**다.**（マイケルは歌手だ。）
訳注 '-야³'の 訳注 (p.573) を参照。
ただし，次のように連体形で用いられるとき（例 2）や，名詞形語尾の前（例 3）では省略されない。
例2：직업이 가수**인** 그는 날마다 노래만 불러야 했다.（職業が歌手である彼は毎日歌ばかり歌わなければならなかった。）
例2'：직업이 가순 그 (×).
例3：그가 의사**임**을 오늘에서야 비로소 알았다.（彼が医者であることを今日になってはじめて知った。）
例3'：그가 의삼을 (×).

이든　【무엇**이든** 잘 먹어요.（何でもよく食べます。）】

『이든は終声字のある語の後に，든は終声字の無い語の後に用いられる』

例 라면**이든**, 커피**든**

助詞 補助詞

原形 이든가, 이든지
類義 이나²
全体参考 '든가'や'든지'が'든'に縮約して用いられる。

1. 〔'누구 (誰), 무엇 (何), 아무 (どんな)' 等の語に付き〕'〜であっても区別せずに'の意味。多くの中からどれを選択してもかまわないことを表わす。

例 ▪ 무엇**이든** 잘 먹어요. (何でもよく食べます。)
   ▪ 남대문 시장에서는 무엇**이든** 구할 수 있다고 한다. (南大門市場では何でも手に入れることができるそうだ。)
   ▪ 아무데**든** 일단 가 봅시다. (どこでもいいから, とりあえず行ってみましょう。)
   ▪ 누구**든** 이 일을 할 수 있을 것이다. (誰でもこの仕事ができるだろう。)

2. 〔'〜이든 〜이든 (간에)'の形で用いられ〕'〜であれ〜であれ区別せずに'の意味。

例 ▪ 떡**이든** 과자**든** 아무거나 많이 먹어라. (お餅でもお菓子でも, 何でもいいからたくさん食べなさい。)
   ▪ 먹을 것**이든** 마실 것**이든** 각자가 한 가지씩 가져옵시다. (食べ物であれ飲み物であれ, 各自が一つずつ持って来ましょう。)
   ▪ 남자**든** 여자**든** 사랑하게 되면 다 순수해진다. (男であれ女であれ, 恋するようになると皆純粋になる。)

訳注 接続助詞的な用法である。

이든가

【떠나기 전에 무엇**이든가** 먹어 두어라. (出発する前に何でもいいから食べておけ。)】

『이든가는 終声字のある語の後に, 든가는 終声字の無い語の後に用いられる』

助詞 補助詞

例 라면**이든가**, 커피**든가**

縮約 이든
類義 이든지

1. 〔'누구 (誰), 무엇 (何), 아무 (どんな)' 等の語に付き〕'〜であっても区別せずに／かかわりなく'の意味。多くの中からどれを選択してもかまわないことを表わす。

例 ▪ 떠나기 전에 무엇**이든가** 먹어 두어라. (出発する前に何でもいいから食べておけ。)
　▪ 누구**든가** 한 사람은 가야 한다. (誰か一人は行かなければならない。)
　▪ 어디**든가** 나가 보아라. (どこでもいいから出かけてみなさい。)
　▪ 언제**든가** 그를 찾아 보아야 한다. (いつかは彼を訪ねてみなければならない。)

2. 〔'～이든가 ～이든가（간에）'の形で用いられ〕'～であれ～であれ区別せずに／かかわりなく'の意味。

例 ▪ 이 사람**이든가** 저 사람**이든가** 한 사람은 떠나야 한다. (あの人であれこの人であれ，一人は去って行かなければならない。)
　▪ 사과**든가** 배**든가** 가지고 오너라. (リンゴでも梨でもいいから持って来なさい。)

[訳注] 接続助詞的な用法である。

이든지 【무슨 말**이든지** 해 보세요. (どんなことでもいいですから話して下さい。)】

『이든지は終声字のある語の後に，든지は終声字の無い語の後に用いられる』

[助詞] 補助詞

例 라면**이든지**, 커피**든지**

[縮約] 이든
[類義] 이든가

1. 〔'누구（誰），무엇（何），언제（いつ），어디（どこ）'等の語に付き〕'～であっても区別せずに全て'の意味。多くの中からどれを選択してもかまわないことを表わす。

例 ▪ 선생님, 무슨 말**이든지** 해 보세요. (先生, どんなことでもいいですから話して下さい。)
　▪ 모르는 게 있으면 언제**든지** 물어 보세요. (分からないことがありましたら, いつでもお尋ね下さい。)
　▪ 누구한테**든지** 물어 보세요. (誰にでもいいですから尋ねてみて下さい。)
　▪ 뭐**든지** 처음엔 힘들지요. (何でも最初は大変ですよ。)

- 어디**든지** 사는 것은 다 똑같다. (どこだって暮らすのは皆一緒だ。)

  [類義] 이나²

2. 〔'~이든지 ~이든지（간에）'の形で用いられ〕'～であれ～であれ区別せずに'の意味。

例
- 커피**든지** 홍차**든지** 마시고 싶은 대로 마셔라. (コーヒーでも紅茶でも，飲みたいだけ飲みなさい。)
- 1년**이든지** 2년**이든지** 좀 쉬고 싶다. (1年であれ2年であれ，ちょっと休みたい。)
- 종이**든지** 플라스틱**이든지** 무엇**이든지** 다 괜찮아. (紙でもプラスチックでも何でもいっこうにかまわないよ。)

[類義] 이나²

[訳注] 接続助詞的な用法である。

이라고¹

【"비가 오겠군."**이라고** 말씀하셨다. (「一雨来そうだな。」とおっしゃった。)】

『이라고は引用文の最後の語に終声字がある場合に，라고は終声字が無い場合に用いられる。』

[助詞] 引用格助詞

例 "좋군." **이라고**, "좋아." **라고**

[全体参考] 1. 末尾に終声字のある終結語尾が少ないのでほとんど用いられない。2. '이라'と縮約して用いることもある。例 선생님께서는 "비가 오겠군."**이라** 말씀하셨다. (先生は「一雨来そうだな。」とおっしゃった。)

1. ☞ 라고¹ (p.384)

例
- 선생님께서는 "비가 오겠군."**이라고** 말씀하셨다. (先生は「一雨来そうだな。」とおっしゃった。)
  - 영희는 "제가 뭐 그리 잘났담."**이라고** 말하며 화를 냈다. (ヨンヒは「自分の何がそんなに偉いのよ。」と言って腹を立てた。)
  - 어머니는 아기에게 "이리 오렴."**이라고** 말씀하셨다. (お母さんは赤ちゃんに「こっちにおいで。」とおっしゃった。)

이라고² 【월급이라고 얼마 안 돼. (給料だと言うけど, いくらにもならないよ。)】

『이라고는 終声字のある語の後に, 라고는 終声字の無い語の後に用いられる』

[助詞] 補助詞

例 수박이라고, 과일이라고, 사과라고

1. 〔軽視の対象となる語に付き〕'~だと言うが' の意味。

例
- 월급**이라고** 얼마 안 돼. (給料だと言うけど, いくらにもならないよ。)
- 엄마**라고**, 원, 아이가 저렇게 아픈데도 병원에도 안 데려가다니… ((あれで) お母さんだって, まったく, 子供があんなに具合悪いのに病院にも連れて行かないなんて…)
- 이렇게 작은 것도 사과**라고** 원! 너무 작아서 먹을 것도 없구나. (こんなに小さいのでもリンゴだって, まったく! 小さすぎて食べるところなんて無いなあ。)

2. 〔他のものと比べても評価に差が生じない対象となる語に付き〕'~だと言っても', '~であろうとも' の意味。

例
- 철수**라고** 다른 사람만 못하겠나? (チョルスだって他の人に劣るもんかね。)
- 선생님**이라고** 뭐 뾰족한 수 있겠니? (先生だからって妙案があるかしら?)
- 남자**라고** 별 수 있나? (男だからって他に手があるかね?)

参考 主に疑問文の形式で用いられ, 強調することを表わす。

이라도 【라면이라도 찾아보았지만~ (ラーメンでもと探してみたが~)】

『이라도는 終声字のある語の後に, 라도는 終声字の無い語の後に用いられる』

[助詞] 補助詞

例 수박이라도, 과일이라도, 사과라도

1. 〔さほど気に入らないけれども, 最も譲歩して選んだものであることを表わす語に付き〕'さほど気に入らないが, それでも' の意味。

例
- 부엌에서 라면**이라도** 찾아보았지만 먹을 거라곤 없었다. (台所でラーメンでもと探してみたが, 食べ物なんて無かった。)

- 김밥**이라도** 사다 주려구 나갔다 온 모양이지．(のり巻でも買って来てやろうと思って，出かけて来たみたいだよ。)
- 미리 알았더라면 선물**이라도** 보냈을 텐데．(前もって知っていたらプレゼントでも送ったのに。)
- 공부할 시간이 없으면 숙제**라도** 하세요．(勉強する時間が無いなら宿題でもして下さい。)

[類義] 이나마

2. 〔最も甚だしい条件や程度を表わす語に付き〕可能または不可能なことを強調する。'～だと言っても，～までも（かかわりなく）'の意味。

例
- 그는 돈이 된다면 도둑질**이라도** 마다하지 않을 거야．(彼は金になるのならば泥棒でも拒まないはずだよ。)
- 네가 원한다면 미국**이라도** 데려다 주겠다．(お前が望むならアメリカでも連れて行ってやろう。)
- 이 문제는 천재**라도** 풀 수 없다．(この問題は天才であっても解けない。)

3. 〔'아무（どんな），언제（いつ），어느（どの）'のような語に付き〕'～もかかわりなく／もちろん'の意味。

例
- 이 차는 어느 곳**이라도** 다 갈 수 있을 것 같았다．(この車はどんな所でも行けそうな気がした。)
- 누구의 마음**이라도** 단번에 바꿀 수 있을 것 같았다．(誰の心でも一度に変えることができると思った。)
- 아무런 곡**이라도** 좋으니 하나 불러 보아라．(どんな歌でもいいから一曲歌ってみなさい。)

[類義] 이나²

4. 〔'～이라도 ～ -듯'や'～이라도 ～ -는 것처럼'の形で用いられ〕'本当に～するように'の意味。

例
- 그들은 마치 약속**이라도** 한 듯 같이 나타났다．(彼らはまるで約束でもしたかのように一緒に現われた。)
- 그 소문을 증명**이라도** 해 주듯이 그들은 다정한 모습으로 나타났다．(そのうわさを証明でもするかのように，彼らは親しげな様子で現われた。)
- 그는 맛있는 음식**이라도** 먹은 것처럼 입맛을 다셨다．(彼はおいしい料理でも食べたように舌鼓を打った。)

이라도   671

- 뼈**라도** 부러진 것 같이 온몸이 아팠다. (骨でも折れたみたいに体全体が痛かった。)

[類義] 이나²

5. 〔'~이라도 ~ -는지'の形で, ある不確実な事柄に関する話し手の疑いを表わす語に付き〕'~をひょっとして~するのか'の意味。

例 - 그들은 흉**이라도** 보는지 작은 목소리로 얘기했다. (彼らは悪口でも言っているのか小声で話した。)

- 술**이라도** 마셨는지 얼굴이 빨갰다. (お酒でも飲んだのか顔が赤かった。)

6. 〔副詞の後に用いられ〕その意味を強調して表わす。

例 - 그녀는 금방**이라도** 울 것 같았다. (彼女は今すぐにでも泣きそうだった。)

- 저희는 내일**이라도** 떠날 준비가 돼 있어요. (私たちは明日にでも出発する準備ができています。)

- 잠시**라도** 잊을 수 없다. (片時も忘れることができない。)

[参考] 時間を表わす語に付いて用いられる。

例 - 한 발자국**이라도** 물러설 수 없다. (一歩も退くことができない。)

- 딱 한 번만**이라도** 좋으니까 이겨 보게 해 달라고 빌었지. (一度だけでもいいから勝たせてくれと祈ったよ。)

- 한 살**이라도** 더 먹기 전에 시작해야죠. (一歳でも若いうちに始めませんとね。)

[参考] '한 번 (一度)', '한 발자국 (一歩)'のように最小限の数量を表わす語に付いて用いられる。

例 - 행여**라도** 이 돈을 내게 돌려줄 생각은 말아라. (仮にでもこのお金を私に返そうなんて思わないで。)

- 혹시**라도** 네가 못 오게 되면 꼭 연락을 해라. (もしも君が来られないようになったら, 必ず連絡をしなさい。)

- 만일**이라도** 비가 오면 오지 마. (万が一, 雨が降ったら来るなよ。)

[参考] '행여 (仮に), 혹시 (もしも, ひょっとして), 만일 (万一, もし)'等の仮定を表わす語に付いて用いられる。

7. 〔'-고, -아(서), -기'等の語尾に付き〕'少なくともそのように/そのようなやり方で行うこと'の意味。他のものよりは気に入らないが, それぐらいでもかまわないという意味を表わす。

例
- 사지는 않더라도, 먹어**라도** 보아라. (買わなくてもいいから, 食べるだけでも食べてみて。)
- 뛸 수 없으면 걷기**라도** 해라. (走れないなら, 歩くだけでも歩け。)
- 앉아 갈 수 없으면 서서**라도** 가야지. (座って行けないのなら, 立ってでも行かなくちゃ。)

[類義] 이나²

이라면 【한국말**이라면** 내가 최고다. (韓国語なら私が一番だ。)】

『이라면は終声字のある語の後に, 라면は終声字の無い語の後に用いられる』

[助詞] 補助詞

例 한국말**이라면**, 영어**라면**

1. 話の始めに指摘されて思い浮かんだ対象を指すときに用いられる。

例
- 한국말**이라면** 내가 최고다. (韓国語なら私が一番だ。)
- 여름**이라면** 역시 삼계탕을 먹어야지. (夏ならやはりサムゲタンを食べなくちゃ。)
- 낚시**라면** 김 선생님을 따라갈 사람이 없다. (釣りなら金先生の右に出るものがいない。)
- 영어**라면** 우리 반에서 은정이가 제일 잘하지. (英語ならうちのクラスでウンジョンが一番できるよ。)
- 김치**라면** 역시 김장김치가 제일 맛있다. (キムチならやはりキムジャンキムチ (越冬用に漬け込んだキムチ) が一番うまい。)

이라야 【큰아버지 재산**이라야**~ (伯父の財産と言っても~)】

『이라야は終声字のある語の後に, 라야は終声字の無い語の後に用いられる』

[助詞] 補助詞

例 옷**이라야**, 치마**라야**

1. 〔取るに足りないと思う対象を表わす語に付き〕'~はせいぜいのところ, ~なんかは'の意味。

例 ▪ 큰아버지 재산**이라야** 집 한 채가 전부다. (伯父（父の兄）の財産と言っても家 1 軒が全てだ。)
  ▪ 옷**이라야** 입고 있는 것 한두 가지가 전부였다. (服と言っても着ているもの 1, 2 着が全てだった。)
  ▪ 짐**이라야** 뭐 있나. (荷物と言ったって大したもの無いよ。)

  [関連語] 이야
  [参考] [이래야] と発音することもある。

2. ある事物を挙げて述べながら，ちょうどそれであることを指定して述べるときに用いられる。'〜だけ(が)'の意味。

例 ▪ 우리 나라는 유월 장마**라야** 풍년이 든답니다. (我が国では 6 月に長雨が降ってこそ豊年になると言います。)
  ▪ 네 동생**이라야** 그 일을 해 낼 수 있겠다. (君の弟（妹）だけがその仕事をやり遂げることができそうだ。)
  ▪ 성공은 꼭 서울에서**라야** 할 수 있는 것은 아니다. (成功は必ずしもソウルだけでできるわけではない。)

  [参考] '〜에서라야（〜でだけ）'，'〜로라야（〜でだけ）' 等と共に用いられることもある。

이란¹ 【사랑이란〜 (愛とは〜)】

『이란は終声字のある語の後に，란は終声字の無い語の後に用いられる』

例 인생**이란**，공부란

[助詞] 補助詞

[関連語] 는¹

1. 〔一般的に説明する対象を表わす語に付き〕その対象を特に話題として取り上げて説明するときに用いられる。'〜は（一般的に／当然）'の意味。

例 ▪ 사랑**이란** 두 사람 사이의 신뢰와 애정을 바탕으로 하는 것이다.
    (愛とは二人の間の信頼と愛情に基づくものである。)
  ▪ 한자말**이란** 원래 중국어야. (漢字語ってもともと中国語だよ。)
  ▪ 가격**이란** 상품의 값어치를 돈으로 표시한 것이다. (価格とは商品の値

打ちをお金で表示したものである。）

[参考] 1. '이란'の次には通常やや休止を置いてから発話する。 2. 主に '~이란 ~를 말한다' の形で単語の意味を定義するときに用いられる。

2. 〔一般的な現象，道理，原則等を説明するとき，その語に付き〕ある対象を指摘して強調することを表わす。'~は（一般的に／しばしば）' の意味。

例 ▪ 사람**이란** 위급할 땐 다 그렇게 생각하는 법이다. （人間とは危急を要するときは皆そう考えるものだ。）

▪ 동물**이란** 은혜를 원수로 갚기 마련이다. （動物とは恩をあだで返すものである。）

▪ 돈**이란** 쓰면 쓸수록 더 벌게 돼 있어요. （お金って使えば使うほどもうけるようになってるんですよ。）

[参考] しばしば '~법이다（~(する)ものだ）'，'~마련이다（~(する)ものだ）' のような語と共に用いられる。

이란² 【창이란 창은（窓という窓は）】

『이란は終声字のある語の後に，란は終声字の無い語の後に用いられる』

[助詞] '~이란 ~은' の形で用いられる

[例] 남편**이란** 남편은, 아내**란** 아내는

[全体参考] 1. '~' には同じ名詞が用いられる。 2. 後には '전부（全部），모두（皆），다（全て）' のように前の事物を総合して示す語が用いられる。

1. 〔特に指定して述べる対象に付き〕'~というものは全て' の意味。

例 ▪ 버스의 창**이란** 창은 모두 닫혀 있었다. （バスの窓という窓は全て閉まっていた。）

▪ 여기서는 택시**란** 택시는 전부 콜택시뿐이에요. （ここではタクシーというタクシーは全部コールタクシー（call taxi，電話で呼び出して利用するタクシーのこと）ばかりです。）

▪ 냄새**란** 냄새는 전부 이곳에서 나는 것 같았다. （匂いという匂いは全部ここから出ているようだった。）

이랑 【돈이랑 안경이랑 （お金やメガネや）】

『이랑は終声字のある語の後に，랑は終声字の無い語の後に用いられる』

[助詞] 接続助詞

[例] 과일이랑，사과랑

[類義] 과，하고¹

[全体参考] '이랑'は'과／하고'と同じ意味だが，'과／하고'に比べ，主に話し言葉に用いられる。またより親しみを持った表現でもあり，子供の言葉で多く用いられる。2. '과'とは異なり，並べた最後の語にも'이랑'を用いることができる。

1. 〔類似した対象を表わすいくつかの語に付き〕'〜も〜も一緒に'の意味。

例 ▪ 돈이랑 안경이랑 주민등록증 그런 거를 다 잃어버렸어요. （お金やメガネや住民登録証，そういうのを全部失くしてしまいました。）

▪ 삼계탕 끓이려면 닭이랑 인삼 같은 게 필요해요. （サムゲタンを作るには鶏や高麗人参のようなものが必要です。）

▪ 자, 발이랑 얼굴이랑 씻자. （じゃ，足と顔を洗おう。）

▪ 마른안주랑 오징어 따위를 접시에 쏟았다. （おつまみやスルメ等を皿にざっと盛った。）

▪ 찌개랑 밥이랑 잔뜩 먹었어요. （チゲとご飯をたっぷり食べました。）

[助詞] 副詞格助詞　　　　　　　　　　副詞語を表わす

1. ある行動を共に行うときの対象を表わす。'〜と一緒に'の意味。

例 ▪ 엄마랑 음식을 만들었어요. （お母さんと料理を作りました。）

▪ 친구들이랑 농구를 하다가 다쳤어요. （友達とバスケットボールをしていてけがをしました。）

2. 相手となる対象を表わす。'〜と互いに'の意味。

例 ▪ 현주랑 상진 씨랑 싸웠나 봐. （ヒョンジュとサンジンさんがケンカしたみたい。）

▪ 진수는 영화배우랑 결혼한대. （チンスは映画の女優と結婚するんだって。）

3. 何らかの関係にある対象を表わす。

例 ▪ 네 딸이 너랑 많이 닮았어. （あんたの娘ってあんたにすごく似てるよ。）

▪ 우리랑 친하게 지냅시다. （私たちと仲よくしましょう。）

4. 比較の対象や基準とする対象を表わす。

例 ▪ 우리가 배운 거**랑** 똑같구나. (私たちが習ったことと全く同じだなあ。)
　　▪ 유미 엄마**랑** 비교되는 게 싫어요. (ユミのお母さんと比較されるのは嫌です。)
例 ▪ 나**랑** 잘 어울리는 남자 친구. (私にぴったりのボーイフレンド。)
　　▪ 커피**랑** 잘 어울리는 케이크를 만들어요. (コーヒーとよく合うケーキを作ります。)

이며

【논이며 밭이며 집이며 (田んぼやら畑やら家やら)】

『이며は終声字のある語の後に, 며は終声字の無い語の無い語の後に用いられる』

[助詞] 接続助詞

例 떡이며, 과자며

[類義] 하며

[全体参考] 後には'모두 (皆), 전부 (全部), 다 (全て)'のように前の事物を総合して示す語が用いられる。

1. 〔'~이며 ~이며'のように繰り返す形で, 類似したいくつかの事物を表わす語に付き〕'~や~や~等'の意味。

例 ▪ 폭우로 논**이며** 밭**이며** 집**이며** 모두가 물에 잠겼다. (暴雨で田んぼやら畑やら家やら, 全てが水に浸かった。)
　　▪ 옷**이며** 세면도구 따위를 가지고 오세요. (服や洗面道具等を持って来て下さい。)

이면

【운동이면 운동 (運動は運動)】

『이면は終声字のある語の後に, 면は終声字の無い語の後に用いられる』

[助詞] '~이면 ~'の形で用いられる

例 운동**이면** 운동, 공부**면** 공부

[全体参考] '~이면 ~'の'~'には同じ名詞が用いられる。

1. ある事物を指定し, 例を挙げて述べるときに用いる。

例 ▪ 영하는 공부**면** 공부, 운동**이면** 운동, 못 하는 게 없다. (ヨンハは勉強は勉強, 運動は運動で, できないものが無い。)

> **アドバイス**
>
> **助詞'이면'と語尾'-면'の区別:**
> 助詞'이면'と, いわゆる叙述格助詞'이다'に活用形語尾'-면'の付いたものとは異なる。以下の例（1, 2）の'이면'は'이다'に仮定を表わす語尾'-면'が付いて用いられたものである。
> 例1: 사람**이면** 나서고 귀신**이면** 썩 물러가라. (人間ならば現われよ, 亡霊ならばさっさと立ち去れ。)(参考: 相手は人間である)
> 例2: 남자**면** 남자답게 행동해라. (男なら男らしく行動しろ。)(参考: 相手は男である)

이야 【당신**이야** 물론 예쁘지. (あなたはもちろんかわいいよ。)】

『이야は終声字のある語の後に, 야は終声字の無い語の後に用いられる』

例 라면**이야**, 커피**야**

[助詞] 補助詞

1. 〔対照される語に付いて, その語を強調し〕'(他の人はともかく, あるいは他のものはともかく) 〜は'の意味。

例 ▪ 당신**이야** 물론 예쁘지. (あなたはもちろんかわいいよ。)
  ▪ 밥**이야** 먹지만 생활의 여유라곤 전혀 없다. (ご飯は食べているが, 生活の余裕なんか全く無い。)
  ▪ 너**야** 물론 누구나 좋아하지. (君のことはもちろん誰だって好きだよ。)

[関連語] 는¹

[参考] 'もちろん, 当然'の意味を加える。

2. 〔取るに足りない対象を表わす語に付き〕'〜は (取るに足りない, あるいは別に問題にならない)'の意味。

例 ▪ 그까짓 돈**이야** 벌면 되지. (それしきの金は稼げばいいさ。)
  ▪ 재산**이야** 기껏 집 한 채가 전부다. (財産なんてせいぜい家1軒が全てだ。)

[関連語] 이라야

[参考] 1. '그까짓 (それしきの), 하찮은 (取るに足りない), 기껏 (せいぜい)' 等の語と共に用いられる。 2. '쯤이야' の形でよく用いられる。

3. 〔時間副詞や副詞語に付いて, その語を強調し〕'～に至ってはじめて' の意味。

例 ■ 아침 일찍 떠났는데도, 저녁때**야** 겨우 도착할 수 있었다. (朝早く発ったのに, 夕刻になってやっと到着できた。)

　■ 이제**야** 비로소 당신의 심정을 조금 알 것 같습니다. (今になってようやくあなたの心情が少し分かる気がします。)

[参考] '비로소 (ようやく), 겨우 (やっと)' 等の副詞と共に用いられることもある。

4. 〔語尾 '-고, -고서, -면, -아서' 等に付き〕条件を強調し, 'とうとう, ついに' の意味を表わす。

例 ■ 대답을 듣고서**야** 겨우 안심을 했다. (返事を聞いてからやっと安心をした。)

　■ 자네가 장님이 아니라면**야** 이젠 보일 테지. (君が盲人でないのなら, もう見えるはずだよ。)

[関連語] 는¹

[参考] 主に修辞疑問文と共に用いられる。

이야말로 【그 책들이야말로～ (それらの本こそ～)】

『이야말로は終声字のある語の後に, 야말로は終声字の無い語の後に用いられる』

[助詞] 補助詞

[例] 남편**이야말로**, 아내**야말로**

[全体参考] 1. '이야' に置き換えることはできない。 2. 助詞 '가' に置き換えることができる。このとき '가' には強勢が置かれる。[例] 공자**가** 이상적 존재의 상징이었다. (孔子が理想的存在の象徴であった。)

1. 〔強調の対象になる語に付き〕強調して確認することを表わす。 '～は実に' の意味。

例 ■ 그 책들**이야말로** 가장 확실한 사람의 흔적이었다. (それらの本こそ最も確かな人間の痕跡であった。)

- 스스로 배우고 깨우치는 것**이야말로** 진정한 앎이 된다．(自ら学んで悟ることこそ真の知識となる。)
- 공자**야말로** 이상적 존재의 상징이었다．(孔子こそ理想的存在の象徴であった。)

> **アドバイス**
>
> '이야말로' と '이야' の比較：
>
> '이야말로' は '이야' と意味が類似しているように見えるが，単に '말로' を付けた形ではなく，意味上の違いがある。'이야' は強調の対象となるものと他のものとを対照することを表わすが，'이야말로' にはこうした意味がない。以下の例1は彼が '口' は達者だが '行動' で実践することはない，といった対照の意味を含んでおり，これを '이야말로' に置き換えると不自然である。例2で見るように '이야말로' はその前の語が全面的にそうであると述べることを表わす。
>
> 例1：그는 말**이야** 잘하지 (실천을 안 해서 그렇지)．(彼は口は達者なんだよ（実践をしないからなんだよ）。)
>
> 例2：그 사람**이야말로** 진짜 좋은 사람이다．(その人こそ本当に良い人だ。)

이여　【거룩한 신들**이여** (神聖なる神々よ)】

『이여は終声字のある語の後に，여は終声字の無い語の後に用いられる』

[助詞]　呼称する語に付いて用いられる助詞

例　신이여，주여

[全体参考]　'～아' の尊敬語である。'～이시여' よりは敬意が低い。

1. 〔二人称の尊敬の対象を表わす語に付き〕感嘆を表わす。敬意を込めて呼ぶときに用いられる。

例 ▪ 오，거룩한 신들**이여**，도와 주소서．(おお，神聖なる神々よ，助け給え。)

2. 〔二人称の対象を表わす語に付き〕敬意を込めて呼ぶ意味よりは，詩的に表現して呼んだり雄弁な調子で呼んだりすることを表わす。'～よ'

の意味。

例 ▪ 독자들**이여**, 행간을 읽으라. (読者たちよ、行間を読め。)

-자¹ 【수영하러 가**자**. (泳ぎに行こう。)】

『動詞、または動詞のように用いられる一部の形容詞の後に用いられる』

[語尾] 終結語尾

[最も敬意が低い] おじいさんが子供に

[例] 가**자**, 먹**자**, 성실하**자**

[類義] -ㅂ시다, -세

[関連語] -자꾸나

[全体参考] 話し言葉に用いられる。

1. 相手に向かって述べる言葉である

1. 〔動詞に用いられ〕一緒に行うことを勧誘するときに用いられる。
   例 ▪ 수영하러 가**자**. (泳ぎに行こう。)
   ▪ 진수야, 일어나서 아침밥 먹**자**. (チンス、起きて朝ご飯食べよう。)
   ▪ 우리 그런 얘기는 그만하**자**! (なあ、そんな話はもうやめよう！)
   ▪ 기분 좋게 술이나 마시**자**! (気持ちよく酒でも飲もう！)

2. 〔一部の形容詞に用いられ〕そうあるように勧めることを表わす。
   例 ▪ 우리 서로에게 더 성실하**자**. (私たち互いにもっと誠実でいよう。)
   ▪ 우리 모두 좀 더 침착하**자**. (みんなもう少し落ち着こう。)
   [参考] このような形容詞に '냉정하다 (冷静だ)、부지런하다 (勤勉だ)' 等がある。

3. 相手の要請や要求を承諾するときに用いられる。
   例 ▪ 영숙: 엄마, 지금 놀이터에 나가면 안 돼요? (ヨンスク: お母さん、今から遊び場に行って遊ぼうよ。)
   　엄마: 그래, 그러**자**. (お母さん: うん、そうしようね。)
   ▪ 유미: 우리 그림 그릴까? (ユミ: ねえ、絵、描こうか？)
   　미선: 그래, 그렇게 하**자**. (ミソン: そうね、そうしましょ。)

4. 聞き手にそうするよう要求することを表わす。
   例 ▪ 대성아, 너 잠깐 나 좀 보**자**. (テソン、お前ちょっと顔貸せよ。)

- 좀 천천히 읽**자**. ((相手が早口で読むので) ちょっとゆっくり読もうよ。)
- 좀 조용히 하**자**. 수업 시간인데. (ちょっと静かにしような。授業中だぞ。)

5. 話し手がそうすることについて，聞き手の了解を得ようとするときに用いられる。

例
- 나도 좀 마시**자**. (私もちょっと飲ませてもらおう。)
- 나 좀 내리**자**. (私，ちょっと降ろしてもらおう。)

6. 〔主に書き言葉で〕そうすることを前もって知らせるときに用いられる。

例
- 단테의 꿈을 잠깐 분석해 보**자**. (ダンテの夢をちょっと分析してみよう。)
- 하나의 예를 들어 보**자**. (一つの例を挙げてみよう。)
- 우선 농축산물 수입 개방에 대해서 살펴보**자**. (まず農畜産物の輸入開放について調べてみよう。)

2. 独り言に用いられる

1. 話し手自身の誓い，決心，意図を表わす。

例
- 어디 두고 보**자**. 내 이 녀석을 가만두지 않을 테다. (ようし今に見ておけ。おれはコイツをただじゃおかないからな。)
- 너 두고 보**자**. 얼마나 잘 사나. (お前，覚えておけよ，どれだけいい気でいられるか。)

参考 '-ㅂ시다 (~しましょう)' のような丁寧な表現は用いられない。

2. 話し手が何かを思い出すときに発する語に付いて用いられる。

例
- 어디 보**자**, 내가 그걸 어디다 두었더라. (どれどれ，私ったらそれをどこに置いたっけ。)
- 가만 있**자**, 오늘이 며칠이지? (ええっと，今日は何日だ？)

-자² 【까마귀 날**자**~ (カラスが飛び立ったとたんに~)】

『動詞と'이다'の後に用いられる』

語尾 連結語尾

例 가**자**, 먹**자**, 학생이**자**

全体参考 後に命令文や勧誘文は用いられない。

1. 〔動詞に用いられ〕前の行動が終わってから，すぐ後の行動が始まるこ

とを表わす。

例
- 까마귀 날**자** 배 떨어진다. (カラスが飛び立ったとたんに梨が落ちる（関係のない二つのことが同時に起きたために，あらぬ疑いをかけられること）。)
  - 집을 막 나오**자** 비가 오기 시작했다. (家をちょうど出たときに雨が降り始めた。)
  - 내가 그 사람 흉을 보기 시작하**자** 그가 방안에 들어서는 거야. (私がその人の悪口を言い始めるやいなや，そいつが部屋の中に入って来るんだよ。)

[類義] -는 대로
[関連語] -자마자
[参考] 前の事柄と後の事柄が時間的に近く，原因や結果の関係を表わす場合に用いられる。

2. 前の行動や状態が進行し，それが後の事柄の原因や動機になることを表わす。

例
- 그가 이 소문을 내**자** 사람들은 그대로 믿어 버렸다. (彼がこのうわさを立てると，人々はそのまま信じてしまった。)
  - 이처럼 사회와 문화가 급속히 발달해 가**자** 사람들의 생활 수준도 높아지기 시작하였다. (このように社会と文化が急速に発達していくことで，人々の生活水準も高まり始めた。)
  - 그러한 논의가 일**자** 그는 이것을 반대하였다. (そのような論議が起こると，彼はこれについて反対した。)

3. 〔'이다'に用いられ〕ある対象が二つの特徴を同時に持っていることを表わす。

例
- 이건 우리들의 생각이**자** 선생님의 뜻이기도 합니다. (これは私たちの考えであると同時に先生の意志でもあります。)
  - 그들에게 있어서 진정한 고향이**자** 활동 무대는 바다였다. (彼らにとって真の故郷であり活動の舞台は海であった。)
  - 거실이란 어린이들의 놀이 공간이**자** 주부들의 취미 생활이 이루어지는 장소이다. (居間とは子供たちの遊びの空間であると同時に，主婦たちが趣味でやりたいことをやる場所である。)

[参考] 前と後に現われる二つの特徴を同じ資格でつなげる。

4. 〔'-자 하니(까)'の形で慣用的に用いられ〕これを根拠に次の内容を

述べることを表わす．'〜したところ'，'〜すると'の意味．

例 ▪ 가만히 보**자** 하니 돈이 없는 모양이야．(どうやらお金が無いみたいだよ．)
▪ 내 보**자** 하니 젊은이의 얼굴에는 걱정이 가득 차 있어．(私の見たところじゃ，若いあんたの顔は心配事で一杯だよ．)
▪ 듣**자** 하니 이번에 복권 당첨됐다면서．(聞いたところじゃ，今回宝くじが当選したんだってね．)
▪ 눈치를 보**자** 하니 싫지는 않은가 봐．(様子を見たら，嫌ではなさそうね．)

関連語 -자 하니

5. ['보자 보자 하니／하니까'や'듣자 듣자 하니／하니까'のように繰り返す形で慣用的に用いられ]ある状況を一歩譲って我慢しようとしても，それが度を越えることを当てこすって言うときに用いられる．

例 ▪ 보**자** 보**자** 하니까，별놈이 다 있어！(色々見てきたけど，変なやつもいるもんだな！)
▪ 이 친구，보**자** 보**자** 하니까 너무한데？(こいつ，黙って見てりゃ，あんまりじゃない？)
▪ 이 사람이 정말！ 듣**자** 듣**자** 하니까 겁도 없이 까부네．(この人はほんとに！ 黙って聞いてれば，いい気になってふざけてるね．)

参考 主に後の内容が話し手にとって気に入らないことを表わす表現と共に用いられる．

-자³ 【3시쯤 가**자**〜(3時ごろ行こうって〜)】

『動詞の後に用いられる』
語尾 引用を表わす語尾

例 가자，먹자

原形 -자고²

関連語 -다⁵，'이다' + -라，-냐²，動詞 + -라

1. 提案する内容を間接的に伝えることを表わす．

例 ▪ 대성：진수가 뭐래？(テソン：チンスが何だって？)
　　철수：3시쯤 가**자** 하는데．(チョルス：3時ごろ行こうって言うんだけど．)
▪ 미선：유미가 뭐라니？(ミソン：ユミが何て言ってるの？)

영숙：내일 만나**자** 그러네．(ヨンスク：明日会おうって言うのよ。)

2. 〔'-자 하-' の形で用いられ〕'～しようと（-려고）'の意味。

例 ▪ 버리**자** 하니 아깝고 먹**자** 하니 먹을 게 없다．(捨てようと思うともったいないし，食べようと思うと食べるところが無い。)

▪ 씻**자** 하니 물이 안 나온다．(洗おうと思ったら水が出ない。)

参考 '-려고'に置き換えることができる。例 버리**려고** 하니 아깝다．(捨てようと思うともったいない。)

3. '～するほど（-도록）'の意味。

例 ▪ 죽**자** 일을 해도 밥벌이가 안 된다．(死ぬほど働いても食いつなぐほどの稼ぎにもならない。)

▪ 귀한 딸이 죽**자** 좋아하는 사람이니 한 번 만나 봅시다．(大事な娘が死ぬほど好きな人だから，一度会ってみましょう。)

▪ 죽**자** 살**자** 일해 봐야 형편이 나아지질 않는다．(死にものぐるいで働いても暮らし向きが良くならない。)

参考 1. '죽자（死ぬほど）'，'죽자 살자（死にものぐるいで）'でのみ用いられる。 2. '-도록'に置き換えることができる。例 죽**도록** 일을 해도 밥벌이가 안 된다．(死ぬほど働いても食いつなぐほどの稼ぎにもならない。)

-자고¹ 【그만 가 보자고．(このへんで帰ろうよ。)】

『動詞の後に用いられる』

語尾　終結語尾

親しい間で敬意が低い　友達に

例 가**자고**, 먹**자고**

丁寧 -자고요

関連語 -다고¹, -라고³, -냐고¹, -라고⁴

全体参考 1. '-자¹'と用法が似ているが常に置き換えが可能なわけではない。また置き換えることができる場合にも '-자고'の方がやや親しい感じを与える。 2. 話し言葉で［자구］と発音されることもある。

1. 〔動詞と一部の形容詞に用いられ〕一緒に行うことを勧誘するときに用いられる。

例 ▪ 이제 그만 가 보**자고**．(もうこのへんで帰ろうよ。)

▪ 우리 산책이나 가**자고**．(ねえ，散歩でも行こうよ。)

- 비디오나 빌려다 보**자고**. (ビデオでも借りて来て見ようよ。)

例 - 자, 좀 조용하**자고**. (さあ, ちょっと静かにしようよ。)
- 이럴 때일수록 우리 모두 침착하**자고**. (こんなときほど, みんな落ち着こうよ。)

2. 相手の要請や要求を承諾するときに用いられる。

例 - 그래 영화나 보**자고**. (そうだな, 映画でも見ような。)
- 그러**자고**. (そうしような。)
- 그래, 술이나 한 잔 마시**자고**. (うん, 酒でも一杯飲もうな。)

3. 聞き手にそうするよう要求することを表わす。

例 - 여기 어린애들도 많은데, 거 담배 좀 그만 피우**자고**. (ここは小さい子も多いから, そこのタバコちょっとやめてくれよ。)
- 그 앞에 안 보이니까 좀 앉**자고**. (なあ, 前が見えないからちょっと座ってくれよ。)

4. 話し手がそうすることについて, 聞き手の了解を得ようとするときに用いられる。

例 - 나 좀 지나가**자고**. (私, ちょっと通してもらおうかなあ。)
- 나도 한 대 피워 보**자고**. 혼자만 피우지 말고. (私も一服吸わせてもらおうかなあ。一人だけで吸わないでさ。)

5. 〔独り言に用いられ〕話し手自身の誓い, 決心, 意図を表わす。

例 - 두고 보**자고**. 제깟 놈이 어디까지 버티나. (覚えておけよ。あんなやつがどこまでもつか。)

6. 〔文末を下げる抑揚と共に用いられ〕ある事柄が話し手の予想したところと違うことに気づいたときに用いられる。

例 - 휴, 난 또 나랑 결혼하**자고**. (フウ, 私はまた, 私と結婚しようって言うのかと思ったよ。)
- 난 또 유미가 같이 가**자고**. (私はまた, ユミが一緒に行こうって言うのかと思ったよ。)

7. 〔上昇調の抑揚と共に用いられ〕聞いた事柄を繰り返し述べながら, 相手に確かめる調子で尋ねることを表わす。

例 - 뭐, 철수를 만나러 같이 가**자고**? (何, チョルスに会いに一緒に行こうって?)

- 같이 공부하**자고**? 네가 웬일이니? (一緒に勉強しようって？ お前どうしたの？)
- 한밤중에 산책을 가**자고**? (真夜中に散歩に行こうって？)

-자고² 【너 좀 보자고~ (お前に会おうって~)】

『動詞の後に用いられる』
[語尾] 引用を表わす語尾

[例] 가자고, 먹자고

[縮約] -자³

[関連語] -다고³, -라고⁷, -냐고², -라고⁸

[全体参考] '가자고 해 (行こうと言っているよ)' が '가재 (行こうって)' となるように, '-자고 해 (~しようと言っているよ)' が '-재 (~しようって)' と縮約されて用いられる。

1. 提案する内容を間接的に伝えることを表わす。

例
- 네 고모가 저녁에 너 좀 보**자고** 하더구나. (お前の伯母さん (父の姉妹) が夕方お前に会おうって言ってたなあ。)
- 미선 : 밥 먹으러 가자. (ミソン : ご飯食べに行こう。)
  대성 : 유미야, 미선이가 뭐라고 하니? (テソン : ユミ, ミソンは何て言ってるの？)
  유미 : 밥 먹으러 가**자고** 하는데. (ユミ : ご飯食べに行こうって言ってるけど。)
- 대성 : 언제 술 한잔 합시다. (テソン : いつか一杯やりましょう。)
  진수 : 뭐라고 했어요? (チンス : 何て言ったんですか？)
  대성 : 언제 술 한잔 하**자고** 했어요. (テソン : いつか一杯やろうって言ったんですよ。)
- 그러니까 함께 가**자고** 했잖아. (だから一緒に行こうって言ったじゃない。)

2. 〔提案する内容の節を要求する一部の動詞の前に用いられ〕'誰が何をどうする' というときの '何を' に該当するものを表わす。 '~することを (-ㄹ 것을)' の意味。

例
- 그녀는 그에게 체스를 한 판 두**자고** 제안했다. (彼女は彼にチェスを一局やろうと提案した。)

- 제인 씨가 같이 영화를 보**자고** 말했습니다. (ジェーンさんが一緒に映画を見ようと言いました。)
- 언젠가는 반드시 알아내**자고** 굳게 결심했다. (いつかは必ず探り出してやろうと固く決心した。)

参考 '-자'の形では用いられない。例 체스를 한 판 두자 제안했다. (×)

3. ['-자고 들다／하다 (~しようとする)'のように用いられ] '誰が何をどうする'というときの'何を'に該当する内容の節を表わす。'~しようと (-려고)'の意味。

例
- 회사에서 직원들이 수련회를 가**자고** 하면 가는 것이 좋다. (会社で職員たちが社員研修セミナーに行こうって言ったら行った方が良い。)
  - 확인하**자고** 들면 못할 것도 없지요. (確認しようと思ったら、できないこともありませんよ。)
  - 이는 나를 잡아가**자고** 하는 수작이 아니냐. (これはおれを捕まえて行こうという企みじゃないか。)

アドバイス

間接引用の'-자고':

1. 提案する内容を間接的に伝えるとき、元の文の階称や語尾の形にかかわりなく全て'-자'の形となり、これに引用を表わす助詞'고'が付いて'-자고'の形で用いられる。

   例1：A：내일 시장에 **가요**. (A：明日市場に行きましょう。)
   　　　B：뭐라고 해요? (B：何と言っているんですか？)
   　　　C：내일 시장에 가**자고** 해요. (C：明日市場に行こうって言っています。)

   例2：A：우리는 오늘 **갑시다**. (私たちは今日行きましょう。)
   　　　B：뭐라고 해요? (B：何と言っているんですか？)
   　　　C：우리는 오늘 가**자고** 해요. (私たちは今日行こうって言っています。)

2. 提案したり勧誘したりする内容を間接的に伝えることを表わす引用語尾'-자고'は'-자'と縮約して用いることもある。

例3：바다로 가**자고** 하는 걸 내가 반대했다.
→바다로 가**자** 하는 걸 내가 반대했다. (海に行こうと言うのを私が反対した。)

-자고 들다　【하자고 들면 누구는 못 하겠니？ (やろうと思えば誰だってできるさ。)】

『動詞の後に用いられる』
慣用句

例　하자고 들다

関連語　-고 들다, -기로 들다, -려고 들다

全体参考　このような事柄について話し手が否定的に考えることを表わす場合もある。

1. '前接する語句の意味する行動を努めて積極的に行おうとする'の意味。

例
- 그런 일을 하**자고 들면** 누구는 못 하겠니？ (そんなことはやろうと思えば誰だってできるさ。)
- 쉬운 일만 골라서 하**자고 들다간** 천벌 받을 줄 알아라. (楽なことばかり選んでやろうとしてると、天罰を受けるぞ。)
- 의심쩍은 눈길로 김 선생이 선영에게 확인하**자고 들었다**. (疑わしい目つきで金さんがソニョンに確かめようとした。)

-자꾸나　【여행을 가**자꾸나**. (旅行に行こうね。)】

『動詞の後に用いられる』
語尾　終結語尾
最も敬意が低い　おじいさんが子供に

例　가**자꾸나**, 먹**자꾸나**

関連語　-자¹

全体参考　1. 主に大人が子供と話すときに用いられる。2. '-자'よりも親しい感じを与える。

1. 一緒に行うことを親しみを持って勧誘するときに用いられる。

例 ▪ 나랑 같이 여행을 가**자꾸나**. (私と一緒に旅行に行こうね。)
　▪ 때가 되면 집으로 가**자꾸나**. (潮時になったら家に帰ろうね。)
　▪ 이젠 그만 일어서**자꾸나**. (もうそろそろ腰を上げようね。)
　▪ 우리도 노력해 보**자꾸나**. (私たちもがんばってみようね。)

2. 相手の要請や要求を承諾するときに用いられる。

例 ▪ 그럼, 좋도록 하**자꾸나**. 나야 상관 없으니. (じゃ, 好きなようにしようよ。ぼくはかまわないから。)
　▪ 그래 그럼 더 기다리지 말도록 하**자꾸나**. (うん, それじゃ, もう待たないことにしようね。)

3. 聞き手にそうするよう親しみを持って要求するときに用いられる。

例 ▪ 대성아, 너 잠깐 나 좀 보**자꾸나**. (テソン, お前ちょっと顔貸してくれよ。)
　▪ 좀 천천히 읽**자꾸나**. ((相手が早口で読むので) ちょっとゆっくり読もうね。)

4. 話し手がそうすることについて, 聞き手の了解を得ようとするときに親しみを持って述べることを表わす。

例 ▪ 나도 좀 마시**자꾸나**. (私もちょっと飲ませてもらおうかねえ。)
　▪ 아가야, 이 할미 좀 내리**자꾸나**. (坊や, おばあちゃん, ちょっと降ろしてもらおうかねえ。)

-자니요

【집에 가**자니요**? (家に帰ろうですって?)】

『動詞の後に用いられる』

[語尾] 終結語尾

[親しい間で敬意が高い] 先輩や目上の人に

例 가**자니요**, 먹**자니요**

[関連語] -다니요, -라니요¹, -냐니요, -라니요²

[全体参考] 1. 話し言葉に用いられる。2. 後の文には意外だという調子で尋ねる内容が現われ, 主に上昇調の抑揚と共に用いられる。

1. ある人が提案した内容について疑いを持ったり意外なことだと驚いたりして, 問い返すことを表わす。

例 ▪ 집에 가**자니요**? (家に帰ろうですって?)
　▪ 돌아가**자니요**? 지금이 몇 신데요? (戻ろうですって? 今何時だと思ってるんですか?)

▪ 대성 : 결혼합시다. (テソン：結婚しましょう。)

유미 : 결혼하**자니요**? 누구하고 말이에요? (ユミ：結婚しようですって？ 誰とですか？)

-자마자 【쥐를 보**자마자**〜（ネズミを見るやいなや〜）】

『動詞の後に用いられる』

[語尾] 連結語尾

[例] 가**자마자**, 먹**자마자**

[類義] -는 대로

[関連語] -자²

[全体参考] '-자²' の意味解釈1と同じ意味だが，前の事柄と後の事柄の時間的な差がより少ないときに '-자마자' を用いる傾向がある。

1. 前の行動が行われる瞬間と後の行動が起こる瞬間がほぼ同時であることを表わす。

例 ▪ 고양이는 쥐를 보**자마자** 야옹 하고 울었습니다. (猫はネズミを見るやいなや，ニャーンと鳴きました。)

  ▪ 이 향수는 시중에 나오**자마자** 곧 선풍적인 인기를 모으고 있습니다. (この香水は市中に出るやいなや，たちまち旋風のような人気を集めています。)

  ▪ 회사에 도착하**자마나** 전화했는데 안 들어왔대. (会社に着いてすぐ電話したのに，帰って来てないんだって。)

  ▪ 먼지가 묻**자마자** 닦아 버리면 깨끗합니다. (ほこりがついたらすぐ拭けばきれいになります。)

例 ▪ 그는 아내가 죽**자마자** 다른 사람하고 결혼했다. (彼は妻が亡くなるとすぐ，他の人と結婚した。)

  ▪ 결혼하**자마자** 애를 낳았어요. (結婚してすぐ子供を産みました。)

> **アドバイス**
>
> '-자마자' と '-는 대로' の比較：
> '-자마자' は前の行爲が起こり，それが保たれている間に，比較的関連の無い状態から後の行爲が偶然一緒に起こることを表わす。
> 例1：집밖을 나서**자마자** 비가 내리기 시작했다．（家の外に出るやいなや，雨が降り始めた。）
> 例2：집밖을 나서**는 대로** 비가 내리기 시작했다．（×）

-자 하니

【듣자 하니～ （黙って聞いてりゃ～）】

慣用句

例 듣자 하니，보자 하니

関連語 -자²

1. 〔'듣다（聞く），보다（見る）'と共に用いられ〕話される内容の根拠を表わす。

例 ▪ 듣**자 하니** 너 건방지기 짝이 없구나．（黙って聞いてりゃ，お前，生意気ったらないな。）

▪ 보**자 하니** 너 못하는 말이 없구나．（黙って見てりゃ，お前，言いたい放題だな。）

-잔 말이다

【좀더 기다려 보잔 말이야．（もう少し待ってみようってことだよ。）】

『動詞の後に用いられる』
慣用句

例 가잔 말이다，먹잔 말이다

関連語 -단 말이다，-란 말이다¹，-냔 말이다，-란 말이다²

全体参考 1. 話し言葉に用いられる。2. このときの'-잔'は'-자는'に置き換えることができない。

1. 話し手が勧誘する内容を強く主張するときに用いられる。

例 ▪ 좀더 기다려 보**잔 말이야**．（もう少し待ってみようってことだよ。）

▪ 찬찬히 잘잘못을 따져 보**잔 말이야**．（落ち着いて是非を明らかにしてみよ

- 파출소로 가잔 말이다. （交番に行こうってことだ。）

-잖아 【아까 말했잖아. （さっき言ったじゃない。）】

『動詞，形容詞，'이다'，'-았-'の後に用いられる』
慣用句

例 가잖아, 먹잖아, 비싸잖아, 좋잖아, 학생이잖아, 갔잖아

丁寧 -잖아요

全体参考 '-지 않아'の縮約形

1. 話し手が聞き手に自分の言ったことが正しいではないかと，その話の内容を思い起こさせながら，とがめる調子で述べることを表わす。

例
- 내가 아까 말했잖아. （私がさっき言ったじゃない。）
- 선생님은 벌써 집에 가셨잖아. （先生はもう家にお帰りになったじゃない。）
- 아직도 비가 오잖아요. （まだ雨が降っているじゃないですか。）
- 제가 어제 이야기했잖아요. （私が昨日話したじゃないですか。）
- 이건 너무 힘들잖아요. （これはあまりにも大変じゃないですか。）
- 내가 그랬잖아요. 그거 보기보다 어려울 거라고. （私がそう言ったじゃないですか。それは見た目より難しいだろうって。）

-재 【너도 같이 가재. （お前も一緒に行こうってさ。）】

『動詞の後に用いられる』
縮約形（終結の機能）
親しい間で敬意が低い　友達に

例 가재, 살재, 먹재
'-자고 해'の縮約形

丁寧 -재요

関連語 -대², -래³, -내, -래²

全体参考 話し言葉に用いられる。

1. 勧誘する内容を再び引用して伝えることを表わす。

例
- 너도 같이 가재. （お前も一緒に行こうってさ。）

- 누나가 같이 밥 먹**재**. (お姉さんが一緒にご飯食べようってさ。)
- 아빠가 내일 등산가**재**. (お父さんが明日登山に行こうってさ。)
- 다음 일요일에 같이 어디 가**재**. (来週の日曜日，一緒にどこか行こうってさ。)

2. 既に聞いて知っている勧誘の内容を確かめる調子で尋ねるときに用いられる。

例
- 나도 같이 가**재**？ (私も一緒に行こうって？)
- 언제 같이 밥 먹**재**？ (いつ一緒にご飯食べようって？)

-재요

【같이 나가**재요**. (一緒に出かけようですって。)】

『動詞の後に用いられる』

例 가**재요**, 살**재요**, 먹**재요**

縮約形（終結の機能）

'-자고 해요'の縮約形

|親しい間で敬意が高い| 先輩や目上の人に

関連語 -대요², -래요³, -내요, -래요²

全体参考 話し言葉に用いられる。

1. 勧誘や提案する内容を再び引用して伝えることを表わす。

例
- 같이 나가**재요**. (一緒に出かけようですって。)
- 의사 선생님이 좀 보**재요**. (お医者さんがちょっと話があるんですって。)
- 집사람이 같이 걸어가**재요**. (家内が一緒に歩いて行こうって言うんですよ。)

2. 既に聞いて知っている勧誘の内容を確かめる調子で尋ねるときに用いられる。

例
- 저도 같이 가**재요**？ (私も一緒に行こうですって？)
- 언제 같이 밥 먹**재요**？ (いつ一緒にご飯食べようですって？)

조차	【물**조차** 마시지 못하고 있었다.（水さえ飲めずにいた。）】
	『終声字の有無にかかわらず**조차**が用いられる』
	[助詞] 補助詞
	[例] 아내**조차**, 남편**조차**

[類義] 까지, 도, 마저

[全体参考] しばしば '～는 고사하고（～は言うまでもなく）', '～는 물론이고（～はもちろんのこと）', '～뿐 아니라（～のみならず）', '～는커녕（～どころか）' 等の後に用いられる。例) 밥은 고사하고 물**조차** 마시지 못한다.（ご飯は言うまでもなく水さえ飲めない。）／밥은 물론이고 물**조차**～（ご飯はもちろんのこと水さえ～）

1. 〔否定を表わす文に用いられ，最も容易だと思われる事物を表わす語に付き〕'～も，～さえも（できず／なり得ず）' の意味。

例
- 환자들은 물**조차** 마시지 못하고 있었다.（患者たちは水さえ飲めずにいた。）
- 침**조차** 삼킬 수 없을 정도로 목이 부었다.（唾さえ飲み込めないほど喉が腫れた。）
- 너무 바쁜 날은 쉬기는커녕 식사**조차** 못할 때도 있다.（あまりに忙しい日は休むどころか食事さえとれないときもある。）

2. 〔肯定を表わす文に用いられ〕'～も，～さえ，～まで（できて／なり得て）' の意味。

例
- 땅을 기어가는 한 마리의 벌레**조차** 모두 정다웠다.（地を這い回る一匹の虫さえみな親しく思えた。）
- 그 일을 하자면 목숨**조차** 바쳐야 할지도 모른다.（それをやろうしたら，命さえささげなくてはいけないかも知れない。）
- 진열대의 물건**조차** 먼지가 쌓여 있는 형편이었다.（陳列台の品物さえほこりが積もっている有様だった。）

3. 極端な状況を否定することで，その否定を強調する。

例
- 햇빛이 너무 환해 눈**조차** 제대로 뜰 수 없었다.（陽光がまぶしすぎて目さえまともに開けることができなかった。）
- 그 곳에서는 상상**조차** 할 수 없었던 일들이 벌어지고 있었다.（そこでは想像さえつかなかったことが繰り広げられていた。）

- 이런 건 애초부터 생각**조차** 하지 않는 게 좋아요. (こんなことは始めから心にも思わない方が良いですよ。)

> **アドバイス**
>
> '조차' と '까지' の区別：
> '조차' は '까지' と異なり，話し手の心理的態度が現われる。
> 例1：그는 국어**조차** 못 한다. (彼は国語さえできない。)(話し手が国語を最も易しいものだと考えている場合に用いる)
> 例2：그는 국어**까지** 못 한다. (彼は国語までできない。)(話し手は彼のできない科目の範囲について述べているのであり，いかなることも前提していない)

-죠

【감기엔 쉬는 게 최고**죠**. (風邪には休息を取るのが一番ですよね。)】

『動詞，形容詞，'이다'，'-았-'，'-겠-' の後に用いられる』

[語尾] 終結語尾

[親しい間で敬意が高い]　先輩や目上の人に

[例] 가**죠**, 먹**죠**, 비싸**죠**, 좋**죠**, 학생이**죠**, 잡았**죠**, 잡겠**죠**

[原形] -지요

[全体参考] '-지요' の持つ柔らかい語感はないが，親しみを持って述べるときの話し言葉で多く用いられる。

1. 〔叙述文で〕聞き手も知っている事柄を再確認させたり，自分の話を相手にやや親しみを持って話したりすることを表わす。

例 ▪ 감기엔 쉬는 게 최고**죠**. (風邪には休息を取るのが一番ですよ。)
　 ▪ 그는 참 감수성이 예민한 학생이**죠**. (彼はとても感受性が鋭い学生でしょう。)

例 ▪ 애들이 다 그렇**죠**, 뭐. (子供たちって皆そんなもんですよ。)
　 ▪ 그 사진을 보면서 생각을 했**죠**. (その写真を見ながら考えたんですよ。)
　 ▪ 나는 몇 번이고 중얼대곤 했었**죠**. (私は何度もつぶやいたりしていたんですよ。)

2. 〔疑問文で〕話し手が既に知っている事柄を相手に再確認したり，相手に親しみを持って尋ねたりすることを表わす。

例 ▪ 날씨가 꽤 춥**죠**？（ずいぶん寒いでしょう？）
  ▪ 유미 씨, 지금 퇴근하나 보**죠**？（ユミさん，今退社するところのようですね？）
  ▪ 부모님과 함께 사시**죠**？（ご両親と一緒に住んでいらっしゃるんですよね？）
例 ▪ 왜 아무도 안 오**죠**？（なぜ誰も来ないんでしょう？）
  ▪ 언제 하기로 하셨**죠**？（いつやることになさったんですか？）
  ▪ 이게 얼마**죠**？（これはいくらでしょうか？）

3. 相手に同意を示したり同意を求めたりするときに用いられる。

例 ▪ 선생님께서 좋을 대로 하시**죠**．（先生のお好きなようになさって下さい。）
  ▪ 오늘 날씨가 어제보다 따뜻하**죠**？（今日は昨日より暖かいでしょう？）
  ▪ 우리 영숙이가 노래를 곧잘 부르는 편이**죠**？（うちのヨンスクはけっこう上手に歌う方でしょう？）

4. 〔主に '-겠-' と共に用いられ〕推量することを表わす。

例 ▪ 그 분은 이 편지 벌써 읽으셨겠**죠**？（その方はこの手紙をもうお読みになったでしょうね？）
  ▪ 우표는 우체국에서 팔겠**죠**？（切手は郵便局で売ってるでしょうね？）
  ▪ 휴식을 취하는 거겠**죠**．（休憩を取っているんでしょうね。）

5. 〔勧誘文や命令文に用いられ〕一緒にやることを勧誘したり，意見を提示したりすることを表わす。

例 ▪ 저하고 같이 가시**죠**．（私と一緒に行きましょう。）
  ▪ 빨리 한 잔 마시고 가시**죠**．（早く一杯飲んで行きましょう。）
  ▪ 영화 구경이나 같이 가시**죠**．（映画でも一緒に見に行きましょう。）
  ▪ 축하주 한 잔 사셔야**죠**．（お祝いの酒を一杯おごって下さいませんとね。）

参考 動詞の語幹の後にのみ用いられる。

-지¹ 【이불은 빨래하기가 힘들지. (布団は洗うのが大変でしょ。)】

『動詞，形容詞，'이다'，'-았-'，'-겠-'の後に用いられる』

[語尾] 終結語尾

[親しい間で敬意が低い] 友達に

[例] 가지, 먹지, 비싸지, 좋지, 학생이지, 잡았지, 잡겠지

[丁寧] -지요

[全体参考] 話し言葉に用いられる。

1. 叙述文や疑問文に用いられる

1. 〔叙述文で〕聞き手も知っている事柄を再確認させたり，自分の話を相手に親しみを持って話したりすることを表わす。

例 ▪ 이불은 빨래하기가 힘들지. (布団は洗うのが大変でしょ。)
  ▪ 너는 이 아비를 몇 번이나 속였지. (お前は父ちゃんを何度もだましただろ。)
  ▪ 그는 이름난 효자지. (彼は有名な孝行息子だよね。)
  ▪ 너는 어릴 때, 참 예뻤지. (お前は小さいとき, 本当にかわいかったよな。)

例 ▪ 바로 그 선생님이 나에게 한국말을 가르치셨지. (まさにその先生が私に韓国語を教えて下さったんだよ。)
  ▪ 옛날 옛날에, 한 나무꾼이 살았지. (昔々, 一人の木こりが住んでいたんだ。)

[関連語] -아²

[参考] '-았-, -겠-'の後にも用いられる。

2. 〔疑問文で〕話し手が知っている事柄を確認する調子で親しみを持って尋ねることを表わす。

例 ▪ 애, 내가 방해된 것은 아니지? (ねえ, 私が邪魔になったんじゃないよね?)
  ▪ 정말 오래간만이지? (本当に久しぶりだよね。)
  ▪ 결혼하니까 행복하지? (結婚したら幸せでしょ?)
  ▪ 애야, 가방이 무겁지? (ねえ, カバンが重いだろ?)
  ▪ 저기에 창문과 집이 보이지? (あそこに窓と家が見えるよね?)

[参考] '-지 않니'の形で用いられ, 確認する意味をさらに強調して表わすこともある。例 결혼하니까 행복하지 않니? (結婚したら幸せなんじゃない?)

3. 〔独り言で用いられ〕既定の事柄を再び確認するときに用いられる。
例 ▪ 오늘은 무슨 날씨가 이렇게 후텁지근하**지**？（今日はなんだってこんなに蒸し暑いんだ？）
　▪ 내가 왜 고생을 또 사서 하**지**？（私ったらなんでまた苦労を買ってするのかなあ？）
　▪ 그러면 그렇**지**．（やっぱりそうだ．）
　▪ 아 참, 나도 우산을 가지고 왔**지**？ 잊어버릴 뻔했네．（あ，そうだ，私も傘を持って来てたんだ．忘れるところだったわ．）

4. 〔疑問文で〕相手が知っていると思われる事柄を尋ねるときに用いられる。
例 ▪ 애, 부모님은 어디 계시**지**？（ねえ，ご両親はどちらにいらっしゃるの？）
　▪ 너 지금 몇 학년이**지**？（お前，今何年生だい？）
　▪ 언제부터 방학이**지**？（いつから学校は休みなの？）
　参考 相手に親しみを込めて話すことを表わす。

5. 相手に同意を示したり同意を求めたりするときに用いられる。
例 ▪ 비가 너무 많이 왔**지**？（雨がずいぶんたくさん降っただろ？）
　▪ 우리 나라에서는 제주도가 정말 좋**지**？（私たちの国じゃ済州島が本当に素敵だよね？）
　関連語 -아²

6. 〔叙述文や疑問文で主に '-겠-' と共に用いられ〕推量することを表わす。
例 ▪ 시간이 흐르다 보면 차차 잊혀지겠**지**．（時間が経てばだんだん忘れていくだろうさ．）
　▪ 곧 좋아지겠**지**．（すぐ良くなるだろうね．）
　▪ 언제고 장가는 가게 되겠**지**．（いつか嫁はもらうようになるだろうね．）
　▪ 살아 있으면 만나겠**지**．（生きていれば会えるだろうさ．）

7. 話し手が相手に自分の意見を提示したり提案したりすることを表わす。
例 ▪ 그만 가**지**．（もう行こうよ．）
　▪ 내가 내일은 너를 도와 주**지**．（ぼくが明日は君を手伝ってあげるよ．）
　▪ 내가 너 대신 그 곳에 가**지**．（ぼくが君の代わりにそこへ行くよ．）
　類義 -마

8. 〔過去の事柄に用いられ〕提案したり希望したりすることを表わす。

例 ▪ 그렇게 불평하려면 당신이 가시**지**. 왜 안 가셨어요? (そんなに文句が言いたいならご自分がいらっしゃればよかったのに。なぜ行かれなかったのですか？)
　　▪ 그 때 순이를 좀 도와 주**지**. 너는 왜 그렇게 무관심했니? (あのときスニにちょっと手を貸してあげたらよかったのに。あなたはどうしてそんなに無関心だったの？)

9. 〔'-시지' の形で用いられ〕聞き手に皮肉る調子で話しながら、何らかの行動を促すときに用いられる。

例 ▪ 좋아, 어디 한번 해 보시**지**. (よし、さあ一度やってごらんなさいよ。)
　　▪ 한번 덤벼 보시**지**, 누가 당하나 보게. (ほら、かかっておいでよ、どっちがやられるかやってみようぜ。)

2. 命令文や勧誘文に用いられる

1. 〔命令文や勧誘文に用いられ〕相手に是非そのように行動してほしいと望みながら念を押して述べたり、ある行動を一緒にするよう勧誘したりすることを表わす。

例 ▪ 한 잔 더 시키**지**. (もう一杯頼んだら。)
　　▪ 이제 그만 일어나**지**. (もうそろそろ起きたら。)
　　▪ 자네도 같이 먹**지**. (君も一緒に食べたら。)
例 ▪ 오늘 저녁에 술 한 잔 하**지**. (今日の夕方、一杯やろうよ。)
　　▪ 우리 같이 가**지**. (私たち一緒に行こうよ。)
　　▪ 자, 같이 시작하**지**. (じゃ、一緒に始めようよ。)

[参考] 1. 動詞の語幹の後にのみ用いられる。 2. '-지 그래' の形でも用いられる。
例 내일 자네도 오**지 그래**. (明日君も来たらどうだ。)

┌─ **アドバイス1** ─────────────
│
│ '-지' と '-구나' の比較：
│ '-지' は話し手が '既に知っている' 事柄を述べるときに用いられるのに対し、'-구나' は話し手が 'はじめて知った' 事柄を述べるときに用いられる。
│
└────────────────────

例1：채소가 많이 비싸**지**．(野菜がとても高いでしょ。)
例2：채소가 많이 비싸**구나**．(野菜がとても高いのね。)
例1は野菜がとても高いという事実を既に知っていたときの表現であるのに対し，例2はその事実をはじめて知ったときの表現である。

アドバイス2

'-지' と '-아' の比較：☞ '-아²' のアドバイス2 (p.514)

-지² 【면허증만 없**지** 운전 잘 하잖아．(免許証が無いだけで，運転はうまいじゃない。)】

『動詞と形容詞の後に用いられる』

語尾　連結語尾

例　가지，먹지，비싸지，좋지

---

1. 対等的連結語尾

1. 対照的な前の事柄と後の事柄を対等につなげることを表わす。

例
- 지금도 면허증만 없**지** 운전 잘 하잖아．(今も免許証が無いだけで，運転はうまいじゃない。)
- 고구마 좀 사 오시**지** 그냥 왔어요？(サツマイモを買っていらしたらよかったのに，手ぶらでいらしたんですか？)
- 죽은 자식 생각하면 가슴이 아프**지** 그럼 안 아프겠니？(死んだ子供のことを考えたら胸が痛いに決まってるだろ。)
- 할아버지，젊은 일꾼들한테 시키시**지** 왜 직접 일을 하십니까？(おじいさん，若い人夫たちにさせればいいのに，どうしてご自分で仕事をなさるんですか？)

2. 補助的連結語尾

全体参考 1. '-지' の前には尊敬を表わす '-시-' 以外の先語末語尾を用いることができない。2. '-지' の後に補助詞 '도' を用いることもある。

1. 用言の語幹と補助動詞 '않다，못하다，말다' をつなげるときに用いられる。

例
- 오늘은 바쁘**지** 않습니다．(今日は忙しくありません。)

- 너무 걱정하**지** 마세요. (あまり心配しないで下さい。)
- 한국 생활이 힘들**지** 않아요? (韓国の生活は大変じゃありませんか？)
- 이사하는 데 가 보**지** 못해서 미안하다. (引っ越しのとき行けなくて申し訳ない。)
- 아버지를 만나면 울**지** 말아야 한다. (父に会ったら泣かないようにしなければならない。)

-지 그러다　【좀 쉬**지** 그래요? (少し休んだらどうですか？)】

『動詞の後に用いられる』
慣用句

例　가**지** 그러다, 먹**지** 그러다

全体参考　'-지 그래요? / 그럽니까?' 等のように疑問文の形でのみ用いられる。

1. 話し手が聞き手に自分の意見を婉曲に提示することを表わす。

例
- 피곤해 보이는데 좀 쉬**지** 그래요? (お疲れのようですが、少し休んだらどうですか？)
- 어디 여행이라도 다녀오**지** 그래요? (どこか旅行にでも行って来たらどうですか？)
- 아파 보이는데 집에 가**지** 그러세요? (具合が悪そうですが、家にお帰りになったらいかがですか？)

2. 〔'-지 그랬어요'の形で用いられ〕話し手が聞き手の過去の行動について、違うようにしていたならよかったはずだと述べることを表わす。

例
- 이혼을 하**지** 그랬어요? (離婚をしたらよかったですのに。)
- 유미를 만나**지** 그랬어요? (ユミに会ったらよかったですのに。)
- 경영학을 전공하**지** 그랬어요? (経営学を専攻したらよかったですのに。)

-지마는

【김치는 맵**지마는** 맛있어요.
（キムチは辛いですがおいしいです。）】

『動詞，形容詞，'이다'，'-았-'，'-겠-'の後に用いられる』

[語尾] 連結語尾

[例] 가**지마는**, 먹**지마는**, 비싸**지마는**, 좋**지마는**, 학생이**지마는**, 잡았**지마는**, 먹겠**지마는**

[縮約] -지만

[類義] -건마는

[全体参考] 縮約形の'-지만'がより多く用いられる。

1. '-지만'の原形。☞ -지만 (p.702)

例 ▪ 김치는 맵**지마는** 맛있어요.（キムチは辛いですがおいしいです。）

▪ 한국에 온 지는 오래되었**지마는** 한국말은 잘 못한다.（韓国に来てからずいぶん経ったが，韓国語はあまりできない。）

▪ 가진 거야 없**지마는** 나는 마음 고생은 안 해 봤어.（財産こそ無いが，私は気苦労はしたことがないよ。）

-지만

【조금 어렵**지만** 재미있어요.
（ちょっと難しいですが面白いです。）】

『動詞，形容詞，'이다'，'-았-'，'-겠-'の後に用いられる』

[語尾] 連結語尾

[例] 가**지만**, 먹**지만**, 비싸**지만**, 좋**지만**, 학생이**지만**, 잡았**지만**, 먹겠**지만**

[原形] -지마는

[類義] -건만, -나[6], -ㄴ데[2], -는데[2]

[全体参考] 縮約形の'-지만'が'-지마는'より多く用いられる。'-지마는'は主に書き言葉に用いられるが，'-지만'は話し言葉と書き言葉に広く用いられる。

1. 前の事柄に対立する事柄を後で述べるときに用いられる。

例 ▪ 조금 어렵**지만** 재미있어요.（ちょっと難しいですが面白いです。）

▪ 눈이 오는 날은 좋**지만** 비가 오는 날은 싫어요.（雪の降る日は好きですが，雨の降る日は嫌いです。）

- 처음엔 음식 때문에 좀 고생했**지만** 이젠 괜찮아요. (最初は食べ物の せいで少し苦労しましたが、今は大丈夫です。)
- 한국 음식은 조금 맵고 짜**지만**, 맛이 있어요. (韓国料理は少し辛くて しょっぱいですが、おいしいです。)

2. 前接する語句の内容は認めるが、後の語句の内容がそれに拘束されな いことを表わす。

例
- 약을 먹었**지만**, 감기가 잘 낫지 않아요. (薬を飲みましたが、風邪がな かなか治りません。)
- 오늘 아침에 시계 소리가 들렸**지만** 일어날 수 없었다. (今朝目覚まし の音が聞こえたのだが、起きられなかった。)
- 짧은 거리이**지만** 나는 걸어다니지 않고 언제나 버스를 탄다. (短い 距離だが、私は歩いて通わずに、いつもバスに乗る。)

3. '-는데(〜だが)'のように前提的な内容を表わす。

例
- 만져 보시면 아시겠**지만**, 옷감이 달라요. (触ってごらんになればお分か りだと思いますが、生地が違うんです。)
- 믿기 어려운 일 같**지만** 사실이다. (信じ難いことのようだが事実である。)
- 맹세코 말하**지만**, 좋을 때도 있고 나쁠 때도 있습니다. (誓って言い ますが、良いときもあれば悪いときもあります。)

[類義] -ㄴ데², -는데²

4. 前の内容に後の事柄を単に付け加えることを表わす。

例
- 참외 맛도 좋**지만** 수박 맛도 더 좋다. (マクワウリもおいしいが、スイ カもいっそうおいしい。)
- 진수는 머리도 좋**지만** 몸도 건강하다. (チンスは頭も良いが、体も丈夫 だ。)
- 이 집은 값도 싸**지만** 물건도 좋다. (この店は値段も安いが、品物も良い。)

5. ['미안하다(すまない), 실례이다(失礼だ)'等の語に付き、慣用的 に用いられ] お願いしたり頼んだりするとき、控え目に了解を求める ときに用いられる。

例
- 실례**지만** 말씀 좀 물어볼 수 있을까요? (失礼ですが、ちょっとお尋ね してよろしいでしょうか?)
- 수고스럽**지만** 이 책 좀 김 선생님께 갖다 줄래? (面倒だけど、この本

을 金先生に渡してくれる？）
- 실례**지만** 식구가 몇 명이나 됩니까？（失礼ですが，家族は何人ほどいますか？）
- 미안하**지만** 김 선생님 좀 바꿔 주십시오．（すみませんが，金先生に代わって下さい。）

-지 말다

【주차하지 마십시오．（駐車しないで下さい。）】

『動詞の後に用いられる』
慣用句

例 가지 말다，먹지 말다

全体参考 1. '-지 말다'は命令文と勧誘文でのみ用いられる。叙述文と疑問文には'-지 않다'が用いられる。 2. '-아'，'-아라'が結合すると'-지 마'，'-지 마라'となる。'-지 말아라'は誤った表現であるが，話し言葉ではしばしば用いられる。
例 떠들지 말아라．（×）

1. ある行為ができないように禁止することを表わす。

例
- 이 곳에 주차하**지 마십시오**．（ここに駐車しないで下さい。）
- 박물관 안에서 사진 찍**지 마세요**．（博物館の中で写真を撮らないで下さい。）
- 수업 중에 떠들**지 마**．（授業中に騒ぐな。）
- 너 혼자 가**지 마라**．같이 가자．（お前一人で行くなよ。一緒に行こう。）
- 토요일 오후에는 영화관에 가**지 말자**．（土曜日の午後は映画館に行かないことにしよう。）
- 너무 잘난 체하**지 마세요**．（あまり偉そうにしないで下さい。）
- 걱정하**지 마십시오**．（心配しないで下さい。）

-지 못하다[1]

【들어가지 못합니다．（入れません。）】

『動詞の後に用いられる』
慣用句

例 가지 못하다，먹지 못하다

1. 〔話し手の意志とはかかわりなく〕'することができない'という意味を表わす。

例
- 표가 없으면 들어가**지 못합니다**. (チケットが無ければ入れません。)
- 바빠서 숙제를 하**지 못했어요**. (忙しくて宿題ができませんでした。)
- 친구를 자주 만나**지 못해요**. (友達になかなか会えません。)
- 바빠서 연락을 드리**지 못했습니다**. (忙しくて連絡を差し上げることができませんでした。)

アドバイス

'-지 못하다'と'-지 않다'の比較：
'-지 않다'が話し手の意図を含んだ否定を表わすのに対し、'-지 못하다'は状況による否定を表わす。従って'-지 않다'は"できるけれどもしない"という意味を含意しているので、相手の感情を害することもある。

例1：선생님 ：자, 내일 누가 올 수 있지요？(先生：じゃ, 明日誰が来られますか？)

　　　학생　：저는 오**지 않겠어요**. (学生：私は来ません。)(否定の意図の表示)

　　　학생'：저는 오**지 못하겠어요**. (学生'：私は来られません。)(状況による否定)

例2：진수　：자, 빨리 가자. (チンス：じゃ, 早く行こう。)

　　　유미　：나는 뛰**지 않겠어**. (ユミ：私は走らないわ。)(否定の意図の表示)

　　　유미'：나는 뛰**지 못하겠어**. (ユミ'：私は走れないわ。)(状況による否定)

-지 못하다² 【건강하지 못하면～ (健康でなければ～)】

『形容詞の後に用いられる』
慣用句

例 건강하**지 못하다**, 옳**지 못하다**

1. 'そのような状態ではない、またはそのような状態に至ることができない'の意味。

例 ▪ 마음이 건강하**지 못하면** 올바르게 살아가기 어렵습니다. (心が健康でなければ，まともに生きていくのが大変です。)
  ▪ 옛날에는 길이 오늘날처럼 넓**지 못했다**. (昔は道が今日のように広くなかった。)
  ▪ 한국은 자연 자원은 넉넉하**지 못한** 편이다. (韓国は自然資源が豊かではない方である。)

-지 싶다 【올 필요가 없**지 싶다**. (来る必要が無さそうだ。)】
『動詞，形容詞，'-았-' の後に用いられる』
慣用句

例 가**지 싶다**, 먹**지 싶다**, 비싸**지 싶다**, 좋**지 싶다**, 갔**지 싶다**

1. そのようだと推測することを表わす。

例 ▪ 굳이 올 필요가 없**지 싶다**. (あえて来る必要が無さそうだ。)
  ▪ 지금쯤 집에 도착했**지 싶어요**. (今ぐらいなら家に到着したと思います。)
  ▪ 이러다가 오래 못 살**지 싶다**. (このままでは長生きできない気がする。)

訳注 '이다' の後にも用いられる。例 학생이**지 싶다**. (学生のようだ。)

-지 않겠어요 【날 때리**지 않겠어요**? (ぼくを殴るんですよ。)】
『動詞と形容詞の後に用いられる』
慣用句

例 가**지 않겠어요**, 먹**지 않겠어요**, 비싸**지 않겠어요**, 좋**지 않겠어요**

全体参考 話し言葉で用いられる。

訳注 '이다' の後にも用いられる。例 학생이**지 않겠어요**? (学生ではありませんか。)

1. 〔疑問文の形で用いられ〕過去の出来事をありありと思い浮かべながら述べるもので，修辞疑問文の形で強い肯定を表わし，聞き手の関心を引こうとするときに用いられる。

例 ■ 할아버지 : 왜 싸웠느냐? (おじいさん：どうしてケンカしたんだ？)
　　손자　　 : 그 녀석이 아무 이유 없이 날 때리**지 않겠어요**? (孫：あいつが何の理由も無く、ぼくを殴るんですよ。)

■ 가더라도 뭔지 알아야 가**지 않겠어요**? (行くとしたって、何のことか分からなきゃ行けないじゃないですか。)

■ 학교 앞에서 우연히 그 사람을 만나**지 않았겠어**? (学校の前で偶然あの人に会ったわけだよ。)

-지 않다 【학교에 가지 않아요. (学校に行きません。)】

『動詞と形容詞の後に用いられる』
慣用句

例 가지 않다, 먹지 않다, 비싸지 않다, 좋지 않다

全体参考 '-지 않다'は叙述文と疑問文にのみ用いられ、命令文と勧誘文には '-지 말다' が用いられる。

1. 行為や状態を否定するときに用いられる。

例 ■ 일요일에는 학교에 가**지 않아요**. (日曜日は学校に行きません。)

■ 배 고프**지 않아요**. (お腹は空いていません。)

■ 누구한테도 말하**지 않았어요**. (誰にも言いませんでした。)

■ 당신을 만나**지 않겠어요**. (あなたとは会いません。)

アドバイス1

'-지 않다'の否定：

'-지 않다' は '알다 (知る、分かる), 깨닫다 (悟る), 지각하다 (知覚する)' または '견디다 (耐える)' のような動詞とは共に用いることができない。

例1 : 나는 그 사실을 알지 않아. (×)／알**지 못해**. (○)
　　 (私はその実のところが分からないよ。)

例2 : 제인은 그때까지 자신이 마이클을 사랑했다는 사실을 깨닫지 않았다. (×)／깨닫**지 못했다**. (○)(ジェーンはそのときまで自分がマイケルを愛していたという事実に気が付かなかった。)

例3：진수는 조금만 힘든 일도 견디지 않는다．(×)／견디**지 못한 다**．(○)(チンスはちょっとした辛いことにも耐えられない。)

アドバイス2

'-지 않다'と'-지 못하다'の比較：☞ '-지 못하다[1]'のアドバイス（p.705）

アドバイス3

願いや望みを表わす文に用いられる'-지 않다'と'-지 말다'の比較：

例1：제시카가 미국에 가**지 않기를**／**말기를** 바랍니다．(ジェシカがアメリカに行かないよう／行かないことになるよう願っています。)

例2：제발 우리가 이사 가**지 않았으면**／**말았으면** 좋겠어요．(どうか私たちが引っ越ししなかったら／引っ越ししないことになったらいいのですが。)

例3：난 네가 항상 거짓말 하**지 않기를**／**말기를**（??）바란다．(私はお前がいつも嘘をつかないことを望む。)

— '-지 않다'と'-지 말다'で話し手の願望の内容が次のように異なる。つまり'-지 않다'は行為者が何らかの意図や意志を持たないことを望むものであり，'-지 말다'は意図や意志とにかかわりなく何らかの状況自体が生じないことを望むものである。

—例1で'-지 않다'を用いると話し手はジェシカがアメリカに行く意図や意志を持たなくなることを望む意味になり，'-지 말다'を用いるとジェシカがアメリカに行く状況が起こらなくなることを望む意味になる。

—例2でも'-지 않다'を用いると(話し手を含む)私たちが引っ越ししようとする意志を持たなくなることを望み，'-지 말다'を用いると私たちが引っ越しすることになる状況自体が起こらなくなることを望む意味になる。

—例3では普通，嘘をつく行為は人の意図を含んでいるので'-지 않다'を用いるのはかまわないが，'-지 말다'を用いると不自然である。

-지 않으면 안 되다

【계속 운동하지 않으면 안 돼요. (運動を続けなければいけません。)】

『動詞の後に用いられる』
慣用句

例 가지 않으면 안 되다, 먹지 않으면 안 되다

[全体参考] 二重否定で強い肯定を表わす。

[訳注] 形容詞と'이다'の後にも用いることがある。例 좋지 않으면 안 된다. (良くなければならない。), 지금이지 않으면 안 된다. (今でなければならない。)

1. 当然そうでなければならないことを表わす。'～しなければならない'の意味。

例 ・살을 빼려면 계속 운동하지 않으면 안 돼요. (やせようと思ったら，運動を続けなければいけません。)
　・오늘 시험을 보지 않으면 안 된다. (今日試験を受けなければならない。)
　・아기가 열이 있을 때는 병원에 가지 않으면 안 돼. (赤ちゃんが熱を出したときは病院に行かなきゃだめだよ。)

-지요

【한국말을 배우지요. (韓国語を習っていますよね。)】

『動詞, 形容詞, '이다', '-았-', '-겠-'の後に用いられる』
[語尾] 終結語尾
[親しい間で敬意が高い] 先輩や目上の人に

例 가지요, 먹지요, 비싸지요, 좋지요, 한생이지요, 잡았지요, 잡겠지요

[縮約] -죠

[全体参考] 話し言葉に用いられる。

1. 叙述文や疑問文に用いられる

1. 〔叙述文で〕聞き手も知っている事柄を再確認させたり，自分の話を相手に親しみを持って話したりすることを表わす。

例 ▪ 존슨 씨도 한국말을 배우**지요**. (ジョンソンさんも韓国語を習っていますよね。)
- 여러 번 말했는데, 그 뜻을 모를 리가 없**지요**. (何度も言いましたから, その意味が分からないはずがありませんよね。)

例 ▪ 저도 젊었을 땐 예뻤**지요**. (私も若かったときはきれいだったんですよ。)
- 나는 시골에서 행복한 어린 시절을 보냈**지요**. (私は田舎で幸せな子供時代を送っていたんですよ。)
- 그 일은 참 가슴 아픈 일이었**지요**. (それは本当に胸の痛む出来事だったんです。)
- 드디어 우리는 파리에 도착했**지요**. (ついに私たちはパリに到着したんです。)

[関連語] -아요

[参考] '-았-', '-겠-' の後に用いられる。

2. 〔疑問文で〕話し手が既に知っている事柄を相手に再確認したり，相手が知っていると思われる事柄を尋ねたりすることを表わす。

例 ▪ 수미 씨는 학교에서 집이 가깝**지요**? (スミさんは学校から家が近いでしょう？)
- 이거 할아버지 사진이**지요**? (これ, おじいさんの写真でしょう？)
- 날씨가 추워졌**지요**? (寒くなったでしょう？)
- 담배를 피웠**지요**? 그렇**지요**? (タバコを吸ったでしょう？ そうでしょう？)

例 ▪ 이 사람은 누구**지요**? (この人は誰でしょう？)
- 식사는 언제 하**지요**? (食事はいつでしょう？)
- 거기 신문사**지요**? (そちらは新聞社でしょう？)

[関連語] -아요

[参考] 相手に親しみを込めて話すことを表わす。

3. 〔叙述文や疑問文で〕相手に同意を示したり同意を求めたりすることを

表わす。

例 ▪ 지금 점심을 드실 거**지요**? （今から昼食を召し上がりますよね？）
　▪ 오늘 날씨가 참 좋**지요**? （今日はとても良い天気ですよね？）
　▪ 그럼요, 정말 화창한 봄날이**지요**. （そうですとも, 本当にのどかな春の日ですよ。）

関連語 -아요

4. 〔叙述文や疑問文で主に '-겠지요' の形で用いられ〕推量することを表わす。

例 ▪ 다시 만날 기회가 있겠**지요**, 뭐. （また会う機会があるでしょうよ。）
　▪ 제가 못 먹는다면 저의 아들과 손자들이 먹겠**지요**. （私が食べられないなら, 私の息子と孫たちが食べるでしょう。）
　▪ 이제 곧 기차가 도착하겠**지요**? （もうすぐ汽車が到着するでしょう？）

2. 命令文や勧誘文に用いられる

全体参考 1. '-았-', '-겠-' の後には用いられない。 2. 動作を表わす動詞にのみ用いられる。 3. 行為の主体を敬い, 主に '-시지요' の形で用いられる。

1. 〔命令文に用いられ〕相手にある行動をするよう丁寧に要求することを表わす。

例 ▪ 저쪽으로 가서 머리를 감으시**지요**. （あちらに行って髪をお洗い下さい。）
　▪ 식사는 다른 곳에서 하도록 하시**지요**. （食事は違う所でとるようになさって下さい。）
　▪ 이제 그만 떠나시**지요**. （もうそろそろ出発なさったらいかがですか。）
　▪ 이리들 오**지요**. （みんなこっちに来て下さい。）

2. 話し手自身と一緒に相手がある行動をするよう丁寧に要請したり, 相手に自分の意見を提案したりすることを表わす。

例 ▪ 자, 같이 나가시**지요**. （じゃ, 一緒に出かけましょう。）
　▪ 식사는 제 집에서 하시**지요**. （食事はうちでしましょう。）
　▪ 저희들과 같이 가시**지요**. （私たちと一緒に行きましょう。）
　▪ 지금 사는 집에서 그대로 사시**지요**. （今暮らしている家でそのまま暮らしましょう。）

처럼 【운동장**처럼** 넓다.（グラウンドみたいに広い。）】 『終声字の有無にかかわらず**처럼**が用いられる』 [助詞] 副詞格助詞	例 비**처럼**, 눈**처럼** 副詞語を表わす

1. 比較を表わす

   [類義] 만큼

   1. 〔類似した二つの対象を比較し，そのうちの一つを表わす語に付き〕'〜くらいに（同じ程度で）'，'〜のように'の意味。

   例 ▪ 집이 운동장**처럼** 넓다.（家がグラウンドみたいに広い。）
   - 우리 아이도 당신 아이들**처럼** 커요.（うちの子もお宅の子供たちくらいに大きいです。）
   - 1월의 동남아는 흔히 알려진 것**처럼** 그렇게 덥지는 않다.（1月の東南アジアは一般的に思われているほどそんなに暑くはない。）
   - 나도 너**처럼** 선생님이 되고 싶어.（私も君のように先生になりたいよ。）

   2. 〔否定的な内容を含んだ文や，疑問文の形式だが答を要求しない文で〕あるものに比べてその程度が甚だしい対象を表わす語に付き，'〜ほど'の意味。

   例 ▪ 그녀는 나**처럼** 나쁜 사람을 용서하지 않을 것이다.（彼女は私ほど悪い人間を許さないだろう。）
   - 송충이를 만질 때의 느낌**처럼** 싫은 것이 또 있을까？（毛虫を触るときの感触ほど嫌なものがまたとあろうか？）

2. 比喩を表わす

   [類義] 같이

   1. 〔状態や行為の比喩として用いられた語に付き〕'〜のように'，'〜の様子で'の意味。

   例 ▪ 그의 몸이 활**처럼** 휘어졌다.（彼の体が弓のようにしなった。）
   - 쓰레기가 태산**처럼** 쌓여 있었다.（ゴミが山のように積もっていた。）
   - 수많은 생각이 구름**처럼** 스쳐 가고 있었다.（数多くの思いが雲のようによぎって行った。）

- 그녀는 마치 공주나 되는 것**처럼** 걸었다. (彼女はあたかもお姫さまででもあるかのように歩いた。)
- 그는 마치 주인**처럼** 행세했다. (彼はまるで主（あるじ）のようにふるまった。)

参考 しばしば'마치 ～처럼'の形で用いられる。

2. 〔'～것처럼 하다'の形で用いられ〕'～のようにでっち上げる／だます'の意味。

例
- 둘이서 짜고 그 친구가 돈을 받은 것**처럼** 해서 속였다. (二人でぐるになり、そいつがお金を受け取ったようにしてだました。)
- 학교에 가는 것**처럼** 해서 몰래 도망갔다. (学校に行くふりをしてこっそり逃げ出した。)

3. '～のように (-듯이)'の意味

例
- 그들은 중립을 지키는 것**처럼** 보인다. (彼らは中立を守っているように見える。)
- 나는 아버지가 내 곁에 있는 것**처럼** 느꼈다. (私は父が私のそばにいるように感じた。)
- 그는 망설이는 것**처럼** 보였다. (彼はためらっているように見えた。)

参考 '보이다 (見える)、느끼다 (感じる)'のように判断を表わす動詞の前で '-ㄴ／-는／-ㄹ 것처럼 ～'の形で用いられる。

3. '～の通り (～대로)'の意味

1. 〔'누구의 말 (誰々の言葉)'、'누구의 짐작 (誰々の予想)' 等に付き〕'～と同じく'の意味。

例
- 정말 대성이의 말**처럼** 그 술은 독약 같았다. (本当にテソンの言葉通り、その酒は毒薬みたいだった。)
- 어느 유행가의 가사**처럼** 사랑은 눈물의 씨앗이다. (ある流行歌の歌詞通り、愛は涙の種である。)
- 네 짐작**처럼** 내가 널 사랑해. (君の予想通り、ぼくは君を愛してるよ。)

類義 대로、마따나

치고

【농담**치고** 진지한 거 봤어? (冗談でまじめな話なんかしないよ。)】

『終声字の有無にかかわらず**치고**が用いられる』

[助詞] 補助詞

例 여자**치고**, 학생**치고**

1. '～は例外なく全て'の意味。

例
- 농담**치고** 진지한 거 봤어? (冗談でまじめな話なんかしないよ。)
  - 친한 사이**치고** 한두 번 안 싸운 사람이 어디 있겠어? (親しい間柄で一度や二度のケンカもしたことのない人なんてどこにもいないよ。)
  - 남자**치고** 여자 싫어하는 사람 아직 못 봤다. (男で女が嫌いな人をまだ見たことがない。)

[参考] 1. '치고'の次に若干の休止がある。2. 後には否定文や修辞疑問文が用いられる。3. '치고서'の形でも用いられる。

2. 〔基準を表わす語に付き〕'その点では例外的に'の意味で用いられる。'～を基準にして考えると'の意味。

例
- 그는 많이 배운 사람**치고** 거만하지 않았다. (彼は高い教育を受けた人にしてはごう慢ではなかった。)
  - 50을 바라보는 나이**치고** 몸이 단단해 보였다. (50に手の届く年のわりには体ががっちりして見えた。)
  - 변명**치고** 꽤 그럴 듯하군. (言い訳にしちゃ, かなりそれっぽいなあ。)

[参考] '치고는', '치고서는', '치고서'の形でも用いられる。例 그는 많이 배운 사람**치고는/치고서/치고서는** 거만하지 않았다. (彼は高い教育を受けた人にしてはごう慢ではなかった。)

┌─ アドバイス ─┐

助詞'치고'と動詞'치고'の区別:

次の例の'치고'は動詞'치다 (見なす, ～とする)'の活用形である。上に挙げた補助詞'치고'の前には他の助詞を用いることができないのに対し, 次の'치고'の前には助詞'로'が付き得る。

例1: 우리는 둘째 **치고** 네가 더 걱정이다.
→우리는 둘째**로** 치고 네가 더 걱정이다. (私たちはともかく, 君がもっと心配だ。)

例2：버리는 셈 **치고** 쓰자.
　　→버리는 셈**으로** 치고 쓰자. (捨てるつもりで使おう。)

하고¹ 【누구하고 갔어요？(誰と行きましたか？)】

『終声字の有無にかかわらず**하고**が用いられる』

[助詞] 副詞格助詞

例 아내**하고**, 남편**하고**

副詞語を表わす

[類義] 과, 이랑

[全体参考] 1. '하고'は'과'と同じ意味だが'과'に比べ、主に話し言葉に用いられる。2. 話し言葉ではしばしば［하구］と発音する。

1. '〜と（共に）'の意味。

例 ▪ 누구**하고** 갔어요? (誰と行きましたか？)
　▪ 일요일에 친구들**하고** 등산가기로 했어요. (日曜日に友人たちと登山に行くことにしました。)
　▪ 지금 누구**하고** 이야기하는 거예요? (今誰と話しているのですか？)

2. 〔比較の対象を表わす語に付き〕'〜と（比較して）'の意味。

例 ▪ 너**하고** 나**하고**는 다르다. (君と私とは違う。)
　▪ 그 아이는 너**하고** 비슷한 나이더구나. (あの子はお前と似た年頃だったなあ。)

[参考] '비슷하다（似ている）, 비교하다（比較する）, 다르다（違う）, 같다（同じだ）, 가깝다（近い）, 친하다（親しい）'等と共に用いられる。

3. 相手にする対象を表わす。

例 ▪ 마이클은 구미코**하고** 결혼했다. (マイケルはくみ子と結婚した。)
　▪ 길에서 우연히 영남이**하고** 마주쳤다. (道で偶然ヨンナムに出くわした。)
　▪ 너, 나**하고** 사귀지 않을래? (君、ぼくと付き合わない？)
　▪ 그런 불량배들**하고** 어울리면 안 돼. (あんな不良たちと付き合っちゃだめだよ。)

[参考] '만나다（会う）, 사귀다（付き合う）, 싸우다（ケンカする）, 어울리다（似合う）, 결혼하다（結婚する）'等と共に用いられる。

[助詞] 接続助詞

1. 〔類似した事物を二つ以上挙げ，その語に付き〕'〜と（そして）'の意味。

例 ▪ 이번에는 너**하고** 나**하고** 이렇게 둘이만 가자. (今回は君とぼくの二人っきりで行こう。)

▪ 우리나라에서는 추석**하고** 설날이 가장 큰 명절이에요. (私たちの国では秋夕（陰暦8月15日のこと）と元旦が最も大きい祝日です。)

▪ 앞머리는 조금만 다듬고, 옆머리**하고** 뒷머리는 짧게 잘라 주세요. (前髪は軽くそろえて，横と後ろ髪は短く切って下さい。)

▪ 성함**하고** 주소를 말씀해 주세요. (お名前と住所をおっしゃって下さい。)

▪ 너**하고** 나는 한동네에 사니까 자주 만날 수 있잖아. (君とぼくは同じ町に住んでいるから，ちょくちょく会えるじゃない。)

[参考] '과'とは異なり，最後の語にも'하고'を用いることができる。例 너**하고** 나하고 （○）(君とぼくと)／너와 나와（×）

2. 〔'〜하고 〜하고'のように繰り返し用いられ，類似した事物を挙げてその語に付き〕'〜と〜と〜等が'の意味。

例 ▪ 준원이는 입**하고** 코**하고** 제 아빠를 안 닮은 데가 없다. (チュンウォンは口やら鼻やら，お父さんに似てないところが無い。)

▪ 수영복**하고** 물안경**하고** 다 준비해라. (水着とか水中メガネとか，全部準備しなさい。)

[類義] 이며, 하며.

하고² 【'쿵' 하고 소리가 났다. (「どしん」と音がした。)】

『終声字の有無にかかわらず**하고**が用いられる』

[助詞] 引用格助詞

例 '쿵' 하고, '푹' 하고

[関連語] 고², 라고¹

[全体参考] '말하다 (話す)'のような動詞と共に用いられる。'하다'とは共に用いることができない。2. '라고'に置き換えることはできない。例 북소리가 "둥둥"이라고 울렸다. （×）

1. 話の内容あるいは音や声を直接引用するときに用いられる。

例 ▪ '쿵' **하고** 소리가 났다. (「どしん」と音がした。)
  ▪ "빌어먹을!" **하고** 그가 중얼거렸다. (「くそったれ！」と彼がつぶやいた。)
  ▪ "수표도 괜찮습니까?" **하고** 물었다. (「小切手でもかまいませんか？」と尋ねた。)
  ▪ '어디 해 보라지.' **하고** 진수가 생각했다. (「ようし，やってみろってんだ。」とチンスは思った。)
  ▪ 어머니께서 '진수야!' **하고** 부르셨다. (母が「チンス！」と呼んだ。)
  ▪ 북소리가 "둥둥" **하고** 울렸다. (太鼓の音が「ドンドン」と鳴った。)

アドバイス

'하고' と '라고' の比較：

他の人の話を直接引用するときは '하고' と '라고' のどちらも用いられるが，考えた内容あるいは音や声を表わすときは '하고' だけが用いられる。

例1： ㄱ. "어서 오세요." **하고** 말했다. (○)(「いらっしゃいませ。」と言った。)
　　　ㄴ. "어서 오세요."라고 말했다. (○)(「いらっしゃいませ。」と言った。)
例2： ㄱ. 유미는 "아빠! 아빠!" **하고** 아빠 방으로 달려갔어요. (○)
　　　(ユミは「お父さん！ お父さん！」とお父さんの部屋に走って行きました。)
　　　ㄴ. 유미는 "아빠! 아빠!"라고 아빠 방으로 달려갔어요. (×)
例3： ㄱ. "흥!" **하고** 코웃음을 쳤다. (○)(「フン！」と鼻でせせら笑った。)
　　　ㄴ. "흥!"이라고 코웃음을 쳤다. (×)
例4： ㄱ. "어디 해 보라지." **하고** 영식이가 도전했다. (○)(「ようし，やってみろってんだ。」とヨンシクが立ち向かった。)
　　　ㄴ. "어디 해 보라지."라고 영식이가 도전했다. (×)

例1は他の人の話を直接引用したものなので '하고' と '라고' のどちらも用いられる。また例1ㄱは聞こえた声をそのまま表わしたものと見なすこともできる。しかし例2と例3はそれぞれ声をそのまま表わすものなので '라고' を用いることはできない。例4もヨンシクの考えを表わすものなので '라고' を用いることはできない。

한테

【친구한테 전화를 해요. (友達に電話をします。)】

『終声字の有無にかかわらず한테が用いられる』

[助詞] 副詞格助詞

[例] 아내한테, 남편한테

副詞語を表わす

[類義] 더러, 보고, 에게

[全体参考] 1. 人や動物を表わす語に付いて用いられる。 2. '에게'の話し言葉である。

1. 〔行為者の行為を受ける対象を表わす語に付き〕'(その対象)に'の意味。

例 ■ 친구한테 전화를 해요. (友達に電話をします。)
　　■ 가방을 친구한테 맡겼다. (カバンを友達に預けた。)
　　■ 저는 어머니한테 편지를 씁니다. (私は母に手紙を書きます。)
　　■ 이것은 너한테 주는 선물이다. (これは君にあげるプレゼントだ。)
　　■ 그 책을 누구한테 주었어요? (あの本を誰にあげましたか?)

[参考] '주다 (あげる), 가르치다 (教える), 맡기다 (預ける), 가다 (行く), 보이다 (見せる)'のような動詞と共に用いられる。

2. 〔ある状態が起こる固定した位置を表わす語に付き〕'間に, 中に'の意味で用いられる。

例 ■ 나한테 극장 전화번호 있어. (ぼくのところに映画館の電話番号あるよ。)
　　■ 누나한테 뭐 안 좋은 일 있어요? (お姉さんに何か良くないことがあるんですか?)
　　■ 너한테 색연필 있니? (お前, 色鉛筆持ってる?)
　　■ 나한테 돈이 좀 있다. (私にお金が少しある。)

[参考] '있다 (いる, ある), 남다 (残る), 없다 (いない, ない), 많다 (多い), 적다 (少ない), 생기다 (生じる)'等と共に用いられる。

3. 〔行為の進行方向や目的地を表わす語に付き〕'～に向かって'の意味で用いられる。

例 ■ 마이클이 조금씩 제인한테 다가왔다. (マイケルが少しずつジェーンに近寄って来た。)
　　■ 철수한테 뛰어가는 아이들. (チョルスに駆け寄る子供たち。)
　　■ 아기가 엄마한테 걸어가다 넘어졌다. (赤ちゃんがお母さんに向かって歩

いているとき転んだ。）
- 친구**한테** 가는 길에 가게에 들렀다．（友達のところに行く途中で店に寄った。）

参考 1. '가다（行く），오다（来る）'等の動詞と共に用いられる。2. '한테로'に置き換えることができる。例 제인**한테로** 다가갔다．（ジェーンに近寄って行った。）

4. 〔受動文で行為者を表わす語に付き〕'～によって（～에 의해）'の意味で用いられる。

例 - 진수**한테** 쫓기다가 넘어졌어．（チンスに追いかけられていて転んだよ。）
- 지나가는 사람**한테** 발이 밟혔어．（通りすがりの人に足を踏まれたよ。）

参考 '빼앗기다（奪われる），밟히다（踏まれる），쫓기다（追われる）'のような動詞と共に用いられる。

5. 〔ある行為を加える人を表わす語に付き〕'～から（～로부터）'の意味で用いられる。

例 - 소영 씨라면 남편**한테** 어떤 선물을 받고 싶어요？（ソヨンさんでしたらご主人にどんなプレゼントをもらいたいですか？）
- 그 얘기를 친구**한테** 들었어．（その話を友達に聞いたよ。）
- 여자 친구**한테** 선물을 받았어요．（ガールフレンドにプレゼントをもらいました。）
- 친구 어머님**한테** 한국말을 배웠어요．（友達のお母さんに韓国語を習いました。）

参考 1. '받다（受ける，～される），얻다（得る），당하다（こうむる，～される）'のような動詞と共に用いられる。2. '한테서'を用いるべきところに '한테' を用いたものである。例 친구**한테서** 들었어．（友達から聞いたよ。）

6. 〔ある行為をさせられる対象を表わす語に付き〕'（人）に～させる'，'（人）が～するように'の意味で用いられる。

例 - 영철이**한테** 사 오게 시키자．（ヨンチョルに買って来させよう。）
- 어머니가 유미**한테** 책을 읽힙니다．（お母さんがユミに本を読ませます。）

参考 '읽히다（読ませる），입히다（着せる），-게 하다（～させる）'等の使役表現に用いられる。

7. 〔ある感情を抱かせる対象を表わす語に付き〕'～に対して'の意味で用いられる。

例 - 민희**한테** 미안해요．（ミンヒに申し訳ないです。）

- 당신**한테** 실망했어요. (あなたに失望しました。)

  参考 '느끼다（感じる），실망하다（失望する）'のような動詞と共に用いられる。

8. 〔ある感情や状態を感じる主体を表わす語に付き〕'〜が感じるには'の意味で用いられる。

例
- 김치는 저**한테** 너무 매워요. (キムチは私にとって辛すぎます。)
- 진수**한테** 이 책은 좀 어려울 것 같아요. (チンスにとってこの本は少し難しそうです。)

  参考 '쉽다（易しい），새롭다（新しい），필요하다（必要だ）'のような形容詞と共に用いられる。

9. 〔何らかの基準であることを表わす語に付き〕'〜を基準とすると，〜と（〜과）'の意味で用いられる。

例
- 이 일이 저**한테** 잘 맞는지 모르겠습니다. (この仕事が自分に向いているのか分かりません。)
- 이 옷이 유미**한테** 잘 어울리네요. (この服はユミによく似合いますね。)

  参考 '맞다（合う），알맞다（ちょうど良い），어울리다（似合う）'等と共に用いられる。

10. 〔比較の対象を表わす語に付き〕'〜と比較したら，〜と（〜과）'の意味で用いられる。

例
- 진수**한테** 비하면 우리 영숙이는 아직도 어린아이지. (チンスに比べたら，うちのヨンスクはまだまだ子供だよ。)
- 달리기만 하면 대성이는 항상 마이클**한테** 뒤져요. (かけっこをするたびにテソンはいつもマイケルに負けます。)

  参考 '비하다（比べる），뒤지다（遅れを取る）'のような動詞と共に用いられる。

한테서

【누구**한테서** 배워요? (誰から習っていますか？)】

『終声字の有無にかかわらず**한테서**が用いられる』

助詞 副詞格助詞

例 너**한테서**，남편**한테서**

副詞語を表わす

全体参考 1. 人間名詞と共に用いられる。 2. '한테서'は話し言葉で用いられ，'에게서'は主に書き言葉で用いられる。例 한국말을 누구**에게서** 배워요? (韓国語を

誰から習っていますか？）
1. 〔言葉，行動，状況の出どころとなった人を表わす語に付き〕'～から（～에게서，～로부터）'の意味。

例 ▪ 한국말을 누구**한테서** 배워요？（韓国語を誰から習っていますか？）
　▪ 어제 아버지**한테서** 편지가 왔습니다．（昨日父から手紙が来ました。）
　▪ 아이**한테서** 이상한 냄새가 났다．（子供から変な匂いがした。）

2. 〔ある行為を加える人を表わす語に付き〕'～によって（～에 의해）'の意味。

例 ▪ 진수는 어제 나**한테서** 혼났기 때문에 오늘 풀이 죽어 있었다．（チンスは昨日私から叱られたので，今日しょんぼりとしていた。）
　▪ 그들 부부는 마을 사람들**한테서** 존경을 받았다．（彼ら夫婦は村の人たちから尊敬された。）

3. 〔ある行為が起こる位置を表わす語に付き〕'中で，間で'の意味。

例 ▪ 어떡하니，네가 우리**한테서** 태어난걸．（どうしようもないだろ，お前は私たちから生まれたんだもの。）
　▪ 그 애는 할머니**한테서** 행복하게 잘 자라고 있어요．（その子はおばあさんのところで幸せにちゃんと育っています。）

4. 〔感情や考えの対象となる人を表わす語に付き〕'～にとって（～에게 있어서）'の意味。

例 ▪ 너**한테서** 좋은 점은，화장을 안 해서 순수해 보인다는 점이야．（君の良いところは，化粧をしないから純粋に見えるというところだよ。）
　▪ 아내**한테서** 특별히 싫은 점은 게으르다는 점이다．（妻のことで特に嫌なところはものぐさだというところである。）

付録

1. 用言活用表
2. 助詞結合目録と例

付録1：用言活用表　表 1-1

単語	品詞	例文	修飾する語尾 現在形 -는/-ㄴ	連結語尾 理由 -(으)니까	原因 -아서/-어서	条件 -(으)면	対等連結 -고	意図 -(으)려고	反対 -지만
가깝다 (近い)	形容詞	학교에서 가깝다. (学校から近い。)	가까운	가까우니까	가까워서	가까우면	가깝고	–	가깝지만
가늘다 (細い)	形容詞	손가락이 가늘다. (指が細い。)	가는	가느니까	가늘어서	가늘면	가늘고	–	가늘지만
가다 (行く)	動詞	학교에 가다. (学校に行く。)	가는	가니까	가서	가면	가고	가려고	가지만
가르치다 (教える)	動詞	학생을 가르치다. (学生を教える。)	가르치는	가르치니까	가르쳐서	가르치면	가르치고	가르치려고	가르치지만
가리다 (覆う)	動詞	얼굴을 가리다. (顔を覆う。)	가리는	가리니까	가려서	가리면	가리고	가리려고	가리지만
가리키다 (指す)	動詞	남쪽을 가리키다. (南を指す。)	가리키는	가리키니까	가리켜서	가리키면	가리키고	가리키려고	가리키지만
가볍다 (軽い)	形容詞	종이가 가볍다. (紙が軽い。)	가벼운	가벼우니까	가벼워서	가벼우면	가볍고	–	가볍지만
가지다 (持つ)	動詞	돈을 가지다. (お金を持つ。)	가지는	가지니까	가져서	가지면	가지고	가지려고	가지지만
가파르다 (険しい)	形容詞	산이 가파르다. (山が険しい。)	가파른	가파르니까	가팔라서	가파르면	가파르고	–	가파르지만
갈다 (研ぐ)	動詞	칼을 갈다. (刃物を研ぐ。)	가는	가니까	갈아서	갈면	갈고	갈려고	갈지만
감기다 (洗わせる)	動詞	머리를 감기다. (頭を洗わせる。)	감기는	감기니까	감겨서	감기면	감기고	감기려고	감기지만
감다 (閉じる)	動詞	눈을 감다. (目を閉じる。)	감는	감으니까	감아서	감으면	감고	감으려고	감지만
감추다 (隠す)	動詞	돈을 감추다. (お金を隠す。)	감추는	감추니까	감춰서	감추면	감추고	감추려고	감추지만
개다 (晴れる)	動詞	날이 개다. (天気が晴れる。)	개는	개니까	개서	개면	개고	개려고	개지만
거스르다 (つりを出す)	動詞	돈을 거스르다. (おつりを払う。)	거스르는	거스르니까	거슬러서	거스르면	거스르고	거스르려고	거스르지만
거칠다 (荒い)	形容詞	피부가 거칠다. (皮膚が荒い。)	거친	거치니까	거칠어서	거칠면	거칠고	–	거칠지만
건너다 (渡る)	動詞	강을 건너다. (川を渡る。)	건너는	건너니까	건너서	건너면	건너고	건너려고	건너지만
걷다 (歩く)	動詞	아이가 걷다. (子供が歩く。)	걷는	걸으니까	걸어서	걸으면	걷고	걸으려고	걷지만
걸다 (かける)	動詞	수건을 걸다. (タオルをかける。)	거는	거니까	걸어서	걸면	걸고	걸려고	걸지만
걸리다 (つまずく)	動詞	돌에 걸리다. (石につまずく。)	걸리는	걸리니까	걸려서	걸리면	걸리고	걸리려고	걸리지만
게으르다 (怠惰だ)	形容詞	동생이 게으르다. (弟(妹)が怠け者だ。)	게으른	게으르니까	게을러서	게으르면	게으르고	–	게으르지만
견디다 (耐える)	動詞	어려움을 견디다. (苦難に耐える。)	견디는	견디니까	견뎌서	견디면	견디고	견디려고	견디지만
계시다 (いらっしゃる)	動詞	선생님이 계시다. (先生がいらっしゃる。)	계시는	계시니까	계셔서	계시면	계시고	계시려고	계시지만
고르다1 (選ぶ)	動詞	물건을 고르다. (品物を選ぶ。)	고르는	고르니까	골라서	고르면	고르고	고르려고	고르지만
고르다2 (そろっている)	形容詞	이가 고르다. (歯がそろっている。)	고른	고르니까	골라서	고르면	고르고	–	고르지만

表 1-2

単語	終結語尾								
	平叙				疑問		感嘆	命令	勧誘
	-아/-어	-ㄴ다/-다	-ㅂ니다/-습니다	-았다/-었다	-느냐/-(으)냐	-니	-는구나/-구나	-아라/-어라	-자
가깝다 (近い)	가까워	가깝다	가깝습니다	가까웠다	가까우냐	가깝니	가깝구나	–	–
가늘다 (細い)	가늘어	가늘다	가늡니다	가늘었다	가느냐	가느니	가늘구나	–	–
가다 (行く)	가	간다	갑니다	갔다	가느냐	가니	가는구나	가라	가자
가르치다 (教える)	가르쳐	가르친다	가르칩니다	가르쳤다	가르치느냐	가르치니	가르치는구나	가르쳐라	가르치자
가리다 (覆う)	가려	가린다	가립니다	가렸다	가리느냐	가리니	가리는구나	가려라	가리자
가리키다 (指す)	가리켜	가리킨다	가리킵니다	가리켰다	가리키느냐	가리키니	가리키는구나	가리켜라	가리키자
가볍다 (軽い)	가벼워	가볍다	가볍습니다	가벼웠다	가벼우냐	가볍니	가볍구나	–	–
가지다 (持つ)	가져	가진다	가집니다	가졌다	가지느냐	가지니	가지는구나	가져라	가지자
가파르다 (険しい)	가팔라	가파르다	가파릅니다	가팔랐다	가파르냐	가파르니	가파르구나	–	–
갈다 (研ぐ)	갈아	간다	갑니다	갈았다	가느냐	가니	가는구나	갈아라	갈자
감기다 (洗わせる)	감겨	감긴다	감깁니다	감겼다	감기느냐	감기니	감기는구나	감겨라	감기자
감다 (閉じる)	감아	감는다	감습니다	감았다	감느냐	감니	감는구나	감아라	감자
감추다 (隠す)	감춰	감춘다	감춥니다	감췄다	감추느냐	감추니	감추는구나	감춰라	감추자
개다 (晴れる)	개	갠다	갭니다	갰다	개느냐	개니	개는구나	개라	–
거스르다 (つりを出す)	거슬러	거스른다	거스릅니다	거슬렀다	거스르느냐	거스르니	거스르는구나	거슬러라	거스르자
거칠다 (荒い)	거칠어	거칠다	거칩니다	거칠었다	거치냐	거치니	거칠구나	–	–
건너다 (渡る)	건너	건넌다	건넙니다	건넜다	건너느냐	건너니	건너는구나	건너라	건너자
걷다 (歩く)	걸어	걷는다	걷습니다	걸었다	걷느냐	걷니	걷는구나	걸어라	걷자
걸다 (かける)	걸어	건다	겁니다	걸었다	거느냐	거니	거는구나	걸어라	걸자
걸리다 (つまずく)	걸려	걸린다	걸립니다	걸렸다	걸리느냐	걸리니	걸리는구나	걸려라	–
게으르다 (怠惰だ)	게을러	게으르다	게으릅니다	게을렀다	게으르냐	게으르니	게으르구나	–	–
견디다 (耐える)	견뎌	견딘다	견딥니다	견뎠다	견디느냐	견디니	견디는구나	견뎌라	견디자
계시다 (いらっしゃる)	계셔	계신다	계십니다	계셨다	계시느냐	계시니	계시는구나	–	–
고르다1 (選ぶ)	골라	고른다	고릅니다	골랐다	고르느냐	고르니	고르는구나	골라라	고르자
고르다2 (そろっている)	골라	고르다	고릅니다	골랐다	고르냐	고르니	고르구나	–	–

表 2-1

単語	品詞	例文	修飾する語尾 現在形 -는/-ㄴ	連結語尾 理由 -(으)니까	原因 -아서/-어서	条件 -(으)면	対等連結 -고	意図 -(으)려고	反対 -지만
고맙다 (ありがたい)	形容詞	고맙습니다. (ありがとうございます。)	고마운	고마우니까	고마워서	고마우면	고맙고	—	고맙지만
고이다 (たまる)	動詞	빗물이 고이다. (雨水がたまる。)	고이는	고이니까	고여서	고이면	고이고	고이려고	고이지만
고치다 (直す)	動詞	문을 고치다. (ドアを直す。)	고치는	고치니까	고쳐서	고치면	고치고	고치려고	고치지만
고프다 (空腹だ)	形容詞	배가 고프다. (お腹が空いている。)	고픈	고프니까	고파서	고프면	고프고	—	고프지만
곱다 (きれいだ)	形容詞	마음씨가 곱다. (気立てが優しい。)	고운	고우니까	고와서	고우면	곱고	—	곱지만
괴다 (支える)	動詞	턱을 괴다. (頬づえをつく。)	괴는	괴니까	괴어서, 괘서	괴면	괴고	괴려고	괴지만
괴롭다 (苦しい)	形容詞	마음이 괴롭다. (心が苦しい。)	괴로운	괴로우니까	괴로워서	괴로우면	괴롭고	—	괴롭지만
구르다 (転がる)	動詞	공이 구르다. (ボールが転がる。)	구르는	구르니까	굴러서	구르면	구르고	구르려고	구르지만
굴리다 (転がす)	動詞	공을 굴리다. (ボールを転がす。)	굴리는	굴리니까	굴려서	굴리면	굴리고	굴리려고	굴리지만
굽다1 (焼く)	動詞	빵을 굽다. (パンを焼く。)	굽는	구우니까	구워서	구우면	굽고	구우려고	굽지만
굽다2 (曲がる)	動詞	허리가 굽다. (腰が曲がっている。)	굽는	굽으니까	굽어서	굽으면	굽고	—	굽지만
귀엽다 (かわいい)	形容詞	아기가 귀엽다. (赤ちゃんがかわいい。)	귀여운	귀여우니까	귀여워서	귀여우면	귀엽고	—	귀엽지만
그렇다 (そうだ)	形容詞	상황이 그렇다. (状況がそうである。)	그런	그러니까	그래서	그러면	그렇고	—	그렇지만
그르다 (間違っている)	形容詞	판단이 그르다. (判断が間違っている。)	그른	그르니까	글러서	그르면	그르고	—	그르지만
그리다 (描く)	動詞	그림을 그리다. (絵を描く。)	그리는	그리니까	그려서	그리면	그리고	그리려고	그리지만
그립다 (恋しい)	形容詞	가족이 그립다. (家族が恋しい。)	그리운	그리우니까	그리워서	그리우면	그립고	—	그립지만
긋다 (引く)	動詞	선을 긋다. (線を引く。)	긋는	그으니까	그어서	그으면	긋고	그으려고	긋지만
기다리다 (待つ)	動詞	친구를 기다리다. (友達を待つ。)	기다리는	기다리니까	기다려서	기다리면	기다리고	기다리려고	기다리지만
기르다 (育てる)	動詞	개를 기르다. (犬を育てる。)	기르는	기르니까	길러서	기르면	기르고	기르려고	기르지만
기쁘다 (うれしい)	形容詞	널 만나 기쁘다. (君に会えてうれしい。)	기쁜	기쁘니까	기뻐서	기쁘면	기쁘고	—	기쁘지만
기울이다 (傾ける)	動詞	몸을 기울이다. (体を傾ける。)	기울이는	기울이니까	기울여서	기울이면	기울이고	기울이려고	기울이지만
길다 (長い)	形容詞	다리가 길다. (足が長い。)	긴	기니까	길어서	길면	길고	—	길지만
깁다 (繕う)	動詞	옷을 깁다. (服を繕う。)	깁는	기우니까	기워서	기우면	깁고	기우려고	깁지만
까다 (むく)	動詞	껍질을 까다. (皮をむく。)	까는	까니까	까서	까면	까고	까려고	까지만
까맣다 (真っ黒だ)	形容詞	눈동자가 까맣다. (瞳が黒い。)	까만	까마니까	까매서	까마면	까맣고	—	까맣지만

表 2-2

単語	終結語尾								
	平叙				疑問		感嘆	命令	勧誘
	-아/-어	-ㄴ다/-다	-ㅂ니다/-습니다	-았다/-었다	-느냐/-(으)냐	-니	-는구나/-구나	-아라/-어라	-자
고맙다 (ありがたい)	고마워	고맙다	고맙습니다	고마웠다	고마우냐	고맙니	고맙구나	—	—
고이다 (たまる)	고여	고인다	고입니다	고였다	고이느냐	고이니	고이는구나	고여라	—
고치다 (直す)	고쳐	고친다	고칩니다	고쳤다	고치느냐	고치니	고치는구나	고쳐라	고치자
고프다 (空腹だ)	고파	고프다	고픕니다	고팠다	고프냐	고프니	고프구나	—	—
곱다 (きれいだ)	고와	곱다	곱습니다	고왔다	고우냐	고우니	곱구나	—	—
괴다 (支える)	괘	괸다	굅니다	괴었다, 괬다	괴느냐	괴니	괴는구나	괴어라, 괘라	괴자
괴롭다 (苦しい)	괴로워	괴롭다	괴롭습니다	괴로웠다	괴로우냐	괴롭니	괴롭구나	—	—
구르다 (転がる)	굴러	구른다	구릅니다	굴렀다	구르느냐	구르니	구르는구나	굴러라	구르자
굴리다 (転がす)	굴려	굴린다	굴립니다	굴렸다	굴리느냐	굴리니	굴리는구나	굴려라	굴리자
굽다1 (焼く)	구워	굽는다	굽습니다	구웠다	굽느냐	굽니	굽는구나	구워라	굽자
굽다2 (曲がる)	굽어	굽는다	굽습니다	굽었다	굽느냐	굽니	굽는구나	—	—
귀엽다 (かわいい)	귀여워	귀엽다	귀엽습니다	귀여웠다	귀여우냐	귀엽니	귀엽구나	—	—
그렇다 (そうだ)	그래	그렇다	그렇습니다	그랬다	그러냐	그렇니	그렇구나	—	—
그르다 (間違っている)	글러	그르다	그릅니다	글렀다	그르냐	그르니	그르구나	—	—
그리다 (描く)	그려	그린다	그립니다	그렸다	그리느냐	그리니	그리는구나	그려라	그리자
그립다 (恋しい)	그리워	그립다	그립습니다	그리웠다	그리우냐	그립니	그립구나	—	—
긋다 (引く)	그어	긋는다	긋습니다	그었다	긋느냐	긋니	긋는구나	그어라	긋자
기다리다 (待つ)	기다려	기다린다	기다립니다	기다렸다	기다리느냐	기다리니	기다리는구나	기다려라	기다리자
기르다 (育てる)	길러	기른다	기릅니다	길렀다	기르느냐	기르니	기르는구나	길러라	기르자
기쁘다 (うれしい)	기뻐	기쁘다	기쁩니다	기뻤다	기쁘냐	기쁘니	기쁘구나	—	—
기울이다 (傾ける)	기울여	기울인다	기울입니다	기울였다	기울이느냐	기울이니	기울이는구나	기울여라	기울이자
길다 (長い)	길어	길다	깁니다	길었다	기냐	기니	길구나	—	—
깁다 (繕う)	기워	깁는다	깁습니다	기웠다	깁느냐	깁니	깁는구나	기워라	깁자
까다 (むく)	까	깐다	깝니다	깠다	까느냐	까니	까는구나	까라	까자
까맣다 (真っ黒い)	까매	까맣다	까맣습니다	까맸다	까마냐	까맣니	까맣구나	—	—

表 3-1

単語	品詞	例文	修飾する語尾 現在形 -는/-ㄴ	連結語尾 理由 -(으)니까	原因 -아서/-어서	条件 -(으)면	対等連結 -고	意図 -(으)려고	反対 -지만
깨끗하다 (きれいだ)	形容詞	방이 깨끗하다. (部屋がきれいだ。)	깨끗한	깨끗하니까	깨끗해서	깨끗하면	깨끗하고	—	깨끗하지만
깨다 (割る)	動詞	계란을 깨다. (卵を割る。)	깨는	깨니까	깨서	깨면	깨고	깨려고	깨지만
깨닫다 (悟る)	動詞	잘못을 깨닫다. (過ちを悟る。)	깨닫는	깨달으니까	깨달아서	깨달으면	깨닫고	깨달으려고	깨닫지만
깨뜨리다 (割る)	動詞	술잔을 깨뜨리다. (杯を割る。)	깨뜨리는	깨뜨리니까	깨뜨려서	깨뜨리면	깨뜨리고	깨뜨리려고	깨뜨리지만
깨우다 (覚ます)	動詞	잠을 깨우다. (眠りを覚ます。)	깨우는	깨우니까	깨워서	깨우면	깨우고	깨우려고	깨우지만
꺼내다 (取り出す)	動詞	책을 꺼내다. (本を取り出す。)	꺼내는	꺼내니까	꺼내서	꺼내면	꺼내고	꺼내려고	꺼내지만
꾸다 ((夢を)見る)	動詞	꿈을 꾸다. (夢を見る。)	꾸는	꾸니까	꿔서	꾸면	꾸고	꾸려고	꾸지만
끄다 (消す)	動詞	불을 끄다. (火を消す。)	끄는	끄니까	꺼서	끄면	끄고	끄려고	끄지만
끌리다 (引きずられる)	動詞	치마가 끌리다. (スカートが引きずられる。)	끌리는	끌리니까	끌려서	끌리면	끌리고	끌리려고	끌리지만
끓이다 (沸かす)	動詞	물을 끓이다. (湯を沸かす。)	끓이는	끓이니까	끓여서	끓이면	끓이고	끓이려고	끓이지만
끝나다 (終わる)	動詞	수업이 끝나다. (授業が終わる。)	끝나는	끝나니까	끝나서	끝나면	끝나고	끝나려고	끝나지만
끝내다 (終える)	動詞	수업을 끝내다. (授業を終える。)	끝내는	끝내니까	끝내서	끝내면	끝내고	끝내려고	끝내지만
끼다 (はめる)	動詞	반지를 끼다. (指輪をはめる。)	끼는	끼니까	껴서	끼면	끼고	끼려고	끼지만
나가다 (出かける)	動詞	밖으로 나가다. (外に出かける。)	나가는	나가니까	나가서	나가면	나가고	나가려고	나가지만
나누다 (分ける)	動詞	빵을 나누다. (パンを分ける。)	나누는	나누니까	나눠서	나누면	나누고	나누려고	나누지만
나다 (出る)	動詞	새싹이 나다. (若芽が出る。)	나는	나니까	나서	나면	나고	나려고	나지만
나르다 (運ぶ)	動詞	물건을 나르다. (品物を運ぶ。)	나르는	나르니까	날라서	나르면	나르고	나르려고	나르지만
나무라다 (叱る)	動詞	아이를 나무라다. (子供を叱る。)	나무라는	나무라니까	나무라서	나무라면	나무라고	나무라려고	나무라지만
나쁘다 (悪い)	形容詞	날씨가 나쁘다. (天気が悪い。)	나쁜	나쁘니까	나빠서	나쁘면	나쁘고	—	나쁘지만
날다 (飛ぶ)	動詞	새가 날다. (鳥が飛ぶ。)	나는	나니까	날아서	날면	날고	날려고	날지만
날리다 (飛ばす)	動詞	연을 날리다. (凧を揚げる。)	날리는	날리니까	날려서	날리면	날리고	날리려고	날리지만
남기다 (残す)	動詞	밥을 남기다. (ご飯を残す。)	남기는	남기니까	남겨서	남기면	남기고	남기려고	남기지만
낫다 (治る)	動詞	병이 낫다. (病気が治る。)	낫는	나으니까	나아서	나으면	낫고	나으려고	낫지만
내다 (出す)	動詞	돈을 내다. (お金を出す。)	내는	내니까	내서	내면	내고	내려고	내지만
내리다 (下ろす)	動詞	짐을 내리다. (荷物を下ろす。)	내리는	내리니까	내려서	내리면	내리고	내리려고	내리지만

表 3-2

単語	終結語尾								
	平叙				疑問		感嘆	命令	勧誘
	-아/-어	-ㄴ다/-다	-ㅂ니다/-습니다	-았다/-었다	-느냐/-(으)냐	-니	-는구나/-구나	-아라/-어라	-자
깨끗하다 (きれいだ)	깨끗해	깨끗하다	깨끗합니다	깨끗했다	깨끗하냐	깨끗하니	깨끗하구나	－	－
깨다 (割る)	깨	깬다	깹니다	깼다	깨느냐	깨니	깨는구나	깨라	깨자
깨닫다 (悟る)	깨달아	깨닫는다	깨닫습니다	깨달았다	깨닫느냐	깨닫니	깨닫는구나	깨달아라	깨닫자
깨뜨리다 (割る)	깨뜨려	깨뜨린다	깨뜨립니다	깨뜨렸다	깨뜨리느냐	깨뜨리니	깨뜨리는구나	깨뜨려라	깨뜨리자
깨우다 (覚ます)	깨워	깨운다	깨웁니다	깨웠다	깨우느냐	깨우니	깨우는구나	깨워라	깨우자
꺼내다 (取り出す)	꺼내	꺼낸다	꺼냅니다	꺼냈다	꺼내느냐	꺼내니	꺼내는구나	꺼내라	꺼내자
꾸다 ((夢を) 見る)	꿔	꾼다	꿉니다	꿨다	꾸느냐	꾸니	꾸는구나	꿔라	꾸자
끄다 (消す)	꺼	끈다	끕니다	껐다	끄느냐	끄니	끄는구나	꺼라	끄자
끌리다 (引きずられる)	끌려	끌린다	끌립니다	끌렸다	끌리느냐	끌리니	끌리는구나	－	－
끓이다 (沸かす)	끓여	끓인다	끓입니다	끓였다	끓이느냐	끓이니	끓이는구나	끓여라	끓이자
끝나다 (終わる)	끝나	끝난다	끝납니다	끝났다	끝나느냐	끝나니	끝나는구나	－	－
끝내다 (終える)	끝내	끝낸다	끝냅니다	끝냈다	끝내느냐	끝내니	끝내는구나	끝내라	끝내자
끼다 (はめる)	껴	낀다	낍니다	꼈다	끼느냐	끼니	끼는구나	껴라	끼자
나가다 (出かける)	나가	나간다	나갑니다	나갔다	나가느냐	나가니	나가는구나	나가라	나가자
나누다 (分ける)	나눠	나눈다	나눕니다	나눴다	나누느냐	나누니	나누는구나	나눠라	나누자
나다 (出る)	나	난다	납니다	났다	나느냐	나니	나는구나	나라	?나자
나르다 (運ぶ)	날라	나른다	나릅니다	날랐다	나르느냐	나르니	나르는구나	날라라	나르자
나무라다 (叱る)	나무라	나무란다	나무랍니다	나무랐다	나무라느냐	나무라니	나무라는구나	나무라라	나무라자
나쁘다 (悪い)	나빠	나쁘다	나쁩니다	나빴다	나쁘냐	나쁘니	나쁘구나	－	－
날다 (飛ぶ)	날아	난다	납니다	날았다	나느냐	나니	나는구나	날아라	날자
날리다 (飛ばす)	날려	날린다	날립니다	날렸다	날리느냐	날리니	날리는구나	날려라	날리자
남기다 (残す)	남겨	남긴다	남깁니다	남겼다	남기느냐	남기니	남기는구나	남겨라	남기자
낫다 (治る)	나아	낫는다	낫습니다	나았다	낫느냐	낫니	낫는구나	나아라	?낫자
내다 (出す)	내	낸다	냅니다	냈다	내느냐	내니	내는구나	내라	내자
내리다 (下ろす)	내려	내린다	내립니다	내렸다	내리느냐	내리니	내리는구나	내려라	내리자

表 4-1

単語	品詞	例文	修飾する語尾 現在形 -는/-ㄴ	連結語尾 理由 -(으)니까	原因 -아서/-어서	条件 -(으)면	対等連結 -고	意図 -(으)려고	反対 -지만
너그럽다 (寛大だ)	形容詞	마음이 너그럽다. (心が広い。)	너그러운	너그러우니까	너그러워서	너그러우면	너그럽고	—	너그럽지만
널다 (干す)	動詞	빨래를 널다. (洗濯物を干す。)	너는	너니까	널어서	널면	널고	널려고	널지만
넘기다 (めくる)	動詞	책장을 넘기다. (ページをめくる。)	넘기는	넘기니까	넘겨서	넘기면	넘기고	넘기려고	넘기지만
노랗다 (黄色い)	形容詞	개나리가 노랗다. (レンギョウが黄色い。)	노란	노라니까	노래서	노라면	노랗고	—	노랗지만
놀다 (遊ぶ)	動詞	아이가 놀다. (子供が遊ぶ。)	노는	노니까	놀아서	놀면	놀고	놀려고	놀지만
놀라다 (驚く)	動詞	아이가 놀라다. (子供が驚く。)	놀라는	놀라니까	놀라서	놀라면	놀라고	놀라려고	놀라지만
놀랍다 (驚くべきだ)	形容詞	솜씨가 놀랍다. (腕前が驚くほどだ。)	놀라운	놀라우니까	놀라워서	놀라우면	놀랍고	—	놀랍지만
놀리다 (からかう)	動詞	친구가 놀리다. (友達がからかう。)	놀리는	놀리니까	놀려서	놀리면	놀리고	놀리려고	놀리지만
놓다 (置く)	動詞	책을 책상에 놓다. (本を机に置く。)	놓는	놓으니까	놓아서	놓으면	놓고	놓으려고	놓지만
누렇다 (黄色い)	形容詞	나뭇잎이 누렇다. (木の葉が黄色い。)	누런	누러니까	누레서	누러면	누렇고	—	누렇지만
누르다 (押す)	動詞	초인종을 누르다. (呼び鈴を押す。)	누르는	누르니까	눌러서	누르면	누르고	누르려고	누르지만
눕다 (横たわる)	動詞	풀밭에 눕다. (草原に横たわる。)	눕는	누우니까	누워서	누우면	눕고	누우려고	눕지만
느끼다 (感じる)	動詞	사랑을 느끼다. (愛を感じる。)	느끼는	느끼니까	느껴서	느끼면	느끼고	느끼려고	느끼지만
느리다 (のろい)	形容詞	행동이 느리다. (行動がのろい。)	느린	느리니까	느려서	느리면	느리고	—	느리지만
늘다 (増える)	動詞	몸무게가 늘다. (体重が増える。)	느는	느니까	늘어서	늘면	늘고	늘려고	늘지만
다니다 (通う)	動詞	학교에 다니다. (学校に通う。)	다니는	다니니까	다녀서	다니면	다니고	다니려고	다니지만
다다르다 (たどり着く)	動詞	현장에 다다르다. (現場にたどり着く。)	다다르는	다다르니까	다다라서	다다르면	다다르고	다다르려고	다다르지만
다르다 (違う)	形容詞	나는 너와 다르다. (ぼくは君と違う。)	다른	다르니까	달라서	다르면	다르고	—	다르지만
다치다 (けがする)	動詞	손목을 다치다. (手首をけがする。)	다치는	다치니까	다쳐서	다치면	다치고	다치려고	다치지만
달다1 (つける)	動詞	옷에 단추를 달다. (服にボタンをつける。)	다는	다니까	달아서	달면	달고	달려고	달지만
달다2 (甘い)	形容詞	설탕이 달다. (砂糖が甘い。)	단	다니까	달아서	달면	달고	—	달지만
달리다 (走る)	動詞	아이가 달리다. (子供が走る。)	달리는	달리니까	달려서	달리면	달리고	달리려고	달리지만
담그다 (漬ける)	動詞	김치를 담그다. (キムチを漬ける。)	담그는	담그니까	담가서	담그면	담그고	담그려고	담그지만
더럽다 (汚れている)	形容詞	운동화가 더럽다. (運動靴が汚れている。)	더러운	더러우니까	더러워서	더러우면	더럽고	—	더럽지만
던지다 (投げる)	動詞	공을 던지다. (ボールを投げる。)	던지는	던지니까	던져서	던지면	던지고	던지려고	던지지만

表 4-2

単語	終結語尾								
	平叙				疑問		感嘆	命令	勧誘
	-아/-어	-ㄴ다/-다	-ㅂ니다/-습니다	-았다/-었다	-느냐/-(으)냐	-니	-는구나/-구나	-아라/-어라	-자
너그럽다 (寛大だ)	너그러워	너그럽다	너그럽습니다	너그러웠다	너그러우냐	너그러니	너그럽구나	－	－
널다 (干す)	널어	넌다	넙니다	널었다	너느냐	너니	너는구나	널어라	널자
넘기다 (めくる)	넘겨	넘긴다	넘깁니다	넘겼다	넘기느냐	넘기니	넘기는구나	넘겨라	넘기자
노랗다 (黄色い)	노래	노랗다	노랗습니다	노랬다	노라냐	노랗니	노랗구나	－	－
놀다 (遊ぶ)	놀아	논다	놉니다	놀았다	노느냐	노니	노는구나	놀아라	놀자
놀라다 (驚く)	놀라	놀란다	놀랍니다	놀랐다	놀라느냐	놀라니	놀라는구나	놀라라	?놀라자
놀랍다 (驚くべきだ)	놀라워	놀랍다	놀랍습니다	놀라웠다	놀라우냐	놀랍니	놀랍구나	－	－
놀리다 (からかう)	놀려	놀린다	놀립니다	놀렸다	놀리느냐	놀리니	놀리는구나	놀려라	놀리자
놓다 (置く)	놓아	놓는다	놓습니다	놓았다	놓느냐	놓니	놓는구나	놓아라	놓자
누렇다 (黄色い)	누레	누렇다	누렇습니다	누랬다	누러냐	누렇니	누렇구나	－	－
누르다 (押す)	눌러	누른다	누릅니다	눌렀다	누르느냐	누르니	누르구나	눌러라	누르자
눕다 (横たわる)	누워	눕는다	눕습니다	누웠다	눕느냐	눕니	눕는구나	누워라	눕자
느끼다 (感じる)	느껴	느낀다	느낍니다	느꼈다	느끼느냐	느끼니	느끼는구나	느껴라	느끼자
느리다 (のろい)	느려	느리다	느립니다	느렸다	느리냐	느리니	느리구나	－	－
늘다 (増える)	늘어	는다	늡니다	늘었다	느느냐	느니	느는구나	늘어라	?늘자
다니다 (通う)	다녀	다닌다	다닙니다	다녔다	다니느냐	다니니	다니는구나	다녀라	다니자
다다르다 (たどり着く)	다다라	다다른다	다다릅니다	다다랐다	다다르느냐	다다르니	다다르는구나	다다라라	다다르자
다르다 (違う)	달라	다르다	다릅니다	달랐다	다르냐	다르니	다르구나	－	－
다치다 (けがする)	다쳐	다친다	다칩니다	다쳤다	다치느냐	다치니	다치는구나	다쳐라	다치자
달다1 (つける)	달아	단다	답니다	달았다	다느냐	다니	다는구나	달아라	달자
달다2 (甘い)	달아	달다	답니다	달았다	다냐	다니	달구나	－	－
달리다 (走る)	달려	달린다	달립니다	달렸다	달리느냐	달리니	달리는구나	달려라	달리자
담그다 (漬ける)	담가	담근다	담급니다	담갔다	담그느냐	담그니	담그는구나	담가라	담그자
더럽다 (汚れている)	더러워	더럽다	더럽습니다	더러웠다	더러우냐	더럽니	더럽구나	－	－
던지다 (投げる)	던져	던진다	던집니다	던졌다	던지느냐	던지니	던지는구나	던져라	던지자

表 5-1

単語	品詞	例文	修飾する語尾 現在形 -는/-ㄴ	連結語尾 理由 -(으)니까	原因 -아서/-어서	条件 -(으)면	対等連結 -고	意図 -(으)려고	反対 -지만
덜다 (減らす)	動詞	밥을 덜다. (ご飯を減らす。)	더는	더니까	덜어서	덜면	덜고	덜려고	덜지만
덥다 (暑い)	形容詞	날씨가 덥다. (天気が暑い。)	더운	더우니까	더워서	더우면	덥고	—	덥지만
돌다 (回る)	動詞	바퀴가 돌다. (車輪が回る。)	도는	도니까	돌아서	돌면	돌고	돌려고	돌지만
돕다 (手伝う)	動詞	친구를 돕다. (友達を手伝う。)	돕는	도우니까	도와서	도우면	돕고	도우려고	돕지만
되다 (なる)	動詞	어른이 되다. (大人になる。)	되는	되니까	되어서, 돼서	되면	되고	되려고	되지만
두껍다 (厚い)	形容詞	옷이 두껍다. (服が厚い。)	두꺼운	두꺼우니까	두꺼워서	두꺼우면	두껍고	—	두껍지만
두다 (置く)	動詞	책을 창고에 두다. (本を倉庫に置く。)	두는	두니까	두어서, 둬서	두면	두고	두려고	두지만
두렵다 (恐ろしい)	形容詞	앞날이 두렵다. (将来が恐ろしい。)	두려운	두려우니까	두려워서	두려우면	두렵고	—	두렵지만
둥글다 (丸い)	形容詞	얼굴이 둥글다. (顔が丸い。)	둥근	둥그니까	둥글어서	둥글면	둥글고	—	둥글지만
뒤지다 (くまなく探る)	動詞	주머니를 뒤지다. (ポケットをくまなく探る。)	뒤지는	뒤지니까	뒤져서	뒤지면	뒤지고	뒤지려고	뒤지지만
드리다 (差し上げる)	動詞	편지를 드리다. (手紙を差し上げる。)	드리는	드리니까	드려서	드리면	드리고	드리려고	드리지만
드물다 (まれだ)	形容詞	차편이 드물다. (車の便が悪い。)	드문	드무니까	드물어서	드물면	드물고	—	드물지만
듣다 (聞く)	動詞	음악을 듣다. (音楽を聞く。)	듣는	들으니까	들어서	들으면	듣고	들으려고	듣지만
들다 (持つ)	動詞	물건을 들다. (物を持つ。)	드는	드니까	들어서	들면	들고	들려고	들지만
들르다 (立ち寄る)	動詞	은행에 들르다. (銀行に立ち寄る。)	들르는	들르니까	들러서	들르면	들르고	들르려고	들르지만
따르다 (注ぐ)	動詞	술을 따르다. (酒を注ぐ。)	따르는	따르니까	따라서	따르면	따르고	따르려고	따르지만
떠나다 (去る)	動詞	고향을 떠나다. (故郷を去る。)	떠나는	떠나니까	떠나서	떠나면	떠나고	떠나려고	떠나지만
떠들다 (騒ぐ)	動詞	아이들이 떠들다. (子供たちが騒ぐ。)	떠드는	떠드니까	떠들어서	떠들면	떠들고	떠들려고	떠들지만
떨다 (はたく)	動詞	재를 떨다. (灰をはたく。)	떠는	떠니까	떨어서	떨면	떨고	떨려고	떨지만
뜨겁다 (熱い)	形容詞	국물이 뜨겁다. (汁が熱い。)	뜨거운	뜨거우니까	뜨거워서	뜨거우면	뜨겁고	—	뜨겁지만
뜨다 (浮かぶ)	動詞	배가 물에 뜨다. (船が水に浮かぶ。)	뜨는	뜨니까	떠서	뜨면	뜨고	뜨려고	뜨지만
마르다 (やせる)	動詞	몸이 마르다. (体がやせる。)	마르는	마르니까	말라서	마르면	마르고	마르려고	마르지만
막다 (ふさぐ)	動詞	구멍을 막다. (穴をふさぐ。)	막는	막으니까	막아서	막으면	막고	막으려고	막지만
만나다 (会う)	動詞	친구를 만나다. (友達に会う。)	만나는	만나니까	만나서	만나면	만나고	만나려고	만나지만
만들다 (作る)	動詞	옷을 만들다. (服を作る。)	만드는	만드니까	만들어서	만들면	만들고	만들려고	만들지만

表 5-2

単語	終結語尾								
	平叙				疑問		感嘆	命令	勧誘
	-아/-어	-ㄴ다/-다	-ㅂ니다/-습니다	-았다/-었다	-느냐/-(으)냐	-니	-는구나/-구나	-아라/-어라	-자
덜다 (減らす)	덜어	던다	덥니다	덜었다	더느냐	더니	더는구나	덜어라	덜자
덥다 (暑い)	더워	덥다	덥습니다	더웠다	더우냐	덥니	덥구나	—	—
돌다 (回る)	돌아	돈다	돕니다	돌았다	도느냐	도니	도는구나	돌아라	돌자
돕다 (手伝う)	도와	돕는다	돕니다	도왔다	돕느냐	돕니	돕는구나	도와라	돕자
되다 (なる)	돼	된다	됩니다	되었다, 됐다	되느냐	되니	되는구나	되어라, 돼라	되자
두껍다 (厚い)	두꺼워	두껍다	두껍습니다	두꺼웠다	두꺼우냐	두껍니	두껍구나	—	—
두다 (置く)	둬	둔다	둡니다	두었다, 뒀다	두느냐	두니	두는구나	두어라, 둬라	두자
두렵다 (恐ろしい)	두려워	두렵다	두렵습니다	두려웠다	두려우냐	두렵니	두렵구나	—	—
둥글다 (丸い)	둥글어	둥글다	둥급니다	둥글었다	둥그냐	둥그니	둥글구나	—	—
뒤지다 (くまなく探る)	뒤져	뒤진다	뒤집니다	뒤졌다	뒤지느냐	뒤지니	뒤지는구나	뒤져라	뒤지자
드리다 (差し上げる)	드려	드린다	드립니다	드렸다	드리느냐	드리니	드리는구나	드려라	드리자
드물다 (まれだ)	드물어	드물다	드뭅니다	드물었다	드무냐	드무니	드물구나	—	—
듣다 (聞く)	들어	듣는다	듣습니다	들었다	듣느냐	듣니	듣는구나	들어라	듣자
들다 (持つ)	들어	든다	듭니다	들었다	드느냐	드니	드는구나	들어라	들자
들르다 (立ち寄る)	들러	들른다	들릅니다	들렀다	들르느냐	들르니	들르는구나	들러라	들르자
따르다 (注ぐ)	따라	따른다	따릅니다	따랐다	따르느냐	따르니	따르는구나	따라라	따르자
떠나다 (去る)	떠나	떠난다	떠납니다	떠났다	떠나느냐	떠나니	떠나는구나	떠나라	떠나자
떠들다 (騒ぐ)	떠들어	떠든다	떠듭니다	떠들었다	떠드느냐	떠드니	떠드는구나	떠들어라	떠들자
떨다 (はたく)	떨어	떤다	떱니다	떨었다	떠느냐	떠니	떠는구나	떨어라	떨자
뜨겁다 (熱い)	뜨거워	뜨겁다	뜨겁습니다	뜨거웠다	뜨거우냐	뜨겁니	뜨겁구나	—	—
뜨다 (浮かぶ)	떠	뜬다	뜹니다	떴다	뜨느냐	뜨니	뜨는구나	떠라	뜨자
마르다 (やせる)	말라	마른다	마릅니다	말랐다	마르느냐	마르니	마르는구나	말라라	마르자
막다 (ふさぐ)	막아	막는다	막습니다	막았다	막느냐	막니	막는구나	막아라	막자
만나다 (会う)	만나	만난다	만납니다	만났다	만나느냐	만나니	만나는구나	만나라	만나자
만들다 (作る)	만들어	만든다	만듭니다	만들었다	만드느냐	만드니	만드는구나	만들어라	만들자

表 6-1

単語	品詞	例文	修飾する語尾 現在形 -는/-ㄴ	連結語尾 理由 -(으)니까	原因 -아서/-어서	条件 -(으)면	対等連結 -고	意図 -(으)려고	反対 -지만
말다 (巻く)	動詞	김밥을 말다. (のり巻を巻く。)	마는	마니까	말아서	말면	말고	말려고	말지만
맞다1 (打ってもらう)	動詞	주사를 맞다. (注射を打ってもらう。)	맞는	맞으니까	맞아서	맞으면	맞고	맞으려고	맞지만
맞다2 (合う)	動詞	답이 맞다. (答えが合う。)	맞는	맞으니까	맞아서	맞으면	맞고	—	맞지만
맡다 (嗅ぐ)	動詞	냄새를 맡다. (匂いを嗅ぐ。)	맡는	맡으니까	맡아서	맡으면	맡고	맡으려고	맡지만
맵다 (辛い)	形容詞	김치가 맵다. (キムチが辛い。)	매운	매우니까	매워서	매우면	맵고	—	맵지만
머무르다 (とどまる)	動詞	한국에 머무르다. (韓国にとどまる。)	머무르는	머무르니까	머물러서	머무르면	머무르고	머무르려고	머무르지만
먹다 (食べる)	動詞	밥을 먹다. (ご飯を食べる。)	먹는	먹으니까	먹어서	먹으면	먹고	먹으려고	먹지만
멀다 (遠い)	形容詞	집에서 학교가 멀다. (家から学校が遠い。)	먼	머니까	멀어서	멀면	멀고	—	멀지만
멋지다 (すてきだ)	形容詞	자동차가 멋지다. (自動車がすてきだ。)	멋진	멋지니까	멋져서	멋지면	멋지고	—	멋지지만
모르다 (知らない)	動詞	일본말을 모르다. (日本語を知らない。)	모르는	모르니까	몰라서	모르면	모르고	—	모르지만
모으다 (集める)	動詞	돈을 모으다. (お金を集める。)	모으는	모으니까	모아서	모으면	모으고	모으려고	모으지만
모자라다 (足りない)	動詞	돈이 모자라다. (お金が足りない。)	모자라는	모자라니까	모자라서	모자라면	모자라고	—	모자라지만
몰다 (運転する)	動詞	자동차를 몰다. (自動車を運転する。)	모는	모니까	몰아서	몰면	몰고	몰려고	몰지만
무겁다 (重い)	形容詞	하마는 무겁다. (カバは重い。)	무거운	무거우니까	무거워서	무거우면	무겁고	—	무겁지만
무섭다 (怖い)	形容詞	선생님이 무섭다. (先生が怖い。)	무서운	무서우니까	무서워서	무서우면	무섭고	—	무섭지만
무찌르다 (打ち破る)	動詞	적을 무찌르다. (敵を打ち破る。)	무찌르는	무찌르니까	무찔러서	무찌르면	무찌르고	무찌르려고	무찌르지만
문지르다 (こする)	動詞	얼굴을 문지르다. (顔をこする。)	문지르는	문지르니까	문질러서	문지르면	문지르고	문지르려고	문지르지만
묻다1 (尋ねる)	動詞	길을 묻다. (道を尋ねる。)	묻는	물으니까	물어서	물으면	묻고	물으려고	묻지만
묻다2 (埋める)	動詞	땅에 묻다. (土に埋める。)	묻는	묻으니까	묻어서	묻으면	묻고	묻으려고	묻지만
물다 (かむ)	動詞	한 입 물다. (一口かむ。)	무는	무니까	물어서	물면	물고	물려고	물지만
미끄럽다 (滑りやすい)	形容詞	길이 미끄럽다. (道が滑りやすい。)	미끄러운	미끄러우니까	미끄러워서	미끄러우면	미끄럽고	—	미끄럽지만
미루다 (後回しにする)	動詞	숙제를 미루다. (宿題を後回しにする。)	미루는	미루니까	미뤄서	미루면	미루고	미루려고	미루지만
밀다 (押す)	動詞	앞사람을 밀다. (前の人を押す。)	미는	미니까	밀어서	밀면	밀고	밀려고	밀지만
밉다 (憎い)	形容詞	친구가 밉다. (友達が憎い。)	미운	미우니까	미워서	미우면	밉고	—	밉지만
바꾸다 (代える)	動詞	돈을 바꾸다. (お金を両替する。)	바꾸는	바꾸니까	바꿔서	바꾸면	바꾸고	바꾸려고	바꾸지만

表 6-2

単語	終結語尾								
	平叙				疑問		感嘆	命令	勧誘
	-아/-어	-ㄴ다/-다	-ㅂ니다/-습니다	-았다/-었다	-느냐/-(으)냐	-니	-는구나/-구나	-아라/-어라	-자
말다 (巻く)	말아	만다	맙니다	말았다	마느냐	마니	마는구나	말아라	말자
맞다1 (打ってもらう)	맞아	맞는다	맞습니다	맞았다	맞느냐	맞니	맞는구나	맞아라	맞자
맞다2 (合う)	맞아	?맞다	맞습니다	맞았다	맞느냐	맞니	맞는구나	—	—
맡다 (嗅ぐ)	맡아	맡는다	맡습니다	맡았다	맡느냐	맡니	맡는구나	맡아라	맡자
맵다 (辛い)	매워	맵다	맵습니다	매웠다	매우냐	맵니	맵구나	—	—
머무르다 (とどまる)	머물러	머무른다	머무릅니다	머물렀다	머무르느냐	머무르니	머무르는구나	머물러라	머무르자
먹다 (食べる)	먹어	먹는다	먹습니다	먹었다	먹느냐	먹니	먹는구나	먹어라	먹자
멀다 (遠い)	멀어	멀다	멉니다	멀었다	머냐	머니	멀구나	—	—
멋지다 (すてきだ)	멋져	멋지다	멋집니다	멋졌다	멋지냐	멋지니	멋지구나	—	—
모르다 (知らない)	몰라	모른다	모릅니다	몰랐다	모르느냐	모르니	모르는구나	—	?모르자
모으다 (集める)	모아	모은다	모읍니다	모았다	모으느냐	모으니	모으는구나	모아라	모으자
모자라다 (足りない)	모자라	모자란다	모자랍니다	모자랐다	모자라느냐	모자라니	모자라는구나	—	—
몰다 (運転する)	몰아	몬다	몹니다	몰았다	모느냐	모니	모는구나	몰아라	몰자
무겁다 (重い)	무거워	무겁다	무겁습니다	무거웠다	무거우냐	무겁니	무겁구나	—	—
무섭다 (怖い)	무서워	무섭다	무섭습니다	무서웠다	무서우냐	무섭니	무섭구나	—	—
무찌르다 (打ち破る)	무찔러	무찌른다	무찌릅니다	무찔렀다	무찌르느냐	무찌르니	무찌르는구나	무찔러라	무찌르자
문지르다 (こする)	문질러	문지른다	문지릅니다	문질렀다	문지르느냐	문지르니	문지르는구나	문질러라	문지르자
묻다1 (尋ねる)	물어	묻는다	묻습니다	물었다	묻느냐	묻니	묻는구나	물어라	묻자
묻다2 (埋める)	묻어	묻는다	묻습니다	묻었다	묻느냐	묻니	묻는구나	묻어라	묻자
물다 (かむ)	물어	문다	뭅니다	물었다	무느냐	무니	무는구나	물어라	물자
미끄럽다 (滑りやすい)	미끄러워	미끄럽다	미끄럽습니다	미끄러웠다	미끄러우냐	미끄럽니	미끄럽구나	—	—
미루다 (後回しにする)	미뤄	미룬다	미룹니다	미뤘다	미루느냐	미루니	미루는구나	미뤄라	미루자
밀다 (押す)	밀어	민다	밉니다	밀었다	미느냐	미니	미는구나	밀어라	밀자
밉다 (憎い)	미워	밉다	밉습니다	미웠다	미우냐	밉니	밉구나	—	—
바꾸다 (代える)	바꿔	바꾼다	바꿉니다	바꿨다	바꾸느냐	바꾸니	바꾸는구나	바꿔라	바꾸자

表 7-1

単語	品詞	例文	修飾する語尾 現在形 -는/-ㄴ	連結語尾 理由 -(으)니까	原因 -아서/-어서	条件 -(으)면	対等連結 -고	意図 -(으)려고	反対 -지만
바라다 (願う)	動詞	합격하기를 바라다. (合格することを願う。)	바라는	바라니까	바라서	바라면	바라고	바라려고	바라지만
바르다 (塗る)	動詞	빵에 잼을 바르다. (パンにジャムを塗る。)	바르는	바르니까	발라서	바르면	바르고	바르려고	바르지만
바쁘다 (忙しい)	形容詞	월요일에 바쁘다. (月曜日に忙しい。)	바쁜	바쁘니까	바빠서	바쁘면	바쁘고	—	바쁘지만
반갑다 (うれしい)	形容詞	만나서 반갑다. (会えてうれしい。)	반가운	반가우니까	반가워서	반가우면	반갑고	—	반갑지만
배우다 (習う)	動詞	한국말을 배우다. (韓国語を習う。)	배우는	배우니까	배워서	배우면	배우고	배우려고	배우지만
버리다 (捨てる)	動詞	쓰레기를 버리다. (ゴミを捨てる。)	버리는	버리니까	버려서	버리면	버리고	버리려고	버리지만
베다 (枕をする)	動詞	베개를 베다. (枕をする。)	베는	베니까	베어서, 베서	베면	베고	베려고	베지만
보다 (見る)	動詞	영화를 보다. (映画を見る。)	보는	보니까	보아서, 봐서	보면	보고	보려고	보지만
뵈다 (お目にかかる)	動詞	선생님을 뵈다. (先生にお目にかかる。)	—	뵈니까	뵈어서, 봬서	뵈면	—	뵈려고	—
뵙다 (お目にかかる)	動詞	선생님을 뵙다. (先生にお目にかかる。)	뵙는	—	—	—	뵙고	—	뵙지만
부끄럽다 (恥ずかしい)	形容詞	실수를 해서 부끄럽다. (失敗をして恥ずかしい。)	부끄러운	부끄러우니까	부끄러워서	부끄러우면	부끄럽고	—	부끄럽지만
부드럽다 (やわらかい)	形容詞	빵이 부드럽다. (パンがやわらかい。)	부드러운	부드러우니까	부드러워서	부드러우면	부드럽고	—	부드럽지만
부럽다 (うらやましい)	形容詞	유미가 부럽다. (ユミがうらやましい。)	부러운	부러우니까	부러워서	부러우면	부럽고	—	부럽지만
부르다1 (歌う)	動詞	노래를 부르다. (歌を歌う。)	부르는	부르니까	불러서	부르면	부르고	부르려고	부르지만
부르다2 (満腹だ)	形容詞	배가 부르다. (お腹が一杯だ。)	부른	부르니까	불러서	부르면	부르고	—	부르지만
불다 (吹く)	動詞	휘파람을 불다. (口笛を吹く。)	부는	부니까	불어서	불면	불고	불려고	불지만
붓다 (注ぐ)	動詞	물을 붓다. (水を注ぐ。)	붓는	부으니까	부어서	부으면	붓고	부으려고	붓지만
비싸다 (高価だ)	形容詞	신발이 비싸다. (履き物が高い。)	비싼	비싸니까	비싸서	비싸면	비싸고	—	비싸지만
빌다 (祈る)	動詞	소원을 빌다. (願い事をする。)	비는	비니까	빌어서	빌면	빌고	빌려고	빌지만
빠르다 (速い)	形容詞	기차가 빠르다. (汽車が速い。)	빠른	빠르니까	빨라서	빠르면	빠르고	—	빠르지만
빨갛다 (赤い)	形容詞	장미꽃이 빨갛다. (バラの花が赤い。)	빨간	빨가니까	빨개서	빨가면	빨갛고	—	빨갛지만
빨다 (洗う)	動詞	손수건을 빨다. (ハンカチを洗う。)	빠는	빠니까	빨아서	빨면	빨고	빨려고	빨지만
뿌옇다 (かすんでいる)	形容詞	하늘이 뿌옇다. (空がかすんでいる。)	뿌연	뿌여니까	뿌예서	뿌여면	뿌옇고	—	뿌옇지만
사납다 (荒々しい)	形容詞	개가 사납다. (犬が獰猛だ。)	사나운	사나우니까	사나워서	사나우면	사납고	—	사납지만
사다 (買う)	動詞	옷을 사다. (服を買う。)	사는	사니까	사서	사면	사고	사려고	사지만

付録1：用言活用表　737

表7-2

単語	終結語尾								
	平叙				疑問		感嘆	命令	勧誘
	-아/-어	-ㄴ다/-다	-ㅂ니다/-습니다	-았다/-었다	-느냐/-(으)냐	-니	-는구나/-구나	-아라/-어라	-자
바라다 (願う)	바라	바란다	바랍니다	바랐다	바라느냐	바라니	바라는구나	바라라	바라자
바르다 (塗る)	발라	바른다	바릅니다	발랐다	바르느냐	바르니	바르는구나	발라라	바르자
바쁘다 (忙しい)	바빠	바쁘다	바쁩니다	바빴다	바쁘냐	바쁘니	바쁘구나	－	－
반갑다 (うれしい)	반가워	반갑다	반갑습니다	반가웠다	반가우냐	반갑니	반갑구나	－	－
배우다 (習う)	배워	배운다	배웁니다	배웠다	배우느냐	배우니	배우는구나	배워라	배우자
버리다 (捨てる)	버려	버린다	버립니다	버렸다	버리느냐	버리니	버리는구나	버려라	버리자
베다 (枕をする)	베	벤다	뱁니다	베었다, 벴다	베느냐	베니	베는구나	베어라, 베라	베자
보다 (見る)	봐	본다	봅니다	보았다, 봤다	보느냐	보니	보는구나	보아라, 봐라	보자
뵈다 (お目にかかる)	봬	－	－	뵈었다, 뵀다	－	－	－	뵈어라, 봬라	－
뵙다 (お目にかかる)	－	뵙는다	뵙습니다	－	뵙느냐	뵙니	뵙는구나	－	뵙자
부끄럽다 (恥ずかしい)	부끄러워	부끄럽다	부끄럽습니다	부끄러웠다	부끄러우냐	부끄럽니	부끄럽구나	－	－
부드럽다 (やわらかい)	부드러워	부드럽다	부드럽습니다	부드러웠다	부드러우냐	부드럽니	부드럽구나	－	－
부럽다 (うらやましい)	부러워	부럽다	부럽습니다	부러웠다	부러우냐	부럽니	부럽구나	－	－
부르다1 (歌う)	불러	부른다	부릅니다	불렀다	부르느냐	부르니	부르는구나	불러라	부르자
부르다2 (満腹だ)	불러	부르다	부릅니다	불렀다	부르냐	부르니	부르구나	－	－
불다 (吹く)	불어	분다	붑니다	불었다	부느냐	부니	부는구나	불어라	불자
붓다 (注ぐ)	부어	붓는다	붓습니다	부었다	붓느냐	붓니	붓는구나	부어라	붓자
비싸다 (高価だ)	비싸	비싸다	비쌉니다	비쌌다	비싸냐	비싸니	비싸구나	－	－
빌다 (祈る)	빌어	빈다	빕니다	빌었다	비느냐	비니	비는구나	빌어라	빌자
빠르다 (速い)	빨라	빠르다	빠릅니다	빨랐다	빠르냐	빠르니	빠르구나	－	－
빨갛다 (赤い)	빨개	빨갛다	빨갛습니다	빨갰다	빨가냐	빨갛니	빨갛구나	－	－
빨다 (洗う)	빨아	빤다	뺍니다	빨았다	빠느냐	빠니	빠는구나	빨아라	빨자
뿌옇다 (かすんでいる)	뿌예	뿌옇다	뿌옇습니다	뿌옜다	뿌여냐	뿌옇니	뿌옇구나	－	－
사납다 (荒々しい)	사나워	사납다	사납습니다	사나웠다	사나우냐	사납니	사납구나	－	－
사다 (買う)	사	산다	삽니다	샀다	사느냐	사니	사는구나	사라	사자

表 8-1

単語	品詞	例文	修飾する語尾 現在形 -는/-ㄴ	連結語尾 理由 -(으)니까	原因 -아서/-어서	条件 -(으)면	対等連結 -고	意図 -(으)려고	反対 -지만
살다 (暮らす)	動詞	서울에서 살다. (ソウルで暮らす。)	사는	사니까	살아서	살면	살고	살려고	살지만
새롭다 (新しい)	形容詞	기분이 새롭다. (気分が新しい。)	새로운	새로우니까	새로워서	새로우면	새롭고	—	새롭지만
서다 (立つ)	動詞	줄을 서다. (列をつくる。)	서는	서니까	서서	서면	서고	서려고	서지만
서두르다 (慌てる)	動詞	아침에 서두르다. (朝に慌てる。)	서두르는	서두르니까	서둘러서	서두르면	서두르고	서두르려고	서두르지만
서럽다 (つらい)	形容詞	내 처지가 서럽다. (自分の立場がつらい。)	서러운	서러우니까	서러워서	서러우면	서럽고	—	서럽지만
서툴다 (下手だ)	形容詞	한국말이 서툴다. (韓国語が下手だ。)	서툰	서투니까	서툴어서	서툴면	서툴고	—	서툴지만
수줍다 (内気だ)	形容詞	유미는 수줍다. (ユミは内気だ。)	수줍은	수줍으니까	수줍어서	수줍으면	수줍고	—	수줍지만
쉬다1 (休む)	動詞	휴일에 집에서 쉬다. (休日に家で休む。)	쉬는	쉬니까	쉬어서	쉬면	쉬고	쉬려고	쉬지만
쉬다2 (かすれる)	動詞	목소리가 쉬다. (声がかすれる。)	쉬는	쉬니까	쉬어서	쉬면	쉬고	쉬려고	쉬지만
쉽다 (易しい)	形容詞	시험이 쉽다. (試験が易しい。)	쉬운	쉬우니까	쉬워서	쉬우면	쉽고	—	쉽지만
슬프다 (悲しい)	形容詞	영화가 슬프다. (映画が悲しい。)	슬픈	슬프니까	슬퍼서	슬프면	슬프고	—	슬프지만
시끄럽다 (うるさい)	形容詞	아이들이 시끄럽다. (子供たちがうるさい。)	시끄러운	시끄러우니까	시끄러워서	시끄러우면	시끄럽고	—	시끄럽지만
시키다 (させる)	動詞	공부를 시키다. (勉強をさせる。)	시키는	시키니까	시켜서	시키면	시키고	시키려고	시키지만
싣다 (載せる)	動詞	짐을 싣다. (荷物を載せる。)	싣는	실으니까	실어서	실으면	싣고	실으려고	싣지만
싫어하다 (嫌う)	動詞	떡을 싫어하다. (餅が嫌いだ。)	싫어하는	싫어하니까	싫어해서	싫어하면	싫어하고	싫어하려고	싫어하지만
싱겁다 (味が薄い)	形容詞	국이 싱겁다. (スープの味が薄い。)	싱거운	싱거우니까	싱거워서	싱거우면	싱겁고	—	싱겁지만
싸다1 (包む)	動詞	짐을 싸다. (荷物を包む。)	싸는	싸니까	싸서	싸면	싸고	싸려고	싸지만
싸다2 (安い)	形容詞	값이 싸다. (値段が安い。)	싼	싸니까	싸서	싸면	싸고	—	싸지만
싸우다 (ケンカする)	動詞	친구와 싸우다. (友達とケンカする。)	싸우는	싸우니까	싸워서	싸우면	싸우고	싸우려고	싸우지만
쌓다 (積む)	動詞	돌을 쌓다. (石を積む。)	쌓는	쌓으니까	쌓아서	쌓으면	쌓고	쌓으려고	쌓지만
쓰다1 (書く)	動詞	편지를 쓰다. (手紙を書く。)	쓰는	쓰니까	써서	쓰면	쓰고	쓰려고	쓰지만
쓰다2 (苦い)	形容詞	약이 쓰다. (薬が苦い。)	쓴	쓰니까	써서	쓰면	쓰고	—	쓰지만
아깝다 (もったいない)	形容詞	돈이 아깝다. (お金がもったいない。)	아까운	아까우니까	아까워서	아까우면	아깝고	—	아깝지만
아름답다 (美しい)	形容詞	경치가 아름답다. (景色が美しい。)	아름다운	아름다우니까	아름다워서	아름다우면	아름답고	—	아름답지만
아프다 (痛い)	形容詞	머리가 아프다. (頭が痛い。)	아픈	아프니까	아파서	아프면	아프고	—	아프지만

表 8-2

単語	終結語尾								
	平叙				疑問		感嘆	命令	勧誘
	-아/-어	-ㄴ다/-다	-ㅂ니다/-습니다	-았다/-었다	-느냐/-(으)냐	-니	-는구나/-구나	-아라/-어라	-자
살다 (暮らす)	살아	산다	삽니다	살았다	사느냐	사니	사는구나	살아라	살자
새롭다 (新しい)	새로워	새롭다	새롭습니다	새로웠다	새로우냐	새롭니	새롭구나	—	—
서다 (立つ)	서	선다	섭니다	섰다	서느냐	서니	서는구나	서라	서자
서두르다 (慌てる)	서둘러	서두른다	서두릅니다	서둘렀다	서두르느냐	서두르니	서두르는구나	서둘러라	서두르자
서럽다 (つらい)	서러워	서럽다	서럽습니다	서러웠다	서러우냐	서럽니	서럽구나	—	—
서툴다 (下手だ)	서툴어	서툴다	서툽니다	서툴었다	서투냐	서투니	서툴구나	—	—
수줍다 (内気だ)	수줍어	수줍다	수줍습니다	수줍었다	수줍으냐	수줍니	수줍구나	—	—
쉬다 1 (休む)	쉬어	쉰다	쉽니다	쉬었다	쉬느냐	쉬니	쉬는구나	쉬어라	쉬자
쉬다 2 (かすれる)	쉬어	쉰다	쉽니다	쉬었다	쉬느냐	쉬니	쉬는구나	—	—
쉽다 (易しい)	쉬워	쉽다	쉽습니다	쉬웠다	쉬우냐	쉽니	쉽구나	—	—
슬프다 (悲しい)	슬퍼	슬프다	슬픕니다	슬펐다	슬프냐	슬프니	슬프구나	—	—
시끄럽다 (うるさい)	시끄러워	시끄럽다	시끄럽습니다	시끄러웠다	시끄러우냐	시끄럽니	시끄럽구나	—	—
시키다 (させる)	시켜	시킨다	시킵니다	시켰다	시키느냐	시키니	시키는구나	시켜라	시키자
싣다 (載せる)	실어	싣는다	싣습니다	실었다	싣느냐	싣니	싣는구나	실어라	싣자
싫어하다 (嫌う)	싫어해	싫어한다	싫어합니다	싫어했다	싫어하느냐	싫어하니	싫어하는구나	?싫어해라	?싫어하자
싱겁다 (味が薄い)	싱거워	싱겁다	싱겁습니다	싱거웠다	싱거우냐	싱겁니	싱겁구나	—	—
싸다 1 (包む)	싸	싼다	쌉니다	쌌다	싸느냐	싸니	싸는구나	싸라	싸자
싸다 2 (安い)	싸	싸다	쌉니다	쌌다	싸냐	싸니	싸구나	—	—
싸우다 (ケンカする)	싸워	싸운다	싸웁니다	싸웠다	싸우느냐	싸우니	싸우는구나	싸워라	싸우자
쌓다 (積む)	쌓아	쌓는다	쌓습니다	쌓았다	쌓느냐	쌓니	쌓는구나	쌓아라	쌓자
쓰다 1 (書く)	써	쓴다	씁니다	썼다	쓰느냐	쓰니	쓰는구나	써라	쓰자
쓰다 2 (苦い)	써	쓰다	씁니다	썼다	쓰냐	쓰니	쓰구나	—	—
아깝다 (もったいない)	아까워	아깝다	아깝습니다	아까웠다	아까우냐	아깝니	아깝구나	—	—
아름답다 (美しい)	아름다워	아름답다	아름답습니다	아름다웠다	아름다우냐	아름답니	아름답구나	—	—
아프다 (痛い)	아파	아프다	아픕니다	아팠다	아프냐	아프니	아프구나	—	—

表 9-1

単語	品詞	例文	修飾する語尾 現在形 -는/-ㄴ	連結語尾 理由 -(으)니까	原因 -아서/-어서	条件 -(으)면	対等連結 -고	意図 -(으)려고	反対 -지만
안타깝다 (切ない)	形容詞	이별이 안타깝다. (別れが切ない。)	안타까운	안타까우니까	안타까워서	안타까우면	안타깝고	—	안타깝지만
알다 (知る)	動詞	유미를 알다. (ユミを知っている。)	아는	아니까	알아서	알면	알고	알려고	알지만
어둡다 (暗い)	形容詞	방 안이 어둡다. (部屋の中が暗い。)	어두운	어두우니까	어두워서	어두우면	어둡고	—	어둡지만
어떻다 (どうだ)	形容詞	모습이 어떻다. (姿がどうだ。)	어떤	어떠니까	어때서	어떠면	어떻고	—	?어떻지만
어렵다 (難しい)	形容詞	시험이 어렵다. (試験が難しい。)	어려운	어려우니까	어려워서	어려우면	어렵고	—	어렵지만
어리다 (幼い)	形容詞	나이가 어리다. (年が幼い。)	어린	어리니까	어려서	어리면	어리고	—	어리지만
어울리다 (交わる)	動詞	친구와 어울리다. (友達と交わる。)	어울리는	어울리니까	어울려서	어울리면	어울리고	어울리려고	어울리지만
어지럽다 (目まいがする)	形容詞	머리가 어지럽다. (頭がくらくらする。)	어지러운	어지러우니까	어지러워서	어지러우면	어지럽고	—	어지럽지만
얼다 (凍る)	動詞	물이 얼다. (水が凍る。)	어는	어니까	얼어서	얼면	얼고	얼려고	얼지만
여쭈다 (申し上げる)	動詞	선생님께 여쭈다. (先生に申し上げる。)	여쭈는	여쭈니까	여쭈어서, 여쭤서	여쭈면	여쭈고	여쭈려고	여쭈지만
열다 (開く)	動詞	문을 열다. (ドアを開く。)	여는	여니까	열어서	열면	열고	열려고	열지만
예쁘다 (かわいい)	形容詞	얼굴이 예쁘다. (顔がかわいい。)	예쁜	예쁘니까	예뻐서	예쁘면	예쁘고	—	예쁘지만
오다 (来る)	動詞	집에 오다. (家に来る。)	오는	오니까	와서	오면	오고	오려고	오지만
오르다 (登る)	動詞	산에 오르다. (山に登る。)	오르는	오르니까	올라서	오르면	오르고	오르려고	오르지만
오리다 (切り取る)	動詞	가위로 종이를 오리다. (はさみで紙を切り取る。)	오리는	오리니까	오려서	오리면	오리고	오리려고	오리지만
외롭다 (心細い)	形容詞	혼자라서 외롭다. (一人で心細い。)	외로운	외로우니까	외로워서	외로우면	외롭고	—	외롭지만
외우다 (覚える)	動詞	단어를 외우다. (単語を覚える。)	외우는	외우니까	외워서	외우면	외우고	외우려고	외우지만
우습다 (おかしい)	形容詞	코미디가 우습다. (コメディーがおかしい。)	우스운	우스우니까	우스워서	우스우면	우습고	—	우습지만
울다 (泣く)	動詞	아기가 울다. (赤ん坊が泣く。)	우는	우니까	울어서	울면	울고	울려고	울지만
웃기다 (笑わせる)	動詞	친구를 웃기다. (友達を笑わせる。)	웃기는	웃기니까	웃겨서	웃기면	웃기고	웃기려고	웃기지만
이렇다 (こうだ)	形容詞	사연이 이렇다. (事情がこうだ。)	이런	이러니까	이래서	이러면	이렇고	—	이렇지만
이르다 (早い)	形容詞	시간이 이르다. (時間が早い。)	이른	이르니까	일러서	이르면	이르고	—	이르지만
일어나다 (起きる)	動詞	새벽에 일어나다. (明け方に起きる。)	일어나는	일어나니까	일어나서	일어나면	일어나고	일어나려고	일어나지만
일하다 (働く)	動詞	날마다 일하다. (毎日働く。)	일하는	일하니까	일하여서, 일해서	일하면	일하고	일하려고	일하지만
잊어버리다 (忘れる)	動詞	이름을 잊어버리다. (名前を忘れる。)	잊어버리는	잊어버리니까	잊어버려서	잊어버리면	잊어버리고	잊어버리려고	잊어버리지만

表 9-2

単語	終結語尾								
	平叙				疑問		感嘆	命令	勧誘
	-아/-어	-ㄴ다/-다	-ㅂ니다/-습니다	-았다/-었다	-느냐/-(으)냐	-니	-는구나/-구나	-아라/-어라	-자
안타깝다 (切ない)	안타까워	안타깝다	안타깝습니다	안타까웠다	안타까우냐	안타깝니	안타깝구나	—	—
알다 (知る)	알아	안다	압니다	알았다	아느냐	아니	아는구나	알아라	알자
어둡다 (暗い)	어두워	어둡다	어둡습니다	어두웠다	어두우냐	어둡니	어둡구나	—	—
어떻다 (どうだ)	어때	어떻다	어떻습니다	어땠다	어떠냐	어떻니	?어떻구나	—	—
어렵다 (難しい)	어려워	어렵다	어렵습니다	어려웠다	어려우냐	어렵니	어렵구나	—	—
어리다 (幼い)	어려	어리다	어립니다	어렸다	어리냐	어리니	어리구나	—	—
어울리다 (交わる)	어울려	어울린다	어울립니다	어울렸다	어울리느냐	어울리니	어울리는구나	어울려라	어울리자
어지럽다 (目まいがする)	어지러워	어지럽다	어지럽습니다	어지러웠다	어지러우냐	어지럽니	어지럽구나	—	—
얼다 (凍る)	얼어	언다	업니다	얼었다	어느냐	어니	어는구나	얼어라	—
여쭈다 (申し上げる)	여쭤	여쭌다	여쭙니다	여쭈었다, 여쮔다	여쭈느냐	여쭈니	여쭈는구나	여쭈어라, 여쮜라	여쭈자
열다 (開く)	열어	연다	엽니다	열었다	여느냐	여니	여는구나	열어라	열자
예쁘다 (かわいい)	예뻐	예쁘다	예쁩니다	예뻤다	예쁘냐	예쁘니	예쁘구나	—	—
오다 (来る)	와	온다	옵니다	왔다	오느냐	오니	오는구나	와라	오자
오르다 (登る)	올라	오른다	오릅니다	올랐다	오르느냐	오르니	오르는구나	올라라	오르자
오리다 (切り取る)	오려	오린다	오립니다	오렸다	오리느냐	오리니	오리는구나	오려라	오리자
외롭다 (心細い)	외로워	외롭다	외롭습니다	외로웠다	외로우냐	외롭니	외롭구나	—	—
외우다 (覚える)	외워	외운다	외웁니다	외웠다	외우느냐	외우니	외우는구나	외워라	외우자
우습다 (おかしい)	우스워	우습다	우습습니다	우스웠다	우스우냐	우습니	우습구나	—	—
울다 (泣く)	울어	운다	웁니다	울었다	우느냐	우니	우는구나	울어라	울자
웃기다 (笑わせる)	웃겨	웃긴다	웃깁니다	웃겼다	웃기느냐	웃기니	웃기는구나	웃겨라	웃기자
이렇다 (こうだ)	이래	이렇다	이렇습니다	이랬다	이러냐	이렇니	이렇구나	—	—
이르다 (早い)	일러	이르다	이릅니다	일렀다	이르냐	이르니	이르구나	—	—
일어나다 (起きる)	일어나	일어난다	일어납니다	일어났다	일어나느냐	일어나니	일어나는구나	일어나라	일어나자
일하다 (働く)	일해	일한다	일합니다	일하였다, 일했다	일하느냐	일하니	일하는구나	일하여라, 일해라	일하자
잊어버리다 (忘れる)	잊어버려	잊어버린다	잊어버립니다	잊어버렸다	잊어버리느냐	잊어버리니	잊어버리는구나	잊어버려라	잊어버리자

表 10-1

単語	品詞	例文	修飾する語尾 現在形 -는/-ㄴ	連結語尾 理由 -(으)니까	原因 -아서/-어서	条件 -(으)면	対等連結 -고	意図 -(으)려고	反対 -지만
잇다 (結ぶ)	動詞	줄을 잇다. (ひもを結ぶ。)	잇는	이으니까	이어서	이으면	잇고	이으려고	잇지만
자다 (寝る)	動詞	잠을 자다. (寝る。)	자는	자니까	자서	자면	자고	자려고	자지만
자라다 (育つ)	動詞	채소가 자라다. (野菜が育つ。)	자라는	자라니까	자라서	자라면	자라고	자라려고	자라지만
자르다 (切る)	動詞	종이를 자르다. (紙を切る。)	자르는	자르니까	잘라서	자르면	자르고	자르려고	자르지만
잠그다 (閉ざす)	動詞	문을 잠그다. (ドアを閉ざす。)	잠그는	잠그니까	잠가서	잠그면	잠그고	잠그려고	잠그지만
잡다 (つかむ)	動詞	손을 잡다. (手をつかむ。)	잡는	잡으니까	잡아서	잡으면	잡고	잡으려고	잡지만
저렇다 (ああだ)	形容詞	저 사람이 저렇다. (あの人がああだ。)	저런	저러니까	저래서	저러면	저렇고	–	저렇지만
접다 (折る)	動詞	종이를 접다. (紙を折る。)	접는	접으니까	접어서	접으면	접고	접으려고	접지만
젓다 (かき混ぜる)	動詞	커피를 젓다. (コーヒーをかき混ぜる。)	젓는	저으니까	저어서	저으면	젓고	저으려고	젓지만
정답다 (仲むつまじい)	形容詞	사람들이 정답다. (人々が仲むつまじい。)	정다운	정다우니까	정다워서	정다우면	정답고	–	정답지만
조그맣다 (小さい)	形容詞	아이가 조그맣다. (子供が小さい。)	조그만	조그마니까	조그매서	조그마면	조그맣고	–	조그맣지만
조르다 (ねだる)	動詞	엄마를 조르다. (お母さんにねだる。)	조르는	조르니까	졸라서	조르면	조르고	조르려고	조르지만
졸다 (居眠りする)	動詞	교실에서 졸다. (教室で居眠りする。)	조는	조니까	졸아서	졸면	졸고	졸려고	졸지만
좋아하다 (好む)	動詞	꽃을 좋아하다. (花が好きだ。)	좋아하는	좋아하니까	좋아해서	좋아하면	좋아하고	좋아하려고	좋아하지만
주다 (あげる)	動詞	선물을 주다. (贈り物をあげる。)	주는	주니까	주어서, 줘서	주면	주고	주려고	주지만
주무르다 (もむ)	動詞	어깨를 주무르다. (肩をもむ。)	주무르는	주무르니까	주물러서	주무르면	주무르고	주무르려고	주무르지만
줍다 (拾う)	動詞	휴지를 줍다. (紙くずを拾う。)	줍는	주우니까	주워서	주우면	줍고	주우려고	줍지만
즐겁다 (楽しい)	形容詞	휴가가 즐겁다. (休暇が楽しみだ。)	즐거운	즐거우니까	즐거워서	즐거우면	즐겁고	–	즐겁지만
지다 (負ける)	動詞	우리 팀이 지다. (うちのチームが負ける。)	지는	지니까	져서	지면	지고	지려고	지지만
지르다 (叫ぶ)	動詞	소리를 지르다. (声を張り上げる。)	지르는	지르니까	질러서	지르면	지르고	지르려고	지르지만
짓다 (作る)	動詞	집을 짓다. (家を建てる。)	짓는	지으니까	지어서	지으면	짓고	지으려고	짓지만
짜다1 (絞る)	動詞	빨래를 짜다. (洗濯物を絞る。)	짜는	짜니까	짜서	짜면	짜고	짜려고	짜지만
짜다2 (しょっぱい)	形容詞	국이 짜다. (スープがしょっぱい。)	짠	짜니까	짜서	짜면	짜고	–	짜지만
찌다 (蒸す)	動詞	빵을 찌다. (パンを蒸す。)	찌는	찌니까	쪄서	찌면	찌고	찌려고	찌지만
찌르다 (突き刺す)	動詞	눈을 찌르다. (目を突き刺す。)	찌르는	찌르니까	찔러서	찌르면	찌르고	찌르려고	찌르지만

表 10-2

単語	終結語尾								
	平叙				疑問		感嘆	命令	勧誘
	-아/-어	-ㄴ다/-다	-ㅂ니다/-습니다	-았다/-었다	-느냐/-(으)냐	-니	-는구나/-구나	-아라/-어라	-자
잇다 (結ぶ)	이어	잇는다	잇습니다	이었다	잇느냐	잇니	잇는구나	이어라	잇자
자다 (寝る)	자	잔다	잡니다	잤다	자느냐	자니	자는구나	자라	자자
자라다 (育つ)	자라	자란다	자랍니다	자랐다	자라느냐	자라니	자라는구나	자라라	자라자
자르다 (切る)	잘라	자른다	자릅니다	잘랐다	자르느냐	자르니	자르는구나	잘라라	자르자
잠그다 (閉ざす)	잠가	잠근다	잠급니다	잠갔다	잠그느냐	잠그니	잠그는구나	잠가라	잠그자
잡다 (つかむ)	잡아	잡는다	잡습니다	잡았다	잡느냐	잡니	잡는구나	잡아라	잡자
저렇다 (ああだ)	저래	저렇다	저렇습니다	저랬다	저러냐	저렇니	저렇구나	—	—
접다 (折る)	접어	접는다	접습니다	접었다	접느냐	접니	접는구나	접어라	접자
젓다 (かき混ぜる)	저어	젓는다	젓습니다	저었다	젓느냐	젓니	젓는구나	저어라	젓자
정답다 (仲むつまじい)	정다워	정답다	정답습니다	정다웠다	정다우냐	정답니	정답구나	—	—
조그맣다 (小さい)	조그매	조그맣다	조그맣습니다	조그맸다	조그마냐	조그맣니	조그맣구나	—	—
조르다 (ねだる)	졸라	조른다	조릅니다	졸랐다	조르느냐	조르니	조르는구나	졸라라	조르자
졸다 (居眠りする)	졸아	존다	좁니다	졸았다	조느냐	조니	조는구나	졸아라	졸자
좋아하다 (好む)	좋아해	좋아한다	좋아합니다	좋아했다	좋아하느냐	좋아하니	좋아하는구나	좋아해라	좋아하자
주다 (あげる)	줘	준다	줍니다	주었다, 줬다	주느냐	주니	주는구나	주어라, 줘라	주자
주무르다 (もむ)	주물러	주무른다	주무릅니다	주물렀다	주무르느냐	주무르니	주무르는구나	주물러라	주무르자
줍다 (拾う)	주워	줍는다	줍습니다	주웠다	줍느냐	줍니	줍는구나	주워라	줍자
즐겁다 (楽しい)	즐거워	즐겁다	즐겁습니다	즐거웠다	즐거우냐	즐겁니	즐겁구나	—	—
지다 (負ける)	져	진다	집니다	졌다	지느냐	지니	지는구나	져라	지자
지르다 (叫ぶ)	질러	지른다	지릅니다	질렀다	지르느냐	지르니	지르는구나	질러라	지르자
짓다 (作る)	지어	짓는다	짓습니다	지었다	짓느냐	짓니	짓는구나	지어라	짓자
짜다 1 (絞る)	짜	짠다	짭니다	짰다	짜느냐	짜니	짜는구나	짜라	짜자
짜다 2 (しょっぱい)	짜	짜다	짭니다	짰다	짜냐	짜니	짜구나	—	—
찌다 (蒸す)	쪄	찐다	찝니다	쪘다	찌느냐	찌니	찌는구나	쪄라	찌자
찌르다 (突き刺す)	찔러	찌른다	찌릅니다	찔렀다	찌르느냐	찌르니	찌르는구나	찔러라	찌르자

表 11-1

単語	品詞	例文	修飾する語尾 現在形 -는/-ㄴ	理由 -(으)니까	原因 -아서/-어서	条件 -(으)면	対等連結 -고	意図 -(으)려고	反対 -지만
차갑다 (冷たい)	形容詞	바람이 차갑다. (風が冷たい。)	차가운	차가우니까	차가워서	차가우면	차갑고	–	차갑지만
차다 (蹴る)	動詞	공을 차다. (ボールを蹴る。)	차는	차니까	차서	차면	차고	차려고	차지만
춥다 (寒い)	形容詞	날씨가 춥다. (天気が寒い。)	추운	추우니까	추워서	추우면	춥고	–	춥지만
치다 (たたく)	動詞	어깨를 치다. (肩をたたく。)	치는	치니까	쳐서	치면	치고	치려고	치지만
치르다 (執り行う)	動詞	시험을 치르다. (試験を執り行う。)	치르는	치르니까	치러서	치르면	치르고	치르려고	치르지만
커다랗다 (とても大きい)	形容詞	덩치가 커다랗다. (図体がとても大きい。)	커다란	커다라니까	커다래서	커다라면	커다랗고	–	커다랗지만
크다 (大きい)	形容詞	키가 크다. (背が高い。)	큰	크니까	커서	크면	크고	–	크지만
타다 (乗る)	動詞	버스를 타다. (バスに乗る。)	타는	타니까	타서	타면	타고	타려고	타지만
타이르다 (教え諭す)	動詞	학생을 타이르다. (学生を教え諭す。)	타이르는	타이르니까	타일러서	타이르면	타이르고	타이르려고	타이르지만
태우다 (焼く)	動詞	나무를 태우다. (木を焼く。)	태우는	태우니까	태워서	태우면	태우고	태우려고	태우지만
털다 (はたく)	動詞	먼지를 털다. (ほこりをはたく。)	터는	터니까	털어서	털면	털고	털려고	털지만
트다 (ひび割れる)	動詞	겨울에 입술이 트다. (冬に唇がひび割れる。)	트는	트니까	터서	트면	트고	트려고	트지만
파다 (掘る)	動詞	구덩이를 파다. (穴を掘る。)	파는	파니까	파서	파면	파고	파려고	파지만
파랗다 (青い)	形容詞	하늘이 파랗다. (空が青い。)	파란	파라니까	파래서	파라면	파랗고	–	파랗지만
펴다 (開く)	動詞	손을 펴다. (手を開く。)	펴는	펴니까	펴서	펴면	펴고	펴려고	펴지만
푸다 (よそう)	動詞	국을 푸다. (スープをよそう。)	푸는	푸니까	퍼서	푸면	푸고	푸려고	푸지만
푸르다 (青い)	形容詞	산이 푸르다. (山が青い。)	푸른	푸르니까	푸르러서	푸르면	푸르고	–	푸르지만
피우다 (吸う)	動詞	담배를 피우다. (タバコを吸う。)	피우는	피우니까	피워서	피우면	피우고	피우려고	피우지만
하다 (する)	動詞	공부를 하다. (勉強をする。)	하는	하니까	하여서, 해서	하면	하고	하려고	하지만
학생답다 (学生らしい)	形容詞	유미는 학생답다. (ユミは学生らしい。)	학생다운	학생다우니까	학생다워서	학생다우면	학생답고	–	학생답지만
해롭다 (有害だ)	形容詞	담배는 몸에 해롭다. (タバコは体に悪い。)	해로운	해로우니까	해로워서	해로우면	해롭고	–	해롭지만
흐르다 (流れる)	動詞	강물이 흐르다. (川の水が流れる。)	흐르는	흐르니까	흘러서	흐르면	흐르고	–	흐르지만
흐리다 (曇っている)	形容詞	날씨가 흐리다. (天気が曇っている。)	흐린	흐리니까	흐려서	흐리면	흐리고	–	흐리지만
흥겹다 (とても楽しい)	形容詞	음악이 흥겹다. (音楽がとても楽しい。)	흥겨운	흥겨우니까	흥겨워서	흥겨우면	흥겹고	–	흥겹지만
힘쓰다 (努める)	動詞	공부에 힘쓰다. (勉強に精を出す。)	힘쓰는	힘쓰니까	힘써서	힘쓰면	힘쓰고	힘쓰려고	힘쓰지만

表 11-2

単語	終結語尾								
	平叙				疑問		感嘆	命令	勧誘
	-아/-어	-ㄴ다/-다	-ㅂ니다/-습니다	-았다/-었다	-느냐/-(으)냐	-니	-는구나/-구나	-아라/-어라	-자
차갑다 (冷たい)	차가워	차갑다	차갑습니다	차가웠다	차가우냐	차갑니	차갑구나	—	—
차다 (蹴る)	차	찬다	찹니다	찼다	차느냐	차니	차는구나	차라	차자
춥다 (寒い)	추워	춥다	춥습니다	추웠다	추우냐	춥니	춥구나	—	—
치다 (たたく)	쳐	친다	칩니다	쳤다	치느냐	치니	치는구나	쳐라	치자
치르다 (執り行う)	치러	치른다	치릅니다	치렀다	치르느냐	치르니	치르는구나	치러라	치르자
커다랗다 (とても大きい)	커다래	커다랗다	커다랗습니다	커다랬다	커다라냐	커다랗니	커다랗구나	—	—
크다 (大きい)	커	크다	큽니다	컸다	크냐	크니	크구나	—	—
타다 (乗る)	타	탄다	탑니다	탔다	타느냐	타니	타는구나	타라	타자
타이르다 (教え諭す)	타일러	타이른다	타이릅니다	타일렀다	타이르느냐	타이르니	타이르는구나	타일러라	타이르자
태우다 (焼く)	태워	태운다	태웁니다	태웠다	태우느냐	태우니	태우는구나	태워라	태우자
털다 (はたく)	털어	턴다	텁니다	털었다	트느냐	터니	터는구나	털어라	털자
트다 (ひび割れる)	터	튼다	틉니다	텄다	트느냐	트니	트는구나	—	—
파다 (掘る)	파	판다	팝니다	팠다	파느냐	파니	파는구나	파라	파자
파랗다 (青い)	파래	파랗다	파랗습니다	파랬다	파라냐	파랗니	파랗구나	—	—
펴다 (開く)	펴	편다	폅니다	폈다	펴느냐	펴니	펴는구나	펴라	펴자
푸다 (よそう)	퍼	푼다	풉니다	펐다	푸느냐	푸니	푸는구나	퍼라	푸자
푸르다 (青い)	푸르러	푸르다	푸릅니다	푸르렀다	푸르냐	푸르니	푸르구나	—	—
피우다 (吸う)	피워	피운다	피웁니다	피웠다	피우느냐	피우니	피우는구나	피워라	피우자
하다 (する)	해	한다	합니다	하였다, 했다	하느냐	하니	하는구나	하여라, 해라	하자
학생답다 (学生らしい)	학생다워	학생답다	학생답습니다	학생다웠다	학생다우냐	학생답니	학생답구나	—	—
해롭다 (有害だ)	해로워	해롭다	해롭습니다	해로웠다	해로우냐	해롭니	해롭구나	—	—
흐르다 (流れる)	흘러	흐른다	흐릅니다	흘렀다	흐르느냐	흐르니	흐르는구나	흘러라	?흐르자
흐리다 (曇っている)	흐려	흐리다	흐립니다	흐렸다	흐리냐	흐리니	흐리구나	—	—
흥겹다 (とても楽しい)	흥겨워	흥겹다	흥겹습니다	흥겨웠다	흥겨우냐	흥겹니	흥겹구나	—	—
힘쓰다 (努める)	힘써	힘쓴다	힘씁니다	힘썼다	힘쓰느냐	힘쓰니	힘쓰는구나	힘써라	힘쓰자

付録2：助詞結合目録と例

助詞	結合情報	例文
과는	과+는	꿈은 현실**과는** 다르다. (夢は現実とは違う。)
과도	과+도	분홍색은 파란색**과도** 잘 어울려요. (ピンクは青色ともよく似合います。)
과만	과+만	그 옷은 검정색**과만** 입지 마. (その服は黒色とばかり着ないで。)
과의	과+의	미국**과의** 협력 관계를 유지해야만 한다. (アメリカとの協力関係を維持しなければならない。)
까지가	까지+가	그 사람 말은 어디**까지가** 사실이에요? (その人の話はどこまでが事実なのですか？)
까지나	까지+나	언제**까지나** 사랑할 거예요. (いつまでも愛します。)
까지는	까지+는	늦어도 토요일**까지는** 과제를 제출하세요. (遅くとも土曜日までには課題を提出して下さい。)
까지도	까지+도	한자**까지도** 배워요. (漢字までも習います。)
까지로	까지+로	이번 업무는 올해 말**까지로** 합니다. (今回の業務は今年の末までとします。)
까지를	까지+를	유미는 백**까지를** 셀 수 있다. (ユミは百までを数えることができる。)
까지만	까지+만	찌개 나올 때**까지만** 기다리세요. (チゲが出てくるまでだけお待ち下さい。)
까지밖에	까지+밖에	파도가 높아서 앞에 보이는 섬**까지밖에** 못 가요. (波が高くて前に見える島までしか行けません。)
까지보다	까지+보다	너네 집이 여기서부터 서울**까지보다** 더 멀어? (君の家ってここからソウルまでよりも遠いの？)
까지뿐	까지+뿐	내가 할 수 있는 것은 여기**까지뿐**이야. (ぼくができるのはここまでだけだよ。)
까지에	까지+에	월요일부터 목요일**까지에** 시험을 봐야 해요. (月曜日から木曜日までに試験を受けなければなりません。)
까지에는	까지+에+는	연말**까지에는** 그 일이 끝납니다. (年末までにはその仕事が終わります。)
까지와	까지+와	지금**까지와** 동일하게 그 일을 처리해 주세요. (今までと同じようにその件を処理して下さい。)
까지와는	까지+와+는	진수는 아까**까지와는** 다르게 화를 냈다. (チンスはさっきまでとは違って腹を立てた。)
까지의	까지+의	1에서 9**까지의** 수 (1から9までの数)
까진	까지+ㄴ	현재**까진** 우리가 지고 있어요. (現在までは私たちが負けています。)
께는	께+는	할아버지**께는** 존대말을 써요. (おじいさんには敬語を使います。)

付録 2：助詞結合目録と例　　747

助詞	結合情報	例文
께로	께＋로	선생님**께로** 가세요. (先生のところに行って下さい。)
께로만	께＋로＋만	김 선생님**께로만** 우편물이 온다. (金先生にだけ郵便物が来る。)
께서는	께서＋는	어머니**께서는** 신문을 보세요. (母は新聞を読んでいます。)
께서도	께서＋도	선생님**께서도** 집에 갑니다. (先生も家に帰ります。)
께서만	께서＋만	아주머니**께서만** 알고 계세요. (おばさんだけがご存知です。)
께서야	께서＋야	김 선생님**께서야** 하실 일이 없지요. (金先生こそなさることがありませんよ。)
께서와	께서＋와	김 선생님**께서와** 제 동생한테서 편지가 왔어요. (金先生と私の弟から手紙が来ました。)
께선	께서＋ㄴ	어머니**께선** 신문을 보세요. (母は新聞を読んでいます。)
나마도	나마＋도	작별인사**나마도** 하지 못했어요. (お別れの挨拶さえもできませんでした。)
대로가	대로＋가	지금 그**대로가** 좋아요. (今のままが良いです。)
대로는	대로＋는	저 나름**대로는** 열심히 공부했어요. (自分なりには一所懸命勉強しました。)
대로만	대로＋만	내 말**대로만** 해. (私の言う通りにだけして。)
대로의	대로＋의	저도 제 나름**대로의** 생각이 있어요. (私も自分なりの考えがあります。)
더러는	더러＋는	진수**더러는** 청소를 하라고 했어요. (チンスには掃除をしろと言いました。)
더러도	더러＋도	유미**더러도** 같이 가자고 해요. (ユミにも一緒に行こうって言います。)
ㄹ더러	ㄹ＋더러	널**더러** 뭐래니? (お前に何だって？)
ㄹ더러는	ㄹ＋더러＋는	널**더러는** 뭘 도와 달라고 하디? (君には何を手伝ってくれって言ってた？)
로는	로＋는	제가 알기**로는** 마이클 씨는 회사에 다닌대요. (私の知るところではマイケルさんは会社に通っているそうです。)
로부터	로＋부터	내일 시험을 본다고 친구**로부터** 들었어요. (明日試験を受けるのだと友達から聞きました。)
로서는	로서＋는	저**로서는** 최선을 다한 거예요. (私としては最善を尽くしたのです。)
로서도	로서＋도	제주도는 피서지**로서도** 좋아요. (済州島は避暑地としても良いですよ。)

助詞	結合情報	例文
로서야	로서+야	유미**로서야** 가고 싶겠지요. (ユミとしては行きたいでしょうね。)
로서의	로서+의	아내**로서의** 역할 (妻としての役割)
로써의	로써+의	현재**로써의** 해결책은 없다. (現在としての解決策は無い。)
론	로+ㄴ	전화**론** 말 못하겠어요. (電話では言えません。)
마다가	마다+가	저**마다가** 한 마디 하느라고 너무 시끄러웠다. (皆それぞれが一言言おうとしてとてもうるさかった。)
마다에	마다+에	아파트 건물**마다에** 음식물 쓰레기통이 있다. (アパートの建物ごとに残飯用のゴミ箱がある。)
마저도	마저+도	진수**마저도** 시험을 못 봤어요. (チンスさえも試験がうまくいきませんでした。)
만도	만+도	가족이지만 이웃집 사람**만도** 못하다. (家族なのに隣家の人にも及ばない。)
만으로	만+으로	저는 이 책**만으로** 공부했어요. (私はこの本だけで勉強しました。)
만으로는	만+으로+는	제주도에 가려면 이 돈**만으로는** 부족하다. (済州島に行くにはこのお金だけでは足りない。)
만으로도	만+으로+도	유미를 만난다는 생각**만으로도** 기분이 좋아져요. (ユミに会うと思うだけでも気持ちが良くなります。)
만은	만+은	이것**만은** 기억하세요. (これだけは覚えて下さい。)
만을	만+을	나**만을** 걱정하는 부모님 (私のことだけを心配する両親)
만의	만+의	혼자**만의** 생각 (一人だけの考え)
만이	만+이	공부한 사람**만이** 시험을 잘 볼 수 있어요. (勉強した人だけが試験で良い点が取れます。)
만이라도	만+이라도	한 달에 한 번**만이라도** 집에 오너라. (1ヵ月に1回だけでも家に来なさい。)
만큼도	만큼+도	저는 털끝**만큼도** 잘못이 없어요. (私は毛の先ほども過ちがありません。)
만큼만	만큼+만	진수**만큼만** 공부하면 일등할 거예요. (チンスぐらいだけ勉強したら一番になりますよ。)
만큼밖에	만큼+밖에	손톱**만큼밖에** 없어요. (爪先ほどしかありません。)
만큼은	만큼+은	오늘**만큼은** 그런 이야기를 하지 맙시다. (今日ぐらいはそんな話をしないようにしましょう。)
만큼을	만큼+을	내가 진수**만큼을** 할 수 있을까? (私はチンスぐらいのことができるだろうか?)

助詞	結合情報	例文
만큼의	만큼+의	진수는 이번 시험에서 기대**만큼의** 점수를 받지 못했다. (チンスは今度の試験で期待ほどの点数が取れなかった。)
만큼이나	만큼+이나	아빠 키**만큼이나** 자란 대성이 (お父さんの背丈ほども伸びたテソン)
만큼이라도	만큼+이라도	진수가 이**만큼이라도** 건강한 건 보약 덕분이다. (チンスがこのぐらいでも元気なのは補薬（気力回復のための漢方薬）のおかげだ。)
말고는	말고+는	서울에 너**말고는** 아는 사람이 없어. (ソウルにお前の他には知っている人がいないよ。)
말고도	말고+도	우리**말고도** 다른 사람들이 많이 왔다. (私たち以外にも他の人たちがたくさん来た。)
밖에는	밖에+는	그 일을 아는 사람은 너**밖에는** 없어. (そのことを知っている人は君の他にはいないよ。)
밖에도	밖에+도	너**밖에도** 그 일을 할 사람은 많다. (君の他にもその仕事をやる人は多い。)
보다는	보다+는	저는 빵**보다는** 떡이 좋아요. (私はパンよりはお餅が好きです。)
보다도	보다+도	나**보다도** 우리 부모님이 걱정이야. (自分よりもうちの両親が心配だよ。)
보다야	보다+야	도시**보다야** 시골이 공기가 좋지요. (都会よりは田舎が空気が良いですよ。)
부터가	부터+가	유미는 말씨**부터가** 남과 달랐다. (ユミは言葉遣いからが他人と違った。)
부터는	부터+는	오늘**부터는** 수업을 10시 30분에 시작합니다. (今日からは授業を10時30分から始めます。)
부터라도	부터+라도	내일**부터라도** 지각하지 마세요. (明日からでも遅刻しないで下さい。)
부터의	부터+의	어렸을 때**부터의** 친구 (幼いときからの友達)
뿐만	뿐+만	중국어**뿐만** 아니라 일본어도 잘 한다. (中国語のみならず日本語も達者だ。)
뿐만은	뿐+만+은	올봄에 취직을 못한 사람이 진수**뿐만은** 아니다. (今年の春に就職できなかった人はチンスだけではない。)
뿐만이	뿐+만+이	나**뿐만이** 아니라 모든 학생들이 웃었다. (私だけでなく全ての学生が笑った。)
뿐이	뿐+이	진수**뿐이** 아니고 다른 학생들도 숙제를 해 오지 않았다. (チンスだけでなく他の学生も宿題をして来なかった。)
서나	서+나	이런 공연은 서울**서나** 볼 수 있다. (こんな公演はソウルでも見ることができる。)
서는	서+는	이런 공기는 서울**서는** 생각도 못해요. (こういう空気はソウルでは思いもつきません。)

助詞	結合情報	例文
서도	서+도	일본**서도** 한국의 매운 음식이 인기라고 한다. (日本でも韓国の辛い食べ物が人気だそうだ。)
서만	서+만	이것은 일본**서만** 볼 수 있는 풍경이다. (これは日本でだけ見ることのできる風景だ。)
서만의	서+만+의	이건 여기**서만의** 혜택이야. (これはここでだけの恩恵だよ。)
서부터	서+부터	여기**서부터** 걸어가세요. (ここから歩いて行って下さい。)
서부터는	서+부터+는	여기**서부터는** 혼자 가세요. (ここからは一人で行って下さい。)
에게가	에게+가	학생**에게가** 아니라 선생님에게 말씀 드리세요. (学生にではなく先生におっしゃって下さい。)
에게까지	에게+까지	대성이가 진수**에게까지** 화를 냈어요. (テソンがチンスにまで腹を立てました。)
에게까지도	에게+까지+도	유미**에게까지도** 그 소문이 들어갔어요. (ユミにまでもその噂が伝わりました。)
에게나	에게+나	그런 소원은 신**에게나** 빌어야 해요. (そのような願いは神にでも祈らなければなりません。)
에게는	에게+는	동생**에게는** 말하지 않았어요. (弟(妹)には言いませんでした。)
에게다	에게+다	친구**에게다** 편지를 썼어요. (友達に手紙を書きました。)
에게다가	에게+다가	그는 아내**에게다가** 화를 냈어요. (彼は妻に腹を立てました。)
에게도	에게+도	친구**에게도** 오라고 하세요. (友達にも来るように言って下さい。)
에게라도	에게+라도	누구**에게라도** 그런 일은 너무 어려워요. (誰にでもそんなことは難しすぎます。)
에게로	에게+로	진수는 유미**에게로** 천천히 걸어갔다. (チンスはユミの方にゆっくり歩いて行った。)
에게로까지	에게+로+까지	진수**에게로까지** 그 소문이 들어갔다. (チンスにまでその噂が伝わった。)
에게마저도	에게+마저+도	진수**에게마저도** 거짓말을 할 셈이니? (チンスにさえも嘘をつくつもりなの？)
에게만	에게+만	나**에게만** 살짝 말해. (私にだけこっそり言って。)
에게만은	에게+만+은	어머니**에게만은** 사실대로 말하겠어요. (母にだけは事実通りに話します。)
에게만큼은	에게+만큼+은	아내**에게만큼은** 솔직했다. (妻にだけはありのままだった。)
에게서는	에게서+는	그 사람**에게서는** 연락이 없어요. (その人からは連絡がありません。)

助詞	結合情報	例文
에게서도	에게서+도	유미**에게서도** 연락이 없어요. (ユミからも連絡がありません。)
에게야	에게+야	영숙이**에게야** 연락했겠지요. (ヨンスクには連絡したでしょうね。)
에게조차	에게+조차	마이클 씨는 어머니**에게조차** 알리지 말라고 했어요. (マイケルさんはお母さんにさえ知らせるなと言いました。)
에까지	에+까지	김 선생님 목소리는 교실 밖**에까지** 들려요. (金先生の声は教室の外にまで聞こえます。)
에까지는	에+까지+는	진수의 실력은 금메달**에까지는** 못 미쳐요. (チンスの実力は金メダルにまでは及びません。)
에까지도	에+까지+도	그의 작품은 현대**에까지도** 영향을 미친다. (彼の作品は現代にまでも影響を及ぼしている。)
에나	에+나	다음 달**에나** 결혼식을 할까 해요. (来月にでも結婚式を挙げようかと思います。)
에는	에+는	내년**에는** 고향에 가려고 해요. (来年には故郷に帰ろうと思います。)
에다	에+다	길**에다** 휴지를 버리면 안 돼요. (道に紙くずを捨ててはいけません。)
에다가	에+다가	감기**에다가** 두통까지 있어요. (風邪に加えて頭痛まであります。)
에다까지	에+다+까지	이제는 벽**에다까지** 낙서를 했다. (今では壁にまで落書きをした。)
에도	에+도	추운 날씨**에도** 산책을 가요. (寒い天気にもかまわず散歩に行きます。)
에라도	에+라도	병원**에라도** 다녀오세요. (病院にでも行って来て下さい。)
에라야	에+라야	졸업한 뒤**에라야** 취직을 합니다. (卒業した後にようやく就職をします。)
에를	에+를	너 혼자 걸어서 학교**에를** 갔다고? (君一人で歩いて学校に行ったって？)
에만	에+만	숭늉은 한국**에만** 있는 음식이다. (スンニュン（おこげ湯）は韓国にだけある食べ物だ。)
에만도	에+만+도	한국말을 배우는 외국 사람이 우리 학원**에만도** 백 명쯤 있다. (韓国語を学ぶ外国人はうちの学院にだけでも 100 人ぐらいいる。)
에만은	에+만+은	편지**에만은** 그런 말을 쓰지 않는다. (手紙にだけはそんな言葉を書かない。)
에서가	에서+가	텔레비전**에서가** 아니라 라디오에서 그 뉴스를 들었어요. (テレビでじゃなくてラジオでそのニュースを聞きました。)
에서까지	에서+까지	그 가수를 만나기 위해 대구**에서까지** 왔어요. (その歌手に会うため大邱からさえ来ました。)
에서까지도	에서+까지+도	신문**에서까지도** 마이클의 이야기를 다루었다. (新聞でさえもマイケルの話を扱った。)

助詞	結合情報	例文
에서나	에서＋나	유미는 어디**에서나** 눈에 잘 띄어요. (ユミはどこででもよく目立ちます。)
에서나마	에서＋나마	집**에서나마** 좀 편히 쉬세요. (家でだけでも楽に休んで下さい。)
에서는	에서＋는	중국**에서는** 요즘 한국 여배우들의 인기가 많다. (中国では最近韓国の女優が大人気だ。)
에서도	에서＋도	집**에서도** 한국말을 연습하세요. (家でも韓国語を練習して下さい。)
에서라도	에서＋라도	학교**에서라도** 숙제를 하세요. (学校ででも宿題をして下さい。)
에서라야	에서＋라야	집**에서라야** 공부가 잘 돼요. (家でこそ勉強がよくできます。)
에서마저	에서＋마저	사무실**에서마저** 담배를 피우면 어떡해요? (事務室でまでタバコを吸っては困りますよ。)
에서만	에서＋만	서울**에서만** 이 교통카드를 쓸 수 있어요. (ソウルでだけこの交通カードが使えます。)
에서만도	에서＋만＋도	제인은 서울**에서만도** 3년을 살았어요. (ジェーンはソウルでだけでも3年暮らしました。)
에서만은	에서＋만＋은	집**에서만은** 영어로 말하고 싶어요. (家でだけは英語で話したいです。)
에서만의	에서＋만＋의	이 문제는 비단 우리 집**에서만의** 문제가 아니다. (この問題は単に私たちの家でだけの問題ではない。)
에서만이	에서＋만＋이	물가가 오르는 것은 한국**에서만이** 아니다. (物価が上がるのは韓国でだけではない。)
에서만큼은	에서＋만큼＋은	이번 일**에서만큼은** 잘잘못을 따져야 합니다. (今回の件に関してだけは是非を明らかにしなければなりません。)
에서밖에	에서＋밖에	팬더는 동물원**에서밖에** 볼 수 없어요. (パンダは動物園でしか見られません。)
에서보다	에서＋보다	마이클은 학교**에서보다** 회사에서 한국말을 더 많이 해요. (マイケルは学校でより会社で韓国語をもっとたくさん話します。)
에서부터	에서＋부터	머리**에서부터** 발끝까지 (頭からつま先まで)
에서부터의	에서＋부터＋의	부산**에서부터의** 거리를 쟀다. (釜山からの距離を測った。)
에서뿐만	에서＋뿐＋만	그런 일은 영화**에서뿐만** 아니라 현실에서도 일어난다. (そんなことは映画でだけでなく現実でも起こる。)
에서뿐만이	에서＋뿐＋만＋이	영화**에서뿐만이** 아니라 현실에서도 그렇다. (映画でだけではなく現実でもそうだ。)
에서야	에서＋야	집**에서야** 양말을 벗어도 됩니다. (家では靴下を脱いでもかまいません。)
에서와	에서＋와	그림**에서와** 같이／그림**에서와** 달리 (絵でのように／絵でとは違い)

助詞	結合情報	例文
에서와는	에서+와+는	영화**에서와는** 달리 그런 일이 일어나지 않았다. (映画でとは違い、そんなことは起こらなかった。)
에서의	에서+의	집안**에서의** 안전사고 발생률은 생각보다 높다. (家庭での不注意による事故の発生率は思ったより高い。)
에서조차	에서+조차	집**에서조차** 마음이 편하지 않아요. (家でさえ気が休まりません。)
에서조차도	에서+조차+도	집**에서조차도** 잠을 잘 수 없어요. (家でさえも寝ることができません。)
에서처럼	에서+처럼	집**에서처럼** 마음이 편해요. (家にいるように気が休まります。)
에야	에+야	10시**에야** 일어났어요. (10時にやっと起きました。)
에야말로	에+야말로	오늘**에야말로** 꼭 고백을 하겠어요. (今日こそはきっと告白をします。)
에의	에+의	정치**에의** 무관심 (政治への無関心)
에조차	에+조차	전쟁 중인 이 나라는 수도**에조차** 전기가 들어오지 않는다고 한다. (戦争中のこの国は首都にさえ電気が引かれていないそうだ。)
에조차도	에+조차+도	수도**에조차도** 전기가 없는 나라 (首都にさえも電気が無い国)
와는	와+는	내 동생은 나**와는** 외모부터 다르다. (私の弟(妹)は私とは外見から違う。)
와도	와+도	요즘 유미는 엄마**와도** 이야기하지 않아요. (最近ユミはお母さんとも話しません。)
와만	와+만	마이클은 저**와만** 이야기해요. (マイケルは私とだけ話します。)
와의	와+의	김 선생님은 여성잡지사**와의** 인터뷰를 미뤘어요. (金先生は女性雑誌社とのインタビューを延期しました。)
으로까지	으로+까지	사소한 일이 말다툼**으로까지** 갔어요. (ささいなことが口げんかにまで至りました。)
으로나	으로+나	이 두 나라는 문화적**으로나** 역사적**으로나** 관계가 깊다. (この二つの国は文化的にも歴史的にも関係が深い。)
으로나마	으로+나마	임시방편**으로나마** 그 일을 해야 해요. (臨時の手段であれ、そのことをしなければいけません。)
으로는	으로+는	내 생각**으로는** 이렇게 했으면 좋겠다. (私の考えでは、こうしたらいいと思う。)
으로다	으로+다	손가락**으로다** 먹어도 되나요? (指で食べてもいいんですか？)
으로다가	으로+다가	책**으로다가** 벌레를 잡았다. (本で虫を叩きつぶした。)
으로도	으로+도	김 선생님은 시인**으로도** 유명하다. (金先生は詩人としても有名だ。)

助詞	結合情報	例文
으로라도	으로+라도	시간이 없으면 책**으로라도** 제주도의 경치를 보세요. (時間が無ければ本ででも済州島の景色をご覧下さい。)
으로라야	으로+라야	여기에서는 현금**으로라야** 살 수 있다. (ここでは現金でなければ買えない。)
으로만	으로+만	소문**으로만** 듣다가 실제로 봤어요. (噂でだけ聞いていたのですが、実際に見ました。)
으로밖에	으로+밖에	진수의 행동은 위선**으로밖에** 보이지 않아요. (チンスの行動は偽善にしか見えません。)
으로밖에는	으로+밖에+는	박 선생님의 행동은 편견**으로밖에는** 해석되지 않아요. (朴先生の行動は偏見としてしか解釈できません。)
으로부터	으로+부터	이 반지는 어머님**으로부터** 받은 거예요. (この指輪はお母さんからもらったものです。)
으로부터는	으로+부터+는	선생님**으로부터는** 아무 말도 듣지 못했다. (先生からは何のお話も聞けなかった。)
으로부터도	으로+부터+도	한국은 중국**으로부터도** 영향을 받았다. (韓国は中国からも影響を受けた。)
으로부터만	으로+부터+만	이 시기의 아이들은 부모님**으로부터만** 영향을 받는다. (この時期の子供たちは両親からだけ影響を受ける。)
으로부터의	으로+부터+의	권태기에는 일상**으로부터의** 탈출을 시도하게 된다. (倦怠期には日常からの脱出を試みるようになる。)
으로뿐만	으로+뿐+만	다이어트는 운동**으로뿐만** 아니라 식사조절도 해야 한다. (ダイエットは運動でだけでなく、食事の調節もしなければならない。)
으로서가	으로서+가	남편**으로서가** 아니라 친구로서 말하는 거야. (夫としてではなく、友達として言ってるんだよ。)
으로서나	으로서+나	사회 전체로서나 개인**으로서나** 이번 일은 잘 된 것이다. (社会全体としても個人としても今回のことはうまくいったのだ。)
으로서는	으로서+는	선생님**으로서는** 최선을 다한 거예요. (先生としては最善を尽くしたんですよ。)
으로서도	으로서+도	선생님**으로서도** 할 말이 없어요. (先生としても言うことがありません。)
으로서만	으로서+만	개인의 자유를 제한하는 것은 오직 법**으로서만** 할 수 있다. (個人の自由を制限するのはもっぱら法でのみ可能である。)
으로서뿐만	으로서+뿐+만	남편**으로서뿐만** 아니라 친구로서 걱정하는 거야. (夫としてだけじゃなく、友達として心配してるんだよ。)
으로서야	으로서+야	지금**으로서야** 하고 싶지 않겠지. (今としてはやりたくないだろうね。)
으로서의	으로서+의	남편**으로서의** 역할 (夫としての役割)
으로선	으로서+ㄴ	선생님**으로선** 네가 그 일을 하지 않기를 바란다. (先生としては君にそのことをしないでもらいたい。)
으로써가	으로써+가	폭력**으로써가** 아니라 평화적 방법으로 일을 해결해야 한다. (暴力によってではなく、平和的方法で事を解決しなければならない。)

助詞	結合情報	例文
으로써도	으로써+도	폭력으로써도 해결할 수 없는 일이 있다. (暴力をもってしても解決できないことがある。)
으로써만	으로써+만	그 시기의 남자 아이들은 폭력으로써만 일을 해결하려 한다. (その時期の男の子たちは暴力だけで事を解決しようとする。)
으로써보다도	으로써+보다+도	다이어트는 운동으로써보다도 식사량으로 조절해야 한다. (ダイエットは運動でよりも食事量で調節しなければならない。)
으로야	으로+야	한 개인으로야 그런 일을 하고 싶지 않다. (一個人としてはそんなことをしたくない。)
으로의	으로+의	우정에서 사랑으로의 변화 (友情から愛への変化)
이라고는	이라고+는	교육이라고는 받지 못한 사람 (教育なんかは受けられなかった人)
이라곤	이라고+ㄴ	학생이라곤 저만 있어요. (学生と言っても私がいるだけです。)
이라야만	이라야+만	한국사람이라야만 취직할 수 있어요. (韓国人だけが就職できます。)
이랑은	이랑+은	저는 요즘 남편이랑은 말을 안 해요. (私は最近夫とは話をしません。)
조차가	조차+가	진수조차가 이해를 못 하는데 누가 알겠어요? (チンスさえもが理解できないのに，誰が分かるんでしょう？)
조차도	조차+도	선생님조차도 그 문제를 못 풀어요. (先生さえもその問題が解けません。)
처럼밖에는	처럼+밖에+는	너처럼밖에는 못하니? (あなたのようにしかできないの？)
치고는	치고+는	거짓말치고는 너무 그럴 듯하다. (嘘にしてはあまりにそれらしい。)
치고도	치고+도	시골치고도 진짜 시골이에요. (田舎だとしても全くの田舎です。)
치고서는	치고서+는	초보치고서는 운전을 잘 하네. (初歩にしては運転が上手だね。)
치고서야	치고서+야	초등학생치고서야 영어를 잘해요. (小学生にしては英語が上手です。)
치고선	치고서+ㄴ	한국사람치고선 영어를 아주 잘해요. (韓国人にしては英語がとても上手です。)
치고야	치고+야	봄날씨치고야 춥지. (春の天気にしては寒いよな。)
치곤	치고+ㄴ	주말치곤 사람이 없는 편이에요. (週末のわりには人がいない方です。)
하고는	하고+는	너하고는 말하기 싫어. (君とは話したくないよ。)
하고도	하고+도	이미 유미하고도 이야기했어요. (既にユミとも話しました。)

助詞	結合情報	例文
하고만	하고+만	나는 진수**하고만** 갈 거야. (ぼくはチンスとだけ行くつもりだよ。)
하고의	하고+의	난 너**하고의** 싸움에서 이길 자신이 없어. (ぼくは君とのケンカで勝つ自信が無いよ。)
한테까지	한테+까지	나**한테까지** 거짓말을 하니? (私にまで嘘をつくの?)
한테나	한테+나	누구**한테나** 비밀은 있다. (誰にでも秘密はある。)
한테는	한테+는	유미**한테는** 말 하지 마. (ユミには言わないでよ。)
한테다	한테+다	친구**한테다** 그 일을 넘겼다. (友達にその仕事を譲った。)
한테다가	한테+다가	진수**한테다가** 그 책을 주었다. (チンスにその本をあげた。)
한테도	한테+도	친구**한테도** 말할 수 없어요. (友達にも言えません。)
한테로	한테+로	진수**한테로** 가려고 해요. (チンスのところに行こうと思います。)
한테만	한테+만	유미**한테만** 알리세요. (ユミにだけ知らせて下さい。)
한테서는	한테서+는	진수**한테서는** 편지가 오나요? (チンスからは手紙が来るんですか?)
한테서와	한테서+와	너**한테서와** 선생님으로부터 연락이 왔어. (君からと先生から連絡が来たよ。)

アドバイス目録

ㄱ

'가' の省略について ……………………………………………… 34
'나, 너, 저, 누구' と '가' の結合形 ……………………………… 34
人の名前と '가' の結合形 ………………………………………… 35
〔条件〕を表わす '-거든' と '-면' の比較 ……………………… 42
'-게' と '-도록' の比較 …………………………………………… 55
'-겠-' の意味特性 ………………………………………………… 62
'-겠-' と '-ㄹ 것이다' の比較 …………………………………… 62
'-고 가다' と '-아 가다' の比較 ………………………………… 68
'-고 있다' と '-아 있다' の比較 ………………………………… 80
接続助詞に用いられる '과, 이랑, 하고' の区別 ……………… 84
'군' の用法 ………………………………………………………… 89
'-기' と '-ㅁ' の比較 ……………………………………………… 91
'-기는커녕' と '는커녕' ………………………………………… 97
〔原因〕を表わす語尾: -기에, -느라고, -니까, -므로, -아서 …… 104
'-기에' と '-아서' の比較 ………………………………………… 105
'까지', '마저', '조차' の比較 …………………………………… 113
'께서' の助詞結合形 ……………………………………………… 117

ㄴ

動詞と形容詞に用いられる '-ㄴ' の比較 ……………………… 119
'-ㄴ 걸' と '-ㄴ걸' の区別 ……………………………………… 125
'-ㄴ 데' と '-ㄴ데' の区別 ……………………………………… 135
'-ㄴ 지' と '-ㄴ지' の区別 ……………………………………… 152
'-냐' と '-느냐' の区別 ………………………………………… 164
疑問文の間接引用 (-냐고) ……………………………………… 165
'오너라' と '와라' の比較 ……………………………………… 174
'-네요' と '-군요' の違い ……………………………………… 176
'-노라고' と '-느라고' の違い ………………………………… 177
'-느라고' と '-아서' の違い …………………………………… 190
'-느라고' と '-려고' の違い …………………………………… 191
'가' と主題を表わす '는' の用法の違い ……………………… 194
'-ㄴ 데다가' の説明 …………………………………………… 235
'아는 체하다' と '알은체하다' ………………………………… 255

〔原因〕や〔理由〕を表わす '-니까' と '-므로' の違い …………… 264
'-니까', '-아서', '-기 때문에' の違い …………………………… 264
'-니' と '-니까' の違い ……………………………………………… 264

ㄷ

叙述文の間接引用 (-다고) ………………………………………… 268
'-네' と '-다네' の比較 …………………………………………… 281
'-더-' の説明 ………………………………………………………… 302
'-더니' と '-았더니' ……………………………………………… 305
'-더라' の主体について …………………………………………… 307
'더러' の説明 ………………………………………………………… 311
'-던가' と '-든가' の比較 ………………………………………… 315
'-던지' と '-든지' の比較 ………………………………………… 320
'-도록' と '-게' の比較 → '-게' と '-도록' の比較 …………… 55
補助詞 '따라' と動詞の活用形 '따라' の区別 …………………… 336

ㄹ

'-ㄹ 걸', '-ㄹ걸¹', '-ㄹ걸²' の区別 ……………………………… 342
'-ㄹ게' の主体について …………………………………………… 347
'-ㄹ' で始まる語尾の正書法 ……………………………………… 347
'이다' 叙述文の間接引用 (-라고) ………………………………… 391
叙述の引用を表わす '-라고' と縮約した形 '-라' ……………… 392
命令文の間接引用 (-라고) ………………………………………… 394
命令の引用を表わす '-라고' と縮約した形 '-라' ……………… 394
'-러' と '-려고' の比較 …………………………………………… 420
'로서' の用法 ……………………………………………………… 444
助詞 '를' の省略と意味 …………………………………………… 454

ㅁ

'-ㅁ' と '-기' の比較 ……………………………………………… 459
転成語尾 '-ㅁ' と接尾辞 '-ㅁ' の比較 …………………………… 461
'-마' と '-을게' の比較 …………………………………………… 463
'마저' の用法 ……………………………………………………… 466
'마저' と '까지, 조차' の比較 → '까지, 마저, 조차' の比較 …… 113
'만큼, -는 만큼, -는만큼' の区別 ………………………………… 472
補助詞 '말고' の特徴 ……………………………………………… 474

補助詞 '말고' と動詞 '말고' の比較 ……………………………………	474
'-며' と '-고' の比較 …………………………………………………	477
'-며' と '-면서' の比較 ………………………………………………	477
'条件' を表わす '-면' と '-는다면' の比較 …………………………	482
'-면 되다' と '-아도 되다' の比較 ……………………………………	483
'-면서' と '-며' の比較 → '-며' と '-면서' の比較 ………………	477
'-므로' と '-기에' の比較	
→〔原因〕を表わす語尾 : -기에, -느라고, -니까, -므로, -아서	104
'-므로' と '-아서' の区別 ……………………………………………	489
'-므로' と '-ㅁ으로써' の区別 ………………………………………	489

ㅂ

'밖에' と '만' の比較 …………………………………………………	493
'밖에' と '외에' ………………………………………………………	494
'보고' と '에게' の比較 ………………………………………………	495
'보다' の特徴 …………………………………………………………	496
依存名詞 '뿐' …………………………………………………………	499

ㅅ

'-시-' の用法 …………………………………………………………	507
'-시-' による敬語法 ……………………………………………………	508

ㅇ

韓国での名前の呼び方 …………………………………………………	511
文の終結を表わす '-아' ………………………………………………	513
'-아' と '-지' の比較 …………………………………………………	514
単語を作る '-아' の用法 ………………………………………………	519
'-아' と '-고' の比較 …………………………………………………	520
'-아다가' の用法 ………………………………………………………	526
'-아 드릴까요' と '-아 주세요' ……………………………………	533
'-아서' と '-고' の比較 ………………………………………………	544
'-아서' と '-니까' の比較 ……………………………………………	544
'-아서' と '-아 가지고' の比較 ……………………………………	545
'-아야' と '-면' の比較 ………………………………………………	549
'-아 있다' と '-고 있다' の比較 → '-고 있다' と '-아 있다' の比較 ………	80
'에' と '에서' の比較…………………………………………………	599

〔場所〕を表わす '에' と '로' の比較 …………………………………… 600
〔道具〕を表わす '에' と '로' の比較 …………………………………… 601
〔原因〕を表わす '에' と '로' の比較 …………………………………… 601
'에게' の縮約語 '게' …………………………………………………… 605
'에' と '에다가' の比較 ………………………………………………… 612
'에서' と '에' の比較 → '에' と '에서' の比較 ……………………… 599
해체（親しい間で敬意が低い）と해요체（親しい間で敬意が高い）………… 640
'요' と '-요' …………………………………………………………… 641
終結語尾に用いられる縮約形の '-요' ………………………………… 641
'나（ぼく）, 저（私）, 너（君）' と '의' の結合形 ………………… 654
'의' の省略について …………………………………………………… 654
'이다' の해요체の形 …………………………………………………… 664
'이다' の語幹 '이-' の省略について ………………………………… 665
助詞 '이면' と語尾 '-면' の区別 ……………………………………… 677
'이야말로' と '이야' の比較 …………………………………………… 679

ㅈ

間接引用の '-자고' …………………………………………………… 687
'-자마자' と '-는 대로' の比較 ……………………………………… 691
'조차' と '까지' の区別 ……………………………………………… 695
'-지' と '-구나' の比較 ……………………………………………… 699
'-지' と '-아' の比較 → '-아' と '-지' の比較 …………………… 514
'-지 못하다' と '-지 않다' の比較 …………………………………… 705
'-지 않다' の否定 ……………………………………………………… 707
'-지 않다' と '-지 못하다' の比較 → '지 못하다' と '-지 않다' の比較 … 705
願いや望みを表わす文に用いられる '-지 않다' と '-지 말다' の比較 …… 708

ㅊ

助詞 '치고' と動詞 '치고' の区別 …………………………………… 714

ㅎ

'하고' と '라고' の比較 ……………………………………………… 717

索引

ㄱ

가【친구가 왔어요. (友達が来ました。)】 ············· 31, 655
~가 ~니만큼【때가 때니만큼~ (時が時であるだけに~)】 ············· 35
~가 아닌 다음에는【바보가 아닌 다음에는~ (馬鹿でない限りは~)】 ············· 36
~가 ~인지라【때가 때인지라~ (時期が時期だから~)】 ············· 36
같이【얼음같이 차갑다. (氷のように冷たい。)】 ············· 37
-거나【여행을 하거나 책을 읽어요. (旅行に行ったり本を読んだりします。)】 ············· 37
-거니【술잔을 주거니 받거니~ (杯を差しつ差されつ~)】 ············· 39
-거니와【이 식당은 깨끗하거니와~ (この食堂はきれいな上に~)】 ············· 40
-거든[1]【오늘이 내 생일이거든. (今日ぼくの誕生日なんだよ。)】 ············· 41
-거든[2]【먹기 싫거든~ (食べたくないなら~)】 ············· 42
-거든요【친구들이 집에 놀러 오거든요. (友達が家に遊びに来るんですよ。)】 ············· 43
-거라【집으로 가거라. (家に帰りなさい。)】 ············· 44
-건【네가 믿건 말건~ (君が信じようと信じまいと~)】 ············· 45
-건대【생각하건대~ (思うに~)】 ············· 46
-건마는【내 잘못을 후회하건마는~ (自分の落ち度を後悔するけれども~)】 ············· 47
-건만【열심히 말하건만~ (熱心に言うのだが~)】 ············· 47
게[1]【제게 주세요. (私に下さい。)】 ············· 48
-게[2]【자네가 먼저 먹게. (君が先に食べなさい。)】 ············· 50
-게[3]【나만 고생을 하게? (ぼくだけ苦労するだろ?)】 ············· 51
-게[4]【모두가 다 먹을 수 있게~ (皆が食べられるように~)】 ············· 52
-게 되다【서로 사랑하게 되었습니다. (愛し合うようになりました。)】 ············· 55
-게 되면【술을 많이 마시게 되면~ (お酒をたくさん飲むようになると~)】 ············· 55
-게 마련이다【모든 것이 변하게 마련이다. (全てが変わるものだ。)】 ············· 56
-게 만들다【식물을 죽게 만든다. (植物を枯らす。)】 ············· 56
-게 생겼다【야단 맞게 생겼네. (叱られそうだね。)】 ············· 57
-게요[1]【어디 가시게요? (どちらかお出かけですか?)】 ············· 57
-게요[2]【다같이 마실 수 있게요. (皆が飲めますように。)】 ············· 59
-게 하다【피아노를 치게 하셨다. (ピアノを弾かせた。)】 ············· 59
-겠-【곧 날이 밝겠다. (もうすぐ夜が明けるだろう。)】 ············· 60
고[1]【시골이고 도시고 (田舎であれ都会であれ)】 ············· 63, 656
고[2]【재미있다고 하는데요. (面白いそうですけど。)】 ············· 63
-고[3]【어머니는 안녕하시고? (お母さんはお元気かい?)】 ············· 64
-고[4]【떡볶이도 먹고 튀김도 먹었다. (トッポッキも食べたし, てんぷらも食べた。)】 ············· 65
-고 가다【모자를 쓰고 갑니다. (帽子をかぶって行きます。)】 ············· 68

-고 계시다【할아버지께서 신문을 읽고 계십니다.(おじいさんが新聞を読んでいらっしゃいます。)】 …………………………………………………… 69
-고 나니【잔뜩 먹고 나니~(たくさん食べたら~)】 ……………………… 69
-고 나면【이 책을 읽고 나면~(この本を読み終えると~)】 …………… 69
-고 나서【밥 먹고 나서~(ご飯を食べてから~)】 ……………………… 70
-고도【듣고도 못 들은 척했다.(聞いても聞こえないふりをした。)】 …… 70
-고도 남다【이해하고도 남는다.(理解しても余りある。)】 …………… 71
-고 들다【자꾸 따지고 들면~(やたらとあげつらっていては~)】 ……… 71
-고 말겠다【꼭 성공하고 말겠어.(きっと成功してやるぞ。)】 ………… 71
-고 말고【되고 말고.(できるとも。)】 …………………………………… 72
-고 말고요【정말이고 말고요.(本当ですとも。)】 ……………………… 72
-고 말았다【이혼을 하고 말았어요.(離婚をしてしまいました。)】 …… 72
-고 보니【알고 보니~(後で分かったことだが~)】 …………………… 73
-고 보자【우선 먹고 보자.(まず食事をしよう。)】 …………………… 74
-고서【누구를 믿고서~(誰を当てにして~)】 ………………………… 74
-고서는 -ㄹ 수 없다【바보가 아니고서는 그럴 수 없지.(馬鹿じゃない限りは、そんなことをするわけがないよ。)】 …………………………………… 75
-고서야【바보가 아니고서야~(馬鹿じゃなければ~)】 ……………… 76
-고 싶다【저는 집에 가고 싶어요.(私は家に帰りたいです。)】 ………… 77
-고 싶어하다【유미가 집에 가고 싶어해요.(ユミが家に帰りたがっています。)】 …… 77
-고요【안녕하시고요?(お元気ですか?)】 ……………………………… 78
-고 있는 참이다【신문을 정리하고 있는 참이다.(新聞を整理しているところだ。)】 … 78
-고 있다【밥을 먹고 있어요.(ご飯を食べています。)】 ………………… 79
-고자【의논을 하고자~(相談をしようと~)】 ………………………… 80
-고자 하다【최선을 다하고자 합니다.(最善を尽くそうと思います。)】 … 81
-고 하니【돈도 많고 하니~(お金もたくさんあるから~)】 …………… 81
-고 해서【겁도 나고 해서~(怖くなったので~)】 ……………………… 82
과【부엌과 목욕탕(台所と浴室)】 ……………………………………… 82, 639
~과 같은【눈, 코, 입과 같은~(目, 鼻, 口のような~)】 ……………… 84
~과 같이【그림과 같이~(図のように~)】 …………………………… 85
~과 다름없다【여느 집과 다름없었다.(普通の家と変わらなかった。)】 … 85
~과 달리【다른 곳과 달리~(他の所と違い~)】 ……………………… 85
~과 마찬가지로【다른 나라들과 마찬가지로~(他の国々と同様に~)】 … 86
~과 반대로【말한 것과 반대로~(述べたことと反対に~)】 ………… 86
-구나【키가 크구나.(背が高いなあ。)】 …………………………… 86, 206
-군【새로 산 차가 좋군.(新しく買った車, すてきだね。)】 ………… 88, 206
-군요【날씨가 좋군요.(良い天気ですね。)】 ……………………… 89, 207
-기【비가 오기 시작했다.(雨が降り始めた。)】 ………………………… 90
-기가 무섭게【수업이 끝나기가 무섭게~(授業が終わるやいなや~)】 …… 92

- -기가 바쁘게【아침식사가 끝나기가 바쁘게~ (朝食が済むやいなや~)】 ················ 92
- -기가 쉽다【살이 찌기가 쉽다. (太りやすい。)】 ························· 93
- -기가 이를 데 없다【슬프기가 이를 데 없다. (たとえようもなく悲しい。)】 ········ 93
- -기 그지없다【반갑기 그지없다. (うれしさに堪えない。)】 ···················· 93
- -기까지 하다【춥기까지 해요. (寒くさえ感じます。)】 ························ 94
- -기 나름이다【생각하기 나름이다. (考え方次第だ。)】 ······················· 94
- -기나 하다【먹기나 해요. (食事でもして下さい。)】 ························ 94
- -기는【어리석기는. (間抜けだこと。)】 ····································· 95
- -기는 -다【좋기는 좋다. (良いことは良い。)】 ······························ 95
- -기는요【먹기는요? (食べてないですよ。)】 ································ 96
- -기는커녕【행복하기는커녕~ (幸せなどころか~)】 ························· 97
- -기는 하다【비가 오기는 하지만~ (雨が降ることは降りますが~)】 ··········· 98
- -기도 하고 -기도 하다【울기도 하고 웃기도 한다. (泣いたり笑ったりする。)】 ······· 98
- -기도 하다【크기도 하다. (とても大きいなあ。)】 ··························· 99
- -기도 하려니와【그는 똑똑하기도 하려니와~ (彼は頭が良いこともさることながら~)】 ··· 99
- -기 때문에【시끄럽기 때문에~ (うるさいので~)】 ·························· 99
- -기로【아무리 덥기로~ (いくら暑いからといって~)】 ······················ 100
- -기로 들다【일단 가기로 들면~ (一度行くことにすれば~)】 ················ 100
- -기로서【아무리 바쁘기로서~ (いくら忙しいからといって~)】 ·············· 101
- -기로 하다【수영장에 가기로 했어요. (プールへ行くことにしました。)】 ········ 101
- -기를 바라다【내 생일에 꼭 오기를 바라. (ぼくの誕生日に是非来てほしいんだ。)】 ··· 102
- -기 마련이다【실수하기 마련이에요. (失敗するものです。)】 ················· 102
- -기만 -면【건드리기만 하면~ (触れるだけで~)】 ························· 102
- -기만 하다【그냥 귀엽기만 했다. (ただもうかわいい限りだった。)】 ············ 103
- -기야 하다【예쁘기야 하지요. (かわいいことはかわいいですよ。)】 ············ 103
- -기에[1]【그가 부탁하기에~ (彼が頼むので~)】 ··························· 104
- -기에[2]【내가 생각하기에~ (ぼくが思うに~)】 ··························· 105
- -기에 따라【그 말은 듣기에 따라~ (その話は聞きようによって~)】 ··········· 106
- -기에 망정이지【비가 왔기에 망정이지~ (雨が降ったから良かったものの~)】 ······ 106
- -기에 앞서【말씀을 시작하기에 앞서~ (お話を始めるに先立ち~)】 ············ 106
- -기 위한【놀이를 하기 위한~ (遊ぶための~)】 ··························· 107
- -기 위해서【한국말을 배우기 위해서~ (韓国語を学ぶために~)】 ············· 107
- -기 이를 데 없다【평범하기 이를 데 없었다. (平凡なことこの上なかった。)】 ······ 108
- -기 일쑤다【실수하기 일쑤다. (失敗するのが常だ。)】 ······················ 108
- -기 전에【세수를 하기 전에~ (顔を洗う前に~)】 ························· 108
- -기 직전에【깨기 직전에 꿈을 꾸었다. (目覚める直前に夢を見た。)】 ············ 109
- -기 짝이 없다【나는 부끄럽기 짝이 없었다. (私は恥ずかしいことこの上なかった。)】 ··· 109
- -기 한이 없다【기쁘기 한이 없습니다. (うれしい限りです。)】 ················ 110
- -긴[1]【사람도 급하긴! (気の短い人だこと！)】 ···························· 110

-긴² 【바쁘긴 하지만~ (忙しいことは忙しいが~)】 ……………………… 111
까지 【처음부터 끝까지 (初めから終わりまで)】 ……………………… 111
깨나 【돈깨나 있었다고 한다. (ちょっとした金持ちだったそうだ。)】 …… 114
께 【부모님께 내의를 사 드린다. (両親に肌着をプレゼントする。)】 …… 114
께서 【선생님께서 칠판에 글씨를 쓰십니다. (先生が黒板に字をお書きになります。)】 … 116

ㄴ

ㄴ¹ 【난 안 가. (ぼくは行かない。)】 ……………………………… 118, 192, 645
-ㄴ² 【예쁜 여자 (きれいな女の人)】 ………………………………… 118, 195
-ㄴ³ 【어제 그린 그림 (昨日描いた絵)】 ……………………………… 119
-ㄴ가¹ 【자네 어디 아픈가? (君, どこか具合悪いのか?)】 ………… 120, 196
-ㄴ가² 【인생이란 무엇인가? (人生とは何か?)】 ………………… 120, 197
-ㄴ가 보다 【아픈가 봐요. (具合が悪いみたいですね。)】 ……………… 121
-ㄴ가 싶다 【꿈인가 싶다. (夢のようだ。)】 …………………………… 122
-ㄴ가요 【집에 계신가요? (ご在宅ですか?)】 ………………………… 122
-ㄴ 가운데 【어리둥절한 가운데~ (とまどっている間に~)】 ………… 123
-ㄴ 감이 있다 【늦은 감이 있지만~ (遅れた感があるが~)】 ………… 123
-ㄴ 건가요 【언제 다치신 건가요? (いつけがをされたんですか?)】 … 124
-ㄴ걸 【물이 꽤 찬걸. (水がずいぶん冷たいなあ。)】 ………………… 125, 201
-ㄴ걸요 【키가 큰걸요. (背が高いんですよ。)】 ……………………… 126, 202
-ㄴ 것 【우리가 이긴 것 (私たちが勝ったこと)】 ……………………… 127
-ㄴ 것 같다 【비가 많이 온 것 같다. (雨がたくさん降ったようだ。)】 …… 127
-ㄴ 것이다 【결국 죽은 것이다. (結局死んだのである。)】 ………… 128
-ㄴ 게 【가슴이 답답한 게~ (胸がつかえるところからして~)】 ……… 128
-ㄴ 김에 【시내에 나온 김에~ (市内に出て来たついでに~)】 ……… 129
-ㄴ 끝에 【오랫동안 생각한 끝에~ (しばらく考えた末に~)】 ……… 129
-ㄴ 나머지 【놀란 나머지~ (驚きのあまり~)】 ………………………… 130
-ㄴ다¹ 【학생들이 집에 간다. (学生たちは家に帰る。)】 ……………… 209
-ㄴ다² 【집에 간다 합디다. (家に帰ると言ってました。)】 …………… 210
-ㄴ다거나 【타이른다거나 야단친다거나 하는 말투 (たしなめるとか, 叱るとかといった口ぶり)】 ……………………………………… 211
-ㄴ다고¹ 【미국에서 산다고. (アメリカで暮らしてるんだってば。)】 …… 211
-ㄴ다고² 【좀 안다고 그러는 게 아니야. (ちょっと知ってるからって, そうするもんじゃないよ。)】 ……………………………………… 213
-ㄴ다고³ 【내일 비가 온다고 해요. (明日雨が降るそうです。)】 …… 214
-ㄴ다고요 【주말마다 영화를 본다고요. (週末はいつも映画を見ますって。)】 … 215
-ㄴ다느니 【날더러 너무한다느니 어쩐다느니~ (私にやりすぎたとかどうだとか言ったって~)】 …………………………………… 216

- -ㄴ다는 게【잠깐 쉰다는 게~ (ちょっと休むつもりが~)】 ················· 130
- -ㄴ다는구나【그 집도 오늘 떠난다는구나. (その家も今日出発するそうだねえ。)】 … 217
- -ㄴ다든가【잠을 잔다든가~ (寝るとか~)】 ································· 218
- -ㄴ다든지【편지를 쓴다든지~ (手紙を書いたり~)】 ······················· 218
- -ㄴ다면【열심히 공부한다면~ (一所懸命勉強するならば~)】 ············· 219
- -ㄴ다면서【한국말을 배운다면서? (韓国語を習っているんだって？)】 ······ 220
- -ㄴ다면서요【내일 간다면서요? (明日行くんですって？)】 ················ 221
- -ㄴ 다음에【울고 난 다음에~ (泣いた後に~)】 ··························· 131
- -ㄴ 다음에야【제 입으로 약속을 한 다음에야~ (自分の口で約束をした限りは~)】 ··· 131
- -ㄴ단다【내일 부산에 간단다. (明日釜山に行くんだよ。)】 ················ 222
- -ㄴ답니까【대구에 왜 간답니까? (大邱にどうして行くんですか？)】 ········ 223
- -ㄴ답니다【우리 학교는 축구를 잘 한답니다. (私たちの学校はサッカーが上手なんです。)】 ·· 224
- -ㄴ대[1]【엄마, 누나가 자꾸 나 때린대. (お母さん，お姉さんが何度もぼくをぶつんだよ。)】 ·· 224
- -ㄴ대[2]【내일 비 온대. (明日雨が降るんだって。)】 ······················ 225
- -ㄴ 대신【크기가 작은 대신~ (大きさが小粒な代わりに~)】 ············· 132
- -ㄴ대요[1]【형이 자꾸만 나 때린대요. (お兄ちゃんが何度もぼくをぶつんですよ。)】 … 228
- -ㄴ대요[2]【내일 비 온대요. (明日雨が降るんですって。)】 ················ 229
- -ㄴ데[1]【이름이 멋진데. (名前がすてきだね。)】 ···················· 132, 230
- -ㄴ데[2]【친구 생일인데~ (友達の誕生日ですが~)】 ··············· 133, 232
- -ㄴ 데다가【배가 아픈 데다가~ (お腹が痛い上に~)】 ···················· 135
- -ㄴ데도【이른 아침인데도~ (早朝なのに~)】 ······················· 136, 235
- -ㄴ데도 불구하고【밤인데도 불구하고~ (夜にもかかわらず~)】 ············ 137
- -ㄴ데요【이름이 근사한데요. (名前がすてきですね。)】 ·············· 137, 237
- -ㄴ 동시에【목사인 동시에 시인이다. (牧師であると同時に詩人である。)】 ··· 138
- -ㄴ 둥 만 둥하고【밥을 먹은 둥 만 둥하고~ (食事もそこそこにして~)】 ··· 139
- -ㄴ 뒤에【비가 온 뒤에~ (雨が降った後~)】 ····························· 139
- -ㄴ 듯【짜증이 난 듯~ (いらだったように~)】 ··························· 139
- -ㄴ 듯 만 듯하다【비가 온 듯 만 듯하다. (雨が降ったようでもあるし，降らなかったようでもある。)】 ··· 140
- -ㄴ 듯싶다【간이 나쁜 듯싶어. (肝臓が悪いようだよ。)】 ·················· 140
- -ㄴ 듯하다【잠이 든 듯하다. (寝ついたようだ。)】 ························ 141
- -ㄴ 마당에【이혼한 마당에~ (離婚したって言うのに~)】 ·················· 142
- -ㄴ 모양이다【바쁜 모양입니다. (忙しいようです。)】 ····················· 142
- -ㄴ 바와 같이【위에서 말한 바와 같이~ (上で述べた通り~)】 ············· 143
- -ㄴ 반면에【남자 농구는 가볍게 이긴 반면에~ (男子バスケットボールは楽勝だった半面~)】 ··· 143

-ㄴ 법이다【작은 일에도 서운한 법이란다. (ささいなことにも寂しい気がするものなんだよ。)】……………………………………………… 144
-ㄴ 셈이다【이제 거의 다 한 셈이다. (もうほとんど全部やったわけだ。)】…… 144
-ㄴ 셈 치고【잃어버린 셈 치고~ (失くしたものとして~)】……………… 145
-ㄴ 양하다【제일 예쁜 양하면서~ (一番かわいいというふりをしながら~)】… 145
-ㄴ 이래【이 학교가 생긴 이래~ (この学校ができて以来~)】…………… 146
-ㄴ 이상【가족을 가진 이상~ (家族を持った以上~)】…………………… 146
-ㄴ 일이다【미안한 일이다. (すまないことだ。)】………………………… 147
-ㄴ 일이 있다【한국 음식을 먹은 일이 있습니까? (韓国料理を食べたことがありますか?)】………………………………………………………… 147
-ㄴ 적이 없다【비가 온 적이 없다. (雨が降ったことがない。)】…………… 148
-ㄴ 줄 모르다【비가 온 줄 몰랐어. (雨が降ったことに気付かなかったよ。)】… 148
-ㄴ 줄 알다【내가 제일 일찍 온 줄 알았는데. (私が一番早く来たと思ったのだが。)】… 149
-ㄴ 지【찬우가 태어난 지~ (チャンウが生まれてから~)】……………… 149
-ㄴ지【어떤 생각인지 말해 주세요. (どんな考えなのか話して下さい。)】…… 150, 251
-ㄴ지도 모르다【아직 아침인지도 몰라. (まだ朝かも知れないよ。)】……… 152
-ㄴ지요【건강은 어떠신지요? (お加減はいかがでしょうか?)】………… 153, 253
-ㄴ 채로【눈을 감은 채로~ (目を閉じたまま~)】………………………… 153
-ㄴ 체하다【나는 못 들은 체했다. (私は聞こえないふりをした。)】………… 154
-ㄴ 탓이다【소나기를 맞은 탓이다. (にわか雨に降られたせいだ。)】……… 155
-ㄴ 편이다【매운 편이다. (辛い方だ。)】………………………………… 155
-ㄴ 후에【수업이 끝난 후에~ (授業が終わった後に~)】………………… 156
나¹【커피나 홍차 (コーヒーや紅茶)】………………………………… 156, 657
나²【차나 한 잔 할까요? (お茶でも一杯飲みましょうか?)】……………… 156, 658
-나³【자네, 이제 오나? (お前、今来たのか?)】………………………… 157
-나⁴【무슨 사고가 생겼나? (何か事故が起きたのかな?)】……………… 158
-나⁵【빨리 빨리 못하나? (さっさとできないか。)】……………………… 159
-나⁶【비는 오나 바람은 불지 않는다. (雨は降るが、風は吹かない。)】…… 159
나마【이거나마 먹고 기다려. (これでも食べて待ってろよ。)】…………… 161, 661
-나마나【극장에 가나마나~ (映画館に行っても行かなくても~)】……… 161
-나 보다【비가 오나 봐요. (雨が降っているようです。)】………………… 162
-나 싶다【또 거짓말을 하면 어쩌나 싶어~ (また嘘をつかれたらどうしようかと思い~)】… 162
-나요【무엇을 하나요? (何をしますか?)】……………………………… 162
-냐¹【너 어디 아프냐? (お前どこか具合悪いのか?)】…………………… 163, 179
-냐²【누가 그린 것이냐 했더니~ (誰が描いたものなのかと聞いたら~)】… 164, 179
-냐고¹【여기가 어디냐고? (ここがどこかって?)】……………………… 165, 180
-냐고²【우리 언니도 예쁘냐고 해요. (うちの姉もきれいかって聞いています。)】… 167, 181
-냐고요【바쁘냐고요? (忙しいかですって?)】………………………… 168, 182
-냐니【몇 살이냐니? (何歳かって?)】………………………………… 169, 183

-냐니까【네 이름이 뭐냐니까? (君の名前は何なのかってば。)】 ················· **170**, 184
-냐니까요【누구냐니까요? (誰なんですかってば。)】 ······················· **170**, 184
-냐니요【오늘 갈 거냐니요? (今日行くつもりかですって?)】 ··················· **171**, 185
-냬【갈 거냬? (行くつもりかだって?)】 ·· **172**, 186
-냬요【어디가 아프냬요. (どこか具合悪いのかですって。)】 ···················· **173**, 186
-너라【할머니를 모시고 오너라. (おばあさんをご案内して来い。)】 ················· **173**
-네¹【자네를 이해하네. (君のことを理解するよ。)】 ····························· **174**
-네²【밖에 비가 오네. (外で雨が降ってるね。)】 ······························· **175**
-네요【세월 참 빠르네요. (歳月は本当に早いですね。)】 ························ **176**
-노라고【내 딴에는 하노라고~ (自分なりにはやろうと~)】 ························· **177**
-노라니【여기 저기 찾아다니노라니~ (あちこち探し回ったら~)】 ··················· **178**
-느냐¹【어디를 가느냐? (どこに行くんだい?)】 ································ 163, **179**
-느냐²【어떻게 했으면 좋겠느냐~ (どうしたらいいかと~)】 ······················ 164, **179**
-느냐고¹【뭐라고 부르느냐고? (何て読むかって?)】 ···························· 165, **180**
-느냐고²【언제 가느냐고~ (いつ行くかと~)】 ································ 167, **181**
-느냐고요【어디 가느냐고요? (どこに行くかですって?)】 ······················· 168, **182**
-느냐니【이제 가느냐니? (今行くのかだって?)】 ······························· 169, **183**
-느냐니까【무슨 일 있느냐니까. (何かあるのかってば。)】 ······················· 170, **184**
-느냐니까요【왜 그러느냐니까요! (なぜそうするんですかってば!)】 ················ 170, **184**
-느냐니요【뭘 먹느냐니요? (何を食べているのかですって?)】 ···················· 171, **185**
-느내【어디로 가느내? (どこに行くかだって?)】 ······························ 172, **186**
-느내요【뭘 먹느내요. (何を食べているのかですって。)】 ······················ 173, **186**
-느니¹【그런 사람과 결혼하느니~ (そんな人と結婚するくらいなら~)】 ················· **187**
-느니²【극장에 가느니 마느니~ (映画館に行くとか行かないとか~)】 ············· **188**, 261
-느니만 못하다【듣는 것은 눈으로 보느니만 못하다. (聞くことは目で見ることに
　　及ばない。)】 ·· **188**
-느라【농장을 돌보시느라~ (農場をきりもりするために~)】 ······················· **189**
-느라고【영화를 보느라고~ (映画を見ていて~)】 ······························ **190**
-느라니 ·· **192**
-는¹【저는 안 가요. (私は行きません。)】 ································ 118, **192**, 645
-는²【지금 쓰는 편지 (今書いている手紙)】 ····························· 118, **195**
-는가¹【자네 어디 가는가? (君, どこに行くのかい?)】 ························ 120, **196**
-는가²【환경 문제는 왜 나타나는가? (環境問題はなぜ起こるのか?)】 ··········· 120, **197**
-는가 보다【누가 오는가 보다. (誰か来るようだ。)】 ·························· 120, **198**
-는가 싶다【아직도 있는가 싶어~ (まだいる気がして~)】 ·························· **198**
-는 가운데【그를 만나는 가운데~ (彼に会っているうちに~)】 ······················ **198**
-는가 하고【언제 진수가 오는가 하고 궁금했어요. (いつチンスが来るのかと気
　　がかりでした。)】 ·· **199**
-는가 하면【언덕을 넘었는가 하면~ (丘を越えたかと思うと~)】 ···················· **199**

-는 건가요【이제 가시는 건가요? (今お帰りになるのですか?)】 ················· 200
-는걸【날씨가 점점 추워지는걸. (だんだん寒くなるなあ。)】 ············· 125, 201
-는걸요【얼마든지 있는걸요. (いくらでもあるんですもの。)】 ········· 126, 202
-는 것【먹는 것 (食べること)】 ··· 202
-는 것 같다【비가 오는 것 같아요. (雨が降っているみたいです。)】 ········· 203
-는 것이다【쓰레기를 만들지 않는것이다. (ゴミを作らないのである。)】 ··· 203
-는 격이다【닭 쫓던 개 지붕 쳐다보는 격이에요. (鶏を追いかけていた犬が屋根
    を見上げる (お手上げなこと) といった格好ですね。)】 ··················· 204
~는 고사하고【금반지는 고사하고~ (金の指輪はおろか~)】 ··············· 205
-는 관계로【비가 오는 관계로~ (雨が降るせいで~)】 ······················· 205
-는구나【밥을 참 잘 먹는구나. (ご飯を本当によく食べるなあ。)】 ····· 86, 206
-는군【눈이 오는군. (雪が降ってるな。)】 ································· 88, 206
-는군요【길이 많이 막히는군요. (道がとても混んでいますね。)】 ······ 89, 207
-는 길에【목욕탕에 갔다 오는 길에~ (銭湯の帰り道で~)】 ··················· 208
-는 김에【부엌에 가는 김에~ (台所に行くついでに~)】 ······················· 208
-는다¹【학생들이 책을 많이 읽는다. (学生たちは本をたくさん読む。)】 ········· 209, 266
-는다²【밥을 먹는다 합디다. (ご飯を食べると言ってました。)】 ········· 210, 268
-는다거나【꾸짖는다거나 타이른다거나 하는 말투 (叱るとか, たしなめるとか
    といった口ぶり)】 ··· 211, 275
-는다고¹【들리지 않는다고. (聞こえないって。)】 ················· 211, 275, 386
-는다고²【떡국을 많이 먹는다고~ (トックックをたくさん食べるからと言っ
    て~)】 ··· 213, 276, 389
-는다고³【널 찾는다고~ (君をさがしていると~)】 ··············· 214, 277, 390
-는다고요【비빔밥을 먹는다고요. (ビビンパを食べるって言ったんですよ。)】 ··· 215, 279, 395
-는다고 해서【아파트에 산다고 해서~ (アパートに住むからと言って~)】 ············· 216
-는다느니【이렇게 먹는다느니 저렇게 먹는다느니~ (ああやって食べるとかこう
    やって食べるとか~)】 ··· 216, 281
-는다구나【나무를 많이 심는다구나. (木をたくさん植えるんだってなあ。)】 ······ 217
-는다든가【밥을 먹는다든가~ (ご飯を食べるとか~)】 ······················ 218, 286
-는다든지【아무 약이나 함부로 먹는다든지~ (何の薬でもかまわず飲んだり~)】 ··· 218, 287
-는다면【아들만 낳는다면~ (息子さえ産むならば~)】 ·············· 219, 289, 407
-는다면서【이제 점심을 먹는다면서? (今から昼ご飯を食べるんだって?)】 ······ 220, 290
-는다면서요【뭐든지 잘 먹는다면서요? (何でもよく食べるんですって?)】 ····· 221, 291
-는단다【복을 받는단다. (福を受けるんだよ。)】 ································· 222, 294
-는단 말이다【마음이 내키지 않는단 말이야. (気が向かないっていうんだよ。)】 ··· 222, 295, 412
-는답니까【그 쓴 것을 도대체 왜 먹는답니까? (その苦いものを一体どうして
    食べるんですか?)】 ··· 223, 295, 413
-는답니다【꽃을 심는답니다. (花を植えるんです。)】 ·············· 224, 296, 414
-는대¹【혼자만 자장면 먹는대. (一人だけでチャジャン麺食べるんだよ。)】 ··· 224, 297, 415

-는대² 【그 집을 다시 찾는대. (その店をもう一度訪れるんだって。)】 …… 225, 298, 415
-는 대로 【퇴근하는 대로 같이 가 보자. (退社したらすぐ一緒に行ってみよう。)】…… 226
〜는 〜대로 【학교는 학교대로 (学校はまた学校で)】 …………………………… 227
-는 대신 【대답을 하는 대신〜 (返事をする代わりに〜)】 ……………………… 227
-는대요¹ 【혼자만 장난감 다 갖는대요. (おもちゃを全部独り占めするんですよ。)】 ………………………………………………………… 228, 300, 417
-는대요² 【집에서 푹 쉬면 낫는대요. (家でゆっくり休むと良くなるんですって。)】 ………………………………………………………… 229, 300, 418
-는데¹ 【정말 잘 먹는데. (本当によく食べるね。)】 ……………………… 132, 230
-는데² 【부탁이 하나 있는데〜 (一つ頼みたいことがあるんだけど〜)】 … 133, 232
-는 데다가 【비가 오는 데다가〜 (雨が降る上に〜)】 …………………………… 234
-는데도 【내가 가는데도〜 (私が帰るのに〜)】 …………………………… 136, 235
-는데도 불구하고 【이름이 있는데도 불구하고〜 (名前があるにもかかわらず〜)】……… 236
-는데요 【노래도 잘 하는데요. (歌も上手ですね。)】 …………………… 137, 237
-는 도중에 【이야기하는 도중에〜 (話している途中で〜)】 ……………………… 238
-는 동시에 【지식을 배우는 동시에〜 (知識を学ぶと同時に〜)】 ……………… 238
-는 동안 【차를 타고 가는 동안〜 (車に乗って行く間〜)】 …………………… 238
〜는 둘째 치고 【우리는 둘째 치고〜 (私たちはさておいて〜)】 ……………… 239
-는 둥 마는 둥하고 【먹는 둥 마는 둥하고〜 (そこそこに食べて〜)】 ………… 239
-는 듯 【퍼붓는 듯 쏟아지는 비 (叩きつけるように降り注ぐ雨)】 …………… 240
-는 듯하다 【무언가를 때리는 듯한 소리 (何かを叩くような音)】 …………… 240
-는 마당에 【헤어지는 마당에〜 (別れる段になって〜)】 ……………………… 240
-는 모양이다 【누구를 기다리시는 모양이에요. (誰かをお待ちになっているようです。)】… 241
〜는 물론이고 【학교는 물론이고〜 (学校はもちろんのこと〜)】 ……………… 241
-는 바람에 【교통사고가 나는 바람에〜 (交通事故が起きたあおりで〜)】 …… 242
-는 바와 같이 【알고 있는 바와 같이〜 (知っている通り〜)】 ………………… 242
-는 반면에 【열심히 일하는 사람이 있는 반면에〜 (一所懸命に働く人がいる反面〜)】 … 243
-는 법이다 【아이들은 그 부모를 닮는 법이다. (子供たちはその親に似るものである。)】 … 243
-는 법이 없다 【혼자 숙제를 하는 법이 없어요. (一人で宿題をすることがありません。)】 … 243
-는 사이에 【나도 모르는 사이에〜 (自分も知らないうちに〜)】 ……………… 244
-는 셈이다 【나의 고향은 서울이 되는 셈이구나. (私の故郷はソウルになるわけだなあ。)】 … 244
-는 셈 치고 【소풍 가는 셈 치고〜 (遠足に行くつもりで〜)】 ………………… 245
-는 수밖에 없다 【질문을 하는 수밖에 없어요. (質問をするしかありません。)】 … 245
-는 이상 【눈이 오는 이상〜 (雪が降っている以上〜)】 ……………………… 246
-는 일이 없다 【그는 이런 일에 화를 내는 일이 없다. (彼はこんなことで腹を立てることがない。)】 ……………………………………………………… 246
-는 일이 있다 【싸움이 더 커지는 일이 있다더니〜 (ケンカがもっと大きくなることがあると言ったものだが〜)】……………………………………… 247
-는 적이 없다 【외출이라고는 하는 적이 없었다. (外出なんて, することがなかった。)】 … 247

-는 줄 모르다【구경하다가 시간 가는 줄 몰랐어요.（見物していて，時間が過ぎるのが分かりませんでした。）】 ································ 248
-는 줄 알다【젓가락질을 어떻게 하는 줄 아세요？（箸の使い方をご存知ですか？）】 ··· 248
-는 중이다【시내에 나가는 중이다.（市内に出かけるところです。）】 ················ 249
-는지¹【도움이 되는지？（役立つのだろうか？）】 ································ 250
-는지²【뭘 하고 계시는지～（何をなさっているのか～）】 ················ 150, 251
-는지도 모르다【비가 오는지도 모르겠다.（雨が降っているかも知れない。）】············ 252
-는지 모르다【잘 먹는지 몰라.（ちゃんと食べてるかしら。）】 ················ 252
-는지요【밖에 비가 오는지요？（外で雨が降っているのでしょうか？）】 ········ 153, 253
-는 척하다【모르는 척한다.（知らないふりをする。）】 ················ 254
-는 체하다【자기 아내를 사랑하는 체한다.（自分の妻を愛しているふりをする。）】 ··· 254
는커녕【차는커녕 버스 타고 다닐 돈도 없어요.（車はおろか，バスに乗って通うお金もありません。）】 ································ 255, 646
-는 탓이다【자신들만이 옳다고 생각하는 탓이다.（自分たちだけが正しいと思っているせいだ。）】 ································ 256
-는 통에【저마다 떠드는 통에～（みんなが騒いだせいで～）】 ················ 256
-는 편이다【공부를 잘하는 편이다.（勉強がよくできる方だ。）】 ················ 257
-는 한【네가 살아 있는 한～（お前が生きている限り～）】 ················ 257
-는 한이 있더라도【굶어 죽는 한이 있더라도～（飢え死にするところだとしても～）】 ··· 257
-는 한편【공부를 열심히 하는 한편～（勉強を熱心にする一方～）】 ················ 258
니¹【과자니 빵이니（お菓子だのパンだの）】 ································ 258, 662
-니²【너 뭐 먹니？（お前，何食べてるの？）】 ································ 259
-니³【지금 생각하니 우습다.（今考えたら，おかしい。）】 ················ 260
-니⁴【내가 크니 네가 크니～（自分の背が高いのお前の背が高いのと～）】 ········ 188, 261
-니까【가루약은 먹기 힘드니까～（粉薬は飲みにくいですから～）】 ················ 262
-니까요【아주 소심하니까요.（とても気が小さいんですから。）】 ················ 265

ㄷ

다¹【사과다 귤이다（リンゴだのミカンだの）】 ································ 265, 663
-다²【가다（行く）】 ································ 266
-다³【저것이 국립 박물관이다.（あれが国立博物館だ。）】 ················ 209, 266
-다⁴【한국 축구 올림픽 티켓 따다.（韓国サッカー，オリンピックチケット奪取。）】 ··· 267
-다⁵【화가 나셨다 합니다.（お怒りになったそうです。）】 ················ 268
-다⁶【크다 작다 말들이 많다.（大きいだの小さいだの，文句が多い。）】 ················ 269
-다⁷【먹다 남긴 밥（食べ残したご飯）】 ································ 269
-다가【비가 오다가 이제는 눈이 온다.（雨が降っていたが，今は雪が降っている。）】··· 270
-다가 못해¹【배가 고프다가 못해～（お腹が空いたのを通り越して～）】 ················ 273
-다가 못해²【보다가 못해～（見るに見かねて～）】 ································ 273

-다가 보니까【자주 싸우다가 보니까~ (たびたびケンカをしているうちに~)】……… 274
-다가 보면【피아노를 오래 치다가 보면~ (ピアノを長い間弾いていれば~)】……… 274
-다거나【예쁘다거나 귀엽다거나~ (きれいだとか, かわいいとか~)】……… 211, 275
-다고[1]【그래, 알았다고. (ああ, 分かったってば。)】……… 211, 275
-다고[2]【그는 바쁘다고~ (彼は忙しいからと~)】……… 213, 276
-다고[3]【밥을 먹었다고 했잖아. (ご飯を食べたって言ったじゃない。)】……… 214, 277
-다고요【알고 있다고요. (知っていますってば。)】……… 215, 279
-다나【내가 오빠 같다나. (ぼくがお兄さんみたいなんだとか。)】……… 280
-다네【내가 요즘 바쁘다네. (私はこのところ忙しいんだよ。)】……… 281
-다느니【땅이 넓다느니 좁다느니~ (土地が広いとか狭いとか~)】……… 216, 281
-다는구나【유미가 키가 크다는구나. (ユミって背が高いんだってなあ。)】……… 217
-다니[1]【놀다가 가다니? (遊んでから帰るだなんて。)】……… 282
-다니[2]【유미 씨를 만나다니~ (ユミさんに会うなんて~)】……… 283
-다니[3]【가족들이 건강하다니~ (家族が元気だと言うから~)】……… 284
-다니까【이게 좋다니까. (これが良いってば。)】……… 284
-다니까요【집이 텅 빈 것 같다니까요. (家ががらんと空いたみたいなんですよ。)】… 285
-다니요【같이 가다니요? (一緒に行くですって?)】……… 285
-다던【할 말이나 있다던? (言うことなどあるもんかね。)】……… 286
-다든가【옳다든가 그르다든가~ (正しいとか間違っているとか~)】……… 218, 286
-다든지【직업이 있다든지~ (仕事があるとか~)】……… 287
-다마는【키는 크다마는~ (背は高いけれど~)】……… 288
-다만【모양은 예쁘다만~ (形はかわいいけれど~)】……… 288
-다며【요즘 바쁘다며? (最近忙しいんだって?)】……… 289
-다면【가능하다면~ (できることなら~)】……… 289
-다면서【고생이 많다면서? (苦労が多いんだって?)】……… 290
-다면서요【배고프다면서요? (お腹が空いたんですって?)】……… 291
-다 못해【생각다 못해~ (考えあぐねて~)】……… 291
-다 보니【계속 하다 보니~ (続けてやっているうちに~)】……… 292
-다 보면【병원에 있다 보면~ (病院にいると~)】……… 292
-다손 치더라도【힘이 있다손 치더라도~ (力があるからといって~)】……… 293
-다시피【너도 알다시피~ (君も知っている通り~)】……… 293
-단다【좋은 책들이 아주 많단다. (良い本がとっても多いんだよ。)】……… 294
-단 말이다【나도 할 수 있단 말이에요. (私もできますってば。)】……… 222, 295, 412
-답니까【무슨 소용이 있답니까? (何の意味があるんですか?)】……… 223, 295, 413
-답니다【이사를 했답니다. (引っ越しをしたんですよ。)】……… 224, 296, 414
-대[1]【진수가 나 놀렸대. (チンスが私のこと, からかったのよ。)】……… 224, 297, 415
-대[2]【건강이 안 좋대. (体の具合が良くないんだって。)】……… 225, 298, 415
대로【내 말대로 해 봐. (私の言う通りにやってごらん。)】……… 298
-대요[1]【진수가 또 거짓말했대요. (チンスがまた嘘ついたんですよ。)】…… 228, 300, 417

-대요² 【월급이 아주 많대요. (給料がとても多いんですって。)】 ············ 229, **300**, 418
-더- 【집에 없더라. (家にいなかったね。)】 ··· **301**
-더군요 【집이 그리워지더군요. (家が恋しくなりましたよ。)】 ············ **303**
-더니 【하루종일 날이 흐리더니~ (一日中曇っていたが~)】 ················ **304**
-더라 【나를 찾아왔더라. (私を訪ねて来たよ。)】 ································ **306**
-더라고 【자기가 화를 내더라고. (自分が腹を立ててたよ。)】 ··············· **307**
-더라고요 【안 믿어 주더라고요. (信じてくれませんでしたよ。)】 ········· **308**
-더라도 【화 나는 일이 있더라도~ (腹の立つことがあっても~)】 ········ **309**
더러 【저더러 그저 많이 먹으래요. (私にともかくたくさん食べろですって。)】 ········· **310**
-던¹ 【언니가 결혼하던 날 (お姉さんが結婚した日)】 ·························· **311**
-던² 【일본말을 배우던? (日本語を習ってたのかい?)】 ······················· **312**
-던가¹ 【그 사람 좀 어떻던가? (あの人、どうだったかね?)】 ··············· **313**
-던가² 【내가 너한테 말 안 했던가? (ぼくが君に言わなかったっけ?)】 ··· **314**
-던가요 【값이 얼마나 하던가요? (値段はいくらぐらいしたんですか?)】 ········· **315**
-던데¹ 【날씨 참 좋던데. (ほんとに良い天気だったけどなあ。)】 ············ **316**
-던데² 【밥을 먹던데~ (ご飯を食べていたのですが~)】 ······················ **317**
-던데요 【그 식당 참 좋던데요. (その食堂、本当に良かったんですよ。)】 ······ **318**
-던지 【거기서 뭘 샀던지~ (そこで何を買ったのか~)】 ······················ **319**
-던 참이다 【일거리를 찾던 참이었어요. (仕事を探していたところでした。)】 ··· **320**
-데요 【눈물을 글썽이데요. (涙ぐんでいましたよ。)】 ·························· **321**
도 【나도 학교에 가요. (私も学校に行きます。)】 ································ **322**
~도 ~다 【너도 너다. (君も君だ。)】 ·· **326**
-도록 【제가 그 일을 하도록~ (私にその仕事をさせて下さいますよう~)】 ··· **326**
~도 ~이려니와 【추위도 추위려니와~ (寒さもさることながら~)】 ········ **328**
~도 ~이지만 【돈도 돈이지만~ (お金も大事だけど~)】 ······················ **329**
든¹ 【뭐든 괜찮으니까~ (何でもいいから~)】 ························· **329**, 665
-든² 【어딜 가든~ (どこに行っても~)】 ··· **330**
든가¹ 【누구든가 한 사람이 가야 한다. (誰か一人は行かなければならない。)】 ··· **331**, 666
-든가² 【네가 오든가~ (君が来るか~)】 ··· **331**
든지¹ 【뭐든지 고비라는 게 있단다. (何であれ山場というのがあるんだよ。)】 ··· **332**, 667
-든지² 【가든지 말든지~ (行こうが行くまいが~)】 ······························ **333**
-듯 【땀이 비 오듯 쏟아진다. (汗が滝のように流れる。)】 ···················· **334**
-듯이 【얼굴이 다르듯이~ (顔が違うように~)】 ································ **334**
-디 【뭐라고 하디? (何だって?)】 ··· **335**
따라 【오늘따라 운이 좋았던 것 같습니다. (今日は特についていたみたいです。)】 ······ **336**

ㄹ

ㄹ¹ 【널 좋아해. (君が好きだよ。)】 ·· **336**, 447, 647

-ㄹ² 【지금쯤 대학교에 다닐 너 (今ごろ大学に通っているはずのお前)】 ········· 337
-ㄹ 거야 【비가 올 거야. (雨が降ると思うよ。)】 ································ 338
-ㄹ 거예요 【비가 올 거예요. (雨が降ると思います。)】 ···························· 339
-ㄹ 건가요 【뭘 하실 건가요? (何をなさるおつもりですか？)】 ·················· 340
-ㄹ걸¹ 【많이 아플걸. (すごく痛いだろう。)】 ···································· 340
-ㄹ걸² 【밥이라도 많이 먹고 올걸. (ご飯でもたくさん食べて来ればよかったよ。)】 ··· 341
-ㄹ걸요 【그 사람은 못 올걸요. (その人は来られないでしょう。)】 ·················· 343
-ㄹ 겁니다 【비가 올 겁니다. (雨が降っていると思います。)】 ························ 343
-ㄹ 것¹ 【회의에 참석할 것. (会議に出席すること。)】 ································ 344
-ㄹ 것² 【마실 것 (飲み物)】 ··· 345
-ㄹ 것 같다 【비가 올 것 같다. (雨が降りそうだ。)】 ································ 345
-ㄹ 것이다 【버스가 곧 올 것이다. (バスがまもなく来るだろう。)】 ················ 346
-ㄹ게 【맛있는 것 사 줄게. (おいしいもの, 買ってやるよ。)】 ······················· 346
-ㄹ게요 【꼭 돌아올게요. (必ず帰りますよ。)】 ·· 348
-ㄹ 겸 【운동도 할 겸 학교까지 걸어다녀요. (運動も兼ねて, 学校まで歩いて通います。)】 ··· 349
-ㄹ까 【인생이란 무엇일까? (人生とは何だろうか？)】 ································ 349
-ㄹ까 말까 하다 【키가 1미터 될까 말까 했다. (背丈が1メートルあるか無いかだった。)】 ··· 351
-ㄹ까 보다 【집에 갈까 보다. (家に帰ろうかと思う。)】 ······························· 352
-ㄹ까 봐 【배가 아플까 봐~ (お腹が痛くなるかと思い~)】 ···························· 352
-ㄹ까 싶다 【철수를 만날까 싶어~ (チョルスに会うかと思い~)】 ···················· 353
-ㄹ까요 【차나 한 잔 할까요? (お茶でも一杯飲みましょうか？)】 ···················· 354
-ㄹ까 하다 【선물을 좀 살까 해서~ (プレゼントを買おうかと思って~)】 ·········· 355
-ㄹ께 ··· 356
-ㄹ께요 ·· 356
-ㄹ 나름이다 【네가 할 나름이다. (君のやり方次第だ。)】 ······························ 356
-ㄹ 나위도 없다 【말할 나위도 없다. (言うまでもない。)】 ···························· 357
-ㄹ는지 【비가 올는지 모르겠어요. (雨が降るかどうか分かりません。)】 ············ 357
-ㄹ는지도 모르다 【시험을 볼는지도 몰라요. (試験を受けるかも知れません。)】 ······ 358
-ㄹ는지요 【지금 올는지요? (今来るでしょうか？)】 ·································· 358
-ㄹ 대로 -아서 【지칠 대로 지쳐서~ (疲れに疲れて~)】 ······························· 359
-ㄹ 듯 말 듯하다 【비가 올 듯 말 듯하네요. (雨が降るような降らないような感じですね。)】 ··· 359
-ㄹ 듯싶다 【그 사람이 올 듯싶어요. (あの人が来そうです。)】 ······················· 360
-ㄹ 듯하다 【비가 올 듯하다. (雨が降りそうだ。)】 ···································· 360
-ㄹ 따름이다 【내가 할 일만 할 따름이야. (自分のやるべきことをやるだけだ。)】 ··· 360
-ㄹ 때 【점심을 먹고 있을 때~ (昼ご飯を食べているとき~)】 ························ 361
-ㄹ라 【감기에 걸릴라. (風邪を引くぞ。)】 ··· 362
-ㄹ래 【수영하러 갈래. (水泳しに行くよ。)】 ·· 362
-ㄹ래요 【저는 먼저 잘래요. (私は先に寝ますよ。)】 ·································· 363
-ㄹ 리가 없다 【그럴 리가 없어. (そんなはずがないよ。)】 ···························· 364

- ㄹ 만하다【이해할 만해요. (理解できそうです。)】 ············· 364
- ㄹ 모양이다【비가 올 모양이에요. (雨が降りそうです。)】 ············· 365
- ㄹ 뻔하다【사고 날 뻔했어요. (事故が起こるところでした。)】 ············· 365
- ㄹ 뿐만 아니라【비가 올 뿐만 아니라~ (雨が降るだけでなく~)】 ············· 366
- ㄹ 뿐이다【울기만 할 뿐이다. (泣いているばかりだ。)】 ············· 366
- ㄹ 생각이다【열심히 해 볼 생각이다. (がんばってやってみるつもりだ。)】 ············· 367
- ㄹ 셈으로【금방 갈 셈으로~ (すぐ帰るつもりで~)】 ············· 367
- ㄹ 셈이다【어쩔 셈인지 모르겠다. (どういうつもりか分からない。)】 ············· 368
- ㄹ 셈 치고【고생할 셈 치고~ (苦労する覚悟で~)】 ············· 368
- ㄹ 수가 있다【도대체 시끄러워서 살 수가 있나? (とにかくやかましくて生活できないよ。)】 ············· 368
- ㄹ수록【생각하면 할수록~ (考えれば考えるほど~)】 ············· 369
- ㄹ 수밖에 없다【여기서 기다릴 수밖에 없습니다. (ここで待つしかありません。)】 ············· 369
- ㄹ 수 없다【술을 마셔서 운전할 수 없어요. (お酒を飲んだので運転できません。)】 ············· 370
- ㄹ 수 있는 대로【될 수 있는 대로~ (できるだけ~)】 ············· 370
- ㄹ 수 있다【한국말로 편지를 쓸 수 있어요. (韓国語で手紙が書けます。)】 ············· 371
- ㄹ 적에【해가 뜰 적에~ (日が昇るときに~)】 ············· 371
- ㄹ 줄 모르다【피아노를 칠 줄 몰라요. (ピアノが弾けません。)】 ············· 372
- ㄹ 줄 알다【수영할 줄 알아요? (泳げますか？)】 ············· 373
- ㄹ지【언제 올지~ (いつ来るか~)】 ············· 373
- ㄹ 지경이다【서 있기조차 힘이 들 지경이다. (立っていることさえ辛いほどだ。)】 ············· 374
- ㄹ지도 모르다【비가 올지도 모르겠다. (雨が降るかも知れない。)】 ············· 375
- ㄹ지 모르다【잘 먹을지 모르겠어. (ちゃんと食べるかしらねえ。)】 ············· 375
- ㄹ지요【비가 올지요? (雨が降るでしょうか？)】 ············· 376
- ㄹ 참이다【만나 보고 갈 참이다. (会って行くつもりだ。)】 ············· 377
- ㄹ 턱이 없다【그 사람이 지각할 턱이 없지. (その人が遅刻するはずがないよ。)】 ············· 377
- ㄹ 테고【진수도 올 테고~ (チンスも来るでしょうし~)】 ············· 377
- ㄹ 테냐【너도 커피를 마실 테냐? (お前もコーヒーを飲むのかい？)】 ············· 378
- ㄹ 테니【내가 저녁을 살 테니~ (ぼくが夕食をおごるから~)】 ············· 378
- ㄹ 테니까【건강이 곧 좋아질 테니까~ (体の具合がすぐ良くなるでしょうから~)】 ············· 379
- ㄹ 테니까요【꼭 올 테니까요. (必ず来るはずですから。)】 ············· 380
- ㄹ 테다【집에 갈 테다. (家に帰るんだ。)】 ············· 380
- ㄹ 테야【난 나중에 먹을 테야. (私は後で食べるよ。)】 ············· 381
- ㄹ 테지만【이런 걸 싫어할 테지만~ (こんなことを嫌がるだろうが~)】 ············· 381
- ㄹ 텐데【바쁠 텐데 가 보세요. (忙しいと思いますが, 行ってみて下さい。)】 ············· 381
- ㄹ 텐데도【술을 꽤 많이 마셨을 텐데도~ (酒をずいぶんたくさん飲んだはずなのに~)】 ············· 382
- ㄹ 텐데요【그 옷이 꽤 비쌀 텐데요. (その服ってずいぶん高いはずですよ。)】 ············· 382
- -라¹【대자연을 보라! (大自然を見よ！)】 ············· 383
- -라²【유미는 학생이 아니라~ (ユミは学生じゃなくて~)】 ············· 384
- -라³【남편은 변호사라 늘 바빠요. (夫は弁護士なのでいつも忙しいです。)】 ············· 384

索引　775

라고¹【"싫어."라고 했다.(「嫌だよ。」と言った。)】 ……………… 385, 668
라고²【너라고 별 수 있겠니?(お前だって他に手があるの?)】 ……………… 386, 669
-라고³【다 작전이라고.(みんな作戦なんだよ。)】 ……………… 386
-라고⁴【먼저 가라고.(先に行けって。)】 ……………… 388
-라고⁵【의사라고~(医者だからといって~)】 ……………… 389
-라고⁶【구경을 많이 하라고~(見物をたくさんするようにと思って~)】 ……………… 390
-라고⁷【외교관이라고 해요.(外交官だそうです。)】 ……………… 390
-라고⁸【오전 10시까지 모이라고~(午前10時までに集まれと~)】 ……………… 392
-라고요¹【훌륭하신 선생님이라고요.(すばらしい先生なんですよ。)】 ……………… 395
-라고요²【조심하라고요.(気をつけなさいって。)】 ……………… 396
-라고 해서【어린아이라고 해서~(幼児だからといって~)】 ……………… 397
-라기보다는【공부라기보다는~(勉強というよりは~)】 ……………… 398
-라 놔서【원래 고집이 센 아이라 놔서~(もともと我の強い子なので~)】 ……………… 398
-라는¹【동갑내기라는 거(同い年だってこと)】 ……………… 399
-라는²【미국인이라는 사람도~(アメリカ人だという人も~)】 ……………… 399
-라는³【나를 오라는 데가~(私に来いという所が~)】 ……………… 400
-라니¹【수고라니?(お疲れ様だって?)】 ……………… 402
-라니²【알아서 하라니?(自分で判断してやれだと?)】 ……………… 403
-라니까¹【내 거라니까.(ぼくのだってば。)】 ……………… 404
-라니까²【좀 앉아 보라니까.(ちょっと座ってごらんってば。)】 ……………… 404
-라니요¹【점심이라니요?(昼ご飯ですって?)】 ……………… 405
-라니요²【가라니요?(行けですって?)】 ……………… 405
라도¹【숙제라도 하세요.(宿題でもして下さい。)】 ……………… 406, 669
-라도²【내가 선생님이라도~(ぼくが先生であっても~)】 ……………… 406
라면¹【영어라면 내가 최고다.(英語ならぼくが一番だ。)】 ……………… 407, 672
-라면²【하루가 48시간이라면~(一日が48時間ならば~)】 ……………… 407
-라면³【내가 정치가라면~(私が政治家だとしたら~)】 ……………… 408
-라면⁴【가라면~(行けっていうのなら~)】 ……………… 409
-라서【친구 생일이라서~(友達の誕生日なので~)】 ……………… 409
라야【공부라야~(勉強と言っても~)】 ……………… 672
란¹【공부란~(勉強とは~)】 ……………… 410, 673
란²【택시란 택시는(タクシーというタクシーは)】 ……………… 410, 674
-란³【네가 학생이 아니란 말(お前が学生じゃないという話)】 ……………… 411
-란⁴【이웃을 사랑하란 말(隣人を愛せという話)】 ……………… 412
-란 말이다¹【그런 것이 아니란 말이야.(そういうことじゃないんだよ。)】 ……………… 412
-란 말이다²【지금 당장 가란 말이야.(今すぐ行けと言うんだよ。)】 ……………… 413
-랍니까【누가 아니랍니까?(その通りですよね。)】 ……………… 413
-랍니다【건강이 제일이랍니다.(健康が一番なんですよ。)】 ……………… 414
랑【무랑 호박이랑 한 개씩 주세요.(大根とカボチャを一つずつ下さい。)】 ……………… 414, 675

-래¹【누가 아니래. (その通りよね。)】 ……………………… 415
-래²【선생님이래. (先生だって。)】 ……………………… 415
-래³【거기서 기다리래. (そこで待ちなさいって。)】 …… 416
-래요¹【누가 아니래요. (その通りですよね。)】 ………… 417
-래요²【아기 돌이래요. (赤ちゃんの1歳の誕生日ですって。)】 418
-래요³【여기 한번 왔다 가래요. (ここに一度立ち寄ってくれですって。)】 419
-러【운동을 하러~ (運動をしに~)】 ……………………… 420
-려【무언가를 나에게 주려~ (何かを私にくれようと~)】 421
-려고¹【학교에 가 보려고. (学校に行ってみようと思って。)】 …… 422
-려고²【저녁을 먹으러 가려고~ (夕食を食べに行こうと思って~)】 423
-려고 들다【뭐든지 자기가 하려고 든다. (何でも自分でやろうとする。)】 424
-려고요【전화를 하려고요. (電話をしようと思いまして。)】 …… 425
-려고 하다【백화점에 가려고 해요. (デパートに行こうと思います。)】 426
-려면¹【수업이 끝나려면~ (授業が終わるまでは~)】 …… 427
-려면²【옷을 사려면~ (服をお求めでしたら~)】 ………… 427
-려면 멀었다【운전에 익숙해지려면 아직도 멀었습니다. (運転に慣れるまではまだ時間がかかります。)】 ……………………… 428
-려 하다【기침이 나오려 해서 혼났어. (咳が出そうで大変だったよ。)】 428
로【학교로 갔다. (学校に行った。)】 …………………… 429, 642
로까지【이혼 문제로까지 번졌다. (離婚問題にまで広がった。)】 438, 642
로는【듣기로는 괜찮다고 합니다. (聞くところでは, 大丈夫だそうです。)】 …… 439, 643
로다【막대기로다 모래사장 위에 하트를 그렸다. (棒切れで砂浜の上にハートを描いた。)】 ……………………… 440, 643
로다가【지우개로다가 지워 버렸다. (消しゴムで消し去った。)】 …… 440, 643
로라야【칼로라야 베어지지~ (ナイフでないと切れないな~)】 441, 644
~로 말미암아【산업화로 말미암아~ (産業化によって~)】 …… 441
로부터【가지로부터 떨어진다. (枝から落ちる。)】 ……… 442, 644
로서【친구로서 말한 거다. (友達として話したのだ。)】 443, 645
로써【이메일로써 친구들과 안부를 주고받아요. (Eメールで友達と近況を伝え合います。)】 ……………………… 445, 645
~로 인하여【그 일로 인하여~ (そのことによって~)】 …… 446
~로 해서¹【어디로 해서~ (どこを通って~)】 …………… 447
~로 해서²【이 일로 해서~ (このことによって~)】 ……… 447
를【구두를 샀어요. (靴を買いました。)】 ……………… 336, 447, 647
~를 가지고【나를 가지고~ (私のことで~)】 …………… 455
~를 두고【한 여자를 두고~ (1人の女性のことを~)】 …… 455
~를 막론하고【이유 여하를 막론하고~ (理由の如何にかかわらず~)】 456
~를 불문하고【지위 고하를 불문하고~ (地位の上下を問わず~)】 456
~를 비롯하여【저를 비롯하여~ (私をはじめとして~)】 …… 457

~를 위하여【나라를 위하여~ (国のために~)】 ················· 457
~를 통하여【교과서를 통하여~ (教科書を通じて~)】 ········ 457

ㅁ

-ㅁ【학생임 (学生であること)】 ·································· 458
-ㅁ으로써【이 일을 함으로써~ (この仕事をすることで~)】 ········ 461
-ㅁ으로 해서【네가 거짓말을 함으로 해서~ (お前が嘘をつくことによって~)】 462
-마【편지를 보내마. (手紙を送るよ。)】 ························· 462
마는【얘기가 길어졌습니다마는~ (話が長くなりましたが~)】 ········ 463
마다【주말마다 야외로 나가요. (週末はいつも郊外に出かけます。)】 ········ 464
마따나【아내의 말마따나~ (妻の言う通り~)】 ···················· 464
마저【바람마저 세차게 불었다. (風までも激しく吹いた。)】 ········ 465
만¹【아빠는 동생만 데리고 가셨다. (お父さんは弟 (妹) だけ連れて行った。)】 466
만²【산이 험하기는 합니다만~ (山が険しいことは険しいのですが~)】 ········ 468
~만 같아도【중학생만 같아도~ (中学生ぐらいだったら~)】 ········ 469
~만 아니면【공부만 아니면~ (勉強のことさえなければ~)】 ········ 470
~만 -아도【냄새만 맡아도~ (匂いだけ嗅いでも~)】 ················ 470
만큼【눈이 왕방울만큼 컸다. (目が大鈴くらい大きかった。)】 ········ 471
~만 하더라도【그 때만 하더라도~ (あのころはまだ~)】 ·········· 472
~만 해도【어제까지만 해도~ (つい昨日までは~)】 ················ 473
말고【그것말고 다른 거 없어요? (それじゃなくて，他のものありませんか？)】 473
며¹【오똑한 코며 커다란 눈이며 (ツンと高い鼻やら，とても大きい目やら)】 ··· 474, 676
-며²【누나는 의사며 엄마는 약사다. (お姉さんは医者で，お母さんは薬剤師だ。)】 ··· 475
면¹【공부면 공부 (勉強は勉強)】 ······························ 478, 676
-면²【배가 고프면~ (お腹が空いたら~)】 ························· 478
-면 되다【그냥 오시면 돼요. (手ぶらでいらっしゃればいいですよ。)】 ········ 482
-면 -ㄹ수록【하면 할수록~ (やればやるほど~)】 ··················· 483
-면 몰라도【그 쪽에서 오면 몰라도~ (あちらから来るならともかく~)】 ········ 483
-면서【텔레비전을 보면서~ (テレビを見ながら~)】 ················ 484
-면 안 되다【이 곳에 주차하면 안 돼요. (ここに駐車してはいけません。)】 ········ 487
-면 좋겠다【우리 집에 오면 좋겠다. (うちに来ればいいのに。)】 ········ 487
-면 -지【돈이 모자라면 모자라지~ (お金が足りないことはあっても~)】 ········ 487
-므로【사계절이 뚜렷하므로~ (四季がはっきりしているので~)】 ········ 488
-므로써 ·· 489

ㅂ

-ㅂ니까【무엇을 합니까? (何をしていますか？)】 ················ 490, 505

-ㅂ니다【학교에서 일합니다.（学校で働いています。）】·············· 491, 506
-ㅂ시다【우리 같이 갑시다.（ねえ，一緒に行きましょう。）】·············· 491
밖에【다섯 명밖에 안 왔어요.（5人しか来ませんでした。）】·············· 493
보고【토마스 씨보고 몸조리 잘 하라고~（トーマスさんにお体に気をつけるよう~）】··· 494
보다【버스보다 조금 빠릅니다.（バスより少し速いです。）】·············· 496
부터【오후 세 시부터 네 시까지（午後3時から4時まで）】·············· 497
뿐【가족뿐이다.（家族だけである。）】·············· 498

ㅅ

서¹【둘이서 살고 있어요.（二人で暮らしています。）】·············· 500
서²【시골서 삽니다.（田舎で暮らしています。）】·············· 500
서부터【거기서부터 산 밑까지（そこから麓まで）】·············· 501
-세【한 잔 하러 가세.（一杯やりに行こう。）】·············· 501
-세요【김 선생님도 오세요.（金先生もお出でになります。）】·············· 502
-소【이만 가겠소.（これで帰ります。）】·············· 504, 638
-습니까【어디에 있습니까？（どこにありますか？）】·············· 490, 505
-습니다【만나서 반갑습니다.（お会いできてうれしいです。）】·············· 491, 506
-시-【할머니께서 오신다.（おばあさんがお出でになる。）】·············· 507
-십시오【이리로 오십시오.（こちらにお出で下さい。）】·············· 509

ㅇ

아¹【대성아（テソンくん）】·············· 510, 572
-아²【편지를 받아.（手紙をもらうよ。）】·············· 511, 575, 626
-아³【물고기를 잡아~（魚を捕まえ~）】·············· 515, 576, 627
-아 가다【하루하루를 살아 간다.（その日その日を暮らしていく。）】·············· 521
-아 가면서【물 좀 마셔 가면서~（お水を飲みながら~）】·············· 521
-아 가지고【물고기를 잡아 가지고~（魚を捕まえて~）】·············· 522
-아 계시다【가게에 앉아 계신다.（お店に座っていらっしゃる。）】·············· 522
-아 내다【아무리 힘들어도 참아 내라.（いくら辛くても耐え抜け。）】·············· 523
-아 놓다【여기에 세워 놓으세요.（ここに止めておいて下さい。）】·············· 523
-아 놔서【밥을 많이 먹어 놔서~（ご飯をたくさん食べてしまったので~）】·············· 524
-아다【고기를 잡아다~（魚を捕まえて来て~）】·············· 524, 576, 627
-아다가【아기를 안아다가~（赤ちゃんを抱いて行って~）】·············· 525, 577, 628
-아 대다【그렇게 떠들어 대니~（そんなにわめき立てるから~）】·············· 526
-아도【아무리 그를 막아도~（いくら彼を止めても~）】·············· 527, 577, 628
-아도 되다【교실 밖으로 나가도 돼요.（教室の外に出てもかまいません。）】·············· 532
-아 두다【꼭 외워 두세요.（是非覚えておいて下さい。）】·············· 532

-아 드리다【선물을 사 드립니다.(贈り物を買ってあげます。)】 ················· 533
-아라¹【여기 앉아라.(ここに座れ。)】 ·································· 534, 578, 629
-아라²【아이, 좋아라.(あら，良いわね。)】······························ 535, 578, 629
-아라도【일단 잡아라도 보아라.(とりあえず捕まえてみなさい。)】 ········ 536, 579, 629
-아 버리다【구멍을 막아 버려요.(穴をふさいでしまいます。)】 ·················· 536
-아 보다【받아 보세요.(受け取ってみて下さい。)】 ····························· 537
-아 보이다【얼굴이 좋아 보이는구나.(良い顔してるね。)】 ······················ 537
-아 봤자【싸워 봤자~(ケンカしたって~)】 ·································· 538
-아 빠지다【낡아 빠진 청바지(古くなってぼろぼろのジーンズ)】 ················ 538
-아서【그는 미국에 가서~(彼はアメリカに行って~)】 ············· 539, 579, 630
-아서는 안 되다【이 곳에 주차해서는 안 돼요.(ここに駐車してはいけません。)】 ······ 545
-아서야【날이 밝아서야~(夜が明けてようやく~)】 ························ 546, 580
-아서요【너무 많아서요.(すごく多いんだもん。)】 ······················ 547, 580, 631
-아서 죽겠다【아파서 죽겠어요.(痛くて死にそうです。)】 ························ 547
-아야【편지를 받아야~(手紙を受け取ってこそ~)】 ··············· 548, 581, 631
-아야겠-【꼭 대학교에 가야겠다고~(なんとしても大学に行かなくてはと~)】··· 550, 581, 632
-아야 되다【숙제를 꼭 해야 돼요.(宿題を必ずしなければいけません。)】 ··········· 550
-아야만【도움을 받아야만~(手を借りてやっと~)】 ················· 551, 582, 632
-아야죠【저도 살아야죠.(私も生きていきませんとね。)】 ··············· 552, 583, 633
-아야지¹【오늘은 갚아야지.(今日は返さなくちゃ。)】 ·················· 554, 583, 633
-아야지²【힘수록 더 열심히 살아야지~(辛いときほどもっとがんばって暮らさなきゃ~)】 ··· 555, 584, 634
-아야지요【고향에 가야지요.(故郷に帰りませんとね。)】 ················ 556, 584, 634
-아야 하다【먼저 사과를 해야 한다.(先に謝らなくてはいけない。)】 ············· 557
-아 오다【사귀어 온 애인(付き合ってきた恋人)】 ···························· 558
-아요【서울에서 살아요.(ソウルで暮らしています。)】··············· 559, 585, 635
-아 있다【침대에 누워 있어요.(ベッドに横になっています。)】 ················· 560
-아 주다【문 좀 열어 주세요.(ドアを開けて下さい。)】 ························ 561
-아지다【날씨가 점점 추워집니다.(だんだん寒くなります。)】 ··················· 562
-아 치우다【숙제를 다 해 치우니~(宿題をすっかり済ませたら~)】 ············· 562
-았-【사진을 찾았어요.(写真を見つけました。)】 ····················· 563, 586, 636
-았구나 싶다【너무 심했구나 싶어서~(ずいぶんひどかったなあと思い~)】········· 565
-았기에 망정이지【비가 왔기에 망정이지~(雨が降ったから良かったものの~)】······ 565
-았댔자【만났댔자~(会ったところで~)】 ·························· 565, 586, 636
-았더니【회사에 갔더니~(会社に行ったら~)】································ 566
-았던【어릴 때 내가 살았던 동네(子供のころ私が住んでいた町)】 ················· 567
-았던 것이다【사람은 그림자조차 보이지 않았던 것이다.(人の影さえ見えなかったのである。)】 ··· 567
-았었-【어디에 벗어 놓았었죠?(どこに脱いでおいたんでしたっけ?)】 ··· 568, 587, 636

-았으면【좀 쉬었으면 이제 출발합시다. (少し休んだのでしたら, そろそろ出発しましょう。)】 …………………………………………………………… 570
-았으면 싶다【좀 쉬었으면 싶어요. (少し休めたらいいなあと思います。)】 ………… 571
-았으면 하다【비가 왔으면 하고~ (雨が降ればなあと思い~)】 …………………… 571
-았자【도망을 쳐 보았자~ (逃げ出したって~)】 …………………………… 572, 587, 637
야¹【유미야 (ユミちゃん)】 ……………………………………………………………… 510, 572
야²【너야 물론 누구나 좋아하지. (君のことはもちろん誰だって好きだよ。)】 … 573, 677
-야³【미국 사람이야. (アメリカ人だよ。)】 ……………………………………………… 573
야말로【그 친구야말로 정말 천재다. (あいつこそ本当に天才だ。)】 ……………… 574, 678
-어¹【싫어. (嫌だよ。)】 ……………………………………………………… 511, 575, 626
-어²【옷을 벗어~ (服を脱ぎ~)】 …………………………………………… 515, 576, 627
-어다【꽃을 꺾어다~ (花を折って来て~)】 ………………………………… 524, 576, 627
-어다가【그 책을 좀 가져다가~ (その本をちょっと持って行って~)】 …… 525, 577, 628
-어도【사진을 찍어도~ (写真を撮っても~)】 ……………………………… 527, 577, 628
-어라¹【천천히 먹어라. (ゆっくり食べなさい。)】 …………………………… 534, 578, 629
-어라²【아이 고마워라. (まあ, ありがたいわ。)】 …………………………… 535, 578, 629
-어라도【어디 먹어라도~ (どれ, 食べてみるとでも~)】 …………………… 536, 579, 629
-어서【늦어서~ (遅れて~)】 ………………………………………………… 539, 579, 630
-어서야【꽃을 함부로 꺾어서야 됩니까? (花をやたらに折ってもいいのですか？)】 …………………………………………………………………… 546, 580, 630
-어서요【볼일이 있어서요. (用事がありまして。)】 ………………………… 547, 580, 631
-어야【손을 씻어야 합니다. (手を洗わなくてはいけません。)】 …………… 548, 581, 631
-어야겠-【좀 먹어야겠다. (ちょっと食べなくては。)】 ……………………… 550, 581, 632
-어야만【밥을 제때 먹어야만 합니다. (食事を適切な時間に必ずとらなければいけません。)】 ……………………………………………………… 551, 582, 632
-어야죠【다 먹어야죠. (全部食べませんとね。)】 …………………………… 552, 583, 633
-어야지¹【밥 먹어야지. (ご飯食べなくちゃ。)】 ……………………………… 554, 583, 633
-어야지²【아프면 집에서 쉬어야지~ (具合が悪いのなら家で休まなくちゃ~)】 … 555, 584, 634
-어야지요【마음대로 되어야지요. (思い通りにいかないんですよ。)】 ……… 556, 584, 634
-어요【힘이 들어요. (大変です。)】 ………………………………………… 559, 585, 635
-었-【집에 없었어요. (家にいませんでした。)】 ……………………………… 563, 586, 636
-었댔자【내가 먹었댔자~ (私が食べたと言っても~)】 ……………………… 565, 586, 636
-었었-【책상 위에다 두었었거든요. (机の上に置いといたんですよ。)】 …… 568, 587, 636
-었자【도토리가 굵었자~ (どんぐりが大きくったって~)】 ………………… 572, 587, 637
에【신촌에 있다. (新村にある。)】 ……………………………………………………… 588
에게【동생에게 주었다. (弟（妹）にあげた。)】 ……………………………………… 601
〜에게 대한【아내에게 대한~ (妻に対する~)】 ……………………………………… 605
에게로【그녀에게로 다가갔다. (彼女に近づいて行った。)】 ………………………… 606
에게서【동생에게서 전화가 왔습니다. (弟（妹）から電話が来ました。)】 ………… 606

~에게 있어서【아이들에게 있어서~ (子供たちにとって~)】·············· 607
~에 관해서【골프에 관해서~ (ゴルフに関して~)】················· 608
~에 그치지 않다【여기에 그치지 않는다. (ここにとどまらない。)】······ 608
에는【제 딴에는 한다고 한 거예요. (私なりにはうまくやっているつもりでやっ
　たんですよ。)】··· 609
에다【길에다 물을 뿌린다. (道に水をまく。)】······················ 610
에다가【감기에다가 몸살까지 겹쳤어요. (風邪に加えて疲れから来る病気まで
　重なりました。)】·· 610
~에 대해서【집사람 하는 일에 대해서~ (家内のやることについて~)】··· 612
에도【그 무서운 가뭄에도 죽지 않고~ (あの恐ろしい日照りにも枯れずに~)】··· 613
~에도 불구하고【추운 날씨에도 불구하고~ (寒い天気にもかかわらず~)】···· 614
~에 따라【세탁물에 따라~ (洗濯物によって~)】···················· 615
~에 따르면【이 보고서에 따르면~ (この報告書によると~)】·········· 615
~에 반해【소설에 반해~ (小説に対し~)】························· 615
~에 불과하다【욕심에 불과하다. (欲望に過ぎない。)】··············· 616
~에 비추어【경험에 비추어~ (経験に照らして~)】·················· 616
~에 비해서【나이에 비해서~ (年のわりに~)】····················· 617
에서【서울에서 산다. (ソウルで暮らしている。)】··················· 617
에서부터【머리에서부터 발끝까지 (頭から足先まで)】················ 620
~에 앞서【버리기에 앞서~ (捨てる前に~)】······················· 622
-에요【저는 학생이에요. (私は学生です。)】················· 622, 635, 637
~에 의하면【소문에 의하면~ (うわさによると~)】·················· 623
~에 의한【자동차 사고에 의한~ (自動車事故による~)】·············· 624
~에 의해서【바람에 의해서~ (風によって~)】····················· 624
~에 있어서【생각에 있어서~ (考え方において~)】·················· 625
~에 지나지 않다【코흘리개 아이에 지나지 않았다. (はな垂れ小僧に過ぎなかった。)】··· 625
~에 한해서【여러분에 한해서~ (皆様に限り~)】··················· 625
여¹【그대여 (君よ)】·· 626, 679
-여²【당신을 사랑해. (あなたを愛してるわ。)】············· 511, 575, 626
-여³【미국을 방문하여~ (アメリカを訪問し~)】············· 515, 576, 627
-여다【나무를 하여다~ (たきぎを取って来て~)】············ 524, 576, 627
-여다가【책을 구하여다가~ (本を手に入れて~)】············ 525, 577, 628
-여도【지금 생각하여도~ (今考えても~)】·················· 527, 577, 628
-여라¹【조용히 하여라. (静かにしなさい。)】················ 534, 578, 629
-여라²【영숙이는 예쁘기도 해라. (ヨンスクはとてもかわいいねえ。)】··· 535, 578, 629
-여라도【아르바이트를 하여라도 보아라. (アルバイトをやってみなさい。)】··· 536, 579, 629
-여서【너무 피곤해서~ (あまりに疲れて~)】················ 539, 579, 630
-여서야【그렇게 공부해서야~ (そのように勉強するんじゃ~)】··· 546, 580, 630
-여서요【공부를 너무 해서요. (勉強をやりすぎたものですから。)】········ 547, 580, 631

-여야【공부를 해야 해요. (勉強をしなければいけません。)】·················· 548, 581, **631**
-여야겠-【그 소문을 확인하여야겠습니다. (そのうわさを確認いたしませんとね。)】·· 550, 581, **632**
-여야만【미술을 공부해야만 하겠어? (美術の勉強じゃなくちゃいけないのかい?)】··· 551, 582, **632**
-여야죠【저도 일해야죠. (私も働きませんとね。)】············· 552, 583, **633**
-여야지¹【나도 열심히 공부해야지. (私も一所懸命勉強しなくちゃ。)】······ 554, 583, **633**
-여야지²【송별회라도 해야지~ (送別会でもやらなくちゃ~)】·········· 555, 584, **634**
-여야지요【저녁을 준비해야지요. (夕食の支度をしませんとね。)】······· 556, 584, **634**
-여요¹【학교에 가려고 해요. (学校に行こうと思います。)】········· 559, 585, **635**
-여요²【참 고마운 친구여요. (本当にありがたい友達です。)】······· 622, 635, **637**
-였-【구경을 참 많이 하였습니다. (見物を本当にたくさんしました。)】··· 563, 586, **636**
-였댔자【성공했댔자~ (成功したとしても~)】······················· 565, 586, **636**
-였었-【공부를 잘 했었다. (勉強がよくできた。)】··················· 568, 587, **636**
-였자【후회하였자~ (後悔したって~)】······························ 572, 587, **637**
-예요【겨울 날씨예요. (冬の天気です。)】··························· 622, 635, **637**
-오【우리는 지금 가오. (私たちは今から行きます。)】··············· 504, **638**
와【어머니와 아버지 (母と父)】··· 82, **639**
요【질문이 있어요. (質問があります。)】·································· **639**
-으나⁶【앉으나 서나~ (寝ても覚めても~)】····························· 159
-으나마나【들으나마나~ (聞いても聞かなくても~)】················· 161
-으냐¹【시간이 많으냐? (時間はたくさんあるのか?)】············ 163, 179
-으냐²【방은 넓으냐 묻는다. (部屋は広いのかと尋ねる。)】········ 164, 179
-으냐고¹【얼마나 넓으냐고? (どのくらい広いかって?)】············ 165, 180
-으냐고²【어느 것이 좋으냐고 묻는다. (どれが良いかと尋ねる。)】······ 167, 181
-으냐고요【시간이 많으냐고요? (時間がたくさんあるかですって?)】····· 168, 182
-으냐니【새 직장이 좋으냐니? (新しい職場は楽しいかって?)】······ 169, 183
-으냐니까【어디가 싫으냐니까. (どこが嫌なのかってば。)】········ 170, 184
-으냐니까요【뭐가 좋으냐니까요. (何が良いんですかってば。)】···· 170, 184
-으냐니요【언제가 좋으냐니요? (いつが良いかですって?)】······ 171, 185
-으내【그 사람 어디가 좋으내? (その人のどこが良いかって?)】······ 172, 186
-으내요【아파트가 얼마나 높으내요. (アパートはどれくらい高いのかですって。)】··· 173, 186
-으니²【이건 너무 짧으니? (これは短すぎるの?)】··················· 259
-으니³【그렇게 많이 먹으니~ (そんなにたくさん食べるから~)】······· 260
-으니⁴【돈이 많으니 적으니~ (お金が多いの少ないのと~)】········ 188, 261
-으니까【나이가 많으니까~ (年上だから~)】·························· 262
-으니까요【기회는 얼마든지 있으니까요. (チャンスはいくらでもありますから。)】··· 265
-으라¹【그대에게 축복 있으라. (君に祝福あれ。)】······················ 383
-으라고⁴【너희들끼리 먹으라고. (お前たちだけで食べろって。)】······· 388

-으라고⁶【보기에 좋으라고~ (見栄えが良いようにと~)】 …………………………… 390
-으라고⁸【밥을 먼저 먹으라고 한다. (ご飯を先に食べろと言う。)】 ……………… 392
-으라고요²【국을 먹으라고요. (スープを飲みなさいって。)】 …………………… 396
-으라는³【밥을 먼저 먹으라는 말 (ご飯を先に食べろという話)】 ………………… 400
-으라니²【꽃을 꺾으라니? (花を折れって?)】 ……………………………………… 403
-으라니까²【내 얘기를 들으라니까. (ぼくの話を聞けってば。)】 ………………… 404
-으라니요²【더 먹으라니요? (もっと食べろですって?)】 ………………………… 405
-으라면⁴【먹으라면 먹어야지. (食べろっていうんなら, 食べなくちゃ。)】 ……… 409
-으란⁴【여기에 있으란 말 (ここにいろという話)】 …………………………………… 412
-으래³【전화 빨리 끊으래. (電話早く切れって。)】 ………………………………… 416
-으래요³【여기서 먹으래요. (ここで食べろですって。)】 ………………………… 419
-으러【밥 먹으러 가자. (ご飯食べに行こう。)】 …………………………………… 420
-으려【혼자 다 먹으려 한다. (一人でみんな食べようとする。)】 ………………… 421
-으려고¹【동생들과 나눠 먹으려고. (弟(妹)たちと分けて食べようと思って。)】 … 422
-으려고²【죽을 먹으려고 해요. (おかゆを食べようと思います。)】 ……………… 423
-으려고요【라면 먹으려고요. (ラーメン食べようと思いまして。)】 ……………… 425
-으려면¹【물 끓으려면~ (お湯が沸くまでは~)】 ………………………………… 427
-으려면²【칼국수를 먹으려면~ (手打ちうどんを食べようと思ったら~)】 ……… 427
으로【집으로 (家に)】 …………………………………………………………… 429, 642
으로까지【싸움으로까지 (ケンカにまで)】 ………………………………………… 438, 642
으로는【말씀으로는 (お話では)】 ………………………………………………… 439, 643
으로다【손가락으로다 (指で)】 …………………………………………………… 440, 643
으로다가【책으로다가 (本で)】 …………………………………………………… 440, 643
으로라야【싼 것으로라야 좋아했다. (安いものでないと喜ばなかった。)】 ……… 441, 644
으로부터【지금으로부터 (今から)】 ……………………………………………… 442, 644
으로서【남편으로서 (夫として)】 ………………………………………………… 443, 645
으로써【마음의 눈으로써 (心の目で)】 …………………………………………… 445, 645
-으마【지금 먹으마. (今食べるよ。)】 ……………………………………………… 462
-으며²【미소를 지으며~ (微笑みながら~)】 ……………………………………… 475
-으면²【바쁘지 않으면~ (忙しくなかったら~)】 …………………………………… 478
-으면서【비를 맞으면서~ (雨に濡れながら~)】 …………………………………… 484
-으므로【비 오는 날이 많으므로~ (雨の降る日が多いので~)】 ………………… 488
-으세【여기 앉으세. (ここに座ろう。)】 …………………………………………… 501
-으세요【시간 있으세요? (お時間ございますか?)】 ……………………………… 502
-으시-【시간이 많으시다. (時間がたくさんおありだ。)】 ………………………… 507
-으십시오【이것을 잡으십시오. (これをおつかみ下さい。)】 …………………… 509
-으오【내가 선생 같으오. (私が先生みたいです。)】 ……………………… 504, 638
은【한국말은 (韓国語は)】 ……………………………………………… 118, 192, 645
-은²【짧은 치마 (短いスカート)】 ………………………………………………… 118, 195

-은³【점심 때 먹은 밥．（昼食のときに食べたご飯）】 ················ 119
-은가¹【자네, 뭘 알고 싶은가？（君，何が知りたいんだ？）】 ······ 120, 196
-은가²【인간의 이상은 얼마나 높은가？（人間の理想はどれほど高いのか？）】 ··· 120, 197
-은가요【그곳 날씨는 좋은가요？（そちらの天気は良いんですか？）】 ·········· 122
-은걸【생각보다 많은걸．（思ったより多いな。）】 ················ 125, 201
-은걸요【이제 괜찮은걸요．（もう大丈夫ですよ。）】 ················ 126, 202
-은데¹【이 노래 괜찮은데．（この歌，悪くないな。）】 ··············· 132, 230
-은데²【친구는 많은데～（友達は多いけど～）】 ·················· 133, 232
-은데도【자고 싶지 않은데도～（寝たくないのに～）】 ··············· 136, 235
-은데요【맛이 정말 좋은데요．（本当においしいですね。）】 ············ 137, 237
～은 물론이다【돈이 중요함은 물론이다．（お金が大切なのはもちろんだ。）】 ········· **646**
-은지【이 산이 얼마나 높은지～（この山がどれほど高いのか～）】 ······ 150, 251
-은지요【눈이 내리니까 얼마나 좋은지요．（雪が降ったら，とてもすてきですね。）】 ··· 153, 253
은커녕【남의 나라 말은커녕（よその国の言葉はおろか）】 ············ 255, **646**
을【한국 음식을（韓国料理を）】 ························· 336, 447, **647**
-을²【버스 안에서 읽을 책（バスの中で読む本）】 ······················ 337
-을 거야【그 아이는 자고 있을 거야．（その子は寝ているだろう。）】 ············ 338
-을 거예요【열 시쯤 되었을 거예요．（10時ぐらいになっていたと思います。）】 ······ 339
-을걸¹【그 영화 재미있을걸．（その映画，面白いだろうね。）】 ············· 340
-을걸²【손이나 잡을걸．（手でも握ればよかったよ。）】 ··················· 341
-을걸요【지금쯤 물이 아주 많을걸요．（今ぐらいなら水がとても多いでしょう。）】 ··· 343
-을 겁니다【그 사람 말은 듣지 않을 겁니다．（その人の話を聞かないつもりです。）】 ··· 343
-을 것¹【밥 먹은 후 이를 닦을 것．（ご飯を食べた後，歯を磨くこと。）】 ·········· 344
-을 것²【먹을 것 좀 사다 줘．（食べ物，買って来てくれ。）】 ··············· 345
-을 것이다【아직 문을 안 열었을 것이다．（まだ店を開けていないだろう。）】 ······· 346
-을게【이건 내가 먹을게．（これはぼくが食べるよ。）】 ··················· 346
-을게요【이건 내가 먹을게요．（これはぼくが食べますよ。）】 ··············· 348
-을까【우리 좀 걸을까？（ねえ，ちょっと歩こうか？）】 ·················· 349
-을까요【점심이나 같이 먹을까요？（昼ご飯でも一緒に食べましょうか？）】 ······ 354
-을는지【진수가 뭘 먹을는지 모르겠다．（チョルスが何を食べるか分からない。）】 ··· 357
-을는지요【유미가 집에 있을는지요？（ユミは家にいるでしょうか？）】 ········· 358
-을라【학교에 늦을라．（学校に遅れるよ。）】 ······················ 362
-을래【나는 밥 먹을래．（ぼくはご飯を食べるよ。）】 ··················· 362
-을래요【저는 밥 먹을래요．（ぼくはご飯を食べますよ。）】 ··············· 363
-을수록【꿈이 높으면 높을수록～（夢が大きければ大きいほど～）】 ············ 369
-을지【누가 그런 걸 먹을지～（誰がそんなものを食べるか～）】 ·············· 373
-을지요【진수가 왔을지요？（チンスが来たでしょうか？）】 ··············· 376
-을 테고【유미도 바쁠 테고～（ユミも忙しかったでしょうし～）】 ············· 377
-을 테냐【이래도 안 믿을 테냐？（これでも信じないのかい？）】 ············· 378

표제어	예문	쪽
-을 테니	【이제는 별 일 없을 테니~ (もうたいしたことないはずだから~)】	378
-을 테니까	【다들 퇴근했을 테니까~ (皆退社したはずですから~)】	379
-을 테다	【내가 반드시 찾을 테다. (私が必ず探すつもりだ。)】	380
-을 테야	【난 나중에 먹을 테야. (私は後で食べるよ。)】	381
-을 테지만	【친구를 믿을 테지만~ (友達を信じるだろうが~)】	381
-을 텐데	【같이 먹을 텐데~ (一緒に食べると思いますが~)】	381
-을 텐데도	【술을 꽤 많이 마셨을 텐데도~ (酒をずいぶんたくさん飲んだはずなのに~)】	382
-을 텐데요	【유미는 여행 갔을 텐데요. (ユミは旅行に行ったはずですよ。)】	382
-음	【그 때가 좋았음을 고백했다. (そのころが良かったことを告白した。)】	458
-읍시다	【우리 먼저 먹읍시다. (ねえ、先に食べましょう。)】	491
의	【영하의 책 (ヨンハの本)】	647
이	【학생이 와요. (学生が来ます。)】	31, 655
이고	【시골이고 도시고 간에~ (田舎であれ都会であれどこでも~)】	63, 656
~이고 나발이고	【사랑이고 나발이고~ (愛でも何でも~)】	657
이나¹	【강이나 바다 (川や海)】	156, 657
이나²	【잠이나 자자. (もう寝よう。)】	156, 658
이나마	【잠깐이나마~ (束の間だけでも~)】	161, 661
이니	【책이니 신문이니 (本だの新聞だの)】	258, 662
이다¹	【수영이다 테니스다 (水泳だのテニスだの)】	265, 663
이다²	【이게 내 사진이다. (これが私の写真だ。)】	663
이든	【무엇이든 잘 먹어요. (何でもよく食べます。)】	329, 665
이든가	【떠나기 전에 무엇이든가 먹어 두어라. (出発する前に何でもいいから食べておけ。)】	331, 666
이든지	【무슨 말이든지 해 보세요. (どんなことでもいいですから話して下さい。)】	332, 667
이라고¹	【"비가 오겠군."이라고 말씀하셨다. (「一雨来そうだな。」とおっしゃった。)】	385, 668
이라고²	【월급이라고 얼마 안 돼. (給料だと言うけど、いくらにもならないよ。)】	386, 669
이라도	【라면이라도 찾아보았지만~ (ラーメンでもと探してみたが~)】	406, 669
이라면	【한국말이라면 내가 최고다. (韓国語なら私が一番だ。)】	407, 672
이라야	【큰아버지 재산이라야~ (伯父の財産と言っても~)】	672
이란¹	【사랑이란~ (愛とは~)】	410, 673
이란²	【창이란 창은 (窓という窓は)】	410, 674
이랑	【돈이랑 안경이랑 (お金やメガネや)】	414, 675
이며	【논이며 밭이며 집이며 (田んぼやら畑やら家やら)】	474, 676
이면	【운동이면 운동 (運動は運動)】	478, 676
이야	【당신이야 물론 예쁘지. (あなたはもちろんかわいいよ。)】	573, 677
이야말로	【그 책들이야말로~ (それらの本こそ~)】	574, 678
이여	【거룩한 신들이여 (神聖なる神々よ)】	626, 679

ㅈ

- -자¹【수영하러 가자.（泳ぎに行こう。）】……………………………… 680
- -자²【까마귀 날자~（カラスが飛び立ったとたんに~）】…………… 681
- -자³【3시쯤 가자~（3時ごろ行こうって~）】…………………… 683
- -자고¹【그만 가 보자고.（このへんで帰ろうよ。）】………………… 684
- -자고²【너 좀 보자고~（お前に会おうって~）】……………………… 686
- -자고 들다【하자고 들면 누구는 못 하겠니？（やろうと思えば誰だってできるさ。）】… 688
- -자꾸나【여행을 가자꾸나.（旅行に行こうね。）】…………………… 688
- -자니요【집에 가자니요？（家に帰ろうですって？）】………………… 689
- -자마자【쥐를 보자마자~（ネズミを見るやいなや~）】……………… 690
- -자 하니【듣자 하니~（黙って聞いてりゃ~）】……………………… 691
- -잔 말이다【좀더 기다려 보잔 말이야.（もう少し待ってみようってことだよ。）】… 691
- -잖아【아까 말했잖아.（さっき言ったじゃない。）】…………………… 692
- -재【너도 같이 가재.（お前も一緒に行こうってさ。）】……………… 692
- -재요【같이 나가재요.（一緒に出かけようですって。）】…………… 693
- 조차【물조차 마시지 못하고 있었다.（水さえ飲めずにいた。）】…… 694
- -죠【감기엔 쉬는 게 최고죠.（風邪には休息を取るのが一番ですよね。）】… 695
- -지¹【이불은 빨래하기가 힘들지.（布団は洗うのが大変でしょ。）】… 697
- -지²【면허증만 없지 운전 잘 하잖아.（免許証が無いだけで，運転はうまいじゃない。）】… 700
- -지 그러다【좀 쉬지 그래요？（少し休んだらどうですか？）】……… 701
- -지마는【김치는 맵지마는 맛있어요.（キムチは辛いですがおいしいです。）】… 702
- -지만【조금 어렵지만 재미있어요.（ちょっと難しいですが面白いです。）】… 702
- -지 말다【주차하지 마십시오.（駐車しないで下さい。）】……………… 704
- -지 못하다¹【들어가지 못합니다.（入れません。）】…………………… 704
- -지 못하다²【건강하지 못하면~（健康でなければ~）】……………… 705
- -지 싶다【올 필요가 없지 싶다.（来る必要が無さそうだ。）】……… 706
- -지 않겠어요【날 때리지 않겠어요？（ぼくを殴るんですよ。）】…… 706
- -지 않다【학교에 가지 않아요.（学校に行きません。）】……………… 707
- -지 않으면 안 되다【계속 운동하지 않으면 안 돼요.（運動を続けなければいけません。）】… 709
- -지요【한국말을 배우지요.（韓国語を習っていますよね。）】………… 709

ㅊ

- 처럼【운동장처럼 넓다.（グラウンドみたいに広い。）】……………… 712
- 치고【농담치고 진지한 거 봤어？（冗談でまじめな話なんかしないよ。）】… 714

ㅎ

하고¹【누구하고 갔어요?（誰と行きましたか？）】……………………………… 715
하고²【'쿵' 하고 소리가 났다.（「どしん」と音がした。）】……………… 716
한테【친구한테 전화를 해요.（友達に電話をします。）】………………… 718
한테서【누구한테서 배워요?（誰から習っていますか？）】……………… 720

著者紹介

李姫子（イ　ヒジャ，이 희자）
延世大学校国語国文学科の学部，大学院で学び，ドイツベルリン自由大で言語学博士学位を取得した。京仁教育大学校国語教育科の教授として在職した。
国語文法とテクスト文法を専攻すると共に韓国語教育文法にも深い関心を持った。また南北辞典編纂事業である'겨레말큰사전（同胞語大辞典）'の南側の編纂委員として活動した。著書には『한국어 학습용 어미・조사 사전（韓国語学習用語尾・助詞辞典）』(共著)，『사전식 텍스트 분석적 국어 조사의 연구（辞典式テクスト分析的国語助詞の研究）』(共著)，『사전식 텍스트 분석적 국어 어미의 연구（辞典式テクスト分析的国語語尾の研究）』(共著)，『연세초등국어사전（延世初等国語辞典）』(共著)，『인터넷에서 가장 많이 틀리는 한국어（インターネットで最も多く間違う韓国語）』(共著) 等がある。2009年7月逝去。

李鍾禧（イ　ジョンヒ，이 종희）
延世大学校国語国文学科の学部，大学院で学び，文学博士学位を取得した。現在，延世大学校言語情報院の研究教授として在職している。
国語学を専攻し，韓国語教育ではとりわけ外国人のための文法が記述されるべきだという認識を持っている。著書に『한국어 학습용 어미・조사 사전（韓国語学習用語尾・助詞辞典）』(共著)，『국어 어미의 의미 연구（国語語尾の意味研究）』，『사전식 텍스트 분석적 국어 조사의 연구（辞典式テクスト分析的国語助詞の研究）』(共著)，『사전식 텍스트 분석적 국어 어미의 연구（辞典式テクスト分析的国語語尾の研究）』(共著) 等がある。

訳者紹介

五十嵐孔一（いからし　こういち）
東京外国語大学外国語学部朝鮮語学科卒業。同大学大学院修士課程修了。
ソウル大学校大学院国語国文学科博士課程修了。文学博士。
現在，東京外国語大学大学院総合国際学研究院・教授。朝鮮語研究会会長。
論著に『한국어 연구와 한구어의 텍스트 해석（韓国語研究と韓国語のテクスト解析）』，『改訂版 一冊目の韓国語』，『サランヘヨ　韓国語　主教材／ワークブック1〜4』（日本語訳監修），『標準韓国語文法論』（監訳），「韓国近代文典史」，「現代の朝鮮語辞典について」，「語学とテクスト論」など。

申悠琳（シン　ユリム，신 유림）
韓国中央大学校音楽大学作曲科卒業。
武蔵野音楽大学大学院音楽研究科作曲専攻修了。音楽修士。
東京外国語大学にて多言語多文化共生学講座朝鮮語の講師，DILA 大学書林国際語学アカデミー，ひろば語学院で韓国語教師として従事。
論著に『生活・就労ガイドブック』（韓国語版）など。

装丁・本文デザイン　山田武

韓国語文法　語尾・助詞辞典

2010 年 2 月 18 日　初版第 1 刷発行
2022 年 1 月 20 日　第 5 刷発行

著　者　李　姫子　李　鍾禧
訳　者　五十嵐孔一　申　悠琳
発行者　藤嵜政子
発　行　株式会社　スリーエーネットワーク
　　　　〒102-0083　東京都千代田区麹町3丁目4番トラスティ麹町ビル2F
　　　　電話　営業　03(5275)2722
　　　　　　　編集　03(5275)2725
　　　　https://www.3anet.co.jp/
印　刷　倉敷印刷株式会社

ISBN978-4-88319-519-0 C0087
落丁・乱丁本はお取替えいたします。
本書の全部または一部を無断で複写複製（コピー）することは著作権法上での例外を除き，禁じられています。

この辞典の主要記号

☞	該当の語を参照するときの表示
【 】	手引き語の表示
[ ]	発音の表示
『 』	形態論的異形態に関する説明の表示
( )	意味解釈で意味情報の表示
〔 〕	意味解釈で用法の環境に関する情報の表示
×	誤用例の表示
〜	手引き語で連結文の表示，慣用句で省略された語の表示
-	依存形態素の表示（語尾）
・	例文の始まりを示す表示
例	参考欄の例の表示
例	異形態例の表示
例	本文の例の表示
書き方注意	正書法上の注意
形態関連語	語尾において用言の種類によって形態が変わるもの
丁寧	丁寧を表わす敬語
縮約	縮約語
原形	原形（本来の語）
尊敬	尊敬語
謙譲	謙譲語
類義	類義語
反対	反対語
関連語	関連語
注意	活用上の注意
全体参考	全体的な参考情報
参考	各意味項目に関連した参考情報
訳注	翻訳者による注
発音	表記法と発音が異なる場合の発音の表示
結合情報	前に来る語によって形が変わる形態に関する説明
アドバイス	特殊な用法や注意すべき用法の説明